面向21世纪课程教材

 普通高等教育"九五"
国家级重点教材

 普通高等教育"十一五"
国家级规划教材

国际法

International Law

（第六版）

主　编　邵　津

撰稿人（以撰写章节先后为序）

邵　津　梁淑英　吴　慧
刘楠来　任筱锋　刘伟民
黄惠康　商　震　汪　劲
杨国华　李　毅　薛捍勤
高燕平　徐　杰　王新建
朱文奇

北京大学出版社
高等教育出版社

图书在版编目(CIP)数据

国际法/邵津主编. —6版. —北京:北京大学出版社,2024.1
面向21世纪课程教材
ISBN 978-7-301-34543-6

Ⅰ. ①国… Ⅱ. ①邵… Ⅲ. ①国际法—高等学校—教材 Ⅳ. ①D99

中国国家版本馆 CIP 数据核字(2023)第 192751 号

书　　名	国际法(第六版) GUOJIFA(DI-LIU BAN)
著作责任者	邵　津　主编
责任编辑	周　菲　孙战营
标准书号	ISBN 978-7-301-34543-6
出版发行	北京大学出版社
地　　址	北京市海淀区成府路 205 号　100871
网　　址	http://www.pup.cn
新浪微博	@北京大学出版社　@北大出版社法律图书
电子邮箱	编辑部 law@pup.cn　总编室 zpup@pup.cn
电　　话	邮购部 010-62752015　发行部 010-62750672　编辑部 010-62752027
印刷者	北京鑫海金澳胶印有限公司
经销者	新华书店
	730 毫米×980 毫米　16 开本　36.25 印张　793 千字 2000 年 11 月第 1 版　2005 年 8 月第 2 版 2008 年 12 月第 3 版　2011 年 7 月第 4 版 2014 年 7 月第 5 版 2024 年 1 月第 6 版　2025 年 1 月第 2 次印刷
定　　价	79.00 元

未经许可,不得以任何方式复制或抄袭本书之部分或全部内容。
版权所有,侵权必究
举报电话:010-62752024　电子邮箱:fd@pup.cn
图书如有印装质量问题,请与出版部联系,电话:010-62756370

第六版修订说明

北京大学出版社对《国际法》一书第六版的修订提出了统一的要求，包括尽可能全面更新教材中使用或引用的数据，统一规范所引用的中外文文献，结合相关领域的最新发展对内容作必要的调整和完善等。各位作者历经近两年的时间在原来第五版的基础上按前述要求进行了修订。其中，邵津教授写作的第一章、第十章、第十三章由吴慧教授负责校对、更新数据和调整所引用文献的体例；第二章、第三章由梁淑英教授修订；第四章、第九章由吴慧教授修订；第五章由任筱锋研究员修订；刘伟民教授写作的第六章由董念清教授修订；第七章、第十六章由黄惠康大使修订；第八章由汪劲教授修订；第十一章由杨国华教授修订；第十二章由李毅教授修订；第十五章由高燕平博士修订；第十七章由王新建博士修订；第十八章由朱文奇教授修订。第十四章由于联系不上作者，未作修改。吴慧、王新建、李毅等在本书第六版的修订工作中协助承担了一定的组织、协调等方面的工作。

内 容 简 介

《国际法》是面向 21 世纪高等学校法学专业核心课程教材之一。全书共 18 章,系统地论述了现代国际法的原则、规则和制度,分析了一些重要理论问题,包括新出现的问题。第一章导论着重论述国际法的概念、发展、主体、渊源、效力根据、与国内法的关系和基本原则。第二、三、四章主要讨论国际法上的国家、个人及领土法律制度。第五、六、七、八章分别介绍、论述国际海洋法、国际航空法、外层空间法和国际环境法。第九章论述联合国和区域性国际组织。第十章全面论述外交和领事豁免及国际组织的豁免。第十一章介绍和阐述国际经济法律制度,其中重点介绍国际货币基金组织、世界银行集团、世界贸易组织及其法律制度。第十二章论述人权的国际保护。第十三章研究条约法。第十四章阐述国家责任的构成要件、国家责任的免除、国家责任的形式、国际罪行问题与国际法委员会的条款和程序规则。第十五章论述国际争端和平解决的方法、制度。第十六章论述集体安全保障制度。第十七章介绍和论述军备控制与裁军问题。第十八章论述武装冲突法。

国际法内容丰富、复杂,本教材提供基本知识,阐明基本理论,篇幅保持在一定范围。每章之后列有参考书目,试图为有志进一步学习者提供方便。本书主要适用于法律专业的师生,同时对外语专业、新闻专业和国际关系专业的师生,外交、外事部门的实际工作者和国际问题研究者,也有一定参考价值。

Abstract

International Law is the textbook for one of the 14 Core Subjects of Higher Legal Education in China, and among the Textbook Series for 21st Century sponsored by the Ministry of Education. The book is composed of 18 chapters, presenting a systematic exposition of the rules, principles and institutions of Modern International Law and an analysis of its fundamental theoretical problems. The first chapter, the General Introduction, expounds the conception of international law, its historical development, subjects of the law, sources of the law, theories as to the basis of international law, relation between international and municiple law, and the basic principles of international law. Chapters 2, 3 and 4 deal emphatically with States, population in international law and State territory. Chapters 5, 6, 7 and 8 introduce and discuss international law of the sea, air law, the law of outer space, and international environmental law respectively. Chapter 9 deals with the United Nations and regional international organizations. Chapter 10 expounds diplomatic and consular immunities and the immunities of international organizations. Chapter 11 introduces the legal system of the international economic relations, mainly International Monetary Fund, the World Bank Group and the World Trade Organization and their legal institutions. Chapter 12 is on the International Protection of Human Rights. Chapter 13 discusses the conclusion and entry into force of treaties, *pacta sunt servanda*, reservation, application and interpretation of treaties, invalidity of treaties and other rules and institutions of the law of treaties. Chapter 14 is devoted to the institution of State responsibility, including the constituents of State responsibility, circumstances precluding wrongfullness and consequences of State responsibility. Chapter 15, Peaceful Settlement of International Disputes, besides the principle of peaceful settlement of international disputes, introduces the political and legal methods of settlement, including negotiation, good offices and mediation, arbitration and the ICJ. Chapter 16, Collective Security System, discusses problems of maintenance of international peace and security, with a section on UN peace-keeping operations. Chapter 17, Arms control and disarmament is newly added in the second edition, introduces the historical development, contents and the perspective of China. Chapter 18 introduces the law of armed Conflict.

This book, providing fundamental knowledge and expounding basic theories of international law to law students, may also be of some use to the students of departments or colleges of foreign languages, international relations, jouralism and communication, practitioners of foreign and external affairs.

作者简介*

邵津 北京大学法学院教授、博士生导师,北京国际法研究会会长。代表性著作有:统编教材《国际法》(合著,法律出版社1981年版及1995年版)、《中国法学四十年》(上海人民出版社1989年版,国际公法学部分)、"国际争端的和平解决"等系列词条(《中国大百科全书》法学卷,中国大百科全书出版社1984年版)。代表性论文有:《关于外国军舰无害通过领海的一般国际法规则》(《中国国际法年刊》1989年,此文英文本题为《外国军舰无害通过领海问题:第三次联合国海洋法会议以后》)、《中国与人权——纪念世界人权宣言通过四十周年》(《中国建设》1989年第1期)、《日内瓦人道主义四公约的解释和适用:中华人民共和国的实践》[《国际人道主义法论文集》(葡文版),澳门红十字会1997年版]。

梁淑英 中国政法大学教授,列名于全国人民代表大会法制工作委员会专家数据库。曾任北京市人民代表大会立法委员会顾问,北京国际法学会常务副会长,北京市法学会常务理事,中国国际法学会理事等。代表性著作有:《外国人在华待遇》(专著,主编,中国政法大学出版社1997年版);《国际法律问题研究》(合著,中国政法大学出版社1999年版);《国际难民法》(专著,知识产权出版社2009年版);《国际法》(教科书,主编,中国政法大学出版社2016年版)等。发表的代表性论文有:《难民的国际保护与中国的实践》(《印度国际法年刊》2003年第3卷);《国际恐怖主义与国家自卫》(《政法论坛》2003年第4期);《难民入出境的保护原则》(《中国国际法年刊》2009年);《国际法关于贩运人口的定义和我国刑法规定之思考》(《北大国际法与比较法评论》2011年第8卷);《国际法视角下的琉球地位》(《法学杂志》2013年第4期);《国际人道主义法及其违反之罪行的国际惩治》(《国际人道主义法及其实施》,王可菊主编,社会科学文献出版社2004年版);《论条约在国内的适用与中国实践》(《国际条约与国内法的关系》2000年第10辑);《促进难民入籍的国际义务》(《北京大学国际法与比较法评论》2016年第13卷);《中国保护难民的实践、挑战与应对——以印支难民为例》(载《国家领土主权与海洋权益协同创新文集》,中国政法大学出版社2015年版)。

吴慧 法学博士,国际关系学院教授、博士生导师,中国海洋法学会副会长,北京高校教学名师。其代表性著作有:《国际海洋法法庭研究》(海洋出版社2002年版)。其代表性论文有:《国际法律程序中法官和仲裁员因素——以中菲南海争端仲裁案为

---

* 以作者撰写章节先后为序。

例》(与商韬合著,《国际安全研究》2013 年第 5 期,人大复印报刊资料《国际法学》2014 年第 4 期);《"南海仲裁案"有关岛礁的裁决与法律和事实不符》(《中国法学》2016 年第 5 期);《"查戈斯群岛海洋保护区案"对"菲南海仲裁案"管辖权问题的启示》(《中国国际法年刊 南海仲裁案管辖权问题专刊》);《国际海底区域活动的承包者研究》(《中国国际法年刊》2018 年)。

刘楠来 中国社会科学院法学研究所研究员、博士生导师,中国国际法学会常务理事、中国海洋法学会常务理事。代表性著作有:《国际海洋法》(合著,海洋出版社 1986 年版)、《发展中国家与人权》(四川人民出版社 1994 年版)。代表性论文有:《关于我国领海法的几个问题》(《当代海洋法的理论与实践》,法律出版社 1987 年版)、《国际新秩序与人权》(《当代人权》,中国社会科学出版社 1992 年版)、《论菲律宾侵占我国南沙群岛的非法性》(《法学研究》1992 年第 1 期)。

任筱锋 法学博士,海军研究院研究员,长期从事国际海洋法的理论研究和相关实务工作。代表性成果有:《海上军事行动法》(海潮出版社 2000 年版)、《圣雷莫海上武装冲突国际法手册》(合译,海潮出版社 2003 年版)。代表性论文有:《专属经济区军事利用的法律问题:中国的视角》(《海事政策》,英国 Elswier 出版社 2004 年版)、《海战法的困境及其可能的发展》(《国际人道法文选》,国防大学出版社 2002 年版)。

刘伟民 中国民航管理干部学院法学教授,西北政法大学客座教授兼航空法和空间法研究所执行所长,中华人民共和国交通运输部法律专家咨询委员会委员,长期从事民用航空理论和实务工作,主攻航空法与航空运输政策,相关研究宏观经济形势与民用航空发展战略。代表性著作有:《航空法教程》(修订版)(主编、中国法制出版社 2001 年版)。代表性论文有:《论国际航空运输的责任制度》(《中国国际法年刊》1983 年)、《论国际航空法中的刑事管辖权》(《法学研究》1983 年第 1、2 期)、《国际航空运输管理体制的发展趋势》(《中国国际法年刊》1998 年)、《WTO 与国际航空运输法的新发展》(《当代国际法研究:21 世纪的中国与国际法》,上海人民出版社 2002 年版)、《论航空运输延误和"超售"的违约责任》(北京航空航天大学学报(社会科学版)2011 年第 6 期)、《论中国民用航空法律体系与国际航空法》(《中国航空法评论》创刊号,法律出版社 2012 年版)、《建设航空强国需要国际法》(《中国国际法学会 2013 年学术年会论文集》)。

黄惠康 法学博士,现任联合国国际法委员会委员、常设国际仲裁法院仲裁员、中国外交部国际法咨询委员会主任委员、武汉大学国际法研究所特聘教授、博士生导师。代表性著作有:《中国特色大国外交与国际法》(法律出版社 2019 年版)、《国际法教程》(武汉大学出版社 1989 年版)、《国际法上的集体安全制度》(武汉大学出版社 1990 年版)、《外层空间法》(青岛出版社 2000 年版)、《联合国宪章诠释》(副主编,山西教育出版社 1999 年版)。代表性论文有:《论联合国维持和平部队的法律基础》

(《中国社会科学》1987年第4期)、《论国际法的编纂与逐渐发展》(《武大国际法评论》2018年第6期)、《国际法的发展动态及值得关注的前沿问题》(《国际法研究》2019年第1期)、《论国际法理论与外交实践的融合之道》(《国际法学刊》2019年创刊号)。

汪劲 法学博士,北京大学法学院教授、博士生导师,北京大学资源、能源与环境法研究中心主任。兼任中国法学会环境资源法学研究会副会长,国家核安全专家委员会委员,最高人民法院环境资源审判咨询专家,生态环境部法律顾问和中华环境保护基金会副理事长等职务。代表性著作有《环境法律的理念与价值追求》(法律出版社2000年版)、《环境法学》(普通高等学校国家级规划教材,北京大学出版社2018年第四版)、《环境法治的中国路径:反思与探索》(中国环境科学出版社2011年版)等。

杨国华 清华大学法学院教授,WTO"多方临时上诉仲裁安排"(MPIA)仲裁员(2020年起),中国法学会世界贸易组织法研究会常务副会长,Journal of World Trade编委,WTO秘书处争端解决专家库成员,WTO上诉机构成员候选人(2016年)。曾任商务部条约法律司副司长(2008—2014年)和中国驻美大使馆知识产权专员(2006—2008年),参加中国加入WTO谈判(1999—2001年)和涉及中国的WTO争端解决案件处理。

著有《WTO中国案例评析》(知识产权出版社2015年版)、《丛林再现?WTO上诉机制的兴衰》(人民出版社2020年版)等20部作品,主编《我们在WTO打官司:参加WTO听证会随笔集》(知识产权出版社2015年版)、《我与WTO:法律人的视角》(知识产权出版社2016年版)等20部作品。

李毅 法学博士,北京师范大学法学院教授,北京国际法学会常务理事。代表性著作有《国际法视阈下的"主权宣示"行为研究》(独著,世界知识出版社2021年版)、《国际贸易救济措施——反倾销、反补贴、保障措施与特保措施》(合著,对外经济贸易大学出版社2005年版)。代表性论文有《国际法庭在领土争端中对"主权宣示行为"的证据采信标准》(《政法论坛》2021年第6期)、《论澳、巴海洋边界划分方法之特色及其对中日东海海域划界之借鉴意义》(《东北亚论坛》2005年第3期、《中国学术年鉴》2005年卷)等。

薛捍勤 法学博士,现任联合国国际法院法官、北京大学法学院兼职副教授、中国国际法学会副会长。代表性著作有:《国际法》(合著,法律出版社1995年版)、《联合国宪章诠释》(副主编,山西教育出版社1999年版)。代表性论文有:《"共同资源"的法律制度比较研究》(《中国国际法年刊》1986年)、《国际水道法的相对性》(《中国国际法年刊》1992年)。

商震 外交学院国际公法硕士,北京第二外国语学院英语语言文学硕士,现任中国驻联合国代表团官员。论文见于《中国社会科学院研究生院学报》等。

高燕平　法学博士。专著有《国际刑事法院》(世界知识出版社 1999 年版)等。在国内和国际刊物上发表学术论文 20 多篇,如《国际贸易中的普遍优惠制》(《中国国际法年刊》1986 年)、《国际赔偿的最新理论与实践》(《中国国际法年刊》1991 年)、《多边条约中的争端解决程序》(《中国国际法年刊》1993 年)。

徐杰　法学博士,现任外交部条法司处长。在《法学评论》《外交学院学报》《法商研究》等学术刊物上发表论文数篇,并参与《世界外交大辞典》(世界知识出版社 2005 年版)、《中国外交》(世界知识出版社 2003—2005 年版)等著作的撰写。

朱文奇　国际法博士,现为中国人民大学国际法教授、博士生导师。近期研究成果有:《国际刑法》(中国人民大学出版社 2014 年第二版)、《国际人道法》(商务印书馆 2018 年版)、《国际条约法》(合著,中国人民大学出版社 2008 年版)、《国际法原理与案例教程》(主编,中国人民大学出版社 2010 年第四版)、《国际刑事法院与中国》(中国人民大学出版社 2009 年版)、《战争罪》(法律出版社 2010 年版)。

王新建　法学博士,研究员,中国国际法学会常务理事,中国空间法学会常务理事。代表性著作有:《中华人民共和国香港特别行政区驻军法释义》(参编,解放军出版社 1997 年版)、《中华人民共和国澳门特别行政区驻军法释义》(参编,解放军出版社 1999 年版)。代表性论文有:《战争罪及其管辖》(《国际法学论丛》,当代世界出版社 1999 年版)、《中国主权与澳门驻军》(《法学杂志》2000 年第 1 期)、《涉外军事行动法律保障问题初步研究》(《西安政治学院学报》2010 年第 1 期)。

董念清　北京外国语大学法学院教授,北京航空法学会会长。代表性著作有:《航空法:中国的实践与理论》(中国法制出版社 2017 年版)、《中国航空法:判例与问题研究》(法律出版社 2007 年版)。代表性论文有:《论国际航空私法条约适用的强制性》(《中国法学》2020 年第 1 期)、《民航空难事故赔偿:制度检视与完善路径》(《法学杂志》2018 年第 10 期)、《马航 MH370 事件损害赔偿论》(《北京航空航天大学学报(社会科学版)》2014 年第 5 期)、《论国际航空私法中的管辖权——兼论"第五管辖权"》(《兰州大学学报(社会科学版)》2008 年第 4 期)、《中美航空运输协议研究》(《中国民航大学学报》2008 年第 4 期)。

About the Authors*

Shao Jin   Professor of International Law, Peking University Law School; President, Beijing Society of International Law. Representative works: *International Law*, Law Publishing House, 1981 and 1995, Coauthor; *Forty Years of Legal Science in China*, Shanghai People's Press, 1989, the part concerning public international law. Peaceful Settlement of International Disputes and other serial entries Chinese Encyclopedia, Volume of Legal Science, China Encyclopedia Publishing House, 1984. Representative articles: The Question of Innocent Passage of Warships: After UNCLOS Ⅲ, Marine Policy, January 1989; China and Human Rights—On the 40th Anniversary of the Universal Declaration of Human Rights, *China Reconstructs*, vol. XXXVIII, NO. 1, January 1989; Interpretation and Application of the Geneva Humanitarian Convention: Practice of P. R. C. , *Articles on International Humanitarian Law* (in Portuguese), Red Cross, Macau, 1997.

Liang Shuying   professor of China University of Political Science and Law; On the experts list of the law Committee of the National People's Congress of the People's Republic of China. She was the adviser to the Legislative Committee of the Beijing Municipal People's Congress; Vice standing president of Beijing Society of International Law ; Standing councilor, Beijing Law Society ; Councilor, Chinese Society of International Law. Representative works: Treatment of Foreigners in China, Press of China University of Political Science and Law, 1997; Research on the Issues of International Law, Press of China University of Political Science and Law, 1999; International Refugee Law, Intellectual Property Press, 2009; International Law, Press of China University of Political Science and Law, 2016. Representative articles: An Analysis of State Immunity and Chinese' Position, Tribune Political Science and Law, No 2, 1999; International Protection of Refugees and China' Practices, Yearbook of Indian society of International Law, 2003; International Terrorism and Self-Defense of a State, Tribune of Political Science and Law, Fourth Term, 2003; Principle of Protection on Refugees Entering and Leaving a Country, Chinese Yearbook of International Law, 2009; International Law Relating to the Definition of Human Trafficking and Analysis of the problems of China Criminal Law on Trafficking in Persons, PKU International and Comparative Law Review, Volume Eight, 2011; The Status of Nansei Islands from the Perspective of International

---

* In the order of number of the chapter he or she contributes.

Law, Law Science Magazine, No. 4 2013; International Humanitarian Law and International Measures on Violation Punishment, in International Humanitarian Law and Its Implementation, edited by Wang Keju, Social Science Documentation Publishing House, 2004; On the Implementation of Treaties at Domestic Level and China's Practices, in Relations Between International treaties and Domestic Law, Zhu Xiaoqing and Huang Lie, World Knowledge Press, Part 10, 2000. International Obligations on Facilitating Refugee Naturalization, Editor's Board, Peking University International and Comparative Law Review January, 2016; China's Practice of Protecting Refugees, Challenges and Responses: Taking Indo-Chinese Refugees as an Example, Collections of Collaborative Innovation on Territorial Sovereignty and Maritime Rights, Press of China University of Political Science and Law, 2015.

Wu Hui Doctor of Law; Professor, University of International Relations; Vice-President, Chinese Society of the Law of the Sea. Representative works: On the International Tribunal for the Sea, Marine Press of China, 2002. Representative articles: The Factors of International Judges and Arbitrators in the International Legal Proceedings-Take the South China Sea Arbitration Case for Instance, Journal of International Security Studies, No. 5, 2013. The Arbitral Awards about the Rock in the South China Sea Arbitration Case is inconsistent with the Law and Fact, China Legal Science, No 5, 2016. The Enlightenment to the Jurisdiction Issues of "the Republic of Philippines v. the People's Republic of China" from "CHAGOS Marine Protected Area Arbitration", Chinese Yearbook of International Law, Special Edition on the Jurisdiction Issues of the South China Sea Arbitration Case, Law Press China 2016. Contractors for Activities in the International Seabed Area, Chinese Yearbook of International Law 2018, Law Press China 2019.

Liu Nanlai Researcher, Law Institute of Chinese Academy of Social Sciences. Member of Standing Committee, Chinese Society of International Law; Member of Standing Committee, Chinese Society of the Law of the Sea. Representative works: *International Law of the Sea*, Marine Press, 1986, Coauthor; *Developing Countries and Human Rights*, People's Press of Sichuan, 1994. Representative articles: Some Problems in Chinese Territorial Sea Law, in *Theory and Practice of Contemporary Law of the Sea*, Law Publishing House, 1987; New International Order and Human Rights, in *Contemporary Human Rights*, Press of Chinese Social Sciences, 1992; The Illegality of the Philippine Invasion of Nansha Islands, *Studies in the Science of Law*, No. 1, 1992.

Ren Xiaofeng Doctor of Law, Senior Research fellow, Naval Research Institute, PLANavy. Representative works include: *Law Appllicable to Maritime Military Operations*,

Haichao Press, 2000; *San Remo Manual on International Law Applicable to Armed Conflicts at sea*, Chief Translator, Haichao Press, 2003. Representative articles: "International Law of Naval War: application difficulties and the way to overcome", *Collective Works On International Humanitarian Law*, National Defense University, 2002; "The Legal Issues of Military Uses Of EEZ: A Chinese Perspective", *Marine Policy*, Elswier Publishing House, 2004.

Liu Weimin Professor of Law at the Civil Aviation Management Institute of China, Beijing, Visiting Professor at Northwest University of Politics & Law, Xian and Executive Director of the Institute of Air and Space Law, Member of the Legal Expert Consultative Commission of the Ministry of Transport, PRC. His research interest focuses on air law and air transport policy as well as macro-economic trend and civil aviation development strategy. Representative book: A Course in Air Law (2nd Edition), *Legal Press of China*, 2001. Reprentative articles include: Liability System of the International Air Transport, *Chinese Yearbook of International Law*, 1983; Criminal jurisdiction on International Air Law, *Studies in the Science of Law*, 1983; Trends in the Developmental of the International Air Transport System, *Economics and Technology in Civil Aviation*, No. 6—7; WTO and New Development of the International Air Transport Law, *Studies on Modern International Law*; *International Law and China in the 21 the Century*, Shanghai People's Press, 2002; Discussion on the liability and compensation for damages in the event of flight delays and denied boarding due to overbooking, *Journal of Beijing University of Aeronautics and Astronautics Social Sciences Edition*, No. 6, 2011; On The Legal System of Civil Aviation of China and International Air Law, *Review of the Chinese Air Law*, No 1, Law Press of China, 2012; The International Law is useful for building China on Powerful Modern Aviation Country, *Thesis of the Symposium organized by Chinese Society of International Law*, 2013.

Huang Huikang Doctor of Law; Member, the International Law Commission of the United Nations; Arbitrator, Specialized Panel of Arbitrators, Permanent Court of Arbitration; Chairperson, Advisory Board of International Law, Ministry of Foreign Affairs of China; Professor, Institute of International Law of Wuhan University. Representative works: *China's Diplomacy and International Law*, Law Press, China, 2019; *A Course in International Law*, Wuhan University Press, 1989; *The Collective Security System in International Law*, Wuhan University Press, 1990; *Law of the Outer Space*, Qingdao Publishing House, 2000; *Commentary on Charter of the United Nations*, Shanxi Press of Education, 1999, Executive Editor in Chief. Representative articles: the Legal Basis of UN Peacekeeping Forces, *Chinese Social Sciences*, No. 4, 1987; On Progressive Development and Codification of International Law: n Commemoration of 70 Years of the

International Law Commission, *Wuhan University International Law Review*, No. 6, 2018; *Recent Development and Frontier Issues in International Law*, *Chinese Review of International Law*, No. 1, 2019; *On the Dao of the Integration of International Law Theories with Diplomatic Practices*, *Journal of International Law*, No. 1, 2019.

Wang Jin Doctor of Law, Professor, Peking University Law School; Member of the Standing Committee, Chinese Society of Environment and Resources Law. Representative works: *An Introduction to Japanese Environmental Law*, Wuhan University Press, 1994; *The Conception of Environmental Law and the Pursuit of Value—the Purpose of Environmental Legislation*, Law Publishing House, 2000; *Principles of Chinese Environmental Law*, Peking University Press, 2000. Representative articles: The Convergence of Global Environmental Legislation, *Peking University Law Journal*, No. 2, 1998; The Evolution and Formation of Modern Environmental Law, *Law Review*, No. 5, 1998; Some New Ideas in Modern Western Environmental Law, *Peking University Law Journal*, No. 24, 1999.

Yang Guohua Professor at Tsinghua University Law School. He is also the Executive Vice Chairman, WTO Law Research Society of China Law Society (China WTO Law Society); WTO Appeal Arbitrator (Multi-Party Interim Appeal Arbitration Arrangement, MPIA; Turkey- Pharmaceutical Products, DS583); Arbitrator, International Economic and Trade Arbitration Commission (CIETAC, China) and South China International Economic and Trade Arbitration Commission/Shenzhen Court of International Arbitration (SCIA, China); Member, Expert Group for Commercial and Maritime Trials, Supreme Court, China; Member, Indicative List for dispute settlement panels, the WTO Secretariat; Associate Editor, Journal of World Trade. He was a deputy director-general at the Department of Treaty and Law, Ministry of Commerce, China (2008—2014), IP attaché at Chinese Embassy in the United States, Washington, DC (2006.1—2008.9) and WTO Appellate Body member candidate (2016).

He teaches on WTO law and US-China relationship. He has authored and co-authored over 50 books on WTO, US-China relationship and other areas, including A Study on China WTO Cases (2015), Case Practice in the WTO (2015), WTO and Me (2016), A Study on CPTPP (2020).

Li Yi Doctor of Law, Law School, Beijing Normal University; Professor, Executive Director, Beijing International Law Society. Representative works: On "State's Acts à Titre de Souverain" From the Perspective of International Law, World Affairs Press, 2020; International Trade Remedies: Anti-dumping, Countervailing Measures Safeguard Measures and Specific Safeguard Measures., Press of International Business and Economic

University, 2005, Coauthor. Representative articles: On the Admissibility Standard of Evidence of "Acts à titre de souverain" by International Courts and Tribunals in Territorial Disputes, Tribune of Political Science and law, No. 6,2021; Analysis and Selection of the Proposals on the delimitation of the maritime boundary of the East China Sea between China and Japan: on the Characteristics, Significance and Reference of the Method Used in the delimitation of the maritime boundary between Australia and Papua New Guinea, Northeast A sia Forum, No. 3,2005.

Xue Hanqin Doctor of Law, The United Nations International Court Judge Professor, Peking University Law School. Vice-President, Chinese Society of International Law. Representative works: *International Law*, Law Publishing House, 1995, Coauthor; *Commentary on Charter of the United Nations*, Shanxi Press of Education, 1999, Associate Editor in Chief. Representative articles: A Comparative Study on the Legal Regime of "Common Resources", *Chinese Yearbook of International Law*, 1986; The Relativity of the Law of International Waterways, *Chinese Yearbook of International Law*, 1992.

Shang Zhen Master of Public International Law in China Foreign Affairs University, Master of English Literature in Beijing International Studies University. Officer of the Permanent Mission of the P. R. China to the UN. Articles published in *Chinese Academy of Social Science*, etc.

Gao Yanping PH. D of Law. Dr. Gao is the author of The *International Criminal Court*, World Affairs Press, 1999. Dr. Gao published more than 20 academic articles. Representative articles: The Generalized System of Preferences in International Trade, *Chinese Yearbook of International Law*, 1986; Latest Theory and Practice concerning International Compensation, *Chinese Yearbook of International Law*, 1991; Procedure for the Settlement of Disputes in Multilateral Treaties, *Chinese Yearbook of International Law*, 1993.

Xu Jie LL. M, PH. D, Director of Treaty and Law Department, Ministry of Foreign Affairs of the People's Republic of China. Articles published in the core Chinese Journals, such as *Law Review*, *Wuhan University*, *China*; *Journal of China Foreign Affairs University and Studies in Law and Business*, etc. Also as a coauthor of several books, namely, *Dictionary on World's Diplomacy*, World Affairs Press, 2005; *Law of the Outer Space*, Qingdao Press, 2000; *China's Foreign Affairs*, World Affairs Press, 2003—2005, etc.

Zhu Wenqi Doctor of International Law, Professor and Director of the Ph. D Candidates in the Law School of Renmin University of China. His recent representatives works are as follows: *International Criminal Law*, by Press of Renmin University of China,

Beijing, China, 2007; *International Humanitarian Law*, by Press of Renmin University of China, Beijing, China, 2007; *International Treaty Law*, by Press of Renmin University of China, Beijing, China, 2008; and *Doctrines and Cases of International Law*, by Press of Renmin University of China, Beijing, China, 2009; *International Criminal Court and China*, by Press of Renmin University of China, Beijing, China, 2009; *War Crimes*, by Law Press of China, 2010.

Wang Xinjian　Doctor of Law, Research, Member of Standing Committee, Chinese Society of International Law; Member of Standing Committee, Chinese Society of Space Law. Representative works: *Commentary on Law of the people's Republic of China on the Garrisoning of the Hong Kong Special Administrative Region*, Liberation Army Press, 1997, Coauthor; *Commentary on Law of the people's Republic of China on the Garrisoning of the Macau Special Administrative Region*, Liberation Army Press, 1999, Coauthor. Representative articles: War Crames and Jurisdiction, *Articles on International Law*, *Contemporary World Press*, *1999*; Chinese Sovereignty and Macau Garrisoning, *Law Science Magazine*, *NO.* 1, 2000; State Responsibility of the Internationally Wrongful Acts, *The China Military Law Journal*, *No.* 5, 2001; On the Legal Safeguard in Foreign Related Military Actions, *Journal of Xi'an Politics Institute of PLA*, *No.* 1, 2010.

Dong Nianqing　Professor of Law School of Beijing Foreign Studies University. President of Beijing Society of Air Law. Representative works: *Air Law: Practice and Theory in China*, China Legal Publishing House, 2017; *China's Aviation Law: Cases and Issues*, Law Press China, 2007. Representative articles: On the Compulsory Application of Private International Air law treaty, China Legal Science, No. 1, 2020; Civil Aviation Accident Compensation: System Review and Improvement Path, Law Science Magazine, No. 10, 2018; On the Compensation for the Damage Caused by the MH370 Accident, Journal of Beijing university of aeronautics and astronautics (Social Sciences Edition), No. 5, 2014; On Jurisdiction in Private International Air Law and the "Fifth Jurisdiction", Journal of Lanzhou University (Social Sciences Edition), No. 4, 2008; Study on the Air Transport Agreement Between China and US, Journal of Civil Aviation University of China, No. 4, 2008.

目 录

第一章 导论 (1)
- 第一节 国际法概述 (1)
- 第二节 国际法的发展 (3)
- 第三节 国际法的主体 (7)
- 第四节 国际法的渊源 (11)
- 第五节 国际法的编纂 (15)
- 第六节 国际法的效力根据与学派 (17)
- 第七节 国际法与国内法的关系 (20)
- 第八节 国际法的基本原则 (25)

第二章 国际法上的国家 (31)
- 第一节 国家概述 (31)
- 第二节 国家、政府及其他实体的承认 (46)
- 第三节 国家的继承 (54)

第三章 国际法上的个人 (64)
- 第一节 国籍 (64)
- 第二节 外国人的法律地位 (74)
- 第三节 外交保护 (84)
- 第四节 引渡和庇护 (90)
- 第五节 难民的法律地位 (98)

第四章 国家领土 (108)
- 第一节 国家领土与领土主权 (108)
- 第二节 国家领土的组成部分 (111)
- 第三节 国家领土变更的方式 (116)
- 第四节 国家的边界和边境 (121)
- 第五节 中国的领土和边界 (125)
- 第六节 南北极地区的法律地位 (131)

第五章 国际海洋法 (137)
- 第一节 国际海洋法的概念、历史发展及编纂 (137)
- 第二节 内水、领海、毗连区 (142)
- 第三节 用于国际航行的海峡、群岛水域 (147)

第四节　专属经济区、大陆架 …………………………………… (150)
　第五节　公海 …………………………………………………… (157)
　第六节　国际海底区域 ………………………………………… (163)
第六章　国际航空法 ………………………………………………… (168)
　第一节　航空法的概念及其历史发展 ………………………… (168)
　第二节　空气空间的法律地位 ………………………………… (172)
　第三节　空中航行的法律制度 ………………………………… (176)
　第四节　国际航空运输 ………………………………………… (188)
　第五节　国际航空的损害赔偿责任 …………………………… (193)
　第六节　国际航空保安的法律保护 …………………………… (196)
　第七节　航空器权利及相关法律问题 ………………………… (203)
第七章　外层空间法 ………………………………………………… (214)
　第一节　概说 …………………………………………………… (214)
　第二节　外层空间法的基本原则和制度 ……………………… (221)
　第三节　关于空间技术及其应用的若干原则 ………………… (230)
　第四节　外层空间法的新领域和新发展 ……………………… (236)
　第五节　中国的航天政策和空间立法 ………………………… (241)
第八章　国际环境法 ………………………………………………… (243)
　第一节　国际环境法概述 ……………………………………… (243)
　第二节　国际环境法的主要内容 ……………………………… (258)
　第三节　中国与国际环境法律实践 …………………………… (287)
第九章　联合国和区域性国际组织 ………………………………… (291)
　第一节　国际组织概述 ………………………………………… (291)
　第二节　联合国 ………………………………………………… (298)
　第三节　联合国专门机构 ……………………………………… (308)
　第四节　区域性国际组织 ……………………………………… (314)
第十章　外交和领事豁免、国际组织的豁免 ……………………… (322)
　第一节　外交特权和豁免 ……………………………………… (322)
　第二节　领事特权和豁免 ……………………………………… (333)
　第三节　联合国和各专门机构的特权和豁免 ………………… (342)
第十一章　国际经济法律制度 ……………………………………… (347)
　第一节　国际经济法律制度概述 ……………………………… (347)
　第二节　国际货币基金组织 …………………………………… (349)
　第三节　世界银行集团 ………………………………………… (358)

第四节	世界贸易组织	(362)
第十二章	**人权的国际保护**	**(380)**
第一节	概述	(380)
第二节	国际人权的分类及其基本内容	(384)
第三节	普遍性国际人权保护机制	(388)
第四节	区域性国际人权保护机制	(404)
第五节	中国在人权保护问题上的立场和实践	(411)
第十三章	**条约法**	**(414)**
第一节	概说	(414)
第二节	条约的缔结与生效	(417)
第三节	条约的遵守、适用及解释	(424)
第四节	条约的修改、终止、停止执行与无效	(430)
第十四章	**国家责任**	**(434)**
第一节	概说	(434)
第二节	国家责任的构成要件	(435)
第三节	国家责任的免除	(439)
第四节	国家责任的形式	(442)
第五节	国际罪行问题与国际法委员会的条款	(445)
第六节	程序规则	(447)
第十五章	**国际争端的和平解决**	**(448)**
第一节	概论	(448)
第二节	和平解决国际争端原则的确立及其意义	(450)
第三节	解决国际争端的政治方法	(453)
第四节	和平解决国际争端的法律方法	(457)
第五节	联合国与和平解决国际争端	(467)
第六节	区域机关或区域办法与和平解决国际争端	(470)
第七节	其他国际组织或国际公约与和平解决国际争端	(471)
第八节	中华人民共和国与和平解决国际争端	(475)
第十六章	**集体安全保障制度**	**(479)**
第一节	概说	(479)
第二节	联合国的集体安全体制	(482)
第三节	联合国维持和平行动	(492)
第四节	当代集体安全中的若干法律问题	(495)

第十七章　军备控制与裁军·····(504)
第一节　概说·····(504)
第二节　军备控制与裁军的历史发展·····(509)
第三节　军备控制与裁军的内容·····(511)
第四节　中国的军备控制与裁军·····(527)

第十八章　武装冲突法·····(536)
第一节　概说·····(536)
第二节　武装冲突法内容和特点·····(538)
第三节　对作战手段和方法的限制·····(540)
第四节　对战争受难者的保护·····(545)
第五节　中立·····(549)
第六节　惩治战争罪·····(552)

第一章 导　　论

第一节　国际法概述

一、国际法的概念

国际法(international law)，或称国际公法(public international law)，是指调整国际法主体之间、主要是国家之间关系的，有法律拘束力的原则、规则和制度的总体。这个国际法概念与当前世界其他国家一些国际法学者给国际法所下的定义基本一致。例如，1991年联合国教科文组织主持下由别乔伊(Bedjaoui)主编的一部国际法教科书认为，国际法是"旨在调整(regulate)国家相互间关系的，成文的或不成文的规范的总体……它主要规范国家的行为"[①]。《奥本海国际法》也认为，"国际法是对国家在它们彼此往来中有法律拘束力的规则的总体"，"这些规则主要是支配国家的关系"[②]。下面对这里提出的国际法概念作几点说明。

国际社会主要是由国家组成的。作为全球性的最大的政治性国际组织——联合国，自2011年7月南苏丹成为会员国后，至2023年5月共有193个会员国。这还不是国际社会成员的全部，国家不是国际法的唯一主体，政府间国际组织也是国际法的主体，但是国家仍然是国际法的主要主体。

国际法主要调整国家之间的关系。国际关系的内容是多种多样的，包括政治、经济、军事、文化等方面的内容。国际关系的多样性也就决定了国际法的多部门，例如外交关系法、海洋法、航空法、武装冲突法等。

国家之间的交往，需要而且事实上确实有法律原则和规则加以规范。从外交关系法来看，国与国之间外交关系和常设使馆的建立，是可以由一国单方面决定呢，还是必须要有国家之间的协议呢？1961年《维也纳外交关系公约》第2条就规定："国与国间外交关系及常设使馆之建立，以协议为之。"国家之间的外交关系和常设使馆建立之后，还需要一系列的规则来规范有关国家在外交关系方面的具体行为。接受国的官员(agent)，例如司法、税务人员，是不是可以随意进入使馆呢？他们是不可以随意进入使馆的。为了保证使馆的正常工作，《维也纳外交关系公约》第22条规定，使馆馆舍不得侵犯，接受国的官员非经使馆馆长许可，不得进入使馆馆舍。

再如，海洋有多种用途，如航行，开发自然资源包括开采石油、铺设海底电缆和管

[①] Bedjaoui. Mohammed, *International Law. Achievement and Prospects*, United Nations Educational, Scientific and Cultural Organization, 1991, p.2.

[②] 〔英〕詹宁斯、瓦茨修订：《奥本海国际法》（第1卷第1分册），王铁崖等译，中国大百科全书出版社1995年版，第3页。

道,等等。那么在不同的海区,如领海、专属经济区,哪一国或哪些国家享有主权、主权权利,或有铺设海底电缆和管道的自由,各国又如何行使其权利、履行其义务呢?这就需要有国际法的规则来调整国家之间在这方面的关系。如果没有一套规则、制度,就不可能合理地、有秩序地利用海洋,甚至会引发国际争端、冲突。国际海洋法就是由于有这种需要而在实践中产生和逐步发展起来的。

国际法除了具体的规则和制度外,还有原则,特别是基本原则,如主权平等、不干涉内政和和平解决国际争端。这些基本原则适用于国际关系的各个方面,贯穿于国际法的各个部门。

二、国际法的特征

国际法之于一般的法,有共同性,也有其特殊性,表现在它与国内法相比较有如下一系列特征:

(1) 国际法的主体主要是国家。此外,还有政府间国际组织,特别是世界性的国际组织(如联合国)。

(2) 国际法的制定主要是通过国家之间的协议来实现的,国际社会没有专门的立法机关。例如第三次联合国海洋法会议制定了《联合国海洋法公约》,又例如通过专门的外交会议制定了《维也纳外交关系公约》。

(3) 国际法调整的对象是国际关系,主要是主权国家之间的关系。

(4) 在强制实施方面,国际法也与国内法不同。在国内,国家有强大的执法手段,如法院、警察、军队、监狱等,保证国内法的实施。而国际法则没有这样居于国家之上的强制机关。联合国国际法院也没有强制管辖权。国际法的外在强制主要靠国家自己按照国际法,采取个别或集体的行动,包括要求违背国际义务、违反国际法的国家承担国家责任,实行报复,进行自卫。当然,国际法的实施也并不单纯依靠外在的强制。一般而言,国家按照国际法行事,对自身也是有利的。

三、国际法与国际私法、国际经济法、国际法学

为了更好地了解国际法,在开始学习时区分一下几个概念是有好处的。

(一) 国际法与国际私法

国际法是主要调整国家间关系的原则和规则。主要是主权国家之间关系的法,是国与国之间的法。国际私法则是调整具有涉外因素的民事法律关系的,调整在国际交往条件下形成的自然人和法人的财产关系和人身关系。这是从调整对象来看。再从渊源来看,国际法规范主要表现在国际条约和习惯中,国际私法规范(包括冲突规范和实体规范)则主要表现在国内法律、法规中。虽然有一部分国际私法规范规定在国际条约中,但至少目前国际条约不是国际私法的基本渊源。

(二) 国际法与国际经济法

关于国际法与国际经济法的关系问题,现在还有争论。有两种基本的看法。一种认为国际经济法是调整国际法主体之间的经济关系的法律规则和原则。另一种认

为,国际经济法是关于国际社会中经济关系与经济组织的国际法规范和国内法规范的总称,其主体不仅包括国家、国际组织,也包括个人、法人和其他团体。其适用的规范,既包括国内法规范,也包括国际公法规范,既包含关税法、外贸法等国内"公法",也包含国内民商法,即"私法",是一种跨学科的边缘学科。

(三) 国际法与国际法学

国际法一词有时被用来指国际法本身,有时也被用来指国际法学。这两者既有密切联系,又有区别。

国际法学是一门以国际法理论、规则和制度为研究对象的社会科学。它系统地研究国际法的一般性的和理论性的问题(例如国际法的历史、渊源、学派),研究国际法的基本原则和国际法的各部门(例如海洋法、航空法)法律规范的形成和发展,说明和讨论各种规范的含义,并在适当时加以评论。国际法学不仅要阐明规范本身,而且要探讨有关的学说、理论、国家实践和判例。此外,国际法学除研究国际法的当前状况外,还研究国际法的新问题和发展趋势。国际法教科书,是按一定的要求应用国际法学的原理和研究成果,对国际法和相关的科学知识所作的系统论述,属于国际法学的范畴。

第二节 国际法的发展

国际法的历史可以分为三个时期:(1) 古代和中世纪国际法,大致以 15、16 世纪为下限。(2) 近代国际法,从 1500 年前后到 20 世纪初。(3) 现代国际法,从 20 世纪初起,经过第二次世界大战直到目前这个时期的国际法。[①]

本书论述的国际法是现代国际法。为了更好地了解现代国际法的实质和特征,有必要回顾一下国际法的发展。

(一) 古代和中世纪国际法

古代和中世纪都属于资本主义以前时期。在这个历史时期,由于生产始终没有超出自然经济的范围,各民族、各国、各地区间处于相对闭塞的状态,这就是说,国家之间不可能有联系密切的、世界性的交往,也就不可能产生近代意义上的、超出地区界限的国际法。但自进入农耕和畜牧社会以后,各国间和平的或暴力的交往还是有的,而且逐渐增多。[②]

历史事实表明,在古代,凡有列国并存(或有诸多类似政治实体并存)并形成一定国际关系的一些地区,特别是古代文明中心,例如地中海一带、亚洲东部和中部,小国林立,往往有萌芽状态的国际法和国际法实践的出现。这是因为,只要有较经常性的国际交往,就会有对这种交往的规则和制度的需求,就会逐步形成这种规则、制度。

[①] 本书国际法分期根据吴于廑、齐世荣主编:《世界史》(六卷本),高等教育出版社 1992—1994 年版。
[②] 参见吴于廑、刘家和主编:《世界史·古代史编》(上卷),高等教育出版社 1994 年版,总序。

例如,在中国春秋时期,就是这样。① 古代印度、古代希腊②、古代罗马,也是如此。当时的国际法和国际法实践,以使节法、条约法、战争法规则最为多见。此外,还有一些涉及外国人地位和海洋的规则。

中世纪是指欧洲的封建时期。中世纪并不存在适合国际法正常发展的条件。这主要是由于国王们在国内并没有最高权力,对外则需要向教皇和罗马皇帝表示某种忠诚,概括地说,当时西欧还没有产生中央集权的主权国家这样的国际法主体。这个时期的国际法和国际法实践仍以使节法、条约法、战争法规则最为多见。值得一提的是,在海洋地位方面有一些实践,在意大利各城市共和国产生了领事和常驻外交代表机构。不过总的看国际法没有重大的发展,规则比较少,尚未自成体系,关于国际法也还没有形成明确的观念。③

---

① 公元前770—前476年,是中国史上的春秋时代。据《左传》记载,前后共有一百四十几个封国。由于诸侯兼并,到东周末年,只剩下晋、楚、齐、秦、越等十几国。当时是有国际法规则的萌芽和国际法实践的。后来秦汉中国统一,没有了列国并存的格局,也就没有国际法产生和发展的土壤。下面是春秋时代国际法的几个事例。第一,使节法。春秋时代,各国之间外交活动相当频繁,据鲁史记载,朝聘盟会凡450次。在这种活动中形成一定做法和规则。第二,外交使节有不可侵犯权。外交使节代表君主,不得侮辱,不得伤害。根据《周礼》,凡危害使节者,加以处罚,对非礼的国家可兴问罪之师。第三,条约。公元前579年,晋、楚两国议和,在弥兵盟会(国际和平会议)上订立盟誓说:"晋、楚两国同意永远摈弃战争,同意互相救助灾难危急。楚王国如受到第三国攻击,晋国就帮助楚王国与第三国作战。晋国如受到第三国攻击,楚王国也帮助晋国与第三国作战,两国政府同意保持道路畅通,经常派遣使节来往,随时磋商,共同讨伐叛逆。如果违背这个誓言,神明就降祸给他,使他国家的军队溃散,国命不长。"这相当于和平同盟条约。参见刘达人等:《国际法发达史》,商务印书馆1937年版,第3章第1节第五部分;盟誓译文根据柏杨:《中国人史纲》(上),时代文艺出版社1987年版,第147页。

② 在古希腊存在许多城邦国家,当时的城邦是平等的、独立的国家,这就使国际法的产生和发展有了条件。第一,使节法。在当时没有常驻国外的外交代表机构,使团往往是一次性的,相当于现在的特别使团。使节享有不可侵犯权,违反了这条规则,就被认为是极端的敌对行为,甚至被认为是宣战的法律根据。使节如受到攻击或污辱,派遣国有权要求引渡肇事者。使节享有种种荣耀,如在宗教仪式中享有荣誉席位等。第二,战争法。战争被分为合法的和没有合法理由的。进行战争的合法理由包括:保卫本国,保护宗教圣地,履行同盟义务。开始宣战时还必须举行隆重的宣战仪式。此外,战争被认为是城邦全体公民之间的斗争。因此,没有战斗员和非战斗员之分。占领敌人的城市后,屠杀和平居民,乃至妇女、儿童,被认为是合法的,有时一次杀死数千人。当时的战争法规则对武器的使用有所限制,对庙宇等宗教设施予以中立化,规定奥林匹克等全希腊体育竞赛期间休战。战俘,可以拷打或杀死。敌国财产或个人财产都可掠夺或毁坏。战争以征服或兼并而告终,但是如果是希腊人之间的战争,往往以订立和平条约而结束。当时的中立是准许交战一方运输物资过境的,甚至交战一方军队过境也不影响中立地位(但在这一点上有过相反的做法)。第三,外国人的地位。以雅典为例,在很长时期内外国人在城邦中不享有任何法律上的权利,随时可被迁移出境。在希腊历史的早期开始形成外国侨民保护制度,这往往通过条约,一般是互惠的。参见〔苏联〕费尔德曼等:《国际法史》,黄道秀等译,法律出版社1992年版,第1章第2节。

③ 西欧中世纪的所谓国际法主体,往往是指封建君主、国王。国家本身被视为他们的财产。在15世纪以前,争端的主体是君主、国王或教皇、主教。作为当时封建关系的基础——等级制度,被推行到国际法。这意味着否定国际法主体之间的平等。条约的担保,除了宣誓以外,还有用人质、财产或领土作为抵押形式的方式。充当人质的大都是国王家族成员。关于海洋的地位存在不同的实践和理论,一种认为国家不但可对沿岸水域行使主权,而且可对海洋各部分行使主权。例如当时英国主张对不列颠海洋拥有主权。另一种则认为,海洋作为共有的财产,对世界各国应是自由的。荷兰和法国坚决主张公海自由。战争法方面,在中世纪的欧洲,俘虏的待遇主要取决于俘虏的社会地位。如骑士、大领主,可以赎身保全生命;但被处死的事时有发生,在很长一段时期内,俘虏被认为是俘获者的战利品,可收赎金。敌人的财产,不论是国家的还是私人的,都可以夺取。战利品最初属于缴获者。中立制度在中世纪开始得到发展。中立最初是指中立国单方面不向交战各方提供军事援助(参加敌对行动),但并不禁止交战国的军队通过其领土,甚至在其领土上驻留,也不禁止向交战国提供外交或其他形式的援助。这与古希腊的做法有些相似。参见同上书,第2章第1节。

国际法的产生是世界诸多地区都有的现象,也可以说这种现象的产生是带有规律性的。① 因此,不能说只有某个时代某个地区,例如近代欧洲,才有国际法。但是应当指出:第一,古代和中世纪都是资本主义以前时期,由于物质生产水平限制,各大陆之间,各民族、各国、各地区间总体上处于孤立、闭关自守的状态,当时的国际法是萌芽状态的或处于初级阶段,而且是分散的、地区性的,与近代和现代的国际法不能同日而语。第二,国际法形成一个法律体系发展起来,并且与此相伴随,出现有系统的国际法学著作,确是近代欧洲的事。②

(二) 近代国际法

1500年以后,世界历史进入近代。随着地理大发现,资本主义生产方式在西欧首先发生和迅速发展,西方国家的海外殖民扩张,以及世界市场的形成,东西方之间和各大陆之间,各民族、各国、各地区之间的隔绝状态被打破。整个世界在经济、政治、文化等各方面逐步形成为互相联系、互相依存又互相矛盾的一体,成为统一的、日益发展的国际法的基础。

近代欧洲国际法开始形成的一个重要标志是结束三十年战争(1618—1648年)的1648年《威斯特伐利亚和约》。当时欧洲主要国家都被卷入这场战争。和约规定了欧洲各国的边界(这是欧洲秩序稳定的法律基础),承认所有参加国家有"领有权和统治权",确认欧洲各大国不分宗教信仰和国家制度一律平等,承认了瑞士和荷兰的独立。原来处于帝国统治下的约三百个封建诸侯国成为独立主权国家,成为平等的国际法主体(但是各诸侯国同非德意志国家缔结条约的权利受到限制)。这样,和约通过建立欧洲国家体系而为国际法的发展(当时主要是在欧洲)创造了有利条件。

这个时期国际法的状况和特点如下:

1. 国际法主体

主权国家,主要是欧洲国家,成为国际法主体。国家平等、国家主权等原则被提出。但是这些原则的适用起初仅限于欧洲"文明"国家的相互关系,后来才逐步扩大到原为欧洲国家殖民地的美国等美洲国家。土耳其1856年始被接纳加入当时的国际社会,但是它的地位是很特殊的,奥本海写道:"因为它的文明被认为不及西方国家的文明。"在第一次世界大战以前,广大亚非国家,包括一些文明古国,被诬蔑为"文明尚未达到使它们政府和人民能处处了解和履行国际法规则所必要的程度",被排除在国际法的适用范围之外。所以近代国际法在很长一段时期内被视为"欧洲国际法"③。

2. 国家的战争权

近代国际法承认国家有战争权(当然,实际上能行使战争权的只有列强)。例如,

---

① 参见刘达人、袁国钦:《国际法发达史》,商务印书馆1937年版,第3—5章;〔苏联〕费尔德曼等:《国际法史》,黄道秀等译,法律出版社1992年版,第1—2章。

② 参见周鲠生:《国际法》(上册),商务印书馆1976年版,第40—41页。

③ 〔英〕詹宁斯、瓦茨修订:《奥本海国际法》(第1卷第1分册),王铁崖等译,中国大百科全书出版社1995年版,第34—37页。

美国的赫歇（Amos S. Hershey）在其《国际法与国际组织要义》一书（1927年修订版）中写道："战争是主权性权力或最高政治权力的行使，被视为是主权本身所固有的。"[①]与此同时也承认征服（conquest）的权利和侵占别国领土的权利，从而也承认"不平等条约"的效力。在实践中，承认列强的战争权和承认不平等条约的效力的实例不胜枚举，在整个中国和其他亚非国家的近代史上俯拾皆是。

3. 国际法的各部门的发展和变化

（1）领土。17、18世纪的大部分时间内，领土的转让仍然是在国王之间进行的。18世纪末叶，领土的变更具有了公法性质，相应地出现了一些新概念和制度，如租借（一般期限可长达99年），对所谓"无主地"的"先占"（要求对殖民地土地要有效占领和通告）。边界河流和多国河流的国际航行制度建立起来了。

（2）海洋法。公海自由原则得到承认，其内容较过去有所扩大，公海自由不仅是航行自由，还包括捕鱼、铺设海底电缆的自由。领海制度也相应地逐步形成，到18世纪末、19世纪初，领海制度已告确立。

（3）居民。关于居民的国际法规则在19世纪有显著发展。主要表现在：a. 选择国籍（发生领土变更时）的办法得到了承认；b. 最惠国待遇得到广泛的采用（其起源还要更早）。庇护权开始出现，与此同时产生了刑事犯的引渡制度。国际法在近代（欧洲）有了重要发展。

（4）外交关系法。外交代表的刑事管辖豁免在此以前已告确立。民事管辖豁免则是在这一时期确立的（在荷兰和英国是在17世纪）。1815年的维也纳会议确定了外交代表的等级制度。外交代表分为大使、公使、代办。

（5）条约法。多边条约和缔结条约的程序有所发展。

（6）国际行政联盟出现。例如万国邮政联盟（1874年）。

（7）和平解决国际争端。1899年和1907年海牙和平会议对和平解决国际争端的规则有所发展。常设仲裁院成立。

（8）战争法。1899年和1907年的两次海牙会议对战争法规有重要的发展。对战斗员和非战斗员作了区分，禁止对和平居民采取战争行动。战俘制度朝着人道化方向发展，并确立了战俘是处于敌国政府的权力之下的原则。军事占领不产生领土主权的原则得以确立。禁止在战斗中使用毒物和足以引起不必要痛苦的武器。禁止毁灭或没收敌人财产，除非是出于军事必要。

（9）中立制度。中立制度也有重大发展，例如中立国不得提供任何直接或间接援助（但是不排除志愿人员和贸易）。

（三）现代国际法

20世纪初以后，国际政治、经济形势发生了重大变化，国际法也有了突破性发展。但这并不是说，近代国际法的许多制度和规则就完全消失了。现代国际法保留

---

① H Kunz, *Essentials of International Public Law and Organization*, Macmillan, 1929, p.544. 英国的国际法学者罗伦斯（T. J. Lawrence）在其1911年出版的《国际法原理》一书中写道："每一独立国家自行决定进行战争还是保持和平。"（T. J. Lawrence, *The Principles of International Law*, Macmillan, 1911, p.51.）

了一些近代国际法的规则,并在此基础上增加了新的成分。例如外交和领事关系法就是在原有基础上发展起来的。1961年《维也纳外交关系公约》就保留并发展了近代国际法中的许多规则和制度。在战争法方面也有类似的情况。1949年的四个日内瓦公约及其1972年两个附加议定书中的有关武装冲突法的规则,就是在改变有关旧的规则的基础之上,再加入新的内容发展起来的。

现代国际法在以下几个方面的发展最为显著:

(1) 禁止侵略战争及非法使用武力和武力威胁成为国际法的基本原则。战争作为国家推行其对外政策的工具被废弃,或者说非法战争是被禁止的。违反国际法而从事战争应受到制裁。第二次世界大战后的纽伦堡审判和东京审判,都判定德、日首要战犯的罪行之一是发动侵略战争,就是明证。

(2) 和平解决国际争端成为国际法的基本原则。

(3) 作为国际法基本主体的国家明显增加,国际法的适用范围显著扩大。这是因为,大批亚非原殖民地国家和附属国相继独立而成为国际法主体,打破了以欧洲国家为主,把亚非国家排除在外的国际政治格局,使国际法真正成为世界各国之间的法。

(4) 国际组织。政府间国际组织的大量出现对国际法的全方位的发展产生了巨大影响。特别是国际联盟和联合国组织,在促进现代国际法的发展上曾起过或正起着重要作用。第二次世界大战后许多国际组织的国际法主体地位已经确立。

(5) 国际法新的分支和部门一个接一个地出现,例如国际环境法、外层空间法、人权的国际保护。原有部门也有不同程度的发展。例如海洋法、航空法,在近代国际法中并不是一个独立的部门而仅在领土部分有所涉及,但现在已成为国际法的部门。航空法的发展非常迅速,新的内容不断加入,如在航空法中出现的反劫机问题。外空法的出现及发展,则完全是20世纪50年代以后的事。

(6) 现代国际法的发展还有一个显著特点是,由于世界各地区影响全球的共同问题的产生,各国合作的领域日益扩展,例如禁毒、防止空中劫持。这种合作大都通过多边条约的形式进行,从而进一步推动了国际法的发展。

第三节 国际法的主体

国际法的主体问题是国际法的基本理论问题之一。离开了国际法的主体,就谈不上国际关系,国际法也无从谈起。

一、国际法主体的概念

国际法的主体(也被称为法律上的"人",具有"人格"者),是指有能力(capacity)

享有国际法上权利和承担国际法上义务,有能力进行国际关系活动的实体。①

换句话说,国际法主体是指在国际关系中具有国际法上的权利能力和行为能力的实体。这种实体中最主要和最重要的就是国家。这种权利能力和行为能力,可表现为,例如与其他国际法主体建立外交关系,缔结条约,提出国际求偿,参加政府间国际组织和国际会议,参与国际法的造法活动(例如参加联合国海洋法会议),等等。所谓享有国际法上的权利能力或行为能力(后者是进行国际关系活动或"参加国际关系"的能力),就是必须是直接的、自主的或独立的,即不需要经过别的主体的中介或授权。例如,某些国家的地方政府或某些联邦国家的各邦,必须经过国家或联邦的授权才能在授权范围内缔结条约或协定,那就不符合这项标准。所以国际法主体必须具备的条件是:(1)具有享受国际权利和承担国际义务的能力;(2)具有参加国际关系活动的能力;(3)是"实体"。

二、现代国际法主体的类型

对国际法来说,哪些法律上的"人"是主体,这不是一成不变的。随着国际关系的发展,国际法主体的名单会发生变化。在第一次世界大战以前,只有国家才是国际法的主体。国际组织(政府间国际组织,下同)虽然较早就出现了,但是在第二次世界大战结束以前,甚至在战后初期,还没有被普遍承认为国际法主体。从那时以后,国际组织的国际法主体地位确立了。现代国际法的主体有:国家、国际组织以及正在争取解放的民族或民族解放运动组织几种类型。但是,国家在现代国际法中仍是最主要的主体。不同类型的主体的权利能力和行为能力有所不同。以下分别加以说明。

(一)国家

国家是国际法的基本主体。国家在各学科中的概念可以有所不同,在国际法中是有其公认的含义的,即国家有四个要素:固定的居民、确定的领土、政府和主权。这些将在第二章中详述。

(二)国际组织

国际组织的国际法主体地位并不是一下子被认清和得到广泛承认的。例如,1957年苏联出版的一部《国际法》教材还认为国际组织不是国际法主体。第一次世界大战、特别是第二次世界大战以后,由于国家之间政治、经济等方面的关系日趋密切,联合国以及其他一些国际组织在国际关系中发挥着越来越重要的作用,国际组织的数量也不断增加。

国际组织的国际人格和国际法主体地位是国际组织发挥作用的一个重要条件,

---

① 英国学者布朗利所著《国际公法原理》(第4版)中给国际法主体下的定义是:"能享有和承受国际权利和义务,并且有通过国际求偿(claim)维护其权利能力的实体(entity)。"See James R. Gawford, *Brownlie's Principles of Public Inernational Law*, 8th ed. Oxford University Press, 2012, p.115.苏联的国际法学者童金(Tonkin)给国际法主体所下的定义是:具有享受权利和承担义务并在一定场合承担国际责任的能力(capacity)的"国际法律关系的潜在或实际的参加者"。1981年统编国际法教科书中所下的定义是:"能独立参加国际关系,并能直接承受国际权利和义务的实体。"参见王铁崖主编:《国际法》,法律出版社1981年版。

往往在其组织约章中有所规定。例如《联合国宪章》第104条规定："本组织于每一会员国之领土内,应享受于执行其职务及达成其宗旨所必需之法律行为能力。"第105条规定："本组织于每一会员国之领土内,应享受于达成其宗旨所必需之特权及豁免。"此外,像《联合国特权和豁免公约》《关于国家和国际组织间或国际组织相互间条约法的维也纳公约》这样的条约名称本身就足以说明这一点。在这个问题上特别应提及国际法院1949年的《执行联合国职务时遭受伤害的赔偿案》咨询意见。国际法院认为,"联合国是国家集体活动逐渐增多的产物,为了实现其目的和宗旨,它必须要具备国际人格……这并不是说联合国是一个国家……这只是说它是一个国际法主体,能够享有国际权利和负担国际义务,并有能力通过提起国际求偿来维护它的权利。"

(三) 正在争取解放的民族或民族解放运动组织

第二次世界大战、特别是20世纪60年代以后,民族解放运动风起云涌,不可抗拒。有一百多个原殖民地附属国取得了独立,联合国会员国从51个创始国增加到现在的193个,其中绝大部分就是新独立的国家。1960年联合国大会专门通过一项宣言——《给予殖民地国家和人民独立宣言》(决议1514号XV)。

正在争取解放的民族或民族解放运动组织,一般是指已实际上控制一定的地域或根据地,有一定政治组织和机构作为其在国际上的代表,正在为摆脱殖民统治而斗争着的民族或组织。这里提到的几点实际上也是这种运动的地位得到承认的条件和根据。本质上,争取解放的民族之所以被认为是国际法的主体,是由于根据国际法它们享有民族自决权,在事实上它们是正在形成中的国家。

关于正在争取解放的民族是否为国际法主体这一问题,在学说上并非一致。我国已故国际法学家周鲠生认为:"当一个民族正在为争取独立、建立自己的国家而进行斗争,有了自己的政治组织,纵令这个组织开始设立在国外,就可以作为国际法主体对待。"别乔依(Bedjaoui)主编的国际法教科书把民族解放运动列为国际法的主体之一。有一些西方学者则持怀疑或否定态度。①

作为国际法主体,正在争取解放的民族或民族解放运动组织,与国家还是有所区别的。因为它们实际上还只是处于形成国家的过程之中。正在争取解放的民族或民族解放运动组织的法律地位可概括为:

(1) 有一定的国际交往能力,如派遣和接受使节,进行谈判,缔结条约或协定。以巴勒斯坦解放组织为例。巴解在1964年成立后,事实上自1965年起即在一些国家包括在北京设有使团。1985年巴解宣布成立巴勒斯坦国。到1989年,承认的国家

---

① 参见周鲠生:《国际法》(上册),商务印书馆1976年版,第61—62页。苏联学者童金写道:"当一个民族为实现自决权而斗争并建立了相应的政权机关时,就是国际法主体。"一些西方著作没有谈或没有专门谈这个问题。涉及这个问题的作者在争取解放的民族的国际法主体地位问题上的观点也不尽相同。例如,布朗利认为,"作为强行法的一个方面,自决原则可以作为正当理由来给予某些类型的交战团体和流亡政府以高于一般的地位"(See James R. Gawford, Brownlie's Principles of Public Inernational Law, 8th ed. Oxford University Press, 2012, p.881)。《奥本海国际法》则称:"承认一个解放运动为政府可能被认为是促进有关人民的自决;但是在该运动可以被合理地认为是该领土的有效地建立的政府以前,给予这种承认除了不现实以外,还会是过早的和等于对母国的干涉。"(Sir *Robert Jennings* and Sir Arthur Watts, ed., *Oppenheim's International Law*, 9th ed., Longman Group Ltd, vol.1, 1992, pp.289-290.)

已达 89 个。巴解组织的驻外机构有许多改称为大使馆。但是也有一些国家不予承认。

（2）不同程度地参加国际组织。巴解于 1964 年即被阿拉伯国家联盟接纳为正式成员。经联合国大会的各辅助机构决定，自 1971 年起，各非自治领土的解放运动组织应作为各该领土人民的代表参加这些机构的会议。根据联合国大会第 3280（XXIX）号决议，凡经非洲统一组织承认的民族解放运动组织，作为观察员参加联合国的一切会议。联合国专门机构也接纳各民族解放运动组织作为观察员。1974 年第二十九届联合国大会通过决议邀请巴解作为观察员参加联合国大会的会议和其他机构的国际会议。巴勒斯坦解放组织现在联合国享有非会员国的地位。

（3）有权采取包括武装斗争的不同方式来争取和维护独立，同时享有接受国际援助的权利。这种援助不能认为是干涉。对正在争取解放的民族或民族解放运动组织的战斗员适用国际人道主义法。

（四）个人是不是国际法主体问题

对于这个问题，国际法学中有不同的，甚至对立的观点。一种看法认为，个人是国际法主体。另一种观点与此相反。

持前一种观点的学者中[①]，代表性的有英国的劳特派特和美国的杰塞普。[②] 例如《奥本海国际法》(第 9 版)就认为，"国家可以将个人或其他人格者视为是直接被赋予国际权利和义务的，而且在这个限度内使他们成为国际法的主体"。奥布利昂所著

[①] 主张个人为国际法主体的学者，其论据主要有以下几点：(1) 国家的行为总是由个人来做的。国家的权利和义务也是由个人来行使和履行的。如劳特派特认为："国际法所调整的所谓国家行为，实际上是作为国家机关的个人的行为。"（Sin Hersoh Lautenacht, *Oppenheim's International Law*, 7th ed., 1957, vol.1, p.21. See Philip C. Jessup, *Modern Law of Nations*, 1952, p.18.）(2) 个人有某些直接的国际法上的责任，如战争罪犯、海盗，因而是国际法主体。(3) 有些国际条约直接适用于个人。如欧共体一些条约中的有些规定就可以直接适用于个人。(4) 国家的一些重要人物在国际法上享有特殊的地位。如国家元首、政府首脑以及外交代表等。国际法赋予了他们一些特殊的权利和义务。

对于以上这些论据，持个人不是国际法主体观点的学者一一予以反驳。首先，对第一点，他们指出，固然可以说国家行为的最终实施者是个人，但是这种行为无论如何也不应被视为是个人行为或仅仅是个人行为，而是个人代表国家或根据宪法、法律的授权所作的行为。对第二点和第三点，个人的确有某些直接的国际法上的责任，一些条约的条款直接适用于个人，这也是事实。但是，这种国际法规则和条约是国家作出和缔结的。其次，总的看来，这些事例与国家和国际组织在国际关系的大量活动中所表现出来的权利能力和行为能力相比，只是少数例外情况。最多只能说个人有某种国际法律地位，但是这当然不等于认为个人就是国际法主体。最后，至于国家元首、政府首脑以及外交代表享有国际法所赋予他们的特权和豁免权，从根本上来看，这些权利是给国家的，个人之所以享受这些权利，是因为他们依国内法所处的地位和所担任的职务。例如《维也纳外交关系公约》序言中指出，"确认此等特权与豁免之目的不在于给予个人以利益而在于确保代表国家之使馆能有效执行职务"。

[②] 劳特派特在其编订的《奥本海国际法》中提出，"虽然国家是国际法的正常主体，但是国家可以把个人或其他人格者视为直接赋有国际权利和义务，在此限度内使其成为国际法主体"（Sin Hersoh Lautenacht, *Oppenheim's International Law*, 7th ed., 1957, vol.1, p.21.）。在新近修订的《奥本海国际法》(Sir Robert Jennings and Sir Arthur Watts, ed., *Oppenheim's International Law*, 9th ed., Longman Group Ltd, vol.1, 1992, p.16.）中，上述观点仍维持未变（第 16 页）。杰塞普在其《现代国际法》一书中也主张，国际法应直接适用于个人，使其同国家一样成为主体。杰塞普认为，"国际法应界定为是适用于国家相互关系中的国家以及个人与国家之间关系中的个人的法"（Philip C. Jessup, *Modern Law of Nations*, 1952, p.17.）。

《国际法》(2001年伦敦版)中指出:"很明显,个人在国际法上的地位是一件根据当时的境况而定的事情,然而,自1905年《奥本海国际法》初版以来,个人在国际法上的地位已发生了相当程度的改变,而且,关于这个问题的一般原则已经由一直关注这一问题的目前版本的编者做了很好的说明:'国际法不再——像从前那样——只与国家有关'。在很多情形下,国际法可能已经创设了权利,但是,这一权利属于某个具体的国家,并由于国内法的实施而为个人所享有。"英国学者布朗利认为:"在特殊的场合个人作为具有法律人格者而出现在国际层面上。"①现在比较通行的看法是认为个人是国际法的主体。

第四节 国际法的渊源

一、国际法渊源的概念

"法律渊源"有其特定含义。从国内法看,"法律渊源"是指法律规范表现的形式或形成的程序,例如全国人民代表大会或其常务委员会通过的法律、国务院颁布的法规。从国际法看,渊源是指有效的国际法规范产生或形成的过程、程序,或这些规范表现的形式。②

国际法渊源问题的学习和研究不但有理论意义,而且有实用意义。因为,不论是要查明国际法的规范是什么,还是在有分歧时要确定何者是适用的国际法规则,何者不是,都离不开对有关规范或规则的渊源的调查研究。

二、国际法渊源的内容

"国际法的渊源"是指国际法规范表现的形式或形成的过程、程序,已如前述,那么,哪些是国际法的渊源呢? 主要和首先是国际条约和国际习惯。在讨论这个问题时有必要先看一下在这种场合经常被引用的《国际法院规约》第38条。该条常被认为是对国际法渊源的权威说明。

一、法院对于陈诉各项争端,应依国际法裁判之,裁判时应适用:

(子)不论普通或特别国际协约,确立诉讼当事国明白承认之规条者(international conventions, whether general or particular, establishing rules expressly recognized by the contesting parties)。

(丑)国际习惯,作为通例之证明而经接受为法律者(international custom, as evidence of a general practice accepted as law)。

---

① Brownlie Ian, *Principles of Public International Law*, 3rd ed., Oxford University Press, 1979, p.69.
② 参见李浩培:《国际法的概念和渊源》,贵州人民出版社1994年版,第52页;周鲠生:《国际法》(上册),商务印书馆1976年版,第10页。那种将"渊源"理解为"第一次出现的地方"的观点似乎是不确切的。因为任何法律规范的内容都可能在某著作或文件中第一次出现。如"海洋自由"最早是格劳秀斯在其《海洋自由论》(Mare liberum,1609)中提出的,不干涉别国内政原则首见于1795年法国格雷瓜尔僧长(Labbe Gregoire)起草的《国家权利宣言》草案。但这两者都不能说是国际法的渊源。

(寅)一般法律原则(general principles of law)为文明各国所承认者。

(卯)在第五十九条规定之下,司法判例及各国权威最高之公法学家学说,作为确定法律原则之补助资料者(as subsidiary means for the determination of rules of law)。

二、前项规定不妨碍法院经当事国同意本"公允及善良"(ex aequo et bono)原则裁判案件之权。

现行的《国际法院规约》是1945年作为联合国宪章的组成部分出现的,内容基本上是沿袭1920年订立(经过几次零星修订)的《国际常设法院规约》。其中第38条第1款关于法院裁判时应适用的(子)(丑)(寅)(卯)各项,连同排列顺序,均原封未动。但是经过几十年以后的今天,国际法和国际关系都有了很大发展,关于国际法渊源的实践和学说也并非一成不变。当然对这一条也不是全盘否定。那么,目前状况怎样呢?

当前关于国际法渊源的比较一致的观点似乎是,条约和习惯是现代国际法的渊源,还没有变化。司法判例和各国权威最高的国际法学家的学说,仍可作为确定法律规则的辅助手段(《国际法院规约》中文本作"确定法律原则之补助资料")。有一个明显的趋势是把一些国际组织的机构(例如联合国大会、安全理事会)的决议,作为确定法律规则的辅助手段,并且提到较重要的地位,而按照其具体内容赋予不同的法律意义。①

首先应当指出,《国际法院规约》第38条是针对国际法院裁判案件时应依据什么规则以及一般应按照什么顺序这一点规定的,但常被认为是对国际法渊源的权威说明。下面,仍以《国际法院规约》第38条作为起点,作几点说明:

(1) 国际条约。条约是指国家间、国家与国际组织间或国际组织相互间所缔结"而以国际法为准之国际书面协定",不论用什么名称(如条约、协定、公约、议定书)。② 规约规定,条约包括一般国际条约和特殊国际条约。但这里应尤指所谓造法性公约,即确立一般国际法规范的公约,如《维也纳外交关系公约》《联合国海洋法公约》。

(2) 国际习惯。按照国际法院规约,国际习惯是指经接受为法律的一般实践、惯例或做法(a general practice)。这与国际法院在"北海大陆架案"判决中所指出的形成习惯法的诸因素是一致的。这些因素包括:国家实践的一般性因素或所谓"物质因素",即在某一方面的国家实践实际上一致而且参加实践的国家广泛而有代表性,包括了最有利害关系的国家;以及"法律确信"(opinio juris)或所谓"心理因素",即这种实践是基于对一项法律规则或法律义务的一般承认(a general recognition)。

国际习惯作为国际法的渊源,在19世纪末和20世纪初以前是很重要的,甚至是

---

① 参见李浩培:《国际法的概念和渊源》,贵州人民出版社1994年版,第131页以下。

② 参见1969年《维也纳条约法公约》、1986年《关于国家和国际组织间或国际组织相互间条约法的维也纳公约》;周鲠生:《国际法》(上册),商务印书馆1976年版,第13—14页。

主要的,这至少是因为那时国际法的编纂不够发展。现在,作为国际法的渊源,国际条约也许可说是主要的了,因为许多国际交往中的重要问题已有或将由国际公约加以规定。但是习惯法作为国际法形成的一种机制、方法或过程,仍然是不容忽视的。在一些重要的所谓造法性条约的序言中往往重申,凡未经本公约明文规定之问题应继续适用习惯国际法规则和原则。

(3) 一般法律原则。为"文明各国所接受"的"一般法律原则",有两个问题需要加以说明:一个是何谓一般法律原则,另一个是一般法律原则是不是国际法渊源。对于第一个问题,有多种不同的观点,其中一种认为一般法律原则是指各国国内法、特别是私法中所共有的原则(例如奥本海);另一种认为是指国际法的原则(例如童金)。从1920年规约的准备资料来看,上述第一种理解是比较符合原来意思的。[①] 此外有的法学家,例如童金,认为根本不存在这种普遍公认的国内法一般法律原则。

对于第二个问题,主要有两种见解,一种认为它是国际法渊源,另一种认为它不是。周鲠生认为,一般法律原则不能当成一个国际法渊源。他指出,所谓一般法律原则的含义本来就不明确,因而引起争论。一些西方学者认为一般法律原则是国内法原则,而苏联一些学者则坚持说是国际法原则。显然,国际法原则在逻辑上不能说又是国际法的渊源。而国内法原则也只有通过习惯或条约证实其已被公认,才能成为国际法原则。周鲠生认为,《国际法院规约》第38条列入这样一项规定,只能认为是准许法院在审判某种案件时,在从习惯或条约中都找不出适用的规范的场合,比照适用一般法律原则,作为变通的解决办法;而那并不具有新创一种国际法渊源的作用。这一观点似乎比较恰当。

(4) 司法判例、权威国际法学家的学说。《国际法院规约》第38条还规定了两种"确定法律原则之补助资料",即司法判例及"各国权威最高之公法学家学说"。显然这两项是不能与国际习惯和条约相提并论的,它们并非国际法的渊源,而是一种证据或证明材料。还应指出,关于司法判例的规定是受《国际法院规约》第59条限制的。该条规定:"法院之裁判除对当事国及本案外无拘束力。"不过这两种"补助资料"的作用仍是不容忽视的。就司法判例而言,判例中针对当事国请求解决的特定问题的判词虽然"除对当事国及本案外无拘束力",但是其中对某些法律原则原理方面的论断,往往仍可能被援引。权威国际法学者的著作的作用主要在于其证据价值,例如可用以证明某法律规范存在,其内容是什么,或惯例向习惯转化。不过实际上在国际法院的裁决中很少看到直接援引国际法著作的,而在国际仲裁法庭、国内法院的裁决中,或在国际法院法官的个别意见或反对意见中被援引得较多。

---

① 从国际法院的实践来看,被援引的一般法律原则不多,其中有:"已判事项不重开"(res judicata)、"诚信原则"(bona fide)、"信守约定"(pacta sunt servanda)、"禁止食言"(estoppel)、"禁止滥用权利"(jus abutendi)、"行使自己权利不得损害他人"(qui jure sus utitur, neminin facit injuriam)、"不法行为不产生权利"(ex injuria jus non oritur)。据指出,一般法律原则只在相当有限的领域中才被适用,主要是有关法律责任的一般原则和违反国际义务场合的赔偿,或在国际司法程序方面,例如证据方面,其中一些实际上带有通行的法律概念、逻辑推理或格言性质。

（5）"公允及善良"原则。原意是在公平和善意的基础上，即可以不严格依照国际法进行裁判，条件是必须得到当事国各方的同意。实际上国际法院还没有过按照公允及善良原则裁判的案件。

（6）国际组织和国际会议的决议。《国际法院规约》第38条中没有提到国际组织的决议，原因之一可能是当时国际组织的作用还没有现在这样重要。第二次世界大战以后，国际组织、特别是联合国在国际关系中的重要性越来越明显。它们活动的重要形式之一是按照其组织约章（例如《联合国宪章》）的有关规定，就国际关系和国际法的重大问题通过决议或宣言，例如联合国大会1960年《给予殖民地国家和人民独立宣言》，1963年《各国探索和利用外层空间活动的法律原则宣言》，1970年《关于各国依联合国宪章建立友好关系及合作之国际法原则之宣言》，1974年《关于侵略定义的决议》。因此，现在论述国际法的渊源问题时就不能不考虑国际组织的决议了。

国际组织，特别是像联合国这样的组织，其决议是不是国际法的渊源呢？这个问题要有分析。从法律拘束力的角度来看，联合国大会的决议，包括采取"宣言"形式的决议，一般是建议性质，没有法律拘束力，不构成法律规范。因此，尽管联合国大会决议对促进国际法的逐渐发展很有贡献，但是其本身一般还不能作为国际法渊源。联合国大会决议有一小部分有法律拘束力，例如关于联合国预算的决议，虽然这种决议往往并不包含一般国际法规范，只在特定问题上和在一定范围内设定法律义务。同样地，安全理事会的许多决议有法律拘束力，虽然并不一定都包含一般国际法规范。但是，国际组织的决议如果是宣布习惯国际法规则或正在产生中的国际法规则，则不仅仅是确定国际法规则的重要"补助资料"，而应按具体情况视为习惯法的证明或将导致习惯法的产生。例如国际法院在"西撒哈拉案"咨询意见中提到西撒哈拉人民根据联合国大会通过的非殖民化宣言享有的自决权利。此外，像国际法委员会或联合国大会法律委员会拟定的公约条款草案（例如前者正在拟订的关于国家责任的条款草案），联合国秘书处所准备的国际法专题研究报告（例如1962年《历史性水域、包括历史性海湾的法律制度》），似也都可列为"补助资料"或证据，而且其价值并不亚于国际法学者的著作。

（7）"准条约""软法"。近几十年，国际合作新领域不时出现，在国际合作的需要趋于增强的情况下，在有些场合各方觉得需要制定某种规则以调整某方面的相互关系，但是由于实际资料还不足，或认为不宜承担硬性的法律义务，或考虑到便于更多当事方迅速接受等原因，出现了一些不规定法律义务，因而没有法律拘束力但又并非无拘束性的比较灵活的国际协议，被加以"准条约""非拘束性协定"或"事实上协定"等名称。[①] 例如，1975年《赫尔辛基最后文件》(Helsinki Final Act)，内容多样、规定详细，虽然通篇表明并非缔结条约，但在这个文件的终结部分，与会各国明白表示决心"在会议以后的期间内，对本会议最后文件的规定予以应有的尊重和履行"，并具体地规定了三项实行的方式。

---

① 参见李浩培：《国际法的概念和渊源》，贵州人民出版社1994年版，第56—58页。

"准条约"同国际组织或国际会议的一些不具有法律拘束力的决议、宣言、建议、指导方针、行动纲领等,也有称之为"软法"的。有113个国家和一些国际组织的代表参加的斯德哥尔摩联合国人类环境会议通过的《人类环境宣言》《人类环境行动纲领》,1992年在巴西里约热内卢召开的有170多个国家的领导人出席的联合国环境与发展大会通过的《里约环境与发展宣言》就属于这一类。其中有一些规则虽然尚无法律拘束力,但并非毫无意义,而且并不排除转化为法律规则的可能。

第五节 国际法的编纂

一、编纂的概念和意义

国际法的编纂(codification),狭义上一般是指把现有的国际法规则,特别是习惯法规则,加以准确表述和条文化、系统化;广义上则一般还包括修订、补充原有规则或提出新的规则,将它们编成条款草案,由一个有权确定的机构,通常是外交会议,予以认可,并通过一定程序,形成国际公约。现在编纂通常用于广义。例如1961年《维也纳外交关系公约》、1982年《联合国海洋法公约》,就是这种意义上的编纂的成果。

国际法的编纂是外交和国际法学上的一项重大课题。国际法编纂在现代尤其具有重要意义。首先,习惯国际法的形成和发展常常要经过比较长甚至漫长的时间。编纂可以缩短或甚至直接完成这个过程。例如,外交关系法的发展,包括现行的外交特权和豁免的形成,经过了几个世纪。又如海洋法中的领海宽度问题,长期未能解决,各国的实践颇不一致,各国在第三次联合国海洋法会议——这是迄今最为重要的海洋法编纂会议——上对这个问题达成了协议。1982年《联合国海洋法公约》规定,领海的宽度为从基线量起不超过12海里。其次,习惯法规则往往缺乏明确性和精密性。例如,按照外交关系法,国与国建立外交关系要通过协议,但是大使的任命是否需要得到接受国的同意呢?过去在这一点上各国实践并不一致。编纂可以弥补习惯法的这一欠缺。例如《维也纳外交关系公约》对上述问题作了明确的肯定的规定。最后,习惯法的证明往往不太容易,因而给其适用带来很大不便。从以上简略说明也不难看出编纂对促进国际法的形成、发展和适用的巨大意义。当然,这并不影响习惯作为国际法渊源的作用,虽然其重要性已不如往昔。

二、国际法编纂简史

最早提出国际法编纂的是18世纪英国学者边沁(Bentham)。一些民间学术团体,如成立于1873年的国际法学会(Institut de Droit International)和国际法协会(International Law Association),从事这方面的工作。美国哈佛大学提出过一些条款草案,一些个人也曾经提出国际法法典。这些都起过或仍起着不同程度的影响。但是,这种非官方的、学术团体和私人的编纂工作,作用毕竟有限。收效大而直接的还是由各国政府参加进行的国际法编纂工作。

1899年和1907年两次海牙和平会议,对和平解决国际争端和战争法的编纂作出了重要贡献。第一次世界大战以后,在国际联盟的主持下进行过一些国际法编纂工作,但成绩并不显著。第二次世界大战以后,在联合国主持下,国际法编纂工作取得了重要成果。

三、联合国主持下的国际法编纂工作

联合国很重视国际法的编纂工作。这一点在《联合国宪章》中就有所反映。《联合国宪章》第13条规定,联合国大会的职权之一,是发动研究并作成建议,提倡国际法之逐渐发展及编纂。

联合国系统内有一些常设的或临时性的被赋予国际法编纂职能的机构。除了下面将要专门介绍的国际法委员会外,还可以指出以下一些:首先,联合国大会第六委员会(即法律委员会)也有编纂国际法的任务。如1948通过的《关于防止及惩治灭绝种族罪公约》的起草就是在第六委员会的工作基础上完成的。其次,为了进行专项的编纂工作,联合国有时根据联合国大会决议成立特别委员会,例如《国际法原则宣言》就是由一个特别委员会草拟的。最后,技术性强的国际公约以及国际规则和标准,则由主管的联合国专门机构负责制定。例如,国际海事组织(International Maritime Organization,简称IMO),就曾主持起草了一些海洋环境保护方面的国际公约,如1973年《国际防止船舶造成污染公约》。还应指出,在联合国的主持下还召开了一些外交会议,如第一次、第二次、第三次联合国海洋法会议,编纂和制定国际公约。但是在国际法编纂方面负基本责任的则是下面要介绍联合国国际法委员会。

四、联合国国际法委员会及其工作

联合国国际法委员会(International Law Commission,简称ILC)是根据《联合国宪章》第13条的规定于1947年成立的,从1949年开始进行国际法的编纂工作。按照《联合国国际法委员会规约》的规定,其主要任务是促进国际法的逐渐发展(progressive development)和编纂(codification)。"国际法的编纂"是指"在已经有广泛的各国实践、先例和学说的领域内对国际法规则进行更精确的制定和系统化";"国际法的逐渐发展"则指"对尚未为国际法所调整的或在各国实践中法律尚未充分发展的问题拟订公约草案"。规约并对它们分别规定了不同的工作程序。但是实际上两者是不能截然分开的,采用的程序也基本相同。

国际法委员会最初由15名委员组成,1956年委员名额增加到21名,1961年又增加到25名。从1981年开始至今一直由34名委员组成。在34名委员中9名来自非洲、8名来自亚洲、3名来自东欧、6名来自拉美和加勒比地区、8名来自西欧和其他地区。委员的入选条件是"在国际法上公认合格的人士",但委员会的总体构成要能代表世界各主要文明形式和各主要法系。委员由各国政府提名、经联合国大会选举产生。委员是以个人身份而非以政府代表的身份参加工作。中国担任过国际法委员会委员的人士有倪征燠、黄嘉华、史久镛、贺其治,目前是薛捍勤,她是国际法委员会成立五十多年来首位女委员。

国际法委员会的工作程序一般是：先就所要编纂的专题内容列出问题清单，提请各国政府提出意见，收回后经综合研究提出一部分或全部初步条款草案，再发给各国政府征求意见，如此反复若干次，经委员会三读通过，形成最终草案。经联合国大会认可，并召开外交会议讨论通过，最终形成公约。

国际法委员会自成立以来，已经完成并形成公约的专题有：
（1）1958年日内瓦海洋法四公约；
（2）1961年《维也纳外交关系公约》；
（3）1963年《维也纳领事关系公约》；
（4）1969年《联合国特别使团公约》；
（5）1969年《维也纳条约法公约》；
（6）1973年《关于防止和惩处侵害应受国际保护人员包括外交代表的罪行的公约》；
（7）1975年《关于国家在其对普遍性国际组织关系上的代表权的维也纳公约》；
（8）1978年《关于国家在条约方面的继承的维也纳公约》；
（9）1983年《关于国家对国家财产、档案和债务的继承的维也纳公约》；
（10）1986年《关于国家和国家组织间或国际组织相互间条约法的维也纳公约》。

国际法委员会进行研究的专题包括：
（1）关于外交信使以及没有外交信使护送的外交邮袋的地位；
（2）国家责任；
（3）国际法不加禁止的行为所产生的损害性后果的国际责任；
（4）国际水道的非航行性使用法；
（5）危害人类国际和平及安全治罪法。

第六节 国际法的效力根据与学派

"国际法的效力根据"（the basis of international law）是国际法学中的一个专门术语，指的是，国际法何以对国家及其他国际法主体有拘束力。这是国际法的基本理论问题之一。在前面谈到国际法的概念时，已经说明，国际法是有法律拘束力的。但是，有拘束力和为什么有拘束力是两个不同的问题。比方说，条约必须遵守原则，国家主权原则或具体的国际法规则，都是有拘束力的，但是这拘束力的根据是什么，为什么会得到遵守？对于这些问题的各种不同看法，是区分国际法学学派的准绳。对这些问题有多种不同的回答，从而也就形成了诸多不同的学派。主要的学派有自然法学派、实在法学派、折中法学派、自然法学派和新实在法学派。

（一）自然法学派

在欧洲中世纪，法学和神学是分不开的。自然法学派以前的法学是神权法学。自然法是向神权和神权法学进攻的武器。自然法学说产生很早，盛行于17世纪至18世纪，对现代西方法律思想曾产生过很大的影响，甚至现在依然能看到这种影响。自然法学派的主要观点是：法律本身就是自然法，或者说，在制定法、习惯法的上面或后面是自然法,自然法是绝对公正的。对于什么是自然,这一学派的学者们认为,自然就是本性、理性、正义,是社会的本性或者事物的本性,而法律就是从这些本性中产生或推论出来的。人的本性要求成为社会的一员,因此,人们结成政治组织,人和人之间要互相宽容,等等。有的自然法学派人物根本否认制定法,或者认为制定法(实在法)是从自然法获得效力的。正因为如此,他们认为自然法是普遍的、恒久不变的;自然法高于实在法;自然法可以由理性(reason)发现,而不需要国家的同意。

(二) 实在法学派

该学派把国际法主要地建立在习惯(如果习惯是合理的)和条约基础之上,即强调人造法、人定法,而不是自然立法。该学派认为国际条约和国际习惯是国际法的主要形式。由于这二者都是实在的(positive,或翻译为"实定的",含有经正式规定的之意,条约是基于国家的共同同意,习惯被认为是基于国家的默示同意),由这二者所构成的国际法是人所造成的,是经国家同意的。所以,国际法效力的根据是体现于习惯或条约的国家的共同同意。奥本海就是采用同意说作为国际法效力的根据的。他认为,各国的共同同意(common consent)是国际法效力的根据。①

(三) 折中法学派(格劳秀斯学派)

格劳秀斯本人是自然法学派的人物,但他把国际法分为两类,一类是"万民法",即习惯国际法,他称之为意志法,另一类是关于国家之间关系的自然法,他称之为自然国际法。其根源在于人类理性。② 格劳秀斯虽然对国际法作了这样的区分,但是他的主要兴趣是集中在自然国际法上,因为他认为意志国际法是次要的。折中法学派保持了格劳秀斯关于自然国际法与意志国际法的区分,但与格劳秀斯不同,认为自然国际法和实在国际法同等重要。折中法学派的代表人物中最著名的是法泰尔(瑞士人,1714—1767)。他的名著之一是《万国公法:或适用于国家和主权者的行为和事务的自然法原则》(1758年)。从这个书名本身可以看出,他是主张将自然法适用于国际法的。但法泰尔认为实在国际法或意志国际法同自然国际法有同等重要性。③

自然法学派和实在法学派在理论上都存在问题。

自然法学派,以自然法作为国际法效力的根据。但是,他们所说的自然也好,理性也好,都念缺乏确定性,或者说太抽象,人们对"理性"和"人的本性",可以有各种

---

① 《奥本海国际法》第9版认为"共同同意"的内容是,"认为应该有一组法律规则——国际法规则——以支配它们作为该社会成员的行为。在这个意义上,'共同同意'可以说是国际法作为法律体系的根据"。参见〔英〕詹宁斯、瓦茨修订:《奥本海国际法》(第1卷第1分册),王铁崖等译,中国大百科全书出版社1995年版,第8页。

② 格劳秀斯说:"自然法的母亲是人类本性",又说:"自然法是不能改变的,就连上帝也不能改变……例如,上帝无法使二加二不等于四。"(转引自李家善:《国际法学史新论》,法律出版社1987年版,第104、105页)格劳秀斯的主张被认为是自然法学派和实在法学派的折中。格劳秀斯虽然对国际法作了这样的区分,但是他的主要兴趣是集中在自然国际法上,因为他认为意志国际法是次要的。格劳秀斯之后折中法学派的代表人物中最著名的是法泰尔。法泰尔把万国法分为"必要万国法",即"自然万国法"和"实在万国法"。他写道:这两者都"是自然创立的,但各有不同的方法:前者是一种神圣的法律,国家在它们所有的行动中都应该尊重并奉行不苟,后者是一种规范,普遍的福利和安全迫使它们在彼此交往中予以承认。必要法直接来自自然法;而人类的这个共同母亲命令大家遵守国际任意法,这是由于考虑到各国彼此相处的处境以及它们事业的利益。建立在特定和不变的原则上的这双重法律,都是可以阐明的。"(转引自李家善:《国际法学史新论》,法律出版社1987年版,第152、153页)

③ 另参见同上。

不同的见解。实在法学派认为国际法效力的根据是国家的同意——表现为习惯和条约(习惯被认为是默示的同意)。这种学说对一些问题也无法解释。例如,国家同意一项规则后为什么就必须加以遵守,国家既然可以自由地对一个规则表示同意,也可以在表示同意后自由地撤销其同意——对于这些表象后面的深层问题,这个学说并没有提出令人满意的回答。

除上述三种主要的学派以外,到了20世纪,又出现了许多其他学派,如新自然法学派、规范法学派、政策定向学派,等等。以下我们作一简要介绍。

(四)新自然法学派

新自然法学派是20世纪出现的以自然法为依据的国际法理论,也被称为自然法理论的"复活"或"复兴"。这一学派的一个特点是把某种价值观或法律观奉为国际法的效力根据。主要观点有:(1)人的尊严和理念是至高无上的,是自然法或上帝法,是至高无上的法律;(2)法律观念和法律标准是超越时代法的。如劳特派特就认为,"现在一般都承认以各国的实例为基础的法律规则如有不足之处,国际法可以借助正义的规则或法律的一般原理得到适当的补充或帮助","公认的法律观念、法律标准——有超越任何一个主权国国家的实在法之上的持久的效力"。这种观点贬低了国家主权在现代国际法中的地位,也否定或降低了一些国际法原则或规则的意义。

(五)规范法学派

代表人物是美国籍奥地利人凯尔森(1881—1973)。凯尔森从法律的基本规范入手研究,认为次级法律规范的效力来源于更高一级的法律规范,而最高级的法律规范即法律的"基本规范"则是一个假设。他因此认为,国际法的效力根据是"协定必须遵守"这一习惯规则,而习惯规则之所以有效力是根据一个基本规范,即习惯是一种造法事实,它具有创造法律规范的效果。那么这个基本规范的效力根据又是什么呢?他解释说,"这是从法律角度解释各国行为的法学家所假设的"[①]。对于凯尔森的这种学说,学者们的看法并不一致,有人认为是属于新自然法学派,而有人则认为应归于新实在法学派。不过根据凯尔森的整个学说的特点,将其称为"规范法学派"是比较贴切的。

(六)政策定向学派

即偏重政策或以政策为依归的研究方法。其代表人物是美国人麦克杜格尔(McDougal)。他认为,"政策是政治的根本,决策是权力的核心",按照这种观点,国际法是"一种决策的循环,一种决策的过程"。"政策的制定过程就是国际法的作用,而国际法就是对外政策的表现,其效力取决于制定国家对外政策的机构和个人的心态和决定。"[②] 对于这种学说,可以指出几点:首先,该学说把国际法与国家对外政策混为一谈,实际上取消了国际法,国际法确实与国家对外政策有密切关系,但是不能把两者等同。其次,该学说把国际法的效力根据问题归结为对外政策决策机构和个人的心态和决定,在理论上是站不住的。最后,这种学说的危险在于它会助长强权政治。

---

① 参见申建明:《关于国际法效力根据的学派述评》,载《中国国际法年刊》(1992),中国对外翻译出版公司1993年版。
② 同上。

我国国际法学界在国际法的效力根据问题上一种比较通行的提法是:国际法效力的根据是各国统治阶级的意志,但是这种意志不可能是各国的共同意志,而是体现在国际习惯和条约中的"各国的协调意志"。其理由是,国际法是各国公认的,不可能只代表一国的统治阶级的意志,而只能是代表各国统治阶级的意志。而各国的统治阶级,特别是不同政治、社会制度的各国的统治阶级,不可能设想都抱有共同的意志,而只能是"各国的协调意志"①。

第七节 国际法与国内法的关系

国际法与国内法的关系是国际法的基本理论问题之一,同时也对各国实践,尤其是条约和习惯法规则在国内如何实施产生影响,因而有其重要的理论意义和实际意义。

国际法与国内法的关系主要涉及两个方面的问题:一是国际法与国内法属于一个体系还是属于两个体系的问题。二是如何使国际法在国内有效力(To be given effect)的问题。对前一个问题的不同回答产生了一元论、二元论等不同学说。对后一个问题的回答则需要考察和总结各国的实践。

一、国际法与国内法属于一个体系还是两个体系

1. 二元论

二元论的学说认为,国际法和国内法是两个互不相同、各自独立、平行运作的法律体系。因为,它们各有不同的主体、不同的渊源和不同的调整对象。这种学说从19世纪末以后在中欧得到充分的发展。代表人物是特里佩尔(Triepel)②、安齐洛蒂(Anzilotti)③和奥本海(Oppenheim)④。

二元论认为国际法和国内法是两个绝对和完全不同的法律秩序。其主要论

---

① 参见周鲠生:《国际法》(上册),商务印书馆1976年版,第8、10—11页。

② 19世纪德国法学家特里佩尔的专著《国际法与国内法》(1899年)开了这方面系统研究的先河。特里佩尔本人是彻底的二元论者。他认为国际法和国内法是两个互不相干的法律体系。首先,两者所规定的社会关系不同,国际法是规定对等的国与国之间的相互关系的法,适用于、并且只能适用于这种关系(《国际法与国内法》,1920年法译本,第20页)。国内法则一般是规定从属于国家的个人或团体之间的相互关系(第12页)。其次,法律渊源的实质不同。国际法和国内法"不仅是不同的法律部门,而且是不同的法律体系"。因此,一切国际法规范"是不能成为一个国内法规范特别是一项法规的内容的"(第110页)。

③ 安齐洛蒂认为,国际法和国内法是两个绝对和完全不同的法律秩序(《国际法教程》,1955年第4版,俄译本,第65页)。因此:(1)国际法规范形式上不是由国内法规范派生的。国内法规范不能由于国际法律秩序的基本规范而具有拘束力(第66—67页)。(2)国际法规范不能对国内法的拘束力发生影响。相反地,国内法规范不可能同国内法规范真正发生冲突(本来意义上的冲突),因为"国际法规范只在国际法律秩序的主体之间的关系上有效力,而国内法规范则只对所属的国家的法律秩序有效力"(第69—70页)。(3)国际法和国内法之间可以互相引用或接受另一法律秩序的规范(第72—76页)。

④ 奥本海的论据是相似的,其结论认为:

(1)"国际法无论是总体还是部分,它自己本身是不能成为国内法的一部分的,正如国内法没有权力变更或创立国际法的规则一样,国际法也绝对没有权力变更或创立国内法的规则。"

(2)"要是依照一个国家的国内法,国际法的全部或其中若干部分被认为是国内法,这纯粹是国内习惯或制定法使然。在这种情形下,国际法的有关规则,经过采纳(adoption)而同时成为国内法的规则。"

(3)"如果不经过这样全部或部分的采纳,国内法院就不能认为应受国际法的拘束,因为国际法本身对于国内法院是并无权力的。如果国内法的规则与国际法的一项规则有毫无疑问地抵触,国内法院必须适用国内法的规则。"(Sin Hersoh Lautenacht, *Oppenheim's International Law*, 7th ed., 1946, Longman Group Ltd, pp.35-36)

据是：

第一，两者各有不同主体和调整对象，作为法律的性质也有所不同。两者所调整或规范（regulate）的关系不一样。国内法调整国家统治下的个人之间的和国家与个人之间的关系，而国际法则是调整国际法主体之间、国际社会成员国之间的关系。

第二，两者的渊源不同。国内法的渊源是国家境内形成的习惯和立法机关制定的制定法（statutes），而国际法的渊源则是国际社会之内形成的习惯和国际社会成员所缔结的条约，特别是造法性条约。

第三，就两者的法律实质而言，国内法主要是主权者对于受其统治的个人的法律。而国际法则不是在各主权国家之上的权力对国家的法律，而是各主权国家之间的法律。

国际法与国内法既然是两个不同的法律体系，因此国际法，无论是总体还是部分，它自己本身是不能成为国内法的一部分的。正如国内法没有权力变更或创立国际法的规则一样，国际法也没有权力变更或创立国内法的规则。国际法只有根据国内法中形成的程序或规则，包括成文的或习惯的，才能在国内具有效力。

因此，要是依照一个国家的国内法，国际法的全部或其中若干部分被认为国内法，这纯粹是国内习惯或制定法使然。在这种情形下，国际法的有关规则，经过"采纳"（adoption）或"纳入"（incorporation）而同时成为国内法的规则①，或者经过所谓"转化"（transformation），把国际法规则内容制定为国内法规则（例如把《维也纳外交关系公约》中关于外交特权和豁免的规定制定为国内条例）。

不但如此，根据二元论，国际法规范不可能同国内法规范真正发生冲突（本来意义上的冲突），这是由于，"国际法规范只在国际法律秩序的主体之间的关系上有效力，而国内法规范则只对所属的国家的法律秩序有效力"（换言之，两者发生效力的空间不同，所以没有发生本来意义上的冲突的可能）。②

2. 一元论

一元论否定二元论的论点，一元论者提出的论据主要有：

第一，从主体来看，国际法和国内法所规定的归根结底都是个人的行为，唯一不同之处只是，在国际法上，这种行为被归属于国家；按照凯尔森的说法，"在国际法使国家承担义务并授予权利时……这意味着国际法使作为国家机关的那些个人承担义务并授予权利"。③

第二，不论是国际法还是国内法，法律本质上（essentially）是不顾法律主体的意志而对它们有拘束力的命令。

第三，国际法和国内法是一个法律概念的两种表现，这不仅是由于所用名称相

---

① Sin Hersoh Lautenacht, *Oppenheim's International Law*, 7th ed., Longman Group Ltd, 1946, pp. 35-36.

② Анзилотти,*Международное право*(4-е издание), стр. 69-70. 一般所说的国内法与国际法之间的冲突只能指成为国内法一部分后与有关国内法规则之间的冲突。

③ 参见〔奥〕凯尔森：《法与国家的一般理论》，沈宗灵译，中国大百科全书出版社1996年版，第376—377页。

同,更重要的是,只有提出一种更高的法律秩序,并认为各国对于这种法律秩序的关系都是平等的,才能设想许多主权国家的独立和平等。

此外,国内法院可能必须依照国内法律的规定执行与国际法相抵触的制定法,但在这种情形下法院判决的效力是暂时性的,因为该国在国际上仍应负责任,这是一条得到确认的国际法规则。

一元论的理论不止一种,而且分为国际法优先和国内法优先两大派。18、19世纪有过国内法优先的一元论,其中比较极端的认为,国际法不过是国家的"对外公法",这会导致国际法的否定,为多数国际法学者所不取。当前出现的一元论大都属于主张国际法优先一派,凯尔森的学说就是其中最突出的。

即使从认识的角度看,二元论也是比较符合实际的。这也是我国国际法学界的一般看法。① 在全世界这也是占优势的观点。② 凯尔森的一元论学说的其他论点这里姑且不论,其基本论点把代表国家行事的官员的行为等同于该官员个人的行为,是十分牵强的。

二、国际法在国内的实施

条约和习惯在国内实施的措施包括立法措施、行政措施和司法机关的适用。各国在做法上可能千差万别,但原理是相同的,结果一般是使之在国内有效。

如所周知,近几十年来由于国家间关系趋于密切,国际合作领域不断有所扩展,国家通过国际条约承担的义务和享受的权利也随之增多。例如在禁毒、防止空中劫持、保护知识产权、保护人权等方面。我国签订或加入有关国际公约,就有义务在国内加以贯彻,包括采取必要的立法措施。为此就有必要研究国际法在国内的实施问题。鉴于近几十年国际法编纂的进展,较之习惯法、协定法的比重大大提高,这里将着重研究条约、主要是国际公约在国内的实施问题。这实际上是各国法制建设的一个重要因素。

(一) 与条约在国内的实施有关的国际法原则和规则

(1) 条约必须信守原则。条约是国际法的主要渊源之一,因此首先应指出条约必须信守原则(pacta sunt servanda)。《维也纳条约法公约》第26条规定:凡有效之条约对其各当事国有拘束力,必须由各该国善意履行(every treaty in force must be performed by them in good faith)。

(2) 一国不得援引其国内法规定为理由而不履行条约(《维也纳条约法公约》第27条);国家有义务使其国内法与依国际法承担的义务相一致、相符合。

(3) 在遵守有效国际义务的条件下,国家可以决定其履行国际义务的方式方法,因此是有灵活性的。③

(4) 一国的行为或不行为如构成违背该国的国际义务,包括违背其条约义务,即

---

① 参见王铁崖主编:《国际法》,法律出版社1981年版,第44页。
② Peter Malanczuk, *Akehurst's Modern Introduction to International Law*, 1997, London:Routledg, p.65.
③ 参见[奥]阿·菲德罗斯等:《国际法》(上册),李浩培译,商务印书馆1981年版,第147页。

构成该国的国际不法行为。一国对其每一国际不法行为应负国际责任(《关于国家责任的条文草案》)。

但不法行为的存在通常只是在违反国际法的法律已经适用的情形下才算确立,所以外交要求通常也只能在这样的适用已经发生时提出,因为在此以前,在该法律中存在着的违反国际法的可能性是不是会成为现实,还不能确定。①

(二) 关于国际法与国内法关系的国家实践

如前所述,国际法对国家用什么方式方法在国内予以实施,并没有特定的要求。通过对国家实践的考察,可以了解各国如何在其内部法律秩序的框架内适用国际法规则。虽然程序各有差异,但是一般而言,大都达到使国际法在国内有效。

1. 条约

(1) 通过国内立法使在国内有效力。如美国。美国宪法规定,"在美国权力下缔结的一切条约"与美国国会制定的法律处于同等地位。根据美国的实践,条约分为自动执行的条约和非自动执行的条约,前者无须经过特别立法就有效力,后者(非自执行条约)必须经过特别国内立法才在国内有效力。后法优先于条约。又如英国。依照英国宪法,条约如果影响私人权利,或者如果其实施需要改变法律,就需要国会通过一个予以实施的法案,或者在需要时通过对法律加以所要求的改变的立法(through an enabling Act of Parliament, and if necessary, any legislation to effect the requisite changes in the law must be passed),才能在国内获得效力。英国这样做,是因为按照英国宪法,条约的缔结和批准是英王的特权,如果不是这样做,英王就可以不经过国会同意而为人民立法。但某些条约,如一些只需要签字而无须批准的带有非正式性质的行政协定,无须通过立法。

此外,例如比利时,几乎所有条约,特别是涉及公民的私人地位的条约,必须经过立法的程序。

(2) 条约是国内法的一部分,有国内法的效力(宪法作了规定),不必经过特别立法程序,例如瑞士、美国,但仅限于自执行条约;非自执行条约必须经过国内立法才在国内有效力。在日本,条约与国际习惯,都不必经过特别立法程序,就当然具有国内法上的效力。

(3) 条约与国内法相抵触时,各国做法并不一致。A. 国内法优先。在许多国家,国内法优先。例如英国(制定法优先)、荷兰等;B. 条约优先。在比利时,条约优先,即使国内法在后;在法国,条约优先,但以互惠为条件。

2. 习惯法

(1) 习惯法规则在国内的适用。A. 宪法中规定,把公认的习惯国际法规则(如果并不与现行国内法相抵触)作为国内法律的组成部分,由法院加以适用,而不必经过特别的、各案的纳入措施(specific act of corporation)。相当多国家采取这种做法。例如意大利、爱尔兰、希腊等。B. 必须经立法纳入。例如卢森堡。

---

① 参见〔奥〕阿·菲德罗斯等:《国际法》(上册),李浩培译,商务印书馆1981年版,第144—145页。

(2) 习惯法规则与国内法相抵触时。A. 习惯法优于国内法。如德国、意大利、希腊。B. 国内法优先。大多数国家中通行的规则是国内法优先于习惯法，因为习惯法规则往往不够明确。这样的国家例如荷兰、比利时、以色列（与制定法相抵触时）等。

三、中国关于国际法与国内法关系的实践

（一）国际条约

1. 直接适用国际条约

《中华人民共和国宪法》并无关于国际法在中国的适用的规定。但是，从中国的实践似乎可以看出，凡是中华人民共和国缔结或者加入的国际条约，经全国人大常委会决定批准或经国务院核准的，一般即在中国发生效力，可以直接适用，而无须经过特别程序。1990年4月27日，中国出席一国际会议的代表指出："根据中国的法律制度，中国缔结或者参加国际公约，要经过立法机关批准或国务院核准程序，该条约一经对中国生效，即对中国发生法律效力，我国即依公约承担相应的义务。""关于禁止酷刑公约在中国的适用也是基于上述原则。该公约在我国直接生效，其所规定的犯罪在我国亦被视为国内法所规定的犯罪。该公约在我国可以得到直接适用。"

2. 根据国际条约规定由立法机关采取必要措施，包括修订、增补

我国这方面有一些做法，但并非起"纳入"或"转化"的作用，而是起其他作用，例如，起通知的作用，或作为实施条约或履行条约义务的措施。以下是几个实际例子。

以1970年《关于制止非法劫持航空器的公约》为例。中国于1980年9月10日加入该公约，公约于同年10月10日对中国生效。中国按照条约规定，采取了以下的立法措施来履行条约义务：

（1）确立管辖权

1970年《关于制止非法劫持航空器的公约》第4条第2款规定："当被指称的罪犯在缔约国领土内，而该国未按第8条的规定将此人引渡给本条第1款所指的任一国家时，该缔约国应同样采取必要措施，对这种罪行实施管辖权。"

全国人大常委会于1987年6月23日通过《关于对中华人民共和国缔结或者参加的国际条约所规定的罪行行使刑事管辖权的决定》，其中规定：对于中华人民共和国缔结或者参加的国际条约所规定的罪行，中华人民共和国在所承担条约义务的范围内，行使刑事管辖权。

这一决定覆盖了中国缔结的或将要缔结的一切含有类似条款的国际条约，但这似乎有时是过渡性的措施。

（2）修改法典补充相应条文

中国1979年通过的《刑法》中原来并无关于劫持航空器罪的专门规定（当时作为反革命破坏罪的行为之一加以规定）。1992年，全国人大常委会颁布《关于惩治劫持航空器犯罪分子的决定》，规定了这种新的罪名。1997年3月修订的《刑法》对此又作了专门的规定，其第121条规定："以暴力、胁迫或者其他方法劫持航空器的，处十

年以上有期徒刑或者无期徒刑;致人重伤、死亡或者使航空器遭受严重破坏的,处死刑。"

(3) 制定专门的法律规章

即为实施国际公约制定专门的法律、法规。有些国际公约本身就规定,缔约国应采取必要措施予以实施;有些国际公约的规定只是大纲性的,缔约国需要制定法律规章加以补充和具体化;也有些国际公约虽然没有这方面的规定,但缔约国为履行其国际义务,决定制定法律法规以方便实施。也有些国家原来的国内法与国际公约的规定不衔接,因此需要作修改或补充规定。

1986年和1990年中国分别制定的《外交特权与豁免条例》和《领事特权与豁免条例》,就是制定专门法律或法规的两个实例。这类法律法规已经很多。仅海洋法方面就不下数十个,包括《领海及毗连区法》和《专属经济区和大陆架法》。此外,根据《联合国海洋法公约》正在和计划制定的法律法规将不下数十个。知识产权、世界贸易组织、环境保护、国际人权保护等方面也已经、正在或计划制定或修改一系列法律法规。

(4) 融入我国单行法律法规

例如,《中华人民共和国著作权法》第2条中规定:外国人在中国境内发表的作品,根据其所属国同中国签订的协议或者共同参加的国际条约享有的著作权,受本法保护。又例如,1997年修订的《中华人民共和国刑法》第116条、第117条、第121条、第123条对劫持航空器犯罪的相关规定。

(二) 国际习惯

随着国际法编纂的发展,习惯法的重要性相对减少,虽然习惯作为国际法主要渊源之一仍然不容忽视。中国使用习惯法的一个事例是,在有关国际公约产生之前使用外交和领事关系的习惯法。1951年政务院通过《中华人民共和国外交官和领事官优遇暂行办法》,自1953年2月15日起施行。这个暂行办法就是根据国际习惯法制定的。

第八节 国际法的基本原则

国际法学对国际法基本原则的概念似乎还没有一致的看法。有的西方国际法教材和著作中甚至没有列入"国际法基本原则"的章节,例如《奥本海国际法》和布朗利的《国际公法原理》。但是,一些其他国家,例如中国和苏联的学者,在他们编写的国际法教科书中,则大都对此给予应有的重视。国际法基本原则是指那些各国公认的、贯彻到国际法各领域的、构成现代国际法基础而具有强行法性质的国际法原则。[1] 苏联学者,例如科热夫尼科夫认为:"国际法公认原则应了解为:国际交往方面一些最重要的、带根本性的一般行为规则,国家行为主要准则,所有国家都需尊重的……国际法制

---

[1] 参见王献枢主编:《国际法》,中国政法大学出版社1994年版,第46页。

的指导原则。"①虽然在学者之中,对于国际法基本原则有不同的看法,但是,客观地说,国际法基本原则是存在的。由于现代国际法基本原则构成现代国际法的基础,从这些原则可以看出现行国际法的特点和发展趋向。最著名、最有影响的国际法基本原则体系有下述两个。

一、《国际法原则宣言》

为了对国际法基本原则进行编纂和发展,联合国大会于1962年成立了特别委员会,进行这项工作,历时数年。联合国大会在1970年全体一致通过了《关于各国依联合国宪章建立友好关系及合作之国际法原则之宣言》(简称《国际法原则宣言》),宣布了七项基本原则,并分别指出这七项原则的含义和要素。如这个文件的名称所示,该宣言是以《联合国宪章》为依据,而有所发展,其中表达了各国政府的意见。有的国际法学者认为该宣言"作为对宪章原则的权威解释和适用,可以有直接的法律效力"②。

下面介绍这七项原则和宣言对它们的阐述要点:

(1) 禁止非法使用威胁或武力原则。宣言中的原文是:"各国在其国际关系上应避免为侵害任何国家领土完整或政治独立之目的或以与联合国宪章不符之任何其他方式使用威胁或武力之原则。"宣言指出,这种使用威胁或武力,构成违反国际法及《联合国宪章》;每一国家都有义务避免用这种方法侵犯他国现有的国际疆界。宣言指出,每一国家都有义务避免组织或鼓励组织武装团队、包括雇佣兵,侵入他国领土。宣言指出,在涉及使用威胁或武力的限度内,每一国家都有义务避免在他国发动、煽动、协助或参加内争或恐怖活动。

(2) 和平解决国际争端原则。宣言原文为:"各国应以和平方法解决其国际争端,俾免危及国际和平、安全及正义之原则。"宣言指出,这一条的含义和要素包括:各当事方应商定适当的和平方法,包括谈判、调停、和解、仲裁、司法解决;国际争端应根据国家主权平等的基础,用各当事方商定的方法加以解决。

(3) 不干涉内政原则。宣言原文为"各国依照宪章有不干涉任何国家国内管辖事件(matters within the domestic jurisdiction of any State)之义务之原则"。宣言指出,任何国家或国家集团均无权以任何理由直接或间接干涉任何其他国家之内政或外交事务(internal or external affairs)。宣言指出,每一国家均有选择其政治、经济、社会及文化制度之不可移转之权利,不受他国任何形式之干涉。

(4) 国际合作原则。宣言中作"各国依照宪章彼此合作之义务"。宣言指出,这种合作的方面包括:维持国际和平与安全;促进对于一切人的人权及基本自由的普遍尊重与遵行,并消除一切形式的种族歧视和宗教上的不容忍;依照主权平等和不干涉内政原则处理经济、社会、文化、技术和贸易领域的国际关系;依照宪章有关规定与联

---

① [苏联]科热夫尼科夫主编:《国际法》,刘莎等译,商务印书馆1985年版,第28页。
② Brownlie Ian, *Principles of Public International Law*, 3th ed., Oxford University Press, 1979, p.15.

合国合作。宣言还指出,各国应在促进全世界尤其是发展中国家的经济增长方面彼此合作。

(5) 民族平等与自决原则。宣言中的规定是:"各民族享有平等权利与自决权之原则"。宣言指出:"每一国均有义务依照宪章规定,以共同及个别行动,促进各民族享有平等权利及自决权原则之实现,并协助联合国履行宪章所赋实施此项原则之责任",以求"(甲) 促进各国间友好关系及合作;(乙) 妥为顾及有关民族自由表达之意旨,迅速铲除殖民主义,并毋忘各民族之受异族奴役、统治与剥削,即系违背此项原则。一个民族自由决定建立自主独立国家,同某一独立国家自由结合或合并,或采取任何其他政治地位,均属该民族实施自决权之方式"。宣言特别指出,以上各项不得解释为授权或鼓励采取任何行动,局部或全部破坏或损害在行为上符合上述各民族享有平等权及自决权原则并因之具有代表领土内不分种族、信仰或肤色之全体人民之政府之自主独立国家之领土完整或政治统一。宣言并强调指出:"每一国均不得采取目的在局部或全部破坏一国国内统一及领土完整之任何行动。"

(6) 各国主权平等原则。这项原则的基本精神是各国"均有平等权利与责任"。宣言指出:"主权平等尤其包括下列要素:(甲) 各国法律地位平等;(乙) 每一国均有充分主权之固有权利(rights inherent in full sovereignty);(丙) 每一国均有义务尊重其他国家之人格;(丁) 国家之领土完整及政治独立不得侵犯;(戊) 每一国均有权利自由选择并发展其政治、社会、经济及文化制度。"

(7) 履行依宪章所承担义务原则。"各国应一秉诚意履行其依宪章所负义务之原则"。宣言指出,每一国均有责任一秉诚意履行其依《联合国宪章》所负之义务,依公认之国际法原则与规则所负之义务,和依有效的国际协定所负之义务。但是"遇依国际协定产生之义务与联合国宪章所规定联合国会员国义务发生抵触时,宪章规定之义务优先"。

《国际法原则宣言》于宣布这七项原则的同时,并指出:"本宣言所载之各项宪章原则,构成国际法的基本原则,因之吁请所有国家在其国际行为上遵循此等原则,并以严格遵守此等原则为发展其彼此关系之基础",宣言还指出,这些原则在解释和实施上互相联系,每一原则应参酌其他各项原则解释。

二、和平共处五项原则

"和平共处五项原则",简称"五项原则",是中国和印度、中国和缅甸在20世纪50年代首先共同倡导的适用于其双边关系中的原则,尔后发展成为一组系统的国际法原则体系。这五项原则是:(1) 互相尊重主权和领土完整;(2) 互不侵犯;(3) 互不干涉内政;(4) 平等互利;(5) 和平共处。这五项原则,首先,与《联合国宪章》所规定的原则是一致的。其次,它们是国际法基本原则中的一些核心原则。它们同时又是对国际法基本原则的强化和发展。从国际法渊源的角度看,这五项原则已为世界上大多数国家所接受。在我国与别国建立外交关系时,五项原则都被载入建交公报或和平友好条约中。几乎所有的建交公报都指出五项原则是处理中国与相应建交国之间关系的原则。一些多边国际文件中所列的原则中也包含五项原则的内容。如1955年万隆亚非会议所通过的《关于促进世界和平和合作的宣言》,1974年联合国大会通过的《各国经济权利和义务宪章》。所以,五项原则是得到国际上广泛地承认的。有的西方学者也对五项原则给予高度评价。如英国的布朗利就认为,"许多国家接受了这些原则,并且可以拿它同联合国宪章和白里安—凯洛格公约相提并论或者作其补充"①。

(一)互相尊重主权和领土完整原则

1. 主权概念

在国际法学中,对"主权"比较一致的看法是:主权是指对内的最高权力,对外独立自主的权力,是不受任何其他国家控制的。对内方面,对一切事物和人有最高权力,国家有权决定其政治、经济、社会和文化制度,也就是属地最高权(territorial supremacy)和属人最高权(personal supremacy/personal authority)。对外方面,主权体现为不从属于其他权力,即独立权或对外主权(external sovereignty)。② 一国的内部主权使它得以对国家进行统治和管理、制定法律、组织武装部队等,也使该国对该国领土范围内的个人(包括本国人和外国人、自然人和法人)享有最高控制和管辖权,例如对外国人的入境、出境等进行管辖。一国的对外主权的核心——如前所述——是独立权,即国家有权独立自主地处理其内部和外部事务,而不受任何国家和其他权力的任何形式的干涉。

与此同时也必须指出,首先,主权原则十分重要,属于基本原则,但是这不等于主权是绝对的。因为国家是国际社会的成员,在要求别国尊重自己的主权的同时也有义务尊重别国的主权,这里的提法是"互相尊重主权"。其次,但也很重要的是,国家有义务履行根据国际法和所缔结的条约所承担的义务。这些都使得主权的行使受到一定制约或限制。但是这是国际关系的正常运作所必需的,从根本上说是符合各国自身利益的,因而是自愿的,而且对各国来说也是一律平等的。

2. 领土完整与主权

领土,是一国赖以生存的物质基础,也是国家行使其属地优越权的地域范围。国家的领土一般由领陆、领空和领海构成。现代国际海洋法的发展还使国家在其领海之外对一定距离内的海域(专属经济区)、海床和底土(大陆架)享有主权权利和一定的管辖权。一国领土与另一国领土之间的分界线就是国界。维护国家领土的完整,与维护国家主权是同一个问题的不同方面。因为,领土是国家存在的要素之一,国家在其领土上行使其主权。领土的完整性如不能保证,主权也无法维持,至少是不能完

---

① Brownlie Ian, *International Law and the Use of Force by States*, Oxford University Press, 1963, p.119.

② 参见周鲠生:《国际法》(上册),商务印书馆1976年版,第74—75页。主权首先是法国人博丹在1576年出版的《国家论》(又译《共和国论》)中提出的。该书认为主权是"不受法律限制的,对公民和臣民的最高权力"。博丹提出此种主权概念是有其现实的历史背景的,因为当时法国的社会现实的确是君主—主权—国家三位一体的情况,因而需要这种理论。1628年格劳秀斯在其《战争与和平法》中提出,主权是"统治者的权力,这种权力的行为是不受其他权力控制,因而是不能被任何其他的人的意志(human will)所排除的"。

全维持。

（二）互不侵犯原则

这是一项新提出的国际法基本原则，其含义是国家在其相互关系中不得违反《联合国宪章》的规定使用武力、威胁或其他方法侵犯别国的主权、领土完整或政治独立。提出这项原则的主要目的是禁止侵略，否定传统国际法上国家的"诉诸战争权"。这项原则的遵行，有助于促进国际和平与安全。

（三）互不干涉内政原则

这是国际法的基本原则。但是无论在理论上还是在实践中，它的运用所引起的争论都是最多的。问题的关键是，如何界定"内政"和"干涉"，因此，首先应明确"干涉"和"内政"或"国内管辖事项"的概念及其法律含义。

1. 内政

在国际法学中，"内政"似还没有一个统一的定义。《联合国宪章》第 2 条第 7 款规定，"本宪章不得认为授权联合国干涉在本质上属于任何国家国内管辖之事件，且并不要求会员国将该项事件依本宪章提请解决；但此项原则不妨碍第七章（该章标题是'对于和平之威胁和平之破坏及侵略行为之应付办法'）内执行办法之适用"。宪章的这一规定是针对联合国而言的，在解释这一条的"内政"时，人们注意到两点：(1) 联合国不干涉"在本质上属于任何国家国内管辖之事件"（matters which are essentially within the domestic jurisdiction of any state）；(2) 宪章并不要求会员国将该项事件依宪章提请解决，即会员国没有将它提交联合国解决之义务。"内政"在这里被界定为："任何国家国内管辖事件"或"任何其他国家之内政或外交"①。在一些国际法著作中"内政"也被称作"保留领域"（the reserved domain），即一国管辖权不受国际法限制的国家活动领域，至于这一领域的范围则取决于国际法并随着国际法的发展而有变化。② 互不干涉内政的核心意义是，国家基于主权的独立性，除非受国际习惯或条约的限制，可以按照自己的意志处理其内部和对外事务。至于具体哪些事项属于内政，由于要看国际法的发展情况而定，因而不可能完全固定。无论如何，一国家行使其选择政治、经济、社会及文化制度的权利，不受他国任何形式之干涉，这是清楚的。

2. 干涉

对于"干涉"，国际法学界的解释大致有两种倾向，一种是比较狭窄的解释，另一种则是比较宽泛的解释。前者如《奥本海国际法》认为："干涉是指一个国家对另一个国家的事务的强制或专横（forcible or dictatorial）的干预，旨在对该另一个国家强加某种行为或后果。"书中举的干涉形式的例子有：使用武装力量，对另一国家内颠覆或恐怖主义的武装活动的支持，有必要的胁迫效果的经济或政治措施。③ 另一种是比较宽泛的解释。如古德立奇等认为，对《联合国宪章》第 2 条第 7 款中的"干涉"，"不应

---

① 参见《国际法原则宣言》。
② Brownlie Ian, *Principles of Public International Law*, 3th ed., Oxford University Press, 1979, pp.291-292.
③ 参见〔英〕詹宁斯、瓦茨修订：《奥本海国际法》（第 1 卷第 1 分册），王铁崖等译，中国大百科全书出版社 1995 年版，第 315—316 页。

作狭窄的技术性解释"。他们举例说,讨论不等于干涉,但是设立调查委员会、作出程序性或实质性的建议或通过一个有拘束力的决议,那就构成该款所规定的干涉。他们认为,如把干涉"局限于胁迫性措施(coersive measures),结果就会将本款的适用主要地限制在一些例外情况,那显然不可能是原来的用意"①。

(四) 平等互利原则

平等,是指国际法主体——国家——在法律上的平等,而并非是指国家在事实上的平等,国家在事实上的平等是不存在的,也是不可能的。《联合国宪章》提出,各会员国主权平等(sovereign equality)。实际上,这里面包含两项原则:一是主权原则,另一是平等原则。关于主权每个国家都享有充分主权的固有权利,关于平等,则是指主权的平等或享有平等的主权的固有权利。

互利,是对平等的进一步要求。例如世贸组织一些法律制度中对发展中国家,在市场准入、价格措施方等方面,注意照顾它们的利益,从而在一定程度上维护实质上的平等。因此,平等互利原则作为一项国际法原则,包含两个层次的要求;第一是平等——即国与国之间的交往必须建立在国际人格平等的基础之上;第二是互利——即只有注意实质平等才能较好地实现优势互补和协调。

(五) 和平共处原则

和平共处当初是针对社会主义制度和资本主义制度的并存而提出的,但在后来逐渐被引申为既适用于相同社会制度的国家之间、也适用于不同社会制度的国家之间的国际关系的国际法原则。在20世纪60年代,联合国曾打算对和平共处原则进行编纂,但是没有结果。和平共处作为一项国际法基本原则应如何理解,我国学者的论述较多。王铁崖教授主编《国际法》教科书(法律出版社1981年版)中指出,和平共处应包含以下内容:(1) 国与国之间应和平地相处,其中包括采取不同社会制度和意识形态的国家之间的和平共处;(2) 和平地发展国家之间的相互关系,并促进合作;(3) 以和平方法解决国际争端。

参考书目

[1] 周鲠生:《国际法》(上、下册),商务印书馆1976年版。
[2] 〔美〕约翰·罗尔克编著:《世界舞台上的国际政治》(第9版),宋伟等译,北京大学出版社2005年版。
[3] 〔英〕赫德利·布尔:《无政府社会:世界政治秩序研究》(第2版),张小明译,世界知识出版社2003年版。

---

① Leland M. Goodrich, *Charter of the United Nations: Commentary and Documents*, Boston World Peace Foundation, 1949, pp.20-121.

第二章 国际法上的国家

第一节 国家概述

一、国家的概念

国际法上的国家(State)是指定居在特定的领土之上,并结合在一个独立自主的权力之下的人的集合体。《奥本海国际法》认为:"当人民在他们自己的主权政府下定居在一块土地之上时,一个真正意义上的国家就存在了。"① 1933年《美洲国家间关于国家权利和义务的公约》第1条规定:"国家作为一个国际人格者必须具备下列条件:① 永久的人口;② 确定的领土;③ 政府;④ 与他国交往的能力。"这个公约的规定虽不具有一般国际法的效力,但它关于国家构成条件的规定符合国家形成和存在的事实,因此得到了广泛认可,许多国际法著作都以该公约提出的条件(或要素)来分析研究国家的概念。② 我们也认为构成国际法上的国家应具备该公约提出的四个条件或要素。

(一)永久的人口

国家是人的集合体,是由一定的人口或居民(population)组成的社会,因此没有人口就没有国家。但构成一个国家存在的人口,必须是该国的永久人口(permanent population),即具有该国国籍或公民资格的人。他们通常都定居在本国,与本国形成稳固的权利义务关系,是国家存在和发展的社会基础。至于人口的多少、种族或民族的异同,并不影响国家的存在,有的国家人口多达到几亿或十几亿,有的国家人口只有万余人或更少。例如,中国有14亿多人口③,居世界人口之最,而瑙鲁只有万余人,也是一个国家。

(二)确定的领土

领土(territory)是人民长久定居的地方,也是国家存在的物质基础和行使最高权

---

① 〔英〕詹宁斯、瓦茨修订:《奥本海国际法》(第1卷第1分册),王铁崖等译,中国大百科全书出版社1995年版,第92页。

② 如〔美〕巴里·E.卡特、菲利普·R.特姆伯著的《国际法》,〔英〕斯塔克著的《国际法概论》,〔德〕马伦祖克修订的《阿库斯特现代国际法概论》,周鲠生著的《国际法》等。

③ 中华人民共和国国家统计局2016年4月20日发布,2015年全国大陆人口有13.7349亿,五年增加3377万人,参见《北京晚报》2016年4月21日,第2版。国家统计局2020年1月17日发布,2019年末中国大陆总人口(包括31个省、自治区、直辖市和中国人民解放军现役军人,不包括香港、澳门特别行政区和台湾地区及海外华侨人数)有14亿零5万人。资料来源:http://www.lzbs.com.cn/gnnews/2020-01/18/content_4571219.htm,兰州新闻网.＞网站首页＞新闻中心＞国内新闻正文,2020年1月12日访问。

力的空间,因此,形成国家必须有确定的领土(defined territory)。①

领土面积的大小无妨国家的存在,如俄罗斯的领土面积有1707.54万平方公里②,是世界上面积最大的国家,而摩纳哥公国只有1.95平方公里③。

另需说明的是,确定的领土是指国家形成时,它已有的领土。至于有的国家边界没有完全划定,或与别国存在领土争端,或者出现领土被别国侵占甚至完全被别国非法占领的情况,并不影响国家的存在。例如,1990年科威特的领土就曾被伊拉克侵占,而科威特依然存在。

(三)政府

国家必须有一个政府(government)。政府是指构成国家政治和法律方面公共权力组织的整体,不是单纯的国家行政机关,而应包括立法机关、司法机关和行政机关。政府于国家内部行使统治权,把人民组织起来,使他们有秩序地生活;在国际关系中,代表人民进行交往,享有国际法上的权利和义务。政府的存在是区分国家与非国家实体的重要标志,例如,一个部落纵然有首领,也不是国家,因为它没有政府。

政府是国家权力存在的形式,没有政府就没有国家。但是由于某种情况的出现,使一国政府的有效统治暂时中断,如一国领土被别国侵占,迫使该国政府流亡到外国的,也不意味着该国覆灭。正如《奥本海国际法》所言:"一个国家要求社会作为一个政治单位组织起来,以别于,例如,一个部落。但是,国家一旦建立起来,它的政府的有效统治暂时中断,例如,在内战中,或由于交战国占领的结果,与国家的存在是不矛盾的。"④第二次世界大战期间,有的国家的政府流亡于外国(如挪威),但它们仍可代表其国家签发命令、参加国际会议等。⑤

(四)主权

《美洲国家间关于国家权利和义务的公约》规定的国家必须具备的第四个条件是"与他国交往能力"。所谓与他国交往能力可以理解为主权(sovereignty)和独立的意思。因为如果没有主权和独立,国家就没有与别国交往的能力,不能承担国际法上的权利和义务,而与别国的交往能力正是主权和独立的表现。许多国际法的著作也都将此条件表述为主权和独立的。⑥ 国际法要求国家具备这个要素的目的是区别于没有国际交往能力的国家内部划分的行政区域和联邦国家的成员。例如,中国各省、自治区和直辖市,以及香港、澳门特别行政区未经中央人民政府授权,均不得与外国进行官方往来,因为它们都不是中国主权的持有者。

---

① 此处所称领土应指陆地领土。因为近代意义上的国家领土均以陆地面积计算,而领海是19世纪才建立的概念,但其宽度却是长期没有统一的国际标准,直至1982年《联合国海洋法公约》才规定每一个国家有权确定其领海宽度,直至从按照本公约确定的基线量起不超过12海里的界限为止。
② 参见王家成主编:《各国概况》(欧洲),世界知识出版社2002年版,第82页。
③ 同上书,第184页。
④ 〔英〕詹宁斯、瓦茨修订:《奥本海国际法》(第1卷第1分册),王铁崖等译,中国大百科全书出版社1995年版,第92页。
⑤ I. A. Shearer, Starke' International Law, 11th ed., Butter Worths, 1994, p. 85.
⑥ 参见王铁崖主编:《中华法学大辞典》(国际法学卷),中国检察出版社1996年版,第239—240页。

符合国际法要求的国家须具备以上四个条件,但这并不是说具备了这四个条件的实体都是合法的国家,并因此而取得国际法的主体资格。一个实体可能展示了国家具有的要素特征,但它创立时若违反国际法原则,它的存在就是非法的。例如,由于一国侵略的结果而产生的国家就是非法的,这样的国家不具有合法的国际地位,如1932年日本侵略者在中国建立的"满洲国"就是典型一例(详见本章第二节)。

二、国家类型

研究国家类型的目的是了解不同类型国家在国际法上的地位和它们的国际交往能力和权利能力,以便决定是否与其交往和交往的范围。

(一) 单一国和复合国

从国家的构成形式和国际交往职能上分,可以分为单一国和复合国。

1. 单一国

单一国(Unitary State)对内是中央集权制的国家,它有统一的宪法、法律和中央立法、司法和行政机关。在国际关系上是一个统一的主权体,只有中央最高权力机关在对外关系上代表国家全体,其下属的单位未经中央权力的授权不能进行国际交往。实践中,有的单一国家的组成部分在法定范围内享有一定的自治权,但这并不损害单一国的国际法主体地位,自治的地方也不因此而成为国际人格者。① 例如,中国就是单一制的国家,按中国宪法而成立的中国香港特别行政区和澳门特别行政区,在其基本法规定的范围内,可以进行国际交往并承担法律义务,但它们不影响中国的国际地位,也不因享有高度自治权而成为国际法的主体。

2. 复合国

复合国(Composite State)又称联合国家(Union State),通常是指两个或两个以上国家以协议组成联合国家或国家联合体。它们或构成全部的国际法主体,或具有部分国际交往能力。目前,这类国家的联合形式有联邦和邦联。②

(1) 联邦国家(Federation State)是由两个或两个以上邦员组成的永久性联合国家(也称联邦国家)。联邦具有统一的宪法和作为统治机关的政府,对其联邦成员和人民直接行使权力,并且这种权力不受任何联邦成员的干扰。联邦成员根据宪法规定,多少有些决定其内部事务的权利。在国际关系上,联邦政府代表其全体邦员,有权对外宣战、媾和、缔结同盟及其他方面的条约、派遣和接受外交使节等。联邦人民具有共同的国籍。联邦成员的国际交往取决于联邦国家的宪法规定。有的联邦国家宪法不赋予其成员任何国际地位,如《美国宪法》规定美国的对外交往权集中于联邦政府,

---

① 参见周鲠生:《国际法》(上册),商务印书馆1976年版,第77页。

② 历史上还曾有政合国(Real Union)和身合国(Personal Union)的情形。政合国是由两个或两个以上国家根据国际条约联合在一个君主之下,各自独立处理其内部事务,对外关系上则合为一体,以共同统治者的名义统一进行,是一个国际人格者。如瑞典和挪威于1814年组成的瑞典—挪威政合国(1905年分裂),奥地利和匈牙利于1723年组成的奥匈帝国(1849年解体)。身合国是各个国家共戴一君而形成的联合。如1714年至1837年英国和汉诺威的联合,1815年至1890年荷兰与卢森堡的联合,都是身合国。身合国没有国际人格,其成员都是国际法人格者。

各成员无任何国际交往权。但有的联邦国家宪法则赋予其成员较高的国际交往地位，如《苏联宪法》就规定其加盟共和国有权与外国建立关系，与别国缔结条约和互派外交、领事代表，参加国际组织。① 事实上，乌克兰和白俄罗斯两个加盟共和国在1945年就成了联合国的会员国。

（2）邦联（Confederation）是由两个或两个以上国家通过条约而建立的联合体，它有自己的机关，对各成员国行使一定的权力，但不对各成员国人民行使权力。邦联在条约规定的范围内代表全体成员与其他国家进行交往，但它不是国家，不具有国际法主体资格，其成员仍保持国家的独立地位。历史上存在的邦联，如1778年至1789年的美利坚合众国，1820年至1866年的德意志同盟。现存的有1982年成立的塞内冈比亚邦联。1999年俄罗斯和白俄罗斯缔结了关于成立俄白联盟国家的条约，该条约于2001年1月生效，两国就此建立了邦联。

在联邦国家和邦联之外，还有特殊形式的国家联合，如根据2002年的《塞尔维亚和黑山宪章》，南斯拉夫联盟于2003年改名为塞尔维亚和黑山。这个联合国家有共同的总统（兼任政府总理）、议会、部长会议（政府）、军队、法院、国旗、国徽和国歌，执行共同的国防和外交政策，在联合国及其他重要的国际组织中拥有一个席位，但经济体系、货币政策和海关制度保持独立。② 2006年联盟解体，塞尔维亚和黑山各自成为独立的国家。

（二）主权特殊限制的国家

此处所说主权特殊限制的国家是指自愿选择永久中立的国家和历史上存在的附属国。它们的主权都受到一定限制。

1. 永久中立国

永久中立国（Permanent Neutralized State）是指在国际关系中长久保持中立地位的国家。永久中立是相对于临时性的战时中立而言的。国家选择永久中立，并承担由此而产生的国际义务，完全出于自愿。但这种中立地位是由国际条约作保证的，通常由大国、强国缔结条约保证永久中立国的中立地位不受侵犯。如瑞士选择永久中立就是在1815年的维也纳会议上，由英国、俄国、法国等部分欧洲国家签署《维也纳公会宣言》予以承认和集体保证的，第一次世界大战后又为1919年《凡尔赛和约》所确认。

永久中立作为一项国际法律制度是从19世纪开始和逐渐发展的。首先是瑞士于1815年成为永久中立国，其后比利时通过1831年《伦敦议定书》、卢森堡通过1867年《伦敦协约》成为永久中立国。但后两个国家在第一次世界大战中均丧失了中立地位。第二次世界大战后，奥地利根据1955年《莫斯科备忘录》和《重建独立和民主的奥地利的国家条约》的规定重获独立，并按照其国民议会通过的宪法性法案规定，成为永久中立国。1962年，老挝依据《关于老挝中立的宣言》及其《中立声明》（构成

---

① 1944年2月1日通过修正的《苏联宪法》第18条及其后修正的《苏联宪法》都作了重申。
② 参见程晓霞、余民才主编：《国际法》（第三版），中国人民大学出版社2008年版，第49页。

《关于老挝中立的宣言》的一部分)成为中立国。但由于之后的越南入侵和干涉,老挝的中立地位没能保持。另外,1991年巴黎国际会议上签署了统称为"柬埔寨和平协定"的四个文件,虽然作为其中一部分的《关于柬埔寨主权、独立、领土完整及其不可侵犯、中立和国家统一的协定》规定柬埔寨应承担中立义务,但柬埔寨并未明确宣布它将成为永久中立国,奉行中立政策和承担中立义务。而该协议的签署国对保护和尊重柬埔寨的"主权、独立、领土完整及其不可侵犯、中立和国家统一"的承诺,只能视为对一个不结盟国家所承担的义务,不能等同于对一个永久中立国的中立地位不受侵犯的保证。因为该协议没有对柬埔寨中立作专门规定,签署国也没有对柬埔寨的中立作特别承诺。严格地讲,柬埔寨不是永久中立国。[①] 1995年12月12日联合国大会一致通过决议确认土库曼斯坦为永久中立国,同年12月27日该国修改宪法,将其永久中立写入宪法。[②] 因此,目前世界上有瑞士、奥地利和土库曼斯坦三个永久中立国。

虽然19世纪就开始出现永久中立国,时经百余年也只有几个中立国家,但不能否认国际法上已形成一项永久中立制度,其内容包括永久中立国的义务和中立条约缔约国的保证义务。根据一系列关于中立的协议,永久中立国的主权要受以下义务的限制:① 除本身自卫外,不得参加其他国际战争和武装冲突;② 不得缔结与其中立地位不相符合的条约,如军事同盟条约、共同防务条约和保证条约;③ 不得采取任何可能使其卷入战争或武装冲突的行动,或承担这方面的义务。如不得允许外国军队过境,不得允许外国在其领土内建立军事基地,不得接受带有任何政治条件的国际援助,不得自由割让领土等。

以上对永久中立国主权的限制,不影响它的国际地位,它仍是独立主权国家,在不违背中立义务的情况下,仍然能进行正常的国际交往。中立条约缔约国的义务是保证中立国的中立地位不受侵犯。

2. 附属国

历史上曾存在一些附属于别国权力之下的国家,它们的国际交往受别国的控制,故称附属国(Dependent State)。这类国家的附属性有两种情形:

(1) 附庸国(Vassal State),即国家对内部事务有自主权,对外交往全部或大部分受其宗主国(Suzerain State)的控制。这种附属国一般被视为宗主国的一部分,例如保加利亚(14世纪末至19世纪初)、塞尔维亚(15世纪至19世纪后期)和埃及(16世纪初至19世纪末)都曾是奥斯曼土耳其帝国的附庸国。

(2) 被保护国(Protected State),即一国通过缔结条约将自己置于一个强国的保护之下,一些国际事务由保护国(Protection State)管理,但它仍具有国际人格。例如

---

① 参见王铁崖主编:《国际法》,法律出版社1995年版,第72—73页。
② 参见王家成主编:《各国概况》(亚洲),世界知识出版社2002年版,第224页。

安道尔曾是法国和西班牙的被保护国,目前也尚未完全与这两个国家脱离干系。①

附属国是殖民主义的产物,它已随着非殖民化运动的发展基本上被铲除或成为历史的陈迹。

(三) 梵蒂冈市国

梵蒂冈市国(The Vatican City State)虽然也是个国家,但它的国际地位和国际交往有一定的特殊性。

由于罗马教廷(Holy See)在西欧国家中具有宗教上的最高权威并经常参加国际政治活动,所以当国际法在基督教国家开始形成时,它也被认为是一个国家,即所谓的教皇国,具有国际法主体地位。虽然1870年意大利兼并了教皇国,但由于习惯和大多数国家的默示同意,教廷仍有一种准国际地位。1871年意大利通过的《保障法》中承认教皇有外国君主的地位。有的国家还向教皇派特别使节,教皇也向一些国家派遣使节并与外国教廷缔结条约或协定,通常被称为教廷条约,而且在许多方面被视为与条约相似。② 1929年2月11日意大利与罗马教廷缔结了《拉特兰条约》(Lateran Treaty),承认教廷是一个教皇的主权国家,建立梵蒂冈市国家,以保证教廷的独立和领土的主权。

根据《拉特兰条约》而建立的梵蒂冈市国家,只有0.44平方公里的领土和1000多人口。但作为一个国家的统治机构则一应俱全,有主教会议、政府(包括国务秘书处、圣部和理事会等)和司法机构,有自己的货币、邮政和广播事业,同外国有条约和外交关系,能参加国际会议。但它又与一般国家不同,主要表现在:① 它是政教合一的国家,教皇是国家的首脑,有最高的立法、司法和行政权。因此政府及外交事务都由教皇直接领导;② 世俗国家行使的许多权利都交给了意大利,如圣彼得堡广场的警察权、对犯罪的惩办等权利;③ 它与外国可缔结宗教条约,并对有关国家的天主教行使教权;④ 它派往外国的外交使节总与天主教有关,称为教廷大使或教廷公使,或临时教廷使节,外国派往该国的使节驻地在意大利;⑤ 它是世界上领土面积最小的国家,无自然资源,也没有工农业,财政收入主要靠旅游、邮票、不动产出租、银行利息和捐赠等;⑥ 它的人口主要是因为任职才居住在其境内,实际上常住人口只有500余人。

综上所述,可以说梵蒂冈市国是一个特殊的国家,因为它的国际交往能力和权利

---

① 1278年法国和西班牙缔结和约,对安道尔分别享有行政统治权和宗教统治权,安道尔的对外关系由法国和西班牙代管。1993年3月14日安道尔全民公决通过了新宪法而成为一个主权国家,开始逐步建立和发展独立的对外关系。同年,其与法国、西班牙签署了合作协议,法国和西班牙宣布承认安道尔为主权国家,并同其建立了外交关系。这年安道尔还加入了联合国。此后又陆续加入了国际电讯联盟、国际劳工组织、世界卫生组织、欧洲委员会等世界和区域组织,与包括中国在内的数十个国家建立了外交关系。但依新宪法规定,法国总统和西班牙塞奥—德乌赫尔地方主教同为其国家元首(称两个大公),所以安道尔还不算是完全的主权国家。参见王成家主编:《新版各国概况》(欧洲),世界知识出版社2002年版,第19—20页;中华人民共和国外交部网站:http://www.fmpre.gov.cn/chn/gxh/cgh/zcgmzysx/oz/1206_2/1207/19485.htm,2010年2月10日访问。

② 参见李浩培:《国际法的概念和渊源》,贵州人民出版社1994年版,第18页;〔英〕詹宁斯、瓦茨修订:《奥本海国际法》(第1卷第1分册),王铁崖等译,中国大百科全书出版社1995年版,第198页。

能力是有限的。[①]

三、国家的基本权利和义务

早在18、19世纪,一些著名学者就提出了关于国家基本权利和义务的观念,如法泰尔著的《国际法》和里维尔著的《国际法原理》中都有表述。到了20世纪,不仅学者们广泛主张国家有基本权利和义务,一些重要的学术团体和国际文件也对国家基本权利和义务作了明确的阐述和确认。例如,1916年美洲国际法学会通过的《国家权利义务宣言》,1919年国际法律学会通过的《国家权利义务宣言》,1933年《美洲国家间关于国家权利义务的公约》和1946年联合国大会通过的《国家权利义务宣言草案》,都对国家的基本权利和义务作了规定。[②]

虽然这些国际法著作和国际文件对国家基本权利和义务的概念和内容的说明不尽相同,但它们都承认国家有基本权利和义务,并且对国家的基本权利和义务作了阐述或规定。这对我们了解和研究国家的基本权利和义务的内容有重要参考价值。按上述国际法著述和国际文件,可对国家的基本权利和义务作如下理解:

(一)国家的基本权利的概念和内容

1. 国家基本权利的概念

国家的基本权利(fundamental rights)是国家作为国际人格者所固有的,由国家主权引申的各项权利,也是国家不可缺少的和生存攸关的权利。因而是国际法确认的、不可剥夺和不可侵犯的。周鲠生教授指出:"国家的基本权利在本质上是和国家主权不可分的;基本权利就是从国家主权引申出来的权利,国家既有主权就当然具有一定的基本权利,否认一国的基本权利就等于否认他的主权。"[③]1933年《美洲国家间关于国家权利义务的公约》第5条规定:"国家的基本权利不得以任何方式加以侵犯。"《联合国宪章》及其他国际文件确立的国家主权平等、不侵犯和不干涉内政等国际法的基本原则的核心是禁止侵犯和破坏国家主权,其结果必然是禁止侵犯国家主权引申出来的各项基本权利。

2. 国家基本权利的内容

国家的基本权利的内容包括独立权、平等权、自卫权和管辖权。

(1)独立权

独立权(right of independence)是国家主权在对外关系方面的体现,在一定意义上独立权就是主权。具体说,独立权是指国家可以按照自己的意志处理对内和对外事务,不受任何其他权力的命令或强制,不受外来干涉的权利。因此独立权有肯定和否定的意义。肯定的意义是国家行使权力完全自主,否定的意义是国家主权范围内的事务不容许外来的任何形式的干涉。[④] 所以,国家依据其独立权,可以独立自主选择

[①] 李浩培:《国际法的概念和渊源》,贵州人民出版社1994年版,第19页。
[②] 参见周鲠生:《国际法》(上册),商务印书馆1976年版,第170页。
[③] 参见同上书,第170—171页。
[④] 同上书,第188页。

它的社会制度、政治制度、经济制度和法律制度等;采取立法、司法和行政措施,决定对内和对外方针、政策;处理国际关系,如与外国建交、缔约、结盟,参加国际会议或国际组织;等等。

(2) 平等权

平等权(right of equality)是指国家在国际法上享有平等地位的权利。国家无论大小、强弱,或政治、经济、社会制度和发展程度如何不同,在国际社会中都是平等地进行交往,在交往中产生的法律关系也同处平等地位。国际法为维护国家平等而确立了主权平等原则,规定在各种国际文件中,如《联合国宪章》的第1条宣布,联合国的宗旨之一为发展国际间以尊重人民平等权利及自决原则为根据之友好关系,并在第2条申明本组织及会员国应遵守的原则之一是各会员国主权平等。1970年《国际法原则宣言》中还对主权原则作了进一步阐述。

一般认为国家平等权产生如下重要效果:① 在国际组织和国际会议中,每个参加国享有同等的代表权和投票权,并且有同等效力。但这不排除经国家共同同意使某些国家在国际组织中享有加权的权利;② 每个国家在外交文件上有使用本国文字的权利,在签订条约的文本上本国文字与其他缔约国的文字具有同等效力(除非约文中另有规定),每个缔约国保有条约文本一份,按"轮签制"(Alternate Signature),每个缔约国在其保有的文本上名签首位;③ 国家享有平等的尊荣权,特别是国家元首不受诽谤或诬蔑,国旗和国徽应受到尊重;④ 国家在外国享有司法豁免权;⑤ 国家平等地承担国际义务和国际责任。

(3) 自卫权

自卫权(right of self-defence)是指当国家遭到外来的武力攻击时,实施单独的或集体的武力抗拒攻击者,以保卫自身的生存、独立和安全的权利。《联合国宪章》第51条规定:联合国任何会员国受到武力攻击时,在安全理事会采取必要办法,以维护国际和平及安全以前,本宪章不得认为禁止行使单独或集体自卫之自然权利。会员国因行使此项自卫权而采取之办法,应立即向安全理事会报告,此项办法于任何方面不得影响该会按照本宪章随时采取其所认为必要行动之权责,以维护或恢复国际和平及安全。

《联合国宪章》的该条规定不仅确认了国家自卫是国家的一项天然权利,同时规定了此权利行使的条件限制,它们是:① 国家遭到实际的武力攻击(可以理解为外国或类似国家实体的武力攻击)。② 应在安理会采取维持国际和平及安全办法之前。即在安理会采取必要办法前,受攻击的国家可以自行决定实施自卫。一旦安理会断定一国使用武力攻击另一国的情势已危及国际和平与安全并对此采取必要办法时,受攻击国家的自卫行动能否继续,应服从安理会的决定。③ 向安理会报告实施的自卫措施。即实施自卫的国家应及时将其采取的自卫措施报告给安理会,以便安理会判断当事国的自卫是否合法,或采取调查及控制局势的办法。

国家自卫权的行使除受《联合国宪章》规定的条件限制外,还应遵守国际法确定的"必要"和"相称"原则,它被认为包括在自卫概念之中。①

(4) 管辖权

管辖权(right of jurisdiction)通常是指国家对人和物以及事件的管理和支配权。它一般是通过立法、司法和强制执行等措施保证实现的。伯根索尔和迈耶在其著的《国际公法》一书(第七章)中称:"本章探讨的国际习惯法确立的和美国法院适用的管辖原则,这些原则有:① 一些国家权威通过它的法院或其他机构去判定当事人的权利。② 一定国家的权威建立对它境内外的人或事实施的(法律)规范。③ 国家当局行使它的权力强制执行它制定的法律。"②从基本权利的意义上讲,国家管辖权的基本形式是属地管辖和属人管辖。此外,作为基本管辖权的补充,根据国际习惯和条约规定,还有保护性管辖和普遍管辖。

① 属地管辖。属地管辖(territorial jurisdiction),也称领土管辖,是国家领土主权的重要内容。依领土内的一切属于领土(quidquid est interritorio, est etiam de territorio)之规则,国家对其领土内的一切人、物(包括领土本身)和事有管理和支配的权力(imperium)。基于此种管辖,每个国家有权决定它的社会制度、政治制度、法律制度和经济制度等,采取立法、司法和行政措施,在其领土范围内建立法律秩序,以约束领土内的所有人、物和事。一国境内的人,无论是本国人、外国人,还是无国籍人都应服从该国的管辖。一国境内的物,包括领土及其内的自然资源和私人财产也在该国的属地管辖之下。另外,领土管辖还包含对领土内发生的事项加以规制和处理的权力。

属地管辖是国家对人、物和事的管理和支配的首要根据和最基本的形式。从国家基本权利的角度讲,国家管辖权就是它的属地管辖权。1946 年《国家权利义务宣言草案》也只规定了属地管辖,其第 2 条规定:"各国对其领土以及境内之一切人与物,除国际法公认的豁免者外,有行使管辖权之权。"属地管辖是国家不可或缺的权利,也是主权独立的基础。虽然国家还有其他形式的管辖,但它们与属地管辖相比均为次要的或派生的,因为它们或是以属地管辖为基础,或是为维护这种管辖而产生或存在的,并且其行使要受这种管辖的限制。

属地管辖是专属的和排他的。国家在其领土内可以充分地、独立地和不受干扰地行使管辖权,排除一切外来的参与、竞争和干涉。即使外国同时对同样的人和物有行使管辖权的根据,但如果它们行使的管辖权与属地管辖权相冲突,则该外国的管辖权就要受属地管辖权的限制。常设国际法院在 1927 年"荷花号案"的判决中指出:"一个国家……不得以任何方式在另一个国家的领土上行使它的权力,管辖权不能由一个国家在它的领土外行使,除非依据来自国际习惯或一项公约的允许性规则。"③

---

① 参见[英]詹宁斯、瓦茨修订:《奥本海国际法》(第 1 卷第 1 分册),王铁崖等译,中国大百科全书出版社 1995 年版,第 311 页。国际法院在 1986 年的"军事和准军事活动案"的判决中指出:"对一场进攻的回击是否合法取决于该回击是否遵守了'必要'与'规模相称'原则的要求。"

② Thomas Buergenthal & Harod G.. Maier, *Public International Law*, West Publishing Co., 1990, p.159.

③ 参见黄惠康、黄进编著:《国际公法国际私法成案选》,武汉大学出版社 1987 年版,第 182 页。

② 属人管辖。属人管辖（personal jurisdiction），也称国籍管辖（nationality jurisdiction）。一般是指国家对具有本国国籍的人的管辖，不论本国人的行为发生在何处。此外，这种管辖还扩大到国家对具有本国国籍的法人、航空器、船舶和外空发射物及其所载人员的管辖。基于属人管辖，国家不仅有权要求其境内的本国人服从它的立法、司法和行政等方面的管理，还可以依法拒绝本国人的出境要求，对犯罪的本国人不驱逐出境和拒绝引渡。对境外的本国人，国家有权要求其回国履行兵役义务，对其犯罪有审判和处罚的权力；当他们的合法权利遭到所在国的非法侵害而得不到救济时，国家有权进行外交保护；当他们被外国驱逐或要求返回本国时，其本国应予以接纳。但国家对其在外国的本国人行使管辖权要受所在国属地管辖权的限制。

③ 保护性管辖。保护性管辖（protective jurisdiction），一般是指国家为了保护其安全、独立和利益（包括本国人的生命、财产和利益），而对外国人在该国领域之外对该国国家或国民之犯罪行为实行的管辖。这种管辖是受害国针对外国人的严重犯罪实行的管辖，如对叛国罪、伪造货币罪、诽谤罪、杀人罪、纵火罪等而行使的。因为这样的犯罪直接危害着国家安全、领土完整、政治独立以及经济利益，或危害国民的生命和财产安全，各国刑法也都公认为是严重犯罪。一般认为这种管辖权的行使与国际法并不冲突。因此，国家可以在其法律中予以规定。例如，中国《刑法》第8条规定："外国人在中华人民共和国领域外对中华人民共和国国家或者公民犯罪，而按本法规定的最低刑为三年以上有期徒刑的，可以适用本法，但是按照犯罪地的法律不受处罚的除外。"保护性管辖权的行使要受罪行发生地国的属地管辖的限制，未经该国同意，受害国不得进入该国逮捕犯罪嫌疑人或采取其他措施。因此，只有在经该国同意予以司法协助的情况下，或在其他合法场合，才能对犯罪嫌疑人采取措施。

④ 普遍管辖。普遍管辖（university jurisdiction）是指所有国家都有权对国际法上规定的严重危害国际社会普遍利益的犯罪实行管辖，而不论罪行发生在何处。例如，国际法上规定的海盗罪、破坏和平罪或侵略罪、战争罪、反人类罪、种族隔离罪等。确定普遍管辖原则的目的是打击那些危害人类安全或利益的国际犯罪，为此，一些国际条约中规定犯罪嫌疑人所在国家应遵守"或引渡或起诉"（aut dedere, aut judicare）原则，保证有一个国家能对这类犯罪提起诉讼。[①]故此，中国《刑法》第9条规定："对于中华人民共和国缔结或参加的国际条约所规定的罪行，中华人民共和国在所承担条约义务的范围内行使刑事管辖权的，适用本法。"

（二）国家的基本义务

国家享有国际法确认的基本权利，也要承担国际法规定的基本义务，这种义务关涉国际社会的和平与安全、民主与发展的根本利益，因此也是各国必须遵守的和不可推卸的根本性义务。根据《联合国宪章》《国际法原则宣言》《国家权利义务宣言草案》等国际文件的规定，国家基本义务的核心内容是尊重别国的主权和由主权引申的各项基本权利，具体为：① 不得使用武力或武力威胁，或以与联合国宗旨不符的任何

[①] 关于这类的条约请参见本书第三章第四节中关于不得认为是政治犯罪的行为。

其他方法侵犯别国的领土完整和政治独立；② 不得以任何理由和方法直接地或间接地干涉别国的内政；③ 用和平方法解决与别国的争端；④ 善意履行依公认的国际法原则和规则以及有效的国际条约所负的义务。

四、国家管辖豁免

（一）国家管辖豁免的概念和根据

与国家管辖相关的，确切地说，与属地管辖相关的一个很重要的问题是国家应放弃对外国国家的属地管辖，给予外国国家管辖豁免之特权。外国国家的管辖豁免之特权被称为国家豁免（state immunity）或主权豁免（sovereignty immunity）。国家豁免泛指一国在外国的行为和财产不受另一国的立法、司法和行政方面的管辖，但通常是指不受另一国的司法管辖，即非经一国同意，该国的行为和财产不受另一国法院的审判和强制措施的支配。2004 年联合国大会通过的《联合国国家及其财产管辖豁免公约》①第二部分关于一般原则中规定：国家本身及其财产在另一国法院享有管辖豁免，国家有义务避免在其法院对另一国提起的诉讼行使管辖。② 本节所述国家豁免是指一国在另一国与私人发生的民事诉讼应不受该另一国的法院管辖，该另一国的法院不得对其财产采取强制措施。但这不影响国际法所涉及一国使馆、领馆、特别使团、驻国际组织代表团、派驻国际组织机关或国际会议的代表团，及与这些机构相关的人员因职能所享有的特权与豁免，或国家元首个人的特权与豁免。③

国家管辖豁免是 19 世纪逐渐形成的一项习惯法规则，并被联合国大会通过的《联合国国家及其财产管辖豁免公约》所编纂。国家管辖豁免的根据是主权平等。由于国家在国际社会中都是独立的主权者，在国际法律关系中是平等的主体，互不从属，相互之间自然也就没有管辖和支配的权力。正如罗马教皇格里高里九世提出的一句格言所示"平等者之间无管辖权"（Par in parem non habet imperium）。虽然这一格言提出的平等者并不是指国家主权者，而只是适用教廷作为主权者的语境。④ 但它可以为后来解释国家主权豁免的根据作参考，实际上许多学者都引此格言作为解释

---

① 该公约是由第 59 届联合国大会于 2004 年 12 月 2 日决议通过（A/RES/59/38），2005 年 1 月 17 日至 2007 年 1 月 17 日向所有国家开放签字，目前尚未达到生效条件。我国于 2005 年 9 月 14 日签署了该公约。

② 但是根据该公约第 7 条、第 8 条、第 9 条的规定，被认为外国接受当地法院管辖的情形有：① 一国在国际协定、书面合同或在法院发表的声明或在特定诉讼中提出的书面函件中表示接受另一国法院管辖的，它不得对此主张豁免。一国表示适用另一国的法律，不应被解释为同意该另一国的法院行使管辖权。② 一国参加另一国法院的诉讼，只要该诉讼是基于该国本身提起的或介入该诉讼或采取与案件实体有关的任何其他步骤，该国就不能主张豁免。但对该国主张豁免，对诉讼中有待裁决的财产主张权利或利益，到法院出庭作证，或未在另一国法院的诉讼中出庭等不得解释为同意接受另一国法院的管辖。③ 一国在另一国法院提起诉讼，不得就与本诉相同的法律关系或事实所引起的反诉主张豁免；一国不得对其介入另一国法院的诉讼中提出的诉讼要求所引起的就该诉讼要求相同的法律关系或事实所引起的反诉主张豁免；一国对其在另一国法院的诉讼中提出的反诉，则不得就本诉主张豁免。

③ 《联合国国家及其财产管辖豁免公约》第 3 条的规定。

④ I. 辛克兰：《主权豁免：最新的发展》，载《海牙国际法学院演讲集》第 167 卷（1980 年法版第 2 册），第 113 页，第 197—198 页。转引自〔美〕路易斯·亨金：《国际法：政治与价值》，张乃根等译，中国政法大学出版社 2005 年版，第 379 页。

国家豁免的历史源头和理论根据。各国也承认在相互交往中有尊重别国的独立权，而限制自己属地最高权的义务；在本国领土给予外国国家豁免，不对外国实行管辖。

这一立场不仅被各国法院的判例实践所支持，还被很多国际法教科书和其他著述所阐明。例如，曾任美国最高法院首席大法官的马歇尔在其对"交易号案"制作的判词中称："一国在其领土内的管辖权是排他的和绝对的，但它可以自我加以限制。这种类似于主权象征的完全的和绝对的管辖并不要求将外国主权者和他们的统治权力作为其管辖的客体。一个主权者在任何方面不从属于另一个主权者，他负有最高的义务不将自己或其主权权利置于另一主权者的管辖之下，从而贬损其国家的尊严。"① 联合国国际法委员会关于国家豁免专题的第一任报告员素差伊库(Sucharitkul)在其报告中指出："国家豁免原则的最令人信服的根据是可以由各国惯例和实践所证明的，并通过国家主权、独立以及平等之类的用语所表现出来的国际法发展。"② 他还认为："平等者之间无管辖权"这一法律格言曾是一个有效的出发点和国家豁免理论的有说服力的法律基础。③ 中国外交家也认为：国家主权豁免是基于国家主权和平等原则。国家主权和平等原则作为现代国际法的基石，"以会员国主权平等之原则"明确载入《联合国宪章》。违反国家主权豁免原则就是对国际法本身的违反。④

（二）国家豁免的主体

享有管辖豁免的主体是国家。关于国家的意义，根据联合国国际法委员会在对《国家及其财产的管辖豁免条款草案》关于"国家"用语的第2条第1款第2项的评注中的解释，"国家"一词包括完全自主和独立的外国，但也进而包括有时并非真正是外国，而是非完全独立或仅有部分主权的实体。⑤ 按照《联合国国家及其财产管辖豁免公约》第2条第1款第2项的规定，能够代表国家享受管辖豁免的机关有：

（1）国家及其政府各机关。一般包括国家元首（国家元首既可归入国家机关，也可属于国家代表）、国家和政府的各种机关。因为它们执行国家的公务，国家元首的私人行为不在此类豁免的主体内。

（2）有权行使主权权力并以该身份行事的联邦国家的组成单位或国家政治区分单位。但联邦成员是否有豁免资格还要由各国国内法决定。国际法委员会认为联邦国家的组成单位是否被作为一个"国家"，还要取决于特定的国家的宪政惯例或历史背景。⑥

（3）国家机构、部门和其他实体，但需它们有权力行使并且实际在行使国家主权

---

① 关于"交易号案"的判决参见黄惠康、黄进编著：《国际公法国际私法成案选》，武汉大学出版社1987年版，第193—194页。
② 参见《国际法委员会年鉴》，1981年(2)，第156页。
③ 参见联合国文件 A/CN.4/357,1982年(英文版)，第19页。
④ 段洁龙主编：《中国国际法实践与案例》，法律出版社2011年版，第1页。
⑤ 参见联合国文件 A/46/10,1991年,(中文版)，第17页。
⑥ 同上书，第23页。

权力。①

（4）以国家代表身份行事的国家代表。

（三）国家豁免的范围

1. 国家豁免范围的主张与实践

国家豁免的核心问题是豁免的范围。对这个问题，国际上向来存在两种不同的主张和实践。

一种主张认为：国家豁免是绝对的，国家的一切行为和财产不论其性质如何，都应享有豁免。其代表人物如英国的奥本海（L. Oppenheim）、布里格斯（Briggs）、戴西（A. U. Dicey）、美国的海德（Hyde）和德国的李斯特（F. Von list）等。这种主张曾在19世纪得到西方国家的广泛支持并付诸法院判案的实践。例如，1812年美国最高法院对"交易号案"的判决、1835年美国海事法院对"宪法号案"的判决、1897年美国最高法院对"昂德希尔诉赫南德兹案"的判决都对外国国家和财产给予完全豁免，美国的立场影响了英国、法国等欧洲国家。英国法院自1820年②、德国法院自1819年③、法国法院自1825年④开始遵循这一原则。

另一种主张认为：国家豁免是相对的或应受限制的，只有国家主权行为（亦称统治权行为、公法行为或非商业行为）和用于政府事务的国家财产才享有豁免，国家的非统治权行为（亦称管理权行为、私法行为或商业行为）和用于商业目的的国家财产不应享有豁免。这种主张在19世纪至20世纪的前半叶，虽然只得到为数不多的国家和法院判案的支持，与绝对豁免的主张相比处于劣势，但到了20世纪后半叶却得到越来越多的国家支持，甚至连一贯主张绝对豁免的国家也纷纷改变了立场，使绝对豁免几乎成了行不通的主张和现实。如一向主张绝对豁免的美国、英国等都转向了限制豁免。美国国务院法律顾问泰特（Jack B. Tate）1952年5月19日在其给美国司法部关于国家管辖豁免的信函中公开宣布，美国政府不再赞同外国政府对于其商务交易行为提出豁免的要求。⑤ 依此公函，美国法院对外国的豁免要求要按国务院的建议行事，对外国的商业行为不予豁免。美国1976年公布的《外国主权豁免法》也采取了限制豁免的立场。其他国家也采取措施限制外国豁免的范围。据统计，已有几十

---

① 《联合国国家及其财产管辖豁免公约》对国家机构、部门和其他实体没有界定。国际法委员会认为这一概念"从理论上说可能包括国家企业或国家设立的从事商业交易的其他实体"。委员会还解释说："实际上，在国家机构或部门与政府主管部门之间，是没有什么严格划分的界限的。'机构'或'部门'表示这两个用语是可以交换使用的。"参见联合国文件 A/46/10,1991年，(中文版)，第26页。

② 英国法院在1820年"普林斯·费雷德里克号案"（Ebden v. Prince）、上诉法院在1880年的"比利时国会号案""玛格黑耳诉萨旦纣博案"和"佩萨罗号案"中援引了"交易号案"的判决原则。

③ 1819年在"福特诉萨政府案"中，萨尔布里肯地区法院根据原告的请求，扣押了拿萨政府的财产。但当法院请求外交部将此扣押令通知拿萨政府时，外交部拒绝了法院的请求。普鲁士冲突法院1882年对"齐默尔诉罗马尼亚王国政府案"的判决采用了绝对豁免原则。

④ 1825年"巴尔盖里诉西班牙政府案"、1827年"布朗歇诉海地共和国案"、1885年"卡拉蒂埃—泰拉森诉阿尔萨斯、洛林铁路管理总局案"。

⑤ Barry E. Carter & Phillip R. Trimble, *International Law*, Little Brown and Company, 1994, p. 588.

个国家采取或支持限制豁免,不少国家制定了国家豁免法。①

此外,还有关于国家豁免的公约及其他文件也对国家豁免的范围规定了限制。如 1972 年《欧洲国家豁免公约》,2004 年联合国大会通过的《联合国国家及其财产管辖豁免公约》。至此,虽不能贸然说,限制国家豁免已形成新的国际习惯法规则,但它确实已成为一种广泛的国际趋向。

2.《联合国国家及其财产管辖豁免公约》关于豁免范围的限制

按照《联合国国家及其财产管辖豁免公约》第三部分的规定,国家对以下八种事项诉讼不得援引豁免:

(1) 国家与外国自然人或法人进行的商业交易引起的诉讼,但国家间进行的商业交易或者该商业交易的当事方另有明确的协议则不在此限。

(2) 雇佣合同的诉讼,但是如果国家间另有协议,或者雇佣是为了履行政府权力方面的特定职能或者被雇佣者是外交代表、领事官员或常驻国际组织的代表则不在此限。

(3) 国家对其作为或不作为引起的人身伤害或财产损害的诉讼。

(4) 国家对财产的所有、占有和使用的诉讼。

(5) 关于知识产权和工业产权的诉讼。

(6) 关于参加公司或其他集体机构的诉讼。

(7) 关于国家拥有或经营的船舶,只要在诉讼事由产生时该船舶是用于商业性的目的。

(8) 仲裁协议的效力,即国家与外国自然人或法人订立关于将商业交易争端提交仲裁解决的协议,关于仲裁协议的有效性、解释或适用、仲裁程序或者裁决的确认或撤销的诉讼。

《联合国国家及其财产管辖豁免公约》第四部分规定:一国财产免受所在国法院的强制措施,国家有义务使其法院遵守这项规则,在涉及外国的诉讼中不采取针对该外国财产的强制措施,例如查封、扣押和强制执行。但国家财产的这种豁免要受以下三种情形的限制:

(1) 国家已在其接受的国际协定、仲裁协定或书面合同中,或在法院发表的声明或在当事方发生争端后提出的书面函件中,明示同意就该有关财产采取此类措施。

(2) 国家已经拨出或专门指定该财产用于清偿该诉讼标的要求。

(3) 该财产在法院地国领土上,并且被诉讼当事国具体用于或意图用于政府非商业性用途以外的目的,而且与诉讼标的的要求有关,或者与被诉的机构或部门有关。但国家的以下财产不应被视为属于被国家具体用于或意图用于政府非商业性以外目的的财产:① 用于或意图用于国家使馆、领馆、特别使团、驻国际组织代表团、派往国际组织的机关或国际会议的代表团用途的财产,包括任何银行账户款项;② 属于军事性质,或用于或意图用于军事目的的财产;③ 国家中央银行或其他货币当局

---

① 如英国 1978 年公布了《国家豁免法》,新加坡 1979 年公布了《国家豁免法》,1981 年巴基斯坦公布了《国家豁免法》,同年南非公布了《外国主权豁免法》,1982 年加拿大公布了《国家豁免法》,1985 年澳大利亚公布了《外国国家豁免法》。

的财产;④ 构成国家文物遗产的一部分,或属国家档案的一部分,并非供出售或意图出售的财产;⑤ 构成具有科学、文化或历史价值的物品展览的一部分,并非出售或意图出售的财产。

3. 中国关于国家管辖豁免范围的立场与实践

关于中国对国家管辖豁免范围的立场,应该说是从坚持绝对豁免到逐渐接受限制豁免。中华人民共和国政府成立后长期坚持绝对豁免立场。但随着中国的改革开放,逐渐接受了限制豁免的主张,这一变化反映在中国的外交实践中。例如,自20世纪80年代中国就开始派代表参加国际法委员会关于《国家及其财产的管辖豁免条款草案》的历次磋商会议和联合国大会第六委员会关于《联合国国家及其财产管辖豁免公约》的磋商,申明必须坚持国家管辖豁免的原则,但同时要考虑国际实际情况,对国家豁免的范围作出某些例外的规定,并对《国家及其财产的管辖豁免草案》和《联合国国家及其财产管辖豁免公约》的基本规定给予了肯定和支持。① 中国于2005年签署了该公约,也表明接受了限制国家管辖豁免的立场。② 此外,中国于1980年加入的1969年《国际油污损害民事责任公约》第11条规定,缔约国就油污损害赔偿案件放弃在油污损害所在缔约国法院的管辖豁免。1996年中国批准的1982年《联合国海洋法公约》第32条、第95条、第96条等规定了军舰和其他用于非商业目的的政府船舶在沿海国的领水和公海上享有管辖豁免。1992年颁布的《中华人民共和国领海及毗连区法》第10条规定:"外国军用船舶或者用于非商业目的的外国政府船舶在通过中华人民共和国领海时,违反中华人民共和国法律、法规的,中华人民共和国有关主管机关有权令其立即离开领海,对所造成的损失或者损害,船旗国应当负国际责任。"上述两个国际公约和中国法律的有关国家豁免的规定说明,中国对外国军舰和用于非商业目的的外国政府船舶给予豁免,对用于商业目的的外国政府船舶不给予豁免。

但是,目前中国的司法实践中仍然坚持不受理以外国为被告的诉讼,或偶尔受理后也予以驳回。这大概是因为:一则中国还没有关于国家豁免的法律,法院审判这类诉讼无法可依。目前,只有2005年公布的《中华人民共和国外国中央银行财产司法强制措施豁免法》③,但它还仅适用于外国中央银行财产的司法强制措施豁免;二则

---

① 中国代表关于国家豁免范围的发言主要有:1986年在国际法委员会一读通过《国家及其财产的管辖豁免草案》的发言,载中国国际法学会主编:《中国国际法年刊》(1987年),法律出版社1988年版,第835页;1991年在国际法委员会二读通过《国家及其财产的管辖豁免草案》的发言,参见龚刃韧:《国家豁免问题的比较研究——当代国际公法、国际私法和国际经济法的一个共同课题》,北京大学出版社1994年版,第161页;1993年在第48届联大六委关于《国家及其财产的管辖豁免条款草案》的发言;1994年在联大六委关于《联合国国家及其财产管辖豁免公约》的工作组磋商会议上的发言和在第49届联大六委关于《联合国国家及其财产管辖豁免公约》的发言,载中国国际法学会主编:《中国国际法年刊》(1994年),中国对外翻译出版公司1996年版,第336—339、432—434、467—469页。

② 不过中国尚未批准该公约,该公约也尚未生效。

③ 该法规定中华人民共和国对外国中央银行财产给予财产保全和执行的司法强制措施的豁免;但是外国中央银行或者其所属政府书面放弃豁免的或者指定用于财产保全和执行的财产除外。外国不给予中华人民共和国中央银行或者中华人民共和国特别行政区金融管理机构的财产以豁免,或者所给予的豁免低于该法的规定的,中华人民共和国根据对等原则办理。

中国的政策还是给予外国国家绝对豁免。因此,建立中国国家豁免法是立法机关应予考虑的,它的必要性会随着外国在中国从事商业活动的增多而凸显。

(四) 国家管辖豁免的放弃

国家可以明示或默示的方式自愿放弃其在外国法院享有的管辖豁免。根据《联合国国家及其财产管辖豁免公约》第7条的规定,明示放弃豁免包括国家通过国际协定、书面合同或在法院发表的声明或在特定诉讼中提出的书面函件表示放弃。按照公约第8条、第9条的规定,默示放弃是指国家通过在外国法院提起或参与诉讼(包括反诉),或采取与案件实体相关的任何其他步骤,表示了接受法院管辖的意思。

但是,根据公约第7条第2款和第8条第2款、第3款、第4款的规定,在以下情形,一国的行为不应解释为同意另一国的法院对其行使管辖权:① 一国同意适用另一国的法律;② 一国仅为援引豁免或对诉讼中有待裁决的财产主张一项权利或利益的目的而介入诉讼或采取任何其他步骤;③ 一国代表在另一国法院出庭作证;④ 一国未在另一国法院的诉讼中出庭。

另需说明的是,国家放弃管辖豁免不等于也放弃了法院执行的豁免,执行豁免的放弃必须由国家作出明确的表示。① 公约第20条还规定,依照公约第7条的规定,一国明示放弃管辖豁免,并不构成该国默示同意对其国家财产采取强制措施。

第二节 国家、政府及其他实体的承认

国际法上的承认是指既存国家表示认可某种事实或情势,并愿意接受由此产生的法律后果的行为。承认的对象包括新国家、新政府、民族解放组织、叛乱团体和交战团体。

一、国家的承认

(一) 国家承认的概念和性质

1. 国家承认的概念

国家承认(recognition of state)是指既存国家对新产生的国家给予的认可并接受由此而产生的法律后果,与新国家建立关系的行为。新国家获得既存国家的承认就是它与承认国家进行交往的开端。

2. 国家承认的性质

关于国家承认的性质,可从不同的角度认识和理解,就既存国家是否承认新国家来讲,承认是国家单方面的政治行为。因为国际法并未加诸各国承认新国家的义务,也没有赋予新国家获得别国承认的权利。一国是否承认新国家是其主权范围内的事,由其根据国际关系和外交政策的需要自由决定。但是,既存国家一旦表示承认新国家,它的这种行为就是一种具有法律意义的行为,就会产生法律效果。

---

① 参见《联合国国家及其财产管辖豁免公约》第18条、第19条的规定。

另外，从承认对新国家的国际法主体资格的影响来认识国家承认的性质，西方国家学者提出了两种学说，即构成说（constitutive theory）和宣告说（declaratory theory）。主张构成说的一些学者认为，新国家作为国家的存在不需要承认，别国不承认并不影响它的存在，承认的必要在于使国家成为一个国际人格者，成为国际社会的成员。①另外一些学者认为，承认确定新国家满足了国家资格必须具备的条件，即国家作为一个法律事实的存在必须经过既存国家的确定，经过承认，被承认国与承认国之间就发生了依附于国家资格的国际权利和义务，因此承认是具有构成性的。②持构成说学者的主张虽不完全一致，但都认为承认具有创造国际法主体资格的性质。

若是从国家实际交往的角度来认识承认的作用，可以说新国家只有得到别国的承认，它才能与别国进行政治、经济、文化及其他方面的交往，表现它的国际交往能力。但一些学者把事情推到极端，认为承认本身具有创造国际法主体的作用，显然是不妥当的。这会导致大国强国以不承认来否定新国家或任意对待新国家，甚至作为它们侵犯和破坏新国家的独立和主权的借口。

宣告说认为，承认只是既存国家对新国家存在的事实给予确认或宣告而已，并不具有创造国际人格的作用。新国家的国际法主体资格取决于其成为国家的事实，如英国的布赖尔利（Brierly）说："对一个新国家给予承认，不是'构成性'而是'宣告性'的行为。承认不能把一个并不存在的国家变成法律上的存在。一个国家，如果事实上已存在的话，即使没有获得承认也是可以存在的；不论其他国家是否予以正式承认，这个国家也是有权被别国作为国家看待的。承认的主要任务是宣告一个不大明确的事情成为事实，并宣告承认国准备接受这个事实所产生的正常后果，即国际交往的通常礼节。"③这一学说现在已获得多数学者的支持，并且早就得到了1933年《美洲国家间关于国家权利和义务的公约》和1936年国际法学会布鲁塞尔年会决议的认同。如《美洲国家间关于国家权利和义务的公约》第3条规定："国家在政治上的存在并不依靠他国的承认。甚至尚未得到承认的国家也有权捍卫本国的领土完整和独立，为本国的生存与繁荣作出安排，因而也有权按照它所认为合适的方式组织起来，有权制定维护本国利益的法律，管理本国的服务部门并确定本国法院的管辖范围与权限。"宣告说所阐明的观点是应予肯定的，但是似乎对承认能使一个新国家与承认国家进行正常国际交往方面的作用没有给予应有的注意。中国学者倾向于支持宣告说。④

（二）新国家产生的情势和对其承认的条件

1. 新国家产生的情势

在国际社会的万千变化中，以下某种情势的出现会导致新国家的产生：

---

① 英国的奥本海、德国的斯特鲁普（Strupp）、希腊的斯蒂鲁普洛斯（Stiropoulos）、李斯特（List）等均在他们的国际法著述中表达了这种观点。
② 英国的劳特派特和美国的凯尔逊（Kelsen）等持此种观点。
③ Brierly, *The Law of Nations*, Oxford: Clarendon Press, 1963, p.138.
④ 参见王铁崖主编：《国际法》，法律出版社1981年版，第101—102页。

(1) 殖民地或附属国的独立。此指殖民地或附属国人民通过武装斗争或和平方式摆脱原殖民国家或宗主国的统治而成为新独立国家。例如,美国1776年脱离英国的殖民统治而独立。19世纪拉丁美洲一大批殖民地独立。第二次世界大战后,亚洲、非洲等地区的数十个殖民地独立。

(2) 国家合并。这是指两个或两个以上国家的领土合并建立一个新国家,如1964年坦噶尼喀与桑给巴尔合并为坦桑尼亚联合共和国。

(3) 国家分离。国家分离是指从一国领土分离出一部分或几部分,脱离母国而成立一个或几个新国家的情形。如1903年巴拿马共和国的建立,就是从哥伦比亚分离出来的。1971年孟加拉国的建立是从巴基斯坦分离出来的结果。

(4) 国家解体。这是指一个国家解散,分裂成为几个或若干个新国家,原国家不复存在。例如,第一次世界大战之后奥匈帝国一分为三,建立了奥地利、匈牙利和捷克斯洛伐克。1991年苏联解体,分别成立了15个新国家。[1]

2. 新国家承认的条件

是否承认新国家,虽然是各国自由裁量的事情,但是如果一国决定承认新国家,这种决定的作出就不能是一个绝对的专断意志,而要受国际法的限制或约束。也就是要符合国际法为国家承认设立的条件。依现代国际法,既存国家承认新国家必须遵循以下两个条件:

(1) 新产生的政治实体具备国家的要素。此条件要求被承认的对象必须是一个国家实体,而不是其他实体。因为既存国家承认新国家,是认为它具有国际法主体资格,愿意与之进行全面国际交往。所以要求被承认的政治实体必须具有国家构成的四个要素,不具备这四个要素的实体,即使是国际法的主体也不能进行全面的国际交往。

(2) 新国家符合国际法原则而产生。这个条件是要求被承认的新国家建立的政治基础必须符合国际法的原则,既存国家才能承认它。对违反国际法原则而建立的国家,既存国家非但不应给予承认,反而应该反对其存在的事实。这是国际法加诸各国的不承认义务。《奥本海国际法》指出:"如果一种新的情势发生于一个违反一般国际法的行为,也可以不给予承认。不法行为不产生权利的原则在国际法上已经确立,而且按照这项原则,违反国际法的行为不能成为违法者获得法律上权利的根源。"[2]例如,现存国家领土的一部分在外国侵略者武力占据之下制造出一个傀儡国家,完全处在外国控制之下,靠外国武力维持,就根本不能成为一个国家。因为外国制造这样一个国家,破坏了其领土所属国家的主权和领土完整,本身就是违反尊重国家主权和领土完整及不侵犯原则的行为,而既存国家承认这样的傀儡,就是支持一国侵略和占领别国领土的违法行为,同样是违法的行为。

---

[1] 它们是:俄罗斯、白俄罗斯、爱沙尼亚、拉脱维亚、立陶宛、摩尔多瓦、乌克兰、阿塞拜疆、格鲁吉亚、哈萨克斯坦、吉尔吉斯斯坦、塔吉克斯坦、土库曼斯坦、乌兹别克斯坦和亚美尼亚。

[2] 〔英〕詹宁斯、瓦茨修订:《奥本海国际法》(第1卷第1分册),王铁崖等译,中国大百科全书出版社1995年版,第122页。

历史上的典型实例是对日本侵华及其制造的"满洲国"的承认问题。1931 年日本帝国主义发动了"九·一八"事变,随后侵占中国东北三省并制造了所谓的"满洲国"。① 这一傀儡政权不仅遭到了当时的中国南京国民政府的反对,也遭到了国际上的谴责和不承认。当日本在 1932 年 1 月 3 日侵占中国锦州后,1 月 7 日,当时的美国国务卿史汀生(Stimson),就针对日本在中国东北的侵略分别照会中、日两国政府,声明美国政府"不能承认任何实际情势之合法性,也不承认中、日政府或其代理人所缔结的足以损害美国或其国民之条约的权利,或损及中国主权独立或领土及行政完整,或违反国际间对华政策,即所谓'门户开放'的任何条约或协定。同时,美国政府也不承认任何由违反 1928 年 8 月 27 日《巴黎非战公约》之方法所造成之情势或缔结之条约或协定"②。这一声明所表明的立场后来被称为"史汀生不承认主义"。虽然这一主张没能阻止日本的侵略,但它对反对侵略造成的非法事实是很有益的,也得到了国际联盟的采纳。

1932 年 3 月 1 日伪"满洲国"成立后,3 月 11 日,国际联盟大会就通过决议规定会员国负有义务不承认通过违反《国际联盟盟约》和《巴黎非战公约》的方式产生的任何情势、条约和协定。事实上,伪"满洲国"傀儡组织成立后,除得到日本侵略者本身及其同盟者和一个经济利益需求国的承认外③,没有获得任何其他国家的认可。1932 年 9 月 4 日国际联盟的调查报告书中指出,这个组织的成立完全由于"日本军队在场"和"日本文武官吏的活动,不能认为是由真正的和自然的独立运动所产生"。"一般中国人对'满洲国'政府均不赞成,此所谓满洲政府者在当地中国人心目中一直是日人之工具而已。"④1933 年 2 月 24 日国际联盟大会报告书,根据"国际联盟调查团"的意见,正式宣布,维持并承认满洲现在之制度与现存国际义务的基本原则不相符合。同年,国际联盟大会设立的顾问委员会还于 6 月 7 日通过了《关于不承认满洲国之办法》,通告会员国及非会员国分别执行。⑤

这一不承认违反国际法原则而产生的国家及其他事实之原则,在第二次世界大战后,被《联合国宪章》《国际法原则宣言》《国家权利义务宣言草案》和国际法委员会二读通过的《国家对国际不法行为的责任条款草案》等国际文件所确认,并付诸实践。例如,安理会曾于 1965 年和 1970 年先后通过决议,要求所有国家不承认制造南罗得西亚"独立"的"非法种族主义少数政权"。1976 年联合国大会通过决议,宣布南非非

---

① 伪"满洲国",是 1931 年"九一八事变"后日本侵略者利用清朝废帝爱新觉罗·溥仪在东北建立的一个傀儡政权,于 1932 年 3 月 1 日建立,3 月 9 日以溥仪为"执政",以郑孝胥为"国务总理",年号"大同"。此傀儡政权的地盘包括现中华人民共和国辽宁、吉林和黑龙江三省全境、内蒙古东部及河北北部。通过这一傀儡政权,日本在中国东北实行了 14 年之久的殖民统治。
② 复旦大学历史系中国近代史教研组编:《中国近代对外关系史资料选辑(1840—1949)》(下卷第一分册),上海人民出版社 1977 年版,第 213 页。
③ 日本于 1932 年,意大利和德国于 1937 年承认"满洲国",此外还有萨尔瓦多于 1934 年承认"满洲国",据说它是为了经济利益,向日本出口咖啡。
④ 《国际联盟调查团报告书》(中译本),南京外交部印行,第 155、169、178 页。转引自周鲠生:《国际法》(上册),商务印书馆 1976 年版,第 139 页。
⑤ 周鲠生:《国际法》(上册),商务印书馆 1976 年版,第 110—111 页。

法策划的特兰斯凯"独立"无效,要求各国政府不以任何形式予以承认。这一决议也得到了安理会的赞同。联合国的这些实践可被视为对违反民族自决原则而建立的"国家"不予承认的先例。① 安理会还在1983年作出决议,宣布土耳其侵略造就的"北塞浦路斯土耳其共和国"在法律上无效,要求各国不予承认这个所谓的独立国家。②

从对新国家承认条件的分析,可以得出如下结论:对不符合条件的新国家尤其是违反国际法原则而建立的国家,既存国家非但不应给予承认,而且应予谴责,使它不能存在于国际社会。对符合条件的新国家,既存国家当然可以承认,但应避免过急承认(precipitate/premature recognition)或过迟承认(overdue recognition),因为这样做容易引起母国或新国家的抗议或指责。③

(三) 国家承认的方式、范围和效果

1. 国家承认的方式

国际法并没规定国家承认的方式。实践中,国家一般通过明示或默示的方式表达其对新国家的承认。

(1) 明示承认。明示承认(express recognition)一般是指,既存国家通过单方面的发照会、函电或发表声明等方式宣告承认新国家。例如1957年中国总理兼外交部部长周恩来致电突尼斯外交部部长,告知"中华人民共和国政府已正式决定承认突尼斯共和国"。此外,既存国家还可以在其签订的条约中载有承认新国家的条款,如英国、俄国、法国在它们1830年签订的《伦敦协定》中承认希腊独立。德国在1919年《凡尔赛和约》中(第81条、第87条)声明承认捷克斯洛伐克和波兰。

(2) 默示承认。默示承认(implied/tacit recognition)是指既存国家通过某种实际行动表示对新国家的承认。例如,与新国家建立外交关系或领事关系,缔结双边条约,在政府间国际组织中投票表示接纳新国家为该组织的成员。但与新国家共同参加国际组织或国际会议,或仅与新国家有某种事实上的联系,而这种联系又无承认的意思的,则不构成默示承认。

2. 国家承认的范围

既存国家承认新国家的范围有法律上的承认和事实上的承认两种方式。

(1) 法律上的承认。法律上的承认(de jure recognition)是指既存国家给予新国家确定的和完全的承认,意味着承认国家愿意与被承认国家进行全面交往,因而构成两国间发展正常关系的法律基础。法律上的承认是永久的和不可撤销的。既存国家一般都给予新国家法律上的承认,纵使既存国家在承认新国家时不加"法律上的"字

---

① 〔英〕詹宁斯、瓦茨修订:《奥本海国际法》(第1卷第1分册),王铁崖等译,中国大百科全书出版社1995年版,第122—129页。

② 1983年11月18日第541(1983)号决议(S/RES/541),载 http://daccessdds.un.org/doc/RESOLUTION/GEN/NRO/453/82/IMG/NRO45382.pdf? OpenElement,2010年2月26日访问。

③ 〔英〕詹宁斯、瓦茨修订:《奥本海国际法》(第1卷第1分册),王铁崖等译,中国大百科全书出版社1996年版,第103—104页。

样,也不影响承认的完整性,因为从两国外交或领事关系的建立,或重要条约的缔结等实际交往情况可以表明属于法律上的承认。

（2）事实上的承认。事实上的承认(de facto recognition)是指既存国家出于其国际关系方面的考虑,或是在对新国家地位的巩固尚缺乏信心的情况下,不愿意立即与新国家建立全面的关系,但实际上又需要与新国家进行一定的交往,因而给予新国家一种事实上的承认,暂时与它在比较小的范围内建立联系。通常是在经济、贸易、商业、文化和科技方面的交往,不发生政治、外交和军事关系。事实上的承认是不完全的承认,带有暂时性,并且是可以撤销的。一般情况下,它都会发展为法律上的承认。例如19世纪,当一些拉丁美洲国家脱离西班牙和葡萄牙殖民主义统治而独立时,英国、美国基于与这两个殖民国家的关系和本身的实际利益考虑,对新独立国家开始只给予事实上的承认,后来才把事实上的承认升为法律上的承认。日本1919年给予芬兰事实上的承认,1921年升为法律上的承认。但在特殊情况下,例如在导致事实上的承认的前提条件不复存在的情形下,事实上的承认即可撤销。

"法律上的"和"事实上的"这些词语是形容被承认的国家的,指它是被承认为一个法律上的国家,还是一个事实上的国家,而不是形容承认的行为本身。法律上的承认和事实上的承认之间的实质区别是,法律上的承认是最完全的承认,而事实上的承认是在临时基础上考虑目前实际情况后给予的程度较低的承认。因此,如果在承认的国家看来,新的当局虽然实际上是独立的,并且在它控制的领土内掌握着有效的权力,但它还没有充分稳定,或者还看不出它能符合关于承认的其他条件,那么就发生事实上的承认。

3. 国家承认的效果

一般地说,既存国家承认新国家,就表示它接受了新国家在国际社会中的地位及其作为一个国家通常具有的全部权利和义务,接受承认在两国关系中产生的法律效果,主要表现在以下方面：

（1）既存国家给予新国家法律上的承认奠定了两国全面交往的法律基础。因此,两国会缔结条约,进行政治、经济、文化、科学技术等方面的交流与合作。为此而建立外交和领事关系,互设使馆和领事馆,以方便和促进两国之间的交流与合作。但事实上的承认不产生两国的政治关系,也不建立外交和领事关系。

（2）承认国应承认被承认国的立法、司法和行政的效力。

（3）承认国承认被承认国的财产权、诉讼权和豁免权。财产权指在承认国境内的被承认国的国家财产不受侵犯,并应受到承认国的适当保护。诉讼权即指被承认国有权在承认国的法院提起诉讼和参加诉讼。豁免权参见上节的阐述。

根据国际实践,国家承认的法律效果具有溯及既往(retroactivity)的效果。也就是说,既存国家对新国家的承认产生的效果可追溯到承认发生之前,甚至到后者建立之时。所以,新国家在未被承认之前完成的法律行为的效力应得到承认国的认可。《奥本海国际法》指出："至少按照英、美两国法院的实践,承认,不论是事实上的承认还是法律上的承认,都有追溯力,这就是说,法院把被承认的新国家或政府的行为看作是从该被承认的国家或政府建立时起就有效。"①

二、政府和其他实体的承认

(一) 政府的承认

1. 政府承认的概念

政府承认(recognition of government)是指一国通过某种方式表示认可另一国产生的新政府有代表其国家的地位或资格。政府的承认发生在一个国家的内部出现社会革命或叛乱,导致该国发生非宪法程序的政权更迭,建立了新政府的情形。这个新政府全然改变旧政府的对内统治秩序,甚至改变了国家的社会制度、政治制度和法律制度等,改变了旧政府对外关系的方针、政策和国际关系。因而发生既存国家承认这个新政府的问题。政府承认的意义在于:一个国家承认别国的新政府有代表其国家的资格或法律地位,愿意同其所代表的国家建立或保持正常关系。因为新政府所代表的国家的主体资格是连续存在的,未因政府的更迭而受到影响。既存国家如果不承认新政府,就不能与其代表的国家进行交往。

2. 政府承认的条件

依现代国际法的理论与实践,一国的新政府要获得别国的承认必须是在新政府已经在其国家的全部或大部分领土内实行了有效统治(effective control),并且得到了人民的拥护和服从。② 例如,当中华人民共和国中央人民政府成立后,除及时获得苏联等社会主义国家的承认外,还得到了英国等西方国家的承认。如英国政府1950年1月6日致函中华人民共和国政府称:"察悉中央人民政府已有效控制中国绝大部分之领土,今日业已承认此政府为中国法律上之政府。"瑞典于同年1月14日通知承认中华人民共和国政府的电函亦称:"鉴于中华人民共和国中央人民政府已有效地控制着中国大部分领土的事实,现决定法律上承认中央人民政府为中国政府。"③

这一"有效统治原则"(principle of effectiveness)作为承认新政府的根据,可以说是现代国际实践一般奉行的。在有效统治原则的基础上,对新政府的承认一般不必考虑有关政府的政治起源和法律根据。④ 因此,一国内部的革命或叛乱所建立的政权,尽管违反其国内法的规定,但仍属于该国内部情势变化,并不违反国际法,所以别国对此应予尊重。然而,一个国家的政府仅仅由于有另一个国家的武装部队在它的领土上支持而控制着国家,可能有理由被认为是不值得承认的。⑤ 例如1979年苏联入侵阿富汗后扶植建立的卡尔迈勒(纳吉布拉)政权就不应获得承认。

---

① 〔英〕詹宁斯、瓦茨修订:《奥本海国际法》(第1卷第1分册),王铁崖等译,中国大百科全书出版社1995年版,第112页。
② 政权的行使得到人民的明显默许,被认为是有效统治的充分证明。
③ 周鲠生:《国际法》(上册),商务印书馆1976年版,第144页。
④ 同上书,第127页。
⑤ 〔英〕詹宁斯、瓦茨修订:《奥本海国际法》(第1卷第1分册),王铁崖等译,中国大百科全书出版社1995年版,第108页。

3. 政府承认的方式、范围和效果

政府承认的方式和范围与国家承认一样,可由承认国家自由决定采取明示的或默示的方式,给予新政府法律上的或事实上的承认。国际实践表明,国家趋向通过默示的方式承认新政府。例如,1930 年,墨西哥的外交部部长艾斯特拉达声明,墨西哥在外国发生革命或政变时将不发表任何给予承认的声明,而仅决定是否与有关外国政府继续保持外交关系(保持外交关系是一种默示的承认)。这一立场被称为"艾斯特拉达主义",并为许多国家所采行,如英国、法国、美国、比利时等已经放弃了明示承认新政府。①

政府承认与国家承认的效果是相同的。但要说明的是,在新政府控制其国家领土的大部分或绝大部分,而旧政府仍然控制一小部分领土的情况下,一国承认了新政府,就意味着它承认旧政府代表其国家的地位或资格由新政府取代,旧政府完全消亡。例如,1949 年 10 月 1 日中华人民共和国中央人民政府成立后,对所有承认中华人民共和国政府的国家来讲,中国的旧政府已不复存在,中华人民共和国中央人民政府是中国的唯一合法代表。它们不得再与占据中国台湾地区的旧政府当局保持任何官方关系,除非得到中华人民共和国中央人民政府的同意。

(二) 民族解放组织的承认

民族解放组织的承认(recognition of national liberation movement)是指国家对旨在摆脱外国奴役或殖民主义统治,争取建立独立国家而进行民族解放运动的组织给予的认可。因为这样的民族解放组织在其成为独立国家之前,是具有类似国家性质的政治实体,对其控制的地区实施着有效统治,并获得了当地人民的支持,具有一定的国际法主体资格,所以获得国家承认,承认国与其进行一定范围的交往。例如,第二次世界大战后,阿尔及利亚民族解放组织曾获得包括中国在内的二十多个国家的承认,它在 8 个国家和一些国际组织派驻了正式代表。此外还有安哥拉人民解放运动组织、莫桑比克解放阵线、巴勒斯坦解放组织等也都曾获得了一些国家的承认。

(三) 叛乱团体和交战团体的承认

叛乱团体的承认(recognition of insurgent body)是一国对另一国国内出现的叛乱组织给予的一定认可。叛乱团体是指一国内反抗政府或进行起义的团体。它有明确的目标、统一的领导和组织机构,并已实际占领和控制着本国领土的一部分,正在与本国政府进行武力斗争。如果叛乱团体的反政府或起义行动迅速完成,不论它的叛乱结果是成功还是失败,通常都不出现国家承认它的问题。但是,如果叛乱活动旷日持久地存在,它的武力斗争虽然没达到内战程度,但别国出于保护其在叛乱团体控制地区的商务和侨民等方面的利益,可能对叛乱团体给予承认。这种承认只是表示承认国在一定范围内对于叛乱者(或起义者)的武装斗争活动保持中立态度,除非这种活动侵害到它的国民或财产等利益,它都不加干涉;承认叛乱团体在其控制的地区有

---

① 白桂梅:《国际法》(第二版),北京大学出版社 2010 年版,第 100 页。

一定的权力,以及在一定限度内与叛乱团体进行接触。① 一般地说,承认叛乱团体的性质和内容不过如此,它不使叛乱团体具有交战者的地位和权利。

交战团体的承认(recognition of belligerent body)是一国对另一国内存在的交战团体国际地位给予的确认。交战团体是指一国内为政治目的向本国政府发动内战的、具有交战者资格的叛乱团体。它不同于叛乱团体的是:① 叛乱活动或与政府的武装斗争实际上已发展到了内战的性质,在负责任的政治组织和军事组织的领导下进行有组织的军事行动;② 在交战行动中,遵守战争法规则;③ 占领了领土的相当地区,并在该地区建立了事实上的政权,行使着类似政府的权力,进行着有效统治,形成了与政府对峙的态势。② 别国为了保护自己的利益而对这种交战团体给予承认。

承认交战团体的主要效果是:① 使被承认的交战团体取得内战中交战一方的地位,具有战争法上的权利和义务。承认国则应在交战团体和它的本国政府之间保持中立地位,享有中立国应有的权利和义务。② 被承认的交战团体对其实施的国际不法行为应负国际责任,但在其控制的地区免除其反对本国政府的责任。

第三节 国家的继承

国际法上的继承是指由于某种具有国际法意义的事实或情势出现,使国际法上的相关权利和义务从一个承受者转移给另一个承受者,引起的法律关系的改变。这种法律关系改变的效果直接影响继承者和被继承者及第三者的权益,因而继承是国际法上的重要规则。国际法上的继承有国家的继承、政府的继承和国际组织的继承,但主要是国家的继承。因此本节也主要研究国家的继承,其次探讨政府的继承。

一、国家继承的概念和原因

(一) 国家继承的概念

国家继承(succession of state)是指一国对其领土的国际关系所负的责任,由别国取代。③ 也就是说,由于出现了国家领土变更的事实,而使与变更的领土相关的国际法上的权利和义务从被继承国转移给继承国。此处所说的国际法上的权利和义务不包括那些属于国家固有的基本权利和义务,以及以国家的国际人格的存在为前提而存在的、随同国家的国际人格的消灭而消灭的其他权利和义务。因为这样的权利和义务不属于国家继承的范围。《奥本海国际法》称:"各国的实践表明,按照国际法,不发生一般的继承。当一个国际人格者消灭时,它作为人格者所有的权利和义务也随之消灭。但是,某些权利和义务的确是由一个先前的国际人格者转移给后继的国

---

① 王铁崖主编:《中华法学大辞典》(国际法学卷),中国检察出版社1996年版,第456页。
② H. Lauterpacht, *Oppenheim's International Law*, Volume 1-Peace, 8th Ed., Longmans, Green and Co. London, 1955, pp.249-254.
③ 1978年《关于国家在条约方面的继承的维也纳公约》第2条第1款第2项和1983年《关于国家对国家财产、档案和债务的继承的维也纳公约》第2条第1款第2项。

际人格者。"①

（二）国家继承的原因

国家的继承与国家间的领土变更密切关联,国家间的领土变更不仅引起国家继承的法律事实,而且所继承的国际法上的权利和义务也与变更的领土密切相关,也可以说,没有国家间的领土变更就不会出现国家继承。从国际实践来看,引起国家继承的领土变更情况有：

1. 一国的领土部分或全部转移给别国,即国家间割让或交换部分领土,或一国领土并入别国。例如,1867 年俄国将阿拉斯加卖给美国,1990 年德意志民主共和国的领土并入联邦德国。

2. 国家领土的合并,即两个或两个以上国家的领土合并成为一个新国家的领土。

3. 国家领土的分离,亦即从一个国家领土中分离出一部分或几部分,分别归属于一个或几个新国家的领土。

4. 国家领土的分立,即一国领土分裂成为两个或若干个新国家的领土。例如,1992 年南斯拉夫社会主义联邦共和国解体,其领土分别归属了新建立的斯洛文尼亚、克罗地亚、马其顿、波斯尼亚和黑塞哥维亚、南斯拉夫联盟（现已分立为塞尔维亚共和国和黑山共和国）等国。

5. 殖民地、附属国或非自治领土获得独立地位,其领土脱离宗主国。

二、国家继承的内容和规则

对国家继承的内容和规则,联合国大会 1978 年通过的《关于国家在条约方面的继承的维也纳公约》(以下简称《关于条约继承的公约》,该公约已于 1996 年 11 月 6 日生效)和 1983 年通过的《关于国家对国家财产、档案和债务的继承的维也纳公约》(以下简称《关于国家财产、档案和债务继承的公约》,该公约尚未生效)对国家继承的内容和规则进行了编纂。虽然后一个公约目前尚未生效,但它反映了国家继承的一般实践,概括了关于国家继承的一些习惯法规则,可以作为这些习惯法规则存在的证据。② 所以,我们以下主要依据这两个公约的规定,阐述国家继承的内容和规则。

（一）条约的继承

1. 条约继承的原则

条约的继承实际上就是在发生国家继承的情况下,被继承国缔结和参加的国际条约是否对继承国有效的问题。处理这个问题的一般原则有二：

（1）人身条约不继承。凡是与国家国际人格有关的条约,亦称"人身条约"(personal treaties),一般都不继承。例如,参加国际组织的条约、政治性条约(像结盟

---

① 〔英〕詹宁斯、瓦茨修订：《奥本海国际法》(第 1 卷第 1 分册)，王铁崖等译，中国大百科全书出版社 1995 年版,第 137 页。

② 参见陈致中编著：《国际法教程》，中山大学出版社 1989 年版,第 78 页。

条约、友好条约、共同防务条约、中立条约等)。因为这类条约的效力是以缔约国的继续存在为前提的,在一定意义上,它们可以被认为具有国家的属人性质。因此,缔约国消亡,则对它不可能再有效,如一国领土完全并入别国,或一国领土与别国合并建立新国家,或一国解体,其领土分别属于各个新独立国家时,原国家不存在了,它所缔结或参加的人身条约自动失效,获得其领土的国家无从继承。如果它们由继承国继承,就会根本改变条约实行所依据的前提。①

(2) 非人身条约继承。继承国对被继承国缔结的"处分条约"(dispositional treaties)或称"非人身条约"(non-personal treaties),一般应予继承。例如,对领土划界的条约,有关边境制度、河流及其他水域的使用和管理的条约,道路交通的条约等,均应继承;对有关中立化和非军事化的条约,原则上也应继承;对有关经济贸易、司法协助、引渡及其他类似的条约是否继承,则是有争议的。流行的意见是,至少在领土并入的情况下,对这个问题的回答是否定的。因为这样的条约虽然在一定的意义上是非政治性的,但都具有显著的政治特征。然而在合并的情况下,国家实践支持了这样一种见解,即在原则上,组成统一国家的各国在统一前缔结的非政治性条约继续对继承国有拘束力,至少在统一实现时条约对其有效的那一部分领土是这样的情形。② 据此,可以说关于这样的条约是否继承,继承国应根据领土变更的实际情况酌定。

2. 领土转移不同情形的条约继承规则

由于国家间领土变更的情况不同,继承国对被继承国缔结或参加的涉及继承的各种条约的效力的处理也可以不同。《关于条约继承的公约》对此作了如下规定:

(1) 国家部分领土转移的条约继承。当一国领土的一部分,或虽非一国领土的一部分,但其国际关系由该国负责任的任何领土,成为另一国领土的一部分时,自继承之日起,被继承国的条约,停止对国家继承所涉领土生效;继承国的条约对该领土生效。

(2) 国家领土合并的条约继承。在两个或两个以上国家领土合并而组成一个继承国时,原国家的条约对继承国继续有效,不过仅适用于该条约原来所适用的那部分领土。

(3) 国家领土分离或分立的条约继承。在从一国领土中分离出一部分或几部分组成一个或几个新国家,和一国领土分立成两个或数个国家的情形下,不论被继承国是否存在,原来对被继承国全部领土有效的条约,则对每一个继承国有效;仅对其部分领土有效的条约,则只对由该部分领土组成的继承国有效。

(4) 新独立国家对条约的继承。当殖民地或附属领土获得独立而建立新国家时,这样的新独立国家对原殖民国家或宗主国缔结的条约的继承适用"白板规则"(Clean Plate Rule)。《关于条约继承的公约》第16条规定:"新独立国家对于任何条约,不仅仅因为在国家继承日期该条约对国家继承所涉领土有效的事实,就有义务维

---

① 参见〔英〕詹宁斯、瓦茨修订:《奥本海国际法》(第1卷第1分册),王铁崖等译,中国大百科全书出版社1995年版,第138—139页。
② 同上书,第139页。

持该条约的效力或者成为该条约的当事国。"这就是说,新独立国家对原殖民国家或宗主国缔结或参加的,且适用于该独立领土的条约有权自由决定继承与否。如果新独立国家决定继承某项多边条约,它可以书面形式发出继承通知,确立其该条约当事国的地位。但决定继承对所涉领土有效的双边条约的,则只有在新独立的国家与对方当事国(殖民国家或宗主国以外的条约当事国)之间作出明示同意,或由于两国的行为而可以被认为同意时,方属有效。

(二) 国家财产的继承

国家财产的继承就是在发生国家继承的情况下,被继承国的国家财产转属继承国。被继承国的国家财产(state property)是指在国家继承之日按照被继承国国内法的规定为该国所拥有的财产、权利和利益。①

1. 财产继承的原则

处理国家财产继承要考虑遵循以下两项原则:

(1) 被继承国的国家财产应与变更的国家领土相关联,即只有在被继承国的国家财产与转移领土密切相关或密不可分的情形,才能继承。

(2) 根据领土的实际生存及公平原则处理国家财产的继承。即,在被继承国的财产与转移领土内的人民的创造和生存相关的情形,应由继承国予以继承。因为人民要随着领土转移而转移,所以由他们创造并与之生存息息相关的财产也应随着领土转移而转移。对这样的财产继承还要考虑公平比例原则。

按这两项原则处理国家的财产继承时还要区分财产的性质,凡属被继承国的国家不动产应随领土的转移由继承国继承;对被继承国的国家动产,若与转移领土的生存活动有关,应随领土的转移由继承国继承,但应顾及公平。

2. 领土转移不同情形的财产继承规则

国家财产继承的具体规则,依领土的不同变更情况而定。

(1) 国家部分领土转移的财产继承。当国家的一部分领土转移给另一个国家时,被继承国的国家财产继承,首先应按继承国与被继承国之间的协议解决;如无协议,则位于继承所涉领土内的被继承国的不动产应转属继承国,与继承所涉领土活动有关的被继承国的动产亦应转属继承国。

(2) 国家领土合并的财产继承。在两个或两个以上国家领土合并而组成一个继承国时,被继承国的国家财产,包括动产和不动产应全部转属继承国。

(3) 国家领土分离和分立的财产继承。在国家领土分离或分立组成一个或数个国家的情况下,对被继承国的财产继承,首先按被继承国与继承国间的协议处理,若无协议,则位于国家继承所涉领土内的被继承国的不动产和与所涉领土实际生存活动有关的动产,转属继承国;对与所涉领土活动无关的动产,则应按公平比例转属各继承国。在被继承国解体不复存在的情况下,位于该国原领土之外的国家不动产,亦应按公平比例转属各继承国。

---

① 《关于国家财产、档案和债务继承的公约》第 8 条的规定。

(4) 新独立国家对殖民国家或宗主国的财产继承。处理新独立国家对其原殖民国家或宗主国的财产继承，也要遵守财产与独立领土相关联和领土实际生存原则，将独立领土内的被继承国的不动产和与该领土实际生存相关的动产转属继承国。但要考虑到继承国与被继承国历史上的特殊情况所造成的二者之间的政治上、经济上的不平等和发展上的不平衡，所以还要遵循"各国人民对其财富和自然资源有永久主权原则"，并考虑到继承国曾于独立之前对被继承国的国家财产所作的贡献，对继承国在继承财产方面给予特殊考虑。

《关于国家财产、档案和债务继承的公约》第15条关于新独立国家对财产的继承规定：① 位于国家继承所涉领土内的被继承国的国家不动产应转属继承国；② 属于国家继承所涉领土但位于该领土之外而在领土附属期间已成为被继承国的国家财产的不动产应转属继承国；③ 在第②项所述以外而位于国家继承所涉领土之外的被继承国的国家不动产，附属领土曾为其创造作出贡献者，应按照附属领土所作贡献的比例转属继承国；④ 与被继承国对国家继承所涉领土的活动有关的被继承国国家动产应转属继承国；⑤ 属于国家继承所涉领土并在领土附属期间成为被继承国国家财产的动产应转属继承国；⑥ 在第④⑤项所述以外的被继承国的国家动产，附属领土曾为其创造作出贡献者，应按照附属领土所作贡献的比例转属继承国。

公约还规定，若是被继承国和新独立国家之间对被继承国国家财产的继承不执行上述规定而另行缔结协定予以决定时，此等协定不应违反各国人民对其财富和自然资源享有的永久主权原则。

(三) 国家档案的继承

国家档案的继承是指在继承发生时，被继承国的国家档案转属继承国。国家档案(state archives)是指被继承国为执行其职能而编制或收到的且在国家继承之日，按照被继承国国内法的规定属于其所有并出于各种目的作为档案被直接保存或控制的各种日期和种类的一切文件。①

国家档案的继承应由被继承国与继承国协议解决，如无协议，一般应将与所涉领土有关的档案转属继承国。但由于国家领土转移的情况不同，无协议情况下档案的继承规则也有所差异。

1. 部分领土转移的档案继承

国家部分领土转移的档案继承主要应遵守以下两项规则：

(1) 被继承国国家档案中为了对国家继承所涉领土进行正常的行政管理的部分应转属继承国；此项以外被继承国国家档案中完全或主要与国家继承所涉领土有关部分也应转属继承国。

(2) 被继承国应从其国家档案中向继承国提供与被移交领土的领土所有权或其疆界有关、或为澄清转属继承国的被继承国国家档案文件的含义所必需的最有力的证据。

---

① 《关于国家财产、档案和债务继承的公约》第20条的规定。

2. 领土分离的档案继承

在国家领土分离的情况下,档案继承的规则有:

(1) 被继承国国家档案中为了对国家继承所涉领土进行正常的行政管理而应留在该领土内的部分,应转属继承国。此项之外的被继承国国家档案中与国家继承所涉领土直接有关的部分,也应转属继承国。

(2) 被继承国应从其国家档案中向继承国提供与继承国领土的所有权或其疆界有关、或为澄清转属继承国的国家档案文件的含义所必需的最有力的证据。①

3. 国家分立(解体)的档案继承

国家分立和不复存在而其领土各部分组成两个或两个以上国家时,处理国家档案的继承规则有:

(1) 被继承国国家档案中为了对其一继承国领土进行正常的行政管理而应留在该继承国领土内的部分,应该转属该继承国。此项之外的被继承国国家档案中与其一继承国领土直接有关的部分,应转属继承国。

(2) 前述部分以外的被继承国的国家档案,应在考虑到一切有关情况后公平地转属各继承国。

(3) 每一继承国应从被继承国国家档案属于它的部分中向其他继承国提供与各该继承国领土的所有权或其疆界有关、或为澄清转属各该继承国的被继承国国家档案文件的含义所必需的最有力的证据。

4. 新独立国家继承档案

关于曾受殖民国家或宗主国统治的新独立国家对档案的继承,根据《关于国家财产、档案和债务继承的公约》第28条的规定,可予以特殊处理:

(1) 原属国家继承所涉领土所有并在领土附属期间成为被继承国国家档案的档案,及被继承国国家档案中为了对国家继承所涉领土进行正常的行政管理而应留在该领土内的部分,均应转属新独立国家;在上述以外的被继承国的国家档案中完全或主要与国家继承所涉领土有关的部分,亦应转属新独立国家。

(2) 对(1)所述之外的被继承国国家档案中与国家继承所涉领土有关的部分,其转属或适当复制应由被继承国与新独立国家协议决定,务使两国中的每一国都能从被继承国国家档案的这些部分获得尽可能广泛和公平的益处。

(3) 被继承国应从其档案中向新独立国家提供与新独立领土的所有权或其疆界有关的、或为澄清有关档案文件的含义所必需的最有力的证据。

(4) 被继承国应与新独立国家合作,努力找回原属国家继承所涉领土所有而在附属期间散失的档案。

(四) 国家债务的继承

国家债务的继承是指在发生国家继承的情况下,被继承国的国家债务转属继承国。国家债务(state debt)又称公共债务(public debt),是指一个国家按照国际法而对

---

① 这些规则适用于一个国的一部分领土与该国分离而同另一国合并的情况。

另一个国家、某一国际组织或任何其他国际法主体所负的任何财政义务。① 国家债务通常包括两类:一类是整个国家所负的债务,称国债;另一类是地方化的国家债务(localized state debt),即以国家名义承担,而实际上只用于地方的债务。这两类债务都是国家继承的范围。但要说明的是被继承国所负的恶债不在继承范围,因为恶债是国家违反国际法原则所举的债务,如为征服或侵略别国所负的债务。国家债务的继承规则,因国家领土变更的不同情况而异。

1. 国家部分领土转移的债务继承

当一个国家将其部分领土转移给另一个国家时,被继承国的国家债务转属继承国,应按被继承国与继承国之间的协议为之。如无协议,被继承国的债务应按公平比例转属继承国,同时应特别考虑到转属继承国的与债务有关的财产、权利和利益。

2. 国家领土合并的债务继承

当两个或两个以上国家合并组成一个继承国时,被继承国的国家债务应转属继承国。

3. 国家领土分离的债务继承

当国家的一部分或几部分领土与该国分离组成新国家时,除被继承国与继承国之间另有协议外,被继承国的债务应按照公平比例转属继承国,同时应特别考虑到转属继承国的与国家债务有关的财产、权利和利益。

这种领土变更情况下的债务继承规则也适用于国家一部分领土与该国分离而同另一国合并的情形。

4. 国家领土分立的债务继承

国家的分立和不复存在而在其领土各部分组成两个或两个以上国家时,除各继承国另有协议外,被继承国的债务应按照公平比例转属继承国,同时应特别考虑到转属继承国的与国家债务有关的财产、权利和利益。

5. 新独立国家对债务的继承

新独立国家对其原殖民国家或被附属国的债务继承时,要考虑到它的历史特殊情况而不予继承被继承国的国家债务,但是若新独立国家与被继承国鉴于与被继承国在国家继承所涉领土内的活动有关,被继承国的债务同转属新独立国家的财产、权利和利益之间的联系而另有协议者除外。不过,这种协议不应违反各国人民对其财富和自然资源享有永久主权的原则,其执行亦不应危及新独立国家的经济上的基本均衡。

三、政府的继承

(一) 政府继承的概念和内容

政府继承(succession of government)是指一国被推翻的政府所享有的国际法上的

---

① 参见〔英〕詹宁斯、瓦茨修订:《奥本海国际法》(第1卷第1分册),王铁崖等译,中国大百科全书出版社1995年版,第159页。

权利和义务转移给取代它的新政府。出现政府继承的原因是一个国家内由于爆发了革命或叛乱推翻了旧政权,建立了新政府。新政府不仅是通过非宪法程序产生的,而且改变了旧政府的国内秩序,甚至改变了国家的社会制度、法律制度、司法制度和经济制度等,同时改变了对外的方针政策及国际关系。它不再是旧政府统治的继续,因而出现了新政府对旧政府的国际法上的权利和义务是否继承的问题。例如,1789年的法国大革命、1917年的俄国革命和1949年的中国革命都取得了成功,推翻了旧政权,建立了新政府,出现了这些新政府对旧政府的继承问题。

根据国际实践,政府继承的内容一般涉及条约、财产和债务的继承。对旧政府缔结或参加的国际条约,新政府可根据它的国家利益和国际关系的需要,以及条约的性质和内容决定是否继承。对旧政府所有的财产,无论其位于国内还是国外,也不论它以什么形式存在,新政府都有权继承。因为新政府是其国家的唯一合法代表。

(二) 中华人民共和国政府继承的实践

众所周知,中国自1840年的鸦片战争后,即进入了一个受西方列强欺压和掠夺的黑暗时期,也被人们称为不平等条约时期。中国人民在中国共产党的领导下经过长期革命斗争,于1949年10月1日建立了中华人民共和国政府,彻底改变了中国任外国列强欺压和蹂躏的地位,改变了旧政府的统治秩序和国际关系。新政府对旧政府的国际法上的权利和义务是否继承,有权作出选择,对于与中国人民的根本利益不相容的权利和义务均不予继承。对此,1789年法国革命建立的新政府和1917年俄国革命建立的新政府处理的继承实践也有类似先例。这一原则体现在中华人民共和国政府处理对旧政府的条约继承、财产继承和债务继承的实践中。

1. 对条约的继承

中华人民共和国政府对旧政府接受的国际条约继承的总原则是区别对待,根据条约的内容和性质来决定是否继承。旧政府接受的任何条约在未经过中国政府表示承认以前,外国政府不能据以提出要求对抗中华人民共和国。[①] 1949年《中国人民政治协商会议共同纲领》第55条规定:"对于国民党政府与外国政府所订立的各项条约和协定,中华人民共和国中央人民政府应加以审查,按其内容,分别予以承认,或废除,或修改,或重订。"按此规定,中国政府对旧政府与外国缔结的有关领土和边界的条约,除个别情形外,一般都予以尊重,并在此基础上,经过与有关国家进行谈判来修正或重订。[②] 对于旧政府接受的其他条约,只要有利于国际和平与发展,符合中国的需要和人民利益,中国政府都愿意继承。例如,对《联合国宪章》这种有益于维护世界

---

① 周鲠生:《国际法》(上册),商务印书馆1976年版,第157页。
② 例如,中缅两国政府通过谈判,在1941年中缅换文划界的中缅边界线(称1941年线)的基础上对两国边界作了调整,于1960年签订了《中缅划界条约》。中国与苏联经过长期谈判后,终在原有边界条约的基础上于1991年签订了《中苏边界东段协定》(被俄罗斯继承)。苏联解体后,中国仍在尊重原有边界条约的基础上,与俄罗斯、哈萨克斯坦、吉尔吉斯斯坦和塔吉克斯坦进行边界谈判,并于1994年与俄罗斯签订了《中俄边界西段协定》,与哈萨克斯坦签订了《关于中哈国界的协定》,并于1997年签订了《关于中哈国界的补充协定》,于1996年与吉尔吉斯斯坦签订了《关于中吉国界的协定》,于1999年与塔吉克斯坦签订了《关于中塔国界的协定》。

和平与安全和促进国际合作与发展的条约,中华人民共和国政府坚决支持,愿意继承。新政府成立后,曾多次向联合国表明愿意继承《联合国宪章》及其规定的中国在联合国组织的一切权利。①

2. 对财产的继承

中华人民共和国政府自其成立之日起,就有权继承旧政府在中国境内外的一切财产。实践中,新政府成立后,就继承了中国境内的旧政府的财产,对旧政府在境外的财产也声明予以继承。例如,1949年12月30日,周恩来外长就中国航空公司和中央航空公司在香港的资产问题发表声明宣布:"中国航空公司和中央航空公司为中华人民共和国中央人民政府所有,受中央人民政府民航总局直接管辖。两航公司留在香港的资产,只有我中央人民政府和我中央人民政府委托的人员,才有权处理,绝不容许任何人以任何手段侵犯、移动和损害。"②1950年3月18日,交通部部长章伯钧就我国留在香港和新加坡的商船产权发表声明:"最近起义驶往新加坡的海玄轮和在香港起义的客轮以及在各国港口原属国民党政府及中国官僚资本所有的各轮均应为中华人民共和国所有,受中华人民共和国政府交通部直接管辖,我中央人民政府的此项神圣的产权,应受到新加坡政府、香港政府和各国政府的尊重。"③同年10月10日,中国人民银行行长南汉宸致电国际复兴开发银行称:"中国在国际复兴开发银行的全部财产和权益,是属于中国人民的,以此,只有作为中华人民共和国国家银行的中国人民银行才有处理中国在复兴开发银行中已缴股款及一切其他财产和权益的合法权利。"④对旧政府在境外的其他财产,中国政府同样有继承的权利,如对国民党政府在日本的"光华寮"产权就有继承的权利。⑤

3. 对债务的继承

中华人民共和国政府对旧政府的债务继承原则是,凡旧政府接受的外国侵略和奴役中国的债务,及旧政府为镇压中国人民革命或从事违反中国人民利益的活动所举

---

① 《中华人民共和国对外关系文件集》(第1集:1949—1950),世界知识出版社1957年版,第146页。1950年9月17日,中国政务院总理兼外交部部长周恩来致电联合国秘书长称:"从1949年11月15日起,10个月以来,我曾多次向联合国各项组织提出声明:中华人民共和国中央人民政府是代表中国人民的唯一合法政府,中国国民党反动残余集团已丧失了代表中国人民的任何法律的与事实的根据,联合国必须将国民党反动残余集团的非法代表从联合国一切会议及其机构中驱逐出去,而接纳中华人民共和国中央人民政府合法的代表。"但由于美国的阻挠,直到1971年10月25日,中国政府的这一要求才得以实现,此后才开始继承关于联合国专门机构的条约,参加各有关组织的活动。

② 《中华人民共和国对外关系文件集》(第1集:1949—1950),世界知识出版社1957年版,第88页。

③ 同上书,第111页。

④ 同上书,第158页。

⑤ "光华寮"是坐落在日本京都市左京区北白川西町的一座三层楼房,占地面积1000平方米。1950年台湾当局驻日本代表团用变卖侵华日军在中国大陆地区掠夺财产的公款买下了该寮的产权,用作中国留学生宿舍。1961年,台湾当局以所谓"中华民国"的名义在日本进行了产权登记。1967年,台湾当局的所谓"驻日本大使"陈之迈以"中华民国的名义"向日本京都地方法院对居于光华寮的于炳寰等8人提起诉讼,要求他们迁出该寮。此案被称为"光华寮案"。本案的详情和评论参见梁淑英主编:《国际法案例教程》,知识产权出版社2005年版,第39—41页。

之债,中华人民共和国政府一律不予继承。因为这样的债属于"恶性债务"(odious debts),如清王朝在它的末期为了便利用兵而准备修建粤汉和川汉铁路(因这两条铁路均在湖广总督辖区范围,故称"湖广铁路"),而德、英、法、美四国出于在华谋利的目的,强迫清政府接受它们的贷款。清政府在这种情况下,于1911年与这四个国家的银行签订了借贷合同,向它们借贷。此种债务显属恶性债务,中华人民共和国政府有权拒绝继承。

第三章 国际法上的个人

国际法上的个人泛指一国境内的受该国管辖和支配的所有人,包括本国人、外国人和无国籍人。但本章涉及的个人主要是一国境内的不享有特权与豁免的外国人。对无国籍人,国家通常把他们视为外国人对待。依国际法,每个国家都有保护外国人的责任,因此本章研究的内容主要是识别外国人的根据——国籍、外国人的法律地位、外交保护、引渡和庇护以及难民的保护等方面。

第一节 国　　籍

一、国籍的概念和意义

(一)国籍的概念

国籍表示个人(自然人)具有某个国家的公民或国民资格或身份,与该国保持着长久的法律联系,处于其属人优越权之下。① 所谓个人与国家保持长久的法律联系,是指个人与国家之间恒久的法律上的权利和义务关系。这种关系除依国家法律规定外,国家和个人均不可自由裁量决定。例如个人无权决定国籍的取舍,国家也不得任意剥夺国籍。

(二)国籍的意义

众所周知,国家的存在必然要有永久的居民或人口,决定特定的永久居民的根据就是国籍。② 国籍对国家和个人都有重要意义,主要表现在以下方面:

1. 国籍是国家区分本国人和外国人的根据

国家根据个人的国籍判断谁是本国人,谁是外国人。具有本国国籍的人是本国人,不具有本国国籍而具有外国国籍的人是外国人。国家对本国人有属人管辖权,对外国人有属地管辖权或国际法上的其他管辖权。本国人享受本国法律规定的有关公民的全部权利和义务,外国人只能享受法律允许的特定权利和义务,不能享受公民的专属权利和义务,例如一般不享受选举权和被选举权,也不尽服兵役的义务。

2. 国籍是确定属人管辖的根据

国籍是国家对个人具有属人管辖权的依据。个人具有某国国籍,该国就对其有属人管辖权,不论其在该国境内还是境外,都要服从该国的属人优越权。国家也因此有保护其在外国的国民之合法权利,并有义务接受自外国返回的本国的国民。

---

① 周鲠生:《国际法》(上册),商务印书馆1976年版,第248页。
② 李浩培:《国籍问题的比较研究》,商务印书馆1979年版,第5页。

3. 国籍是个人与国际法联系的纽带

个人因具有某国国籍,就可以享受国际法赋予其国家的权利和义务给他带来的权利和有关义务。

在研究个人国籍的概念和意义时,需要说明法人的国籍。国籍原本只涉及自然人,严格地说,只有自然人才是各国国籍法的主体。但从19世纪后半叶开始,由于私人企业的活动超越了国界,逐渐地向国际化发展,国家为了保护本国利益和发展国际通商关系,需要以国籍作为区分本国法人和外国法人的标准。因而国籍的概念也被移用于法人,作为表示法人属于某个国家的依据,所属国也因此对其法人有属人管辖权和保护其在外国法人的权利。此外,相关国际条约还规定将国籍用于船舶和航空器,以表示其归属。不过,法人、船舶和航空器的国籍只是个人国籍的类推或比喻意义上的使用而已,并非其本来对自然人的意义。① 因为法人不过是依法成立的组织。作为一个组织,它不可能像自然人那样,构成某一国家的人口而隶属于该国。船舶和航空器作为权利客体的财产,更不可能具有自然人国籍的内涵。

国际法承认将自然人的国籍比喻适用于法人的目的是满足国际交往的实际需要,促进法人、船舶和航空器的国际业务,保护它们的合法权益。

二、关于国籍的立法

关于国籍的立法称国籍法,它的内容包括规定个人国籍的取得、丧失以及处理国籍冲突的原则和规则。国际法认为这样的法律原则和规则的建立应属各国的国内管辖事项,因此每个国家都有权通过国内立法对本国国籍的取得、丧失、国籍冲突的解决等事项作出规定。但各国的国籍立法不得违反国际法的原则,否则其他国家或国际机构是没有义务承认的。对此,有关国际公约和司法判例都已阐明。例如,1930年《关于国籍法冲突的若干问题的公约》第1条规定:每一个国家依照其本国法律断定谁是它的国民。此项法律如符合于国际公约、国际习惯以及一般承认为关于国籍的法律原则,其他国家应予承认。第2条规定:关于某人是否具有某一特定国家国籍的问题,应依照该国的法律予以断定。

常设国际法院1923年在关于法国在突尼斯和摩洛哥颁布的国籍法令的咨询意见中强调,这个问题是否完全属于国家管辖范围以内,是一个相对的问题,取决于国际关系的发展而定,判称"在目前国际法状态下,国籍问题……在原则上是在保留范围以内的"。其还称,甚至是对于在原则上不是由国际法规定的问题,国家行使其自由决定的权利也可以由于它对其他国家所承担的义务而受到限制,因此它的管辖权受到国际法规则的限制。② 常设国际法院1919年关于波兰同协约国订立的少数民族条约的解释问题的咨询意见和国际法院1955年"诺特鲍姆案"的判决中都有类似阐述。③

---

① 李浩培:《国籍问题的比较研究》,商务印书馆1979年版,第14页。
② 〔英〕詹宁斯、瓦茨修订:《奥本海国际法》(第1卷第2分册),王铁崖等译,中国大百科全书出版社1998年版,第295页。
③ 中国政法大学国际法教研室编:《国际公法案例评析》,中国政法大学出版社1995年版,第114页。

1948年《世界人权宣言》第2条规定人人享有该宣言的权利和自由,不分种族、肤色、性别等区别。第15条规定人人享有国籍权。1979年《消除对妇女一切形式歧视公约》第9条规定应给予妇女与男子相同的取得、改变或保留国籍的权利,在子女的国籍方面,应给予妇女与男子平等的权利。1989年《儿童权利公约》第8条规定维护儿童身份包括法律承认的国籍不受非法干扰的权利。

各国通过国内法规定关于国籍的原则和规则始于18世纪末,如法国首先在其1791年的《法国宪法》和1804年的《法国民法典》中作出规定。之后其他国家也对国籍问题采取了立法措施,通过宪法或单行国籍法对国籍加以规定。第一个单行国籍法是1842年的《普鲁士国籍法》。

国家为了解决国内立法难以解决的国籍在国际上的积极冲突和消极冲突问题,还缔结了许多双边条约和一些多边条约,作为国内法的渊源和补充。双边条约,如中国与印度尼西亚等国家缔结了关于解决华侨双重国籍问题的条约,德国和阿根廷及其他国家签订了关于双重国籍人的兵役义务的协定。多边条约,如1930年《关于国籍法冲突的若干问题的公约》《关于双重国籍某种情况下兵役义务的议定书》《关于某种无国籍情况的议定书》,1957年《已婚妇女国籍公约》,1961年《减少无国籍状态公约》等。此外,还有一些区域性国际条约和可参考的其他国际文件。[①]

三、国籍的取得和丧失

依各国国籍法和有关条约规定,由于某种事实的出现或存在使某人具有了某国国籍,称为国籍的取得。因某种事实的出现或存在使某人失去了某国国籍,称为国籍的丧失。

(一)国籍的取得

根据各国国内法规定,个人的国籍通常是因其出生或入籍而取得。

1. 因出生取得国籍

个人因出生而取得的国籍称出生国籍或原始国籍。世界上绝大多数人的国籍都是因出生而取得的。出生国籍是各国国内法以个人出生的事实而赋予的。国家根据自己的民族传统、政治、经济、社会和人口等方面的需要确定其赋予出生国籍的标准。各国立法实践形成了血统主义标准和出生地主义标准及混合主义标准。

(1)血统主义标准。血统主义标准是以父母任何一方或仅以父亲的国籍决定出生者的国籍,而不问其出生地。采用这种标准的国家之国籍法规定,只要是其国民所生子女就都赋予该国国籍。

(2)出生地主义标准。出生地主义标准是以出生者的出生地决定其国籍。采用这种标准的国家之国籍法规定,只要在其领土内出生者就具有该国国籍,而不论出生者的父母是否属于该国国民。

---

① 如1933年《美洲国家间国籍公约》、1954年《阿拉伯联盟关于国籍的公约》、1963年欧洲理事会成员国签订的《欧洲关于减少多重国籍情况和在多重国籍情况下兵役义务的公约》。2000年12月12日,联合国大会通过了《国家继承涉及的自然人国籍问题的决议》。

(3) 混合主义标准。如今,国家的法律采取单纯血统主义标准或单纯出生地主义标准决定出生国籍的非常少,一般都将两个标准兼用。或以血统主义为主兼采出生地主义,或以出生地主义为主兼采血统主义,或平衡地兼采血统主义和出生地主义。① 例如,美国国籍法就采取出生地主义为主兼采血统主义决定个人的出生国籍。②

2. 因入籍而取得国籍

个人因入籍(亦称归化)而取得的国籍称继有国籍。继有国籍是国家依据个人出生之后与该国发生联系的事实(这样的联系事实与个人出生无关)而赋予的国籍。如各国法律规定的因婚姻、收养、认知、领土变更和申请入籍等事实可赋予国籍:① 因婚姻取得国籍,是指个人与某国国民结婚而获得该国国籍。② 因收养取得国籍,是指儿童被某国国民收养而获得该国国籍。③ 因认知取得国籍,通常是指非婚生子女依法取得婚生地位而获得其父亲的国籍。④ 因领土变更取得国籍,一般是指因国家领土割让或合并的事实使被继承国的国民获得继承国的国籍。⑤ 因申请入籍取得国籍,是指个人申请加入某国国籍获得许可而取得国籍。例如,2007 年澳大利亚《公民资格法》第 13 条规定,被澳大利亚公民或在澳大利亚永久居留者收养的人自动取得澳大利亚国籍。第 14 条规定,发现被遗弃的儿童取得澳大利亚国籍。第 15 条规定,某人居住的领土并入澳大利亚,该人取得澳大利亚国籍。第 15 条、第 19—21 条规定,个人符合法律规定的条件的,可以通过申请而取得澳大利亚国籍。

个人除上述原因取得国籍外,还可因符合国家规定的条件恢复其曾经丧失的国籍。广义上也可将国籍的恢复归入国籍的取得之列,因为恢复的国籍显然已不是原始国籍,而是继有国籍。个人恢复国籍只能按一般外国人申请入籍的程序进行,而其是否能重新取得国籍则完全由国家主管部门依法决定。③

(二) 国籍的丧失

根据各国法律规定,个人国籍的丧失主要有以下原因:

1. 自愿解除国籍

国家法律规定允许其国民申请解除国籍,因此国民自愿申请解除国籍获准后即丧失该国国籍。有的国家法律规定允许有外国国籍的国民放弃该国国籍,而保留外国国籍,因而在国民声明放弃的情形下,丧失该国国籍。如 2015 年《越南国籍法》第 9 条规定,越南公民如有正当理由可获准退出越南国籍。但也规定了退籍的限制条件。④

---

① 李浩培在其所著的《国籍问题的比较研究》一书中调查的 99 个国家的国籍法中有 5 个国家采用纯粹血统主义标准;有 45 个国家以血统主义为主,以出生地主义为辅;有 28 个国家以出生地主义为主,以血统主义为辅;有 21 个国家平衡兼采血统主义和出生地主义;没有国家采取纯粹出生地主义。
② 参见 2003 年修改的 1990 年《美国国籍与移民法》第 301 条。
③ 李浩培:《国籍问题的比较研究》,商务印书馆 1979 年版,第 182 页。
④ 2015 年《越南国籍法》第 9 条第 2 款规定,申请退出越南国籍的人须不属于下列情形之一者:① 正履行军事义务;② 正欠国家税款或有其他债务;③ 正受到刑事起诉;④ 正在执行判决。第 3 款规定,退出越南国籍者会危害越南国家安全的,不得退出。

2. 已取得外国国籍

有些国家的国籍法规定其国民由于与外国人结婚,或被外国人收养,或领土变更等原因,已取得外国国籍的而丧失该国国籍。

3. 剥夺国籍

剥夺国籍是国家依法取消某人的国籍或国民资格。有的国家法律规定,由于其国民实施了某种行为而剥夺其国籍,包括:未经本国允许而参加外国政府或军队并为其服务;参加外国选举;对国家犯有叛逆行为或从国家武装部队中逃跑(即逃兵);在申请入籍时弄虚作假;久居外国不归(尤其是为了逃避公共服务的义务);加入外国国籍;等等。1951 年《波兰国籍法》①第 12 条就规定居住在国外的波兰国民有下列情形之一者,得剥夺其波兰国籍:① 对波兰国家不履行忠诚义务;② 其行动损害人民波兰的重要利益;③ 在 1945 年 5 月 9 日后非法离开波兰国境;④ 经主管机关召唤而拒绝回国;⑤ 逃避强制兵役;⑥ 在外国因犯普通罪而被判刑或是累犯。

但是,各国法律关于剥夺国籍的规定不得违反《联合国宪章》的宗旨和其他国际法义务,如不得侵犯人权及造成无国籍状态。1948 年《世界人权宣言》第 15 条规定:"(一) 人人享有国籍。(二) 任何人的国籍不得任意剥夺,亦不得否认其改变国籍的权利。"1961 年《减少无国籍状态公约》还规定了具体限制。②

四、国籍冲突及其解决

(一) 国籍冲突产生的原因

由于国际法没有统一的国籍规则,个人国籍的取得和丧失是由国内法规定的,而各国的法律规定总会有或多或少的不同,所以不可避免地存在积极冲突和消极冲突问题。国籍法规定的积极冲突结果使一个人同时具有一个以上的国籍,即一个以上国家的法律都承认某人为其国民或具有其国籍。例如,采取血统主义标准赋予出生国籍的国家之国民在采取出生地主义标准赋予出生国籍的国家所生子女就有两个出生国籍(除非各该国有另外规定)。除此,个人由于婚姻、被收养或加入外国国籍等原因取得新国籍后,仍保留原国籍,则也会有一个以上国籍。

国籍法规定消极冲突的结果是使一个人不具有任何国家的国籍,即任何国家根据它的法律都不承认某人为其国民或有其国籍。例如,无国籍人在采取单纯血统主

---

① 静秋、李泽沛:《国籍法浅谈》,法律出版社 1981 年版,第 24 页。
② 《减少无国籍状态公约》第 8 条规定:缔约国不应剥夺个人国籍,如果这种剥夺使他成为无国籍的人。第 7 条规定:任何人不应由于离境、居留国外、不办理登记或其他类似理由丧失国籍而成为无国籍的人。第 9 条规定:缔约国不得根据种族、人种、宗教或政治理由而剥夺任何人或任何一类人的国籍。国际实践中,曾出现过第一次世界大战后苏联、意大利、土耳其、德国和其他一些国家通过法令以长期连续在国外居住或者其他(有时是种族的或政治)理由,剥夺其众多国民的国籍的情形。这种大规模地剥夺国籍的行为产生了是否与国际法相符合,以及它们应在什么程度上受到国际承认的困难问题,但当时的趋势认为这种剥夺国籍对国籍丧失是有效的。不过德国在它以后的实践中已废除了在第二次世界大战中的法律,并允许于 1933 年至 1945 年间由于政治的、种族的或宗教的理由被剥夺国籍者重新入籍。参见〔英〕詹宁斯、瓦茨修订:《奥本海国际法》(第 1 卷第 2 分册),王铁崖等译,中国大百科全书出版社 1998 年版,第 397 页。

义标准赋予出生国籍的国家内所生子女,或单纯采取出生地标准赋予出生国籍的国家之国民在单纯采取血统主义标准赋予出生国籍的国家内所生子女,均不能取得出生国籍。所以他们一出生就是无国籍人。再有,由于某人与外国人结婚,或被剥夺国籍等原因丧失原始国籍又未获得新国籍,亦成为无国籍人。

(二) 国籍冲突的解决

1. 国籍冲突的后果

无论是国籍的积极冲突还是消极冲突,都会产生不良后果。

(1) 积极冲突的后果。国籍的积极冲突使一个人同时具有一个以上国籍。个人有一个以上国籍,不仅会导致其国籍国间对他行使属人管辖权的冲突,而且会给个人带来麻烦。如他的国籍国根据属人管辖,都要求他服兵役或尽其他效忠义务,就会使其国籍国间发生管辖冲突,同时使个人处于无所适从的两难境遇;个人具有一个以上国籍还可能给第三国造成不便,如其国籍国同时向第三国行使外交保护权,该第三国不可能接受所有国籍国的外交求偿,而只能选择其一,这种选择也并非易事,还可能招来不必要的争议。

(2) 消极冲突的后果。国籍的消极冲突产生个人无国籍状态。无国籍人在其经常居住的国家通常只能享有一般外国人的待遇,不能享有该国公民的专属权利,并且当他们的合法权利遭到该国侵犯时,除了依《联合国宪章》及有关人权条约或明文规定他们地位的条约而受到保护外,没有国家保护他们。如果他们遭到驱逐,其他国家没有接纳的义务(除非有条约规定)。

2. 国籍冲突的解决方式

国籍冲突的解决既需要国际合作,也需要各国采取国内措施。

(1) 通过国际合作减少国籍冲突。在国际合作方面,国际上已缔结了一些条约和通过了相关文件,规定了解决国籍冲突的原则。如1930年《关于国籍法冲突的若干问题的公约》《关于某种无国籍情况的议定书》《关于无国籍的特别议定书》及《关于双重国籍某种情况下兵役义务的议定书》等文件就规定了解决国籍冲突的原则和规则。1930年《关于国籍法冲突的若干问题公约》不仅规定了解决国籍法冲突的一般原则,还规定了缔约国在发给出籍许可证书、处理已婚妇女的国籍、子女的国籍和被收养人的国籍时应避免出现一个以上的国籍和无国籍状态。《关于某种无国籍情况的议定书》和《关于无国籍的特别议定书》规定了避免某种情况的无国籍和无国籍人与最终隶属国的关系。《关于双重国籍某种情况下兵役义务的议定书》规定了解决具有一个以上国籍人的兵役义务的原则。此外,还有针对特别人群的国籍赋予的条约和文件,如1951年《关于难民地位的公约》要求庇护国给予难民入籍的机会。1954年《关于无国籍人地位的公约》规定了无国籍人应受的法律保护。1957年《已婚妇女国籍公约》主要规定了不应因妇女的婚姻影响其国籍,避免妇女因婚姻而成为无国籍人。1961年《减少无国籍状态公约》规定了11种情况下保证个人具有国籍而避免他处于无国籍状态。2000年联合国大会通过《国家继承涉及的自然人国籍问题的决议》,要求有关国家采取措施防止由于国家继承产生无国籍状态。① 2006 年联合国国际法委员会二读通过的《外交保护条款草案》对有一个以上国籍的人和无国籍人的外交保护也作了规定。虽然草案不具有条约效力,但有参考价值。②

国际上除缔结上述条约和制定相关文件以进行世界性合作解决国籍冲突外,还缔结了一些解决国籍冲突的区域性条约和双边条约。区域性条约,如 1933 年《美洲国家间国籍公约》、1954 年《阿拉伯联盟关于国籍的公约》、1963 年《欧洲关于减少多重国籍情况和在多重国籍情况下兵役义务的公约》、1997 年《欧洲国籍公约》。双边条约,如 1955 年中国和印度尼西亚《关于双重国籍问题的条约》、1956 年苏联和朝鲜《规定双重国籍人国籍的条约》以及苏联与南斯拉夫《关于调整双重国籍问题的条约》等。

(2) 国内措施。解决国籍冲突还需要各国采取国内措施,国家应积极采取立法措施保证其参加的国际条约规定在国内得到遵守和执行;即使国家没有条约义务,也应按一般国际法原则规定其国籍法,减少双重国籍和无国籍状态。例如不承认国民的双重国籍,给予无国籍人及其子女提供取得国籍的机会等。

五、中华人民共和国国籍法

中国第一部国籍法是清政府 1909 年颁布的《大清国籍条例》。辛亥革命后北洋政府曾对它进行了修改,于 1914 年颁布了《民国三年修正国籍法》,1929 年国民党政府又对该法进行了修改,并颁布了《民国十八年修订国籍法》。1980 年中华人民共和国全国人民代表大会通过并公布了《中华人民共和国国籍法》(以下简称《国籍法》)。这部《国籍法》是在总结中国传统和现实需要的基础上制定的,对中国国籍取得和丧失的条件、程序及原则等事项作了规定。

(一) 中国国籍取得和丧失的条件

1. 中国国籍取得的条件

按《国籍法》的规定,个人由于出生、申请加入或恢复的原因并符合条件的可取得中国国籍。

中国出生国籍的赋予标准是血统主义为主兼采出生地主义。《国籍法》第 4 条规定:"父母双方或一方为中国公民,本人出生在中国,具有中国国籍。"第 5 条规定:"父母双方或一方为中国公民,本人出生在外国,具有中国国籍;但父母双方或一方为中国公民并定居在外国,本人出生时即具有外国国籍的,不具有中国国籍。"为执行该条的规定和准确认定中国国籍,中国公安部、外交部特发了《关于执行〈中华人民共和国

---

① 该决议于 2000 年 12 月 12 日通过,A/RES/55/153。决议第 4 条规定:有关国家应采取一切适当措施防止在国家继承之日具有先前国籍的人由于国家继承而成为无国籍人。第 11 条还规定,有权选择国籍的人在选择放弃某国籍后,被放弃国籍的国家应取消其国籍,除非这些人会因此成为无国籍。

② 《联合国国际法委员会报告》(ILC Report 2006 A/61/10)第 3 条、第 6 条、第 7 条。

国籍法〉第五条规定有关问题的通知》(公境〔2008〕2204号)①。《国籍法》第6条规定:"父母无国籍或国籍不明,定居在中国,本人出生在中国,具有中国国籍。"

关于加入和恢复中国国籍的条件,《国籍法》第7条规定:"外国人或无国籍人,愿意遵守中国宪法和法律,并具有下列条件之一的,可以经申请批准加入中国国籍:一、中国人的近亲属;二、定居在中国的;三、有其他正当理由。"第8条前半部分规定:"申请加入中国国籍获得批准的,即取得中国国籍。"第13条前半部分规定:"曾有过中国国籍的外国人,具有正当理由,可以申请恢复中国国籍。"

2. 中国国籍丧失的条件

根据《国籍法》的规定,中国公民因在外国定居并取得外国国籍,或因其申请退籍获准而丧失中国国籍。《国籍法》第9条规定:"定居外国的中国公民,自愿加入或取得外国国籍的,即自动丧失中国国籍。"第10条规定:"中国公民具有下列条件之一的,可以经申请批准退出中国国籍:一、外国人的近亲属;二、定居在外国的;三、有其他正当理由。"第11条规定:"申请退出中国国籍获得批准的,即丧失中国国籍。"第12条规定:"国家工作人员和现役军人,不得退出中国国籍。"

《国籍法》第17条规定:"本法公布前,已经取得中国国籍的或已经丧失中国国籍的,继续有效。"

(二) 中国国籍取得和丧失的程序

关于中国国籍取得和丧失的程序,《国籍法》第14条规定:"中国国籍的取得、丧失和恢复,除第九条规定的以外,必须办理申请手续。未满十八周岁的人,可由其父母或其他法定代理人代为办理申请。"第15条规定:"受理国籍申请的机关,在国内为当地市、县公安局,在国外为中国外交代表机关和领事机关。"第16条规定:"加入、退出和恢复中国国籍的申请,由中华人民共和国公安部审批。经批准的,由公安部发给证书。"

为执行《国籍法》的上述规定,中国公安部于1992年发布了《关于印发〈关于受理、审批国籍申请的程序和注意事项〉的通知》,详细规定了中国国籍的取得和丧失的程序和应注意的事项。②

(三) 中国国籍法的原则

《国籍法》坚持平等原则、不承认双重国籍原则和避免国籍冲突原则。

1. 平等原则

平等原则体现在中国国籍取得和丧失的条件及程序方面,规定中国各民族一律平等、男女平等,没有任何种族、民族、宗教、性别或其他歧视。如《国籍法》第2条规

---

① 该通知称,为进一步规范国籍认定工作,经征求全国人民代表大会常务委员会法制工作委员会的意见,现就执行《中华人民共和国国籍法》(以下简称《国籍法》)第5条规定的有关问题通知如下:根据《国籍法》第5条的规定,本人出生在外国,其父母均为中国公民,或父母一方为中国公民的,本人具有中国国籍。但是,本人在外国出生时即具有外国国籍,并具有下列情形之一的,不具有中国国籍:① 父母双方为中国公民并定居在外国;② 父母一方为外国人,另一方为中国公民并定居在外国;③ 父母双方为中国公民,其中一方定居在外国。根据《国籍法》第5条的规定,出生时取得外国国籍的华侨子女,可根据《国籍法》第7条的规定,申请加入中国国籍。

② 详见公安部《关于受理、审批国籍申请的程序和注意事项》(公境外[1992]898号)的规定。

定:"中华人民共和国是统一的多民族的国家,各民族的人都具有中国国籍。"第4条和第5条规定,中国的父母双方对其子女取得中国国籍具有同样效力。此项原则对维护中国的统一、人民的团结和保护人权大有裨益。

2. 不承认双重国籍和避免国籍冲突原则

减少和消除国籍冲突,坚持"一个人一个国籍"原则已逐渐成为不少国家国籍立法的原则,中国也是如此。中国将不承认双重国籍和避免国籍冲突作为《国籍法》一项原则,列入该法的诸多条款中,第3条规定:"中华人民共和国不承认中国公民具有双重国籍。"第5条规定:"父母双方或一方为中国公民,本人出生在外国,具有中国国籍;但父母双方或一方为中国公民并定居在外国,本人出生时即具有外国国籍的,不具有中国国籍。"第6条规定:"父母无国籍或国籍不明,定居在中国,本人出生在中国,具有中国国籍。"第7条的规定还为无国籍人申请加入中国国籍提供了机会。第8条后半部分规定:"被批准加入中国国籍的,不得再保留外国国籍。"第9条规定:"定居外国的中国公民,自愿加入或取得外国国籍的,即自动丧失中国国籍。"第13条后半部分规定:"被批准恢复中国国籍的,不得再保留外国国籍。"

坚持不承认中国公民具有双重国籍原则的实践证明它不仅有利于中国国际关系的发展,同时也有利于华侨和华人的长期生存和发展。正如中国外交部领事司在回答"中国国籍法常见问题"时所言:"实践证明这有利于海外华侨华人的长期生存和发展,也有利于中外互信合作。当前,跨国人员交往日益密切,一人一个国籍制度宜完善不宜废除。同时政府有关部门将考虑海外华侨华人这一群体的特殊性,针对他们的关切,不断推出入出境、居留等方面的便利措施。"[①]这有利于中国与外国的合作。

（四）中国国籍法在其特别行政区的实施

根据1997年7月1日生效的《中华人民共和国香港特别行政区基本法》(以下简称《香港基本法》)第18条及其附件3的规定和1999年12月20日生效的《中华人民共和国澳门特别行政区基本法》(以下简称《澳门基本法》)第18条及其附件3的规定[②],中国《国籍法》分别于两个基本法生效之日起在香港特别行政区(以下简称香港)和澳门特别行政区(以下简称澳门)实施。但考虑到该两地区的历史遗留问题,对中国《国籍法》的实施,中国全国人民代表大会常务委员会分别于1996年和1998年通过了《关于〈中华人民共和国国籍法〉在香港特别行政区实施的几个问题的解释》和《关于〈中华人民共和国国籍法〉在澳门特别行政区实施的几个问题的解释》,以解决该法实施中的特殊问题。

1. 《国籍法》在香港实施的解释

(1) 凡具有中国血统的香港居民,本人出生在中国领土(含香港)者,以及其他符合《国籍法》规定的具有中国国籍的条件者,都是中国公民。

---

① 参见 http://news.xinhuanet.com/politics/2013-05/18/c_1158/6082.htm, 2016年3月10日访问。
② 两个基本法的第18条均规定,凡列入该法附件3的中国全国性法律都由香港和澳门在当地公布或立法实施,中国《国籍法》分别被列入两个基本法的附件3,所以必须在香港和澳门实施。

（2）所有香港中国同胞,不论其是否持有"英国属土公民护照"或者"英国国民（海外）护照",都是中国公民。自1997年7月1日起,上述中国公民可继续使用英国政府签发的有效旅行证件去其他国家或地区旅行,但在香港和中国其他地区不得因持有上述旅行证件而享有英国的领事保护的权利。①

（3）任何在香港的中国公民,以英国政府的"居英权计划"而获得的英国公民身份②,根据《国籍法》不予承认,这类人仍为中国公民,在香港和中国其他地区不得享有英国的领事保护的权利。

（4）在外国有居留权的香港的中国公民,可使用外国政府签发的有关证件去其他国家或地区旅行,但在香港和中国其他地区不得因持有上述证件而享有外国领事保护的权利。③

（5）香港的中国公民的国籍发生变更,可凭有效证件向香港受理国籍申请机关申报。

（6）授权香港政府指定其入境事务处为受理国籍申请机关,香港入境事务处根据《国籍法》对所有国籍事宜作出处理。

2.《国籍法》在澳门实施的解释

（1）凡具有中国血统的澳门居民,本人出生在中国领土(含澳门)者,以及其他符合《国籍法》规定的具有中国国籍的条件者,不论其是否持有葡萄牙旅行证件或身份证件都是中国公民;凡具有中国血统又具有葡萄牙血统的澳门居民,可根据本人意愿选择中国国籍或葡萄牙国籍。确定其中一个国籍,即不得具有另一个国籍。上述澳门居民在选择国籍之前,享有澳门基本法规定的权利,但受国籍限制的权利除外。

（2）凡持有葡萄牙旅行证件的澳门中国公民,在澳门特别行政区成立后,可继续

---

① 英国的护照从高到低有以下几种:英国皇家护照(British Royal Highness Passport),皇室人员专有。英国本土国民护照(British Citizens Passport),它又分为三种:公务护照(Official Passport)、贵族护照(Lord Passport)和普通护照(Common Passport)。英国海外领土护照(Overseas Territories Citizens Passport),香港人持有的就是这种护照,这种护照自香港回归中国,就丧失了其英国海外公民或属土公民的意义,可作为一种旅行证件使用,到其他国家或地区旅行,但不能享有英国的领事保护的权利,因为依国际法,一国的公民只能于其身在外国时受本国在当地的领事保护。此类香港人不是英国人而是中国人,当然不得享有英国的领事保护权利。此规定既给了持有英国护照的香港中国公民一个方便,又否定了这种护照的国籍或公民资格的效力。

② 1984年中英关于香港问题的谈判已落下帷幕,双方草签了《中华人民共和国政府和大不列颠及北爱尔兰联合王国政府关于香港问题的联合声明》,宣布香港1997年7月1日回归中国。英国为了保持其在香港的政治影响和经济等各方面的利益而笼络香港的高级人才,由撒切尔夫人于同年提出了一个居英权计划,官方称之为"英国国籍甄选计划"。1990年,时任香港总督卫奕信公布了"居英权"计划。依照《1990年英国国籍(香港)法案》,宣布将"居英权"名额给予"曾经从事敏感职位的政府公务员,以及对殖民地有贡献、对香港前途具有重要性的人士"和"最有能力及动机申请移民的人士"。获得居英权者可以随时前往英国定居,而无须英国居留数年(俗称"坐移民监"),其子女可在英国就读公立中学。1996年,英国还开始允许香港的退伍军人配偶和遗孀及非华裔香港居民申请居英权。据英国内政部统计,自1991年至1997年香港回归前有13.7万余人通过居英权获得英国籍,1998年至1999年有3454名港人通过居英权得到英国人身份。资料来源:http://www.guancha.cn/history/2014_01_09_198610.shtml; http://wenda.so.com/q/1410125005722501,2020年2月25日访问。

③ 因为他们在外国有居留权并因此获得了居留国签发的旅行证件,但他们并不具有外国国籍,也没因此丧失中国国籍,依然是中国人,所以不能在香港和中国的其他地区要求领事保护。

使用该证件去其他国家或地区旅行,但在澳门和中国其他地区不得因其持有上述葡萄牙的旅行证件而享有葡萄牙的领事保护的权利。

(3) 在外国有居留权的澳门的中国公民,可使用外国政府签发的有关证件去其他国家或地区旅行,但在澳门和中国其他地区不得因持有上述证件而享有外国领事保护的权利。

(4) 在澳门特别行政区成立前或成立后,从海外返回澳门的原澳门居民中的中国公民,若变更国籍,可凭有效证件向澳门政府受理国籍的机关申报。

(5) 授权澳门政府指定其有关机构根据《国籍法》和以上决定对所有国籍申请事宜作出处理。

第二节 外国人的法律地位

对一个国家而言,凡不具有该国国籍,而具有外国国籍的人都是外国人(alien)。本节涉及的外国人是一国境内的外国人(但不包括享有特权与豁免的人)。这样的外国人为了从事商业或专业活动,或为留学、探亲访友及其他交流与合作,合法进入一国居留,与该国形成密切关系,居留国家应给予他们必需的保护。国际法因此形成了保护外国人的原则、规则和制度,确立了外国人的法律地位。在国际实践中,有一种情况是把无国籍的人视为外国人对待,给予他们外国人的待遇,但他们并不是法律意义上的外国人。

外国人的法律地位是指外国人于其居留国享有的权利和义务,包括服从居留国的管辖,遵守关于外国人入境、居留和出境的管理,享有保障其正常生活的待遇等。

一、外国人的管辖

外国人虽然有自己的国家,但他们居留在外国,置身于所在国的权力之下。这种场合下要求外国人必须服从所在国的管辖,因为每个国家都有属地优越权,对其境内的一切人、物和事具有排他的管辖和支配权。据此,外国人连同他们的财产一进入国境,就立即处于所在国的属地管辖之下。无论他们是暂时旅行还是长期居留,都要服从该国的立法、行政和司法等措施,并就他们在该国所做的一切行为对该国负责。

对于所在国基于属地优越权而对外国人实行的管辖,外国人的本国亦应予以尊重,尽管其本国对他具有属人管辖权,但这种权力的行使要受其国民所在国的属地管辖的限制。《奥本海国际法》指出:"虽然一个国家在外国的公民仍然在该国的权力之下,但是,该国行使这种权力,就这些公民所在国依据其属地最高权有权管理的一切事项而言,是受限制的。尊重外国属地最高权的义务,必然禁止国家做侵犯外国属地最高权的行为,虽然依据其属人最高权,这些行为是属于其职权范围之内的,但一个国家不得在另一个国家的领土上做主权行为。例如,一个国家不得要求其居住国外的公民做其所在国的法律所禁止的行为,也不得命令他们不做依据所在国的法律所应做的行为。"①

二、外国人的入境、居留和出境

对外国人的入境、居留和出境的管理，通常由各国国内法规定，只要国内法不违反国家承担的国际义务，就应获得国际认可。

(一) 外国人的入境

除条约另有规定外，国家没有接纳外国人的义务，外国人也没有进入一国领土的权利。国家根据属地优越权可以自由决定是否接纳外国人及接纳的条件。各国一般都允许外国人为合法目的进入其领域，如允许外国人入境旅游、留学、投资、贸易、参加会议、与亲人团聚等。外国人入境需要持其合法有效的护照②及其他所需的证明文件到国家指定的机构办理入境签证③(按国家间互免签证协议规定应免于签证者则无须签证)。获得入境签证就是得到了入境许可，持证者可以进入签发入境签证的国家，但入境时要接受该国的边防、海关、卫生等查验。实践中，国家基于维护其安全和良好社会秩序以及居民的健康考虑，而拒绝那些可能危害国家安全、公共秩序或利益、居民健康的外国人入境，如拒绝涉嫌从事颠覆政府、分裂国家和恐怖活动的人入境，不允许吸食毒品者、患有精神病或严重传染病的人或刑事罪犯入境。

未经允许而入境的外国人属非法入境者，所在国可以依法予以处罚，如施以拘留、罚款、驱逐或遣返，严重者可施以刑罚。但是对非法入境的难民和贩运人口的受害人应按照国际文件规定的原则处理。④

(二) 外国人的居留

当外国人获准进入一国后，无论他在该国长期居留还是暂时逗留，都要遵守该国的法律和规章，以及为维护公共秩序所采取的措施，包括一般措施和临时措施。如按照当地的规章办理居留证件和户籍登记，在居留期间依照当地的法律规定进行旅游、

---

① 〔英〕詹宁斯、瓦茨修订：《奥本海国际法》(第1卷第2分册)，王铁崖等译，中国大百科全书出版社1998年版，第406页。

② 护照是由国家主管机关(通常是移民和外交部门)签发的，向外国的有关当局证明个人身份的证件，也是个人向外国使馆、领事馆或其他机构申请入境签证，以进入该国居留或逗留，和返回本国或经常居住国必须持有的证明，并可以凭此证件在进入的国家受到保护，与签发国家的使馆或领事馆联系。根据有关国际条约规定，难民、无国籍人和国际组织官员可适用特别旅行证件替代护照。如难民海员可使用按照1957年《关于难民海员协定》所签发的特别旅行证件，其他难民可使用按照1951年《关于难民地位的公约》规定签发给难民的旅行证件代替护照。

③ 签证是国家主管当局(如驻外国的使馆、领事馆或其他经授权的机关)根据申请入境人的申请，依法签发的表示允许进入其国境或其管辖的领土之证明文件。它的签发通常表现为在申请人持有的合法有效的护照上或类似文件上加盖印章或签署，证明已查明护照或其他身份证明真实无误，准许进入或通过国境。

④ 对非法入境的难民应按1951年《关于难民地位的公约》及其他保护难民的文件规定的原则处理，对此参见本章第五节。对贩运人口的受害人之非法入境，依照2000年《联合国打击跨国有组织犯罪公约关于预防、禁止和惩治贩运人口特别是妇女和儿童行为的补充议定书》的宗旨和2002年联合国人权事务高级专员提出的《建议采用的人权与贩运人口问题原则和准则》中的保护和帮助原则，对被贩运者"不应以其非法进入或居住在过境国和目的地国为由，或以其参与实际上由于其被贩运这一境况直接造成其卷入的非法活动为由，对被贩运者进行拘留、指控或提起诉讼"的规定，有关国家非但不应处罚因被贩运而非法入境的受害人，反而应给予他们必要的保护和帮助。

商业、贸易、投资、学习或其他活动,依法纳税,按要求向主管当局交验证件等。当地执法人员有权查验外国人的证件,对此,外国人不得拒绝。

(三) 外国人的出境

依国际法,国家对其境内的外国人只有属地管辖权,而没有属人管辖权,所以,它无权阻止外国人离开其领土,外国人有离开该国的权利。对此,有关国际文件已经申明,例如,1948 年《世界人权宣言》第 13 条第 2 款称:"人人有权离开任何国家,包括其本国在内,并有权返回他的国家。"1966 年《公民权利和政治权利国际公约》第 12 条第 2 款和 1965 年《消除一切形式种族歧视国际公约》第 5 条第 4 款第 2 项都作了与《世界人权宣言》相同的规定。外国人离境时,可以按照所在国国民应遵守的条件携出他的财产。所在国不得对他的离开征收捐税或对他携出的财产征收捐税。① 只要外国人依所在国的法律规定办理出境手续,国家一般不得阻拦或拒绝签发出境签证。

但是,外国人出境的权利要受所在国的法律限制,对此外国人应予服从。1966 年《公民权利和政治权利国际公约》第 12 条第 3 款规定:外国人的出境权利"除法律所规定并为保护国家安全、公共秩序、公共卫生或道德、或他人的权利和自由所必需且与本公约所承认的其他权利不抵触的限制外,应不受任何其他限制"。这意味国家基于保护其安全、公共秩序等需要可以制定法律,规定限制外国人离境的条件。所以外国人在离境时,必须履行了当地的义务,如缴纳捐税、罚款和履行私人债务、服刑、应诉等。若是外国人不履行法律义务,所在国有权依法拒绝签发出境签证或阻拦其出境。

另外,所在国基于属地优越权,还可以依法驱逐外国人,但此等驱逐不得违反国际法的限制并应允许外国人申诉。《公民权利和政治权利国际公约》第 13 条规定:"合法处在本公约缔约国领土内的外侨,只有按照依法作出的决定才可以被驱逐出境,并且,除非国家安全的紧迫原因另有要求的情况下,应准予提出反对驱逐出境的理由和使他的案件得到合格当局或当局特别指定的一人或数人的复审,并为此目的而请人作代表。"其他一些国际文件也对驱逐外国人规定了限制。② 若国家专横无理地驱逐外国人,则被认为是对外国人合法权利的侵犯③,因为外国人的入境和居留是得到所在国允许的,此种允许赋予了所在国有保护合法居留的外国人之合法权利的义务。

实践中,国家在遵守国际义务的情况下,通常将那些对其实施政治阴谋或侮辱的

---

① 〔英〕詹宁斯、瓦茨修订:《奥本海国际法》(第 1 卷第 2 分册),王铁崖等译,中国大百科全书出版社 1998 年版,第 334 页。

② 如 1951 年《关于难民地位的公约》第 32 条、第 33 条的规定,1955 年《欧洲居留公约》第 3 条和 1928 年《哈瓦那关于外国人地位的公约》第 6 条的规定,以及 1985 年联合国大会通过的《非居住国公民个人人权宣言》第 7 条的规定。

③ 如在阿明统治下的乌干达(1971—1979 年)曾大规模集体驱逐外国人,主要是南亚人(大约 28000 人)和东南亚人(大约 22000 人),遭到国际社会的谴责。转引自白桂梅:《国际法》,北京大学出版社 2006 年版,第 264 页。

人、危害或侮辱其他国家的人、在国内或国外犯罪的人、经济上有损该国的人驱逐出境。

三、外国人的待遇

（一）外国人待遇的内容

根据国际法，国家接纳并允许外国人临时或长期居留，就是对外国人的本国负有保护其国民的义务，并且应给予长期居留者较临时居留的外国人更多的权利和要求他们尽更多的义务。阿·菲德罗斯等著的《国际法》指出："所有以一般国际法为基础的外国人的权利根源于这个理念：各国相互间负有义务对外国人尊重人的尊严。所以，它们有义务给予外国人以人的尊严的生活所不可缺少的那些权利。"[1]关于外国人待遇的内容，按人权保护的国际文件，如《世界人权宣言》《公民权利和政治权利公约》《经济、社会及文化权利国际公约》《非居住国公民个人人权宣言》等文件规定，人人应享有的基本人权和自由，外国人亦应享有。

这样的权利和自由主要有：① 生命和人身安全的权利。不受任意逮捕或拘留，除非根据法律所规定的理由和按法律规定的程序，不被剥夺自由；② 隐私、家庭、住宅和通信受保护，不受任意或非法干涉的权利；③ 在法院、法庭和所有其他司法机关和当局前享有平等待遇的权利，并在刑事诉讼和依照法律的其他诉讼过程中，必要时获得免费传译协助的权利；④ 选择配偶、结婚、建立家庭的权利；⑤ 享有思想、意见、良知和宗教自由的权利；⑥ 保持语言、文化和传统的权利；⑦ 依法将财产转移到国外的权利；⑧ 依照法律和不违反国家安全、公共秩序、公共卫生和不侵犯他人权利和自由的情况下，享有和平集会、拥有单独或共同财产、选择居所的权利；⑨ 依法工作的权利（包括平等获得工资、安全和健康工作条件等）；⑩ 依法参加工会或其他组织的权利；⑪ 依法享有健康保护、医疗、社会保障、社会服务、教育、休闲的权利；⑫ 与本国领事馆或使馆联系的权利。

外国人在享受权利的同时亦应承担相应的义务，如1928年《哈瓦那关于外国人地位的公约》第3条规定，设定住所的外国人，除非他们宁可离开该国，可以强制其在与本国公民同样的条件下执行警察、消防或民警的任务，以保护其住所地免受非因战争而产生的自然灾难或危害。

各国实践表明，外国人一般不享有所在国公民的政治权利，如不享有选举权和被选举权，也不负服兵役的义务。对此有关国际文件也作了规定。[2]

（二）外国人的待遇原则

1. 国民待遇

国民待遇（national treatment）是指国家在相同条件下和特定范围内给予外国人与

---

[1] 〔奥〕阿·菲德罗斯等：《国际法》(下册)，李浩培译，商务印书馆1981年版，第434—435页。
[2] 如1985年《非居住国公民个人人权宣言》所列的非居住国公民的个人人权就没有政治权利。1928年《哈瓦那关于外国人地位的公约》第7条规定，外国人不得参加居留国公民的政治活动，如果参加此项活动，则应受当地法律所规定的制裁。第3条规定，外国人没有兵役义务。

本国人相同的待遇。这就意味着在相同条件下,外国人可享有不低于所在国国民的待遇,而外国人也不应要求高于国民的特权。卡尔沃主张:"在一国定居的外国人,肯定应该享有和国民相同的受保护的权利,但他们不能要求更多的保护。"①1933 年《美洲国家间关于国家权利义务的公约》第 9 条规定:"国家的管辖权在领土范围内适用于所有居民。本国人和外国人受到法律和本国当局的同样保护,外国人不得主张本国人所享有的权利以外的其他的或更广的权利。"给予外国人国民待遇的目的是使他们与本国人享有平等的待遇,既不受到歧视,也不享有特权。

国民待遇原则早在 1804 年的《法国民法典》中就作了规定。之后,其不仅被众多法学家倡导②,还为大量的国际文件所确立③。目前,几乎所有国家都通过国内法或国际条约规定在互惠的条件下,相互给予其境内的对方国民以国民待遇。

但是,各国在给予外国人国民待遇的原则下,出于保护本国国民利益或本国产业的发展需要,通常都规定对外国人某些权利的行使范围加以限制。一般不允许外国人取得不动产,以及谋求某些特别职业或行业。例如,英国法律规定,外国人不得充任商船船长、大副、轮机长,也不得充任渔船船长或助手,不得在联合王国区域内担任引水员,不得在英国担任文官。④ 美国多数州的法律都规定,外国人不得谋求律师职业。

在国民待遇原则下,限制外国人某些权利行使范围的结果使得外国人与本国人的待遇出现某些差别,也是国际法允许的。此种差别待遇是一些教科书称为差别待遇原则的一部分内容。

2. 最惠国待遇

最惠国待遇(most favored nation treatment)是指在相同条件下和特定范围内,一国给予另一国国民的待遇不低于它现在或将来给予任何第三国国民的待遇,包括特权、优惠、免除、不禁止或不限制等。联合国国际法委员会 1978 年拟定的《关于最惠国条款的规定(草案)》第 5 条规定:最惠国待遇是指施惠国给予受惠国或与之有确定关系的人或事的待遇不低于施惠国给予第三国或与之有同于上述关系的人或事的待遇。

最惠国待遇的根据是国家间缔结的多边或双边条约中载有的最惠国待遇条款,在这些条款中规定缔约国相互施惠的权利和义务,以及最惠国待遇的条件和范围等。最惠国待遇主要适用于外国人从事的商业、贸易和投资等经济领域。它的产生和发展也是各国国民在外国从事商业、贸易和投资等经济活动需要的结果。一国国民在

---

① 王铁崖主编:《中华法学大辞典》(国际法学卷),中国检察出版社 1996 年版,第 329 页。
② 阿根廷法学家卡尔沃从 1868 年就开始倡导外国人享有国民待遇,到 20 世纪前半叶已得到欧洲和拉丁美洲很多法学家的支持,例如,斯特鲁、德·鲁特、赛伯特、奈斯、阿尔瓦雷和耶佩斯等都在他们的著述中赞同这一原则。
③ 如参加 1930 年海牙国际法编纂会议的 17 个国家一致支持国民待遇原则,1928 年美洲国家《哈瓦那关于外国人地位的公约》、1929 年巴黎会议提出的《关于外国人待遇的公约草案》、1933 年《美洲国家间关于国家权利义务的公约》、1995 年 WTO 协定及许多多边条约等。
④ H. Lauterpacht, *Oppenheim's International Law*, Volume1-Peace, Eighth Edition, Longmans, Green and Co, London, 1955, pp. 689-690.

外国从事商业、贸易和投资等经济活动越频繁,竞争也就越激烈。在这种情况下,各国都希望为本国国民在外国创造一个良好的平等竞争环境,使他们于所在国能享受该国给予其他外国人的待遇,而不遭到歧视,基于这个理念而相约给予最惠国待遇。

规定最惠国待遇条款始于17世纪末的欧洲国家间的缔约。到了18世纪,由于欧洲国家间的商务关系不断发展,最惠国待遇条款的使用也逐渐普遍。美国独立后,在它与欧洲国家的商务条约中也规定最惠国待遇条款。19世纪,由于欧美列强势力扩张到亚洲和其他地区,它们与这些地区的国家缔结的条约中也有最惠国待遇条款,不过多数情形都是为它们本国人谋取片面利益而已。随着国际关系的变化,尤其是第二次世界大战后,大批新独立国家的出现和弱小国家的经济崛起,改变了大国实施的片面的最惠国待遇状况,代之而起的是以平等互惠为基础的最惠国待遇条款被规定在国家间的通商、贸易、投资和其他条约中,1995年《马拉喀什建立世界贸易组织协定》就是个典型。

根据国际条约或实践,最惠国待遇的适用是有例外的,通常在以下情况下,受惠国不得援引其国民享受最惠国待遇:

(1) 施惠国给予其邻国国民的优惠待遇。如免除边民签证或边境贸易的优惠。

(2) 关税同盟内的优惠,自由贸易区或经济共同体内的优惠。如欧洲联盟国家间的各种优惠和免除。

(3) 发达国家专门给予发展中国家的优惠。如贸易方面的普遍优惠待遇。

(4) 国际条约规定的其他不适用最惠国待遇情形。例如,1982年《联合国海洋法公约》第126条规定:"本公约的规定,以及关于行使出入海洋权利的并因顾及内陆国的特殊地理位置而规定其权利和便利的特别协定,不适用最惠国条款。"

最惠国待遇实施的结果是使受惠国国民享有在同等条件下和相同事项上任何外国人享有的权利(或优惠)和义务,避免歧视待遇。这对促进国际通商、贸易和投资等方面的经济交流与合作具有重要意义。

3. 互惠待遇

互惠待遇(reciprocal treatment)是指一国给予外国人的某项权利、免除或优惠须以该外国人的国籍国同样给予该国国民某项权利、免除或优惠为前提。例如,邻国间相互免除边民往来的签证、边境贸易的免税等。

四、外国人在中国的法律地位

自1840年鸦片战争后,西方列强通过一系列不平等条约在中国谋取了各种特权和利益,使它们的国民不服从中国政府的管辖,享有特权待遇。1949年中华人民共和国成立后,彻底取消了外国人的特权,并在遵循国际法的原则下通过立法和其他措施规定了外国人在中国的法律地位。

中国制定的涉及外国人地位的法律和法规有几十部,如《宪法》《民法通则》(已失效)、《物权法》(已失效)、《刑法》《劳动法》《义务教育法》《教育法》《集会游行示威法》《出境入境管理法》《海关法》《引渡法》《民事诉讼法》《行政诉讼法》《刑事诉讼法》等。此外,还缔结了数百个涉及外国人地位的国际条约。中国的法律、法规及其缔结的国际条约和接受国际习惯法规则都是确定外国人法律地位的依据。它们主要涉及外国人服从中国的管辖,遵守中国关于外国人入境、居留和出境的管理,在中国享有的待遇。

(一) 服从中国的管辖

外国人必须服从中国的属地管辖权,遵守中国的法律、法规,中国有责任保护他们的合法权益。中国1982年《宪法》(2018年修正)第32条第1款规定:"中华人民共和国保护在中国境内的外国人的合法权利和利益,在中国境内的外国人必须遵守中华人民共和国的法律。"2021年修正的《民事诉讼法》第4条规定:"凡在中华人民共和国领域内进行民事诉讼,必须遵守本法。"2020年修正的《刑法》第6条规定:"凡在中华人民共和国领域内犯罪的,除法律有特别规定的以外,都适用本法。凡在中华人民共和国船舶或者航空器内犯罪的,也适用本法。犯罪的行为或者结果有一项发生在中华人民共和国领域内的,就认为是在中华人民共和国领域内犯罪。"2018年修订的《刑事诉讼法》第17条规定:"对于外国人犯罪应当追究刑事责任的,适用本法的规定。对于享有外交特权和豁免权的外国人犯罪应当追究刑事责任的,通过外交途径解决。"2017年修正的《行政诉讼法》第98条规定:"外国人、无国籍人、外国组织在中华人民共和国进行行政诉讼,适用本法。法律另有规定的除外。"2017年修订的《行政复议法》第41条规定:"外国人、无国籍人、外国组织在中华人民共和国境内申请行政复议,适用本法。"

(二) 遵守中国关于外国人入境、居留和出境的管理

外国人[①]入、出中国国境[②]和在中国居留必须服从中国主管当局的依法管理,按照中国《出境入境管理法》和其他相关法律规定行事。如首先应持有有效护照或其他旅行证件,以及申请事由的相关材料,按照要求到中国主管机关办理入境签证[③]或按中国与有关国家缔结的条约规定办理手续。

中国《出境入境管理法》第21条规定,中国主管机关对有以下情形之一的外国人

[①] 根据中国《出境入境管理法》第89条的规定,此处的外国人是指不具有中国国籍的人。

[②] 根据中国《出境入境管理法》第89条的规定,此处的入境是指由其他国家或者地区进入中国内地,由香港特别行政区、澳门特别行政区进入中国内地,由台湾地区进入中国大陆。出境,是指由中国内地前往其他国家或者地区,由中国内地前往香港特别行政区、澳门特别行政区,由中国大陆前往台湾地区。

[③] 中国受理外国人入境、过境和在中国境内居留申请和批准的主管机关是外交部和公安部。在中国境内办理外国人入境、过境、居留、旅行手续的是公安部及其授权的地方公安机关和外交部及其授权的地方外事机关。外交部和公安部的分工原则是:持外交公务护照的外国人由外交部办理,持普通护照的外国人由公安部办理。在外国的办理机关是中国在当地的使领馆及外交部授权的其他机关。目前,我国公安部授权的口岸签证机关设在下列口岸:北京、上海、天津、大连、福州、厦门、西安、桂林、杭州、昆明、广州(白云机场)、深圳(罗湖、蛇口)、珠海(拱北)、海口、三亚、青岛、威海、烟台、长沙、武汉、乌鲁木齐、成都、重庆,http://gat.hunan.gov.cn/gat/jmhd/cjwthbl20220413-14709863.html,2003年5月17日访问。此外,为方便外国人入境,公安部根据某些口岸的特殊需要可授权其办理签证,如经公安部批准,广西壮族自治区公安厅南宁机场口岸签证机继2012年6月20日开始为台湾居民办理入境证件和签注业务之后,在8月8日至12月31日期间,新增办理外国人口岸签证业务。为方便外国人来中国旅游,经国务院批准,由国家旅游局(现为文化和旅游部)批准的国际旅行社组织接待的外国旅游团,自2002年1月1日起,可在公安部授权的口岸签证机关办理团体旅游签证。

有权拒绝签发入境签证:① 被处驱逐出境或者被决定遣送出境,未满不准入境规定年限的;② 患有严重精神障碍、传染性肺结核病或者有可能对公共卫生造成重大危害的其他传染病的;③ 可能危害中国国家安全和利益、破坏社会公共秩序或者从事其他违法犯罪活动的;④ 在申请签证过程中弄虚作假或者不能保障在中国境内期间所需费用的;⑤ 不能提交签证机关要求提交的相关材料的;⑥ 签证机关认为不宜签发签证的其他情形。对不予签发签证的,签证机关可以不说明理由。第 22 条规定,外国人有下列情形之一的,可免办签证:① 根据中国政府与其他国家政府签订的互免签证协议,属于免办签证人员的;② 持有效的外国人居留证件的;③ 持联程客票搭乘国际航行的航空器、船舶、列车从中国过境前往第三国或者地区,在中国境内停留不超过二十四小时且不离开口岸,或者在国务院批准的特定区域内停留不超过规定时限的;④ 国务院规定的可以免办签证的其他情形。

获得中国入境签证的外国人进入中国口岸时还要接受中国的边防、海关等查验。根据《出境入境管理法》第 24 条至第 26 条的规定,外国人入境,应向边防检查机关交验本人的护照或其他国际旅行证件、签证或者其他入境许可证明,履行规定的手续,经查验准许方可入境。边防检查机关对有下列情形之一的,不准入境:① 未持有效出境入境证件或者拒绝、逃避接受边防检查的;② 具有该法第 21 条第 1 款第 1 项至第 4 项规定情形的;③ 入境后可能从事与签证种类不符的活动的;④ 法律、行政法规规定不准入境的其他情形。对不准入境的外国人,边防检查机关可以不说明理由。同时应责令其返回;对拒不返回的,强制其返回。并且在其等待返回期间,不得离开限定的区域。对外国交通运输工具的入境和出境检查参见《出境入境管理法》第 50 条至第 57 条的规定。

被允许进入中国境内的外国人,凡需要办理居留证件的,均需到当地的公安机关办理居留手续,以获取居留许可证件。在中国出生的婴儿之父母或代理人也应到相关的公安机关办理停留或居留登记。在中国境内死亡的外国人之家属等应到有关机关注销停居留证件。① 根据《出境入境管理法》第 31 条的规定,办证机关对有以下情形之一的外国人,不予签发居留:① 所持签证类别属于不应办理外国人居留证件的;② 在申请过程中弄虚作假的;③ 不能按照规定提供相关证明材料的;④ 违反中国有关法律、行政法规,不适合在中国境内居留的;⑤ 签发机关认为不宜签发外国人居留证件的其他情形。但对符合国家规定的专门人才、投资者或者出于人道等原因确需由停留变更为居留的外国人,经社区的市级以上地方人民政府公安机关出入境管理机构批准可以办理外国人居留证件。此外,申请难民地位的外国人,在难民地位甄别期间,可以凭公安机关签发的临时身份证明在中国境内停留;被认定为难民的外国人,可以凭公安机关签发的难民身份证件在中国境内停留或居留。② 被允许居留的

---

① 具体的手续请参见中国《出境入境管理法》第 30 条、第 32—36 条、第 40 条、《外国人入境出境管理条例》第 16 条和 2004 年公安部与外交部联合发布的《外国人在中国永久居留审批管理办法》的规定。

② 中国《出境入境管理法》第 46 条规定。

外国人还需要办理住宿登记。①

外国人在中国境内停留居留,不得从事与停留居留不相符的活动,并应在规定的停留居留期限届满前离境。② 年满16岁者应随身携带其护照或其他国际旅行证件,或者外国人停留居留证件,接收公安机关的查验。居留者还应在规定的时间到居留的地县以上的公安机关交验居留证件。③ 外国人在中国境内工作,应当按照规定取得工作许可和工作类居留证件。任何单位和个人不得聘用未取得工作许可和工作类居留证件的外国人。外国人未按照规定取得工作许可和工作类居留证件在中国境内工作,或超出工作许可限定范围在中国境内工作,外国留学生违反勤工助学管理规定,超出规定的岗位范围或者时限在中国境内工作的,均属非法就业。取得永久居留资格的外国人可在中国工作。④ 但其工作的范围及职业选择要受中国有关法律规定的限制。外国人居留期间在中国有行动自由,但未获得许可不得进入不对外国人开放的场所或地区。如前往这样的场所或地区须向当地公安局申请,获准后可前往。⑤

外国人应在其签证允许停留的期间内或者居留证件的有效期内离开中国,出境时应交验本人护照或者其他国际旅行证件等出境入境证件,履行规定的手续并经查验准许,方可出境。但有下列情形之一者,不得出境:① 被判处刑罚尚未执行完毕或者属于刑事案件被告人、犯罪嫌疑人的,但是按照中国与外国签订的有关协议,移管被判刑人的除外;② 有未了结的民事案件,人民法院决定不准出境的;③ 拖欠劳动者的劳动报酬,经国务院有关部门或者省、自治区、直辖市人民政府决定不准出境的;④ 法律、行政法规规定不准出境的其他情形。⑥

另外,中国有关公安机关和边防检查机关对涉嫌违反出境入境管理人员,可以当场盘问;经当场盘问,有下列情形之一的,可以依法继续盘问:① 有非法出境入境嫌疑的;② 有协助他人非法出境入境嫌疑的;③ 外国人有非法居留、非法就业嫌疑的;④ 有危害国家安全和利益,破坏社会公共秩序或者从事其他违法犯罪活动嫌疑的。对于外国人有下列情形之一的,可以遣送出境:① 被处限期出境,未在规定期限内离境的;② 有不准入境情形的;③ 非法居留、非法就业的;④ 违反本法或者其他法律、行政法规需要遣送出境的。其他境内人员有前款所列情形之一的,可以依法遣送出境。被遣送出境的人员,自被遣送出境之日起一至五年内不准入境。⑦ 对此不服的外国人可以发申请行政复议。对不准出境或被阻止出境的人,待他们不准出境的理由或被阻止出境的理由消失或获得许可后可以离开中国。⑧

对外国人不服从或违反中国关于入境、居留和出境的管理规定者,有关公安机关

---

① 中国《出境入境管理法》第39条规定。
② 中国《出境入境管理法》第37条规定。
③ 中国《出境入境管理法》第38条规定。
④ 中国《出境入境管理法》第41条、第43条、第48条规定。
⑤ 中国《出境入境管理法》第41条、第43条、第44条规定。
⑥ 中国《出境入境管理法》第27条、第28条规定。
⑦ 中国《出境入境管理法》第59—62条规定。
⑧ 中国《出境入境管理法》第64条、第65条规定。

或边防检查机关可实施警告、罚款、收缴或拘留的处罚,不服处罚者可以向上一级公安机关申诉或向当地人民法院起诉。对违法情节严重的公安部可以处以限期出境或驱逐出境的处罚。违反刑法的追究其刑事责任。①

(三) 在中国享有的待遇

外国人,尤其是长期居留在中国的外国人需要享有比起临时来华的外国人更多的权利和义务,以保障他们在华的正常生活和业务活动的开展。按中国相关法律规定,外国人具有法律主体资格,他们的生命和安全、人身自由、尊严、财产和其他权利和自由受中国法律保护,中国的法律程序向他们开放,他们享有诉讼权。当然,他们在享有权利的同时也要承担相关义务。但依中国《宪法》和其他法律规定②,外国人不享有政治权利和不负兵役义务。

按中国法律和中国缔结的条约规定,外国人享有的待遇标准主要是中国公民的待遇、最惠国待遇和优惠待遇。

关于享受中国公民的待遇,中国诸多法律和国际条约都作了规定。例如,《知识产权法》《商标法》《著作权法》等,以及中国参加或缔结的条约③都规定了外国人在华享有中国公民的同等实体权利和义务。《民事诉讼法》第5条第1款规定:"外国人、无国籍人、外国企业和组织在人民法院起诉、应诉,同中华人民共和国公民、法人和其他组织有同等的诉讼权利义务。"第271条规定:"在中华人民共和国领域内没有住所的外国人、无国籍人、外国企业和组织委托中华人民共和国律师或其他人代理诉讼,从中华人民共和国领域外寄交或者托交的授权委托书,应当经所在国公证机关证明,并经中华人民共和国驻该国使领馆认证,或者履行中华人民共和国与该所在国订立的有关条约中规定的证明手续,才具有效力。"《刑事诉讼法》第17条规定:"对于外国人犯罪应当追究刑事责任的,适用本法的规定。对于享有外交特权和豁免权的外国人犯罪应当追究刑事责任的,通过外交途径解决。"

《行政诉讼法》第99条规定:"外国人、无国籍人、外国组织在中华人民共和国进行行政诉讼,同中华人民共和国公民、组织有同等的诉讼权利和义务。外国法院对中华人民共和国公民、组织的行政诉讼权利加以限制的,人民法院对该国公民、组织的行政诉讼权利,实行对等原则。"第100条规定:"外国人、无国籍人、外国组织在中华人民共和国进行行政诉讼,委托律师代理诉讼的,应当委托中华人民共和国律师机构的律师。"这就使外国人享有同样的诉讼权利和义务。当然,外国人享有中国公民的同样权利和义务是指在同等条件下。

虽然中国法律规定外国人享有中国公民的待遇,但相关法律也对他们的权利规定了一些限制,例如,按照中国《宪法》第9条、第10条的规定,外国人不得取得土地、

---

① 中国《出入境管理法》第71条、第72条、第73条、第74条、第76条、第77条、第78条、第79条、第83条、第84条规定。
② 如中国《宪法》第33条、第34条、第55条等。
③ 如《伯尔尼保护文学和艺术作品公约》《保护工业产权巴黎公约》《商标国际注册马德里协定》《马拉喀什建立世界贸易组织协定》以及中国与外国缔结的大量双边条约。

矿藏、水流、森林、山岭、草原、荒地、滩涂等自然资源的所有权。2017年修正的《文物保护法》第33条规定:"非经国务院文物行政部门报国务院特别许可,任何外国人或者外国团体不得在中华人民共和国境内进行考古调查、勘探、发掘。"1994年实施的《境内外国人宗教活动管理规定》第8条规定:"外国人在中国境内进行宗教活动,应当遵守中国的法律、法规,不得在中国境内成立宗教组织、设立宗教办事机构、设立宗教活动场所或者开办宗教院校,不得在中国公民中发展教徒、委任宗教教职人员和进行其他传教活动。"2019年修订的《法官法》第12条规定,担任法官必须具有中华人民共和国国籍。2019年修订的《检察官法》第12条规定,担任检察官,必须具有中华人民共和国国籍。2018年修订的《公务员法》第13条第1款规定:公务员须具有中华人民共和国国籍。2017年修正的中国《律师法》第5条第1款规定,申请律师执业应具备的条件之一是通过国家统一的法律职业资格考试,而2008年修订的《国家司法考试实施办法》第15条第1款规定:具有中华人民共和国国籍可参加考试。这说明外国人不得谋求中国律师职业。其他法律、法规也规定了一些限制。

关于外国人享有最惠国待遇主要适用于外国人在华投资、贸易、航运、知识产权保护等方面。这种待遇原则是根据中国与外国人的本国缔结的或共同参加的国际条约规定的最惠国待遇条款确定的。例如,中国与外国缔结的双边投资、贸易和通商航海条约或协定中都规定了最惠国待遇条款,中国参加的《马拉喀什建立世界贸易组织协定》《保护工业产权巴黎公约》《商标国际注册马德里协定》《伯尔尼保护文学和艺术作品公约》《世界版权公约》等也都规定了最惠国待遇条款。因此,凡是与中国有条约关系的缔约国国民均可在中国享有各有关条约规定的最惠国待遇。

外国人在华享有某些优惠待遇是根据中国法律和中国缔结的条约确定的,如外国人在华投资可以在特定范围享有税收的优惠,在互惠条件下邻国国民可享受特别事项的优惠待遇等。

第三节 外交保护

外交保护是与外国人待遇密切相关的问题,如前所述,各国只要接纳了外国人,就负有保护他们的合法权利的义务。违背这一规则通常引起对受损害的外国人本国的责任。他的本国可提出外交保护诉求。外交保护从18世纪学者提出的理念[①],历经长期实践,特别是到了20世纪20年代,国际社会已普遍同意国际不法行为或不行为对外侨造成的损害,即涉及可归咎于这种行为或不行为的国家责任。当时人们普遍同意,尽管一国没有义务接纳外侨,但它一旦接纳之后就对该外侨的本国负有义

---

① 公认最早提出外交保护的是瑞士法学家艾默里奇·德·法泰尔(Emmerich de Vattel)在其1758年的《国际法》教科书中。

务,须依照外侨待遇的最低国际标准对其人身或财产提供一定程度的保护。① 因此可以说外交保护是国际习惯法。

一、外交保护的概念和性质

(一) 外交保护的概念

外交保护(diplomatic protection)是指国家对其在外国的国民(包括法人)之合法权益遭到所在国家违反国际法的侵害而得不到救济时,采取外交或其他方法向加害国求偿的行为。联合国国际法委员会2006年二读通过的《外交保护条款草案》第1条规定:"一国对另一国的国际不法行为给属于本国国民的自然人或法人造成的损害,通过外交行动或其他和平手段援引另一国的责任,以期使该国责任得到履行。"

(二) 外交保护的性质

外交保护是国家的权利,因为国家基于属人管辖,将国民的权利视为国家权益的组成部分,所以对其在国外的国民有保护的权利。这已为众多国际法著述、判例和国际文件确认和阐明。例如,瑞士法学家法泰尔早在其1758年所著的《国际法》教科书中就提出:"谁虐待一个公民也就间接地伤害了他的国家,而后者必须保护该公民。"② 常设国际法院在"马夫罗马蒂斯在巴勒斯坦的特许权案(希腊诉联合王国)"的意见中说:"事实上,一国为其国民出面,代表他诉诸外交行动或国际司法诉讼,就是在维护其本身的权利,即通过其国民本身确保国际法规则得到尊重的权利。"③ 1961年《维也纳外交关系公约》第3条规定:使馆"于国际法许可之限度内,在接受国中保护派遣国及其国民之权益"的职务。《外交保护条款草案》第1条评注(3)称:"外交保护历来被视为国家的专有权利,意思是说,由于对国民的损害被视为对国家本身的损害,所以国家依据自己的权利行使外交保护。"

外交保护既然属于国家的权利,国家就有决定是否行使的自由量裁权,纵然国民可请求国家保护,但其国家是否在国际上进行外交求偿,是不受这种请求限制的。

二、外交保护的对象和根据

(一) 国民的外交保护及根据

外交保护的传统对象是保护国家的海外国民,这是一般国际习惯法承认的。一

---

① C. Joseph, *Nationality and Diplomatic Protection—The Commonwealth of Nations* A. W. Sijthoff,1969, p.3. R. Y. Jennings & A. Vatts, *Oppenheim's International law*, Ninth Edition, Longman and Mrs. Tomoko Hudson, 1992, pp. 893,910,911.

② E. de Vattel, The Law of Nations or the Principles of Natural Law Applied to the Conduct and to the Affairs of Nations and Sovereigns,Vol. 111,1758, English Translation by C. G. Fenwick, Carnegie Institution,Washington 1916, p. 136.

③ "马夫罗马蒂斯在巴勒斯坦的特许权案(希腊诉联合王国)",载《1924年常设国际法院案例汇编》,A辑第2号,第12页。在帕聂韦日斯—萨尔杜提斯基斯铁路案(爱沙尼亚诉立陶宛)中,常设国际法院又重申了这句话,载于《1939年常设国际法院案例汇编》,A./B.系列,第76号,第16页。

国采取外交或其他办法保护其在外国国民权利的根据是受保护人具有该国国籍,国籍是确定个人与国家联系的纽带或依托,也是国家属人管辖权的根据。《外交保护条款草案》第3条第1款指出:"有权行使外交保护的国家是国籍国。"

(二) 无国籍人和难民的外交保护及根据

国际关系的变化,特别是两次世界大战以及第二次世界大战后的情势,造成大批难民和无国籍人的出现。而许多难民和无国籍人都长久居住在他们的接受国,受该国类似国民的管辖,享受着与该国国民少有二致的待遇,并且当他们暂时到别国时,经常居住国还为他们出具护照或类似旅行证件,并允许返回。他们与经常居住国形成了最密切的法律关系。据此,当他们的权益遭到临时所在国家的非法侵害又得不到救济时,其经常居住国可进行外交保护。这种保护的根据应是难民和无国籍人与其经常居住国之间存在着最密切的法律关系。《外交保护条款草案》第8条规定:"① 一国可为无国籍人行使外交保护,但该人须在受到损害之日和正式提出请求之日在该国有合法的和惯常的居所。② 一国可为被该国根据国际公认的标准承认为难民的人行使外交保护,但该人须在受到损害之日和正式提出求偿之日在该国具有合法的和惯常的居所。"

但要说明,难民的经常居住国不得向难民的本国行使外交保护权,因为外交保护的主要基础是国籍。另外,大多数难民对在其国籍国所遭受的待遇提出了严重的指控,他们是为了逃避迫害而离开本国的,在这种情况下如果允许国际保护,就会打开国际诉讼的闸门,而且国家由于担心难民要求采取这种行动会拒绝接受难民。故,《外交保护条款草案》第8条第3款规定:本条第2款关于对难民的外交保护的规定"不适用于难民的国籍国的国际不法行为造成的损害情况。"

三、外交保护的条件

虽然国家有外交保护权,但这项权利的行使要符合国际法规定的条件,它们是:

(一) 保护国的国民或受其保护的其他人遭到所在国的非法侵害

保护国的国民或受该国保护的其他人(无国籍人和难民)的权利遭到所在国家的非法侵害是外交保护的必需条件之一。因此,必须有所在国侵害事实的存在,国家才能进行外交保护。这样的侵害包括国家的直接侵害和国家纵容的私人侵害。例如,立法机关颁布的违反国际义务的法律,以剥夺外国人的财产或歧视外国人;行政机关的非法执法或执法不公(如非法羁押);司法拒绝(denial of justice),即法院拒绝司法救济或执法不公。如司法机关的腐败、恐吓、无保证的关押、滥用司法程序、不给予必要的法律帮助、不采取强制措施,鼓励私人攻击外国人,不惩罚侵害外国人的行为。

(二) 受害人持续具有保护国的实际国籍或经常居住在该国

1. 受害人持续具有保护国的实际国籍

对国民来讲,虽然国籍是保护国对其行使外交保护的根据,但是一国依据国籍在国际上对抗另一个国家进行外交保护,还必须要求受害人持续具有该国的实际国籍

(effective nationality or real nationality)。所谓实际国籍是指个人的国籍必须反映其与国籍国的真实联系,他属于该国实际人口,与该国保持实际的权利和义务关系。① 1955年国际法院在"诺特鲍姆案"的判决中指出:根据国际实践,国籍是个人与一个国家的实际人口有密切联系的这一事实的法律表述,只有当国籍把个人与赋予国籍的国家的这种密切联系转变为法律关系时,它才使该国有行使外交保护的权利。②

国籍持续是要求受害人从受害之日到提出求偿之日③均具有保护国的国籍,称国籍持续原则(doctrine of continuous nationality)。对这一原则的适用,《外交保护条款草案》第5条规定可作参考,该条规定:"① 一国有权对从发生损害之日到正式提出求偿之日持续为其国民的人行使外交保护。如果在上述两个日期该人都持有该国国籍,则推定该国籍是持续的。② 尽管有第1款的规定,一国对在正式提出求偿之日为其国民,但在受到损害之日不是其国民的人,可以行使外交保护,但条件是该人曾具有被继承国的国籍,或者已丧失原国籍,并且基于与提出求偿无关的原因、以不违反国际法的方式已获得该国的国籍。③ 一人在受到损害时为其原国籍国国民,而不是现在国籍国的国民,则现在国籍国不得针对原国籍国就该人所受损害行使外交保护。④ 一国对于在正式提出求偿之日后获得被求偿国国籍的人不再享有为其行使外交保护的权利。"

对法人的国籍要求,《外交保护条款草案》第9条规定:"为对公司行使外交保护的目的,国籍国是指公司依照其法律成立的国家。然而,当公司受另一国或另外数国的国民控制,并在成立地国没有实质性商务活动,而且公司的管理总部和财务控制权均处另一国时,那么该国应视为国籍国。"第10条规定:"① 一国有权为从发生损害之日到正式提出求偿之日持续为该国或其被继承国国民的公司行使外交保护。如果在上述两个日期该公司都持有该国籍,则推定该国籍是持续的。② 一国对于在提出求偿后获得被求偿国国籍的公司不再享有为其行使外交保护的权利。③ 尽管有第1款的规定,一国继续有权为在发生损害之日为其国民,但由于损害的原因,按照成立地国法律终止存在的公司行使外交保护。"

2. 一个以上国籍人的外交保护

一个以上国籍人的外交保护涉及其国籍国之间可否进行外交保护和第三国如何接受其国籍国的求偿问题,对此国际文件和实践都已表明意见,即也应遵循受害人持续具有保护国实际国籍的条件。

---

① 确定个人与国家实际联系的主要因素是他的经常居住地或主要居所地,除此还有他的利益中心、家庭关系、参加该国的公共生活以及对该国的贡献等事实。对确定实际国籍问题,1930年《关于国籍法冲突的若干问题的公约》第5条和国际法院在"诺特鲍姆案"及其他案件的判决中都有阐述。

② 梁淑英:《论外交保护的条件》,载马呈元等:《国际法律问题研究》,中国政法大学出版社1999年版,第245页。

③ 所谓提出求偿之日是指保护国正式向加害国提出外交交涉的日期。若是提交国际法院解决,则是向国际法院提出诉讼的日期。参见日本国际法学会编:《国际法辞典》(中译本),外交学院国际法教研室总校订,世界知识出版社1985年版,第561—562页。

（1）国籍国间的外交保护问题。一个以上国籍的人的国籍国之间能否行使外交保护，要看受害人是否持续具有保护国的实际国籍。虽然 1930 年《关于国籍法冲突的若干问题的公约》第 4 条规定："国家对于兼有另一国国籍的本国国民不得违反该另一国而施以外交庇护。"但《外交保护条款草案》第 7 条规定："一国籍国不得为同属另一国国民的人针对另一国籍国行使外交保护，除非在发生损害之日和正式提出求偿之日，该国的国籍均为该人的主要国籍。"这在国际实践中也有案例佐证，如"梅盖求偿案"，梅盖（Merge）是美国人，在她 20 岁时嫁给了意大利人并随其丈夫在意大利生活和取得了意大利国籍。1937 年，她随在意大利驻日本使馆工作的丈夫在该使馆居住和生活直到 1946 年。同年 12 月，她持美国签发的有效期为 9 个月的护照到美国旅行。1947 年回到意大利与丈夫居住在一起，其间，她在美国使馆登记为美国人。1948 年，她按照《对意合约》第 78 条向意大利索赔战争损害，遭到拒绝。1950 年在她的请求下，美国向美—意调解委员会提出求偿。1953 年，该委员会一致同意驳回美国的请求，理由是梅盖与其国籍国意大利的联系更密切。① 此案说明，如果梅盖与美国联系的密切程度胜过意大利，美国的求偿要求可获得支持。

（2）第三国对一个以上国籍国外交保护的接受。第三国对一个以上国籍的人的国籍国之外交保护，可以只接受其实际国籍国的请求。虽然《外交保护条款草案》第 6 条规定："① 双重或多重国籍国民的任一国籍国可针对该人不属于其国民的国家，为该国民行使外交保护。② 两个或多个国籍国可为具有双重或多重国籍的国民共同行使外交保护。"但这与被求偿国选择接受与受害人关系最密切的国籍国的请求，并不相悖。1930 年《关于国籍法冲突的若干问题的公约》第 5 条规定："具有一个以上国籍的人，在第三国境内，应被视为只有一个国籍。第三国在不妨碍适用该国关于个人身份事件的法律以及在任何有效条约的情况下，就该人所有的各国籍中，应在其领土内只承认该人经常及主要居所所在国家的国籍，或者只承认在各种情况下似与该人实际上关系最密切的国家的国籍。"

对外交保护加诸持续具有保护国实际国籍的条件，目的是避免受害人选择有利于他的国籍，而造成保护国进行外交保护的结果是保护了一个与之无实际联系的人，由此造成外交保护的滥用。

3. 无国籍人和难民外交保护的非国籍条件

对无国籍人和难民的外交保护不要求国籍条件，只要求这类受害人长期居住在保护国，证明其在受损害之日和正式提出求偿之日都在该国经常居住或有惯常居所。②

（三）用尽当地救济

一国国民在外国遭到所在国的非法侵害，其本国固然可以进行外交保护，但这并

---

① 梁淑英主编：《国际法学案例教程》，知识产权出版社 2003 年版，第 118—120 页。
② 《外交保护条款草案》第 8 条。

不意味,只要国民遭到侵害,国家就有权行使外交保护,而是要求受害人用尽当地救济后仍未获得补偿,才能进行外交保护。因为加害国对外国人有属地优越权,有权要求他们首先采用该国的救济办法,所以只有在用尽当地救济后才能确定加害国的责任。这是一项习惯法规则,已得到许多国际文件的确认和判例的实践。如《外交保护条款草案》第14条第1款规定:"除非有第15条草案规定的情形,一国对于其国民或第8条草案所指的其他人所受的损害,在该受害人用尽一切当地救济之前,不得提出国际求偿。"该条第3款规定:"在主要基于一国国民或第8条草案所指的其他人所受的损害而提出国际求偿或请求作出与该求偿有关的宣告性判决时,应用当地救济。"①

1. 用尽当地救济的含义

用尽当地救济是指国家在进行外交保护前,要求受害人寻求并用完加害国提供的救济办法及它们的所有程序。用尽当地救济有两层意义:一是要求受害人用完加害国法定的全部有效的和可采用的救济办法,并将各种办法的审级用到最终;二是要求受害人充分正确地利用加害国法律规定的救济办法中的所有程序,例如诉讼程序的传讯证人、提供必要的证据和有关文件、证件等。

当地救济是指受害人可用加害国建立的行政和司法(一般指法院)的机制或程序。《外交保护条款草案》第14条第2款称:"'当地救济'指受害人可以在所指应对损害负责的国家通过普通的或特别的司法或行政法院或机构获得的法律救济。"当地救济必须是有法律意义的办法或措施。这种法律意义表现在以下两方面:

(1)救济办法有确定和可采用性。救济办法的确定性是指救济办法是按照国家法律规定建立的,有维护和补偿当事人权利损害的独立机制或程序,并且这种机制或程序是长久存在的。救济办法的可采用性是指救济办法可为当事人采用,即国家公开颁布的和生效的法律明确规定,受害人有权采用的行政和法院办法,以使其损害获得救济。

(2)救济办法有效和充分。救济办法的有效是指当地救济办法的采用或启动可以使受害人有获得补偿的希望或可能。虽然救济办法并不保证申诉人绝对胜诉或使其诉求得到满足,但这些办法至少从形式上能够保证产生有法律拘束力的合理结果。救济办法的充分是指当地救济办法适用受害人的损害事实或情况,并且能对他公平适用。②

---

① 其他文件如2001年国际法委员会通过的《国家对国际不法行为的责任条款草案》第44条,1966年《公民权利和政治权利国际公约》第41条及该公约的《第一任择议定书》第1条、第2条、第5条,1965年《消除一切形式种族歧视国际公约》第11条、第14条,1984年《禁止酷刑和其他残忍、不人道或有辱人格的待遇或处罚公约》第22条、第23条的规定。国际判例,如1959年国际法院对"国际工商投资公司案"的判决、1956年"安巴蒂洛斯案"的国际仲裁裁决。

② Barry E. Carter & Philip R. Trimble, *International Law*, 2th Eidion, Little Brown and Company, 1994, p.853. 王铁崖主编:《中华法学大辞典》(国际法学卷),中国检察出版社1996年版,第640页。

2. 用尽当地救济的例外

尽管国际法将用尽当地救济作为外交保护的条件限制,但它也有排除适用的情形,按《外交保护条款草案》15条的规定,不适用当地救济规则的情形有:① 不存在合理的可得到的能提供有效补救的当地救济,或当地救济不具有提供此种补救的合理可能性;② 救济过程受到不当拖延,且这种不当拖延是由被指称应负责任的国家造成的;③ 受害人与被指称应负责任国家之间在发生损害之日没有相关联系;④ 受害人明显地被排除了寻求当地救济的可能性;⑤ 被指称应负责任的国家放弃了用尽当地救济的要求。

第四节 引渡和庇护

一、引渡

(一) 引渡的概念

引渡(extradition)是指国家把当时在其境内的被别国指控为犯罪或判罪的人,应有关国家请求,移交给请求国进行审判或处罚。它是国家间的一种特殊的刑事司法协助,目的是能使请求国对其指控的犯罪嫌疑人进行审判或处罚,以追究他的刑事责任,或对已经依法判为有罪的人执行刑罚。为前一目的的引渡称为诉讼引渡,为后一目的的引渡称为执行引渡。

引渡的主体通常都是国家,请求引渡的国家可以是犯罪行为发生地国或受害国,也可以是犯罪嫌疑人或罪犯的国籍国。因为这些国家依属地管辖、属人管辖或国际法上其他管辖,有权主张对其指称的犯罪者或判罪者实行管辖,所以当犯罪嫌疑人或犯罪人犯罪后或犯罪时在外国,它们请求该国协助引渡此人。被请求引渡的国家是被请求引渡人的所在国家,被请求引渡国家假定被引渡人实施的犯罪行为发生在其境内,而对他的犯罪行为有属地管辖权,可依其国内法程序对该人采取强制措施,并移交给请求国。

引渡的对象,从引渡的罪行讲,在不同的历史时期是有变化的。19世纪前,国家间主要引渡政治叛乱者、异教徒和逃兵。18世纪末期开始,特别是到了19世纪,由于资产阶级革命的胜利,罪刑法定和民主原则的确立,使引渡的对象发生了根本改变。各国从引渡政治叛乱者、异教徒(或违反宗教教规者)和逃兵改变为引渡普通刑事犯罪者。因为各国一般认为普通刑事犯罪是危害人民基本权利和自由的,而违反军规或违反宗教教规不属于刑法上的犯罪,不同政见者应有自由,不应受迫害,所以应拒绝引渡这样的人。例如,法国首先在其1793年《宪法》的第120条规定,给予为争取自由而从本国逃亡到法国的外国人以庇护。1833年的比利时《引渡法》也规定禁止引渡政治犯罪者。此后,国家之间在它们缔结的引渡条约中也规定了不引渡上述人。

(二) 引渡的根据

从国际法上讲,引渡的根据是国际条约。① 国家间若无此类条约,就可拒绝引渡请求,除非请求国承诺遵守相互条件或特殊约定。如 1999 年修改的加拿大《引渡法》第 10 条规定:允许在无双边引渡条约情况下,根据外交部与请求国就个案达成的"特别协定"进行引渡合作。因为国际法并未加诸各国普遍的引渡义务。②

(三) 引渡的条件

国家间进行引渡,通常符合双重归罪(double criminality)条件,也称相同原则(principle of identity)。即被请求引渡的人所实施的行为,按请求国和被请求国的法律规定都构成犯罪,且具有可罚性。③ 任何一方法律不认为是犯罪或不具有可罚性的,就不构成引渡的理由。当然,这不是说两国法律规定的罪名一定相同,只要两国法律规定的罪行之间实质相似即可。在此基础上,对所控诉的罪行要求惩罚或执行的刑罚达到一定的高度。若是为了起诉犯罪进行引渡,则对该犯罪人的监禁或剥夺自由的处罚要达到一定的期间,各国法律规定一般不少于 1 至 2 年。若是为执行刑罚而引渡,要求尚未执行的刑罚一般不低于 4 到 6 个月。④

(四) 拒绝引渡的理由

根据国际实践,1990 年联合国大会通过的《引渡示范条约》对拒绝引渡的理由作了原则性规定。按该条约第 3 条、第 4 条的规定,国家拒绝引渡有强制性理由和任择性理由。

1. 强制性理由

强制性理由有:① 被请求国认为作为请求引渡理由的犯罪行为属政治性罪行;② 被请求国有充分理由确信,提出引渡请求是为了某人的种族、宗教、民族、族裔本源、政治见解、性别或身份等原因而欲对其进行起诉或惩处,或确信该人的地位会因其中任一原因而受到损害;③ 作为请求引渡的理由的犯罪行为系军法范围的罪行,而并非普通刑法范围内的罪行;④ 被请求国已因作为请求引渡理由的罪行对被请求引渡者作出终审判决;⑤ 根据请求国和被请求国任何一方的法律,被请求引渡者因

---

① 国家间除缔结了大量双边引渡条约外,还缔结了许多多边条约,以确定它们之间的引渡关系。如 1933 年《泛美引渡公约》、1952 年《阿拉伯联盟引渡协定》、1957 年《欧洲引渡公约》及 1975 年和 1978 年该公约的两个补充议定书、1966 年《英联邦内遣返逃犯的制度》。此外还有载有引渡条款的公约,如 1948 年《防止及惩治灭绝种族罪行公约》、1956 年《废止奴隶制、奴隶贩卖及类似奴隶制之制度与习俗补充公约》、1965 年《消除一切形式种族歧视国际公约》、1968 年《战争罪及危害人类罪不适用法定时效公约》、1970 年《关于制止非法劫持航空器的公约》、1971 年《关于制止危害民航安全的非法行为公约》、1973 年《禁止并惩治种族隔离罪行国际公约》、1979 年《反对劫持人质国际公约》、1980 年《关于核材料实物保护公约》、1984 年《禁止酷刑和其他残忍、不人道和有辱人格的待遇或处罚公约》、1997 年《制止恐怖主义爆炸事件的国际公约》、1999 年《制止向恐怖主义提供资助的国际公约》、2000 年《打击跨国有组织犯罪公约》等。

② 〔英〕劳特派特修订:《奥本海国际法》(上卷第 2 分册),王铁崖、陈体强译,商务印书馆 1981 年版,第 179 页。

③ 可罚性是指刑罚的可能性。各国法律都规定什么条件下对犯罪行为实施人不具有可罚性,如享有刑事豁免的人实施的犯罪、未达到承担刑事责任年龄的人实施的犯罪、过了法定追诉时效的犯罪或被赦免的犯罪等。

④ 参见 1990 年联合国《引渡示范条约》第 2 条的规定。

时效已过或大赦等任何原因而可免于起诉或惩罚;⑥ 被请求引渡者在请求国内曾受到或将会受到酷刑或其他残忍、不人道或有辱人格的待遇或处罚,或者没有得到或不会得到《公民权利和政治权利国际公约》第 14 条所载的刑事诉讼程序中的最低限度的保障;⑦ 请求国的判决系缺席判决,被定罪的人未获得有关审判的充分通知,也没有机会安排辩护,没机会或将不会有机会在其本人出庭的情况下使该案获得重审。

2. 任择性理由

任择性理由有:① 被请求引渡者为被请求国国民;② 被请求国主管当局已决定不就作为请求引渡理由的罪行对该人提起诉讼,或已决定终止诉讼;③ 被请求国即将就作为请求引渡理由的罪行对被请求引渡者提起诉讼;④ 按请求国的法律作为请求引渡理由的罪行应判处死刑,除非该国作出被请求国认为有充分的保证,表示不会判死刑,或即使判死刑,也不会予以执行;⑤ 作为请求引渡理由的罪行系在请求国和被请求国领土内所犯,而被请求国的法律没有对这种情况下所犯的罪行规定管辖权;⑥ 按被请求国的法律,作为请求引渡的理由的罪行被视为全部或部分在该国境内所犯;⑦ 被请求引渡者在被请求国已由特别或特设法院或法庭判刑或者将可能受审或判刑;⑧ 鉴于被请求引渡人的年龄、健康或其他个人具体情况,将该人引渡将不符合人道主义的考虑。

(五) 引渡的程序和效果

1. 引渡的程序

各国实践和《引渡示范条约》的规定表明,引渡程序一般要经过以下三个步骤:

(1) 提出引渡请求。请求国通过外交机关(或其他主管机关)向被请求国相应的主管机关提交引渡请求书①和佐证文件等。在紧急情况下,正式提出引渡之前,可以通过外交机关或国际刑事警察组织提出采取临时强制措施的请求。

(2) 被请求国的审查。被请求国收到引渡请求书和相关文件后,由主管机关(包括行政和司法机关)按照国内法规定进行审查,并可以要求请求国在一定的合理期限内提供补充材料(如请求国不提供,可认为放弃引渡请求)。被请求国的主管机关审查后作出是否引渡的决定并通知请求国,若拒绝引渡,则说明拒绝的理由。

(3) 引渡的执行。若被请求国一经通知请求国准予引渡,两国就应不拖延地安排移交被引渡人。

2. 引渡的效果

引渡效果,一般要求请求国在得到被引渡人之后,对其审判或处罚要遵守特定原则(principle of specialty),即对被引渡人的审判或处罚,应只限于请求引渡和准予引渡所依据的罪行,或者至少限于有关的引渡条约所列举的罪行。确立这一原则的目的是防止请求国将政治犯罪者以普通刑事犯罪名义引渡回国,然后以其他罪行任意

---

① 请求书应附有证明被请求引渡人的身份、住所或居所、案件事实的说明和必要证明;请求国法律中规定犯罪嫌疑人的行为构成犯罪的处罚,对该犯罪的诉讼时效或执行刑罚的时限;逮捕证副本或有效判决书及有关说明等。

审判或处罚。①

此外,引渡后在未得到被请求国的同意下,请求国不得将被引渡人再引渡给第三国。但是,如果被引渡人在准予的罪行结案后的一定期间,可以离开而未离开请求引渡国家领土的,或在离开引渡请求国领土后又自愿返回的,则请求引渡国家不受此原则限制。20 世纪 60 年代后的引渡条约大都设立了这样的期间,10 至 60 天不等,在这个期间内,被引渡人要么离开引渡请求国,否则就不受提定原则的保护。②

这项原则最早被规定在 1833 年的《比利时引渡法》中,该法第 6 条规定:"在这些条约中必须明确规定外国人不得因引渡前的政治犯罪、与此种犯罪有关的其他行为以及本法未予规定的重罪或轻罪而受到追诉或惩罚;否则任何形式的引渡或临时逮捕都将遭到拒绝。"③1850 年的《法国和西班牙引渡条约》规定:"被引渡者,不受针对作为引渡理由的犯罪以外的犯罪的审判。"1927 年法国《引渡法》、1981 年《美洲国家间引渡公约》和 1957 年《欧洲引渡公约》都规定了特定原则。

对违反上述原则的行为被请求引渡国家可以要求请求引渡的国家承担国际责任,被引渡人也可以通过法律程序申诉以保护其权利。例如,在英国和美国引渡的案件中,劳舍尔就成功地运用法律保护了自己的合法权利。劳舍尔是一艘美国船的二副船员,在海上杀了另一名船员后逃往英国。随后美国向英国提出了引渡请求,英国逮捕了劳舍尔并准予引渡回美国。美国法院判处其犯有"施以异常残忍的惩罚罪",而不是英国准予引渡时所依据的谋杀罪。劳舍尔认为美国的判决违反了英美之间的引渡条约。审理此案的巡回法庭的法官们对此持有不同意见,因此将此案提交到最高法院。美国最高法院的判决中指出,尽管条约的本质是一种合同,但根据美国宪法第 6 条,仍然构成"美国的最高法律",因此,法院认为条约在美国相当于立法,当条约条款涉及个人权利时,法院应当支持这种权利。法院进一步分析引渡条约本身的目的反映了特定性,违反该原则相当于违反了条约项下被请求引渡人的权利。因此,法院认为劳舍尔有权免于针对引渡条约中没有包含的犯罪行为的起诉。④

二、庇护

(一)庇护的概念

国际法上庇护(asylum)的一般意义是指国家对于因政治原因遭到追诉或迫害而请求避难的外国人,准其入境、居留和给予保护。

国家庇护外国人是其属地越权的表现,虽然依国际法人人都有权寻求外国的保护,但是否庇护外国人,则属国家自由决定的事情,因为除条约规定外,国际法并未赋予各国庇护外国人的义务。尽管《世界人权宣言》第 14 条第 1 款宣称:"人人为避迫

---

① 王铁崖主编:《国际法》,法律出版社 1995 年版,第 187 页。
② 〔美〕Michael Abbell, *Extradition to and from the United States 2010*, Leiden Boston, Martinus Nijhoff Publishers, 2010, p. 88.
③ 外交部条约法律司编:《引渡法资料选编》,世界知识出版社 1998 年版,第 72 页。
④ United States v Rauscher, 119 U. S. 407(1886), pp. 420&425.

害有权在其他国家寻求并享受庇护以避免迫害。"但它并没规定个人当然有受外国庇护的权利,只是一种寻求获得庇护的权利而已。1967年联合国大会通过的《领土庇护宣言》第1条第3款申明:"庇护之给予有无理由,应由给予庇护之国酌定之。"

国际实践中,各国庇护的对象主要是被外国追诉的政治犯罪者或因从事政治活动而遭到迫害的人。① 因此,庇护又称"政治避难",庇护国实际上为避难者提供了避难所。对寻求庇护的人是否属政治犯罪或受政治迫害,除条约另有规定外,完全由庇护国认定,国际法并无统一概念。但一系列国际条约规定,将一些犯罪排除于政治犯罪,要求国家不得庇护犯这样罪行的人。如不得庇护犯有破坏和平罪、战争罪、反人类罪、灭种罪、种族隔离罪、酷刑罪及其他违反联合国宗旨和原则的罪行的人。②

(二) 国家行使庇护权的空间范围

国家根据属地优越权,可对因政治原因遭到外国追诉或迫害寻求避难的外国人给予庇护,说明国家行使庇护权是在自己的领土范围或受其合法控制的领土内。国际法不承认国家在其领域之外进行庇护的权利。因此,国家不得在使馆或其他享有特权与豁免的驻外机构庇护外国人,如果这样做,不仅有悖于这些机构的职务,也是对驻在国属地优越权的侵犯。

国际法院在1950年"庇护案"的判决中指出:"与领域庇护不同,在外交庇护的情况下,避难者置身于罪行发生地国境内。决定对避难者给予外交庇护有损领土国的主权,它使犯罪者逃脱领土国的管辖,并构成对纯属该国管辖事项的干涉。如果庇护国有权单方面确定避难者所犯罪行的性质,则将对领土国的主权造成更大的损害。因此,不承认这种有损领土主权的外交庇护,除非在某一特定情况下,它的法律依据得到了确立。"③1961年《维也纳外交关系公约》第41条第3款规定:"使馆馆舍不得充作与本公约或一般国际法之其他规则或派遣国与接受国间有效之特别协定所规定之使馆职务不相符合之用途。"1963年《维也纳领事关系公约》第55条第2款也有类似规定。

(三) 受庇护者的地位

受庇护者在庇护国享有合法的居留权。他们的地位与一般外国人一样,服从该国的管辖,享有一般外国人的待遇。但他们又与一般外国人有所不同,一方面,他们是因政治原因遭到本国的追诉或迫害而到外国避难的,与本国断绝了联系,得不到其

---

① 所谓政治犯罪者,也称持不同政见者,一般指反政府的人。但反政府的理由不得有悖于《联合国宪章》的宗旨和原则。
② 参见1948年《防止及惩治灭绝种族罪行公约》、1956年《废止奴隶制、奴隶贩卖及类似奴隶制之制度与习俗补充公约》、1965年《消除一切形式种族歧视国际公约》、1968年《战争罪及危害人类罪不适用法定时效公约》、1970年《关于制止非法劫持航空器的公约》、1971年《关于制止危害民航安全的非法行为公约》、1973年《禁止并惩治种族隔离罪行国际公约》、1979年《反对劫持人质国际公约》、1980年《核材料实物保护公约》、1984年《禁止酷刑和其他残忍、不人道和有辱人格的待遇或处罚公约》、1988年《联合国禁止非法贩运麻醉药品和精神药品公约》和《制止危及大陆架固定平台安全非法行为议定书》、1997年《制止恐怖主义爆炸事件的国际公约》、1999年《制止向恐怖主义提供资助的国际公约》、1998年《国际刑事法院罗马规约》等。这些文件都规定缔约国对犯有各该条约罪行的人,应遵守或引渡或起诉原则,并应以严重犯罪予以处罚。
③ 中国政法大学国际法教研室编:《国际公法案例评析》,中国政法大学出版社1995年版,第86页。

国家的保护,庇护国一般不将他们引渡或遣返回国。另一方面,受庇护者因为从事政治活动而遭到追诉,所以可能会继续进行反对本国的活动,而庇护国应采取适当措施,禁止他们从事这种活动。因为每个国家都有义务遵守联合国的宗旨和原则,尊重别国的主权,不干涉别国内政。

故此,应防止居住在其领土内的人用组织敌对远征军队的方法,或用准备伤害其他国家元首、政府人员或国家财产等普通犯罪的方法,危害另一个国家。[①] 1967年《领土庇护宣言》第4条称:"庇护之国家不得准许受庇护之人从事违反联合国宗旨与原则的活动。"美洲国家《关于政治庇护和避难的条约》《美洲国家组织宪章》和《欧洲领土庇护宣言》等文件也作了类似规定。

三、中华人民共和国关于引渡和庇护的规定

（一）关于引渡的规定

为了加强打击犯罪方面的国际合作,保障引渡的正常进行,中国于2000年公布了《引渡法》。该法对中国引渡的原则和规则作了全面规定,是中国处理与外国间引渡事务的基本依据。当然,这并不排除中国适用其缔结或接受的引渡条约。[②] 对此,该法第4条、第16条、第17条、第18条、第24条、第49和第54条都作了规定。同时不排除适用中国《刑法》《刑事诉讼法》等。

按《引渡法》和中国缔结或参加的引渡条约,或者载有引渡条款的其他条约规定,中国与外国间的引渡应遵守的原则和规则主要有以下方面:

1. 引渡的权利和义务

关于中国与外国之间引渡的权利和义务而言,凡与中国有引渡条约的国家,中国依条约规定的权利和义务与之进行引渡,对与中国没有引渡条约的国家,根据互惠原则进行引渡。中国《引渡法》第3条规定:"中华人民共和国和外国在平等互惠的基础上进行引渡合作。引渡合作,不得损害中华人民共和国的主权、安全和社会公共利益。"第15条规定:"在没有引渡条约的情况下,请求国应作出互惠的承诺。"任何外国

[①] 〔英〕詹宁斯、瓦茨修订:《奥本海国际法》(第1卷第2分册),王铁崖等译,中国大百科全书出版社1998年版,第320页。

[②] 中国自1993年至2018年已分别与泰国、白俄罗斯、俄罗斯、保加利亚、罗马尼亚、哈萨克斯坦、蒙古国、吉尔吉斯斯坦、乌克兰、柬埔寨、乌兹别克斯坦、韩国、菲律宾、秘鲁、突尼斯、南非、老挝、阿拉伯联合酋长国、立陶宛、巴基斯坦、莱索托、巴西、阿塞拜疆、西班牙、纳米比亚、安哥拉、阿尔及利亚、葡萄牙、法国、墨西哥、印度尼西亚、意大利、伊朗、波斯尼亚和黑塞哥维那、塔吉克斯坦、阿富汗、埃塞俄比亚、阿根廷、澳大利亚、越南、智利、巴巴多斯、格林纳达、斯里兰卡、摩洛哥、刚果、比利时、厄瓜多尔、土耳其、肯尼亚、塞浦路斯、塞内加尔、巴拿马缔结了引渡条约。以上前37个条约已经生效。资料来源:https://wend.so.com/q11533790661218357; https://www.fmprc.gov.cn/veb/ziliao_674904/tytj_674911/tyfg_674913/t1659362.shtml,2020年3月8日访问。此外中国还参加了一些载有引渡条款的公约,如1948年《防止及惩治灭绝种族罪行公约》、1956年《废止奴隶制、奴隶贩卖及类似奴隶制之制度与习俗补充公约》、1965年《消除一切形式种族歧视国际公约》、1968年《战争罪及危害人类罪不适用法定时效公约》、1970年《关于制止非法劫持航空器的公约》、1971年《关于制止危害民航安全的非法行为公约》、1973年《禁止并惩治种族隔离罪行国际公约》、1979年《反对劫持人质国际公约》、1980年《关于核材料实物保护公约》、1984年《禁止酷刑和其他残忍、不人道和有辱人格的待遇或处罚公约》、1997年《制止恐怖主义爆炸事件的国际公约》、1999年《制止向恐怖主义提供资助的国际公约》、2000年《打击跨国有组织犯罪公约》等。

对中国的引渡请求予以限制的,中国将按照对等原则对该外国向中国提出的引渡请求予以拒绝或限制。

2. 处理外国引渡请求的规则

(1) 引渡的条件。按中国《引渡法》第7—9条的规定,外国向中国提出的引渡请求须符合两个条件,才能引渡:① 请求引渡所指的行为,依照中国和请求国的法律均构成犯罪;② 被请求引渡人的犯罪处罚达到法定高度。为提起刑事诉讼而请求引渡,根据中国和请求国的法律,对请求引渡的犯罪均可判处1年以上有期徒刑或其他更严重的刑罚。为执行刑罚而请求引渡的,在提出引渡请求时,被请求引渡人尚未服完的刑期至少为6个月。

对引渡请求中符合第一个条件的多种犯罪,只要其中有一种犯罪符合第二个条件,就可以对该各种犯罪准予引渡。但有《引渡法》规定应该拒绝或可以拒绝引渡的情形之一者,即使符合上述引渡条件,主管机关亦应拒绝或可以拒绝引渡,其中应拒绝引渡的有八种情形①;可拒绝的引渡有两种情形②。

(2) 引渡请求的提出和审查。① 关于引渡请求的提出。依中国《引渡法》第10—15条的规定,外国的引渡请求应向中国外交部提出,同时出具请求书,请求书中应载明请求机关的名称、被请求引渡人的基本情况、犯罪事实、对犯罪的定罪量刑及追诉时效的法律规定。在出具请求书时,还应提供有关逮捕证或生效的判决书或裁定书的副本及执行期的证明、必要的犯罪证据或证据材料。此外,请求国还应保证:不对被请求引渡的人于引渡前实施的未准予引渡的犯罪追究刑事责任,也不将该人再引渡给第三国③;对请求提出后撤销、放弃引渡请求,提出引渡请求错误的,对被请求引渡人造成的损害承担责任;在没有引渡条约的情况下向中国作出引渡互惠的承诺。② 对外国引渡请求的审查。按中国《引渡法》第16—29条的规定,对外国的引渡请求由外交部和最高人民法院指定的高级人民法院分别进行审查④;对两个以上国家就同一行为或不同行为请求引渡同一人的,综合考虑收到引渡请求的先后和是否

---

① 它们包括:被请求引渡人具有中国国籍;中国司法机关对引渡请求所指的犯罪已作出生效的判决,或已终止刑事诉讼程序;因政治犯罪而请求引渡的,或者中国已经给予被请求引渡人受庇护权利的;被请求引渡的人可能因其种族、宗教、国籍、性别、政治见解或身份等原因而被提起刑事诉讼或执行刑罚,或被请求引渡人在司法程序中可能因上述原因受到不公正待遇;引渡请求的犯罪纯属军事犯罪;按中国法律或者请求国法律,在收到引渡请求时,由于犯罪已过追诉时效期限或被请求引渡人已被赦免,而不应再追究其刑事责任;被请求引渡人在中国曾经或可能受到酷刑或其他残忍、不人道或有辱人格待遇或处罚;请求国根据缺席判决而提出引渡请求,但请求国承诺对被请求引渡人给予出席法庭的重新审判机会的例外。

② 包括中国对引渡请求的犯罪有刑事管辖权,并且对被请求引渡人正在进行刑事诉讼或准备提起刑事诉讼;由于被请求引渡人的年龄、健康等原因,根据人道主义原则不适宜引渡的。

③ 但经中国同意,或者被引渡人在其引渡罪行诉讼终结、服刑期满或提前释放之日起30日内没离开请求国,或者离开后又自愿返回的除外。

④ 外交部审查引渡请求书及其所附文件和材料是否符合关于引渡提出的要求和引渡条约的规定,审查认为引渡请求不符合规定的,可要求请求国在30日内(请求国可请求延长15日)提供补充材料,未在期限内提供补充材料的,外交部应终止该引渡案件。对符合要求的引渡请求,外交部应将引渡请求书和材料转交最高人民法院、最高人民检察院。最高人民法院将其接到的请求书及所附文件和材料转交给其指定的高级人民法院,由该法院审查引渡请求是否符合引渡的条件并作出是否引渡的裁定。

与中国有引渡条约关系等因素,确定接受引渡的先后顺序;对引渡请求进行审查的高级人民法院可作出是否引渡的裁定,并经最高人民法院核准后通知外交部。外交部应将不予引渡的裁定通知请求国,对符合引渡条件的应报送国务院决定是否引渡。对国务院决定不引渡的,应由外交部通知请求国。

(3) 为引渡采取的强制措施和引渡的执行。按照中国《引渡法》第30—41条的规定,中国公安机关对于外国正式提出引渡请求前,因紧急情况申请对被请求引渡的人采取羁押措施的[①],可以依法对被请求引渡人采取拘留措施。另外,被最高人民法院指定审查引渡的高级人民法院也可以根据情况需要,作出逮捕被请求引渡人或监视其居住的决定并实施此决定;国务院作出准予引渡决定后,相关人民法院应立即逮捕尚未逮捕的被引渡人。

国务院一经作出引渡决定,外交部应及时通知请求国和公安部,由公安部与请求国约定移交被引渡人的有关事宜后,执行引渡。

关于中国向外国请求引渡的事宜,参见《引渡法》第47—51条的规定。

(二) 关于庇护的规定

中国从其1949年公布的《中国人民政治协商会议共同纲领》(现已失效)到1982年的《宪法》(包括历次修正)都对庇护外国人作了原则规定。例如,《中国人民政治协商会议共同纲领》第60条曾规定:"中华人民共和国对于外国人民因拥护人民利益参加和平民主斗争受其本国政府压迫而避难于中国境内者,应予以居留权。"1982年《宪法》第32条第2款规定:"中华人民共和国对于因为政治原因要求避难的外国人,可以给予受庇护的权利。"中国《引渡法》第8条拒绝引渡情形的第3项规定:"因政治犯罪而请求引渡的,或者中华人民共和国已经给予被请求引渡人受庇护权利的",应拒绝引渡。此外,中国缔结的或参加的引渡条约中也规定了外国人庇护问题。例如,中国缔结的第一个引渡条约,即中国和泰国的《引渡条约》第3条规定,对含有政治因素的拒绝渡理由之一是被请求方认为请求方提出的引渡请求所涉及的犯罪属于政治犯罪,但政治犯罪不应包括谋杀或企图谋杀国家元首、政府首脑或其家庭成员;理由之二是被请求引渡方有充分理由认为请求方提出的引渡请求旨在对被请求引渡人因其种族、宗教、国籍、政治见解等原因而提起刑事诉讼或执行刑罚。中国和法国缔结的《引渡条约》第3条也规定了对含政治因素的拒绝引渡理由之一是被请求引渡方认为,引渡请求所针对的犯罪是政治犯罪;理由之二是被请求引渡方有充分理由认为,请求引渡的目的是基于被请求引渡人的种族、性别、宗教、国籍、族裔或者政治见解而对该人进行刑事诉讼或者执行刑罚,或者接受这一请求会使该人的处境因为上述任何原因受到损害。中国与外国缔结的其他五十余件引渡条约中也都规定了上述内容。

按照中国法律和缔结及参加的条约规定,中国主管机关有权庇护因政治原因遭

---

① 此项申请是指外国通过外交途径或向公安部书面提出的并载明请求书和附加材料以及符合《引渡法》第14条要求的申请。

到外国追诉或迫害的外国人,准许他们入境、居留并拒绝将他们引渡和给予保护,但对犯有国际法规定的国际罪行或源于违反联合国宗旨和原则之犯罪者不予庇护。

中国尊重别国的领土主权和遵守其他国际法律义务,仅在中国领域内接受政治避难者,拒绝接受到中国使馆或其他享有特权与豁免的机构寻求避难的人,也不允许外国在其驻华使馆或其他机构庇护中国政府追诉的人或其他寻求庇护的人。

在华避难的外国人与一般外国人的地位相同,应服从中国的管辖,遵守法律、法规,同时也享受外国人的待遇。受庇护者不得从事违反《联合国宪章》宗旨和原则的活动,包括不得从事反对其本国的活动。

第五节 难民的法律地位

一、难民的概念及难民地位的取得和丧失

（一）难民的概念

难民(refugee)成为国际法上的概念,是第一次世界大战之后随着大批难民的不断产生而被国际文件确立的。不过,以一个普遍性条约界定难民并规定对他们的保护原则和规则的是第二次世界大战后,联合国组织缔结的1951年《关于难民地位的公约》(以下简称《难民公约》)。但由于该公约对难民的界定只适用于1951年1月1日前发生的事情产生的难民,而不适用其后产生的难民;同时还允许缔约国在接受该公约时,可选择适用于"1951年1月1日以前发生在欧洲的事情"产生的难民,或者适用于"发生在欧洲及其他地方的事情"产生的难民[①],而这种限制性规定使公约不能保护1951年1月1日之后出现在世界各地的难民。为了解决这一问题,联合国又组织缔结了1967年《关于难民地位的议定书》(以下简称《难民议定书》),议定书除规定取消了公约的上述限制外,均适用公约对难民的界定和保护的规定。[②] 所以这两个文件既是各自独立的又是密不可分的。本节根据这两个文件的规定介绍难民概念,因为它们均早已生效,并得到各国的广泛接受。[③]

按《难民公约》和议定书的规定,难民包括两部分:

1. 历史文件规定的难民

所谓历史文件规定的难民是指根据1951年《难民公约》之前生效的国际条约和协定的规定,被确认为难民的人,包括根据1926年5月12日《关于向俄国和亚美尼亚难民颁发身份证件的协议》和1928年6月30日《关于将俄国和亚美尼亚难民享有

---

① 参见1951年《关于难民地位的公约》第1条第1款第2项和第2款第1、2项的规定。
② 参见1967年《关于难民地位的议定书》第1条的规定。
③ 1951年《关于难民地位的公约》1951年7月28日由联合国难民和无国籍地位全权代表会议通过,1954年4月22日生效,截至2020年已有146个国家批准。我国于1982年9月24日交存加入书,对第14条后半部分和第16条第3款保留,同年12月23日开始对我国生效。1967年《难民议定书》是联合国大会1966年12月16日通过,1967年10月4日生效,截至2020年已有147个国家批准。我国于1982年9月24日交存加入书并声明对其第4条保留,即日起对我国生效。

的特定便利措施扩展到其他种类难民的协议》,或1933年10月28日《关于难民国际地位的公约》,或1938年2月10日《关于来自德国难民地位的公约》,或1939年9月14日《〈关于来自德国难民地位的公约〉附加议定书》,或1946年12月14日《国际难民组织章程》被确定为难民的人。他们持有"南森护照"。①

2. 新定义的难民

新定义的难民是指符合1951年《难民公约》和1967年《难民议定书》共同承认的难民条件的人,即有正当理由畏惧由于种族、宗教、国籍、属于某一社会团体或具有某种政治见解的原因的迫害而留于本国之外,并且由于此项畏惧而不能或不愿受该国保护的人;或者不具有国籍并由于上述事情而留在他以前经常居住的国家之外,而现在不能或者由于上述畏惧不愿返回该国的人。

(二) 难民地位的取得和丧失

1. 难民地位的取得

按公约和议定书规定的难民新定义,一个人取得难民身份必须符合难民定义的条件和不属于排除条款规定的人。

(1) 取得难民身份的条件。取得难民身份的条件有三:

第一,栖身于本国或经常居住国之外。个人栖身于本国或经常居住国之外是具有难民身份的客观条件。此条件要求有国籍的人必须栖身于其国籍国之外,即在外国领土内或不属于任何国家领土范围。无国籍人必须栖身于其经常居住国之外。满足此条件者才可以具有难民身份,因为根据国家领土主权原则,每个国家对其领土内的人、物和事都有排他的管辖权,未经其同意,别国或国际机构不得将该国境内的人确定为难民并给予保护,即使是使馆,也不得庇护前来寻求避难的人。因此,个人具有难民身份并获得国际保护必须身居本国或经常居住国的领土边界之外。

第二,不能或不愿受本国保护和不能或不愿返回经常居住国。不能或不愿受本国保护是指由于有国籍人的国籍国内发生了迫害他们的事情,已不保护他们,或者他们由于畏惧迫害或其他理由②而不愿受本国保护。如1994年在卢旺达境内发生的政府支持对图西族人的大屠杀事件,使数百万人失去了政府的保护而成为难民。

不能或不愿返回经常居住国是指无国籍人的经常居住国发生了迫害的事情,迫使他们逃离,并且该国不再接受他们,或者由于他们畏惧迫害等原因不愿意再返回该国。

---

① "南森护照"是根据1922年由53个国家参加的日内瓦会议通过的《关于颁发俄国难民身份证件的协议》(该协议也得到国际联盟行政院的承认),由难民居住国主管当局发给难民一种身份证件,有效期为1年。其是否更新,由签发国酌情决定。通过这种证件证明难民身份,有助于保护难民免受其所在国当局的肆意处置,还为难民就业或办理赴第三国手续所用。这种身份证件的签发是由时任国际联盟难民高级专员的南森积极进行救济难民工作促成的,故被称为"南森护照"。"南森护照"开始是发给俄国难民,后来还发给亚美尼亚难民、土耳其难民、亚述难民、亚述—迦勒底难民、叙利亚难民、库尔德难民、萨尔难民和其他难民。第二次世界大战后,"南森护照"仍是各种保护难民条约规定的难民旅行证件之样板。

② 其他理由如难民本国的迫害情势虽然不存在了,但由于他曾遭到的迫害使他太伤心了,他也不愿意返回。

第三,有正当理由畏惧迫害。这个条件要求个人取得难民身份必须存在畏惧迫害的情形,并且畏惧迫害的理由正当。畏惧迫害是指个人思想上或心理上惧怕或恐惧对他的侵害或迫害。古德温—吉尔和麦克亚当认为:"畏惧迫害与缺乏保护是互相关联的,受迫害者显然得不到原籍国的保护,而依据在境内外缺乏保护之证据可推断出有迫害的可能及有根据之恐惧。"① 畏惧迫害并不要求个人一定遭到实际迫害,而是要求一种迫害情况的存在使人可能遭到迫害,并非人们的假想或虚构。王铁崖主编的《国际法》中指出:"《难民公约》以主观上畏惧迫害作为个人取得难民地位的基本条件,同时,它要求这种畏惧不能是假想的或虚构的,而应有客观事实证明有'正当理由'支持,体现了主观因素和客观因素的结合。但是,难民的定义并未要求当事人所称迫害已经到相当程度或已经实际发生,只要有'正当理由畏惧迫害',即使迫害对某一特定的当事人尚未发生,并不影响他寻求并获得难民地位。"② 根据《难民公约》第 31 条第 1 款和第 33 条第 1 款的规定,可以说,凡是使人的生命或自由受到威胁的行为或情势均为迫害,出于同样的原因,其他侵犯人权的行为也构成迫害。③ 例如,1984 年《禁止酷刑和其他残忍、不人道和有辱人格待遇或处罚公约》关于"酷刑"一词所覆盖的各种行为均属迫害。

畏惧迫害的正当理由是指个人畏惧迫害的产生是由于他们的种族、宗教、国籍、属于某一社会团体或持有某种政治见解。一个人成为难民通常是由于因为其中一个或几个原因遭到或可能遭到迫害而产生畏惧,逃离某国或留在该国之外。如一位政治反对派人士又属于某个宗教团体,或同属两个团体,其畏惧迫害的理由可能会有重叠或多个。但从难民的标准来讲,只要有一个正当理由存在,即可被认定为难民。

(2) 不属于排除条款规定的人。个人取得难民身份必须同时具备以上三个条件,但并非具备这些条件就都可以取得难民身份,因为公约和议定书还规定了排除条款④,排除了以下三种情形的人取得难民身份:

第一,已得到联合国保护的人。这样的人是指已从联合国难民署以外的联合国机关或机构获得保护或援助的人。因为他们既然已经得到联合国机构的保护,就不应再获其他国际保护。若是如此,就会造成国际上不必要的重叠保护,这不是公约和议定书的初衷和宗旨。此项排除旨在使特定的难民保护问题继续得到单独解决。⑤

第二,被认为无须保护的人。这是指被居住地国家的主管当局认为具有附着于该国国籍的权利和义务的人。因为他们已经在该国居住并享受等同国民的权利和义务或该国国民通常享有的大多数权利,无须再获得一般难民享有的保护和援助。⑥

---

① Guy S. Goodwin-Gill and, Jane McAdam, *The Refugee in International Law*, New York: Oxford university Press, 3rd ed., 2007, p.92.
② 参见王铁崖主编:《国际法》,法律出版社 1995 年版,第 189—190 页。
③ 参见联合国难民署编:《甄别难民地位的程序与标准手册》(中文本),1992 年版,第 14 页。
④ 参见 1951 年《关于难民地位的公约》第 1 条第 4、5、6 款。
⑤ 参见联合国难民署编:《难民的国际保护》(中文本),1995 年版,第 21 页。
⑥ 参见联合国难民署编:《甄别难民地位的程序与标准手册》(中文本),1992 年版,第 36 页。

第三,被认为不得保护的人。不得保护的人是指被确认犯有严重罪行的人,包括犯有国际文件中已规定的破坏和平罪,或侵略罪、战争罪、反人类罪的人;在以难民身份进入避难国之前曾在避难国以外犯过严重的非政治罪行的人;曾有违反联合国宗旨和原则的行为并经认为有罪的人。例如,实施灭种行为或其他大规模严重侵犯人权的行为并被确认为犯罪的人。

2. 难民身份的丧失

按《难民公约》第1条第3款的规定,已取得难民身份的人有下列情形之一者,丧失难民身份:

(1) 自动接受了本国的保护。这是指具有畏惧迫害国国籍的难民,已经自愿地以其实际行动表明重新接受了该国的保护。例如难民自动地申请并获得了本国签发的护照,或延长护照的有效期,在没有相反证据的情况下,可以认为他已接受了本国的保护。

(2) 自愿重新取得国籍。此情形是指难民自愿地申请重新恢复已经因迫害而丧失的国籍,并获得批准,该国籍使他能受到应有的国民保护。

(3) 取得新国籍并受新国籍国的保护。作为无国籍的难民,他可能在成为难民前就无国籍,或者是被原籍国剥夺了国籍,若是他们取得难民身份后取得了一个国家的国籍,并因此受到新国籍国的保护,就不再具有难民身份。

(4) 在曾畏惧迫害的国家自愿重新定居。难民完全自动地返回其曾经畏惧迫害的国家,并旨在该国永久定居,而该国又重新保护或接纳了他们。

(5) 本国使其成为难民的理由已不存在。这是指个人由于畏惧其本国的迫害而成为难民之后,本国的社会和政治情况发生了根本变化,其畏惧迫害的情形已不存在,不能继续拒绝本国的保护了。[①]

(6) 无国籍人成为难民的理由已不存在。无国籍人成为难民之后,他以前曾畏惧迫害的经常居住国的情况发生改变,使其成为难民的情形已经消除,他可以返回该国了。[②]

二、对难民的法律保护

按照1951年《难民公约》和1967年《难民议定书》的规定,对难民在所在国享有的法律保护,主要包括难民的入境、居留、出境和难民的待遇等方面。

(一) 难民的入境、居留和出境

难民和外国人一样,在进入一个国家及居留和离开时,应遵守该国的法律规章,但鉴于难民的特殊情况,各国在适用法律时应顾及保护难民的国际法原则,它们主要有:

[①] 但难民如果曾经受过本国的严重迫害,即使这种迫害情况不存在了,也可以拒绝本国的保护。
[②] 但如果他可以援引过去曾受迫害的重大理由,也可以拒绝返回该国。

1. 对非法入境难民的处理原则

国家对非法入境的难民应网开一面,给予特殊保护,因此要遵守以下两项原则:

(1) 边界不拒绝原则。边界不拒绝是指国家不应拒绝已越过边界进入其边境的难民停留,且在紧急情况下也不拒绝难民入境,即使不给予难民长久的庇护,也不得将他们驱赶到其生命和自由受到威胁的领土边界,不论他们是否合法入境,或是否被证实确认为难民。此原则包括在《难民公约》第 33 条规定的"不推回原则"中,是公约最重要的创建。[1] 1967 年《领土庇护宣言》第 3 条、1977 年联合国难民事务高级专员方案执行委员会(以下简称"难民高专方案执委会")第 6 号结论、1979 年的第 15 号结论、1981 年的第 2 号结论等文件中都阐明了此原则。

(2) 对非法入境难民的宽容和便利原则。虽然各国法律都要求外国人进入其国境必须获得许可和办理手续,但由于难民是为了躲避其本国或经常居住国的迫害而逃到异国他乡,特别是在难民潮的情形下,根本不可能办理入境手续。所以,所在国不应以对待一般外国人的法律标准要求他们,而应给予他们宽容和便利。

按《难民公约》第 31 条的规定,此原则应包括以下内容:① 不得因难民的非法入境或逗留而加以刑罚,但以该难民毫不迟延地自动向当地主管当局说明其非法入境或逗留的正当原因者为限。② 在上述难民在该国的地位正常化或获得另一国入境许可之前,不应对其行动施以不必要的限制。③ 如果不长久安置这样的难民,则应给予其一个合理的期间以及一切必要的便利,以便获得另一国入境的许可。

2. 难民居留的管理

难民身份甄别[2]前和确认后,所在国都应允许他们临时居留或长久居住,但难民在居留期间需要按该国的法律规定,办理居留证件和户籍登记,对没有有效身份证明的难民应签发身份证件。[3] 难民持有合法居留证件可进行法律许可的活动。

难民和普通外国人一样要服从所在国的管辖,对该国负有责任,此项责任特别要求他们遵守国家的法律和规章,以及为维护公共秩序而采取的措施,包括一般措施和临时措施[4],如果违反,该国有权处罚他们。

3. 难民的出境管理

难民离开居留国通常有三种情况:① 自愿遣返回本国;② 前往第三国安置;③ 暂时到他国。前两种情况的出境,一般都由居留国与难民的本国政府或第三国政府及联合国难民署协商或订立协议,安排难民的出境手续和程序。第三种情况的出境是难民为到别国旅行,如为留学、旅游、探亲、从事经济或其他活动而赴别国,暂时离开居留国。这种情形出境的难民需要按居留国的法律规定办理出境手续。如办理

---

[1] See James C. Hathaway, *The Rights of Refugees under International Law*, Cambridge University Press, 2005, p.386.

[2] 难民的甄别是所在国的主管机关按其参加的国际条约或国内法规定的难民标准和程序确定寻求庇护者是否具有难民身份。详见梁淑英:《国际难民法》,知识产权出版社 2009 年版。

[3] 参见 1951 年《难民公约》第 27 条的规定。

[4] 参见 1951 年《难民公约》第 2 条和第 9 条的规定。

旅行证件①和前往国家的入境签证,接受出境查验。

4. 难民的驱逐

国家驱逐难民要遵守国际难民法(international refugee law)②,根据《难民公约》第32条、第33条的规定,驱逐难民要遵守以下原则:

(1)一般不得驱逐难民。除因国家安全或公共秩序理由外不得将合法居留的难民驱逐出境,也不得将难民驱逐至其生命和自由受到威胁的国家。

这就是说只有在极为特殊情况下才能将难民驱逐出境或驱回到其畏惧迫害的国家。所谓极为特殊情况是指难民从事了危害居留国的安全的行为或犯有特别严重罪行,对该国构成危害。例如,以武力或其他手段颠覆该国政府。对于难民的一般违法甚至犯罪,只要没达到危害国家安全的严重程度,就不应将难民驱逐出境或驱逐至其生命和自由受到威胁的国家。

(2)驱逐应依法进行。国家驱逐难民应依法律规定进行,如由法院作出难民犯有危害国家安全或公共秩序的行为的裁决,通知被驱逐人并允许其申辩。

(3)给予寻求第三国接受的机会。对决定驱逐的难民,一般都应给予一个合理的期间,使他能有时间寻求到第三国的接受。

(二)难民待遇

难民待遇是指难民在接受国(或庇护国)享有的权利和义务。对此,《难民公约》在吸收早期难民文件和《世界人权宣言》有关规定的基础上,作了更为全面而具体的规定。按《难民公约》的规定,难民待遇主要有以下两个方面内容:

1. 难民待遇的一般原则

(1)难民服从接受国的管辖。此原则要求难民对其接受国家负有责任,特别要遵守该国法律、规章和为维护公共秩序而采取的措施。

(2)难民不受歧视。这是要求国家对待难民应一视同仁,在适用公约规定上不得因难民的种族、宗教或国籍的不同而给予歧视,使难民平等地享受公约规定的或国家特别给予的权利和义务。

(3)相互条件的免除。相互条件的免除是指国家根据相互条件而给予外国人享受的某权利或优惠,不得因不符合相互条件而拒绝给予难民。③

2. 难民待遇的内容和标准

(1)难民待遇的内容。难民的身份受接受国的支配,个人财产权利、艺术权利和工业财产权利、结社权利、法院申诉权和宗教权利应受接受国的保护④;难民在接受国内有为谋取工资而受雇佣的权利、有从事自营职业和自由职业的权利⑤;接受国

---

① 由居留国主管机关签发的护照或类似护照的证件。
② 国际难民法是保护难民的国际法原则和规则,主要由1951年《难民公约》和1967年《难民议定书》作出规定。
③ 详见1951年《难民公约》第7条的规定。
④ 详见1951年《难民公约》第12—16条的规定。
⑤ 详见1951年《难民公约》第17—19条的规定。

对难民的福利,包括定额供应、住房、公共教育、劳动立法和社会安全等方面应予保障。①

接受国应采取行政措施对难民给予保护,包括行政协助、行动自由、身份证件和旅行证件的签发、财政征收、资产转移、入籍等事项。②

(2) 难民待遇的标准。难民所享受的待遇应按以下标准确定:

① 国民待遇。难民在宗教仪式自由及对子女的宗教教育、出席法院的事项(包括诉讼救助和担保)、缺销产品的定额供应、初等教育、行政协助的费用捐税或费用的财政税收、公共救济和救助以及劳动立法和社会安全、艺术权利和工业财产的保护方面,享有与接受国国民相同的待遇。另外,难民在任何其他国家享有与其经常居住国国民相同的保护。

② 最惠国待遇。难民在参加非政治性和非营利性的社团及同业工会、从事工作以取得工业权利方面,享有外国人在同等情况下享有的最惠国待遇。

③ 不低于一般外国人的待遇。难民在动产和不动产的取得以及此类财产的租赁和其他契约、初等教育之外的教育、自营职业和自由职业、房屋、行动自由方面,享有不低于一般外国人在同等情况下享有的待遇。

(三) 难民的同化和入籍

《难民公约》第34条规定:"缔约各国应尽可能便利难民的入籍和同化,它们应特别尽力加速办理入籍程序,并尽可能减低此项程序的费用。"

1. 难民的同化

难民的同化是指难民融入接受国当地的社会生活,包括融入经济、社会和文化生活。但这种融入不是强迫他们改变的,而是长期的生活变化所致。法国代表在讨论《难民公约》案文时说:"同化一词在社会学上确实有其特殊含义,可能引起一些令人不快的联想。但是,使用在案文的情况下,用来描述难民生活发展的特定阶段再合适不过了。该公约意图为难民提供一种生存手段,同时对想要长久居留的难民议定比一般外国人更优惠的待遇。最终目标是允许难民通过入籍程序同化于一个民族社会。基于这种考虑,'同化'一词无疑相当于难民为入籍而应具备的条件……它很恰当地描述了在难民定居于特定领土和他的入籍之间的中间时期。"③

《难民公约》第34条的规定要求缔约国尽可能提供便利难民的同化,也就是积极采取有助于难民同化的措施。通常应对接受的难民采取就地融合的办法。所谓就地融合意味着在本质上允许难民有常规的永久法律地位,允许他们在无限期地留在接受国的基础上,充分地参与到该国的社会、经济和文化生活中去。

就地融合是一个法律过程,要使难民广泛地享有相当于接受国公民的权利,即公约规定的权利,包括行动自由、进入教育和劳务市场,还包括获得公共救济和援助,比

---

① 详见1951年《难民公约》第20—24条的规定。
② 详见1951年《难民公约》第25—34条的规定。
③ 转引自 James. C. Hathaway, *The Refugees under International Law*, New York, Cambridge University Press, 2005, pp. 983-984.

如提供健康便利和财产处置的便利,有效旅行身份和证明文件。此外,家庭团聚也是就地融合的重要方面。因为家庭团聚是保护难民的一项原则,要求国家给予方便,协助失散的难民家庭成员团聚在一起生活。为此,难民接受国应给予难民的配偶和家属相同的地位和提供入境便利,难民的来源国应允许难民的配偶和家属为与难民团聚而离境。①

就地融合的办法虽然构不成国家的一项义务,而是一国基于其条约义务和人权原则所作出的主权选择②,但国家因为有促进难民同化的责任和将《难民公约》规定的各项权利付诸实施并努力使难民融入其社会的义务,所以对难民采取就地融合也不失为一个合适的选择。事实上,它已得到国家实践的支持。中国的实践就是最好的例证(详见下述)。

2. 难民的入籍

《难民公约》第34条要求接受难民的国家除采取促进难民同化的举措外,还应尽最大努力促进难民入籍,并要求减少难民在办理入籍手续时的费用。此规定只赋予了接受国一项促进难民入籍的义务,并非强制该国必须给予难民国籍。因为国籍的赋予是国家主权行为,除条约另有规定外,一国不得被强制赋予其国籍。正如保罗·韦斯所说:"赋予国籍的决定由国家作出,国家不得被强迫向在其境内定居的难民赋予它的国籍,即使经过了一个长的等待期,因为入籍将赋予一系列的公民特权,包括政治权利。"③

《难民公约》要求接受国努力促进难民入籍,是因为难民是受到或畏惧其本国或惯常居住国的迫害而逃到了接受国,他们可能不能或不愿返回来源国家或接受该国的保护,希望永远留在接受国。这样的难民在法律上或事实上没有国籍。《奥本海国际法》指出:"这些人虽然不是无国籍人,但是因为他们的国籍所属国家不大可能向他们提供保护,或者带给他们以通常从国籍所能得到的利益,实际与无国籍人处在相同的地位。"④因此,本着《世界人权宣言》《公民权利和政治权利国际公约》等文件规定的人人应具有国籍原则,接受国应努力采取措施赋予难民国籍,使他们能享受到完全的公民的权利。

哈撒韦根据国际实践提出了促进入籍的两种方式:① 采取便于难民入籍的程序,即加快难民入籍的步伐,如缩短入籍居住期的时限。因为难民要融入接受国各个方面生活,同化于这个国家,不是一蹴而就的事,必须要有个较长的过程。只有经过这个融入过程,才能使难民产生对该国的依靠、依恋、热爱和与该国的密切联系,也只

---

① 参见联合国难民署方案执行委员会1975年通过的第1(XXVI)号结论,1981年通过的第22(XXXII)号结论。

② Guy S. Goodwin-Gill and Jane McAdam, *The Refugee in International Law*, New York, Oxford University Press, 3rd ed., 2007, p. 491.

③ Paul Weis, *The Refugee Convention*, 1951, New York, Cambridge University Press, 1995, p. 344.

④ 〔英〕詹宁斯、瓦茨修订:《奥本海国际法》(第1卷第2分册),王铁崖等译,中国大百科全书出版社1998年版,第35页。

有此等融入或同化才为难民加入定居国的国籍奠定了坚实的基础或创造了条件。①例如匈牙利的现行法律规定只要求合法难民连续居住3年(通常是8年)就可以入籍。② 国家应尽可能减少入籍的程序和费用。至于国家是否免除所有难民的入籍费,则由其自行决定。但要照顾贫困难民,一般的费用不应超过难民的承受能力。当然,如果接受难民的国家实在不能免除难民的入籍费用,联合国难民署可以在它的"一揽子"法律援助方案中对难民的入籍费给予援助。②例如,1980年,难民署为卢旺达难民取得坦桑尼亚公民资格分担了50万美元的费用,付给坦桑尼亚政府。③

三、中华人民共和国保护难民的立场与实践

中国一贯重视保护难民,不仅在《中国人民政治协商会议共同纲领》《宪法》和其他法律中规定保护外国的政治避难者,还自1971年恢复联合国合法席位之后,积极参加国际社会保护难民的活动和接纳难民,如参加联合国大会、经社理事会及其他国际机构讨论和审议关于保护难民的各种会议,1979年开始参加难民高专方案执委会的活动,参加亚太地区关于难民、流离失所者和移民问题的亚太会议,表明支持保护难民的立场和主张④;并向联合国难民署、联合国近东巴勒斯坦难民救济工程处及有关国家认捐。1982年我国批准了1951年《难民公约》和1967年《难民议定书》。

中国自1978年至1982年还接受和安置了近29万名印支难民。他们来源于印度支那半岛三国,即越南、老挝和柬埔寨,但其中绝大多数来源于越南。中国政府和人民在自身贫穷落后的情况下,克服了极大困难,接待并直接将他们安置到与他们原生活环境相近的中国南方的省、区,给他们住房和安家费用、分配土地或安置工作,使其享受教育和社会福利,给予户籍登记和身份证明等,使他们融入了中国社会。除3000多名老挝和柬埔寨难民在20世纪90年代自愿返回祖国外,其余,至今还生活在广西壮族自治区、广东省、云南省、海南省、江西省和福建省,享受着中国公民待遇,过着与中国公民并无二致的生活。不少人还谋得了公务员或国家工作人员职位。⑤

中国安置难民的工作受到国际社会的广泛称赞,例如1985年,时任联合国难民署高级专员的保罗·哈特林先生访问中国时说:"我想不出任何一个国家能像中国政

---

① 参见梁淑英:《促进难民入籍的国际义务》,载《北大国际法与比较法评论》(第13卷·总第16辑),法律出版社2016年版,第62页。
② Paul Weis, *The Refugee Convention* 1951, New York, Cambridge University Press, 1995, p. 352.
③ Anthony Ayok Chol, "The Legal Dimensions of the Refugee Problem in Africa", *Magrtaion*, Vol. 14, 1992, p. 23.
④ 如2001年,王光亚在联合国难民署举行的《难民公约》缔约国部长会议上提出了以下四项主张:① 主张和平,促进共同发展,在难民问题上进行标本兼治;② 维护《难民公约》的权威及现行的国际保护体制,积极寻求解决难民问题的新思路;③ 坚持"国际团结""责任分摊",加强国际合作;④ 严格界定难民问题,防止滥用保护体制、庇护程序和政策。载 http://www.fmprc.gov.cn.wjb/zzjg/gis/gizzyhy/1115/1120/14362.htm, 2006年8月24日访问。
⑤ 中国安置难民的详细情况,参见梁淑英:《国际难民法》,知识产权出版社2009年版,第269—307页。

府对 28 万印支难民一样做了那么多工作,以如此热情慷慨的方式接纳他们。"① 难民署的另一位高级专员绪方贞子女士在 1997 年来华访问和考察印支难民的安置工作时,也对中国政府的工作给予了高度评价,她说:"中国政府接受和安置在华印支难民工作堪称世界的典范,中国政府对于来华印支难民所采取的慷慨政策和所做出的巨大努力在世界上是独一无二的,不仅在联合国难民署闻名,而在整个国际社会也是众所周知的。"②

---

① 参见《中国对待难民的做法堪称典范》,载《北京青年报》2003 年 6 月 20 日,B7 版。
② 李学举主编:《跨世纪的中国民政事业》(总卷),中国社会出版社 2002 年版,第 366 页。

第四章 国家领土

第一节 国家领土与领土主权

一、国家领土的含义及重要性

国家领土(state territory)是指地球上隶属于国家主权的特定部分。领土对国家的重要性体现在：

(1) 领土是构成国家的要素之一。确定的领土、定居的居民、政权组织和主权，构成国际法上的国家的要素。领土是国家的物质基础，没有领土，国家就不可能存在。至于领土面积，则可大可小，如俄罗斯、中国、美国、加拿大等幅员辽阔，而摩纳哥、圣马力诺、列支敦士登、瑙鲁等则面积极小。领土疆界也并非必须明确和无争议，事实上，时至今日，国家之间仍有很多领土、边界争端存在。

(2) 领土是国家行使最高的并且通常是排他的权力的空间。依据"领土上的一切均视为属于领土"，"所有在我领土上的人均系我之臣民"这些古老规则，国际法承认每一国家在其领土内的最高权力，而且这种权力只受国际法的限制。[①] 所以，国家领土是国际法的客体，国家在其领土内的最高权力构成国际法律制度的基础。

二、领土主权的概念、性质及内容

国家对其领土范围内的人和事物的最高权力称为领土主权(territorial sovereignty)。从格劳秀斯的《战争与和平法》到《联合国宪章》无不承认国家的领土主权原则。

国家对其领土拥有主权，这一点不存在任何异议，但对于领土主权的性质问题，各国国际法学家的学说、国际裁判及国家实践则不尽一致。主要有两种意见：一种意见认为领土主权只是对领土上的人和财产行使排他性的管辖权[②]，不包括所有权。持此观点的理由主要是，在近代国家，领土已不再是统治者的私有物，可以被任意处置。

---

① 〔英〕詹宁斯、瓦茨修订：《奥本海国际法》(第1卷第2分册)，王铁崖等译，中国大百科全书出版社1998年版，第3页。

② 英国国际法学者斯塔克认为：领土主权表达的意思是，在这块领土领域内，国家对人和财产行使排斥其他国家的管辖权。参见 I. A. Shearer, *Starke's International Law*, 11th ed., Butterworths & Co., 1994, p.144。日本国际法学者寺泽一、山本草二的表述更为明确：国家对领土的管辖权称为领土主权。参见〔日〕寺泽一、山本草二主编：《国际法基础》，朱奇武等译，中国人民大学出版社1983年版，第218页。在帕尔马斯岛仲裁案(1928年)中，独任仲裁人胡伯说："在国际关系中，主权就意味着是独立。独立，对地球的特定部分来说，就是国家行使排他的权力。"参见陈致中编著：《国际法案例》，法律出版社1998年版，第119页。可见，这些人肯定的是国家对其领土的统治权(或管辖权)。

除国道、国有地、森林等有限部分属于国有领土外,其余领土在国内则属私人所有,国家对这些私人土地只享有公用征收权。① 这种看法混淆了国内法上国家对私人土地的关系与国际法上国家对领土的关系的性质。另一种意见则认为,国家对领土的主权不仅包括管辖权,也包括所有权。第二种意见看来是比较有道理的。②

领土主权的内容或含义可以概括为以下三个方面:

(1) 领土管辖权或统治权。国家对其领土范围内的人、物和事件拥有排他的管辖权。这种管辖权以领土为基础,也称属地优越权。国家的领土管辖权是排他的、最高的,只受国际法规范的限制,例如对享受特权与豁免的外国人给予管辖豁免。

(2) 领土所有权。这意味着国家对其领土范围内的一切土地和资源具有占有、使用、收益和处分的权利。

(3) 领土不可侵犯。领土主权和领土完整是国家独立的重要标志。《联合国宪章》第 2 条第 4 项规定:"各会员国在其国际关系上不得使用威胁或武力,或以与联合国宗旨不符之任何其他方法,侵害任何会员国或国家之领土完整或政治独立。"领土完整的不可侵犯是现代国际法的基本原则,它要求:其一,不得以武力威胁或使用武力破坏一国的领土完整;其二,国家边界不容侵犯;其三,一国领土不得成为军事占领之对象;其四,使用威胁或武力取得领土的行为为非法,对以此种方式取得的领土不予承认。③

三、领土主权的限制

原则上,一国的领土主权是固有的、排他的、不可分的,但国际实践中,领土主权受到限制的情况或事例是存在的。对此,西方有的学者认为可视为"领土主权的可分性"④,但将此视为对领土主权的限制而非分割,则较为贴切。

对国家领土主权的限制有两种情况:一种是依据一般国际法规范对所有国家或大多数国家领土主权的限制,如享受外交特权与豁免的人在接受国不受其法律管辖;任何国家的船舶在一国领海内享有无害通过权;国家在其领土范围内的活动不得侵害另一国的利益等。此种限制称为领土主权的一般限制。另一种是特定国家之间依据国际条约对领土主权所作的限制,如共管、租借、国际地役等,被称为对领土主权的特殊限制。

对领土主权的特殊限制是否符合国际法,关键在于产生特殊限制的有关条约是

---

① 周鲠生:《国际法》(上册),商务印书馆 1976 年版,第 320—321 页。
② 首先,不能因一些国家在国内法上实行土地私有制而否定国家在国际法上对其领土的所有权。国际法赋予国家支配和处分其领土的权利。联合国大会 1962 年即通过《关于天然资源之永久主权宣言》,而它 1974 年通过的《各国经济权利和义务宪章》第 2 条第 1 款更是明确宣告,每个国家对其全部财富、自然资源和经济活动都享有并且可以自由行使完整的、永久的主权,包括占有权、使用权、处置权。其次,在国际实践中,自古就有国家之间交换、买卖、赠与领土的情况存在,如果否定国家对其领土的所有权,又如何解释上述变更的情况呢?
③ 参见联合国大会 1970 年通过的《关于各国依联合国宪章建立友好关系及合作之国际法原则之宣言》。
④ 参见 I. A. Shearer, *Starke's International Law*, 11th ed., Butterworths & Co.,1994, p.145;[英]詹宁斯、瓦茨修订:《奥本海国际法》(第 1 卷第 2 分册),王铁崖等译,中国大百科全书出版社 1998 年版,第 4 页。

否是平等、有效的条约。在历史上曾经存在过的"势力范围"就是西方列强依据不平等条约对非洲国家、中国进行瓜分,从而享有的政治独占或经济专控的特权,这是违反国家主权原则的。而共管、租借、国际地役,如果是国家之间在自愿、平等基础上产生的,则为现代国际法所允许。

(一) 共管(condominium)

共管即国际共管,指两个或两个以上的国家对某一领土共同行使主权。这被认为是有关国家对领土的主权的相互限制。

在实践中有不少共管的实例。如奥地利和普鲁士在1864年到1866年对石勒苏盖格——荷尔斯泰因和劳恩堡的共管;英国和埃及在1898年到1955年对苏丹的共管;英国和法国在1914年到1980年对新赫布里底群岛(现为独立国瓦努阿图)的共管;英国和美国1939年至今对坎顿岛和恩德伯里岛的"共同控制";1973年巴西和巴拉圭订约规定:"巴拉那河的水资源属于两个国家共管所有。"①

共管还可以成为对一些有待以后确定其归属的领土的临时措施,这往往发生在相邻国家之间。如比利时与德国协议共管他们边界上的莫勒内地区。科威特和沙特阿拉伯对其边界2000平方英里的中立地区,在1922年至1965年期间分享平等权利。1965年这块地区尽管一分为二分属两国,但两国对整个地区仍实行联合管理。

共同统治并不是真正的共管,统治者不领有或兼并有关领土,但共同统治是对被统治领土的主权限制。如英、美、苏、法四国1945年6月5日发表宣言,对德国实行共同统治。

(二) 租借(lease)

租借是指依据条约,一国将某部分领土租借给另一国,供其在租期内用于条约所规定的目的。在这种租借关系中,承租国取得某种事项的管辖权,但租借地的主权及其行使仍归于出租国,租期一般是固定的,到期出租国可收回租借地。例如,根据1947年苏联和芬兰的和平条约第4条,芬兰允许苏联使用、管理波卡拉半岛地区的领水和水域建造海军基地,租期50年,每年租金500万芬兰马克。德国根据1919年《凡尔赛条约》第363条将一些土地租给捷克斯洛伐克。英属印度于1920年将巴拉索尔的法语特区租给法国。英国1941年将纽芬兰、百慕大、牙买加、英属圭那亚等地的小块土地租借给美国99年,以供其作为海军基地使用和活动。

中国近代史上出现的"租借"是在帝国主义列强的胁迫和武力威胁下通过一系列不平等条约产生的。当时中国将胶州湾租借给德国(租期99年),将旅顺和大连租借给俄国(租期25年),将威海卫租借给英国(租期25年),将广州湾租借给法国(租期99年),将九龙半岛租借给英国(租期99年)。这些租借地尽管在严格法律意义上仍然是租借国的领土,但实际意义上却包含着领土的割让②,出租国丧失了租借地的主权。上述租借地,中国政府已全部收回。

---

① 参见〔英〕詹宁斯、瓦茨修订:《奥本海国际法》(第1卷第2分册),王铁崖等译,中国大百科全书出版社1998年版,第4、99页。

② 同上书,第5页。

(三) 国际地役(international servitude)

地役的概念源自罗马法和各国国内民法。地役权是一种用益物权,指土地所有人或使用人为了满足自己土地的某种便利的需要而使用他人土地的权利。前者土地称需役地,后者土地称供役地。国内地役关系的产生一般以相邻关系为前提条件,如在相邻或邻近的土地上埋设管道、开渠引水或修筑道路通行等。

国际地役是指依据国际条约,一国有关领土在一定范围内满足他国需要或为他国利益服务。这是对该国有关领土的属地管辖权的一种限制。国际地役的主体是国家,其客体是受限制的有关国家领土,包括陆地、河流、海域或领空等。国际地役有积极地役和消极地役之分。

积极地役是指国家承担义务允许别国在自己的有关领土上从事某种行为,如允许别国利用其通道或港口进出口货物;允许别国渔民在其领海的特定区域捕鱼;允许别国修筑的油气管道穿过本国领土等。在1990年德国统一之前,联邦德国依据协定,在民主德国领土上有通过公路、铁路、空中和水路进出西柏林的过境权。

消极地役是指国家承担义务承诺不在其有关领土上从事某种行为,如不在靠近边界地区建造有可能污染环境的工厂;不在特定地区设置军事设施或建要塞等。依据1929年梵蒂冈同意大利之间的《拉特兰条约》第7条,意大利承诺禁止在梵蒂冈周围的领土上建造任何能够俯瞰梵蒂冈的新建筑物。

国际法上的国际地役与国内民法上的地役有所区别:它依据国际条约而设定,并不绝对地以相邻关系为前提,它对属地管辖权的限制具有相对永久性。国际常设法院1932年在"上萨瓦自由区及节克斯区案"中,国际法院1960年在"印度领土通行权案"中都肯定了地役权的存在。

第二节 国家领土的组成部分

一、领土的构成

国家领土是指完全隶属于国家主权下的地球空间部分,这一部分并非限制在地球的表面,它不仅包括陆地和水域表面部分,还包括陆地和水域的上空和底土部分。国家领土由领陆、领水、领空和底层领土组成。因此,国家领土不仅仅是一个面积概念,从三维空间上看它是一个立体概念。一国对另一国领水、领空或其底土的侵犯,都是对该国领土的侵犯,该国完全有权依据国际法进行自卫。

在西方学者的著作中还出现过"领土的虚构部分",或称之为"拟制的领土部分"。① 例如,在公海上以及在外国领水内的军舰及其他国有舰船都被视为是船旗国领土的浮动部分;用作外国使馆的馆舍可被认为是派遣国领土的延伸部分。但这种

---

① 〔英〕劳特派特修订:《奥本海国际法》(上卷第2分册),王铁崖、陈体强译,商务印书馆1981年版,第8—9页。

理论牵强附会。固定性是领土的一大特征,浮动领土的出现在观念上是一个矛盾。①在公海或一国领海内航行的船舶如成为船旗国的浮动领土,它再划出自身的领海或毗连区,这是不可能的。此外,在现代国际法中治外法权说也已遭到摒弃。所以,用管辖豁免的理论来解释军舰、国有船舶或使馆馆舍不受所在国法律管辖更为合理,《联合国海洋法公约》及《维也纳外交关系公约》的相关规定也证明了这一点。

从地理意义上说,一国的领土可以是连成一片的,也可以是分散的。一国的领土可以全部由陆地组成(如内陆国),也可以全部由岛屿组成(如日本、印度尼西亚),还可以由陆地和岛屿共同组成(如我国)。有的国家还可以拥有"飞地"(enclave),即属于自己但被别国领土完全包围的领土部分。② 圣马力诺共和国完全被包围在意大利领土内,但这已不是飞地,而是国中之国了。

二、领陆

领陆(land territory)是指国家疆界以内的全部陆地,包括大陆和岛屿。

领陆是领土的最基本部分。国家可以没有领海或河流、湖泊,但不可以没有领陆。领陆是确定领水、领空和底土的根基,其面积的大小决定其领空和底土面积的大小;其海岸线的有无和多长,则决定领海的有无和面积的大小。

国家对领陆行使完全的主权。未经一国同意,任何其他国家或国际组织的人员、船舶、航空器等都不得入内。一国对其领陆范围内的一切人、物和事件行使管辖权,除非后者依据国际法享有豁免。

三、领水

领水(territorial waters)是国家陆地疆界以内的水域和与陆地疆界邻接的一带海域,即内水和领海两大部分。

(一) 内水

内水(internal waters)可分为内陆水和内海水。凡在一国领陆范围内的水域,如河流、湖泊、运河及水库等都可称为内陆水。而海港、内海湾、内海峡、河口湾及领海基线向海岸一面的海域可称为内海水。

内水的法律地位与领陆相同,完全处于国家主权的管辖和控制之下。外国人和外国船舶不能任意出入内水。国家可以自由决定在其内水中的航行、管理、资源开发等各项活动。但对内海水部分则应注意《联合国海洋法公约》所规定的有关制度,如公约第8条第2款就是对国家在领海基线向海岸一面的内海海域主权的一种限制③,这部分内容将在海洋法一章中详述。内陆水部分受国内法的约束,是否对外开放、如何进行管理和使用都是国家主权范围内的事,但有一些特殊的河流、湖泊与运河适用

---

① 参见周鲠生:《国际法》(上册),商务印书馆1976年版,第324页。
② 如位于法国境内而属于西班牙的利维亚。
③ 《联合国海洋法公约》第8条第2款规定,如果国家采用直线基线的方法确定领海基线,使原来并未认为是内水的区域被包围在内成为内水,则在此种水域内应有本公约所规定的无害通过权。

国际法上特定的规范和制度,在此需作具体阐述:

1. 界河(boundary river)

界河是将两个不同的国家彼此隔开的河流。界河分属于沿岸国,一般以河流的中间线或河流主航道的中间线作为疆界线。沿岸国对其疆界内的界河部分拥有主权,但河水及其生物资源的流动性及不可割断性则要求沿岸国就界河的航行、捕鱼及河水利用等问题通过协议解决。多数情况下,界河不对非沿岸国开放。

2. 多国河流(multi-national river)

多国河流是流经两个或两个以上国家的河流。河流经过的不同的沿岸国各段,分属于各沿岸国所有。沿岸国对流经它的那段水域行使完全的管辖权。从原则上看,沿岸国有权拒绝非沿岸国甚至其他沿岸国在它的水域航行。但基于多国河流在本质上是所有沿岸国共有的自然水道,所有沿岸国对多国河流具有共同利益,因此,沿岸国对自己拥有的那段河流的权利是相对的,不允许被滥用。例如上游沿岸国不得故意使河水改道,或采取有可能使下游河水泛滥或枯竭的措施;下游沿岸国不得垄断海上交通,断绝上游国家出海之路;各沿岸国可以在整条河流上自由航行,不受限制。

3. 国际河流(international river)

国际河流是流经两个或两个以上国家并通往海洋,依据国际条约在平时允许各国商船自由航行的河流。国际河流流经各沿岸国的河段属于各沿岸国领土,各沿岸国对其拥有主权。但国际河流通过国际条约实行航行自由原则,即沿岸国或非沿岸国的商船平时在国际河流上可以自由航行。

国际河流制度确立于法国大革命后,代表了资产阶级自由主义思想,与当时国际贸易的发展相适应。1815年维也纳公会宣布了不仅沿岸国而且一切国家的商船都可以在欧洲国际河流上自由航行的原则,并为此目的设立了委员会,在《维也纳最后文件》上附有关于在斯凯尔特河、默滋河、莱茵河及莱茵河支流航行的特别规章。[①] 1856年《巴黎和约》使多瑙河成为国际河流。1868年《曼海姆公约》使莱茵河作为国际河流的地位得以实现。1885年《柏林公约》宣布刚果河和尼日尔河实行航行自由原则。第一次世界大战后的《凡尔赛和约》及1919年至1920年间签订的对奥、对保、对匈诸和约则确立了欧洲方面国际河流的体系。1921年在国际联盟主持下召开的有欧、美、亚40国参加的巴塞罗那会议,通过了《国际性可航水道制度公约及规约》,使国际河流制度成为一项普遍性制度。

从上述国际文件,特别是巴塞罗那公约及规约的规定看,国际河流的通用规则主要是:

(1)国际河流对沿岸国的商船、军舰及非沿岸国的商船开放;

(2)航行时,所有国家的国民、财产及旗帜在一切方面享有平等待遇;

(3)沿岸国对于通过自己领土的那段河流行使管辖权,特别是关于警察、卫生、

[①] 参见〔英〕詹宁斯、瓦茨修订:《奥本海国际法》(第1卷第2分册),王铁崖等译,中国大百科全书出版社1998年版,第9页。

关税等事项,并且有权为维持和改善河道航运而征收公平捐税;

(4) 沿岸国保留"沿岸航运权",外国船舶不得从事同一沿岸国的各口岸间的船运;

(5) 设立统一管理国际河流的国际委员会以保障河流的航行自由。

上述巴塞罗那公约及规约订立之后,国际河流制度有一些新的发展,即不再局限于船舶航行,而试图就河流的其他方面的使用,如为能源、生产、灌溉和工业加工等及其可能带来的污染危险等问题作出规定。如1987年赞比亚河流域国家订立了《关于共有赞比亚河系的环境有效管理的行动计划的协定》,1991年有关欧洲国家订立了《保护莱茵河免受氯化物污染公约的议定书》。此外,国际法协会1966年通过的《赫尔辛基规则》不仅阐述了国际河流的航行规则,还阐述了沿岸国公平合理地分享利益原则及合作防污原则等。联合国国际法委员会自1974年开始研究关于国际水道的非航行使用的法律问题,并草拟有关公约。1997年5月21日联合国大会通过了《国际水道非航行使用法公约》,该公约2014年8月17日生效。

4. 湖泊或内陆海(lake or inland sea)

在地理学意义上,淡水湖称湖泊,咸水湖称内陆海,但从法律意义上看,它们是一致的。

湖泊或内陆海完全被一国领土所包围,是该国领土的组成部分,完全受其主权管辖,如我国的青海湖、洞庭湖等。有不止一个沿岸国的湖泊和内陆海,通常需要沿岸国就划界和利用达成协议。如康斯坦茨湖分属德国、奥地利与瑞士,日内瓦湖分属瑞士和法国,休伦湖、伊利湖和安大略湖分属加拿大和美国。

黑海的法律地位具有典型意义。黑海为内陆海,从15世纪末到18世纪一直为奥斯曼土耳其陆地所包围,属于奥斯曼帝国领土,不允许外国船舶航行。但当俄罗斯、罗马尼亚、保加利亚成为沿岸国后,黑海的法律地位历经数次条约的规定。1856年《巴黎和约》宣布黑海中立化,规定黑海对一切国家的商船开放,但禁止各沿岸国及其他国家的军舰驶入,只有奥斯曼帝国和俄国从事沿岸勤务的少数公有船舶除外。1871年《伦敦条约》废除了黑海中立化及不许军舰进入的规定,但维持商船的航行自由以及奥斯曼帝国禁止外国军舰通过达达尼尔海峡和博斯普鲁斯海峡的权利。1936年《蒙特勒公约》进一步规定了黑海上商船航行自由原则,但对非沿岸国军舰在黑海中的总吨数和停留时间作了限制。目前黑海沿岸国为六个:土耳其、俄罗斯、罗马尼亚、保加利亚、乌克兰和格鲁吉亚。

5. 通洋运河(inter-oceanic canal)

运河为人工开凿的河流。如果运河位于一国领土之内,它便是该国领土的组成部分,受该国主权管辖,如我国的京杭大运河。但有些连接海洋、构成国际要道的通洋运河,虽位于一国境内,但受国际条约规定的制度所支配。这类通洋运河主要有苏伊士运河与巴拿马运河。

(1) 苏伊士运河(the Suez Canal)

苏伊士运河位于埃及境内,长172.5公里,沟通地中海与红海,是欧亚之间最短的航道,具有极重要的战略与航运价值。

1854年埃及总督颁布法案授权成立一家法国—埃及公司开凿运河,公司分别受法国和埃及国内法支配。运河于1863年年底竣工,1869年对外开放。1876年,英国买下埃及政府的股份,成为运河公司最大的股东。1883年英国建议召开国际会议以便将运河中立化。1888年英国、奥匈、法国、德国、荷兰、意大利、西班牙、俄国和奥斯曼帝国等签订《君士坦丁堡公约》,规定了苏伊士运河的法律地位和中立化。1922年埃及独立,但英国仍保留其与埃及谈判运河问题的权利。后历经1936年《英埃同盟条约》和1954年《英埃开罗协定》,苏伊士运河为埃及完整部分的法律地位得以承认,英国直至1956年从埃及领土撤出军队。1956年7月,埃及政府颁布苏伊士运河国有化的法令。1957年埃及政府发表声明,宣布埃及政府一如既往地予以尊重、遵守并履行1888年《君士坦丁堡公约》的规定和精神。

《君士坦丁堡公约》共17条,所规定的运河制度主要有:

第一,运河在平时和战时对所有国家的商船和军舰一律开放。无论平时和战时都不允许限制运河的自由使用。运河永远不得加以封锁。

第二,运河内不得设永久性的防御工事。

第三,平时,军舰不得在运河停泊,但每个国家可以在塞得港和苏伊士港内停泊两艘军舰。

第四,战时,交战国(即使是埃及的宗主国奥斯曼帝国)不得在运河内或在该运河的港口3海里内从事敌对行动。交战国军舰通过运河时不得停留;在塞得港和苏伊士港内停留的时间,除非绝对必要,不得超过24小时;交战国一方军舰和他方船舶驶离上述海港,必须相隔24小时。在运河及其港口内不得装卸军队、军火及其他战争物资。

(2)巴拿马运河(the Panama Canal)

巴拿马运河位于巴拿马共和国境内,全长81.3公里,沟通大西洋和太平洋,是另一条极具经济和战略价值的国际水道。

19世纪中叶,英美两国就想开凿一条贯穿中美洲地峡的运河。1850年英美两国订立《克莱顿—布尔沃条约》,约定共同开凿运河。1901年英美又订立《海—庞斯福特条约》取代前约,该约规定:美国对运河有制定规则并进行管理的排他权利,运河采用大体相同于苏伊士运河的规则而实行中立化。1903年11月3日,哥伦比亚共和国的一个省份巴拿马宣布独立。美国3天后即给予承认,并于11月18日与新成立的巴拿马共和国缔结《海—瓦里拉条约》。该条约规定,美国保证和维持巴拿马的独立,而巴拿马将科隆与巴拿马之间为修筑运河所需地段及运河两岸各5英里宽的土地(但巴拿马和科隆西域及其邻近海港除外)永远给予美国使用、占有和控制,以便建造、管理和保护运河。运河及其入口处保持永久中立并对各国船舶一律开放。巴拿马运河由美国凿成并于1914年开放,美国颁布了运河的航行和管理规则。

第二次世界大战后,巴拿马人民为收回运河主权进行了不懈的斗争,1964年爆发了规模极大的群众示威运动。直到1977年,美巴两国最后达成协议,缔结了《巴拿马运河条约》①,终止并取代 1903 年条约。新的运河条约承认巴拿马共和国对运河区拥有领土主权;取消美国在运河区的特权;该约有效期至 1999 年 12 月 31 日止,巴拿马将逐步扩大其对运河的管理、保护和防卫;从 2000 年 1 月 1 日起,巴拿马政府将单独管理和经营运河并负责运河的防务。同时缔结的《关于巴拿马运河永久中立和营运条约》则规定了运河永久中立化及航行自由制度。巴拿马政府已按新的运河条约的规定于 1999 年 12 月 31 日收回了对运河区的主权。

此外,通洋运河还有科林斯运河和基尔运河。前者位于希腊境内,连接科林斯湾和爱琴湾,由希腊行使完全主权。科林斯运河虽对各国船舶开放,但这不是希腊承担的条约义务而是出自希腊的意愿。基尔位于德国境内,连接北海和波罗的海。本来有《凡尔赛和约》规定基尔运河的国际化地位,但 1936 年德国宣布废除《凡尔赛和约》的有关条款,对运河实行完全的控制,而大多数缔约国没有提出抗议。目前,基尔运河也对所有国家的船舶平等开放。

（二）领海

领海(territorial sea)是连接国家陆地领土及内水或群岛水域的一定宽度的海水带,是沿海国领土的重要组成部分。《联合国海洋法公约》对领海的法律地位及法律制度作了具体规定(请参看海洋法一章)。

四、领空

领空(territorial airspace)是指处于国家主权管辖下的领陆和领水之上的空气空间。领空的范围、法律地位及法律制度将在航空法一章介绍。

五、底层领土

底层领土(territorial subsoil)指领陆和领水的底土,包括地下水、水床和资源等。底层领土完全受国家主权的管辖和支配。

第三节　国家领土变更的方式

一、国家领土变更的含义

国家领土的变更是指,由于某种自然或人为的原因取得领土或丧失领土,从而使国家领土面积发生变化。国家在其长期发展过程中,可以通过各种方式取得领土,也可能因某种原因失去领土。应注意这里的领土变更应与国家主权相联系,即产生一定的国际法律关系,而非国内土地所有权的变更。

---

① 参见〔英〕詹宁斯、瓦茨修订:《奥本海国际法》(第 1 卷第 2 分册),王铁崖等译,中国大百科全书出版社 1998 年版,第 109—110 页。

二、传统国际法中领土取得的方式

传统国际法与现代国际法对国家领土变更的看法不尽一致。在传统国际法中，西方学者一直沿用罗马法中关于私有财产权的观念来阐述国家变更领土的理论和规则，认为取得领土的方式主要有先占、时效、添附、割让和征服。用现代国际法的基本原则来衡量，上述取得领土的方式有些已不合法。

（一）先占（occupation）

先占是指国家占有无主地并取得对它的领土主权。以下作几点说明：

第一，先占的主体是国家，即只能由国家以国家的名义来占取。但15、16世纪一些私人航海家对无主地的发现成为有关国家提出领土要求的依据。[①] 奥康奈尔（O'Connell）认为，"私人行为本身不足以构成先占，但没有私人行为就不可能有先占"。[②] 一般认为，私人的占取行为只有经过国家的事先授权或事后追认，才能被视为国家的占取行为。

第二，先占的客体是无主地（terra nullius）。无主地在传统国际法上是指从未被占有或不属于任何国家所有的土地；或虽曾一度属于一国所有但后来又被该国抛弃的土地；或虽有土著部落居住，但还未形成"文明"国家的土地。但是，国际法院1975年在关于西撒哈拉问题的咨询意见中指出："凡是在社会上和政治上有组织的部落或民族居住的土地，就不能认为是无主土地。"

第三，在主观要件上，先占国必须明确作出对无主地占领的意思表示。即通过发表声明、宣言或通告的方式向别国表明占领的意图。

第四，在客观要件上，先占国必须对无主地实施有效占有。15、16世纪，国际法确认单纯的发现可以产生对被发现土地的完整主权。但是，到了18、19世纪，发现所具有的法律效果产生变化，单纯的发现仅赋予当事国以初步的权利，即在对被发现的土地加以有效占领所需要的合理期间内，这种权利"有暂时阻止另一国加以占领的作用"。[③] 发现者的国家如果未在合理期间内对被发现土地加以有效占有，则仍不能取得领土主权。所谓有效占有是指，国家应对无主地适当地行使或表现其主权，通过立法、司法或行政管理行为对无主地实行有效的占领或控制。但这种占有达到何种程度才为有效则是相对的，特别是对无人居住的土地，并不一定要求实际使用土地或移民，只要先占国通过宣告确立统治权即可。

以先占方式取得领土主权在殖民主义时代占有重要地位。而且在近代国家形成的过程中，也广泛存在着以先占而取得领土的事实。故先占在解决历史遗留的领土争端时有一定的事实举证作用。但依据现代国际法，可以依先占而取得领土主权的

[①] 如西班牙要求墨西哥湾以北整个美洲沿岸，理由就是阿美里戈·维斯普西（Amerigo Vcspucci）于1498年发现了佛罗里达，庞斯·德·利昂（Ponce de Leon）1513年在其海岸登陆。

[②] D. P. O'Connell, International Law, 2nd ed., Stevensl Sons, 1970, p.418。

[③] 参见〔英〕詹宁斯、瓦茨修订：《奥本海国际法》（第1卷第2分册），王铁崖等译，中国大百科全书出版社1998年版，第76页。

无主地已为罕见,南极洲、国际海底、外层空间等虽是不属于任何国家领土的无人居住地,但已有相应的国际公约来规定其法律地位。所以,国家以先占的方式取得领土主权已成为历史概念。

(二) 时效(prescription)

时效原为国内民法上的概念,大多数国家的民法在物权中都有取得时效的规定。传统国际法将时效作为一种领土的取得方式,其含义是指,一国在相当长时期内继续并安稳地占有他国的部分领土(即没有其他国家持续不断地提出抗议和主张),该国就取得该土地的领土主权。这里主要是根据有效控制原则来确定领土的归属。

国际法中的时效与国内民法中的时效有所不同:(1)其占有不以善意为前提;(2)其时效无确定年限,需根据具体情况来确定。

时效与先占的区别在于先占的对象是无主地,而依时效取得的是别国的领土。

西方学者认为以时效取得领土需具备两个方面的条件:第一,侵占国能够长时期不受干扰地对占有地行使主权。这种"占有"可以是善意的,也可以是恶意的,即可以不正当地或非法地占有某些领土。这里的"长时期"不要求确定的年限。第二,这种状况得到被占国和其他国家的默认,以至于造成一种一般信念,认为事物现状是符合国际秩序的。[①] 如果其他国家持续不断地提出抗议和主张,侵占国的主权行使就不是不受干扰的。

国际司法实践对以时效方式取得领土的态度不一。1909年瑞典和挪威之间"关于格里斯伯达纳海上边界仲裁案"、1928年美国和荷兰之间"关于帕尔玛斯岛仲裁案"都认可了时效的概念,但是,1959年国际法院在"荷兰和比利时边境某些土地案"的判决中则否定了荷兰以时效取得有关土地领土主权的要求。用现代国际法的原则来衡量,"非法的事实占领可以成为合法"显然是不合理的,会纵容或鼓励一些国家非法强占他国领土,故应被摒弃。

(三) 添附(accretion)

添附是指一国领土通过自然作用或人为措施而获得增加或扩大。添附可分为自然添附与人为添附。自然添附是指由于自然力的作用而使一国领土增加的情况,主要有:(1)涨滩,即海岸或河岸水流冲击带来泥沙而向外扩展;(2)三角洲,即在入海河口由于泥沙沉淀而形成大面积三角洲;(3)废河床,即界河改道或完全干涸,使一沿岸国领土扩大,另一沿岸国领土减少;(4)新生岛屿,即一国领海内出现新生岛屿,它是沿海国领土的添附,这时领海的范围从该新生岛屿的海岸起算。一国专属经济区内产生新生岛屿,也会产生类似的添附。[②] 人为添附是指人为作用致领土扩大,主要是沿岸国岸外筑堤、围海造田。

自然添附获得国际社会的普遍承认,1805年的"安娜号案"是个典型说明。但人为添附有一定的限制,如界河的沿岸国在改变其本国领土的自然状态时不得使邻国

---

① 参见〔英〕詹宁斯、瓦茨修订:《奥本海国际法》(第1卷第2分册),王铁崖等译,中国大百科全书出版社1998年版,第88页。

② 同上书,第80—82页。

领土的自然状态遭受不利;依据《联合国海洋法公约》,一国的近海设施和人工岛屿,一国在专属经济区、大陆架及公海上建造的人工岛屿、设施和结构都不构成领土的添附。

(四) 割让(cession)

割让是指一国根据条约将本国的领土转移给他国。割让的构成必须有转移领土主权的意思,而且必须是土地的割让。割让的形式是通过双边条约或多边条约。

由于割让可以是战争的结果,也可以是和平谈判的结果,所以,割让可分为强制性割让与非强制性割让。

强制性割让是一国通过使用武力以签订和约的形式迫使他国将其领土转移给自己。这种割让往往是战争的结果,是战胜国无代价地将战败国的领土据为己有。传统国际法中所指的割让严格意义上说是这类割让。例如普法战争的战败国法国依据1871年《法兰克福和约》将阿尔萨斯—洛林割让给德国;甲午战争的战败国中国依据1895年《马关条约》将辽东半岛、台湾和澎湖列岛割让给日本;日俄战争的战败国俄国依据1905年《朴次茅斯和约》将库页岛南部割让给日本。由于传统国际法上战争是推行国家政策的合法手段,故强制性割让亦被认为是合法取得领土的方式之一。但是,1928年的《巴黎非战公约》、1945年的《联合国宪章》已废除了国家的战争权,1969年《维也纳条约法公约》第52条也宣布,以威胁或使用武力而缔结的条约是无效的,所以,强制性割让在现代国际法上已失去其合法性。

非强制性割让是有关国家在平等自愿的基础上缔结条约转移部分领土,其形式通常有买卖、交换或赠与。例如,1803年法国将路易斯安那卖给美国;1867年俄国将阿拉斯加卖给美国;1916年丹麦把在西印度群岛中所领有的岛屿卖给美国。1850年英国将伊利湖中的马蹄礁赠给美国;1866年奥地利将威尼斯赠与法国。1890年英国将北海中的赫尔戈兰岛与德国的东非保护地交换。非强制性割让符合现代国际法的基本原则,故仍被接受。如1960年中国和缅甸根据所签订的边界条约交换了部分领土。

(五) 征服(conquest)

征服是指国家以武力占领他国领土的全部或部分,战后经过兼并而取得该领土的主权。征服与强制性割让的区别在于,后者以条约为依据,而征服并不需要缔结条约,是战胜国单方面的行为。征服与交战国的军事占领也不同,前者是永久的取得,而后者只是暂时的管理,战争法明确规定交战占领者并不享有主权。[①]

依据传统国际法,有效的征服需满足一定的条件:(1) 征服国要有兼并战败国领土的意思表示,一般要发表正式合并的宣告。(2) 战胜国对所占土地具有保持占有的能力,即如果是部分领土被占,被占国已放弃收复失地的企图;如果是全部领土被占,征服国已对该全部领土实行有效控制,而被占国及其盟国已放弃抵抗。

---

① 参见〔英〕詹宁斯、瓦茨修订:《奥本海国际法》(第1卷第2分册),王铁崖等译,中国大百科全书出版社1998年版,第83页。

以武力兼并他国领土,依据现代国际法,其非法性十分明确。1967年以色列侵占大片阿拉伯国家领土及整个耶路撒冷,联合国大会及安理会均通过决议明确宣布以色列的行为是无效的,不承认通过战争获得的土地。1990年伊拉克吞并科威特后,联合国安理会通过一系列决议,不仅宣布伊拉克的吞并行为无效,并且授权联合国会员国对伊拉克进行制裁,甚至包括武力制裁以恢复科威特的独立。在1986年尼加拉瓜诉美国的"对尼加拉瓜的军事和准军事行动案"中,国际法院认为,《联合国宪章》中关于禁止使用武力或武力威胁的原则已成为具有强行法性质的国际习惯法。①

三、现代国际法中领土变更的方式

现代国际法中,除了添附、非强制性割让作为领土取得方式仍有实践外,还产生了一些新的领土变更方式。

(一) 原殖民地、委任统治地、托管领土实现民族自决(self-determination of peoples)而成为新独立国家

现代国际法确立了民族自决原则为国际法的基本原则。据此,在外国奴役和殖民统治下的被压迫民族有权摆脱殖民统治,建立独立主权国家。民族自决不论是通过当地居民的公民投票来实现,还是通过民族解放战争来实现,都为合法。国际联盟委任统治下的领土独立,联合国托管下的领土和非自治领土独立,使新诞生的国家多达100余个,这是当代国际关系中最常见的领土(领土主权)取得方式。应注意的是,民族自决与传统国际法上的领土取得方式有着重大区别。后者是既存国家去取得领土;而前者取得领土是新国家诞生的要素之一,国家的出现与领土的取得是同时发生的。

此外,目前国际实践中还存在这样的情况:不是基于民族自决,但国家分立,使得多个新国家出现。如1989年苏联解体,导致15个新的独立主权国家出现;1991年6月至11月南斯拉夫分裂,导致斯洛文尼亚、克罗地亚、南斯拉夫、波斯尼亚和黑塞哥维那、马其顿五个新国家出现。② 这当然涉及国家领土的变更。

(二) 全民公决(referendum)

全民公决是指国际法承认在特定条件下,由某一领土上的居民通过投票来决定该领土的归属。③ 全民公决方式最早可追溯到18世纪末,现代国际实践中也有运用。举行公民投票大多基于以下几种情况:

(1) 原殖民地争取独立的民族或地区根据民族自决原则可通过全民投票和平地取得独立。如1962年西萨摩亚通过全民公决获得独立。1972年巴布亚新几内亚的

---

① Louis Henkin, International Law—Cases and Materials, 3rd ed., West Publishing Co., 1993, pp. 328-329.
② 2003年南斯拉夫联盟共和国改名为塞尔维亚和黑山(简称"塞黑"),取消"南斯拉夫"这一名称。2006年黑山经由全民公决独立,"塞黑"解体。2008年2月18日塞尔维亚自治省科索沃宣布独立,但未获国际社会普遍承认。
③ 参见〔英〕詹宁斯、瓦茨修订:《奥本海国际法》(第1卷第2分册),王铁崖等译,中国大百科全书出版社1998年版,第92—94页。

居民经过投票建国。

（2）原战败国被占领土，如德国萨尔区依据《凡尔赛和约》由国际联盟管理了15年后，1935年1月通过全民投票决定与德国合并。

（3）一国内部某一地区的居民通过投票决定是否分离。如加拿大魁北克省1980年和1998年举行过两次全民公决，都否决了获取独立的议案。全民公决的合法性取决于居民的意志是否真正自由地得到表达。如果投票是被强迫的，投票过程中有欺诈行为，则投票所产生的领土变更是无效的。

第四节　国家的边界和边境

一、边界和边境的概念

国家边界（state boundary）简称国界或边界，是划分国家领土范围的界线，也是国家行使领土主权的界限。由于国家领土包括领陆、领水及领空和底土，边界具体来说是分隔一国领土与他国领土、一国领海和公海或专属经济区，以及一国领空和外层空间的界线。由此，边界可分为陆地边界、水域边界和空中边界。其中陆地边界是基础；水域边界中的海上边界，即领海的基线和外部界线的划分与陆地边界划分的原则和方法不同，由《联合国海洋法公约》规定；空中边界究竟应定在何处，将在外层空间法一章涉及。在这里着重探讨陆地边界的有关问题。

边境（frontier region）是指紧接边界线两边的一定的区域。边界与边境是两个不同的法律术语。边界是指分界的"线"（line），边境则是一定范围的"区域"（region）。尽管国家领土的范围可以以物理方式画线而加以明确区分，边界线两侧分属不同国家，但该地区居民的社会、经济生活却很难用一条线截然分开，因此需要设置特殊的法律制度。

二、边界的形成与划分

（一）边界的形成

从国家实践看，边界的形成有两种基本情况：一种是在长期历史进程中根据各方历来行政管辖所及的范围而逐渐形成的，称传统边界线或历史边界线；另一种是有关国家通过双边条约或多边条约来划定的，称条约边界线。

世界上大部分国家的边界线是条约边界线，因为传统边界线的不确定性容易引起国际争端，许多国家对其传统边界线也通过签约加以进一步确定，使之成为条约边界线。一般情况下，条约边界线更明确，更具稳定性。1978年《关于国家在条约方面的继承的维也纳公约》第11条规定：国家继承本身不影响条约划定的边界或条约规定的同边界制度有关的权利和义务。1969年《维也纳条约法公约》第62条、1986年《关于国家和国际组织间或国际组织相互间条约法的维也纳公约》第62条都规定，边界条约不适用"情势变迁原则"。① 在国家继承的实践中,继承者一般把边界条约视为"非人身条约"而予以继承。

(二)划界程序

按照国际法划定边界,一般需经过定界、标界、制定边界文件三个步骤。

(1)定界。有关国家经过谈判签订边界条约,将商定的两国边界线的主要位置及基本走向记载在条约中。边界条约可以附上地图。边界条约是确定有关国家边界的母约。

(2)标界。依边界条约的规定,由缔约国任命代表组成划界委员会,进行实地勘测,在边界上树立界碑、界桩等标志。

(3)制定边界文件。标界完成后,需制定更详细的边界议定书和地图,这是边界条约的子约,与边界条约一起成为划界的基本法律文件。

实践中会出现边界条约、议定书、地图及实地的界标不一致的情况,依据习惯国际法,遇此问题的处理规则是:实地界标与边界基本法律文件不符的,以边界基本法律文件为准;地图与议定书、边界条约不符的,以议定书、边界条约为准;议定书与边界条约不符的,以边界条约为准。边界条约是双方当事国意志的体现,具有决定性效力。② 但这不是绝对的规则,在1914年"帝汶岛仲裁案"、1966年"阿根廷—智利边界仲裁案"中,尽管是地图与条约约文不一致,但由于是约文本身的错误,因此仲裁人对约文本身的错误进行了纠正。在1962年"隆端寺案"中,国际法院以地图为准作出了有利于柬埔寨的判决,但有三位法官提出了"反对意见"。③

(三)划界方法和规则

无论是传统边界线或条约边界线,在实践中都有三种不同的划定方法,并形成适用的一般规则。

1. 采用地形边界

国家经常利用天然地形来划定边界线,如以河流、湖泊、山脉、沙漠、森林等为界,又称为自然边界线。这种地形障碍不仅易于划定边界,还有利于隔离两个地区、警戒对方、阻挡攻击。④ 不过,即使利用地形边界,国际法上仍需一条具体边界线,需有关国家进行协商,同时可参照实践中的惯常做法:(1)以山脉为界时,通常以分水岭为准。当然,若条约约定,也可以以山脉的山麓或山脊为界。(2)以河流为界时,通航

---

① 参见〔英〕詹宁斯、瓦茨修订:《奥本海国际法》(第1卷第2分册),王铁崖等译,中国大百科全书出版社1998年版,第61页。
② 周鲠生:《国际法》(下册),商务印书馆1976年版,第429—431页。
③ 案例的具体内容可参见陈致中编:《国际法案例》,法律出版社1998年版,第152—156页。隆端寺,又称"柏威夏寺"(Preah Vihear Temple),建于公元10至12世纪,柬埔寨和泰国都曾主张对该寺及周边约4.6平方公里的争议领土拥有主权。联合国教科文组织2008年批准了柬埔寨的申请,将柏威夏寺列为世界文化遗产,这成为双方爆发新一轮激烈冲突的导火索。2011年2月4日至7日,泰、柬两国军队在其边境地区柏威夏寺附近再次接连发生激烈交火。3月,泰柬双方同意于5月25日就保护柏威夏寺等问题在教科文组织总部巴黎举行会谈。但是4月份两国在边境争议地区再次爆发多起武装冲突并造成双方人员伤亡。见联合国官方网站:《泰柬冲突再起 联合国呼吁保持克制》,https://news.un.org/zh/story/2011/04/150752,2020年1月25日访问。
④ 〔韩〕柳炳华:《国际法》(上卷),朴国哲等译,中国政法大学出版社1997年版,第281页。

河流以主航道中心线为界,不通航河流以河道中心线为界。界河上的桥梁以桥中间为界。(3)以湖泊或内陆海为界时,一般以中间线为准。如日内瓦湖即以中间线为界,分属瑞士和法国。

2. 采用几何学边界

这是人为边界线,以一个固定点到另一个固定点所划的直线作为国家之间的边界线。这种方法易使水源断绝,村庄或建筑物被割裂,故多用于偏僻荒芜、地形复杂又较难勘察的地区,或用于海上边界线。目前,非洲一些国家间采用的几何学边界较多,占了全非洲边界线的30%。美国和加拿大之间也存在部分几何学边界。

3. 采用天文学边界

这是以地球上的经纬度作为国家之间的分界线。这种方法一般用于海上和人口稀少的地区及空中。如美国和加拿大从温哥华到伍兹湖西岸即采用北纬49°线为边界线。在非洲国家间的边界线中,这种边界线占了44%。

三、边界争端的解决

世界上大部分国家和地区都曾存在过程度不同的边界争端,因边界争端引起武装冲突的情况也非罕见。产生边界争端的原因复杂,有很多是历史遗留问题。具体原因主要有:(1)边界未经正式划定,而有关国家对传统边界线的位置、走向看法不同;(2)边界虽经正式划定,但对边界条约的有效性有疑问,或边界基本法律文件相互之间表述不一或双方解释不一;(3)边界被侵占或边界标志被移动;(4)因自然力使边界地形改变,出现边界条约未预见的情况等。无论什么原因引起的边界争端都直接关系到国家主权和领土完整,成为国际关系中极其敏感且不易妥协的问题。

解决边界争端首先应坚持和平解决国际争端原则。现代国际法要求争端当事国依据《联合国宪章》第33条所规定的和平方法去解决边界争端。有关国家通过谈判或协商,订立边界条约来解决边界争端不但是最简单的办法,而且是比较合理的有效的办法。[①] 中华人民共和国成立以后,采用这种方法先后同12个邻国彻底或基本解决了边界问题。沙特阿拉伯与也门在1995年也就两国边界达成谅解备忘录。把边界争端提交仲裁或国际司法程序解决也是一种经常性的实践,尤其在对边界条约的解释有争议时更是如此。如1914年帝汶岛仲裁案、1966年阿根廷—智利边界仲裁案、1968年印度—巴基斯坦西部(卡奇沼泽地)边界仲裁案、1962年隆端寺案、1986年布基纳法索诉马里边界争端案及1992年萨尔瓦多诉洪都拉斯陆地、岛屿、海上边界争端案等都是解决边界争端的著名案例。通过法律程序解决边界争端有利于实现边界的"稳定性和确定性"。[②]

解决边界争端的过程中一般应适用"承认现状原则"或"保持占有原则"(the

[①] 参见周鲠生:《国际法》(下册),商务印书馆1976年版,第428页。
[②] 参见〔英〕詹宁斯、瓦茨修订:《奥本海国际法》(第1卷第2分册),王铁崖等译,中国大百科全书出版社1998年版,第63页。

principle of uti possidetis juris)①,该原则是非殖民化运动确定下来的一个普遍适用的原则。② 该原则由西班牙语美洲国家提出,目的是避免新独立国家在殖民当局撤出后由于边界问题而互相残杀,以至于影响它们的独立和稳定。该原则的基本含义是,隶属于同一个殖民者统治下的不同地区或殖民地之间的行政区域边界,在行政区域独立为主权国家后成为国家边界,日后有关国家也应尊重取得独立时的国家边界。南美国家从西班牙殖民统治下独立时,按照1810年存在的行政区域标准设定了边界线;非洲国家在20世纪60年代独立时,也以过去殖民地时代的行政区域为标准设定了边界线。国际法院在1986年布基纳法索诉马里边界争端案,1992年萨尔瓦多诉洪都拉斯陆地、岛屿、海上边界争端案的判决中都适用了"保持占有原则",而且认为这是一项一般原则。但国际法院在适用该原则时也强调公平原则,主张应考虑当地居民的习惯,尽量不要把一国的国民划到另一国领土内,以免造成不稳定的后果。客观地说,"保持占有原则"对稳定国家疆界具有一定意义。

四、边境制度

边境制度是有关相邻国家考虑到边境地区的现实,为谋求该地区居民经济、社会生活的便利和利益,维护边境地区的秩序和环境,通过国内立法和双边条约进行合作而确立的法律制度。边境制度的内容根据具体情况有所差别,大致包括如下几个方面:

(一)维护边界标志

一般边境制度条约或一些边界条约都规定,双方国家负有保护边界标志、不使其受损或移动的责任,以及各自负责修理或恢复本国一方境内界标的责任。我国同缅甸、巴基斯坦、阿富汗等邻国的边界议定书对这种责任都作了规定。如1961年中缅《关于两国边界的议定书》第38条规定:如果一方发现界桩已被移动、损坏或毁灭,应尽量通知另一方,负责维护该界桩的一方这时应采取必要的措施,在另一方在场的情况下,在原地按原定的规格予以恢复、修理或重建。第39条规定:双方承诺对于任意移动、损坏、毁灭边界标志或故意使界河改道的人应视情节轻重予以追究。一般国家的国内刑法典也把破坏边界标志作为刑事罪给予处罚,如《中华人民共和国刑法》第323条规定:"故意破坏国家边境的界碑、界桩或者永久性测量标志的,处三年以下有期徒刑或者拘役。"

(二)在边境公共服务方面进行合作

边境居民的生活和生产不可能由边界线截然分开,有关边境制度的条约一般都规定,边境居民因航运、贸易、探亲访友、进香朝圣等原因进出国境时享有特殊便利。这就要求两国在公共服务,如警察服务、交通管理、出入境检查和卫生检疫等方面相

---

① 参见〔韩〕柳炳华:《国际法》(上卷),朴国哲等译,中国政法大学出版社1997年版,第280页;〔英〕詹宁斯、瓦茨修订:《奥本海国际法》(第1卷第2分册),王铁崖等译,中国大百科全书出版社1998年版,第64—65页。
② 参见陈致中编著:《国际法案例》,法律出版社1998年版,第158页。

互合作，采取特殊措施以维持边境地区的正常社会秩序。

（三）在边境地区的资源利用、环境保护方面进行合作

这是边境制度中日益重要的内容。国家间如果以河流和湖泊为界，那么对界水的利用和保护就要规定在有关边境制度的条约中。双方承诺在使用界水时，不得损害邻国利益，不得采取可能使河流枯竭或泛滥的措施，更不得故意使河水改道。对界水中鱼类的捕捞和保护也要作专门规定。此外，要有效控制各种污染源，保护界水不受污染。国家即使是在边界一侧属于自己的地区内利用土地或其资源，也必须保证不对邻国造成损害。如开发资源时不得对邻国的空气、动植物、建筑物等造成污染；不得在边境地区建靶场或进行武器试验等，避免危及对方边民的财产及安全；对边境地区的动植物要保护，狩猎或开伐要遵守相应规则。

（四）妥善解决边界事件

边境地区的社会由国家边防部队负责维持。通常边境上发生的事件，可以由双方指定的边境代表或其他负责当局共同处理。如 1961 年中缅《关于两国边界的议定书》第 47 条规定："凡需就本议定书第四部分（关于边界线和界桩的维护）所规定的有关事项彼此联系或协商处理时，由双方为此专门指定的官员负责进行。"如果争端性质严重，一般通过外交途径解决。

第五节　中国的领土和边界

一、中国的领土

中华人民共和国领土辽阔，面积约 960 多万平方公里。[①] 我国不仅有主体大陆，还拥有 7300 多个 500 平方米以上的海岛，可主张的管辖海域面积达 300 万平方公里。[②] 此外，2001 年我国在东北太平洋获得 7.5 万平方公里的国际海底区域开发多金属结核资源的专属权，2011 年在西南印度洋获得 1 万平方公里的国际海底区域开发多金属硫化物的专属权，2013 年在西太平洋获得 3000 平方公里的国际海底区域开发富钴结壳的专属权，2019 年在西太平洋获得 7.4 万平方公里的国际海底区域开发多金属结核的专属权。[③] 但这些只是我国行使特定权利的区域，不是我国领土的组成部分。

中国领土是在几千年的历史发展过程中形成的。我们的人民世世代代在这块国土上休养生息，创造了璀璨的中华文明。但是中国近代史上，由于帝国主义的入侵及中国政府的腐败，中国被迫与西方列强签订了一系列不平等条约，割让了大片领土，另有大片领土被强占。1858 年沙俄趁英法联军占领天津之际，迫使清政府签订了

[①] 在 1949 年中华人民共和国第一届全国政治协商会议上公布的这个数据一直沿用至今。

[②] 国家海洋局海洋发展战略研究所课题组编著：《中国海洋发展报告》（2018），海洋出版社 2018 年版，第 161 页。

[③] 自然资源部：http://www.mnr.gov.cn/dt/ywbb/201907/t20190717_2447961.html，2020 年 2 月 2 日访问。

《中俄瑷珲条约》，修改了《尼布楚条约》规定的边界，割占了黑龙江以北、外兴安岭以南大片中国领土。此后又通过1860年《中俄北京条约》、1864年《中俄勘分西北界约记》、1879年《伊犁条约》等，一共强制性割占了150多万平方公里的中国领土。1842年第一次鸦片战争后，英国迫使中国清政府签订《南京条约》，割占香港岛；1860年第二次鸦片战争后，英国割占九龙半岛南端尖沙咀一带地区；1898年英国又根据《展拓香港界址专条》租借了除尖沙咀以外的九龙半岛其余部分，以及九龙半岛两侧的深圳湾和大鹏湾及附近岛屿。1895年中日甲午战争后，日本强迫中国签订《马关条约》割让辽东半岛、台湾及澎湖列岛。从1553年起，葡萄牙人占据澳门，并向中国政府交纳地租；鸦片战争后，葡萄牙想乘机割占澳门，驱逐在澳门的中国清朝官员，并停止交纳地租；1887年葡萄牙与清政府签订《中葡会议草约》，取得永驻管理澳门的权力，该约后虽在1928年被中国政府宣布废除，但葡萄牙仍占据澳门。

中国在近代史上不仅被强制性割让或被霸占了大片国土，而且领土主权也受到了强制性限制。如前所述，在帝国主义列强的胁迫和武力威胁下，中国政府被迫于1845年签订《上海租地章程》，于1854年签订《上海英法美租界租地章程》，于1898年签订《中德胶澳租界条约》，于1898年签订《中俄旅大租地条约》及《订租威海卫专条》，于1899年签订《广州湾租界条约》等，租借了大量港口和重地。此外，帝国主义列强还通过不平等条约在我国领土上划分势力范围，如扬子江流域属于英国的势力范围，广东、广西和云南属于法国的势力范围，福建属于日本的势力范围，山东则先后成为德国和日本的势力范围。

西方列强在中国的侵略行为严重侵害了中国的领土主权和领土完整，使中国沦为半殖民地国家。中国人民从未停止反抗，为救亡图存、国家独立同帝国主义侵略者进行了不屈不挠的斗争。"十月革命"后，苏联曾在1924年同中国签订《中俄解决悬案大纲协定》，协定中宣布：中国政府与沙俄所订一切不平等条约废止，并将重新划定两国疆界。但一直没有具体实现。日本通过《马关条约》割占的中国领土中，辽东半岛在签约后不久，由于英、德、法干涉而退还中国，台湾及澎湖列岛在第二次世界大战后归还中国，但台湾的附属岛屿——钓鱼岛却一直被日本窃取，成为历史遗留问题。西方列强在中国的租借地，除九龙半岛外，中国在第二次世界大战后全部收回。西方列强在中国劫取的势力范围也早已被中国及国际社会所摒弃。

1949年中华人民共和国成立后，作为真正的独立主权国家，始终奉行独立自主的对外政策。对待国家领土问题，我国政府坚决维护中国的领土完整和领土主权，对侵犯我国领土的行为不仅抗议，必要时还进行自卫。对历史遗留下来的领土争议，一贯主张在和平共处五项原则的基础上，同有关国家通过谈判与协商和平解决。1984年，中英两国签署了《关于香港问题的联合声明》。1997年7月1日中国对整个香港地区恢复行使主权，使百年前被殖民者强行割让和租借的土地回到了祖国的怀抱。1987年中葡两国又签署了《关于澳门问题的联合声明》，依据该声明，中国于1999年12月20日对澳门恢复行使主权，使澳门问题得以圆满解决。

目前，仍存在领土争议的是钓鱼岛问题和南沙群岛问题等。

（1）钓鱼岛问题。钓鱼岛及其附属岛屿由钓鱼岛（主岛）、黄尾屿、赤尾屿、南小岛、北小岛、南屿、北屿和飞屿等岛屿组成，总面积约5.69平方公里，在地质结构上是附属于台湾的大陆性岛屿。①

自明朝初年起，钓鱼岛及其附属岛屿就属于中国版图。日本1783年和1785年出版的标有琉球王国疆界的地图上，标明钓鱼岛及其附属岛屿属于中国。19世纪末中日甲午战争爆发之前，日本没有对中国拥有对钓鱼岛及其附属岛屿的主权提出过异议。1895年《马关条约》使日本割占了台湾及其附属岛屿和澎湖列岛，这以后日本才有了"尖阁群岛"（即钓鱼岛及其附属岛屿）。日本在第二次世界大战后把台湾、澎湖列岛归还中国，却把钓鱼岛及其附属岛屿私自交给美国托管，并在1951年美日《旧金山和约》中作了规定。1971年美日两国签订归还冲绳协定时把钓鱼岛及其附属岛屿划入归还区域。日本据此宣布对钓鱼岛及其附属岛屿的领土主权。但是中国政府一直予以抗议，宣布不承认《旧金山和约》；对美日1971年协定强烈抗议。1958年中国发表领海声明时重申，中华人民共和国领土包括"台湾及其周围各岛"。1972年中日两国在恢复邦交的谈判中，双方同意把钓鱼岛问题悬挂留待条件成熟时解决。但是进入20世纪90年代后，日本政府不顾中日双方的有关承诺，默许右翼团体到岛上建灯塔、立界碑，派军舰阻止大陆和台湾渔民在钓鱼岛附近捕鱼，甚至阻止我方在该海域进行军事演习，气焰十分嚣张。日本政府2012年9月还进行了所谓的从"民间所有者"手中购买钓鱼岛的活动，中国外交部对此发表了严正声明。② 随后，中国政府公布了中国钓鱼岛及其附属岛屿的领海基点基线，并发表《钓鱼岛是中国的固有领土》白皮书，从"钓鱼岛是中国的固有领土""日本窃取钓鱼岛""美日对钓鱼岛私相授受非法无效"等五个方面全面阐释了相关史实与法理。③ 日本之所以垂涎钓鱼岛，主要是因为1969年联合国的一份报告称，该地区可能蕴藏着石油。日本政府想把钓鱼岛据为己有，以获取巨大的石油利益。对此，中国人民表示极大的愤慨和强烈的反对，中国政府态度鲜明：钓鱼岛及其附属岛屿属于中国领土是无可争辩的事实。1992年《中华人民共和国领海及毗连区法》明确规定，中华人民共和国的陆地领土包括中国大陆及其沿海岛屿、台湾及其包括钓鱼岛在内的附属各岛以及其他一切属于中国的岛屿。

（2）南沙群岛问题。南沙群岛位于南海最南部，由200多个大小不一的岛屿、珊瑚礁组成。早在公元前2世纪汉武帝时，中国人民就开始在南海航行并发现了南沙群岛。中国人民至少自唐宋以来已在南沙群岛从事捕捞、开垦等生产活动。东汉的《异物志》、宋代的《梦粱录》、元代的《岛夷志略》、明代的《东西洋考》《顺风相送》、清

---

① 2012年9月10日，中国政府发表《中华人民共和国政府关于钓鱼岛及其附属岛屿领海基线的声明》，公布了中国钓鱼岛及其附属岛屿的领海基点基线。参见中国政府网：《中国政府就钓鱼岛及其附属岛屿领海基线发布声明》，http://www.gov.cn/jrzg/2012-09/10/content_2221140.htm，2020年2月2日访问。
② 罗国强：《日本"购岛"之举的国际法效力解析》，载《现代国际关系》2012年第10期。
③ 中华人民共和国外交部：《钓鱼岛专题》，https://www.fmprc.gov.cn/diaoyudao/chn/flfg/zcfg/t1304550.htm，2020年2月2日访问。

代的《海国闻见录》等史书都对该群岛的位置、岛礁分布情况及中国人民在其上的活动作了记载。中国政府早已对该群岛确立并行使管辖权。明清时已将南沙群岛划归广东省琼州府万州管辖。近现代,中国政府一再重申对南沙群岛的主权,竖立石碑,派驻军队,并抗议和反击外来侵略。第二次世界大战期间,南沙群岛落入日本之手,但战后日本通过正式仪式将南沙群岛归还中国。此后多年,没有任何国家对我国在南沙群岛的领土主权提出异议。许多国家出版的地图和百科全书也都确认这一客观存在的事实。所以,不论是以15世纪至16世纪的国际惯例和国际法,还是以18世纪至19世纪的近代国际法以及20世纪后的现代国际法来衡量,我国对南沙群岛的主权都是无可争辩的。[①]

自从20世纪40年代以来,越南、菲律宾、马来西亚和文莱等逐渐开始对南沙群岛提出主权要求,并继而占领了南沙群岛的部分岛礁。到了70年代,这种占领我岛礁的势头愈演愈烈。目前,南沙群岛部分岛礁被外国占领的问题仍未解决。[②] 进入20世纪90年代后,上述国家又加快对所占岛礁及其周围海域的油气资源的开发,企图造成拥有主权的既成事实。越南以1937年其殖民者法国侵占中国南沙群岛的九小岛是"先占"作为取得领土主权的法律依据;有的国家以《联合国海洋法公约》作为取得领土主权的理论基础。但是,法国殖民者的"先占"显然无效和非法;依《联合国海洋法公约》划定海域也应以领土归属的确定为前提条件。对此,我国主张尽最大努力以和平方式解决南沙群岛问题,主张各方在尊重国际法尤其是国际海洋法的基础上解决有关争端,在此之前"搁置争议,共同开发"。

2013年1月22日,菲律宾单方面就中菲在南海的有关争议提起仲裁。2015年10月29日,仲裁庭作出管辖权和可受理性问题的裁决。中国政府当即声明该裁决是无效的,没有拘束力。[③] 2016年7月12日,仲裁庭对南海仲裁案作出"最终裁决",否定我国南海断续线,认为我国对断续线内的"历史性权利"没有国际法上的依据。随后中国外交部发表《中国坚持通过谈判解决中国与菲律宾在南海的有关争议》白皮书,从"南海诸岛是中国固有领土""中菲南海有关争议的由来""中国处理南海问题的政策"等五个部分全面阐述了中国关于南海问题的政策立场。[④]

二、中国的边界

中国陆地边界线长2.2万多公里,海岸线长1.8万多公里。同我国接壤的陆上邻国14个:朝鲜、俄罗斯、蒙古、哈萨克斯坦、吉尔吉斯斯坦、塔吉克斯坦、阿富汗、印

---

① 参见赵理海:《从国际法看我国对南海诸岛无可争辩的主权》,载《南海诸岛学术讨论会论文选编》,国家海洋局海洋发展战略研究所1992年编,第227页。
② 参见陈炳鑫:《南海诸岛学术讨论会开幕词》,载《南海诸岛学术讨论会论文选编》,国家海洋局海洋发展战略研究所1992年编,第1页。
③ 参见外交部网站:《中华人民共和国外交部关于应菲律宾共和国请求建立的南海仲裁案仲裁庭所作裁决的声明》,https://www.fmprc.gov.cn/nanhai/chn/snhwtlcwj/t1379490.htm,2020年2月10日访问。
④ 参见外交部网站:《中国坚持通过谈判解决中国与菲律宾在南海的有关争议》,https://www.fmprc.gov.cn/nanhai/chn/snhwtlcwj/t1380600.htm,2020年2月10日访问。

度、巴基斯坦、尼泊尔、不丹、缅甸、老挝和越南。① 中国的边界线既有传统边界线也有条约边界线,但旧界约很多是清政府在西方列强的入侵或干预下所签订的不平等条约,例如前已提及的中俄之间一系列有关领土和边界的条约,这就给中国遗留下一些边界问题。

1949年中华人民共和国成立后,本着平等互利和友好协商的精神,以和平谈判的方式逐步着手解决边界问题。在边界谈判中,我们坚持的原则是:维护国家主权和领土完整;遵守国际法的一般原则;睦邻友好;正确把握时机;正视历史,公平合理地解决争议。至今,中国已先后同12个邻国签订了边界条约,基本或彻底解决了边界问题:缅甸(1960年)、尼泊尔(1961年)、朝鲜(1962年)、蒙古(1962年)、阿富汗(1963年)、巴基斯坦(1963年)、老挝(1991年)、俄罗斯(东段界约1991年,西段界约1994年)、哈萨克斯坦(1994年)、吉尔吉斯斯坦(1996年)、塔吉克斯坦(1999年)、越南(1999年)。我国未划定陆地边界的国家还剩下印度和不丹。

中印边界问题。中印边界线全长约2000公里,分东段、中段和西段。中印双方之间的主要分歧可概括如下:第一,中方认为中印边界从未经正式签约划定,但根据两国历史上的行政管辖范围,早已形成一条传统边界线:西段分界沿着喀喇昆仑山山脉,中段分界沿着喜马拉雅山山脉,东段分界沿着喜马拉雅山南麓。印度方面认为,除了一些次要例外,中印边界全线已经划定。第二,双方对于传统习惯线的具体位置存在分歧。

中印边界西段是指中国的新疆和西藏同拉达克接壤的一段。印方主张,西段边界已经由1842年中国西藏地方当局和克什米尔当局之间的条约划定,按照印度地图的画法,界线深入中国领土,把面积为3.3万平方公里的土地划入印度境内,主要在阿克赛钦地区。但是首先,西藏是中国的一个地区,地方当局并没有缔约权;其次,1842年条约并没有关于边界具体位置的任何规定。不但如此,条约所涉及的属于印度政府提出争论的地区绝大部分(约占80%)属于并未参加谈判的中国的新疆。就连当时的印度总理尼赫鲁本人也承认这一段边界没有划定。② 所以印度方面的主张是不成立的。

中印边界中段是指从西段的东南端到中国、印度、尼泊尔三国交界处为止的一段。关于这一段的争端所涉及的面积约2000平方公里。印度政府认为,1954年中印协定第4条列举作为双方商人和香客的通道而开放的六个山口,即表明中国政府已经同意印度政府关于这一段的意见。中国政府认为这种说法在事实上和逻辑上都是不能成立的。这特别是由于关于这个协定的谈判经双方同意不涉及边界问题。③

中印边界东段是指不丹以东的一段。关于该段争论的法律问题是"麦克马洪线"

---

① 根据2005年国家测绘局行业管理司《关于地图上锡金表示方法变更的通知》(测管函[2005]21号),"锡金"作为印度的一个邦,中国的陆上邻国由原来的15个改为14个。

② 参见中华人民共和国外交部给印度驻华大使馆的照会(1959年12月26日),载《关于中印边界问题》,人民出版社1962年版,第32—33页。

③ 参见同上书,第33页。

的合法性问题。① 1914年西姆拉会议期间,英国代表麦克马洪背着中国政府代表,于1914年3月24日与西藏地方当局代表夏扎司仑秘密换文商定了西藏与印度之间的边界线,并把这条线画在一张地图上(后来被称为"麦克马洪线"),后又把这条线画到供讨论内外藏边界之用的小比例地图上,作为内外藏边界线的附属物。这一小比例地图又被附于中国代表陈贻范草签的1914年4月27日《西姆拉专约》。② 众所周知,草签只能说明谈判代表本人对条约约文的认证,并不表示缔约国同意受该条约的约束。而且这个专约是以所谓的内外藏划界为宗旨,根本上就与中印边界无关。但"麦克马洪线"把按照传统习惯线应属中国的9万平方公里领土划归英属印度。"麦克马洪线"是完全非法的,中国历届政府拒绝承认。印度1947年独立后,不仅继承了英国殖民者侵占的中国领土,而且全面向北扩张,把本属中国的12.5万平方公里的领土划入其版图(其中3.5万平方公里在西段,仍属中国控制)。1962年爆发中印边界武装冲突。中印两国曾就边界问题举行过多次会谈,但印度1987年宣布在其控制的"麦克马洪线"以南地区建"阿鲁纳恰尔邦",1998年进行核试验并散布"中国威胁论",为中印解决边界问题设置了障碍。2017年6月18日,印度边防人员在中印边界锡金段越过边界线进入中方境内,阻挠中国边防部队在洞朗地区的正常活动。针对这起损害中国领土主权、威胁中国安全利益的行为,中国本着最大善意,保持高度克制并迅速表明态度、画出底线。2017年8月2日,中国外交部发表了《印度边防部队在中印边界锡金段越界进入中国领土的事实和中国的立场》,指出印度边防部队从边界线印方一侧进入中国领土,其非法越界行为事实清楚,不容否认。③

各段的传统习惯线的位置是另一个争论的问题。印度主张西段的传统习惯线依据分水岭原则。中国方面认为,分水岭在划界过程中是可以考虑的一个因素,但不是决定的或唯一的因素,更不能以自然边界为借口进行扩张。中国主张,根据历来实际行政管辖情况和地理特点来看,边界是沿着喀喇昆仑山山脉,即中国地图上所画的边界线。阿克赛钦一直是在中国行使管辖权的范围内。在中段,在中印边界传统习惯线东和以北的巨哇、曲惹、什布奇山口以西波林三多等地都是中国的传统领土,它们大都是在1954年中印协定以后被印度侵占或侵入的。东段所谓"麦克马洪线"以南到喜马拉雅山南麓广大地区,直到20世纪40年代都是由中国行使管辖权。

中国的海上边界线不完全确定。中国政府1996年根据《中华人民共和国领海及毗连区法》发表了"关于领海基线的声明",宣布了中国大陆领海的部分基线和西沙

---

① 参见陈体强:《中印边界问题的法律方面》,载陈体强:《国际法论文集》,法律出版社1985年版,第208页。

② 有两个专约都叫《西姆拉专约》。第一个是1914年4月27日由中国政府、西藏当局和英国草签的,是以所谓的内、外藏划界为宗旨的条约。第二个是在中国政府拒绝签署第一个专约的情况下,1914年7月3日由麦克马洪和夏扎司仑经过修改后签的,没有中国政府代表参加。两个条约都附上了划有"麦克马洪线"的地图。但即使就第一个专约而言,中方仅草签而已,而且中方代表随即申明,他只是在"草签和签署是两个不同行动的明白谅解"下草签的。此经草签的条约以后中国历届政府一贯不予承认。因此它毫无拘束力。

③ 参见外交部网站: https://www.fmprc.gov.cn/web/ziliao_674904/tytj_674911/zcwj_674915/P020170802541371281020.pdf, 2020年2月15日访问。

群岛的领海基线。2000年12月中国与越南签订了《中华人民共和国和越南社会主义共和国关于两国在北部湾领海、专属经济区和大陆架的划界协定》,2004年6月中国全国人大常委会批准了该协定。

第六节 南北极地区的法律地位

南北两极地区不完全属于任何国家。有学者在论及领土取得方式时或谈到"限制取得领土主权的地区"时涉及两极或南极。① 也有学者把两极地区与国际海底、外层空间等摆到一起,认为是"国家管辖范围以外的领域"或"非国家领土"。②但是两极地区与国际海底、外层空间的情况毕竟不同,后者的法律地位是确定的,由国际公约加以规定,没有国家曾提出领土要求;而前者,无论南极还是北极,都有国家提出各种领土要求,只是这些要求没得到承认或通过公约被冻结而已。

一、南极地区

(一)南极地区概况

南极地区是指地球南纬60度以南的区域,包括南极洲大陆、附近岛屿及海域。南极洲总面积约1400万平方公里,约占世界陆地总面积的9.4%。南极洲年平均气温为-25℃,极端最低气温曾达-89.2℃,为世界最冷的陆地。南极洲蕴藏的矿物有220余种,主要有煤、石油、天然气、铂、铀、铁、铜、镍等。南极洲是世界上产鲸最多的地区,也盛产磷虾,同时是世界上淡水的重要储藏地。③

南极大陆是人类最后到达的大陆。1738—1739年,法国人布韦航海时发现南极附近的(后以其名而命名的)布韦岛。1772—1775年,英国人库克到达南极附近的(后名为)南设得兰群岛。1820—1821年,美国人帕尔默、俄国人别林斯高晋和拉扎列夫、英国人布兰斯菲尔德先后发现南极大陆。1838—1842年,英国人罗斯、法国人迪尔维尔、美国人威尔克斯等先后考察了南极大陆。1911年年底挪威人阿蒙森探险,个人首次到达南极极点。1921年美国人伯德飞越南极成功,随后美国在南极洲建立了"小亚美利加基地"。④ 目前,南极洲仍有一些来自其他大陆的科学考察人员和捕鲸队,没有通常意义上的定居居民。

(二)各国对南极地区的领土主张

随着对南极地区探险和考察活动的开展,一些国家依据不同理由对南极提出了领土要求。正式宣布自己对南极地区的领土主权范围的国家有七个:英国1908年和

---

① 参见〔英〕詹宁斯、瓦茨修订:《奥本海国际法》(第1卷第2分册),王铁崖等译,中国大百科全书出版社1998年版,第77页;〔日〕寺泽一、山本草二主编:《国际法基础》,朱奇武等译,中国人民大学出版社1983年版,第225页。
② 例如富学哲:《国际法教程》,警官教育出版社1991年版;周洪钧主编:《国际法论》,同济大学出版社1992年版。
③ 数据资料参考李绍明主编:《最新实用世界地图册》,中国地图出版社1994年版,第149—151页。
④ 参见同上。

1917年宣布成立福克兰属地,并明确自己所主张的扇形区领土范围;新西兰1923年对罗斯属地宣布行使行政和立法权;澳大利亚1933年接受英国设置的澳大利亚南极领地;法国1938年将阿德利领地范围扩至南极极点;挪威1939年宣布德罗宁·莫德地为其领地;智利1940年宣布"智利南极属地";阿根廷1946年宣布"阿根廷南极"。此外,日本和德国在第二次世界大战前对南极也曾主张过权利,但战后放弃。一些拉美国家,如巴西、秘鲁、乌拉圭等国也曾考虑过对南极提出领土要求。上述国家的领土要求相互重叠,时有争议。对此,美国和苏联都数次公开声明不承认上述国家对南极地区的领土要求,同时宣布保留自己基于在南极洲的活动而产生的权利。1948年美国曾同一些国家就南极地区"国际化"的问题进行过非正式谈判,但遭到苏联和一些国家的反对。

对南极地区提出领土主张的依据不尽相同,主要是把南极视为"无主物",通过"发现""先占""行政管理"而要求领土主权;或通过权利继承主张权利;或通过毗连性、面对性而主张权利。上述领土要求大都是扇形的,即以"扇形原则"来确定领土范围。该原则由英国在1908年首先提出,其含义是该国的领土范围可以达到以东西两端界线为腰,以极点为圆心而构成的扇形空间。

除对南极领土的主张外,一些国家还对南极领海主权、专属经济区和大陆架提出了要求,如:1972年,法国为"法属阿德利地"确立12海里领海。澳大利亚1973年宣告"澳大利亚南极领地"领海宽度为3海里,1990年将其扩至12海里。1978年,法国通过第78-144号法令建立"法属阿德利地"专属经济区。1986年,智利通过修正《民法典》主张南极专属经济区。2004年澳大利亚划界案、2009年阿根廷划界案,以及英国在2009年提交亚南极岛屿大陆架划界案等,案件所涉区域部分延伸至南纬60度以南区域。

(三)南极的法律制度

《南极条约》体系规定了南极地区特殊的法律制度。

《南极条约》体系的核心是1959年《南极条约》。该条约由阿根廷、澳大利亚、比利时、智利、法国、日本、新西兰、挪威、南非、苏联、英国和美国12个国家在美国华盛顿召开的南极会议上通过,1961年6月23日生效。[①]《南极条约》目前有56个缔约国,12个国家为原始缔约国。56个缔约国中,29个为协商国,其余27个为非协商国,被邀请参加会议,但不具有表决权。[②] 1983年6月8日中国政府交存《南极条约》加入书,并自该日起对中国生效,1985年10月7日中国成为协商国。

《南极条约》由序言和14条条文组成,其主要内容有:

(1)南极专用于和平目的。其序言和第1条明确规定,南极应永远专为和平目的而使用。在南极禁止一切具有军事性质的措施,例如建立军事基地、建筑要塞、进

---

① 该条约第12条第2款(甲)只规定,本条约生效之日起满30年后,如有任一协商国以书面通知保存国政府的方式提出请求,则应尽快举行包括一切缔约国的会议,以便审查条约的实施情况。故该条约并非是有效期30年。

② 《南极条约》体系网站:https://www.ats.aq/e/antarctictreaty.html,2023年5月20日访问。

行军事演习以及任何类型的武器试验等。

（2）科学考察自由和国际合作。条约序言、第2条、第3条规定，缔约各方同意在南极科学考察自由的基础上继续国际合作，包括交换有关情报，交换科学人员，交换或自由得到有关南极的科学考察报告和成果，鼓励同有关联合国专门机构或其他国际组织建立合作的工作关系。

（3）冻结对南极的领土要求。条约第4条规定，条约的任何规定不得解释为缔约任何一方放弃在南极原来所主张的领土主权权利或领土要求；或全部或部分放弃由于其本国或其国民在南极的活动或其他原因而构成的对南极领土主权要求的任何根据；或损害缔约任何一方关于其承认或否认任何其他国家在南极的领土主权要求或要求根据的立场。在条约有效期间所发生的一切行为或活动，不得构成其主权要求的任何根据；在条约有效期内，不得对南极提出新的领土主权要求或扩大现有的要求。

（4）缔约国观察员观察制度。条约第7条规定，协商国有权指派观察员，观察员可在任何时间自由视察南极一切地区，以促进条约宗旨并保证条约规定得到遵守。

（5）缔约国协商会议制度。条约第9条规定，条约协商国为便利交换情报，召开会议共同协商有关南极的共同利益问题，并阐述、考虑以及向本国政府建议旨在促进条约原则和宗旨的措施。协商会议自1961至1994年每两年举行一次，1994年第18届会议后每年举行一次。自1961年7月至2023年5月，共举行了44届会议。2003年在西班牙马德里举行的第26届协商会议决定在布宜诺斯艾利斯设立《南极条约》秘书处，秘书处于2004年9月开始运作。[①] 2017年5月22日至6月1日，第40届《南极条约》协商会议在北京举行，这是中国自1983年加入《南极条约》以来首次主办《南极条约》协商会议。[②] 第45届协商会议于2023年5月29日在芬兰首都赫尔辛基举行。

《南极条约》缔约国协商会议制度对《南极条约》体系的发展、完善起了关键作用。由于《南极条约》对南极资源问题没有作出规定，条约缔约国1972年在伦敦缔结了《南极海豹保护公约》（该约于1978年3月11日生效，截至目前有17个国家批准，中国未批准），1980年在堪培拉缔结了《南极海洋生物资源养护公约》（该约于1982年4月7日生效，截至目前有36个国家和1个国际组织批准，中国于2006年9月19日批准），1988年在惠灵顿订立了《南极矿物资源活动管理公约》[③]（该约已开始签字，已有19个国家签署，但未被任何国家批准，尚未生效）。又由于《南极条约》仅在第5条规定禁止在南极进行核爆炸和放置放射性尘埃，并没有对南极地区的环境保护作出明确规定，1991年在马德里通过了《关于保护环境的南极条约议定书》及其附件一《环境影响评价》、附件二《保护动植物》、附件三《废物处理与管理》、附件四《预防海洋污染》，并于1998年1月14日生效。议定书附件五《区域保护与管理》，于

---

① 《南极条约》体系网站：https://ats.aq/devAS/Meetings，2023年5月20日访问。
② 同上。
③ 这一公约因1991年马德里通过的《关于保护环境的南极条约议定书》通过而失效，这意味着《南极条约》体系不再包含这一公约，参见南极条约体系网站：https://www.ats.aq/devAS/Meetings/Measure/355，2023年5月20日访问。

1991年10月德国波恩第16届缔约国协商会议通过,并于2002年5月24日生效。① 2005年瑞典斯德哥尔摩第28届协商会议通过了议定书附件六《环境紧急情况引起的责任》,并等待协商会议协商国的批准生效。截至目前,仅有瑞典、秘鲁、西班牙、波兰、芬兰、意大利等20国批准了附件六。② 上述条约或议定书与《南极条约》一起构成有关南极问题的条约体系,对确保南极地区的非军事化,促进科学考察和国际合作,保护南极地区的环境卓有成效。但是,《南极条约》体系并没有根本解决南极的法律地位问题。

(四) 中国在南极地区的活动

中国自20世纪80年代初开始对南极的科学考察活动。1979年初,新华社记者随智利南极科学考察队到达南极采访。1981年5月,国务院成立了"国家南极考察委员会"。自1980年至1984年,应澳大利亚、新西兰、阿根廷、智利等国的邀请,中国曾派出40名科技人员赴这些国家在南极的基地进行考察。1983年我国加入《南极条约》。1984年中国首次派考察队赴南极,1985年2月建成"中国长城站"。1989年2月,中国又建成"中国南极中山站"。2009年1月27日中国在南极内陆冰盖的最高点冰穹A地区建立了第3个考察站——昆仑站。以昆仑站为依托,中国有计划地在南极内陆开展冰川学、天文学、地质学、地球物理学、大气科学、空间物理学等领域的科学研究。③ 2014年2月8日又在中山站与昆仑站之间,前往格罗夫山的分岔路口、东南极内陆冰盖伊丽莎白公主地区建成第4个考察站——泰山站。建设泰山站,一方面可以作为昆仑站的中继站,为昆仑站的科学考察提供后勤保障支撑,进一步服务于中山站—昆仑站内陆冰盖断面的各项科学考察;另一方面还可以此为基地,服务于格罗夫山地区科学考察。④ 目前,我国正在建立罗斯海地区第5个南极考察站。⑤

2017年5月,中国国家海洋局发布了《中国的南极事业》白皮书。中国作为《南极条约》协商国,除未加入《南极海豹保护公约》和尚未生效的《关于保护环境的南极条约议定书》附件六《环境紧急情况引起的责任》外,其他条约均对我国具有法律约束力。基于此,2018年全国人大常委会把有关我国南极活动的国内立法纳入了第十三届全国人大常委会立法规划,由环资委牵头审议并起草,形成《中华人民共和国南极活动与环境保护法(草案)》,将适时提请全国人大常委会审议。⑥

---

① 参见《南极条约》体系网站:https://www.ats.aq/devAS/Meetings/Measure/207, 2023年5月20日访问。
② 《南极条约》体系网站,https://ats.aq/devAS/Meetings/Measure/331, 2023年5月20日访问。
③ 中国政府网:《我国首个南极内陆考察站——中国南极昆仑站开站》,http://www.gov.cn/jrzg/2009-02/02/content_1219784.htm, 2023年5月20日访问。
④ 国家海洋局极地考察办公室网站,http://www.chinare.gov.cn/caa/gb_news.php?modid=09007&id=1403, 2014年3月5日访问。
⑤ 中国政府网:《特稿:从长城站到罗斯海新站——中国前35次南极考察回眸》, https://www.gov.cn/xinwen/2019-10/23/content_5443974.htm, 2023年5月20日访问。
⑥ 中国人大网:《全国人民代表大会环境与资源保护委员会关于第十三届全国人民代表大会第五次会议主席团交付审议的代表提出的议案审议结果的报告》, http://www.npc.gov.cn/npc/c30834/202210/656b7db6fcc24e8890bc3a44e0a82ba6.shtml, 2023年5月20日访问。

二、北极地区

北极地区是指北极圈以北的地区,包括北冰洋海域,北冰洋沿岸亚、欧、北美三洲大陆北部,以及北冰洋中的许多岛屿。① 北极地区气候寒冷,北冰洋冰盖面积占总面积的 2/3 左右,其余海面上分布有自东向西漂流的冰山和浮冰。北极地区的大陆架上有丰富的石油和天然气资源,沿岸地区及沿海岛屿有煤、铁、磷酸盐、泥炭和有色金属,其海洋生物资源也相当丰富,有白熊、海象、海豹、鲸、鲱、鳕等。

北极的大陆和岛屿面积约 800 万平方公里,有关大陆和岛屿的领土主权分别属于加拿大、丹麦、芬兰、冰岛、挪威、俄罗斯、瑞典、美国八个北极国家。② 有关北极地区的领土主权的扇形原则(sector principle)是有争议的。加拿大 1907 年最早提出扇形原则,声称位于两条国界线之间直到北极点的一切土地应属于邻接这些土地的国家,以此作为加拿大对北极地区岛屿主张领土主权的依据。1926 年 4 月 15 日,苏联最高苏维埃主席团通过决议,单方面宣称:凡位于苏联沿北冰洋海岸,北极和东经 32°4′35″ 至西经 168°49′30″ 之间的所有陆地和岛屿,无论是已经发现的或将来可能发现的,都是苏联的领土。但这遭到其他北冰洋国家的反对。而且这种理论在国际法上也缺乏论据,"是没有被普遍接受为领土权利的坚实根据的"③。

在北极地区海域的管辖权方面,北冰洋国家如美国、苏联都宣布过 200 海里专属经济区。根据《联合国海洋法公约》,北冰洋国家可依据占有的陆地(包括岛屿)划出专属经济区和大陆架。但是,由于北冰洋国家分占的陆地本身就有争议,随之主张的海域管辖权也就存在争议。

北极地区没有如南极地区一样形成一个条约体系来规定其法律制度。相关国际条约,包括《联合国海洋法公约》《斯匹次卑尔根群岛条约》《保护北极熊协议》等都在一定范围上适用于北极地区。2011 年和 2013 年,北极理事会④先后通过了《北极海空搜救合作协定》和《北极海洋油污预防与反应合作协定》,这是北极理事会框架下通过的、专门适用于北极地区的具有拘束力的法律文书。此外,北极理事会发布的《北极海上油气活动指南》、国际海事组织发布的《北极冰封水域船舶操作指南》等"软法"对于规范北极相关事务和推进北极相关法律制度的发展也具有重要意义。

目前,在北极地区,除了北冰洋国家外,还有英国、德国、日本、韩国等国进行活动。

中国是"近北极国家",在 20 世纪 90 年代后也开始对北极地区进行探险和科学考察。由于北极地区的陆地(包括岛屿)已被北冰洋沿岸国分占,中国一直未能在北

---

① 参见李绍明主编:《最新实用世界地图册》,中国地图出版社 1994 年版,第 156 页。
② 国务院新闻办:《中国的北极政策》,www.scio.gov.cn,2018 年 1 月 26 日访问。
③ 参见〔英〕詹宁斯、瓦茨修订:《奥本海国际法》(第 1 卷第 2 分册),王铁崖等译,中国大百科全书出版社 1998 年版,第 78 页。
④ 北极理事会是由加拿大、丹麦、芬兰、冰岛、挪威、瑞典、俄罗斯、美国八个环北极国家组成的政府间论坛,于 1996 年 9 月依据《渥太华宣言》成立。

极建立科学考察站。但 1991 年中国获知中华民国国民政府曾于 1925 年加入《斯匹次卑尔根群岛条约》。到目前为止,共有包括中国在内的 48 个国家签署了《斯匹次卑尔根群岛条约》。① 依据该约,斯匹次卑尔根群岛由挪威监管,所有条约缔约国的公民都可出入斯匹次卑尔根群岛并在此建科学考察站。因此,2002 年 7 月 30 日中国北极科学探险考察队在斯匹次卑尔根群岛的朗伊尔城举行了科考站的建站仪式。2004 年 7 月 28 日,中国在斯匹次卑尔根群岛建成了第一个北极科学考察站——北极黄河站,位于斯匹次卑尔根群岛的新奥尔松。中国也成为第 8 个在挪威的斯匹次卑尔根群岛建立北极科考站的国家。② 2013 年 5 月,中国成为北极理事会正式观察员国,表明了中国在北极理事会中地位和作用的增强。正式观察员国虽没有在理事会的表决权,但自动享有参与理事会的权利,同时拥有发言权、项目提议权。2018 年 1 月,我国国务院发布了《中国的北极政策》白皮书,明确中国的北极政策目标是:认识北极、保护北极、利用北极和参与治理北极,维护各国和国际社会在北极的共同利益,推动北极的可持续发展。2018 年 10 月,中国和冰岛共同筹建的中—冰北极科考站正式运行。

参考书目

[1] 周鲠生:《国际法》,商务印书馆 1976 年版。
[2] 〔英〕詹宁斯、瓦茨修订:《奥本海国际法》(第 1 卷第 2 分册),王铁崖等译,中国大百科全书出版社 1998 年版。
[3] I. A. Shearer, *Starke's International Law*, 11th ed., Butterworth & Co. (Publishers), 1994.

---

① 法国外交部,https://basedoc.diplomatie.gouv.fr/exl-php/recherche/mae_internet___traites,2020 年 2 月 16 日访问。
② 国家海洋局极地考察办公室网站:《中国北极考察站》,http://www.chinare.gov.cn/caa/gb_article.php?modid=04000,2011 年 4 月 11 日访问。

第五章 国际海洋法

第一节 国际海洋法的概念、历史发展及编纂

一、国际海洋法的概念

国际海洋法(the international law of the sea)是关于各种海域的法律地位和调整国家在各种海洋活动中发生的国际关系的原则、规则和制度的总称,是国际法的重要组成部分。

全球海洋面积达3亿6千多万平方公里,占地球表面的71%。海洋与人类的生活息息相关,是人们海上交往的通道,在增进国家和人民之间的政治、经济、文化交流方面起着重要作用;海洋是蕴藏着丰富资源的宝库,为人类生活和发展提供着必要的物质条件。为了调整人们在从事海洋活动过程中所发生的各种关系,历史上形成了许多法律原则、规则和制度,其中调整国与国之间海上关系的原则、规则和制度,构成了国际海洋法的基本内容。[①]

国际海洋法是国际法的一个分支,具有国际法的一般特征,国际法的基本原则,如国家主权平等原则、不干涉内政原则、不使用武力或武力威胁原则、和平解决国际争端原则等,也都是国际海洋法的基本原则。由于国际海洋法调整的国际关系与国际法其他分支调整的国际关系有所不同,因此,它又具有一些特殊的概念、原则、规则和制度。

国际海洋法与所有法律一样,属于社会上层建筑范畴,随着人类生产力的不断提高和国际社会的不断进步而曲折向前发展。不同历史发展阶段的国际海洋法都带有明显的时代烙印。但是,不论是哪个时代的国际海洋法,都是由构成该时代之国际社会的各个国家通过明示或默示的方式创造的,反映了它们的共同意志。由于各个国家的利益和要求不同,甚至相互冲突,所以,这种共同意志往往是折中妥协甚至是扭曲的产物。国际海洋法的这一性质,决定了它一方面可以在维持海上秩序、促进国家之间海上交往和合作方面起到积极作用,另一方面也不可避免地会经常受到挑战。

在全球政治经济一体化的当今世界,国际海洋法在国际政治、经济、军事关系中发挥着日趋重要的作用,对一个国家的主权安全、经济发展和利益拓展更是不可或缺。

[①] 关于海上武装冲突的法律规范属于战争和武装冲突法,不包括在作为平时法的国际海洋法的范围之内。

二、国际海洋法的历史发展

在古罗马时代,海洋被认为是"共有之物",各国都有利用海洋的权利。随着罗马势力的扩张,出现了罗马统治者对海洋拥有管辖权的主张。有史料记载,在罗马和迦太基之间曾缔结条约,相互限制对方的船舶在某些海域的航行。

进入中世纪以后,封建君主如同对于土地一样,也对海洋提出了领有权或者主权主张。自10世纪起,英国国王自称为"不列颠海的主权者""诸海的主权者",在他控制的海域内,要求外国船舶向英国国旗致敬,征收通行费,甚至控制和禁止外国船舶航行和捕鱼。1493年,西班牙和葡萄牙依据罗马教皇的谕旨,瓜分了大西洋,要求在他们控制的海域内航行的外国商船必须得到许可。为了适应封建君主占有海洋的需要,巴托拉斯、真提利斯等法学家对罗马法重新作了解释,论述了沿海国可以对邻近海域享有所有权或主权的思想。真提利斯还明确提出了沿岸海域是沿海国领土的延续的观点,并把这种海域称之为"领水",这是国际法历史上第一次出现的领水概念。

进入资本主义发展时期,资本主义国家出于追求巨大的航海贸易利益的目的,提出了打破海洋被各国封建君主割据的局面和海上自由航行的要求。1609年,荷兰法学家雨果·格劳秀斯为反对西班牙对东印度贸易的垄断,发表了《海洋自由论》,提出了海洋自由原则。他论证说,所有人都有在海上航行和通商的自由,因为海洋是人类共有的,它无边无际,流荡无定,任何人都无法加以占有。海洋也是适合于供大家使用的,因为,无论是航行或是捕鱼,都不能使它罄竭。格劳秀斯的海洋自由理论提出以后,遭到了一些国家的君主和学者的反对。① 但是,由于它有利于海上航行和贸易,代表了资本主义的发展方向,所以,逐渐赢得了国际社会的普遍支持。至19世纪上半叶,法、英、美、俄等当时的大国都接受了海洋自由原则,公海制度由此形成。

在公海制度形成的同时,由沿海国对其沿岸一带海域行使主权的领海制度也得到了国际社会的普遍承认。如上所述,真提利斯在16世纪就提出了领水概念。格劳秀斯在提倡海洋自由原则的同时也承认,可从海岸上进行控制的那部分海域属于沿岸国所有。此后,威尔伍德、普芬道夫等人又从不同的方面论证了沿海国对沿岸水域享有主权和所有权的思想。② 1702年,荷兰法学家刻舒克在其《论海上主权》一书中提出了"陆地上的控制权终止在武器力量终止之处"的确定领海宽度的"大炮射程规则"。在领海制度的形成过程中,关于沿海国对其领海享有何等权利的问题,曾有过"主权"和"某种管辖或控制权"的不同意见之争。1919年《巴黎航空公约》肯定了"领水是国家领土的一部分,国家对其享有主权"的观点,从而结束了这一争论。

---

① 1618年,塞尔登发表《闭海论》,为英国君主占有英伦三岛周围海域的行为进行辩解。英王查尔斯一世下令刊印《闭海论》,甚至通过英国驻荷兰大使,要求荷兰惩罚格劳秀斯。

② 1613年,威尔伍德写道:"一个国家的居民有在他们的沿岸进行捕鱼的原始的排他的权利。这一部分海洋必须属于沿海国的主要理由之一是,如果任何人都可以自由捕鱼,这些鱼类会有灭绝之虞。"1672年,普芬道夫说:"领水是沿海国为守护其海岸的壁障,容许军舰在未经准许的情况下或未曾保证不作任何损害行为的情况下靠近海岸是有危险的。"

直至 20 世纪中叶,国际海洋法一直把地球海洋基本上分成领海和公海两部分,因而有"领海以外即公海"之说。第二次世界大战结束以后,国际海洋法发生了革命性变革:沿海国的管辖权不再局限于领海,而是扩展到了原先实行公海制度的广阔海域。作为海洋法基础之一的海洋自由原则受到了沿海国管辖权的极大挑战。导致这一变化的因素主要有:(1) 战后经济的恢复和增长,极大地刺激了各国对于海洋自然资源的需求,沿海国家竞相将其管辖权扩展到领海以外,以期控制更多的海洋资源;(2) 科学技术特别是船舶和航海技术有了巨大进步,为人类利用更广阔的海洋空间及其资源提供了实际可能性;(3) 新近独立的发展中国家强烈要求改变有利于海洋大国的旧的海洋法律制度,建立新的海洋法律秩序。此外,国际社会对海洋环境保护和海洋自然资源保全的日益关注,在推进海洋法发展方面也起了很大作用。海洋法的变革,突出地表现为大陆架、专属经济区、国际海底区域等新海洋法律制度的出现。

1945 年 9 月 28 日,美国总统杜鲁门发布《大陆架公告》,以大陆架"是沿海国陆地的延伸,因而自然地属于它"为由,宣布"处于公海下,但毗连美国海岸的大陆架的底土和海床的自然资源属于美国,受美国的管辖和控制"。[①] 美国的这一行动明显突破了当时的国际海洋法,但是,由于它与广大沿海国扩大对海洋资源控制的普遍要求一致,不仅没有遭到反对,相反成了许多国家效法的榜样。继美国之后,拉美、中东、北欧、亚洲等地的一些国家也相继提出了自己的大陆架主张。1947 年,中国政府基于对南海诸群岛的领土主权和对南海海域及其资源的长期开发利用和管辖权实践,也在南海用断续国界符号划设了具有确定中国南海岛礁领土主权和南海海洋权益范围的"断续线"。至 1958 年第一次联合国海洋法会议召开之时,提出大陆架主张的国家已达 35 个。这次会议通过了《大陆架公约》,在国际海洋法中正式确立了大陆架制度。

在大陆架概念出现以后不久,发展中的拉丁美洲国家又提出了给传统海洋法带来更大冲击的 200 海里海洋权主张。1947 年 6 月 23 日,智利总统发表声明,提出其大陆架主张,同时宣布,为保护和开发自然资源的需要,将其国家主权扩展至邻接其海岸的 200 海里以内的海域。[②] 随后,秘鲁、萨尔瓦多、尼加拉瓜等国也采取了类似行动。由拉美国家率先提出的这种 200 海里海洋权主张,在亚洲和非洲的发展中国家中得到了广泛的支持和响应[③],最终导致专属经济区概念的提出和专属经济区制度的建立。专属经济区概念最初是肯尼亚于 1971 年 1 月在亚非法律协商委员会科伦坡会议上提出的。1972 年 8 月,肯尼亚又向联合国海底委员会提交了"关于专属经济区概念的条款草案"。按照这一条款草案,所有国家都有权在其领海以外建立宽度不超过 200 海里的经济区,对其中的自然资源行使主权权利。美国、苏联、日本等海洋大

---

① 参见北京大学法律系国际法教研室编:《海洋法资料汇编》,人民出版社 1974 年版,第 387 页。
② 参见同上书,第 296—298 页。
③ 1973 年 4 月 19 日,中国总理周恩来在欢迎墨西哥总统的宴会上讲话指出:"拉美国家带头兴起的保卫 200 海里海洋权的斗争,鼓舞和推动了世界各大洲反对海洋霸权主义的斗争。……中国政府和中国人民坚决支持拉丁美洲人民的正义斗争。"见《人民日报》1973 年 4 月 20 日。

国曾强烈反对 200 海里海洋权和专属经济区制度,但在第三次联合国海洋法会议上不得不作了妥协,并先后宣布了自己的专属经济区。会议通过的《联合国海洋法公约》对专属经济区制度作了全面规定。专属经济区制度的确立,使得占世界海洋总面积 36% 的海域和所有的重要国际航道,以及 95% 的世界总渔获量和 87% 的已探明的世界石油储量,都处于沿海国管辖之下。

在国家管辖范围以外的深海海床洋底建立国际海底区域制度,是战后国际海洋法的另一重大发展。早在 19 世纪 70 年代,英国"挑战者号"巡洋舰在深海海底就发现了锰结核矿物资源。但是,由于经济和技术上的原因,这一发现在很长时间内并没有引起国际社会的重视。进入 20 世纪 60 年代,经济上的需要促使一些发达国家开始进行锰结核的试验性勘探和开采活动并取得成功。深海采矿技术的发展,也使深海矿物资源的商业开发呈现出良好前景。此外,海军武器装备技术的发展也使深海洋底军事化的危险增加了。这些情势引起了一些发展中国家的关注,1967 年 8 月 17 日,出席第 22 届联合国大会的马耳他代表团向大会提交了"关于保留现行国家管辖范围以外的海床洋底及其底土专用于和平目的及其资源用于人类福利的宣言和条约"的提案。马耳他大使阿维德·帕多在会上对这一提案进行说明时,建议将国家管辖范围以外的海床洋底及其底土宣布为人类共同继承财产,并要求缔结一项条约,以保证这一区域能为全人类的利益而开发。马耳他的建议获得了普遍支持。本届和随后的几届联合国大会通过多项决议,发表了"关于各国管辖范围以外海床洋底及其底土的原则宣言",决定于 1973 年召开海洋法会议,讨论签订国际条约,建立这一区域的国际制度。

1973 年 12 月 3 日,第三次联合国海洋法会议开幕。经过长达九年的协商和谈判,会议完成了《联合国海洋法公约》,建立了各种海域制度和主要海洋活动规则。除这些外,会议还就国际海底区域制度基本达成协议。公约通过以后,以美国为首的一些发达国家因对其中的一些条款不满意而拒绝签字,从而产生了所谓公约的"普遍性"问题。为了解决这一问题,联合国秘书长召集一些国家进行了多轮磋商。结果,第 48 届联合国大会于 1994 年 7 月 28 日通过了《关于执行 1982 年 12 月 10 日〈联合国海洋法公约〉第十一部分的协定》,实际上对公约第十一部分和附件的一些条款作了修改。这一协定在一定意义上消除了一些发达国家批准公约的障碍,解决了公约的"普遍性"问题。

1993 年 11 月 16 日圭亚那作为第六十个国家批准了《联合国海洋法公约》。按公约生效条款的规定,公约将在第六十个国家交存批准书后一年生效。于是《联合国海洋法公约》于 1994 年 11 月 16 日正式生效。该公约的生效标志着新的海洋法律秩序的建立。

《联合国海洋法公约》生效后过了几十年,国际政治、经济、军事格局发生了巨大变化:美苏两大阵营的冷战对抗结束,全球经济日趋一体化,以中国等"金砖四国"为代表的新兴国家迅速崛起,中小国家海洋意识和海洋利用及管理能力不断提升,海洋军事力量竞争呈现出新的样态,海上传统安全威胁和非传统安全威胁并发,海洋权益纠纷和争端频起,海洋大国和广大中小沿海国家在海域划界、海洋资源开发和利用、海洋科学研究、管辖海域管理和控制、海洋军事利用与海洋自由、海峡水道通过、海洋公共安全、海洋争端解决等问题上的利益冲突和矛盾进一步凸显,海洋领域各种问题的相互关联性更加突出,全球海洋法律环境动荡不稳,国际海洋法律秩序仍在不断调整之中,国际海洋法律制度还需与时俱进。

三、国际海洋法的编纂

国际海洋法是一门古老的法律。早期的海洋法原则和规则大多来自习惯。自19世纪后半叶以来,有关海洋法问题的国际条约日益增多,其中比较重要的有:废除私掠船制度的1856年《巴黎宣言》,关于过境自由和国际可航水道制度的1921年《巴塞罗那公约》等。为了使海洋法原则和规则系统化和明确化,20世纪以来,国际社会召开多次会议,对海洋法进行了编纂。

1930年,国际联盟在海牙召开国际法编纂会议,就领水等三个海洋法问题进行编纂。会议对"领海是国家领土的一部分,国家对其行使主权"的问题达成了一致,提出了将一国陆地领土和内水以外邻接的一带海域统称为领海的建议。但是,由于与会各国在领海宽度以及与领海宽度密切相关的毗连区、历史性海湾等问题上分歧较大,会议未能就领海制度通过一项公约,只是将关于领海法律地位的规则草案,作为附件列入了会议最后文件。

第二次世界大战以后,联合国将国际法的逐渐发展和编纂列为自己的重要任务之一。在联合国的主持下,国际海洋法的编纂取得了很大成就。1958年,第一次联合国海洋法会议在日内瓦召开,参加会议的有87个国家。会议以联合国国际法委员会准备的关于海洋法的条款草案为基础,讨论了领海和毗连区、公海的一般制度、公海渔业养护、大陆架和内陆国出海等问题。经过两个多月的讨论,会议通过了《领海及毗连区公约》《公海公约》《捕鱼与养护公海生物资源公约》《大陆架公约》和《关于强制解决争端的任意议定书》。

然而,这次会议未能解决所有讨论的问题。例如,会议未能就领海宽度达成一致意见。为了重新讨论这一问题,联合国又在1960年召开了第二次海洋法会议。但由于与会各国意见分歧严重,这次会议也没有取得结果。

1973年12月3日,第三次联合国海洋法会议在纽约开幕。这是国际法历史上参加国家最多、历时最长的国际法编纂会议。其任务是"通过一项公约,处理一切有关海洋法的问题"。[①] 参加会议的有167个国家和地区,以及许多国际组织和机构的观察员。经过长达9年11期16次会议的讨论,最后以130票赞成、4票反对、17票弃权的表决结果,通过了由17个部分、320条构成的《联合国海洋法公约》及其9个附件。这是一部典型意义上的国际海洋法大全,包含了关于领海、用于国际航行的海峡、群岛水域、专属经济区、大陆架、公海、岛屿、国际海底区域、海洋环境保护、海洋科学研

---

① 第28届联合国大会第3067号决议(1973年11月16日)。

究、海洋技术的发展和转让、海洋争端的解决等几乎所有重要的国际海洋法律制度的规定,是对国际海洋法迄今为止最全面的编纂。第三次联合国海洋法会议的召开和《联合国海洋法公约》的通过,标志着国际海洋法发展到了一个新的历史阶段。

第二节　内水、领海、毗连区

一、内水

(一) 内水的概念和法律地位

内水(internal waters)是指一国领海基线以内的一切水域,包括湖泊、河流及其河口、内海、港口、海湾等;对于群岛国而言,是指其群岛水域内河口、海湾、港口封闭线以内的水域。①

内水与陆地领土一样,是国家领土的组成部分,国家对其拥有完全的、排他的主权。非经许可,外国船舶不得进入一国内水并在其中航行或进行捕鱼等其他活动。②

在使用直线基线确定领海基线,而使原来不是内水的水域成为内水的情况下,在这种水域内,外国船舶享有无害通过权。③

《中华人民共和国领海及毗连区法》第2条第3款规定:"中华人民共和国领海基线向陆地一侧的水域为中华人民共和国的内水。"渤海湾、琼州海峡位于我国领海基线以内,是我国的内水。

(二) 海湾

海湾(bays)是指海洋伸入陆地形成明显水曲的水域,其海岸可能属于一国或多国。

当海湾海岸仅为一国陆地的情况下,海湾是指其面积等于或大于横越湾口所划直线作为直径的半圆形的面积的水曲。如果水曲因有岛屿而有一个以上的曲口,该半圆形应划在与横越各曲口的各线总长度相等的一条线上,水曲内的岛屿视为水曲水域的一部分。④

在海湾天然湾口两端之间的距离不超过24海里的情况下,沿岸国可在这两端之间划出一条封口线,这条线也就是沿岸国的直线领海基线,线内所包围的水域即为该国的内水。如果湾口两端之间的距离超过24海里,则该24海里直线基线应划在海湾内以划入该线所可能划入的最大水域。⑤

关于沿岸属于两个或两个以上国家的海湾的法律地位,无论是《领海及毗连区公

---

① 参见《联合国海洋法公约》第8条第1款、第50条。
② 例如《中华人民共和国海上交通安全法》第55条第1款规定:"除依照本法规定获得进入口岸许可外,外国籍船舶不得进入中华人民共和国内水;但是,因人员病急、机件故障、遇难、避风等紧急情况未及获得许可的可以进入。"
③ 参见《联合国海洋法公约》第8条第2款。
④ 参见《联合国海洋法公约》第10条第1款、第2款、第3款。
⑤ 参见《联合国海洋法公约》第10条第4款、第5款。

约》或是《联合国海洋法公约》都没有明确规定。

在实践中,有一些国家以历史上的主权管辖和开发实践等理由主张对某些海湾享有领有权,这种海湾通常被称为"历史性海湾"。《领海及毗连区公约》和《联合国海洋法公约》均承认"历史性海湾"的存在。①

(三) 港口

港口(ports)是指海岸线或河流上具有天然条件或人工设施,用于船舶停泊和装卸客货的地方。港口属于港口国内水的一部分。

港口制度由港口国通过国内法律和规章加以规定,一般包括港口进出和航行、港口秩序、防止港口水域污染、对港内船舶的司法管辖权等内容。外国船舶出入一国港口,应遵行港口国的有关法律和规章。港口国对外国商船上的刑事、民事案件享有管辖权,但是,除特殊情况外,一般不行使这一权力。外国军舰在港口享有主权豁免。

二、领海

(一) 领海的概念和法律地位

领海(the territorial sea)是指沿海国陆地领土和内水以外邻接的处于其主权之下的一带海域;对于群岛国而言,是指群岛水域以外邻接的、处于群岛国主权之下的一带海域。②

领海属于国家领土。沿海国对其领海享有主权,这一主权及于领海的上空、水域及其海床和底土。外国船舶在领海内享有无害通过权。

基于领海主权,沿海国对其领海内的一切人和事享有管辖权。沿海国可在领海内行使的权利主要有:(1) 自然资源的所有权和专属管辖权;(2) 海上航行和空中飞行管辖权;(3) 海洋科学研究的专属权;(4) 海洋环境保护和保全管辖权;(5) 国防保卫权。

(二) 领海的宽度和界限

1. 领海的宽度

国家有权确定其领海的宽度。由于各国所处的海洋自然地理条件不同,海洋权益要求和主张自然也就不同,所以,国家早期确定领海宽度的方法和确定的领海宽度很不相同。1930年国际法编纂会议和第一次、第二次联合国海洋法会议曾多次作出努力,力图在国际上统一确定领海宽度的规则,但都没有成功。第三次联合国海洋法会议终于解决了这一问题。按照《联合国海洋法公约》的规定,领海宽度从领海基线量起最大不得超过12海里。③

2. 领海基线

领海基线(baseline),是测算领海宽度的起始线,同时也是领海与内水的分界线。

---

① 参见《联合国海洋法公约》第10条第6款。另见联合国《关于历史性权利的研究报告》。
② 参见《联合国海洋法公约》第2条第1款。
③ 参见《联合国海洋法公约》第3条。

在早期国际实践中,一般都以低潮线作为领海基线。这种基线称为正常基线或自然基线。1935年,挪威采用将其海岸外各岛礁上的48个点用直线连接的办法来划定其领海基线。这一基线称为直线基线。使用直线基线为领海基线,对于海岸曲折、岸外有众多岛礁的国家比较方便,而且从航海角度也更便于船舶辨识该国的领海范围,因而为许多国家所采用。1951年国际法院对英挪渔业案的判决,肯定了直线基线法的合法性。《联合国海洋法公约》对正常基线和直线基线都作了规定,指出,沿海国为适应不同情况可交替使用这两种方法以确定基线。①

3. 领海的外部界限

领海的外部界限,也称领海线,是一条其每一点同领海基线最近点的距离等于领海宽度的线。这条线是领海与毗连区、专属经济区或公海的分界线。领海的外部界限,通常用交圆法、共同正切线法和平行线法划定。沿海国应将其领海基线或领海线标绘在特定比例尺的海图上妥为公布,并应将该海图的一份副本交存于联合国秘书长。②

在海岸相邻或相向国家间,经常会发生各自主张的领海交叠的情况,从而产生领海划界问题。按照海洋法公约的规定,有关国家应通过签订协议的方法来划定彼此之间的领海界限;在没有相反协议情况下,任何一国均无权将其领海伸延至相关海域的中间线以外。③

(三) 对外国商船的刑事和民事管辖权

根据属地原则,沿海国对于发生在其领海内的一切刑事、民事案件均有司法管辖权,因而在理论上对通过其领海的外国船舶拥有执法管辖权。但是,为了一般的航行利益,国际上形成的习惯是,沿海国一般不在通过其领海的外国船舶上行使刑事管辖权,除非:(1) 罪行的后果及于沿海国;(2) 罪行属于扰乱当地安宁或领海的良好秩序的性质;(3) 经船长或船旗国外交代表或领事官员请求地方当局予以协助;(4) 为取缔违法贩运麻醉药品或精神调理物资所必要。④

沿海国对通过其领海的外国船舶的民事管辖权也受到一定限制。它不应为对外国船舶上某人行使民事管辖权的目的而停止船舶的航行或改变其航向,也不得为任何民事诉讼的目的而对船舶从事执行或逮捕,但涉及该船舶在通过沿海国水域的航行中或为该航行的目的而承担的义务或因而负担的责任,则不在此限。⑤ 对在领海内停泊或驶离内水后通过领海的外国船舶,沿海国享有为了任何民事诉讼的目的而从事执行或加以逮捕的权利。⑥

军舰和其他用于非商业目的的政府船舶享有主权豁免,但此等豁免并不意味着

---

① 参见《联合国海洋法公约》第5条、第7条、第14条。
② 参见《联合国海洋法公约》第16条。
③ 参见《联合国海洋法公约》第15条。
④ 参见《联合国海洋法公约》第27条第1款。
⑤ 参见《联合国海洋法公约》第28条第1款、第2款。
⑥ 参见《联合国海洋法公约》第28条第3款。

军舰和此类船舶可以无视沿海国的法律和规章,也不意味着沿海国就不会对其违法侵权行为采取必要和适当的措施。①

(四) 无害通过权

国际海洋法承认船舶享有无害通过领海的权利(right of innocent passage),通过是指船舶为了穿过领海但不进入内水或停靠内水以外的泊船处或港口设施,或为了驶往或驶出内水或停靠这种泊船处或港口设施的目的而在领海航行。通过应继续不停并迅速进行。必须指出的是,通过不仅仅指航行,也包括必要的停船和下锚,但这种停船和下锚应以通常航行所附带发生或因不可抗力或遇难所必要,或以救助遇险遇难人员、船舶或飞机的目的为限。

无害通过的含义是:(1)通过只要不损害沿海国的和平、良好秩序或安全就是无害的。(2)通过时不得在领海内从事公约所列举的任何一种与通过没有直接关系的活动,包括对沿海国的主权、领土完整或政治独立进行任何武力威胁或使用武力,任何捕鱼活动等。② 公约还规定,在领海内潜水艇和其他潜水器须在海面航行并展示其旗帜。③

沿海国不应妨碍外国船舶无害通过领海。沿海国可依公约规定制定关于无害通过领海的法律和规章,行使无害通过领海权利的外国船舶应遵守所有这种法律和规章。沿海国可在其领海内采取必要的步骤以防止非无害通过。④

关于军舰是否同商船一样,享有不受妨碍地无害通过领海的权利的问题,国际上一直存在着争论。由于海军实力和海上防务战略不同,各国在军舰无害通过领海问题上的实践也不尽相同。即便是同一国家,在不同的海军实力和海军战略背景下,在该问题上亦有不同的立场。第一次和第三次联合国海洋法会议均对该问题进行了长时间讨论,但仍然未能消除分歧而达成协议。⑤ 在一些国家的坚持下,《领海及毗连区公约》和《联合国海洋法公约》以相同的文字规定,所有国家的船舶均享有无害通

---

① 参见《联合国海洋法公约》第32条。
② 这些活动具体包括:a. 对沿海国的主权、领土完整或政治独立进行任何武力威胁或使用武力,或以任何其他违反《联合国宪章》所体现的国际法原则的方式进行武力威胁或使用武力;b. 以任何种类的武器进行任何操练或演习;c. 任何目的在于搜集情报而使沿海国的防务或安全受损害的行为;d. 任何目的在于影响沿海国防务或安全的宣传行为;e. 在船上起落或接载任何飞机;f. 在船上发射、降落或接载任何军事装置;g. 违反沿海国海关、财政、移民或卫生的法律和规章,上下任何商品、货币或人员;h. 违反本公约规定的任何故意和严重的污染行为;i. 任何捕鱼活动;j. 进行研究或测量活动;k. 任何目的在于干扰沿海国任何通信系统或任何其他设施或设备的行为;l. 与通过没有直接关系的任何其他活动。参见《联合国海洋法公约》第19条。必须强调指出,随着海军武器装备特别是电子侦察和通信技术的快速发展,上述活动完全可以在领海之外进行并有着同样的损害后果。那么,这些行为在12海里之内即为有害,而在12.1海里就为无害或公海自由吗? 显然,公约为保障沿海国领海主权及安全而在这里所采用的法律方法是有严重缺陷的,既不约文目的不相适应,也无法与时俱进,更为海洋大国滥用公海自由提供了广阔空间。
③ 参见《联合国海洋法公约》第20条。
④ 参见《联合国海洋法公约》第21条、第24条、第25条。
⑤ 第三次联合国海洋法会议关于军舰通过领海问题的讨论,参见沈韦良、许光建:《第三次联合国海洋法会议和海洋法公约》,载王铁崖等主编:《中国国际法年刊》(1983),中国对外翻译出版公司1983年版,第410—411页。

过领海的权利①,而没有区分军舰和商船②。一些反对给予军舰无害通过权的国家分别对《领海及毗连区公约》和《联合国海洋法公约》的有关条款提出了保留或发表了解释性声明。③

我国在批准《联合国海洋法公约》时附有如下声明:"《联合国海洋法公约》有关领海内无害通过的规定,不妨碍沿海国按其法律规章要求外国军舰通过领海必须事先得到该国许可或通知该国的权利。"④1992年我国《领海及毗连区法》第6条第2款规定:"外国军用船舶进入中华人民共和国领海,须经中华人民共和国政府批准。"⑤

三、毗连区

毗连区(contiguous zone)是领海以外邻接领海,沿海国在其中对特定事项行使必要管制的一带海域。毗连区是伴随着领海制度的形成而出现的一项海洋法律制度。自18世纪30年代以来,一些国家为了查禁违禁品、反走私以及维护海上安全和公共卫生等利益,先后制定法律和规章,在其领海外海域设立了各种不同宽度和名称的毗连区,以对有关事项实行管制,如关税区、卫生检疫区、安全区等。1930年海牙国际法编纂会议曾试图就毗连区制度制定一项统一的条款,由于与其直接关联的领海宽度问题没有解决而未能成功。第一次和第三次联合国海洋法会议讨论了毗连区问题,在《领海及毗连区公约》和《联合国海洋法公约》中对毗连区制度作了内容基本相同的规定。

毗连区位于领海以外,是公海的一部分。在沿海国建立专属经济区的情况下,毗连区则是专属经济区的一部分。⑥毗连区的宽度,从领海基线量起,不得超过24海里。⑦

按照《联合国海洋法公约》的规定,沿海国可在其毗连区内对海关、财政、移民和卫生等事项行使必要的管制,以防止并惩治外国船舶在其领土或领海内违犯有关这

---

① 参见《领海及毗连区公约》第14条第1款;《联合国海洋法公约》第17条。
② 对此问题有两种有代表性的不同观点,关于其中一种观点,参见刘楠来等:《国际海洋法》(海洋出版社1986年版)有关章节;关于另一种观点,参见邵津:《关于外国军舰无害通过领海的一般国际法规则》,载中国国际法学会主编:《中国国际法年刊》(1989),法律出版社1990年版。
③ 按照《联合国海洋法公约》第309条、第310条的规定,对该公约不容许作出保留,但是,可对它作出声明或说明。
④ 参见全国人民代表大会常务委员会《关于批准〈联合国海洋法公约〉的决定》(1996年5月15日)。
⑤ 参见《中华人民共和国领海及毗连区法》第6条。从我国领海法的规定看,外国军用舰艇进入我国领海须经批准似乎是一项绝对条件。但是,我国领海法没有相应的实施细则,导致现行的批准制度缺乏可操作性。比如,在实践中,时常会出现外国军用舰艇因恶劣天气或其他不可抗力情势而需要紧急进入我国领海的情况,而我国内法上就没有关于外国军用舰艇遇险进入我国领海的批准制度。
⑥ 《领海及毗连区公约》第24条第1款规定,毗连区是沿海国在毗连其领海的公海区域内设定的一个区域。在第三次海洋法会议上,由于专属经济区制度的确定,在沿海国建立专属经济区的情况下,毗连区将位于专属经济区内,而不是公海内。所以,《联合国海洋法公约》第33条关于毗连区的规定在沿用《领海及毗连区》相关条款的措辞时,删去了其中"在公海区域内"等字。
⑦ 参见《联合国海洋法公约》第33条第2款。按照《领海及毗连区公约》的规定,毗连区的宽度被限制为从基线量起不得超过12海里。

些事项的法律和规章的行为。① 在实践中,有些国家的法律还规定对安全、污染等事项实行管制。②

《中华人民共和国领海及毗连区法》第 13 条规定:"中华人民共和国有权在毗连区内,为防止和惩处在其陆地领土、内水或者领海内违反有关安全、海关、财政、卫生或者入境出境管理的法律、法规的行为行使管制权。"

第三节 用于国际航行的海峡、群岛水域

一、用于国际航行的海峡

海峡是指大陆与大陆、大陆与岛屿或岛屿与岛屿之间连接两个海域的狭窄水道。就其水域的法律地位来说,分为内水海峡、领海海峡和非领海海峡。在领海宽度为 12 海里的情况下,世界上有 116 个海峡为领海海峡,其水域为沿岸一国或数国所领有,其中有 30 多个海峡被经常用于国际航行。

海峡是沟通两个海域的通道,特别是用于国际航行的海峡(straits used for international navigation)具有重大的经济和战略意义。过去,国际上有许多双边和多边国际条约对不同的海峡规定了不同的海峡航行制度。在第三次联合国海洋法会议上,用于国际航行的海峡的通过制度问题,因 12 海里领海宽度规则的确立而成为激烈争论的焦点。一些海峡沿岸国强烈主张,在这种海峡应像在领海中一样实行无害通过原则,特别是军舰通过海峡需要事先通知或得到沿岸国的同意。美、苏等海洋大国则坚持在这种海峡内,实行航行和飞越自由制度,会议最终就这种海峡的通过制度达成了妥协。

根据用于国际航行的海峡的宽度和海峡两端所连接的海域的法律地位情况,《联合国海洋法公约》为不同宽度和自然地理条件的海峡制定了不同的航行制度。第一类,海峡宽度超过两岸领海宽度,海峡中有在航行和水文方面同样方便的一条穿过公海或专属经济区的航道,在这种航道中适用航行和飞越自由(第 36 条);第二类,连接公海或专属经济区一部分与外国领海的海峡,适用无害通过制(第 45 条第 1 款 b)③;第三类,连接公海或专属经济区一部分与公海或专属经济区另一部分的海峡——大多数重要的用于国际航行的海峡属于此类海峡——实行过境通行制(transit passage)(第 37 条)。但是,如果这种海峡是由海峡沿岸国的岛屿和该国的大陆形成,而且该岛屿向海一面有在航行和水文特征方面同样方便的一条穿过公海或穿过专属经济区的航道,该海峡则不适用过境通行制而适用无害通过制(第 45 条第 1 款 a)。④

---

① 参见《联合国海洋法公约》第 33 条第 1 款和《领海及毗连区公约》第 24 条第 1 款。
② 参见巴基斯坦 1976 年《领水和海洋区域法》第 4 条;印度 1976 年《领海、大陆架、专属经济区和其他海洋区域法》第 5 条;马耳他 1971 年《领水和毗连区法》第 4 条;等等。
③ 公约第 41 条第 2 款规定,在这种海峡中的无害通过不应予以停止。关于无害通过制,参见公约第 18 条、第 19 条、第 21 条、第 22 条、第 24 条、第 25 条等。
④ 同上。

过境通行是为两端均为公海或专属经济区的海峡而设计的继续不停和迅速过境目的的航行和飞越自由制度。所有船舶和飞机在此类海峡均享有过境通行的权利,船舶和飞机可以其正常通行方式(如潜艇以潜航方式)行使过境通行权。① 海峡沿岸国不应妨碍过境通行,并应将其所知的海峡内或海峡上空对航行或飞越有危险的任何情况妥为公布。过境通行不应予以停止。②

过境通行制度的实行,不影响构成用于国际航行的海峡的水域的法律地位,也不影响海峡沿岸国对这种水域及其上空、海床和底土的主权和管辖权。③ 海峡沿岸国可以制定关于过境通行的法律和规章,也可为海峡航行指定海道和规定分道通航制。④ 行使过境通行权的船舶和飞机,应毫不迟延地通过或飞越海峡,不得对沿岸国的主权、领土完整或政治独立进行任何武力威胁或使用武力,并应遵守沿岸国的有关法律和规章。⑤ 未经海峡沿岸国的事先准许,外国船舶不得进行任何研究或测量活动。⑥

在有关国际实践中,有些国家对其管辖的用于国际航行的海峡实行了变通做法,在特定的用于国际航行的海峡实行窄领海制度,从而在海峡中留出供船舶和飞机行使航行和飞越自由的"走廊",如日本就在宗谷海峡、津轻海峡、对马海峡、大隅海峡的"指定海区"实行了3海里领海制度,为船舶和飞机通过留出了所谓"公海走廊"。⑦

用于国际航行的海峡的通过制度,直接支撑着海洋航行自由法律体系,是国际海洋法的重要制度。海峡通过制度的有效实施,需要国际社会特别是海峡利用国和海峡沿岸国彼此尊重、相互合作、共同努力。

二、群岛水域

(一) 群岛水域的概念和法律地位

群岛水域(archipelagic waters)是指群岛国(archipelagic state)⑧按照《联合国海洋

---

① 参见《联合国海洋法公约》第37条、第38条第1款。
② 参见《联合国海洋法公约》第44条。
③ 参见《联合国海洋法公约》第34条。
④ 参见《联合国海洋法公约》第42条、第41条。
⑤ 参见《联合国海洋法公约》第39条。
⑥ 参见《联合国海洋法公约》第40条。
⑦ 参见1977年《日本领海法》。该法规定,日本领海宽度为12海里,但"指定海区"的领海宽度为3海里。1996年日本确定并公布了这些"指定海区"的直线领海基线。日本领海法的规定,实际上将可以在用于国际航行的海峡的整个水域都适用的过境通过制度,只适用于部分海峡水域。从航行和飞越的角度看,这事实上是对船舶和飞机航行和飞越权利的限制。
⑧ 按照《联合国海洋法公约》第46条的规定,群岛国是指全部由一个或多个群岛构成的国家。只有群岛国才有权划定群岛水域。在第三次联合国海洋法会议上,一些国家曾经主张大陆国家也应有权对其散布在大洋中的群岛适用"群岛原则"以划定群岛水域,但是,遭到了多数国家的反对。

法公约》规定的方法划定的群岛基线(archipelagic baselines)所包围的水域。① 群岛水域具有特殊的法律地位。群岛国的主权及于群岛水域及其上空、海床和底土以及其中的资源。② 同时，所有国家的船舶均享有通过群岛水域的无害通过权。③

群岛国直接相邻国家在群岛水域某些区域内的传统捕鱼权和其他合法活动，在不妨害群岛国主权的情形下，应当得到尊重。具体行使这种权利和进行这种活动的条件，由有关国家通过双边协定规定。④

群岛国通过划设群岛基线确定群岛水域范围，该基线也是群岛国测算其领海、毗连区、专属经济区和大陆架宽度的起始基线。

国际法并不禁止一国采用群岛基线方法为其远离主要陆地领土的群岛，划设内水、领海和管辖海域。

(二) 群岛海道通过权

群岛海道通过权(right of archipelagic sea lanes passage)，是指在群岛国位于其群岛水域指定的海道及其上的空中航道内，船舶和飞机享有的为继续不停、迅速和无障碍过境的目的而以正常方式(如潜艇潜航)通过该群岛水域的航行和飞越权利。群岛海道通过权实际上是过境通行权在群岛水域的变种适用，所有船舶和飞机均享有此等通过权。群岛海道和空中航道应穿过群岛水域和邻接的领海，并应包括用作国际航行和飞越航道的所有正常通道。这种海道和空中航道以通道进出点之间的连续中心线划定。通过群岛海道和空中航道的船舶和飞机，在通过时不应偏离这种中心线 25 海里以外。另外，船舶和飞机在海道航行时，与海道边上的岛屿海岸的距离也不应小于海道中心线与该岛最近各点之间的距离的 10%。船舶和飞机应继续不停和迅速通过这种海道和空中航道，群岛国应保障所有船舶和飞机无障碍通过。为了使船舶能够安全通过群岛海道，群岛国可规定分道通航制。⑤

群岛国可为群岛海道的通过制定有关航行、防止污染、捕鱼和海关、财政、移民、卫生等方面的法律和规章，通过群岛海道的船舶和飞机，应当遵行这些法律和规章，不得损害群岛国的和平、良好秩序或安全，不得对群岛国的主权、领土完整和政治独立进行武力威胁或使用武力。未经群岛国事先同意，也不得进行任何海洋科学研究

---

① 如何划定群岛基线，对于群岛水域的面积有决定性作用，直接关系到群岛国和有关国家的利益。长期以来，有关群岛问题的争论，主要是围绕着群岛基线进行的。参见刘楠来等：《国际海洋法》，海洋出版社 1986 年版，第 169—172 页。按照公约第 47 条的规定，划定群岛基线应遵守以下标准：(1) 群岛基线由连接群岛最外缘各岛和各干礁的最外缘各点的一系列直线组成，这一基线所包围的水域面积和包括环礁在内的陆地面积的比例应在 1∶1 到 9∶1 之间；(2) 每一直线基线的长度不应超过 100 海里，但是，围绕任何群岛的基线总数中至多 3% 可超过这一长度，最长以 125 海里为限；(3) 基线的划定不应在任何明显的程度上偏离群岛的一般轮廓；(4) 群岛国不应采用一种基线制度，致使另一国的领海同公海或专属经济区隔断。

② 参见《联合国海洋法公约》第 49 条第 1 款、第 2 款。另外，关于群岛和群岛水域问题的讨论情况，参见刘楠来等：《国际海洋法》，海洋出版社 1986 年版，第 150—157、165—168 页。

③ 参见《联合国海洋法公约》第 52 条第 1 款。

④ 参见《联合国海洋法公约》第 51 条第 1 款。

⑤ 参见《联合国海洋法公约》第 53 条第 1—6 款。

和测量活动。①

印度尼西亚是世界上最大的群岛国，其特殊的自然地理状况使《联合国海洋法公约》规定的各种航行制度在该国水域都有所适用。1996年印度尼西亚颁布第6号法案，规定了印度尼西亚群岛水域的航行制度，并向国际海事组织提交了印度尼西亚群岛海道的具体坐标。印度尼西亚国内法为外国船舶和飞机通过其水域规定了三类航行权：

（1）"和平通过权"（peaceful crossing right）。所有国家的船舶，无论为沿海国或非沿海国，都享有通过印度尼西亚领海和印度尼西亚群岛水域的权利。

（2）"群岛海道通过权"（archipelagic crossing right）。所有国家的船舶和航空器，无论是沿海国或非沿海国，应享有穿越介于公海之一部分或印度尼西亚专属经济区与公海一部分或其他印度尼西亚专属经济区之间的印度尼西亚群岛水域的群岛海道通过权。

（3）"过境通过权"（transit crossing right）。所有外国船舶和航空器，应基于不间断地、直接地、尽快地通过的目的，自由航行和飞越介于公海之一部分或印度尼西亚专属经济区和公海一部分或其他印度尼西亚专属经济区之间海峡中的印度尼西亚领海。②

菲律宾也是世界最重要的群岛国之一，2009年该国通过了新的领海基线法案，但迄今没有对外公布菲律宾群岛海道及空中通道的具体坐标。

第四节 专属经济区、大陆架

一、专属经济区

（一）专属经济区的概念和法律地位

专属经济区（the exclusive economic zone）是领海以外并邻接领海、自领海基线量起宽度不超过200海里的海洋区域。这种海域的法律地位既不同于领海，也不同于公海，而是自成一类③的国家管辖海域。

《联合国海洋法公约》分别列举规定了沿海国和其他国家在专属经济区内的权利和义务。同时规定，沿海国和其他国家在专属经济区行使权利和义务时，应适当顾及（due regard）对方的权利和义务。沿海国应以符合公约规定的方式行事，非沿海国应遵守沿海国按照公约的规定和其他国际法规则所制定的与专属经济区制度不相抵触的法律和规章。此外，公约还对解决专属经济区内可能的"剩余权利"的归属冲突规

---

① 参见《联合国海洋法公约》第54条。
② 参见1996年印度尼西亚第6号法案第11—21条。比较印度尼西亚国内法和《联合国海洋法公约》的有关规定可见，印度尼西亚国内法规定的"和平通过权"即无害通过权，适用于印度尼西亚领海和群岛水域；"过境通过权"即过境通行权，适用于新加坡海峡和马六甲海峡。
③ 参见联合国文件 A/CONF,62/W.P,8/Rev.I/PartⅡ, p.5。

定了法律原则。

沿海国在专属经济区内主要享有如下权利和管辖权：

（1）以勘探和开发、养护和管理海床上覆水域和海床及其底土的自然资源为目的的主权权利，以及从事利用海水、海流和风力生产能等经济性开发和勘探活动的主权权利；

（2）对人工岛屿、设施和结构的建造和使用的专属权利和管辖权；

（3）对海洋科学研究的管辖权；

（4）对海洋环境的保护和保全的管辖权，沿海国关于专属经济区海床和底土的权利应依照关于大陆架的第六部分的规定行使。①

其他国家在专属经济区内的权利和义务有：航行和飞越自由，铺设海底电缆和管道的自由，以及与这些自由有关的海洋其他合法用途，诸如同船舶和飞机的操作及海底电缆和管道的使用有关的并符合本公约其他规定的那些用途。

公约对专属经济区自然资源的大部分权利或管辖权归属都作了规定，但是这些规定并不完全也不是终结性的。例如，对尚不清楚或未预见的海洋新用途的权利归属问题就未有规定。对于这类权利的归属问题，公约确定了一项解决原则，即：如果沿海国与任何其他国家的利益发生冲突时，这种冲突应考虑所涉利益分别对有关各方和整个国际社会的重要性，并参照一切有关情况，在公平的基础上加以解决。②

1998年我国颁布的《中华人民共和国专属经济区和大陆架法》规定，我国专属经济区的宽度从领海基线量起延至200海里。考虑到我国在南海长期存在且延续不断的独特海洋开发利用和管辖历史实践，该法第14条明确，该法的规定不影响我国享有的历史性权利。

（二）生物资源的养护和利用

专属经济区主要是针对海洋自然资源而创设的国家管辖海域制度，沿海国享有该海域水体、海床及其底土上的一切自然资源的主权权利。由于海床和底土的权利应按照大陆架制度行使，所以沿海国对专属经济区自然资源的权利主要涉及生物资源的养护、管理和利用。

沿海国对专属经济区内的生物资源享有养护和管理的权利，同时承担促进其最适度利用的义务。沿海国在没有能力捕捞全部可捕量的情形下，应准许其他国家进入其专属经济区捕捞可捕量的剩余部分。为此，沿海国应决定其专属经济区内生物资源的可捕量，并通过正当的养护和管理措施，确保专属经济区内生物资源的维持不受过度开发的危害。③ 沿海国还应决定其捕捞专属经济区内生物资源的能力，在它没有能力捕捞全部可捕量的情形下，应通过协定或其他安排准许其他国家捕捞可捕量的剩余部分。在决定准许其他国家进入其专属经济区捕鱼时，应特别顾及内陆国和地理不利国，尤其是其中的发展中国家的利益。发达的内陆国和地理不利国只能参

---

① 参见《联合国海洋法公约》第56条。
② 参见《联合国海洋法公约》第59条。
③ 参见《联合国海洋法公约》第61条。

与同一区域或区域内发达沿海国专属经济区生物资源的开发。

为了对专属经济区内的生物资源实行养护和管理,沿海国可制定符合公约规定的法律和规章。① 在专属经济区内捕鱼的外国渔民应遵守这些法律和规章,对于违犯这些法律和规章的外国渔民,沿海国有权采取包括登临、检查、逮捕和进行司法程序在内的一切必要措施。但是,在有关国家间没有相反协议的情形下,处罚不得包括监禁或任何方式的体罚。②

(三) 人工岛屿、设施和结构的建造和管理

沿海国享有在专属经济区内建造并授权和管理人工岛屿、设施和结构的建造、操作和使用的专属权和专属管辖权。非经沿海国的同意,其他国家不得在其专属经济区内建造和使用人工岛屿、设施和结构。

沿海国可在这种人工岛屿、设施和结构周围设置宽度不超过 500 米的安全地带,并在该地带采取适当措施,以确保航行安全和人工岛屿、设施和结构的安全及正常工作。安全地带不得设在对国际航行必经的公认海道可能有干扰的地方。所有船舶都必须尊重这些安全地带,并应遵守关于在人工岛屿、设施、结构和安全地带附近航行的一般接受的国际标准。③

(四) 专属经济区内的海洋科学研究

沿海国对其专属经济区内的海洋科学研究享有专属管辖权。在专属经济区内进行海洋科学研究应经沿海国同意。沿海国在行使其管辖权时,有权按照公约的规定,准许和进行在其专属经济区内的海洋科学研究。

对其他国家或各主管国际组织"专为和平目的"和"为增进关于海洋环境的科学知识以谋全人类利益"而在专属经济区内进行的海洋科学研究计划,沿海国在正常情况下应给予同意。但沿海国可斟酌决定,拒不同意另一国家或主管国际组织在该沿海国专属经济区进行海洋科学研究计划,如果该计划:(1) 与生物或非生物资源的勘探和开发有直接关系;(2) 涉及大陆架的钻探、炸药的使用或将有害物质引入海洋环境;(3) 涉及人工岛屿、设施和结构的建造、操作或使用;(4) 含有关于该计划的性质和目标的不正确的情报,或如果进行研究的国家或主管国际组织由于先前进行研究计划而对沿海国负有尚未履行的义务。④

其他国家在沿海国专属经济区内进行的海洋科学研究活动,不应对沿海国行使主权权利和管辖权所进行的活动有不当的干扰。

海洋科学研究可以由船舶、飞机、卫星等多种平台开展,也可以由专门海洋科学研究船舶和非专业船舶进行,更可以由民用船舶或者军用船舶携海洋科研设备完成。沿海国要真正实现对其专属经济区海洋科学研究的管辖权,除了对海洋科研计划申请进行审批外,关键是沿海国要有足够的能力有效现场监管专属经济区内从事海洋

---

① 参见《联合国海洋法公约》第 62 条。
② 参见《联合国海洋法公约》第 73 条。
③ 参见《联合国海洋法公约》第 60 条。
④ 参见《联合国海洋法公约》第 246 条。

科研活动的各种平台,否则管辖权就形同虚设,并最终会导致专属经济区海洋科研制度的崩溃。受海洋大国的阻挠和干扰,《联合国海洋法公约》在制定过程中逐渐模糊了沿海国对专属经济区各类海洋科学研究平台的现场管控权,从而在根本上削弱了沿海国对专属经济区海洋科研的管辖权。《联合国海洋法公约》关于海洋科学研究活动概念的模糊和弹性规定,导致各国对公约条款进行多种有利解释,使专属经济区海洋科学研究活动、特别是由军用舰艇和飞机进行的海洋科学研究活动,时常引发国际纠纷和矛盾。

(五) 和平时期专属经济区及其上空的军事活动

和平时期专属经济区及其上空的军事活动,大致可以分为:仅为通过专属经济区而进行的航行和飞越活动、海空军事侦察活动、军事测量和军事演习。这些活动涉及广泛的国际政治外交和军事博弈,绝不是简单的或单纯的法律问题。如果要从法律角度探讨之,似可集成为如下问题,即:外国在沿海国专属经济区及其上空是否有权进行海空军事活动,以及沿海国是否有权对这些军事活动进行限制甚至禁止。这个问题既是一个老问题,也是一个新问题;既是一个复杂问题,又是一个简单问题。说它老,是因为这个问题在制定《联合国海洋法公约》的过程中就已经讨论无解而被海军大国刻意移除。说它新,是因为情势变迁,特别是现代海军武器装备的发展尤其是电子通信和侦察能力的提高,使得原先只能在沿海国领海乃至领空进行的针对沿海国的海空侦察和海空威慑活动,现在则集中到了专属经济区及其上空。说它复杂,是因为它发生在专属经济区及其上空,所以,有关国家都有意无意地将此类活动与毫无相干的专属经济区制度连在一起,以便从既有制度中找出对己有利的法律依据。说它简单,是因为该问题的关键不在专属经济区制度本身,而在于这些活动本身是否有"合法性标准"。

从本质上讲,专属经济区及其上空的军事活动,虽然发生在被称为专属经济区的这片海域,但实际与专属经济区制度关系不大。它不仅关涉沿海国对其近海管辖海域的管控权和其他国家海洋航行自由权之间的平衡,更关涉海洋大国海军前沿存在利益和沿海国国家安全利益之间的平衡。这种平衡受国际军事力量对比变化和海军武器装备技术发展影响很大,很难在多边场合达成一个长久性的"合法性标准"。最可能也最容易实现的是在特定地区(闭海或半闭海)、特定国家(海上邻国或海军实力对等国家)之间就特定军事活动形成某种规则或协议,从而规制并约束和平时期专属经济区及其上空的海空军事活动。

有关专属经济区及其上空军事活动的法律问题一直是国际社会的热点讨论问题。①

(六) 专属经济区的划界

海岸相向或相邻国家间可能因各自主张的专属经济区相互重叠而发生划界问

---

① 参见邵津:《专属经济区和大陆架的军事利用的法律问题》,载王铁崖等主编:《中国国际法年刊》(1985),中国对外翻译出版公司 1985 年版,第 183—217 页;任筱锋:《专属经济区内的军事及情报搜集活动的法律问题,中国的视角》,载 Marine Policy, Vol. 29, 2005, Elsevier Ltd, pp. 139-146。

题。在第三次联合国海洋法会议上,与会国家在划界应当遵循什么原则的问题上有严重分歧。一些国家坚持主张按照中间线或等距离原则划界,认为中间线或等距离原则是最公平、最合理的客观标准;另一些国家则认为,由于各个海域的划界情况千差万别,以中间线或等距离线划界可能导致不公平的结果。它们主张在考虑一切有关情况的基础上按照公平原则进行划界。① 在争论双方无法达成协议的情况下,会议主席提出一项折中案文并获得通过。

按照公约第 74 条的规定,海岸相向或相邻国家间专属经济区的界限,应在《国际法院规约》第 38 条所指国际法的基础上以协议划定,以便得到公平解决。有关国家如在合理期间内未能达成任何协议,则应迅速就以谈判或其他和平方法解决争端一事交换意见,将争端提交调解或者导致有拘束力裁判的强制程序。在达成协议前,有关国家应基于谅解和合作的精神,努力作出实际性的临时安排,并在此过渡期间内不危害或阻碍最后界限的划定。②

公约的上述规定,实际回避了专属经济区划界应当遵循的原则,从而避免了会议分裂,促进了《联合国海洋法公约》的通过。但是,这个规定显然是有缺陷的,无外乎将划界争端中的法律适用问题甩给了当事国。③

二、大陆架

(一) 大陆架的定义

大陆架(continental shelf)原是地质地理学上的概念,通常是指从大陆海岸向外自然延伸,直至大陆坡的坡度平缓的海底区域。从美国等一些国家提出大陆架主张以后,出现了法律意义上的大陆架定义。在早期的大陆架声明和法令中,各国用来确定其大陆架范围的标准多种多样,主要有 100 米水深、200 米水深、上覆水域容许开发自然资源等。有的国家则有意无意地不明确其大陆架主张的范围。

第一次联合国海洋法会议讨论了大陆架的定义,并在《大陆架公约》中作了规定。按照该公约,大陆架是指邻接海岸但在领海范围以外,深度达 200 米或超过此限度而上覆水域的深度容许开采其自然资源的海底区域的海床和底土。④ 这一定义包含了两项独立而平行的标准,即 200 米水深标准和可开发性标准;按照这一定义,缔约国有权任选其中一个标准来确定本国的大陆架范围。

---

① 主张采用中间线原则划界的国家有西班牙、英国、印度、日本等二十多个国家,主张按公平原则划界的国家有爱尔兰、肯尼亚、法国、美国、苏联等五十多个国家。中国也主张按照公平原则划定专属经济区的界限。
② 参见《联合国海洋法公约》第 74 条第 1 款、第 2 款、第 3 款。
③ 1982 年 12 月 9 日,中国代表团团长在海洋法会议最后会议上发言指出,公约有关条款的规定"是有缺陷的"。载国家海洋局政策研究室:《各国领海及毗连区立法规选编》,法律出版社 1985 年版,第 195 页。我国全国人大常委会在批准公约时发表声明说,"中华人民共和国将与海岸相向或相邻的国家,通过协商,在国际法基础上,按公平原则划定各自的海洋管辖权界限"。参见全国人大常委会《关于批准〈联合国海洋法公约〉的决定》(1996 年 5 月 15 日)。《中华人民共和国专属经济区和大陆架法》第 2 条中的规定是,"在国际法的基础上按照公平原则以协议划定界限"。
④ 参见《大陆架公约》第 1 条。

在第三次联合国海洋法会议上,可开发性标准遭到了广泛批评。与此同时,以大陆架是陆地领土的自然延伸这一地质地理属性作为根据,确定大陆架范围的意见取得了上风。① 经过反复磋商,会议通过了《联合国海洋法公约》第76条规定的新大陆架定义,即"沿海国的大陆架包括其领海以外依其陆地领土的全部自然延伸,扩展到大陆边外缘的海底区域的海床和底土"。由于专属经济区的确立,公约在大陆架定义中还规定,"如果从测算领海宽度的基线量起到大陆边的外缘的距离不到200海里,则扩展到200海里的距离"。于是,这一定义也包含了两项确定大陆架的标准:自然延伸原则和200海里距离。从约文文本看,200海里距离标准应该是一个辅助标准,只是在一国的大陆架按照自然延伸原则,其外部界限距离领海基线不到200海里的情形下才予以适用。然而,从另外角度看,200海里距离标准也是一个简单易行的人设标准,其后果是大陆架定义在200海里范围内打破了自然法则。

在海洋的一些区域,大陆边自然伸展到离海岸很远的地方,最远处达800海里。为了防止沿海国的大陆架过宽,公约对超出200海里的大陆架外部界限的划定作了诸多限制性规定。按照这些规定,沿海国应以下列方式之一划定大陆边的外缘:(1)以最外各定点为准划定界线,每一定点上沉积岩厚度至少为从该点至大陆坡脚最短距离的1%;(2)以离大陆坡脚的距离不超过60海里的各定点为准划定界线。但是,无论按照上述何种方式划定界线,这一界线均不应超过从领海基线量起350海里,或2500米等深线以外100海里。② 同时还规定,沿海国对200海里以外的大陆架上的非生物资源的开发,应通过国际海底管理局缴纳费用或实物。管理局应根据公平分享的标准分配给公约各缔约国。③ 沿海国的大陆架外部界限,特别是200海里外的大陆架外部界限,实际是与国际海底区域划界,直接关涉国际海底区域资源的利用和利益分配。《联合国海洋法公约》专门设立了大陆架界限委员会,"审议沿海国提出的关于扩展到二百海里以外的大陆架外部界限的资料和其他材料,并按照第76条和1980年8月29日第三次联合国海洋法会议通过的谅解声明提出建议"。④

(二)大陆架法律制度

1. 沿海国对大陆架的权利

沿海国对大陆架享有以勘探大陆架和开发其自然资源为目的的主权权利。这一权利是沿海国所固有的,不取决于有效或象征性的占领或任何明文公告。这一权利也是专属性的,如果沿海国不勘探大陆架或开发其自然资源,任何人未经沿海国明示同意,均不得从事这种活动。⑤ 通俗地讲,如果大陆架上面没有海水,那么这块陆地应

---

① 1969年国际法院在其北海大陆架案判决书中所阐述的,大陆架是沿海国陆地领土在海下的延伸的观点,对此起了很大作用。
② 参见《联合国海洋法公约》第76条第4款、第5款。
③ 参见《联合国海洋法公约》第82条第1款、第4款。
④ 参见《联合国海洋法公约》附件2"大陆架界限委员会"。根据联合国大陆架界限委员会网站消息,委员会共收到85个划界案和7个修正案,总计92个案例。到2019年底审议完成33个划界案,仍有59个案待审。参见:http://www.un.org/Depts/los/clcs_new/commission_submissions_htm,2020年2月20日访问。
⑤ 参见《联合国海洋法公约》第77条第1款、第2款、第3款。

该就是沿海国的陆地领土。

沿海国对大陆架享有主权权利,主要基于大陆架是沿海国陆地领土在海下的自然延伸这一事实。但是,它不同于主权,而是专为勘探大陆架和开发其自然资源的目的而行使的;按照国际法委员会的解释,这是指沿海国为开发和利用大陆架的自然资源所必要的和与此有联系的一切权利,包括与防止和惩罚违法行为有关的管辖权。[①]在这些权利中,公约特别规定了沿海国在大陆架上进行钻探的专属权,在大陆架上建造和使用人工岛屿、设施和结构的专属权和开凿隧道以开发底土的权利等。沿海国对大陆架的权利,不影响大陆架上覆水域和水域上空作为专属经济区或公海或国际空域的法律地位。

2. 其他国家对大陆架的权利

所有国家都有在大陆架上铺设海底电缆和管道的权利,沿海国除为了勘探大陆架、开发其自然资源和防止、减少和控制管道所造成的污染而有权采取措施外,不得对海底电缆和管道的铺设或维持加以阻碍。各国在大陆架上铺设海底电缆和管道,应遵守沿海国对进入其领土或领海的电缆或管道所订立的条件,并适当顾及已经铺设的电缆和管道,特别是不应使现有电缆和管道的修理受到妨害。管道路线的划定须经沿海国同意。

(三) 大陆架的划界

海岸相向或相邻国家之间,应依据什么国际法原则进行大陆架的划界,从来就是有很大争论的问题。各国有关大陆架的早期声明和法律对此提出了诸多不同的主张。[②] 1958年《大陆架公约》曾为大陆架的划界规定了所谓"协定和等距离中间线原则",要求有关国家以协定确定大陆架界限;在没有协定的情形下,除根据特殊情况另定界线外,界线是一条其每一点与领海基线的最近各点距离相等的线。[③] 在实践中,很少有国家完全按照这一原则来解决彼此之间的大陆架划界问题。

《大陆架公约》通过以后,国际上发生了多起大陆架划界争端。国际法院和有关仲裁机构在处理这些案件的过程中,对大陆架划界所应遵循的原则作了详细阐述。其中,1969年国际法院对于北海大陆架案的判决尤为引人注意。在判决书中,国际法院基于大陆架是沿海国陆地领土在海下的自然延伸的事实,认定自然延伸是"与大陆架有关的所有规则中最基本的法律规则",并得出结论认为,大陆架划界"应按照公平原则,考虑到一切有关情况,通过协定进行,以便使每一方尽可能地得到构成其陆地领土向海和海下的自然延伸的一切部分,而不侵犯另一方的陆地领土的自然延伸"。国际法院也对等距离线在大陆架划界中的作用作了分析,指出,以等距离线划界是一种非常便利的方法,但是这"不足以使该方法成为一条法律规则",它不是实在法,也

[①] ILC Report(1956), p.42;另见周鲠生:《国际法》(下册),商务印书馆1976年版,第485页。

[②] 例如,美国、沙特阿拉伯、菲律宾等国主张按公平原则解决它们与其他国家之间的大陆架划界问题,而伊拉克等国则主张适用等距离中间线原则。

[③] 参见《大陆架公约》第6条第1款、第2款。

不是正在出现的习惯国际法规则。①

在第三次联合国海洋法会议上,大陆架的划界问题同专属经济区的划界作为一个问题进行了讨论。争论的焦点集中在,划界应当按照中间线或等距离线原则还是按照公平原则进行。争论双方未能消除分歧,会议最后通过了由会议主席提出的、后成为《联合国海洋法公约》第 83 条第 1 款的折中案文:"海岸相向或相邻国家间大陆架的界限,应在国际法院规约第 38 条所指国际法的基础上以协议划定,以便得到公平解决。"措辞与关于专属经济区划界的第 74 条第 1 款的规定是相同的。公约还规定,有关国家如果在合理期间内未能达成任何划界协议,它们应当迅速就以何种方式解决划界争端问题交换意见。在达成协议之前,有关国家应努力作出临时安排;但是,这种临时安排不应妨碍最后界限的划定。公约未能对大陆架划界的原则作出明确规定。这似乎是遗憾但也不是遗憾,因为,这样的规定虽然把大陆架划界原则和规则的最终确定责任甩给了划界当事方,但客观上却能最大限度地顾及每一宗大陆架划界案的所有特殊情形,给各当事方在处理划界争端时充分提出己方主张及其独特依据提供了广阔空间,为最终达成各方都能/愿接受的划界结果提供了保障。

所谓专属经济区和大陆架划界问题的公平解决,在实践中恐怕只能有一个标准,即:对特定海域进行划界的原则和方法,以及根据这些原则和方法所取得的划界结果,都能为争议各方所接受。

《中华人民共和国专属经济区和大陆架法》第 2 条第 3 款规定:"中华人民共和国与海岸相邻或者相向国家关于专属经济区和大陆架的主张重叠的,在国际法的基础上按照公平原则以协议划定界限。"这一规定与大陆架公约一致且比较具体。公约通过以来,国际法院或仲裁机构的一些裁决也提出了相似的定式:"界限的划定应依据公平原则并考虑一切有关情况,以期达到公平的结果"。②

2000 年 12 月 25 日,我国与越南签署了《中华人民共和国和越南社会主义共和国关于两国在北部湾领海、专属经济区和大陆架的划界协定》(2004 年 6 月 25 日第十届全国人大常委会第十次会议批准)。该协定"本着互谅互让、友好协商和公平合理地解决划分北部湾问题的精神"划定了我国与越南在北部湾海域的领海、专属经济区和大陆架界限。这是我国与周边国家签署的第一份海域划界协定。

第五节 公 海

一、公海的概念和法律地位

(一) 公海的概念

公海(high seas),是指国家管辖海域以外的全部海域。在公海制度形成以来的

---

① 参见国际法院北海大陆架案判决书,第 19、101、22、23、62 段。
② 参见例如关于利比亚与马耳他大陆架案的判决;另请参见袁古洁:《大陆架划界的理论与实践》,法律出版社 2000 年版。

很长时间内,国家管辖海域仅限于内水和领海,所以有"领海以外即公海"之说。1958年《公海公约》将公海定义为不包括在一国领海或内水内的全部海域。①

随着沿海国管辖海域范围的扩大,属于公海的海域范围大大缩小。第三次联合国海洋法会议因此修订了公海定义。根据《联合国海洋法公约》的规定,公海是指"不包括在国家的专属经济区、领海或内水或群岛国的群岛水域内的全部海域"。②

(二) 公海的法律地位

17世纪初,格劳秀斯在其著名的《海洋自由论》中论述道,海洋浩瀚无边,流荡不定,不能为任何人所占有;它又是取之不尽、用之不竭的,因此可以为任何人自由使用。基于这一理由,他提出了海洋自由原则,主张海洋不能受任何国家的主权支配,所有国家都可以自由地加以使用。格劳秀斯的这一理论和他所提出的海洋自由原则,为公海制度的建立奠定了理论基础,对于公海法律地位的确定产生了巨大影响。

按照《公海公约》和《联合国海洋法公约》的规定,公海是不受任何国家主权支配的海域,任何国家不得有效地声称将公海的任何部分置于其主权之下。③ 换言之,公海对所有国家开放,应为全世界各国人民的共同利益而利用。公海只应用于和平目的。任何国家都不得将公海或其一部分据为己有,也不得对它行使管辖权。

公海制度仅适用于公海水域,而不适用于公海的海床和底土。在国际海底区域制度建立以前,公海海床和底土的法律地位在国际法上是不明确的。④

二、公海自由

公海自由是公认的国际法原则,是公海制度的核心和基础。其含义是:公海对所有国家开放,无论是沿海国或是内陆国,都有在公海上从事国际法所不禁止的活动的自由。公海自由的内容,在不同历史时期是不同的。最初,公海自由只是指航行自由和捕鱼自由。《公海公约》列举了四项自由。《联合国海洋法公约》增加了两项,共规

---

① 《公海公约》第1条。
② 《联合国海洋法公约》第86条。有学者认为,海洋法公约只是规定,将公约有关公海的第七部分"适用"于不包括在国家的专属经济区、领海或内水或群岛水域内的全部水域,而没有对公海规定新的定义。参见〔英〕詹宁斯、瓦茨修订:《奥本海国际法》(第1卷第2分册),王铁崖等译,中国大百科全书出版社1998年版,第158页。
③ 《公海公约》第2条,《联合国海洋法公约》第89条。
④ 第一次联合国海洋法会议没有讨论公海海床和底土的法律地位问题,因此,《公海公约》没有就此作出规定。国际习惯法中也没有形成有关的国际法规则。在国际法学者中,一般认为,公海的底土是可以被占有的;但是,对公海海床的法律地位却存在不同的看法。一些学者认为,它的法律地位与在它上面的公海海水一样,不能由任何国家加以占领;另一些学者则认为,"承认一国家在法律上可以为了捞捕非游动鱼类或其他目的而取得海床表面的主权和财产权是与原则不相抵触而且是更符合实际的"。参见希金斯、哥伦伯斯:《海上国际法》,王强生译,法律出版社1957年版,第66—68页;〔英〕劳特派特修订:《奥本海国际法》(上卷第2分册),王铁崖、陈体强译,商务印书馆1981年版,第131—133页。也有学者把公海海床看作是"无主地",主张可以以先占的方式取得对它的占有。参见王铁崖:《论全人类的共同继承财产的概念》,载王铁崖等主编:《中国国际法年刊》(1984),中国对外翻译出版公司1984年版,第32—39页。

定了六项公海自由,即:航行自由、飞越自由、铺设海底电缆和管道的自由、建造国际法所容许的人工岛屿和其他设施的自由、捕鱼自由和科学研究的自由。①

(一) 航行自由

每个国家,不论沿海国或内陆国,均有权在公海上行驶悬挂其旗帜的船舶,包括商船、军舰和用于非商业目的的政府船舶,其他国家不得加以干预和阻碍。在公海上航行的船舶应仅悬挂一国的旗帜,受船旗国的专属管辖。

(二) 飞越自由

公海上空,如同公海一样,也是自由的。所有国家的航空器都有飞越公海上空的自由。在公海上空飞行的航空器受其登记国管辖,其他国家不得加以干预和阻碍。

(三) 铺设海底电缆和管道的自由

所有国家均有权在公海海底铺设海底电缆和管道。在铺设电缆和管道时,各国应适当顾及已经铺设的电缆和管道;特别是不应使现有电缆和管道受到妨害。故意或因重大疏忽造成海底电缆和管道破坏或损害的行为,构成国际法上应受惩罚的犯罪,每个国家应制定必要的法律和规章,对这种罪行作出规定。

(四) 建造国际法所容许的人工岛屿和其他设施的自由

所有国家都有在公海上建造和使用为国际法所容许的人工岛屿和其他设施的权利。在必要时,还可以在这种人工岛屿和设施的周围设置其宽度为一般接受的国际标准所许可的安全地带。人工岛屿和设施及其周围的安全地带不得设在对公认海道可能有干扰的地方。在公海上航行的一切船舶都必须尊重这些人工岛屿和设施及其周围的安全地带,并应遵守关于在人工岛屿、设施和安全地带附近航行的一般接受的国际标准。

(五) 捕鱼自由

捕鱼自由是最早的公海自由之一,意指所有国家都有由其国民不受阻碍地在公海上捕鱼的权利。最初,这一自由是完全没有限制的。"在公海上,所有人都可以绝对自由地捕鱼。"②随着世界海洋渔捞强度的不断增大,海洋渔业资源呈现日渐衰竭的趋势,国际上为养护和管理海洋生物资源作出了一系列努力,捕鱼自由受到了越来越大的限制。第一次联合国海洋法会议通过《公海公约》肯定捕鱼自由的同时,又通过《捕鱼与养护公海生物资源公约》,要求所有国家在行使任其国民在公海上捕鱼的权利时,必须尊重它所承担的条约义务和该公约所规定的沿海国的利益和权利,以及公约关于养护公海生物资源的各项规定。③《联合国海洋法公约》关于公海捕鱼的规定,与1958年有关公海的两个公约的规定基本相同,但增加了各国应在养护和管理公海生物资源方面进行合作,并为此目的设立分区域或区域渔业组织的规定④,部分

---

① 参见《联合国海洋法公约》第87条。
② 〔英〕希金斯、哥伦伯斯:《海上国际法》,王强生译,法律出版社1957年版,第111页。
③ 参见《捕鱼与养护公海生物资源公约》第1条。
④ 参见《联合国海洋法公约》第118条。

地反映了国际上要求对公海渔业实行国际管制的呼声。①

20世纪80年代以来,公海渔业资源因捕捞强度的急剧增大而面临严重衰竭的威胁。国际社会开始了新一轮的旨在限制公海捕鱼的努力,通过了一系列有关的决议、宣言、协定和其他国际文件。其中,特别是联合国主持召开的跨界和高度洄游鱼类会议于1995年8月4日通过的《执行1982年12月10日〈联合国海洋法公约〉有关养护和管理跨界鱼类种群和高度洄游鱼类种群的规定的协定》,对公海捕鱼又作了进一步的规定,加强了捕鱼国在养护和管理跨界和高度洄游鱼类种群方面与沿海国进行合作的义务,强化了通过分区域或区域渔业管理组织对这些鱼种进行国际合作的机制,并使非船旗国获得了在特定条件下对在公海捕鱼的船只采取登临、检查、扣留等强制执法行动和措施的权利。②

(六) 科学研究的自由

所有国家和各主管国际组织有在公海进行海洋科学研究的权利。在进行海洋科学研究时,应遵循以下原则:专为和平目的;以适当科学方法和工具进行;不应对海洋其他正当用途有不当干扰;遵守包括关于保护和保全海洋环境的规章在内的一切有关国际规章。③

公海自由,并不意味着公海处于无法律状态。《公海公约》和《联合国海洋法公约》均规定,公海自由是在这些公约和其他国际法规则所规定的条件下行使的。同时,公海自由从来都不是绝对的。在被各种海域制度栅格化的海洋世界中,各国在行使各种公海自由时,除应遵守有关的国际法规则外,还必须顾及其他国家行使公海自由的利益。④ 最后还需指出,目前公海自由所包括的六类海洋活动,其归类区分的方法和标准是跳跃性的和含混的,比如航行和飞越可以说是所有船舶和飞机的本能,而捕鱼、海洋科学研究等则是船舶或飞机的功能,将本能和功能混同起来进行笼统的规制,必然导致船舶和飞机的某些功能性活动(如船舶和飞机的海空军事活动)处于法律真空状态。当前,国际上所谓军用舰机的航行自由问题似应缘起于此。

三、公海上的管辖

人类在公海上活动必须依赖海上平台,能够对海上平台实施有效管辖,公海上的管辖也就实现了。因此,所谓公海上的管辖,自然主要是针对在公海活动的海上平台和平台上的人和事而言的,目的是设定管辖的准据并解决准据之间的冲突,避免出现管辖罅隙、重叠和失据。在当今世界,确定对公海上特定船舶的管辖准据更加复杂不易,某船可能悬挂A国国旗,其船东可能是B国人,船长可能是C国人,船员可能是

---

① 例如,中国代表团1973年8月15日向海底委员会提出的"关于国际海域一般原则的工作文件",主张"对在国际海域捕鱼,应有适当管制,禁止滥捕及其他违反养护渔业资源规章的行为",载北京大学法律系国际法教研室编:《海洋法资料汇编》,人民出版社1974年版,第82页。

② 参见《执行1982年12月10日〈联合国海洋法公约〉有关养护和管理跨界鱼类种群和高度洄游鱼类种群的规定的协定》,第5条、第7条、第8条、第18条、第20条、第21条。

③ 参见《联合国海洋法公约》第240条。

④ 参见《公海公约》第2条、《联合国海洋法公约》第87条。

一个国际团队,船上的载货更可能来自多个国家。但无论如何,下述都是最基本的公海上的管辖准据和原则。

(一) 船旗国管辖

船旗国管辖是在公海上实行的主要管辖原则。在公海上航行的所有船舶和船舶上的一切人和事均受船舶悬挂其旗帜的国家的管辖。船舶在公海上航行,应悬挂一国的旗帜,具有其有权悬挂的旗帜所属国家的国籍,受该国的专属管辖。无论在航程中或在停泊的港口内,船舶都不得更换其旗帜,除非船舶的所有权确已转移或变更。给予船舶国籍、船舶登记及悬挂其旗帜的条件,由各国国内法确定。悬挂两国或两国以上旗帜航行并视方便而换用旗帜的船舶,视同无国籍船舶,不得对任何其他国家主张其所悬挂的旗帜中的任一国籍。①

船旗国管辖,包括对船舶上的人和事的司法和行政管辖。遇有船舶在公海上碰撞或任何其他航行事故涉及船长或任何其他为船舶服务的人员的刑事或纪律责任时,对此种人员的任何刑事诉讼或纪律程序,仅可向船旗国或此种人员所属国的司法或行政当局提出。船旗国以外的任何当局,不应命令逮捕或扣留船舶。

在公海上航行的军舰和专用于政府非商业性服务的船舶,仅受船旗国管辖,有不受任何其他国家管辖的完全豁免权。

船旗国对悬挂其旗帜的船舶行使管辖权的同时,自然要承担相应的义务。它应对船舶有效地行使行政、技术及社会事项上的管辖和控制,并应按照一般接受的国际规章、程序和惯例,采取保证船舶海上安全所必要的措施,还应责成船舶的船长,在不严重危及船舶、船员或乘客的情况下,对海上遇难船舶和人员实施救助。②

(二) 普遍管辖

为了在公海上防范、制止和打击国际犯罪,加强国际海上安保合作非常必要。国际上很早就形成了针对公海国际罪行的普遍管辖制度。在国际海洋法中,被置于普遍管辖下的国际罪行是海盗行为。海盗犯罪是一种古老的犯罪,所有国家都应尽最大可能进行合作,制止在公海或任何国家管辖范围以外的任何其他地方的海盗行为。最近十多年,鉴于亚丁湾索马里海域海盗犯罪猖獗,包括中国在内的二十多个国家派出海军舰艇和飞机在该海域执行国际的合作护航和联合打击海盗行动。

海盗行为是指私人船舶或私人飞机的船员、机组成员或乘客为私人目的,在公海上或任何国家管辖范围以外的地方,对船舶、飞机或船舶、飞机上的人或物所从事的任何非法的暴力或扣留行为、掠夺行为。军舰、政府船舶或政府飞机由于其船员或机组成员发生叛变并控制该船舶或飞机而从事上述行为,视同私人船舶或飞机所从事的行为。

将海盗犯罪置于普遍管辖之下,意味着每个国家都有权扣押海盗船舶或飞机、被海盗夺取并在其控制下的船舶或飞机,逮捕船上或机上人员并扣押船上或机上财物。

---

① 参见《联合国海洋法公约》第91条、第92条。
② 参见《联合国海洋法公约》第94条、第98条。

扣押海盗船舶和飞机,只可由军舰、军用飞机或其他有清楚标志可以识别的为政府服务并经授权的船舶或飞机实施。① 扣押国军舰等海上力量可将海盗犯罪嫌疑人押回国内进行刑事审判,也可根据国际刑事司法互助协议将海盗犯罪嫌疑人移送给其他愿意管辖的国家。

(三) 所有国家在制止下列非法行为方面有国际合作的义务

(1) 违反国际公约在海上从事非法贩运麻醉药品或精神调理物质。任何国家如有合理根据认为其船舶从事这种贩运,可要求其他国家合作,制止这种贩运。②

(2) 在公海从事未经许可的广播。这是指船舶或设施违反国际规章在公海上播送旨在使公众收听或收看的无线电传音或电视广播,但遇难呼号的播送除外。对从事未经许可的广播的任何人,船旗国、设施登记国、广播人所属国、可以收到这种广播的任何国家和得到许可的无线电通信受到干扰的任何国家均有司法管辖权。有管辖权国家的军舰如有合理根据,可登临、检查、逮捕从事未经许可的广播的任何人或船舶并扣押广播器材。③

(四) 登临权(right of boarding and visiting)

军舰在公海上对享有完全豁免权的船舶以外的外国船舶,除条约授权的干涉行为外,非有合理根据认为有下列嫌疑,不得登临该船或在必要时进行检查:

(1) 该船从事海盗行为;

(2) 该船从事奴隶贩卖;

(3) 该船从事未经许可的广播;

(4) 该船没有国籍;或

(5) 该船虽悬挂外国旗帜或拒不展示旗帜,而事实上与该军舰属同一国籍。但如果嫌疑经证明为无根据,且该船并未从事此种行为,则应对该船因登临而受到的损失给予赔偿。④

(五) 紧追权

紧追权(right of hot pursuit)是国际法为保护沿海国的权益,赋予沿海国在海上行使的一项特殊权利。沿海国主管当局在有充分理由认为外国船舶在其内水、群岛水域、领海、毗连区、专属经济区内或大陆架上,包括大陆架上设施周围的安全地带内,违反该国法律和规章时,可对该船舶进行紧追。此项追逐须在外国船舶或其小艇之

---

① 参见《联合国海洋法公约》第100—107条。
② 参见《联合国海洋法公约》第108条。
③ 参见《联合国海洋法公约》第109条。
④ 参见《联合国海洋法公约》第110条。另外,在此需要提及的是,出于对大规模杀伤性武器扩散,尤其是这些武器向恐怖组织扩散的担忧,美国总统布什在2003年5月31日举行的"八国集团"峰会上提出了一项旨在防止大规模杀伤性武器及其投送系统和相关物品进入"有扩散之虞"的国家或非国家实体的政策倡议——"防扩散安全倡议"(Proliferation Security Initiative,简称"PSI")。该倡议号召国际社会组成海空联盟,对有运载此类物品嫌疑的船舶和飞机进行海空拦截,以防止大规模杀伤性武器及其投送系统扩散。该倡议似乎又为在公海登临检查非本国国籍的船舶提出了一项理由。这个问题目前仍在国际社会的讨论之中。2003年9月4日,美国白宫新闻办公室公布了"PSI"涉及的海空拦截原则。

一在其上述管辖海域内时开始,只要追逐未曾中断,可在公海继续进行直至成功。但是,当被追逐的船舶进入其本国领海或第三国领海时,紧追应立即停止。① 紧追权只可由军舰、军用飞机或其他有清楚标志可以识别的为政府服务并经授权紧追的船舶或飞机行使,在条件允许的情况下还可由不同部门或单位的舰机依法接力行使。沿海国在无正当理由行使紧追权的情形下,对在领海外被命令停驶或被逮捕的船舶因此而可能遭受的任何损失或损害应予以赔偿。②

第六节 国际海底区域

一、国际海底区域的概念和法律地位

国际海底区域,又称"区域",是指国家管辖范围以外的海床、洋底及其底土。③按照《联合国海洋法公约》的规定,"区域"及其资源是人类的共同继承财产。任何国家不应对"区域"的任何部分或其资源主张或行使主权或主权权利,任何国家或自然人或法人也不应将"区域"或其资源的任何部分据为己有。

"区域"向所有国家开放,不论是沿海国或内陆国,专为和平目的利用。"区域"内的活动,应为全人类的利益而进行。④ 从"区域"内的活动取得的财政及其他经济利益,应在无歧视的基础上在各国间公平分配,分配中应特别考虑到发展中国家和尚未取得完全独立或其他自治地位的人民的利益和需要。

"区域"内资源的一切权利属于全人类,由国际海底管理局代表全人类行使。"区域"内的资源不能让渡给任何国家、自然人或法人。只有从"区域"内回收的矿物,才能按照公约第十一部分和管理局的规则、规章和程序予以让渡。⑤

二、国际海底区域的勘探和开发制度

国际海底区域的勘探和开发,由国际海底管理局予以安排、进行和控制。⑥ 所有有关活动必须遵守公约和国际海底管理局规定的规则、规章和程序。任何在公约规定以外,未经管理局授权的活动都是非法的和无效的。

---

① 紧追权在他国领海终止的规则是确定无疑的。但该规则是否禁止追逐船舶在他国领海外等候,以便在被追逐船舶再次进入领海以外的海域时恢复紧追,或在特殊情况下,是否禁止在他国领海内继续追逐?这些问题虽在《联合国海洋法公约》中没有规定,但却具有现实意义。从国际合作有效惩治和打击海上违法犯罪活动的角度看,如果国际法不允许恢复紧追或继续紧追,而且被追逐船舶进入的国家也不对被追逐船舶采取措施,那么他国领海就将成为洗脱被追逐船舶行为违法性的天堂。这样的规则无疑将危害沿海国和国际社会的利益。相关讨论可参阅余民才:《紧追权的实施与我国海上执法》,载《中国海洋法学评论》2005年卷第1期,(香港)中国评论文化有限公司2005年版,第79—92页。
② 参见《联合国海洋法公约》第111条。
③ 参见《联合国海洋法公约》第1条第1款第1项。
④ 参见《联合国海洋法公约》第140条、第141条。
⑤ 参见《联合国海洋法公约》第136条、第137条。
⑥ 参见《联合国海洋法公约》第153条第1款。

公约规定的后经1994年执行协定修改的"区域"勘探和开发制度，主要有以下内容：

(一) 平行开发制

"区域"的勘探和开发，既可以由管理局企业部进行，也可以由缔约国及其公私企业，包括缔约国的国有企业，或在其担保下具有其国籍，或受缔约国或其国民有效控制的自然人和法人，或他们的任何组织，与管理局以协作方式进行。[①]

缔约国及其公私企业，应当向管理局提出请求核准其勘探和开发工作计划的申请并获得核准。申请者在提出申请时，除应承诺履行公约和管理局的规则、规章和程序，管理局各机关的决定，以及与管理局订立的合同而产生的义务外，还必须提出足够大、并有足够的商业估值，可供进行两起采矿作业的总区域，并将该总区域分成商业估值相等的两个部分，供管理局指定其中一部分保留给管理局，另一部分留给自己。缔约国及其公私企业的申请，由管理局理事会核准，核准采取管理局与申请者订立合同的形式。

管理局企业部，可独立或与其他实体组成联合企业，从事"区域"勘探和开发活动；但是在初期，它只能以联合企业的方式进行。企业部应向管理局提出勘探工作计划，经理事会以管理局和企业部订立合同的方式予以核准后才能付诸实施。

(二) 申请者和合同承包者的财政义务

按照公约附件三《探矿、勘探和开发的基本条件》，为了勘探和开发"区域"资源，缔约国及其公私企业，需要向管理局缴付一定的费用，包括申请核准的规费和在工作计划得到核准后及开始商业生产后分别缴付的固定年费和生产费。出于减轻申请者和承包者的负担的考虑，1994年《关于执行1982年12月10日〈联合国海洋法公约〉第十一部分的协定》(以下简称《1994年执行协定》)取消了生产费，并改变了规费和固定年费的缴付办法。按照该协定的规定，申请者的工作计划只限于勘探阶段或开发阶段中的一个阶段时，应缴付的规费减少为25万美元。承包者在商业生产开始后才需缴付固定年费，其数额由理事会确定。这一年费还可用来抵免可能应向管理局缴付的其他款项。[②]

按照公约附件三的规定，承包者还有向企业部或发展中国家提供"区域"活动所使用的技术的义务，1994年执行协定对此作了修改。规定：企业部和希望获得此种技术的发展中国家，应设法按公平合理的商业条件从公开市场或通过联合企业安排获取此种技术。

三、国际海底管理局

国际海底管理局(以下简称管理局)，是缔约国按照公约第十一部分组织的，用于

[①] 参见《联合国海洋法公约》第153条第2款。

[②] 参见《1994年执行协定》第8节。公约附件三原规定，申请者应缴付规费50万美元，承包者在工作计划获得核准后应缴付固定年费100万美元，在开始商业生产后，应缴付计算办法很复杂的生产费或生产费与一份收益净额。

控制"区域"内活动,特别是管理"区域"资源的国际机构。① 管理局代表全人类行使对"区域"资源的一切权利,具有控制和管理"区域"内活动的权力和职责,以及为行使此等权力和职责所包含的和所必要的各项附带权力。② 因此,"区域"内的活动,特别是"区域"资源的勘探和开发活动,均处于管理局的控制之下,由它安排、进行和管理。

管理局是一个由主权国家组成的国际组织。"所有缔约国都是管理局的当然成员"③,"管理局以所有成员主权平等的原则为基础"④。这意味着,在管理局的组织和活动中所有成员国家,不分大小、强弱、贫富,在法律上都是平等的。它们有参与"区域"管理和分享来自"区域"活动利益的同等权利,同时承担诚意履行公约规定的各种义务。

管理局的权力和职责来自《联合国海洋法公约》,各项权力和职务由公约明示授予,并应按照公约的有关规定执行职务。管理局作为由主权国家组成的国际组织,具有独立的国家法律人格,具有执行其职务和实现其宗旨所必要的法律行为能力,在各缔约国的领土内享有一定的特权和豁免。⑤

管理局设有大会、理事会和秘书处等主要机关,分别负责行使相应职权。管理局还设有企业部,作为其进行"区域"资源勘探和开发活动的机构。

(一) 大会

大会是管理局的最高机关,由管理局全体成员组成。每一成员有一名代表出席大会,并可由副代表及顾问随同出席。⑥

大会作为管理局的最高机关,其他各机关都要对它负责。大会有权会同理事会就管理局权限范围内的任何问题或事项制定一般性政策。⑦ 大会还有其他权力和职务,主要包括:

(1) 选举理事会成员、秘书长、企业部董事会董事和企业部总干事;
(2) 决定各成员国应缴的会费;
(3) 审议和核准关于公平分享从"区域"内活动取得的财政及其他经济利益的规则、规章和程序,决定这些利益的公平分配;
(4) 审议和核准理事会暂时制定的管理局的规则、规章和程序及其修正案;
(5) 审议和核准管理局的年度概算;
(6) 审查理事会和企业部的定期报告和其他机关的特别报告等。

大会对理事会主管范围内的任何事项,或对任何行政、预算或财务事项的审议,

---

① 参见《联合国海洋法公约》第157条第1款。
② 参见《联合国海洋法公约》第157条第2款。
③ 参见《联合国海洋法公约》第156条第2款。
④ 参见《联合国海洋法公约》第157条第3款。
⑤ 参见《联合国海洋法公约》第176条、第177条。
⑥ 参见《联合国海洋法公约》第159条第1款,第160条第1款。
⑦ 参见《联合国海洋法公约》第160条第1款,《1994年执行协定》"附件"第3节第1款。

应根据理事会的建议作出决定。如果大会不接受其建议,则应交回理事会进一步审议。①

大会每年召开一届常会,也可按照一定程序召开特别会议。大会应竭尽努力以协商一致的方式作出决定。只有在不能达成协商一致的情形下,才能付诸表决。大会每一成员有一票表决权。进行表决时,关于程序问题的决定,由出席并参加表决的成员的过半数作出;关于实质问题的决定,由出席并参加表决的成员的 2/3 多数作出,这种多数应包括参加会议的过半数成员。

(二) 理事会

理事会是管理局的执行机关。理事会由大会选出的 36 个管理局成员组成。其中 4 个成员来自可从"区域"取得的各类矿物的最大消费国,4 个成员来自 8 个最大投资国,4 个成员来自主要净出口国,6 个成员来自代表特别利益②的发展中国家,18 个成员按照公平地域分配原则选出;其中非洲、亚洲、东欧、拉美和加勒比及西欧和其他国家,至少应有 1 名成员。理事会成员任期 4 年,可连选连任。

理事会的权力和职务是,与大会一起制定管理局的一般政策,并依据公约和管理局的一般政策,制定管理局权限范围内的任何问题或事项所应遵循的具体政策。理事会的权力和职务还包括:监督和协调公约第十一部分规定的实施;向大会提出秘书长候选人名单,推荐企业部董事会董事和企业部总干事的候选人;向大会提交年度报告和特别报告;向企业部发出指示;对"区域"内活动行使控制;在发生不遵守规定的情形下,代表管理局向海底争端分庭提起司法程序;等等。

理事会设有经济规划委员会及法律和技术委员会。在理事会另作决定或一项开发工作计划获得核准前,经济规划委员会的职务由法律和技术委员会执行。

理事会应视管理局的业务需要随时召开会议,但每年不得少于三次。理事会应竭尽一切努力以协商一致方式作出决定。只有在不能达成协商一致的情形下才能付诸表决。理事会每一成员有一票表决权。关于程序问题的决定应以出席并参加表决的过半数成员作出。关于实质问题的决定,一般应以出席并参加表决的成员的2/3多数作出,但是,这一决定必须在由上述按不同标准选出的理事成员组成的分组中没有受到过半数的反对。③

(三) 秘书处

秘书处由秘书长一人和管理局所需要的工作人员组成。秘书长由大会从理事会提名的候选人中选举,任期 4 年,可连选连任。工作人员由秘书长任命。

秘书长是管理局的行政首长。其权力和职务是,在大会、理事会以及任何附属机关的会议上,以秘书长身份执行职务和执行这些机关交付给秘书长的其他行政职务。

秘书长和秘书处工作人员只对管理局负责。他们在执行职务时,不应寻求或接

---

① 参见《1994 年执行协定》"附件"第 3 节第 4 款。
② 指人口众多、内陆国或地理不利国家、岛屿国、主要进口国、潜在生产国以及最不发达国家。
③ 参见《1994 年执行协定》"附件"第 3 节第 5 款。该款规定对《联合国海洋法公约》的有关规定作了修改。

受任何政府的指示。

(四) 企业部

企业部是管理局直接进行"区域"活动以及从事运输、加工、销售从"区域"回收的矿物资源的机关。企业部设董事会、总干事一人和执行其任务所需的工作人员。董事会由大会选出的15名董事组成。董事任期4年,可连选连任。总干事由大会根据理事会的推荐和董事会的提名选举产生,任期不应超过5年,可连选连任。按照《1994年执行协定》的规定,当企业部以外的一个实体所提出的开发工作计划获得核准,或当理事会收到同企业部经营联合企业的申请时,理事会即应审议企业部独立运作的问题;在企业部独立运作之前,其职务由秘书处履行。

企业部为执行其职务和实现其宗旨,具有必要的法律行为能力,特别是订立合同、取得、租借、拥有和处置不动产和动产,以及作为法律程序一方的行为能力。企业部在缔约国的领土内享有公约所赋予的地位、特权和豁免。

参考书目

[1] 刘楠来等:《国际海洋法》,海洋出版社1986年版。
[2] 邵津:《专属经济区和大陆架的军事利用的法律问题》,载王铁崖等主编:《中国国际法年刊》(1985),中国对外翻译出版公司1985年版。
[3] 任筱锋:《海上军事行动法手册》(平时法卷),海潮出版社2009年版。
[4] 张海文等:《〈联合国海洋法公约〉图解》,法律出版社2010年版。
[5] 袁古洁:《大陆架划界的理论与实践》,法律出版社2000年版。
[6] 中国国际法学会组织编写:《南海仲裁案裁决之批判》,外文出版社2018年版。
[7] 任筱锋:《我国南海"历史性权利"研究——是"削足适履"还是"量体裁衣"》,载《边界与海洋研究》2022年第4期。
[8] 肖锋:《对海军"海上实际存在"国际法规则的理论探析——航行自由VS存在自由》,载《边界与海洋研究》2020年第6期。

第六章 国际航空法

第一节 航空法的概念及其历史发展

一、航空法的概念

航空法(Air Law),是指关于航空器运行以及民用航空活动的法律规范的总和,不包括无线电传播和外层空间的活动,其法律调整已分别形成了新的法律分支,即电信法和外层空间法。这里所说的"航空法",指的是国际法的一部分,为明确起见,有时称为"国际航空法"。至于国内法,大多数国家称之为某某国航空法,例如美国《联邦航空法》[①];有些国家称之为民用航空法,例如我国定名为《中华人民共和国民用航空法》。航空法是"民用"性质,主要是调整民用航空活动所产生的社会关系。1944年《国际民用航空公约》明确规定:"本公约仅适用于民用航空器,不适用于国家航空器","用于军事、海关和警察部门的航空器,应认为是国家航空器"(第3条第1、2款)[②]。其所以说"主要",是因为当民用航空与非民用航空在同一个空域中活动时,还得协调两者之间的关系,否则空中航行得不到应有的法律保障。航空法是平时法。《国际民用航空公约》第89条明确规定:"如遇战争,本公约的规定不妨碍受战争影响的任一缔约国的行动自由,无论其为交战国或中立国。如遇任何缔约国宣布其处于紧急状态,并将此事通知理事会,上述原则同样适用。""国际性"是航空法的显著特征。国内法应尽可能地与国际法取得最高程度的一致。[③] 1995年10月30日颁布的《中华人民共和国民用航空法》参照了很多国际航空法条约的规定,尽可能地与国际法律规范和国际通行做法接轨。

从20世纪初起,很多学者对航空法的定义就作了探索。有的称航空法是"管理空域及其利用规则的总和"[④];有的称航空法是"调整因利用空气而产生的各种法律关系的规则的总和"[⑤];有的称航空法是"研究空中航行所产生的各种关系和确定实

---

① 1938年亦称《民用航空法》,1958年改称为《联邦航空法》(Federal Aviation Act)。
② 国际航空法条约一般都规定不适用于供军事、海关或警察用的航空器,例如1952年《罗马公约》,1963年《东京公约》,1970年《海牙公约》,1971年《蒙特利尔公约》,等等。
③ 《国际民用航空公约》第37条规定:"各缔约国承允在关于航空器、人员、航路及各种辅助服务的规章、标准、程序及组织方面进行合作,凡采用统一办法而能便利、改进空中航行的事项,应尽力求得可行的最高程度的一致",并为此制定了国际标准和建议措施。
④ 〔法〕维斯舍(ch. de Visscher):《航空法中的法律冲突》,1934年海牙国际法讲演集。
⑤ 〔法〕科库兹(R. Coguoz):《国际航空私法》,1938年巴黎法文版,第38页。

施法律调整的法律分支"①;有的则认为,航空法是"确定和研究用以调整航空器的运行和使用及其产生的各种关系的法律和规则的法律分支"②;有的表述得更具体些,称"航空法是关于航空器空中航行、商业航空运输以及国内和国际空中航行的全部公法和私法关系的国内规则和国际规则的总和"③;还有的称"航空法是调整空气空间的利用及其为空中航行、公众和世界各国从中受益的规则的总和"④。国际上至今没有统一的定义。研究有关航空的国际条约和各国的国内航空法,不难发现存在某些共同的特性:(1)领空主权原则是一个根本性的法律制度,是航空法的基础;(2)民用航空活动所产生的社会关系是航空法的主要调整对象;(3)在和平时期和正常情况下,民用航空和非民用航空在同一空域活动时,应遵守统一的空中交通规则,实行统一的空中交通管制,必须统一管理空中航行,以保障空中航行的安全和通畅。因此,我们对航空法定义如下:航空法是规定领空主权、管理空中航行和民用航空活动的法律规范的总称。⑤

二、航空法的历史发展

人类自远古以来,就梦想飞上天空。1783年11月21日,人们在巴黎使用蒙哥儿菲埃(Mongolfier)兄弟发明的热气球首次载人飞行获得成功,象征着人类开始征服空气空间。次年,1784年4月23日,巴黎发布警察命令,规定未经特别许可,禁止气球升空,被誉为是第一部"航空法"。1819年,法国塞纳省制定了第一部空中航行安全规章,规定气球载人应配备降落伞;在农民收割农作物之前禁止气球飞行。1898年,奥匈帝国和德意志换文签订了关于军用气球飞越边界的法律地位的协定。1899年,第一次海牙国际和平会议达成了关于空战的临时协议,"缔约各国同意,在五年期限内,禁止用气球或类似的其他新方法投掷抛射物或爆炸物"。1900年7月2日,德国人格拉夫·冯·齐柏林(Graf von Zeppelin)推出了他发明的第一个巨大的硬壳飞艇,为人类在商业上应用航空开辟了道路。1903年,美国人莱特兄弟(Wrighter brothers)将真正有人驾驶、由动力驱动、重于空气的航空器试飞成功,翻开了航空发展史崭新的一页。1908年,佛罗里达的基西市政委员会制定了第一部航空运输规章,规定该市管制的毗邻空域高度为20英里。1909年,法国总理发布第一部航空海关规章,对飞进来的外国气球课税。1910年,美国国会议员舍帕尔(Sheppard)提议通过了第一部航空邮件运输法令。1913年7月26日,法国与德国换文签订了双边航空协定。1910—1914年期间,法国、英国、德国、意大利等国家颁布有航空政令。以上史实,都表明航空法出现了萌芽。

---

① 〔意〕安伯罗西尼(M. Ambrosini):《空中航行法教程》,转引自〔法〕勒穆瓦纳(M. Lemoine)《航空法论》,1947年巴黎法文版,第3页。
② 同上。
③ 〔法〕勒·果夫(M. Le Goff):《航空法教程(公法)》,巴黎达罗兹书局1954年法文版,第49页。
④ 〔荷〕迪·维斯舒尔(I. H. Ph. Diederiks-Verschoor):《航空法引论》,1983年英文版,第1页。
⑤ 见刘伟民主编:《航空法教程》(修订版),中国法制出版社2001年版,第3—5页。

1918年2月,柏林—汉诺威/科伦之间有了航空邮运业务;1918年3月22日,在巴黎—布鲁塞尔之间首次开辟了国际定期航空邮运航班;1919年8月25日,首次在伦敦—巴黎间开办了国际航空旅客运输服务。同时,1919年6月4日和5日,首次不降停飞越大西洋获得成功。1919年10月3日,在巴黎签订了《空中航行管理公约》(简称1919年《巴黎公约》)。这是第一个关于航空的国际条约,第一次确立了领空主权原则,为空中航行的法律制度奠定了坚实的法律基础。它被誉为"航空法的出生证"①,标志着航空法的正式形成,表明了"航空法是二十世纪的产物"②。1919年《巴黎公约》本应是世界性公约,但在当时的国际经济和政治环境下,由于该公约规定有歧视性条款,致使该公约于1922年7月11日才开始生效,到1939年第二次世界大战前,仅32个国家批准或加入。而在1926年11月1日,以西班牙和葡萄牙为首,集合20多个欧洲和美洲国家,在马德里签订了《伊比利亚—美洲空中航行公约》(简称1926年《马德里公约》,自始没有生效);1928年2月20日,以美国为首,在哈瓦那签订了《泛美商业航空国际公约》(简称1928年《哈瓦那公约》)。

　　1944年11月1日至12月7日,由美国邀请,包括中国在内的52个国家应邀出席,在美国芝加哥召开了国际民用航空会议(简称为"芝加哥会议")。会议签订了《国际民用航空公约》等四个文件③,奠定了现代国际航空法的基础。《国际民用航空公约》(简称1944年《芝加哥公约》)取代了上述1919年《巴黎公约》和1928年《哈瓦那公约》。根据1944年《芝加哥公约》,成立了"国际民用航空组织"。尔后,签署了一系列世界性多边条约。此外,还有一批地区性多边条约。而大量存在的,是各国之间签订的双边航空协定。这些法律文件构成了现代航空法的主要部分。

　　科学技术的进步,喷气发动机的发明和大型宽体机的出现,以及卫星技术应用于航空导航系统,大大提高了飞行速度,使航空运力猛增,航空运输更为安全,更加蓬勃发展;国际政治和经济情势的变迁,经济全球化的发展,必然促使航空运输经济自由化,国际航空运输管理体制发生深刻的变化;航空领域中因人为因素致使空难事故时有发生,必须加强国际民用航空组织的作用,强制执行国际航空安全标准;非法干扰行为的出现,尤其是2001年发生"9·11"国际航空恐怖事件,必须强化航空安全保卫措施。经济全球化要求发展航空运输业,同时亦应保护航空消费者的合法权益。航

---

① 〔法〕米·迈特:《海商法、航空法、外层空间法与国际法的关系》,载法国《海商法和航空法年刊》1980年第5卷,第329页。

② 见〔加〕尼·迈特:《航空—航行法论》,巴黎Editions A. Pedpme法文第3版,第48页。因而,1919年《巴黎公约》在航空法发展史上具有极其重要的意义。之后,国际上签订了关于航空承运人责任制度的1929年《华沙公约》,关于外国航空器对地面第三人造成损害的1933年《罗马公约》及1938年《布鲁塞尔保险议定书》,1933年《航空器预防性扣留公约》等法律文件,对统一国际航空私法具有一定的重要意义。这一时期,随着国际航空法的形成和发展,一些国家的国内航空法也在逐步完善。

③ 这四个文件是:《国际民用航空临时协定》《国际民用航空公约》《国际航班过境协定》《国际航空运输协定》。《国际民用航空公约》于1944年12月7日订于芝加哥,自1947年4月4日起生效,现有193个缔约国,见国际民航组织官网(https://www.icao.int/secretariat/legal/Lists/Current%20lists%20of%20parties/AllItems.aspx),"多边航空法条约缔约国名单",2020年3月18日访问。以下注释中关于条约或议定书的生效情况均来自国际民航组织官网的统计。

空领域中出现新情况、新问题,都需要制定新的法律框架与之相适应,从而促进了现代航空法的发展变化。

现代航空法以1944年《国际民用航空公约》这一宪章性条约为基础,主要包括下列国际条约:1929年《统一国际航空运输某些规则的公约》[1],1948年《关于国际承认航空器权利的公约》[2],1952年《关于外国航空器对地(水)面上第三者造成损害的公约》[3],1955年《修改1929年10月12日在华沙签订的统一国际航空运输某些规则的公约的议定书》[4],1961年《统一非订约承运人所办国际航空运输某些规则以补充华沙公约的公约》[5],1963年《关于在航空器内犯罪和某些其他行为的公约》[6],1970年《制止非法劫航空器的公约》[7],1971年《修改1955年9月28日在海牙签订的议定书修正的1929年10月12日在华沙签订的统一国际航空运输某些规则的公约的议定书》[8],1971年《制止危害民用航空安全的非法行为的公约》[9],1975年《修改1929年10月12日在华沙签订的统一国际航空运输某些规则的公约的第一号附加议定书》《修改1955年9月28日在海牙签订的议定书修正的1929年10月12日在华沙签订的统一国际航空运输某些规则的公约的第二号附加议定书》《修改1955年9月28日海牙议定书和1971年3月8日危地马拉议定书修正的1929年10月12日在华沙签订的统一国际航空运输某些规则的第三号附加议定书》和《修改1955年9月28日在海牙签订的议定书修正的1929年10月12日在华沙签订的统一国际航空运输某些规则的公约的蒙特利尔的第四号议定书》[10],1978年《修改1952年10月17日在罗马签订的关于外国航空器对地(水)面上第三者造成损害的公约的议定书》[11],1988年《制止在用于国际民用航空的机场发生的非法暴力行为以补充1971年9月23日订于蒙特利尔签订的制止危害民用航空安全的非法行为的公约的议定书》[12],1991年《关于注标塑性炸药以便探测的公约》[13],1999年《统一国际航空运输某些规则的公约》[14],2001年《移动设备国际利益公约》和《移动设备国际利益公约关于航空器设备特定问题议定书》[15],2009年《关于航空器对第三方造成损害的赔偿的公约》和《关于

---

[1] 1929年10月12日订于波兰华沙,自1933年2月13日起生效。
[2] 1948年6月19日订于日内瓦,自1953年9月17日起生效。
[3] 1952年10月7日订于罗马,自1958年2月4日起生效。
[4] 1955年9月28日订于海牙,自1963年8月1日起生效。
[5] 1961年9月18日订于墨西哥瓜达拉哈拉,自1964年5月1日起生效。
[6] 1963年9月14日订于东京,自1969年12月4日起生效。
[7] 1970年12月16日订于海牙,通称《反劫机公约》,自1971年10月14日起生效。
[8] 1971年3月8日订于危地马拉城,简称1971年《危地马拉议定书》,尚未生效。
[9] 1971年9月23日订于蒙特利尔,通称《反破坏公约》,自1973年1月26日起生效。
[10] 1975年9月25日订于蒙特利尔。《第一号附加议定书》自1996年2月15日起生效,《第二号附加议定书》自1996年2月15日生效,《第三号附加议定书》尚未生效,《第四号议定书》自1998年6月14日起生效。
[11] 1978年9月23日订于蒙特利尔,2002年7月25日生效。
[12] 1988年2月24日订于蒙特利尔,自1989年8月6日起生效。
[13] 1991年3月1日订于蒙特利尔,自1998年6月21日起生效。
[14] 1999年5月28日订于蒙特利尔,于2003年11月4日起生效。
[15] 2001年11月16日订于开普敦,自2006年3月1日起生效。

因涉及航空器的非法干扰行为而导致对第三方造成损害的赔偿的公约》[①],2010年《制止与国际民用航空有关的非法行为的公约》和《制止非法劫持航空器公约的补充议定书》[②],2014年《关于修订〈在航空器内犯罪和某些其他行为的公约〉的议定书》[③]。

三、航空法的渊源

航空法是国际法的一部分。应该说,国际法的渊源即是航空法的渊源。但航空法最重要的渊源,通常是国际条约。这是由于航空活动的迅速发展,伴随着立法的同步进行,习惯作为法的渊源在很大程度上被绕过去了,导致今天的航空法主要是成文法,"国际习惯不再是国际航空法的主要渊源"[④]。

构成国际航空法的条约包括:(1)关于国际民用航空的世界性多边条约。这类条约,尤其那些被各国广泛接受的条约,是国际航空法的最重要的渊源。(2)关于国际民用航空地区性多边和双边条约。航空法有国际性的特点,在国际民用航空领域中的地区性条约中,尤其是大量存在的双边航空运输协定,有很多规定都是相同或近似的,这些地区性多边和双边条约是国际航空法的渊源。(3)其他含有有关国际民用航空规定的国际条约。其他国际条约中有关国际民用航空的规定,对国际民用航空产生着深刻的影响,也是国际航空法的渊源。例如,1980年《联合国国际货物多式联运公约》,航空运输作为联运中的一部分应受该公约的约束;1982年《联合国海洋法公约》关于海洋不同区域上空的法律地位;领事条约中关于救助航空器的规定;等等。

虽然国际条约是国际航空法最重要的渊源,但并不排除国际习惯作为国际航空法的渊源。司法判例虽然是"确定法律原则之辅助资料者",但仍具有一定的重要性。例如国内法院对《华沙公约》的解释性判决,就对国际航空法具有深远的影响。各国权威最高公法学家的学说也只是"确定法律原则之辅助资料者",但对航空法的发展具有不容忽视的作用。

第二节 空气空间的法律地位

一、领空制度

领空(territorial airspace),是指处在一国主权支配之下,在国家领土之内的陆地和水域之上的空气空间。一个国家的领空,同国家的领陆和领水一样,都是国家行使主权的空间。领空概念是随着航空活动的出现,受海洋法关于领海制度的影响逐渐

[①] 2009年5月2日订于蒙特利尔,尚未生效。
[②] 2010年9月10日订于北京,《制止与国际民用航空有关的非法行为的公约》自2018年7月1日起生效,《制止非法劫持航空器公约的补充议定书》自2018年1月1日起生效。
[③] 2014年4月4日订于蒙特利尔,自2020年1月1日起生效。
[④] 〔荷〕迪·维斯舒尔(I. H. Ph. Diederiks-Verschoor):《航空法引论》,1983年英文版,第3页。

形成的。1609 年,荷兰法学家格劳秀斯发表了著名的《海洋自由论》(Mare Liberum);1618 年,英国学者塞尔登写成《海洋封闭论》(Mare Clausum)。双方围绕着海洋是自由的,还是为各国占有和控制展开了激烈的争论,人们称之为第一次大论战。航空活动出现后,继而发生一国航空器飞越另一国领土,甚至在另一国领土上降落的情形。这就使人们不得不考虑领土上空与领土之间的关系。因而,对于空气空间是一种怎样的法律地位,实行何种法律制度,从一开始就展开了激烈的争论。争论的焦点在于,是空中自由还是国家主权?对此,人们称之为第二次大论战。这种争论直至 1919 年签订巴黎《空中航行管理公约》才告一段落,从而确立了每一个国家对其领土之上的空气空间享有完全的和排他的主权,形成了领空制度,但却掺入了"无害通过"的概念。[1] 1944《国际民用航空公约》取代了《空中航行管理公约》,摒弃了"无害通过"概念,最终彻底确立了完全的和排他的领空主权原则。

  领空是以地球中心为顶点,由与国家在地球表面的领陆和领水的边界相垂直的直线所包围的圆锥形立体空间,这已为世人所公认。但领空范围是否有上限,这个上限高度是多少,却颇有争论,至今尚未解决。1913 年,《国际法学报》(Clunet)称"每个国家对其领空的主权权利应自由地行使至穹苍(usque coelum)"。这在当时,直至 20 世纪 40 年代,这种高度无限论是不存在任何问题的。1957 年,第一颗人造地球卫星上天后,出现了"外层空间"(Outer Space)新概念,逐渐形成了"空间法"(Space Law)。空气空间根据航空法实行领空主权制度;外层空间根据空间法实行自由探索,不受任何国家主权管辖,不得为任何国家占有。于是划界问题产生了。关于划定领空上限高度的理论曾出现过多种学说,主要是两种,即"空间论"(Spatial approach theory)和"功能论"(Functional approach theory)。[2] 近年来,出现了"临近空间"(Near Space)的新概念。随着航空经济和航天经济的发展以及对临近空间的开发利用,"空天一体化"是必然进程,由军转民过渡到商业化运作是发展趋势,军民产业融合式发展是必由之路。关于"空间"(Space)法律地位的新问题层出不穷,是航空法、空间法等学科需要深入研究的新课题。[3]

---

  [1] 1919 年《空中航行管理公约》第 1 条明确规定每一国家"对其领土之上的空气空间享有完全的和排他的主权"之后,紧接着第 2 条第 1 款又规定:"每一国家承允,只要本公约规定的条件得以遵守,在和平时期给予其他缔约国的航空器无害通过其领土的自由"。《空中航行管理公约》虽然规定了"无害通过",但不得不同时规定了很多限制条件。《空中航行管理公约》没有给"无害通过"下定义,同时又给飞经国规定限制条件以很大的任意性,这种"无害通过"也就没有什么实际意义。再从实践上看,领空与领海是不同的。领海对一个国家来说,可以作为国防安全的缓冲地带,而领空则没有这种作用。航空的机动性,决定了保卫领空不受侵犯对国防安全至关重要。领空"无害通过"实际上不可行。
  [2] 参见贺其治:《外层空间法》,法律出版社 1992 年版,第 39—40 页和第 46—47 页。
  [3] 所谓"临近空间",一般认为是指距地表 30～100 公里处的空域,其下面的空域(30 公里以下)是传统航空器的活动空间,其上面的空域(100 公里以上)则是航天器的范围。临近空间的气温、气压、气象等环境与航空空间和航天空间都有所不同。围绕地球的只有一个天空(Coelum),它逐渐消融在宇宙之中;既不需要,也难以划定两个空间。因此,"空天一体化"是必然的进程。目前,"临近空间"的法律地位尚未定论。无论处于与"空气空间"相同的法律地位,还是"自成一类",处于独具特色的法律地位,都有待国际社会协商,签订国际条约予以确定。

二、关于空气空间法律地位的理论和实践

1919年签订巴黎《空中航行管理公约》之前,关于空气空间的法律地位,大体上可归纳成下列五种理论:(1)完全的空中自由论。这种理论认为空气和海洋一样是人类的共同财富,因而主张空中自由论。代表人物是比利时法学家尼斯(Nys)[①],法国法学家福希叶(Fauchille)开始亦持这种主张[②]。但这种理论并未为多数所接受。(2)空中有限自由论。这种理论以法国法学家福希叶为代表。上面已提到福希叶开始时是主张空中自由的,在300米(埃菲尔铁塔的高度)以上的空间应是航行自由的。鉴于空中自由论不被人们所接受,福希叶重新考虑了这个问题,企图在自由论和主权论之间找到一个调和的折中方案,于是有了空中有限自由论。福希叶主张,要考虑空中自由航行,但国家根据自保权(Droit de Conservation),可以禁止在1500米以下的空间飞行,即在和平时期建立一个1500米高度的"保护区",以防范间谍和走私活动;又鉴于"空域"悬在一国之上,为了其国民的安全和国家的经济利益,国家甚至可以对在1500米以上的空间的飞行活动也可以施行干预。福希叶的这种主张曾于1906年为"国际私法学会"所肯定,其表述是:"空气空间是自由的,国家无论在平时还是战时,对空气空间只有为了自保的必要权利。"[③](3)领土区域论。这种理论最早由里维埃(Rivier)于1896年提出[④],其原则是建立完全在毗连国家主权支配下的领空区域,以限制在空气空间的完全自由,这个区域以大炮射程为限。可以说,这种理论是领空主权论的前身。(4)国家警察权论。这种理论承认国家的自保权,也要求尊重国际社会的权利,但反对主权学说。认为空中和海洋一样是人类的共同财富,应当自由航行。国家为了安全、公共秩序、税收等项,则可以行使警察权。这种理论与领土区域论相同,区别在于不承认国家有完全的主权。(5)国际共管论。这种理论主张由国际共管,方便空中自由。[⑤] 以上列举了几种学说,说明了当时关于空气空间法律地位激烈争论的情况,为人关注,众说纷纭。最后,人们还是通过实践解决了这个问题。

1911年4月在马德里举行的国际法学会上,法国(以福希叶为代表)和德国(以冯·巴尔为代表)提出的案文仍旧是:"除毗连国拥有为其国家、人员、居民的安全可考虑采取一定措施的权利外,国际空中航行是自由的。"与此同时,英国则坚决主张领空主权原则,称"各国对其领土和领水之上的空间拥有绝对的主权权利。每个国家

[①] 参见〔比〕尼斯(Nys):《Une dissertation du XVII siècle sur le droit aérien》(《十七世纪关于航空法的论述》),Revue de droit international et de législation comparée,T. XIII. -Droits et Aérostats,1902. Rapports à l'Institut de droit international. Annuaire XIX, p.86。

[②] 参见〔法〕福希叶(Fauchille):《Le Domaine aérien et le Régime juritique des aérostats》(《空域和气球的法律制度》),载1901年《Revue générale de droit international public》(国际公法总览)杂志第414页及以后各页,转引自〔加〕尼·迈特:《航空—航行法论》,巴黎 Editions A Perdone 出版社法文第三版第74页。

[③] 转引自〔法〕勒·果夫《航空法教程(公法)》,巴黎达罗兹书局1954年法文版,第71页。

[④] 参见〔法〕里维埃(Rivier):《国际法》(第1卷),1896年,第140页,转引自 Henry-Couannier, Eléments créateurs du droit aérien, Ed. Per Obdem; Paris 1929, p.139。

[⑤] 参见〔法〕卡特拉尼(Catellani):《航空法》,1912年版,转引自 W. Wagner, Les libertés de l'Air, Ed. Les Editions internationales, Paris 1948, p.37。

有权自行制定有关空中航行的警察、税务以及其他事项的规章"。就在1911年,英国颁布了《空中航行法令》,授权国务秘书禁止在规定的区域上空飞行。英国的主张和实践广为传播,其他国家纷纷效仿。法国1913年10月24日法令亦明确规定:"在全面或部分动员的情况下,在整个领土上禁止空中航行。这种禁止自动员令发布起生效。"

1914—1918年第一次世界大战中,领空主权更成了一个大问题,涉及交战国航空器飞越中立国去轰炸敌国是否破坏中立地位的问题。当时的中立国荷兰舆论哗然,主张禁止德国的齐柏林飞艇飞越荷兰去轰炸伦敦;瑞士则抗议法国飞机飞越其领土去轰炸德国;英国因其航空器飞越瑞士去轰炸德国后,曾向瑞士公开道歉。在上述情况下,领空主权论最终取得了胜利。1919年签订的《空中航行管理公约》在第一条中明确规定每一个国家"对其领土上空享有完全的和排他的主权"。

三、领空主权的法律性质

1944年《国际民用航空公约》取代1919年《空中航行管理公约》,重申了领空主权原则,是国际社会广泛接受的、现行的国际航空法条约。该公约第1条明确规定:"缔约各国承认每一国家对其领土之上的空气空间享有完全的和排他的主权。"公约的这一规定具有极其重要意义,在于:(1)它明确宣告了领空主权原则。(2)领空主权是每一国家都享有的,无论是缔约国还是非缔约国。因此,领空主权原则不仅是国际条约法规则,而且是国际习惯法规则,具有普遍的法律约束力。(3)每一国家享有的领空主权是"完全的"和"排他的"。因此,每一国家对其领空享有充分的主权权利,主要体现在下列四个方面:第一,自保权。一国领空不受侵犯。未经一国允许,任何外国航空器不得进入该国领空。任何国家都有保卫其领空安全、不受外来侵犯的充分权利。第二,管辖权。每一国家对其领空都享有管辖权。领空是一国领土不可分割的一部分。领空管辖权为属地管辖权。国家行使领空管辖权时,也应履行所承担的国际义务,受所缔结或者加入的国际条约规定的限制。第三,管理权。每一国家都有权自行决定制定必要的法律和规章,以维护空中航行的正常秩序,保障空中交通安全,保护公众的合法权益,不受外国干涉。鉴于航空法具有国际性的特点,各国在制定本国法律和规章时,应当尽可能地与国际技术标准和国际法律规范取得一致;在执行这些法律和规章时,也应履行所承担的国际义务,不得实行歧视性的差别待遇。第四,支配权。空气空间是航空活动赖以存在的场所,是国家的航空资源。罗马法中早有格言:"谁有土地,谁就有土地的上空"(Cujus est solum, ejus est usque ad coelum)。国家根据领空主权原则,对其主权属下的空气空间拥有支配权。国家可以通过国内立法对领空实施支配,可以规定公民有自由通行的权利,而对于外国通航则需要签订航空协定或通过批准,给予运营权。1944年《国际民用航空公约》取代1919年《空中航行管理公约》时便完全抛弃了"无害通过"的概念,而采用"五种空中自由"的概念。这"五种空中自由"是航空运输运营权利中的概念,与"无害通过"是两码事,不能相提并论。①

四、无线电信

领空主权原则不仅适用于航空,也适用于无线电信。国家对其领土上空的无线电信传递拥有完全的管辖权,合法地保护本国无线电频谱资源,反对一切外来有害干扰。领空主权原则不仅是有关国际条约的具体规定的基础,也反映在关于无线电信管理的国内立法之中。无线电信与航空关系十分密切。《国际民用航空公约》规定:"各缔约国航空器在其他缔约国领土内或在其领土上空时,只有在该航空器登记国主管当局已颁发了设置及使用无线电发射设备的执照的情况下,才可以携带此项设备。在该航空器飞经的缔约国领土内使用无线电发射设备,应遵守该国制定的规章。无线电发射设备只准飞行组成员中持有航空器登记国主管当局为此颁发的专门执照的人员使用。"(第30条)②

第三节 空中航行的法律制度

一、领空管理制度

航空器在一国领空内飞行,完全置于该国主权支配之下。国家为了保卫国防安全,维护空中交通秩序,保障空中航行安全,保护国家和人民的利益,必须制定法律和规章,形成完整而严密的管理制度。为了有效地管理空域,各国普遍实行设置"禁区""限制区"和"危险区"的制度,规定航空活动严格遵守统一的空中交通规则;为了预防外国航空器入侵,及早预警,维护空防安全,有些国家还划设有"航空识别区"。

(一)领空管理的一般规则

根据《国际民用航空公约》的规定,一缔约国的国家航空器,未经特别协定或其他方式的许可并遵照其中的规定,不得在另一缔约国领土上空飞行或在其领土上降落(第3条第3款)。任何无人驾驶而能飞行的航空器,未经一缔约国特许并遵照此项特许的条件,不得无人驾驶地在该国领土上空飞行。各缔约国承允对此项无人驾驶的航空器在向民用航空器开放的地区内的飞行一定加以管制,以免危及民用航空器(第8条)。航空器在一国领空中飞行,都应遵守该国关于航空器飞行和运转的法律和规章(第12条);这种法律和规章,应不分国籍,适用于所有缔约国的航空器(第11条);国内规则应尽可能地和国际规则相一致,如果不一致,应及时将差异通知国际民

---

① 参见本章第四节"国际航空运输"的论述。
② 无线电技术不仅涉及空气空间,而且涉及外层空间,也就更需要加强国际立法,扩大国际合作,使无线电信更有效地为人类服务。早在1865年5月17日,20个欧洲国家便在巴黎签订了《国际电报公约》;1906年11月3日,英美等27个国家又在柏林签订了《国际无线电公约》;1912年和1927年相继在伦敦和华盛顿签订了《国际无线电公约》;1932年12月9日,70多个国家在马德里集会,决定将上述公约合并为《国际电信公约》,并成立了现在的"国际电信联盟"。

用航空组织(第37条和第38条)。在公海上空,以及在不属于任何国家领土的区域上空,有效的规则,是根据《国际民用航空公约》制定的规则(第12条)。各缔约国在发布关于其国家航空器的规章时,对民用航空器的航行安全应予以应有的注意(第3条第4款)。

《国际民用航空公约》还规定:"在遵守本公约规定的条件下,一缔约国关于从事国际空中航行的航空器进入或离开其领土或关于此种航空器在其领土内操作和航行的法律和规章,应不分国籍,适用于所有缔约国的航空器,此种航空器在进入或离开该国领土或在其领土内时,都应该遵守此项法律和规章"(第11条);"一缔约国关于航空器上的旅客、机组或货物进入或离开其领土的法律和规章,如关于入境、放行、移民、护照、海关及检疫的规章,应由此种旅客、机组或货物在进入、离开或在该国领土内时遵照执行或由其代表遵照执行"(第13条);"各缔约国同意采取有效措施防止经由空中航行传播霍乱、斑疹伤寒(流行性)、天花、黄热病、鼠疫以及各缔约国随时确定的其他传染病……"(第14条)。该公约同时规定:"各缔约国的有关当局有权对其他缔约国的航空器在降落或离开时进行检查,并查验本公约规定的证件和其他文件,但应避免不合理的延误"(第16条)。

(二)"禁区""限制区"和"危险区"

禁区(Prohibited Area),是指在一个国家的领陆或领水上空,禁止航空器飞行的划定区域。任何航空器未经特许,都不得进入禁区。任何航空器非法进入禁区,都将承担严重的法律后果。限制区(Restricted Area),是指在一个国家的领陆或领水上空,根据某些规定的条件,限制航空器飞行的划定区域。限制区与禁区一样,非经许可,任何航空器都不得进入。但是,符合限制区规定的特定条件的航空器不在此限。危险区(danger Area),是指在规定时间内存在对飞行有危险活动的划定区域。国家设置禁区或限制区只能在其领空之内;而划定危险区,按照国际习惯,则可根据需要扩伸到临近的公海上空。

《国际民用航空公约》规定:"缔约各国由于军事需要或公共安全的理由,可以一律限制或禁止其他国家的航空器在其领土内的某些地区上空飞行","在非常情况下,或在紧急时期内,或为了公共安全,缔约各国也保留暂时限制或禁止航空器在其全部或部分领土上空飞行的权利并立即生效"(第9条)。因此,国家设置"禁区""限制区"和"危险区"有充分的国际法依据。但国家设置这些区域时,也应当遵循国际法规定的要求:(1)此种禁区的范围和说明应当合理,以免空中航行受到不必要的阻碍;(2)关于此种禁区的说明及其随后的任何变更,应当予以公布,尽快通知各缔约国及国际民用航空组织;(3)关于禁区的规定,对本国和外国从事同样性质的飞行的民用航空器不得有区别对待;在非常情况下或在紧急时期内,一国关于暂时限制或禁止航空器在其全部或部分领土上空飞行的禁令,应不分国籍适用于所有其他国家的航空器(见《国际民用航空公约》第9条)。

国家对未经许可,擅自进入"禁区""限制区"或"危险区"的航空器,可以根据法律予以严厉处罚。

(三)"防空识别区"

"防空识别区"(Air Defense Identification Zone,缩写 ADIZ),是指从地球陆地或水域的表面向上延伸的划定空域,在该空域内,为了国家安全,需要对航空器能立即识别、定位和管制。国家为了国防安全的需要而设置"防空识别区"。凡进入"防空识别区"的航空器,必须报告身份,以便地面国识别、定位和管制。①

由于设立"防空识别区"至今没有国际法的明确规定,而是有关国家单方面根据国内法及其国防安全的需要建立的行为,并且延伸至领空水平范围之外的海域上空,因而建立这种空域是否合法,在国际法上是有争论的。但在实践中,对于和平时期建立永久性防空识别区,并未引起异议。《联合国宪章》明确规定:"联合国任何会员国受武力攻击时,在安全理事会采取必要办法,以维持国际和平及安全以前,本宪章不得认为禁止行使单独或集体自卫之自然权利。"(第 51 条)国家自保权是国际法赋予的基本权利。建立防空识别区能有效地将来犯敌机在进入领空之前予以识别,对于加强国防监控、保卫国家领空安全,具有重大意义,而建立这种空域并不认为是地面国领空范围的扩大,也不意味着其领空主权向外延伸。因此,尽管在理论上有所争论,但只要不违反国际法关于在领空之外的空中航行自由原则,建立防空识别区应认为是与国际法相容的。

2013 年 11 月 23 日,中华人民共和国政府根据《中华人民共和国国防法》等法律的规定,宣布划设了"东海防空识别区"②。中国划设东海防空识别区是为了捍卫国家主权和领空安全,维护空中飞行秩序,不影响东海上空的飞越自由,符合国际法和国际惯例,是行使自卫权的正当合法行为。

二、航空器及其国籍制度

国际上采用"航空器"这个名称,始于 1910 年第一次国际空中航行会议,先用的是法文"L'Aéronef",译成英文为"aircraft"。关于航空器的定义,首次出现在 1919 年巴黎《空中航行管理公约》的附件 A 中,称"航空器是指可以从空气的反作用而在大气中取得支撑力的任何机器"。1967 年 11 月 8 日,国际民用航空组织修改了这一定义,把空气对地球表面的反作用力的情况排除在外,重新定义如下:"航空器是指可以从空气的反作用,但不是从空气对地球表面的反作用,而在大气中取得支撑力的任何机器。"依据这一定义,凡利用空气对地(水)面反作用取得支撑力的器械,如气垫车、气垫船之类,都不属于航空器;凡不依靠空气反作用取得支撑力飞行的器械,如火箭、导弹之类,亦不属于航空器。在技术上,将航空器分为"轻于空气的航空器"和"重于

---

① 1950 年和 1951 年,美国和加拿大率先建立"防空识别区",向大西洋和太平洋延伸几百海里。美国防空识别区最早由其民用航空委员会根据 1950 年总统第 10197 号行政法令建立;加拿大防空识别区于 1951 年 5 月 12 日建立。澳大利亚、缅甸、韩国、古巴、芬兰、希腊、印度、冰岛、意大利、日本、巴拿马、菲律宾、德国、泰国、土耳其、越南等国先后建立防空识别区。

② 见《中华人民共和国东海防空识别区航空器识别规则公告》。具体范围为以下六点连线与我领海线之间空域范围:北纬 33 度 11 分、东经 121 度 47 分,北纬 33 度 11 分、东经 125 度 00 分,北纬 31 度 00 分、东经 128 度 20 分,北纬 25 度 38 分、东经 125 度 00 分,北纬 24 度 45 分、东经 123 度 00 分,北纬 26 度 44 分、东经 120 度 58 分。

空气的航空器"。前者包括气球、飞艇等;后者包括飞机、直升机、滑翔机等。在法律上,将航空器分为"民用航空器"和"国家航空器",分别具有不同的法律地位。1944年《国际民用航空公约》仅规定"本公约仅适用于民用航空器,不适用于国家航空器";"用于军事、海关和警察部门的航空器,应认为是国家航空器"(第3条第1款、第2款)。由此可见,划分民用航空器和国家航空器的标准是航空器的用途,而不考虑其他因素,并不以航空器的归属、即航空器的所有权来区分。同时可以推论,国家航空器以外的航空器,即是民用航空器。但是,上述规定并未就如何划分这两种航空器下定义,因而国家航空器是否仅包括军事、海关和警察航空器,公约并不明确。对此,在理论上和实践中,都存在一定的分歧意见。根据《国际民用航空公约》第3条第1款的规定,民用航空器受航空器所在地国家的管辖,并受该国法律的约束。一国民用航空器在外国不享有任何特权和豁免权。航空器具有国籍(aircraft nationality),是一项十分重要的法律制度。《国际民用航空公约》规定:"航空器具有其登记的国家的国籍"(第17条);"航空器在一个以上国家登记不得认为有效,但其登记可由一国转移至另一国"(第18条),即航空器不得具有双重国籍;"航空器在任何缔约国登记或转移登记,应按该国的法律和规章办理"(第19条),即关于航空器登记的条件及其程序,由登记国的国内法规定;"从事国际空中航行的每一航空器应载有适当的国籍标志和登记标志"[①](第20条)。以上是关于航空器国籍制度的基本法律依据。航空器国籍,是航空器与其登记国(即国籍国)相联系的法律"纽带"。航空器登记国据此对具有其国籍的航空器享有权利并承担义务,对航空器予以保护和实行管理。根据属地优越权原则,处在一国领域内的航空器,除按规定享有一定特权和豁免权的外国国家航空器以外,都置于该国的管辖之下,并适用该国法律。因此,航空器在其登记国领域内完全置于该国管辖之下,同时,航空器登记国在一定条件下对在域外的本国航空器享有如下权利和义务:(1)航空器登记国对在域外的本国航空器享有下列权利:第一,管辖权,航空器登记国对在域外的本国航空器在一定条件下[②]有管辖权;

[①] 国籍标志(nationality mark)是识别航空器国籍的标志,由一组字组成,从国际电信联盟分配给航空器登记国的无线电呼叫信号中的国籍代号系列中选用,并将国籍标志通知国际民用航空组织。在"国籍标志"之外,还有一种"共用标志"(common mark),是国际民用航空组织分配给共用标志登记当局的标志,用以对国际经营机构的航空器不以国家形式进行登记。共用标志须从国际电信联盟分配给国际民用航空组织的无线电呼叫信号的代号系列中选用。登记标志(registration mark)是航空器登记国在航空器登记后指定的标志,须是字母、数字或者是两者的组合,列在国籍标志之后。在航空器上还涂有各个公司特有的标志。通常说是航徽,在法律上则是一种商业标识,称之为服务商标。各个航空公司风格各异的航徽,作为服务性标志,与一般商标一样受法律保护。

[②] 具体条件是:(1)航空器登记国的有关法律,在航空器所在地国的法律或者航空器登记国缔结或参加的国际条约没有另外规定时,亦适用于在域外的本国航空器。(2)当航空器在飞行中,在公海海面上或者在不属于任何国家领土的地区的地(水)面上,该航空器内所产生的法律关系,由航空器登记国的法律调整。(3)当航空器在飞行中,在公海海面上或者在不属于任何国家领土的地区的地(水)面上,该航空器的登记国对在其内发生的犯罪和其他某些行为有管辖权,但不排除该航空器飞经国依据该国法律行使刑事管辖权。有些国家的国内法规定了较宽的域外刑事管辖权,自然会与领土地国的属地管辖权相冲突。这种冲突需要通过适当途径解决。

第二,保护权,航空器登记国有权保护在域外的本国航空器①;第三,管理权,航空器登记国有权对从事国际航行的本国航空器加强管理,予以控制②。(2)航空器登记国应承担下列义务:第一,发证义务,航空器登记国为其航空器发给或核准适航证和合格证书及执照,既是权利,又是义务,发证要求不得低于国际最低标准。第二,管辖义务,航空器登记国对在其航空器内的犯罪和其他某些行为,应采取必要措施,以确立其作为登记国的管辖权。第三,保证义务,航空器登记国应采取措施,以保证每一具有其国籍标志的航空器,不论在何地,都遵守当地关于航空器飞行和运转的现行规则和规章,尤其是遵守拦截指令,并承允对违反适用规章的一切人员起诉,予以严厉惩罚。第四,提供资料义务,航空器登记国如经要求,应将在该国登记的某一航空器的登记及所有权的情况提供给其他国家或国际民用航空组织;并应按照国际民用航空组织的规章,向该组织报告有关在该国登记的经常从事国际航行的航空器所有权和控制权的可提供的有关资料。第五,禁止义务,航空器登记国应采取适当措施,禁止将在该国登记的任何民用航空器肆意用于与《国际民用航空公约》宗旨不相符合的目的。上述义务对有关条约的缔约国适用。任何国家违反所承担的义务的,应负相应的国际责任。

三、国际空中航行的一般规则

根据《国际民用航空公约》的规定,航空器进行国际空中航行,应当遵守下列规则:

(1)展示识别标志。"从事国际空中航行的每一航空器应载有适当的国籍标志和登记标志"(第20条)。(2)遵守飞入国的法律和规章(见上述"一、领空管理制度"中的规定)。(3)在设关机场降停,接受降停国的检查。"除按照本公约的条款或经特许,航空器可以飞经一缔约国领土而不降停外,每一航空器进入一缔约国领土,

---

① 主要情形包括:(1)当航空器在外国遇险时,在该航空器遇险所在地国当局的管制下,航空器登记国当局有权采取情况所需的援助措施。(2)当航空器在外国发生事故时,航空器登记国有权指派观察员在调查时到场,并有权要求和接受主持调查的国家提供此事的报告及调查结果。(3)航空器登记国的领事官员根据双边领事条约的规定,在领区内有权对停留在接受国的机场或在空中飞行的本国航空器,提供一切必要的协助,可以同本国机长和机组成员进行联系,并可请求接受国主管当局提供协助。(4)航空器登记国领事官员有权在领区内就本国航空器采取下列措施:① 在不损害接受国主管当局权利的情况下,对本国航空器在飞行中和在机场停留时发生的任何事件进行调查,对机长和任何机组成员进行询问,检查航空器证书,接受关于航空器飞行和目的地的报告,并为航空器降落、飞行和在机场停留提供必要的协助;② 如登记国法律有规定,则在不损害接受国当局权利的情况下,解决机长和任何机组成员发生的各种争端;③ 对机长和任何机组成员的住院治疗和遣送回国采取措施;④ 接受、出具或证明本国法律就航空器规定的任何报告或其他证件。(5)当接受国法院或其主管当局对航空器或其机长或任何机组成员采取任何强制措施或进行正式调查时,航空器登记国的有关领事官员可以事先得到通知,以便本人或派代表到场;如情况紧急事先未得到通知,可以在接受国采取上述行动后立即得到通知,并可请求接受国提供所采取行动的一切有关资料。(6)当航空器机长、航空器经营人、其代理人或有关的保险机构都不能对发生事故的航空器的物品采取保护或处置措施时,航空器登记国的领事官员有权代表他们为此采取相应措施。

② 主要有:(1)从事国际航行的每一航空器应载有其登记国的国籍标志和登记标志。(2)从事国际航行的每一航空器应携带其登记国发给或核准的下列证件:① 航空器登记证;② 航空器适航证;③ 航空器驾驶员及飞行组其他成员的合格证和执照;④ 航空器无线电台许可证。(3)其他管理措施。

如该国规章有规定时,应在该国指定的机场降停,以便进行海关和其他检查。当离开一缔约国领土时,此种航空器应从同样指定的设关机场离去"(第 10 条前段)。"各缔约国的有关当局有权对其他缔约国的航空器在降落或离开时进行检查,并查验本公约规定的证件和其他文件,但应避免不合理的延误"(第 16 条)。(4) 应携带必备的文件。缔约国的每一航空器在从事国际航行时,应当按照本公约规定的条件携带下列文件:航空器登记证;航空器适航证;每一机组成员的适当的执照;航空器航行记录簿;航空器无线电台执照,如该航空器装有无线电设备;列有旅客姓名及其登机地与目的地的清单,如该航空器载有旅客;货物仓单和详细的申报单,如该航空器载有货物(第 29 条)。(5) 遵守飞入国关于货物限制的规定。"从事国际航行的航空器,非经一国许可,在该国领土内或在该国领土上空不得载运作战军火或作战物资。至于本条所指作战军火或作战物资的含义,各国应以规章自行确定,但为求得统一起见,应适当考虑国际民用航空组织随时所作的建议。各缔约国为了公共秩序和安全,保留管制或禁止在其领土内或领土上空载运第一款所列以外其他物品的权利。但在这方面,对从事国际航行的本国航空器和从事同样航行的其他国家的航空器,不得有所区别,也不得对在航空器上为航空器运行或航行或为机组成员或旅客的安全所必要的器械施加任何可能妨碍其携带和使用的任何限制"(第 35 条)。(6) 不滥用民用航空。"各缔约国同意不将民用航空用于和本公约的宗旨不相符的任何目的"(第 4 条)。本公约的宗旨在于,使国际民用航空按照安全和有秩序的方式发展,并使国际民用航空运输业务建立在机会均等的基础上,健康地和经济地经营,以利于建立和保持世界各国人民之间的友谊和了解,避免各国之间和人民之间的摩擦并促进其合作,保障世界和平。而滥用民用航空,则足以威胁普遍安全(见《公约》序言)①。

四、国际空中航行的特殊规定

(一) 公海和专属经济区上空飞行自由

1982 年《联合国海洋法公约》规定:"公海对所有国家开放,不论其为沿海国还是内陆国",其中包括航空器②在公海上空的"飞越自由"(第 87 条)。航空器在公海上空飞行,有效的规则是国际民用航空组织根据《国际民用航空公约》制定的规则(《国际民用航空公约》第 12 条)。《联合国海洋法公约》还规定:"在专属经济区内,所有国家,不论为沿海国或内陆国,在本公约有关规定的限制下,享有第八十七条所指的航行和飞越的自由……"(第 58 条第 1 款)。但是,这种"飞越自由",是在"公约有关规定的限制下"的"飞越自由"。根据《联合国海洋法公约》的规定,专属经济区既不

---

① 关于不滥用民用航空,1944 年制定《国际民用航空公约》时,其目标是避免造成对国家安全的威胁,在"序言"中,只称滥用民用航空,则足以威胁普遍安全。今天,"滥用民用航空"的概念已经扩大。凡违反飞经国的法律或违背公共利益,使用民用航空器进行有组织的犯罪或其他非法行为,都可归属为对民用航空的滥用。例如,使用民用航空器进行散布细菌、贩运毒品、走私武器、走私货物、组织偷渡等非法运输或其他非法民用航空活动。——编者注

② 《联合国海洋法公约》英文本为 Aircraft,中文本为"飞机"。该《公约》中文本定名为"飞机"是不正确的,应是"航空器"。——编者注

是公海,也不是领海,具有特定的法律地位。沿海国在此区域内为勘探、开发、养护和管理海床和底土及其上覆水域的自然资源的目的,拥有主权权利;对在区域内的人工岛屿、设施和结构的建造和使用,对海洋科学研究和海洋环境保护等方面享有专属管辖权。因此,沿海国在专属经济区内完全有权根据国际法制定有关的法律和规章,对他国航空器在区域内上空的飞越自由作出限制,以维护该区域的空中交通秩序,保障飞行安全,保护本国的合法权益。同时,沿海国也不应滥用对专属经济区的权利,不恰当地妨碍甚至在实际上取消他国航空器在该区域上空的飞越自由。

（二）"过境通行权"（Right of Transit Passage）

《联合国海洋法公约》所设立的一种新的通过制度,对航空而言,指所有航空器在用于国际航行的海峡的领海上空,为"继续不停和迅速过境的目的",行使飞越自由（第38条第2款）。这种"过境通行"不应受到阻碍（第38条第1款）。但行使过境通行权的航空器应履行下列义务:（1）毫不迟延地飞越海峡;（2）不对海峡沿岸国的主权、领土完整或政治独立进行任何武力威胁或使用武力,或以任何其他违反《联合国宪章》所体现的国际法原则的方式进行武力威胁或使用武力;（3）除因不可抗力或遇难而有必要外,不从事其继续不停和迅速过境的通常方式所附带发生的活动以外的任何活动;（4）遵守国际民用航空组织制定的适用民用航空器的《空中规则》,国家航空器通常应遵守这种安全措施,并在操作时随时对航行安全予以应有的注意;（5）随时监听国际上指定的空中交通管制主管机构所分配的无线电频率或有关的国际呼救无线电频率（第39条）。此外,上述关于继续不停和迅速过境的要求,并不排除为进入、离去或返回沿岸国而通过海峡时,受该沿岸国入境条件的约束。

（三）"群岛海道通过权"（Right of Archipelago Sea Lanes Passage）

指根据《联合国海洋法公约》的规定,专为在公海或专属经济区的一部分和公海或专属经济区的另一部分之间继续不停和无障碍地过境的目的,行使正常方式的航行和飞越的权利（见第53条第3款）。（1）群岛国可指定适当的海道和其上的空中航路,以便外国船舶和航空器继续不停和迅速通过或飞越其群岛水域和邻接的领海（第53条第1款）;（2）所有船舶和航空器均享有在这种海道和空中航道内的群岛海道通过权（第53条第2款）;（3）这种海道和空中航道应以通道进出点之间的一系列连续不断的中心线划定,通过群岛海道和空中航道的船舶和航空器在通过时不应偏离这种中心线25海里以上,但这种船舶和航空器在航行时与海岸的距离不应小于海道边缘各岛最近各点之间距离的10%（第53条第5款）;（4）如果群岛国没有指定海道或空中航道,可通过正常用于国际航行的航道,行使群岛海道通过权（第53条第12款）;（5）航空器行使群岛海道通过权应尽的义务,比照行使用于国际航行的海峡的过境通行权应尽义务的规定（第54条,参看上述"过境通行权"部分）。

五、拦截和避免对民用航空器使用武器

（一）拦截（Interception）

"拦截",指一国的军用航空器受命对入侵本国领空的外国航空器,或进入一国防

空识别区而不报明身份的航空器，或其他违法航空器采取强制手段，或将此等航空器驱逐出境，或迫令其在本国境内的指定机场降落，予以检查处置的行动。拦截，是国家行使领空主权、保卫国防安全的合法行为。鉴于拦截航空器对飞行安全具有潜在的危险，因此对拦截措施不得滥用。《国际民用航空公约》规定:"各缔约国承允在发布关于其国家航空器的规章时，对民用航空器的航行安全予以应有的注意"(第 3 条第 4 款)。国际民用航空组织理事会亦敦请各缔约国，希望避免拦截民用航空器；如要拦截，仅作为最后手段而采用，以识别为限，按照规定的拦截程序进行，并应提供为安全飞行所需要的任何航行上的引导。

(二) 关于对民用航空器使用武器的问题

第二次世界大战后，国际上发生了多起民航客机进入外国领空被击落的严重事件，早就引起国际社会的广泛关注。但直到 1984 年，国际民用航空组织大会于 4 月 24 日至 5 月 10 日举行第 25 届会议，才通过决议，修正《国际民用航空公约》，增加了第 3 条分条①，内容如下:(1) 各缔约国承认，每个国家必须避免对飞行中的民用航空器使用武器，如果拦截，必须不危及航空器内人员的生命和航空器的安全；此项规定不应被解释为以任何方式修改了《联合国宪章》所规定的各国的权利和义务。(2) 各缔约国承认，每个国家在行使主权时，对未经许可而在其领土上空飞行的民用航空器，或者有合理根据断定该航空器正被用于与本公约宗旨不相符的目的的，有权要求该航空器在指定的机场降落；该国也可以给该航空器任何其他指令，以终止此类侵犯。为此目的，各缔约国可采取符合国际法的有关规则，包括本公约的有关规定，特别是本条第 1 款规定的任何适当手段，每一缔约国同意公布其关于拦截民用航空器的现行规章。(3) 任何民用航空器必须服从按照本条第 2 款发出的命令。为此目的，每一缔约国应在其国家法律或规章中作出必要的规定，以便在该国登记的或者在该国有主营业地或永久居所的经营人所使用的任何航空器都服从此种命令。每一缔约国应使任何违反此类可适用的法律或规章的行为受到严厉惩罚，并根据本国法律将这一案件提交其主管当局。(4) 每一缔约国应采取适当措施，禁止将在该国登记的或者在该国有主营业地或永久居所的经营人所使用的任何航空器肆意用于与本公约宗旨不相符的任何目的。此项规定不应影响本条第 1 款或损抑第 2 款和第 3 款的规定。

这一修正案的通过，一方面明确了每一国家不得对飞行中的民用航空器使用武器，如果采取拦截这样的强制手段，也必须不危及航空器内人员的生命和航空器的安全；另一方面又重申了每一国家的主权和自卫的权利。该分条第 1 款所说的此一规定不应解释为在任何方面修改了联合国宪章所规定的各国的权利和义务，是指《联合国宪章》第 51 条的规定，即:"联合国任何会员国受武力攻击时，在安全理事会采取必要办法，以维持国际和平及安全以前，本宪章不得认为禁止行使单独或集体自卫之自

---

① 通称"不对飞行中民用航空器使用武器"条款(Non-Use of weapon against civil aircraft in flight)，自 1998 年 10 月 1 日起在批准该修正案的国家之间生效(现共有 143 国批准了该修正案)。中华人民共和国于 1997 年 7 月 23 日批准，自 1998 年 10 月 1 日起生效。

然权利……"上述规定的权利和义务指的是"每一国家",因此不仅适用于缔约国,而且可以说构成对所有国家有约束力的国际习惯法规则,对民用航空器的飞行安全是重要的法律保障。

(三)"9·11"国际恐怖事件

2001年9月11日,美洲航空公司(American Airlines)的N334AA号波音767—200型飞机连同机组人员共92人,于美国东部时间早上8点50分,被劫持撞向纽约世贸中心姐妹大厦北塔;美洲航空公司的N644AA号波音757—200型飞机连同机组人员共64人,于美国东部时间早上9点08分,被劫持撞向纽约世贸中心姐妹大厦南塔,造成机毁人亡,世贸中心姐妹大厦顿时坍塌。另外,美国联合航空公司(United Airlines)的N612UA号波音767—200型飞机连同机组人员共65人,于美国东部时间早上9点30分,被劫持撞向华盛顿的美国国防部五角大厦,大厦部分受损,亦机毁人亡;美国联合航空公司的N591UA号波音757—200型飞机连同机组共45人,被劫持后于美国东部时间上午10点08分,在匹兹堡附近坠毁,全机人员亦无一生还。这就是震惊世界的"9·11"国际恐怖事件。

"9·11"国际恐怖事件,是人类有史以来第一次使用民用航空器作为进攻性武器的恐怖袭击事件。施行恐怖活动,破坏公共秩序,殃及平民百姓的生命、财产安全,破坏国家的安全和稳定,严重地威胁世界和平、经济发展、社会生活乃至人类文明。中国反对一切形式的恐怖主义活动;认为打击恐怖主义是一项长期复杂的任务,应当在尊重《联合国宪章》和其他国际法准则的基础上,加强联合国与安理会的作用。"9·11"国际恐怖事件后,鉴于劫持民用航空器作为进攻性武器的新情况,是否可以在必要情况下击落任何威胁国家安全的民用航空器的问题引起了广泛的关注。根据《国际民用航空公约》第3条分条的规定,避免对民用航空器使用武器和保卫国家安全两者在法律上应该是不冲突的。但无论如何,对民用航空器使用武器时必须谨慎行事,只能作为保卫国家安全的最后手段,应尽量避免殃及无辜民用航空器乘客和机组成员的生命和财产安全。

六、空中航行的国际合作和安全保障

(一)全球导航卫星系统(GNSS)的法律问题

早在1966年,国际民用航空组织的通信/运行专业会议就注意到了,使用卫星可解决航空移动通信问题,特别是当传统的地基雷达监视对跨洋和人烟稀少的大片陆地无效时,可解决空中交通监管的通信问题。1983年,国际民用航空组织成立了"未来空中导航系统专门委员会"(FANS)研究有关的技术、运行和经济等方面的问题。于是,出现了一些新概念和新的通信、导航和监视系统(CNS)以支撑未来的空中交通管理系统(ATM)。由空间技术和计算机技术相结合,产生了"全球导航卫星系统"(GNSS),已成为国际民航组织(ICAO)空中航行服务系统的基础,在民用航空领域得到广泛的应用,其提供的定位、导航和授时(PNT)服务是ICAO航空系统组块升级计划(ASBU)的核心技术手段。因此,全球卫星导航系统所提供服务的规范和标准以及兼容和相互操作以应对干扰成为 ICAO 及航空用户共同关心的问题。1994 年 3 月，国际民用航空组织理事会发布《未来空中航行系统实施和运行的重要政策声明》，涉及如下问题：(1) 普遍使用原则；(2) 缔约国的主权、权力和责任；(3) 国际民用航空组织的责任和作用；(4) 技术合作；(5) 体制安排与实施；(6) 全球卫星导航系统；(7) 空域组织与利用；(8) 服务的连续性与质量；(9) 成本回收；等等。此外，还涉及"国际民用航空组织"与"国际海事卫星组织"(INMARSAT) 之间的关系、全球卫星导航系统信号提供方在信号失效时的责任和赔偿问题。因此，是否需要制定国际条约来调整这种种关系，引起了国际民用航空界的广泛关注。为此，国际民用航空组织成立了"全球导航卫星系统法律框架专家组"，1997 年已提出关于全球导航卫星系统服务权利和义务的宪章草案，主要内容是：(1) 国际民用航空安全是首要原则；(2) 普遍无歧视原则；(3) 各国的主权、权力和责任；(4) 全球导航卫星系统服务的连续性和可靠性；(5) 国际民用航空组织的作用；(6) 用户收费；(7) 合作与援助；等等。关于制定通信、导航和监视/空中交通管理(CNS/ATM) 系统，包括全球导航卫星系统(GNSS) 和区域多国机制的法律框架问题，目前尚无新的进展，但仍保留在 ICAO 法律工作计划中。

（二）全球航空安全计划(GASP)

全球航空安全计划旨在帮助国际民航组织成员国和世界各地区制定、规划和实施航空安全政策，通过利用四个安全绩效的促成要素（即：标准化、协作、资源和安全信息交流），帮助各国和各地区改善安全状况。国际民用航空组织将保障航空安全作为首要任务。其 2013 年《全球航空安全计划》(Doc 10004 号文件) 为国际民航组织安全领域的技术工作方案指明了战略方向，同时作为地区航空安全组(RASGs)、国家和行业规划与实施的指导。《全球航空安全计划》与该组织《全球空中航行计划》(GANP) 一起，明确了国际民航组织各成员国和航空业的利害攸关者可以期待并有效管理航空运量的方式和目标，同时主动地保持或提高安全性。2012 年 11 月 19 日至 30 日，ICAO 第十二次空中航行会议审议并通过了经修订的《全球空中航行计划》第四版 (Doc 9750 号文件)①，是一个包括了一些关键性航空政策原则的总体框架，以协助国际民航组织各地区、次地区和各国编制其地区和国家的空中航行计划。全球计划的目的是，在改进安全或至少在保持安全的同时，提高全球航空系统的能力及效率。全球计划还包括了涉及其他的国际民航组织各项战略目标的一些战略。全球空中航行计划包括有航空系统组块升级(ASBU) 的框架、其各种模块以及尤其是其涵盖通信、监视、导航、信息管理和航空电子等方面的各种相关的技术路线图。2013 年 6 月 24 日至 26 日，亚太地区规划和实施组(APANPIRG) 第 24 次会议通过了由亚太无缝空中交通管理规划组完成的《亚太地区无缝空管计划》版本 1.0，其目标是通过研

---

① 全球空中航行计划的第四版是一项 15 年滚动前进的战略方法，其中运用了现有各种技术并根据国家/业界商定的运行目标对未来发展作出估计。组块升级的安排是从 2013 年开始，每五年递增一次，一直持续到 2028 年及以后年份。这种有序的办法为稳妥的投资战略提供了基础，并使国家、设备制造商、经营人和服务提供者愿意作出承诺。该计划已经 2013 年 ICAO 大会第 38 届会议审核批准。

发并部署能够保障空中交通安全性和效率的空管解决方案,在亚太地区实现无缝空管运行。该计划提供了一个向无缝空管环境过渡的框架,包括实施目标和优先级,以应对未来的绩效需求。

中国关注并积极支持全球空中航行计划和亚太无缝空管计划。为推动上述两项计划,中国将采取更有力的措施,积极与国际民航组织和亚太地区国家合作,推进实施工作。①

（三）航空保安宣言和国际民航组织全面的航空保安战略（ICASS）

2010 年,ICAO 大会第 37 届会议通过了《关于航空保安问题的宣言》。这一宣言补充了国际民航组织与保安有关的标准和建议措施（SARPs）、政策、指导材料和各项方案的国际框架。航空保安宣言的作用是加强国际合作,以此作为加强航空保安有效性和效率的基础。

2011 年和 2012 年在国际民航组织所有七个地区召开了航空保安会议,促进了航空保安战略讨论,在各国和其他利益攸关方之间建立了更深层次的合作伙伴关系,以解决各地区的具体问题。2012 年 9 月 12 日至 14 日举行了全球性的高级别航空保安会议（HLCAS）,以确定国际民航组织未来航空保安政策和方案的方向。这是在"9.11"国际恐怖事件之后,为应对以民用航空器作为进攻性武器而威胁民用航空安全的新形势,保障航空运输安全、正常和健康发展而采取的重大行动。会议就"9.11"事件对航空业和消费者的影响、国际民用航空组织加强航空保安行动计划、国际民用航空组织安全审计计划以及加强航空保安行动计划的财务和人力资源等四项议程进行了讨论。会议通过了加强航空保安的全球规划,建议建立国际民用航空组织航空保安计划,在国际民用航空组织航空保安机制下,在国家级和抽样的基础上,对每一个国家的机场保安进行定期的、强制性的、系统的、协调一致的审计,以评估国际民航组织成员国的航空保安状况。2012 年 11 月 13 日通过快速通道通过了对《国际民用航空公约》附件 17 的第 13 次修订,以解决业内人员对航空货物和邮件保安产生威胁的漏洞。② 2013 年国际民航组织大会第 38 届会议对全面的航空保安战略 2014 年—2016 年的三年期实施计划作了部署。

（四）普遍安全监督审计计划（USOAP）

国际民用航空组织根据《国际民用航空公约》第 37 条、第 54 条第 12 款和第 9 条的规定,为保障民用航空的安全,方便空中航行,制定了一系列国际标准和建议措施

---

① 见中国出席 ICAO 大会第 38 届会议代表团提交的题为《关于全球空中航行计划的实施和亚太无缝空管计划的看法和举措》第 194 号工作文件（A38—WP/194 TE/72）。

② 这是继 2010 年 10 月 29 日在航空运输的打印机墨盒中发现隐藏爆炸物事件之后,国际民航组织迅速促成并支持国际对话,以加强航空货物和邮件保安的政策框架,并加快通过强化的货运措施（见附件 17 的第 13 次修订）。为进一步加强货物和邮件保安,国际民航组织不断制定并更新指导材料及最佳做法的文件。

(SARPs),称之为《国际民用航空公约》的附件。① 根据《国际民用航空公约》第 38 条的规定,这些国际标准和建议措施并非是强制性规范。但是,当各缔约国的本国规章和措施不能完全符合上述国际标准时,应立即将其本国的措施与国际标准所规定的措施之间的差异通知国际民用航空组织,并由该组织理事会立即通知所有其他各国,这是各缔约国和国际民用航空组织的法定义务。然而,这些规定在一些国家并没有得到认真执行,因而威胁着空中航行的安全。1992 年,国际民用航空组织大会第 29 届会议通过了 A29—13 号"改进安全监督"的决议。同年,美国单方面采取行动,提出了对外国航空承运人进行安全评估的计划和程序。1994 年 9 月 2 日,美国宣布对飞往美国的外国航空公司进行安全评估,按照国际民用航空组织的安全监督标准,分为"接受""有条件地接受"和"不接受"三个等级。1996 年 3 月,ICAO 启动了全球航空安全监督计划,在缔约国自愿、检查结果保密的前提下,对缔约国实施安全管理能力评估。ICAO 大会第 32 届会议决议,从 1999 年 1 月 1 日起进行强制性的普遍安全监督审计计划(USOAP)。② 2010 年 ICAO 大会第 37 届会议指示秘书长将普遍安全监督审计计划(USOAP)演变为持续监测做法(CMA)。③ 2013 年 1 月起已全面实施。

(五) 普遍保安审计计划(USAP)

按照航空保安部长级高级别会议(2002 年 2 月,蒙特利尔)的建议,于 2002 年制定了国际民用航空组织普遍保安审计计划(Universal Security Audit Programme)。④ 国际航空保安合作的主要原则是:(1) 尊重双边和/或多边航空运输协定中确定的合作精神;(2) 承认相等的保安措施;(3) 侧重保安成果。国际民用航空组织与联合国反

---

① 现有附件总共 19 个,各附件的篇名是:(1) 人员执照的颁发;(2) 空中规则;(3)《国际空中航行气象服务》;(4) 航图;(5) 空中和地面运行中所使用的计量单位;(6) 航空器的运行:① 国际商业运输航空—定翼飞机;② 国际通用航空—定翼飞机;③ 国际飞行—直升机;(7) 航空器国籍和登记标志;(8) 航空器的适航性;(9) 简化手续;(10) 航空电信:① 设备、系统和无线电频率;② 通信程序;(11) 空中交通服务;(12) 搜寻和救援;(13) 航空器事故和事故征候调查;(14) 机场;(15) 航空资料服务;(16) 环境保护:① 航空器噪声;② 航空器发动机排泄物;(17) 保安:保护国际民用航空免遭非法干扰行为;(18) 危险品的安全航空运输;(19) 安全管理(ICAO 理事会于 2013 年 2 月 25 日通过该附件第一版并自 2013 年 11 月 4 日起适用)。

② 1999 年 9 月 6—17 日,中国接受了国际民用航空组织的航空安全(Air Safety)审计,在整体上符合国际标准的要求。

③ 所谓"普遍安全监督审计计划持续监测做法"(Universal Safety Oversight Audit Programme Continuous Monitoring Approach),旨在持续监测各国的安全监督能力,并确保各国依照国际民用航空组织标准和建议措施(SARPs)制定、保持和适用国家法规。持续监测做法采用了使用安全风险管理和安全保证概念的安全管理原则。这种方法提供了国际民用航空组织从成员国和其他利害攸关方收集安全信息和利用基于风险的办法分析这种信息的机制。这能查明和优先制定适当的战略,以便纠正不足之处和降低或消除风险。

④ 即在国际民用航空组织航空保安机制下,在国家级和抽样的基础上,对每一个国家的机场保安进行定期的、强制性的、系统的、协调一致的审计,以评估国际民用航空组织成员国的航空安全保卫状况。2004 年 5 月 10—28 日,中国接受了国际民用航空组织的航空保安(Air Security)审计,在整体上符合国际标准的要求。

恐委员会(CTC)在打击恐怖主义的全球努力中合作,并敦请相关国际组织①与国际民航组织合作,应尽最大可能保护国际民用航空免遭非法干扰行为。普遍保安审计计划(USAP)于2007年年底完成了第一轮审计,2013年完成了第二个周期审计,然后经过两年过渡阶段后,于2015年引入持续监测做法(CMA),将连续不断,并采取一种能够适应各国不断变化的需要和全球航空保安情势的方法。

第四节 国际航空运输

一、国际航空运输的管理体制

国际航空运输是指经过一个以上国家领土之上的空气空间,以航空器运送旅客、行李、货物和邮件的公共航空运输。② 国家之间的通航关系,首先得建立在国家主权基础之上,同时涉及国家一系列的利益,往往超出了航空运输的经济范围。因此,航空运输管理体制应遵循"尊重主权、平等互利、合理管理、友好协商"的原则,真正做到"使国际民用航空按照安全和有秩序的方式发展,并使国际航空运输业务建立在机会均等的基础上,健康地和经济地经营"③。

(一) 芝加哥会议

1944年"芝加哥会议"形成了战后的国际航空运输管理体制,虽然有航空运输运营权利的概念④,但鉴于当时的历史背景,却未能解决国际通航的主要商业权利问题。《国际民用航空公约》规定:"除非经一缔约国特准或其他许可并遵照此项特准或许可的条件,任何定期国际航班不得在该国领土上空飞行或进入该国领土"(第6条)。这就将定期国际航班纳入有关国家双边航空运输协定的轨道。至于非定期国际航班飞行,即不定期航空运输,则按照公约第5条的规定,由飞入国单方面管理,从而划分为国际定期航班和国际不定期航空运输两种不同的双轨管理体制。

(二) 国际民用航空组织(ICAO)

《国际民用航空公约》以及根据该公约的规定于1947年4月4日成立的"国际民

---

① 主要有:民用空中航行服务组织(CANSO)、国际原子能机构(IAEA)、国际刑事警察组织(ICPO/INTERPOL)、欧洲安全与合作组织(OSCE)、联合国反恐怖主义委员会执行局(UNCTED)、联合国反恐执行工作队(UNCTITF)、联合国毒品和犯罪问题办事处(UNODC)、万国邮政联盟(UPU)、世界海关组织(WCO)、欧洲联盟(EU)、欧洲民用航空会议(ECAC)、国际航空运输协会(IATA)、国际机场理事会(ACI)、航空公司驾驶员协会国际联合会(IFALPA)、国际商业航空委员会(IBAC)、航空航天工业协会国际协调理事会(ICCAIA)、全球快递协会(GEA)、货运代理人协会国际联合会(FIATA)、国际航空货运协会(TIACA)。

② 此处"国际航空运输"是公法上的定义。《国际民用航空公约》第96条第1—3款规定:"就本公约而言:一、'航班'指以航空器从事旅客、邮件或货物的公共运输的任何定期航班。二、'国际航班'指经过一个以上国家领土之上的空域的航班。三、'空运企业'指提供或经营国际航班的任何航空运输企业。""国际航空运输"在私法上的定义,系指根据各当事人所订合同的约定,不论运输有无间断或转运,始发地点和目的地点是在两个缔约国的领土内,或者一个缔约国领土内而在另一缔约国、甚至非缔约国的领土内有一个约定的经停地点的运输。(见1929年《华沙条约》第1条、1955年《海牙议定书》第1条、1999年《蒙特利尔公约》第1条)。

③ 见《国际民用航空公约》序言。

④ 见本节第二目"航空运营权"。

用航空组织",为战后国际航空运输提供了法律和组织框架。国际民用航空组织的宗旨和目的在于发展国际空中航行的原则和技术,促进国际航空运输的规划和发展。它通过制定国际航空政策以及国际标准和建议措施,对保障国际航空安全和健康的发展发挥了重要的作用。

(三) 国际航空运输协会(IATA)

该组织的前身,是1919年由欧洲6家航空公司发起,在海牙成立的"国际航空业务协会",其在第二次世界大战期间停止了活动。1945年4月16—19日,各航空公司代表在哈瓦那集会,成立了名为"国际航空运输协会"的组织(以下简称"国际航协")。该组织是非政府间的国际组织,其活动包括两类:第一类是行业协会活动(Trade Association),涉及技术、法律、财务、运输服务及大多有关代理人事务等协会协调事项;第二类是运价协调活动(Tariff Coordination),涉及客、货运价及代理人协调。①

(四) 百慕大协定

"芝加哥会议"后,英美两国间的通航问题悬而未决。美国在国际通航中经常遇到英国及英联邦国家的国内载运权的障碍,英国也难以向美国以远发展。在双方互有需要的情况下,美英两国于1946年1月15日至2月11日在百慕大举行了双边谈判,经过激烈争论,最后妥协,签订了美英航空运输协定,即著名的《百慕大协定》。按该协定规定,双方确定了航线表,美国取得了尽可能多的第五种自由权利。在运力管理上,采取"事后审议法",即由航空公司自行决定,事后再由政府审议。在运价方面,美国同意给予"国际航协"以"反托拉斯法"豁免,将美国的航空公司纳入"国际航协"统一运价的轨道。与此同时,美英双方承诺,今后各自与第三国签订双边协定,均以《百慕大协定》为模式,并以此精神修订以前的协定。之后,世界上很多国家也都按《百慕大协定》模式签订航空运输协定。

在上述情况下,所形成的是一种以双边协定为主的国际航空运输管理体制,其要点是:(1) 以领空主权原则为核心的国际空中航行法律制度,构成了国际航空运输活动的"框架";按照《国际民用航空公约》的规定,国家之间交换与航空运输相关的辅助权利;(2) 经营定期国际航班必须由有关国家签订双边航空运输协定予以管理,而非定期国际航班则由飞入国单方面管理;(3) "国际航协"以其制定运价的机制,统一协调世界各地的航空运价。

二、航空运营权

国际航空运输是国家之间开展的一种特殊的商业活动。国家之间的旅客、货物和邮件业务被看成一种国家资源,形成了"航空运营权"的概念。这种航空运营权,应由有关国家通过协议交换,然后由该有关国家各自指定的航空公司施行。"航空运营

---

① 在1979年以前,"国际航协"在制定国际航空运价方面起到了极其重要的作用。从1979年10月开始,关于运价协调活动改为任意性的,协会成员可选择参加。

权"包括：

(一) 主要权利①

(1) 市场准入(Market Access)。这里涉及：第一，航线权(Route Rights)。航线是指航班的走向通常由始发地点、经停地点、目的地点和以远地点相连接的航迹构成。航线与航空业务权紧密相连，应从政治上、经济上、技术上等因素结合起来，予以综合考虑，审慎确定。第二，业务权(Traffic Rights，亦称"航权")，是指一国指定的空运企业，根据本国政府与外国政府签订的航空运输协定，在协议航线上使用航空器载运旅客、货物、邮件，经营国际航空运输业务，在该外国所取得的飞越、经停或在该国上下旅客、货物、邮件的权利。这种业务权的概念出自1944年芝加哥会议，在《国际航空运输协定》中作了表述，国际上通称"五种空中自由"(Freedoms of the Air)，指：a. 不降停飞越该国领土的权利；b. 在该国作非运输业务性降停的权利，即只作技术性降停，例如添加燃油、检修飞机等项而不上下旅客、货物、邮件的权利；c. 在该国卸下来自航空器所属国领土的客、货、邮的权利；d. 在该国装载前往航空器所属国领土的客、货、邮的权利；e. 在该国装载或卸下前往或来自任何其他缔约国领土的客、货、邮的权利。② 此外，还有第六种自由、国内载运权、分程权等概念。③ 第三，经营权(Operational Rights)，指空运企业符合法律和规章的规定，获得航空主管当局颁发的经营许可，经营航空运输业务的权利。

(2) 运力权(Capacity Rights)。所谓"运力"，就一架飞机而言，是指该架飞机在航线或航段上可提供的商务载量；就航线而言，是指这一航线的飞机的运力乘以在一定时间内在该航线或航段上所飞行的班次。航空运力与航线密切相连，提供的运力应与航空运输市场需求相适应。因此，"运力权"是指空运企业使用机型大小和经营班次数量的权利。

(3) 定价权(Pricing Rights)。指空运企业决定运价的权利。航空运价"是指旅客、行李和货物运输的价格(或应付的款额)和适用这些价格(或应付的款额)的条件，包括代理服务和其他辅助服务的价格(或应付的款额)和条件，但邮件运输的报酬和条件除外"。④

(二) 辅助权利

辅助权利是指商务权(Doing Business Rights)，包括：(1) 建立办事处和雇佣外籍职员权；(2) 使用当地货币或可兑换外币销售权；(3) 使用航站地面服务选择权；(4) 兑换外币和结汇权；(5) 在一定情况下，机场起降停机位进入权；(6) 电脑订座系统(CRS)使用权；等等。

---

① 英文中将"主要权利"称为"硬权利"(hard rights)，将"辅助权利"称为"软权利"(soft rights)。
② 见1944年《国际航空运输协定》第1条第1款。
③ 详见刘伟民主编：《航空法教程》(修订版)，中国法制出版社2001年版，第307—323页。
④ 见国际民用航空组织理事会于1978年3月8日通过的《双边协定标准运价条款》。

三、双边航空运输协定

双边航空运输协定,是国际条约的一种形式,指两国之间就组织和经营国际航空运输业务所达成的协议,是两国间通航的重要法律依据,一般由序言、协定正文和附件组成,必要时,双方通过"换文"、谅解备忘录、声明等形式予以补充,构成双边协定不可分割的部分。建立国家之间的航空关系,应该确定所遵循的原则。例如,中美民用航空运输协定明确规定"遵循相互尊重独立和主权、互不干涉内政、平等互利和友好合作的原则"。

双边航空运输协定的内容主要包括:(1)确定航线,一般在协定附件"航线表"中列出。(2)交换运营权利(详见上述第二目"航空运营权")。(3)指定空运企业。两国之间的通航,由各自指定的空运企业实施航空运输业务。按照双边协定规定,缔约一方有权指定、撤销或更改指定空运企业在规定的航线上经营协议航班;缔约另一方则有权审查对方指定的空运企业的资格,按法律和规章规定的条件,发给、暂停或撤销经营许可证。(4)航空运力条款,即关于航空运力管理的规定。有"事先确定法""百慕大一型法"和"自由确定法"几种标准条款。(5)航空运价条款,即关于运价管理的规定。传统做法是实行"双批准原则"(Mutual Approval),即由有关航空公司协商制定,然后报各自政府批准。现还有"双不批准原则"(Dual Disapproval)、"始发国原则"(Country of Origin),等等。(6)行政性条款,指为便利指定的空运企业经营协议航班,缔约双方关于海关、税务、商务、技术服务等方面的规定。这涉及辅助性权利。(7)争端解决条款,指缔约双方在解释或实施协定发生争端时,应通过什么途径予以解决的规定。有的称为"协商"条款。例如,中美航空运输协定规定:"如对本协定的解释或实施发生争端,双方应本着友好合作和互相谅解的精神,通过谈判解决;如双方同意,也可以通过斡旋、调解或仲裁予以解决。"(8)协定生效、修改和终止条款。①

四、航空运输管理体制的发展变化

1944年芝加哥会议之后至今,已经七十多年过去了。在这七十多年的历程中,国际政治和经济形势发生了极其深刻的变化,必然对航空运输管理体制带来巨大的影响,并促进其发展变化。

(一)百慕大体系崩溃

1976年6月21日,英国政府单方面宣布,废止英美1946年《百慕大协定》,废止声明于1977年6月22日午夜生效。英国的这一行动,使英美双方不得不就航空协

---

① 关于协定的生效,一般有两种方式。第一种方式是"自签字之日起生效"。采取这种方式的国家,一般把航空运输协定列为技术性、商务性的协定,划归为一般的国际条约之列;美国则将航空运输协定列为"行政协定",因此不必通过批准程序。第二种方式是"自缔约双方履行各自的法律手续并以外交换文相互通知后生效"。关于协定的修改(包括补充规定),缔约一方可随时要求与缔约另一方进行协商。这一协商可以口头进行,也可以采取书面形式。

定重开全面谈判。在十个多月时间内,经过六轮激烈的讨价还价,直到原协定即将失效,面临英美之间将要停航危机的最后严重时刻,双方才相互妥协,达成新的原则协议,并经特别安排,定于1977年7月23日在百慕大签署协定,即《百慕大第二号协定》。尽管"百慕大协定"的名称保存下来了,但新协定对航空运营权利、运力和运价管理等方面,都作了较大的调整,特别是废止了被称为"百慕大精神"的"事后审议法",标志了百慕大体系的彻底崩溃。国际航空运输发生了深刻变化。

(二) 航空自由化

1978年10月24日,美国国会通过了《1978年航空公司解除管制法》(Airline Deregulation Act of 1978);1980年2月15日,美国国会又通过了《1979年国际航空运输竞争法》(International Air Transportation Competition Act of 1979),并于1984年9月20日,最终通过《民航委员会撤销法》(《CAB Sun Set Act》),使"民用航空委员会"——这一专管航空运输经济政策的政府机构于1985年1月1日终止了活动,从而推动了"航空自由化"的发展。所谓"航空自由化",是指航空运输经济自由化,是一个经济学中的概念,对内"取消管制",对外实行"开放天空"政策。所谓"取消管制"(Deregulation)①,是相对"管制"(regulation)而言的,是一种"放任政策"(Laissez-faire Policy),取消政府对航空运输的经济管理,主要是实行进入市场和制定运价自由化,完全让位由市场来调节。美国推行取消管制政策,并由国内推向国外,是为了实施其竞争战略,以促进其航空运输的繁荣,服务于并保护美国的国家利益。

(三) "开放天空"协定

从1992年开始,美国进一步向签订"开放天空"协定(Open Skies Agreements)的方向推进。同年,荷兰与美国签订了第一个"开放天空"协定。从1992年到2012年10月,全世界已订立有超过400项开放天空协定,涉及145个国家,占到国际民用航空组织成员的76%。非洲、亚洲、加勒比、拉丁美洲和中东各国效仿欧盟的经验,也实行了各种地区自由化方案,包括致力于完全自由化安排的努力。② 另有一项由文莱、智利、新西兰、新加坡和美国于2001年签订的多边开放天空协定("国际航空运输自由化多边协定",MALIAT,后有秘鲁和萨摩亚加入)。所谓"开放天空",是航空运输中的概念,指在尊重各国主权的前提下,各国之间相互给予自由进入对方航空运输市

---

① 有人将"deregulation"翻译成"放松管制"是不正确的,容易产生误导和曲解。在市场经济体制下,"凡市场能调节的,政府都要退出",于是"取消(原有的)管制"。美国航空运输协会(ATA)出版的《航空公司手册》(Airline Hand Book)对"Deregulation"作出定义,称"deregulation—The term commonly used to refer to the Airline Deregulation Act of 1978, which ended federal regulation of passenger airline routes and rates. Cargo airline routes and rates were deregulated in 1977."由此可见,美国人解释"deregulation"使用的是"end"这个词,是"结束;终止;消灭;了结"的意思,并没有"放松"的含义。因此,将该定义译成汉语应该是:"deregulation,通常是指《1978年航空公司解除管制法》,该法结束了联邦对客运航空公司航线和费率的管制。"航空公司货运航线和运价的管制已于1977年被取消。"参见刘伟民:《Deregulation是"放松管制"还是"取消管制"?》,载《国际航空》2009年第9期。

② 但国内航空运输权(第八和第九航权)的授予在"开放天空协定"中仍然是例外,只在欧洲联盟(EU)范围内和世界其他地区少数其他国家登记有这种国内航空运输权的授予情况。资料来源:世界航空运输大会第六次会议第13号工作文件(ATConf/6—WP/13)。

场的权利,即是说,相互开放航空运输市场。"开放天空"的内容目前包含9个要点[①]:(1) 在通航地点、指定企业、运力、班次等方面不受限制;(2) 对航空业务权利不限制,即可从本国任何地点飞对方任何地点,对中间点、以远点、改换机型、第五种自由业务权不限;(3) 对运价管理采取"双不批准"方式;在以远航线上,可以有与当地空运企业相同的定价自由;(4) 包机管理自由化,对包机适用限制最少的国家的规定;(5) 结汇自由,不得拖延;(6) 代码共享不限;(7) 可自办地面服务,不得强制使用当地公司的服务;(8) 应有公平竞争规定,保障享有相同的商业机会,不得有歧视待遇;(9) 使用和引入电脑订座系统不受歧视。

(四) 航空公司联盟与反托拉斯法

航空公司联盟(Airlines Alliance)是航空运输自由化、竞争日趋激烈的产物。广义上的联盟,是指航空公司之间各种形式的合作协议的总称;狭义上的联盟,是指"战略联盟",即"两个或两个以上航空公司,以建立全球或地区性航线体系、形成市场一体化为目标,以代码共享等形式为纽带,签订合作协议组成的集团"[②]。然而,要成立航空公司联盟,应获得有关国家的反托拉斯法豁免。反托拉斯法(Anti-trust Law)是美国的称谓,一般称"竞争法"(Competition Law)或称"反垄断法"。现在,世界不少国家都陆续有了竞争法。[③] 在"开放天空"航空运输协定中有了"竞争法"条款的规定,一是自由定价条款,二是公平竞争条款。

(五) 多边化和全球化

国际航空运输属于服务贸易范畴之列。世界贸易组织《服务贸易总协定》关于航空运输服务的附件,虽然将航空运输运营权排除在外,但《服务贸易总协定》适用于航空器修理和保养服务、航空运输市场销售和营销服务、电子计算机订座系统服务。这就意味着国际航空运输法律框架仍旧维持现有体制,但有明显朝多边化演变的倾向。各国航空公司面对世界航空运输市场激烈竞争的严峻形势,纷纷采取跨国直接投资、交叉参股、代码共享等合作形式,直接或间接地结成航空公司联盟,抢占和瓜分复合性的国内和国际市场,形成航空运输全球化的趋势,使航空公司可以绕过政府间的航空谈判,变相地获取更多的航空运营权利,从而冲击现行的法律制度。

第五节 国际航空的损害赔偿责任

一、国际航空承运人的责任制度

1925年10月27日,由法国政府倡议,在巴黎举行了第一届政府间国际航空私法

[①] 根据美国运输部制定的"开放天空协定范本"。
[②] 见刘伟民:《国际航空运输管理体制的发展趋势》(上、下),载《民航经济与技术》1998年第6、7期。"代码共享"是指航空公司相互交换使用航班代码,或者两家航空公司共用航班代码的协议。
[③] 参见"国际航协"编的《反托拉斯/竞争法指南》。

会议,就国际航空承运人的责任制度进行了讨论。尽管未能就提出的公约草案达成协议,但成立了"国际航空法律专家技术委员会"(CITEJA),并责成该委员会进一步就此问题进行研究。1929年10月4—12日在华沙举行第二届国际航空私法会议,通过了《统一国际航空运输某些规则的公约》(简称1929年《华沙公约》),形成了国际航空承运人统一的责任制度。随着情况的变化,到1975年止,前后对《华沙公约》进行了四次修改,形成了八个法律文件,总称为"华沙体制"。① 由于1971年《危地马拉议定书》及1975年的各个蒙特利尔议定书长期不能生效,导致一些航空公司在"国际航协"的范围内,以援引《华沙公约》第22条的规定与旅客达成特别协议的方式,大幅度地提高了对旅客损害的责任赔偿②,致使"华沙体制"处于被瓦解的境地。经过多年的努力,终于在1999年5月10—28日,在蒙特利尔举行航空法外交会议,通过了与1929年《华沙公约》同一名称的《统一国际航空运输某些规则的公约》(简称1999年《蒙特利尔公约》),刷新了原来的规则,建立了国际航空承运人新的责任制度。

1999年《蒙特利尔公约》是《华沙公约》及相关文件的现代化和一体化,是确保国际航空运输消费者利益、在恢复性原则的基础上提供公平赔偿的国际法律规范,有利于国际航空运输运营的有序发展和旅客、行李和货物通畅流动。③ 该公约已于2003年11月4日起生效,至今已有139个当事国,对参加的国家而言,承运人对每一旅客在航空器内或上下航空器的过程中发生事故造成的死亡或身体损害,实行两级(或称双梯度)责任制,在不超过10万特别提款权时,实行客观责任制;对超过10万特别提款权的损害,则实行推定的过失责任制,只要承运人能证明,这些损害不是由于承运人或其受雇人、代理人的过失造成的或者完全是第三人的过失或者其他不当的作为

---

① 这8个文件的全称列在本章第一节第二目"航空法的历史发展"有关文字的注解中。1929年《华沙公约》和1955年《海牙议定书》除了对旅客的赔偿限额规定不一外,实行的都是有限额规定的主观责任制,又称华沙/海牙制度。所谓"主观责任制",是以承运人的过失为责任基础的归责原则,有过失则有责任,无过失则无责任;由于采取过失推定方法,举证责任落在承运人身上(见《华沙公约》第17条、第18条、第19条、第20条和第21条)。1971年《危地马拉议定书》就旅客运输、1975年《蒙特利尔第四号议定书》就货物运输修改《华沙公约》,采取了有限额规定的客观责任制,又称危地马拉/蒙特利尔制度。所谓"客观责任制",是一种无过失责任制,即在旅客死亡或遭受了任何身体损害,或行李、货物因毁灭、遗失或损坏而造成了损失时,只要造成上述损失的事件发生在运输过程中,承运人就要承担责任,而不问承运人是否有过失。但是,这种客观责任制并不是绝对的。在如下情况,承运人不负责任:死亡或身体损害纯系旅客健康状况所致;行李的损失纯系行李属性或本身的缺陷所造成;货物的损失是由于货物的属性或本身的缺陷,或者承运人或其受雇人以外的人包装不善,或者战争行为或武装冲突,或者公共当局采取的与货物入境、出境和过境有关的行为所造成的(《危地马拉议定书》第4条和《蒙特利尔第四号议定书》第4条)。同时,如果承运人证明,损失的发生是由于索赔人或有关人员的过失所造成或促成的,可以按情形全部或部分地免除承运人的责任(《危地马拉议定书》第7条、《蒙特利尔第四号议定书》第6条)。在这种制度中:(1)限额是不可突破的;(2)对因延误造成的损失,仍然采取承运人的过失责任制。此外,《危地马拉议定书》还规定,各缔约国可自行决定建立和执行一种补充补偿制度,以补充在旅客死亡或身体损害的情况下索赔人按公约规定得到的赔偿金额(第14条)。参见刘伟民:《论国际航空运输的责任制度》,载王铁崖等主编:《中国国际法年刊》(1983),中国对外翻译出版公司1983年版;其条文见刘伟民编:《国际航空法条约汇编》(中英文对照),中国民航出版社1999年版。

② 对每一旅客的赔偿限额,1966年《蒙特利尔协议》提高到75000美元(包括法律费用);1976年《马耳他协议》提高到8万或10万特别提款权;1995年"国际航协"的《吉隆坡协议》通过两级责任制,第一级为客观责任制,限额为10万特别提款权,第二级为主观责任制,推定过失,无限额。

③ 见1999年《蒙特利尔公约》序言。

或不作为造成的,则不承担责任(第17条第1款和第21条)。关于托运行李、货物的损害赔偿责任实行有限额的客观责任制(第17条第2款、第18条和第22条第2款、第3款),对延误造成的损害实行有限额的主观责任制(第19条和第22条第1款)。旅客因延误遭受的损害,以及对托运行李和货物造成的损失,经证明,损失是由于承运人、其受雇人或代理人故意或者明知可能造成损失而轻率地作为或不作为造成的,则不受责任限额的约束(第22条第5款);对非托运行李,包括个人物件,如果损失是因承运人的过失造成的,承运人应承担责任(第17条第2款)。按照公约关于对责任限额每五年复审调整一次的规定,现已对每名旅客第一梯度的赔偿责任限额提高至128821特别提款权;在人员运输中因延误造成损失的,对每名旅客的赔偿责任限额提高至5346特别提款权;在行李运输中造成毁灭、遗失、损坏或者延误的,对每名旅客的赔偿责任限额提高至1288特别提款权;在货物运输中造成毁灭、遗失、损坏或者延误的,对每公斤货物的赔偿责任限额提高至22特别提款权。①

二、外国航空器对地(水)面第三人造成损害的赔偿责任

1952年《关于外国航空器对地(水)面上第三者造成损害的公约》(以下简称《罗马公约》)对外国航空器对地(水)面第三人造成损害的赔偿责任作了统一的规定,目的在于既确保受害人获得适当的赔偿,又能合理地限制因此种领土内损害而引起的责任范围。《罗马公约》适用于在一缔约国领土内登记的航空器在另一缔约国造成的损害(第23条第1款)。为了公约的目的,在公海上的船舶或者航空器应被视为该船舶或航空器登记国的领土的一部分(第23条第2款)。公约不适用于:(1)对飞行中的航空器以及航空器上的人或财产造成的损害,即不适用于空中碰撞(第24条);(2)受害人与航空器经营人之间已签订有合同或他们的关系由劳动合同法律来调整的情况(第25条);(3)军事、海关或警察用的航空器所造成的损害(第26条)。《罗马公约》规定:"凡在地(水)面上遭受损害的人,只要证明该项损害是飞行中的航空器或从飞行中的航空器坠落下的人或物所造成的,即有权获得本公约规定的赔偿。但是,如所受的损害并非造成损害的事件的直接后果,或所受的损害只是航空器遵照现行的空中交通规则在空中通过的结果,则受害人无权要求赔偿。"(第1条第1款)这表明了公约是建立在航空风险的基础上,采取无过失责任原则,实行的是客观责任制。但是,公约排除了诸如航空器噪声污染造成损害的责任。航空器对地(水)面上第三人造成的损害,由该航空器经营人承担责任(第2条),但在下列情况下可以免除或减轻责任:(1)如果损害是武装冲突或民事骚乱的直接后果,或者被公共权力机关的行为剥夺了使用航空器的权利,则按公约规定应负责任的人将对该项损害不承担责任(第5条);(2)如果能证明损害全部或部分是由于受害人或其受雇人的过失所造成的,则可以免除或减轻赔偿责任。但是,损害虽是由于受害人的受雇人所造成

---

① 上述修改后的限额已于2019年12月28日生效,见"2019 Revised Limits of Liability Under the Montreal Convention of 1999",载国际民航组织官网,https://www.icao.int/secretariat/legal/Pages/2019_Revised_Limits_of_Liability_Under_the_Montreal_Convention_1999.aspx,2023年5月23日访问。

的,而受害人证明其受雇人的行为超出了他所授权的范围,则不能免除或减轻赔偿责任(第 6 条)。此外,如果两架或两架以上的航空器在飞行中相撞或相扰而发生了应予赔偿的损害,或者两架或两架以上的航空器共同造成了这种损害,则每一架航空器都被认为造成了这种损害,每一架航空器的经营人都应在公约规定的条件及责任范围内承担责任(第 7 条)。公约规定了对责任的限制(第 11 条)和对责任的担保制度(第三章)。《罗马公约》在理论上具有一定的意义,对各国关于航空器对地(水)面上第三人造成损害责任的国内立法也颇具影响。但是,由于参加的国家不多,《罗马公约》的目的也就未能实现。问题的焦点在于,对责任限额的水平存在严重分歧,发达国家认为责任限额过低,有的还认为对第三人造成的损害不应实行限额赔偿制度。为了"挽救"1952 年《罗马公约》,在国际民用航空组织的主持下,于 1978 年在蒙特利尔召开了航空法外交会议修订《罗马公约》,签订了 1978 年《蒙特利尔议定书》,大大提高了责任限额。虽然该修改议定书于 2002 年 7 月 25 日已经生效,但批准的国家也甚少。因此,在实践中,处理航空器对地(水)面第三人的损害赔偿责任,一般适用事故发生地国家的法律。2009 年 5 月 2 日在蒙特利尔订立了《关于航空器对第三方造成损害的赔偿的公约》和《关于因涉及航空器的非法干扰行为而导致对第三方造成损害的赔偿的公约》[①],刷新了 1952 年《罗马公约》,以使第三方受害人的保护至少应与 1999 年《蒙特利尔公约》相当,以实现既提供充足赔偿保护受害人,又要适当保护民用航空业这两个目标的统一。

第六节 国际航空保安的法律保护

一、国际航空保安条约

国际航空保安条约(Aviation Security Treaties),系下列各航空保安条约的总称,是国际反恐怖主义法律框架的组成部分。[②]

(1) 1963 年《东京公约》。全称为《关于在航空器内的犯罪和其它某些行为的公约》,1963 年 9 月 14 日订于东京,自 1969 年 12 月 4 日起生效。所谓"犯罪",是指违反航空器登记国的刑法的犯罪;所谓"某些行为",是指危害航空器或者其所载人员或财产的安全,或者危害航空器内正常秩序和纪律的行为,不论此种行为是否构成犯

[①] 大大提高了损害赔偿的责任限额。在因发生非法干扰造成损害赔偿的情况下,建立"国际民用航空赔偿基金",创设了一种补充补偿机制。

[②] 组成"国际反恐法律框架"的法律文件,除本文列举的以外,还有:(1) 1973 年《关于防止和惩处侵害应受国际保护人员包括外交代表罪行的公约》(联合国大会通过);(2) 1979 年《反对劫持人质国际公约》(联合国大会通过);(3) 1980《核材料实物保护公约》(维也纳);(4) 1988 年《制止危及海上航行安全非法行为公约》(罗马);(5) 1988 年《制止危及大陆架固定平台安全非法行为议定书》(罗马);(6) 1998 年《制止恐怖主义爆炸的国际公约》(联合国大会通过);(7) 1999 年《制止向恐怖主义提供资助的国际公约》(联合国大会通过);(8) 2005 年《制止核恐怖主义行为国际公约》(联合国大会通过)。此外,还有联合国安理会决议:联合国安理会第 1267 号决议(1999 年 10 月 15 日)、联合国安理会第 1368 号决议(2001 年 9 月 12 日)、联合国安理会第 1373 号决议(2001 年 9 月 28 日),以及国际民用航空组织的相关决议。

罪。《东京公约》适用于在任何缔约国登记的航空器内的犯罪或犯有行为的人,无论该航空器是在飞行中或在公海海面上,或在不属于任何国家领土的其他地区上(第1条第2款)。该公约主要是规定了"航空器登记国原则",解决了空中刑事管辖权问题,并就航空器机长的权力①作出了规定。

(2) 1970年《海牙公约》。全称为《关于制止非法劫持航空器的公约》,通称《反劫机公约》,1970年12月16日订于海牙,自1971年10月14日起生效。该公约明确规定劫持航空器是犯罪(第1条),抓获犯罪嫌疑人的缔约国,如不引渡则应起诉(第7条),各缔约国承允以严厉刑罚惩治犯罪(第2条)。该公约适用于在其内发生罪行的航空器的起飞地点或实际降落地点是在该航空器登记国领土以外的情况,不论该航空器是从事国际飞行还是国内飞行(第3条第3款)。

(3) 1971年《蒙特利尔公约》。全称为《关于制止危害民用航空安全的非法行为的公约》,通称《反破坏公约》,1971年9月23日订于蒙特利尔,自1973年1月26日起生效。该公约补充了1970年《海牙公约》,把适用范围从空中劫持航空器的犯罪,扩伸到地面破坏航空器和航行设施的犯罪,各缔约国都应严厉惩罚。其他规定与《海牙公约》基本相同。

(4) 1988年《蒙特利尔议定书》。全称为《制止在用于国际民用航空的机场发生的非法暴力行为以补充1971年9月23日订于蒙特利尔的制止危害民用航空安全的非法行为的公约的议定书》,1988年2月24日订于蒙特利尔,自1989年8月6日起生效。该议定书补充规定了在用于国际民用航空的机场发生的非法暴力行为亦为犯罪,应予严厉惩罚。

(5) 1991年《蒙特利尔公约》。全称为《关于注标塑性炸药以便探测的公约》,1991年3月1日订于蒙特利尔,自1998年6月21日起生效。所谓"注标塑性炸药"(Marking of Plastic Explosive),是指生产塑性炸药时在其内添加一种可跟踪的元素,以便探测。该公约规定,禁止生产、贮存和运输非注标塑性炸药,以防止恐怖分子利用难以探测的塑性炸药进行恐怖活动,而危及民用航空以及生命、财产的安全。

(6) 2010年《北京公约》。全称为《制止与国际民用航空有关的非法行为的公约》,2010年9月10日订于北京,是在1971年《蒙特利尔公约》和1988年《蒙特利尔议定书》的基础上进一步补充和完善其法律规定,以适应现时和未来维护民用航空安

---

① 机长是在飞行期间负责航空器飞行和安全的驾驶员,对保障飞行安全的责任重大。1963年《东京公约》赋予机长下列权力:(1)机长有理由认为某人在航空器内已经或即将实施违反刑法的犯罪,或者危害航空器或其所载人员或财产的安全,或者危害航空器内正常秩序和纪律的行为时,可以对此人采取必要的合理措施,包括看管措施。(2) 机长可以要求或授权其他机组成员进行协助,并可以请求或授权(但不得强求)旅客给予协助,来管束他有权管束的人。(3) 机长如果有理由认为某人在航空器内已经或即将实施危害航空器或其所载人员或财产的安全,或者危害航空器内的正常秩序和纪律的行为时,可以使该人在航空器降落的任何国家的领土上离开航空器。(4) 机长如果有理由认为,某人在航空器内实施的行为,在他看来,按照航空器登记国刑法已构成严重犯罪时,可以将此人移交给航空器降落地的任何缔约国的主管当局(第6条、第8条、第9条)。《东京公约》还明确规定:"对于根据本公约所采取的措施,无论航空器机长、机组其他成员、旅客、航空器所有人或经营人,或本次飞行是为他而进行的人,在因遭受这些措施而提起的诉讼中,都不能被宣布负有责任"(第10条)。但是,机长应当正确行使权力。

全的需要的公约。其主要内容是将诸如使用民航航空器作为武器,使用非法传播生物、化学和核武器及类似危险物质攻击民用航空器,使用此类物质从民用航空器攻击其他目标,非法利用民用航空器运输生物、化学和核武器及相关材料,网络攻击航空导航设施等犯罪行为,以及组织或指挥他人实施上述犯罪均列为国际犯罪①,纳入"或引渡、或起诉"的法律体系,以便严惩犯罪,制止此类危害民用航空安全的非法行为。2010年《北京公约》优先于1971年《蒙特利尔公约》和1988年《蒙特利尔议定书》。

(7)《北京议定书》。全称为《制止非法劫持航空器公约的补充议定书》,2010年9月10日订于北京,是补充1970年《海牙公约》,与1970年《海牙公约》一起作为一个单一文书一并理解和解释,称为2010年《北京议定书》修正的《海牙公约》。其主要内容是修改了"犯罪"的定义②,在时间和空间上以及在犯罪行为的实质内容等方面扩展了公约的适用范围。

制定《北京公约》和《北京议定书》,是在"9·11"国际恐怖事件后,适应国际反恐斗争新形势采取的举措。这两份新条约除上述犯罪定义外,还就管辖权、法人实体犯罪的责任、军事活动排除条款、"非政治罪"条款、公平待遇条款等内容作了规定③,扩大并加强了全球航空保安制度,以应对新的和正在出现的威胁,对保障民用航空安全具有重要意义。

(8) 2014年《蒙特利尔议定书》,全称为《关于修订〈关于在航空器内的犯罪和其它某些行为的公约〉的议定书》,2014年4月4日订于蒙特利尔,是为制止航空器内不循规行为,对1963年《东京公约》的修订和补充,该议定书与公约应作为一个单一文书一并理解和解释,称为经2014年《蒙特利尔议定书》修订的《东京公约》。《蒙特利尔议定书》的主要内容是:① 在确立航空器登记国管辖权的基础上,新增加降落地国和经营人所在国管辖权,以加强《东京公约》建立的机制,利于遏制航空器上不循规旅客日益增长的趋势;② 在《蒙特利尔议定书》内并未列入一份关于犯罪和其他行为的清单,但ICAO将根据2014年《蒙特利尔议定书》更新2002年出版的《关于不循规/扰乱性旅客法律方面的指导材料》的288号通告,载列犯罪和其他行为的清单,作为便利各国处理在民用航空器内构成不循规或扰乱性行为的犯罪和其他行为的指南;③ 关于保安员(IFSOs)的法律地位,《蒙特利尔议定书》规定:依照相关缔约国之间双边或多边协定或安排部署的机上保安员,在有理由认为必须立即采取行动保护航空器或所载人员的安全,防止非法干扰行为,以及如果该协定或安排允许采取行动防止犯下严重罪行时,可在未经授权的情况下,采取合理的预防措施(第6条第3款),但机长可以要求或授权机组其他成员提供协助,并可以请求或授权但不能强求

---

① 详见本节第二段"航空犯罪和惩罚"。
② 修改后的案文是"任何人如果以武力或以武力威胁、或以胁迫,或以任何其他恐吓方式,或以任何技术手段,非法地和故意地劫持或控制使用中的航空器,即构成犯罪"。
③ 参见黄解放、刘智:《〈北京公约〉和〈北京议定书〉浅析》,载刘楠来等主编:《中国国际法年刊》(2010),世界知识出版社2011年版,第67—77页。

机上保安员或旅客给予协助,来管束他有权管束的人(第 6 条第 2 款)。对于根据本公约所采取的行动,无论是航空器机长、任何其他机组成员、任何旅客、任何机上保安员、航空器所有人或经营人,或本次飞行是为他而进行的人,在因对此人采取这些行动而受到的待遇提起的诉讼中,概不负责(第 10 条)。④ 鼓励各缔约国采取必要措施,对在航空器内犯下第 1 条第 1 款所指罪行或行为的人启动适当刑事、行政或任何其他形式的程序,特别是:第一,对机组成员实施人身攻击或威胁实施此种攻击;或第二,拒绝遵守机长或以机长名义为保护航空器或机上人员或财产的安全之目的发出的合法指令;但本公约的任何规定不影响各缔约国为惩处机上所犯不循规和扰乱性行为而在其本国立法制定或维持适当措施的权利(第 15 条分条)。⑤ 在对航空器内的犯罪采取调查或逮捕的措施时,或以其他任何方式行使管辖权时,各缔约国应适当考虑空中航行的安全和其他利益,并应避免对航空器、旅客、机组或货物造成不必要的延误。各缔约国在根据本公约履行其义务或者行使准许的自行裁量权时,应根据国际法下各国的义务和责任行事。在此方面,各缔约国应考虑适当程序和公平待遇原则(第 17 条)。⑥ 本公约中任何规定不排除根据本国法律向分别根据第 8 条或第 9 条被移交或下机的某人要求补偿所产生的任何损失的权利(第 18 条分条)。

二、航空犯罪和惩罚

根据《北京议定书》第 2 条的规定,下列行为即构成犯罪:

"一、任何人如果以武力或以武力威胁、或以胁迫、或以任何其他恐吓方式,或以任何技术手段,非法地和故意地劫持或控制使用中的航空器,即构成犯罪。

二、当情况显示作出的威胁可信时,任何人如果作出以下行为,则亦构成犯罪:(一)威胁实施本条第一款中所列的罪行;或(二)非法和故意地使任何人受到这种威胁。

三、任何人如果作出以下行为,则亦构成犯罪:(一)企图实施本条第一款中所列的罪行;或(二)组织或指挥他人实施本条第一款、第二款或第三款(一)项中所列的一项罪行;或(三)作为共犯参与本条第一款、第二款或第三款(一)项中所列的一项罪行;或(四)非法和故意地协助他人逃避调查、起诉或惩罚,且明知此人犯有构成本条第一款、第二款、第三款(一)项、第三款(二)项或第三款(三)项中所列的一项罪行的行为,或此人因此项罪行被执法当局通缉以提起刑事起诉或因此项罪行已经被判刑。

四、各当事国也应当将故意实施下述两者之一或两者确定为罪行,而不论是否已实际实施或企图实施本条第一款或第二款中所列的任何罪行:(一)与一个或多个人商定实施本条第一款或第二款中所列的一项罪行;如本国法律有此规定,则须涉及参与者之一为促进该项协定而采取的行为;或(二)以任何其他方式协助以共同目的行事的一伙人实施本条第一款或第二款中所列的一项或多项罪行,而且此种协助应当:1. 用于旨在促进该团伙的一般犯罪活动或目的,而此种活动或目的涉及实施本条第一款或第二款中所列的一项罪行;或 2. 用于明知该团伙实施本条第一款或第二款中所列的一项罪行的意图。"

根据2010年《北京公约》第1条的规定,下列行为即构成犯罪:

"一、任何人如果非法地和故意地实施下述行为,即构成犯罪:(一)对飞行中的航空器内人员实施暴力行为,如该行为可能危及该航空器的安全;或(二)毁坏使用中的航空器,或对该航空器造成损坏,而使其不能飞行或可能危及其飞行安全;或(三)以任何手段在使用中的航空器内放置或使别人放置可能毁坏该航空器,或对其造成损坏使其不能飞行,或对其造成损坏而可能危及其飞行安全的装置或物质;或(四)毁坏或损坏空中航行设施,或妨碍其工作,如任何此种行为可能危及飞行中的航空器的安全;或(五)传送该人明知是虚假的情报,从而危及飞行中的航空器的安全;或(六)利用使用中的航空器旨在造成死亡、严重身体伤害,或对财产或环境的严重破坏;或(七)从使用中的航空器内释放或排放任何生物武器、化学武器和核武器或爆炸性、放射性或类似物质而其方式造成或可能造成死亡、严重身体伤害或对财产或环境的严重破坏;或(八)对一使用中的航空器或在一使用中的航空器内使用任何生物武器、化学武器和核武器或爆炸性、放射性或类似物质而其方式造成或可能造成死亡、严重身体伤害或对财产或环境的严重破坏;或(九)在航空器上运输、导致在航空器上运输或便利在航空器上运输:1.任何爆炸性或放射性材料,并明知其意图是用来造成、或威胁造成死亡或严重伤害或损害,而不论是否具备本国法律规定的某一条件,旨在恐吓人群,或迫使某一政府或国际组织作出或放弃作出某种行为;或2.任何生物武器、化学武器和核武器,并明知其是第二条中定义的一种生物武器、化学武器和核武器;或3.任何原材料、特种裂变材料或为加工、使用或生产特种裂变材料而专门设计或配制的设备或材料,并明知其意图用于核爆炸活动或未按与国际原子能机构的保障监督协定置于保障监督措施下的任何其他核活动;或4.未经合法授权的任何对设计、制造或运载生物武器、化学武器和核武器有重大辅助作用的设备、材料、软件或相关技术,且其意图是用于此类目的;但涉及当事国进行的活动,包括当事国授权的个人或法律实体进行的活动,则不构成3和4目下的罪行,只要运输这类物品或材料或其使用或所进行的活动符合其作为当事国适用的多边不扩散条约包括第七条提到的条约拥有的权利、责任和义务。

二、任何人如果非法地和故意地使用任何装置、物质或武器进行下列行为,则构成犯罪:

(一)在为国际民用航空服务的机场对他人实施暴力行为而造成或可能造成严重伤害或死亡;或(二)毁坏或严重损坏为国际民用航空服务的机场的设施或该机场上非使用中的航空器,或扰乱该机场服务,若此种行为危及或可能危及该机场安全的。

三、当情况显示作出的威胁可信时,任何人如果作出以下行为,则亦构成犯罪:(一)威胁实施本条第一款(一)项、(二)项、(三)项、(四)项、(六)项、(七)

项和(八)项中或第二款中的任何罪行;或(二)非法和故意地使任何人收到这种威胁。

四、任何人如果作出以下行为,则亦构成犯罪:(一)企图实施本条第一款或第二款中所列的任何罪行;或(二)组织或指挥他人实施本条第一款、第二款、第三款或第四款(一)项中所列的罪行;或(三)作为共犯参与本条第一款、第二款、第三款或第四款(一)项中所列的罪行;或(四)非法和故意地协助他人逃避调查、起诉或惩罚,且明知此人犯有构成本条第一款、第二款、第三款、第四款(一)项、第四款(二)项或第四款(三)项中所列的一项罪行的行为,或此人因此项罪行被执法当局通缉以提起刑事起诉或因此项罪行已经被判刑。

五、各当事国也应当将故意实施下述两者之一或两者确定为罪行,而不论是否实际已实施或企图实施本条第一款、第二款或第三款中所列的任何罪行:(一)与一个或多个人商定实施本条第一款、第二款或第三款中所列的一项罪行;如本国法律有此规定,则须涉及参与者之一为促进该项协定而采取的行为;或(二)以任何其他方式协助以共同目的行事的一伙人实施本条第一款、第二款或第三款中所列的一项或多项罪行,而且此种协助应当:1. 用于旨在促进该团伙的一般犯罪活动或目的,而此种活动或目的涉及实施本条第一款、第二款或第三款中所列的一项罪行;或 2. 用于明知该团伙实施本条第一款、第二款或第三款中所列的一项罪行的意图。"

在上述犯罪中:(1)所谓"飞行中的航空器",是指"一架航空器在完成登机后其所有外部舱门均已关闭时起,直至其任何此种舱门为下机目的开启时止,其间的任何时间均被视为在飞行中;在航空器遭迫降时,直至主管当局接管对该航空器及其所载人员和财产的责任时止,航空器应当被视为仍在飞行中"。(2)所谓"使用中的航空器",是指"从地面人员或机组人员为某一特定飞行而对航空器进行飞行前的准备时起,直至降落后二十四小时止,该航空器被视为是在使用中"。在任何情况下,使用的期间应包括航空器在飞行中的整个时间。(3)公约虽然对犯罪作了明确规定,并对罪状作了简要表述,但定什么罪名,仍需依据追诉犯罪的国家的国内法确定。公约虽明确规定,应对犯罪予以"严厉惩罚"。但何谓"严厉惩罚",公约并未规定,只能依据追诉犯罪的国家的国内法确定。一般认为,在国内法关于罪状和罪名的法定刑中,在所适用的量刑幅度范围内,处以最高刑罚,即应是公约所指的"严厉惩罚"。

2014年《蒙特利尔议定书》列举了下列行为:(1)对机组成员实施人身攻击或威胁实施此种攻击;或(2)拒绝遵守机长或以机长名义为保护航空器或机上人员或财产的安全之目的发出的合法指令的行为,是否构成犯罪,由当事国依据其国内法确定。

三、空中刑事管辖权

国际法关于刑事管辖权的四项原则,即属地管辖原则、属人管辖原则、保护性管辖原则、普遍管辖原则,在航空刑法中都可具体运用。但是,飞行中的航空器内发生犯罪如何行使刑事管辖权,却存在复杂的情形,直到1963年签订《东京公约》时才获得解决。

1963年《东京公约》规定:"航空器登记国有权对在该航空器内的犯罪和所犯行为行使管辖权。"(第3条第1款)这项规定确立了空中刑事管辖权的"航空器登记国管辖原则",适用于飞行中的航空器和处于公海海面上或在不属于任何国家的其他地区的地(水)面上的航空器内犯罪和行为。其意义在于:以国际条约确认了航空器登记国的法律的域外适用,同时,以国际条约弥补了处在公海或不属于任何国家的地区的航空器内犯罪可能出现的管辖问题,从而完善了惩治犯罪的管辖制度。但《东京公约》并"不排斥根据本国法行使刑事管辖权"(第3条第3款),也就形成了并行管辖制度。不过,《东京公约》对航空器飞经国根据其本国法行使刑事管辖权作出了限制规定,即除五种例外情况外,"非登记国的缔约国……不得对飞行中的航空器进行干预以对航空器内的犯罪行使其刑事管辖权"(第4条)。所谓"干预飞行中的航空器",是指要求、勒令或拦截飞行中的航空器使其降落,以便行使刑事管辖权。五种例外情况是:(1)犯罪在该国领土上具有后果;(2)犯罪人或受害人为该国国民或在该国有永久居所;(3)犯罪危及该国安全;(4)犯罪违反了该国有关航空器飞行或运转的现行规则或规章;(5)为确保该国遵守其在多边国际条约中所承担的任何义务,有必要行使管辖权。2014年《蒙特利尔议定书》修订了《东京公约》,在确立登记国管辖权的基础上,对航空器内的犯罪或行为新增加了航空器降落地国和航空器经营人所在国的管辖权(见第3条的规定)。

1970年《海牙公约》(第4条)和1971年《蒙特利尔公约》(第5条)在上述基础上就管辖权问题进一步作了具体规定,并引入了普遍管辖原则,明确了下列国家在公约规定的条件下有管辖权:(1)航空器登记国;(2)航空器承租人主营业所所在地国或其永久居所地国;(3)航空器降落地国;(4)犯罪发生地国;(5)被指称的犯罪分子所在地国;(6)其他国家根据本国法行使刑事管辖权。

四、引渡或起诉

1970年《海牙公约》和1971年《蒙特利尔公约》都规定:"在其境内发现被指称的罪犯的缔约国,如不将此人引渡,则不论罪行是否在其境内发生,应无例外地将此案件提交其主管当局以便起诉。该当局应按照本国法律,以对待任何严重性质的普通罪行案件的同样方式作出决定。"(第7条)这就是"不引渡则起诉"的原则。这一原则是由国际法中"或引渡或惩罚"(aut dedere aut punire)的格言引申而来的。尽管该第7条的案文是在当时的历史条件下的妥协产物,但鉴于劫持航空器和破坏民用航空安全的犯罪"危及人身和财产的安全,严重影响航班的经营,并损害世界人民对民用航空安全的信心",遭到了国际社会的一致谴责,因此,对该第7条应作硬性解释,即对犯罪分子如不引渡,则应起诉,给以严厉惩罚。

至于引渡,公约的规定是任意性法律规范,没有设立给予引渡的义务。1963年《东京公约》规定得十分明确,即"在不影响前款规定的条件下,本公约的任何规定不应当被解释为规定引渡的义务"(第16条第2款)。以后的国际保安公约虽在各国自由裁量的前提下对引渡作了进一步的规定,但其意义仅在于为各缔约国之间引渡犯罪分子提供了方便条件(见第8条)。

五、国家的权力和责任

国际航空保安公约对国家的权力和责任作了如下规定:

(1) 确立管辖权。缔约国对各公约规定的管辖制度,应采取必要的措施,以确立其管辖权。

(2) 准许机长使人下机或接受机长移交的人。《东京公约》规定:"缔约各国应允许在另一缔约国登记的航空器的机长,按照第八条第一款的规定,使任何人离开航空器"(第12条);"缔约各国应接受航空器机长按照第九条第一款的规定移交给它的人"(第13条第1款)。对此,各国应及时判明情况,按问题的性质分别处理;必要时,应采取拘留或其他措施。

(3) 引渡或起诉,以严厉刑罚惩治犯罪。

(4) 司法协助。缔约各国对公约所指犯罪和其他行为提起的刑事诉讼,应相互给予最大程度的司法协助。此项规定在任何情况下,都应适用被请求国的法律;不影响因任何其他双边或多边条约在刑事问题上全部地或部分地规定或将规定的相互司法协助而承担的义务(《海牙公约》第10条、《蒙特利尔公约》第11条)。

(5) 通报国际民用航空组织。缔约国应按照其本国法尽快地向国际民用航空组织就下列各项报告它所掌握的有关情况:犯罪情况;犯罪使飞行延误或中断后的恢复情况;对犯罪分子或被指称的犯罪分子所采取的措施,特别是任何引渡程序或其他司法程序的结果。

(6) 预防犯罪和对旅客、机组提供协助。缔约国应当根据国际法和本国法,努力采取一切可行的措施,以防止发生公约所规定的犯罪。当发生劫机或其他犯罪使飞行延误或中断时,航空器、旅客或机组人员所在的缔约国应采取一切适当措施,以恢复或维持合法机长对航空器的控制;应对旅客和机组人员尽快继续其旅行提供方便,并将航空器和所载货物不迟延地交还给合法的占有人。

第七节 航空器权利及相关法律问题

一、航空器权利的国际承认

航空器权利(rights in aircraft),系指航空器物权,是权利人依法对航空器享有直接支配和排他的权利,包括所有权、用益物权和担保物权。[①] 根据传统的冲突法规则,

---

① 《民法典》第225条规定:"船舶、航空器和机动车等物权的设立、变更、转让和消灭,未经登记,不得对抗善意第三人。"

财产权适用财产所在地法。但这一冲突规范不适用经常在一国和另一国之间移动的航空器。即使设计出一套统一的冲突规则，也难以克服依赖于各国国内法的困境。由于各国法律制度和法制传统文化不同，如何处理债权债务关系也就存在很大差别，致使融资人不愿融资或者大幅提高融资成本。因此，需要建立一套国际统一的调整航空器的担保、所有权保留和租赁利益的法律制度，以给债权人提供必要保障，同时亦能保护债务人的利益。于是提出了航空器权利的国际承认及建立相关法律制度的问题。①

第二次世界大战以前，"国际航空法律专家技术委员会"曾经准备了两个草案来确定航空器的所有权问题并确立航空器物权(如抵押权和其他担保物权)必须登记的方法，但是，当时并没有具体意向以制定国际公约的方法来解决有关问题。第二次世界大战后，国际民用航空运输业迅速发展，为了投资开发各航空公司需求的新一代飞机而进行融资，避免因为航空器跨国的流动性和迅速性使债权人处在困难的境地，制定了1948年《日内瓦公约》，承认同一航空器上设立若干抵押权、国际承认的有效控制及确定债权的优先顺序，以保护债权人的利益。该公约的全称是《国际承认航空器权利公约》，规定："一、缔约各国承允，承认：(一) 拥有航空器所有权的权利；(二) 航空器占有人通过购买取得该航空器所有权的权利；(三) 租赁航空器为六个月以上的使用航空器的权利；(四) 为担保偿付债务而协议设定的航空器抵押权、质权和任何类似权利，但这些权利必须符合下列条件：(1) 权利的设立符合该航空器进行国籍登记的缔约国在设定该权利时的法律，并(2) 经合法地登记在该航空器进行国籍登记的缔约国的公共登记簿内。这些权利连续在不同缔约国中登记的合法性，按照每次登记时该航空器进行国籍登记的缔约国的法律予以确定。二、本公约的任何规定不妨碍缔约各国援引其国内法承认航空器的其他权利的效力；但缔约各国不得接受或者承认优先于本条第1款所列的各项权利的任何权利。"(第1条)②

《日内瓦公约》的主要目标是国际承认航空器物权，主要原则是保护债权人的利益，为航空设备融资提供便利。③

二、航空器标的物国际利益登记制度

1948年《日内瓦公约》虽然达到了国际承认航空器权利的目的，但登记制度仍旧依赖各国国内法，也就使出资方权利仍处于不确定性状态，不利于降低借贷成本，致

---

① 参见〔英〕罗伊—古德：《〈移动和设备国际利益公约和有关航空器设备特定问题议定书〉正式注释》，孙仕柱译，中国民航出版社2004年版。
② 该条的英文和法文文本略有区别。此处中文是根据该公约法文作准文本译出的。
③ 《中华人民共和国民用航空法》汲取了《日内瓦公约》的有益经验，对航空器权利作了具体规定，依法保护航空器买卖或租赁中的债权人的利益，为外商提供了良好的投资环境，有利于中国各航空公司和航空制造商利用外资开展航空业务。见《中华人民共和国民用航空法》第三章"民用航空器权利"，参见刘伟民主编：《航空法教程》(修订版)，中国法制出版社2001年版，第116—121页。2000年4月28日，中国加入了1948年《日内瓦公约》。

使买卖或租赁航空器融资困难。2001年10月29日—11月16日,由国际民航组织和国际统一私法协会共同倡导,在南非开普敦举行外交会议,通过了《移动设备国际利益公约》和《移动设备国际利益公约关于航空器设备特定问题的议定书》,简称2001年《开普敦公约》和《开普敦议定书》,规定了航空器买卖和租赁融资交易中债权人、债务人的有关权利和义务,较好地保护了债权人的利益;同时,还设立了国际利益登记机构,加强了国际监督机制,从而减少了对飞机这样高价值的移动设备的投资风险,降低了融资成本。《开普敦公约》所指的移动设备包括航空器机身、航空器发动机和直升机以及铁路车辆和空间设备。《开普敦议定书》只涉及航空器标的物,即指航空器机身、航空器发动机和直升机。所谓移动设备上的国际利益,是指由议定书指明的设备类别的某个可识别标的物上的利益,包括担保协议的担保人赋予的利益和所有权保留协议的附条件卖方享有的利益、租赁协议的出租人享有的利益。按《公约》规定,公约与议定书应被视为并解释为一个单一的文件,公约与议定书规定不一致的,一律以议定书为准;按《议定书》规定,公约应按照议定书规定的条款适用于航空器标的物;对航空器标的物的适用而言,公约和议定书应被视为移动设备国际利益公约。《开普敦公约》是对1948年《日内瓦公约》的延伸和刷新。[①]

根据《开普敦公约》和《议定书》及开普敦外交会议决议(即第2号决议),国际民用航空组织(ICAO)理事会行使其国际登记处监管机关的职能;建立了一个由开普敦公约和议定书的缔约国和签字国提名的、不超过15名成员组成的专家委员会,协助理事会行使监管职能;在国际民用航空组织理事会的指导和监督下,设立国际登记处,按照《国际登记处的规章和程序》(Doc 9864号文件),登记关于国际利益权益的记录。

三、民用航空器贸易协定

《民用航空器贸易协定》是1979年4月达成的原GATT协议,作为附件列入了1994年4月15日签署的《关于建立世界贸易组织协定》,是WTO诸边贸易协议之一,其宗旨是通过取消关税和尽最大可能减少或消除贸易性限制的破坏性影响,以实现民用航空器、零件及其有关设备的世界贸易最大限度的自由化,核心内容要求签署方全面开放民用航空器(军用航空器除外)以及零部件的进口市场。

协议的规则主要包括:关税减让、技术性贸易壁垒、政府在民用航空器贸易方面的行为、有关航空器的政府支持、出口信贷和营销方面的规则及民用航空器贸易政策的统一实施、监督、审议、磋商和争端解决等项;协议要求各签署方对附件所列产品,在1980年1月1日前,取消对此类产品的进口和修理征收的所有关税和其他费用;各签署方之间的民用航空器认证要求及关于操作和维修程序的规格,应按WTO的

[①] 对《开普敦公约》涉及的事项优于1948年《日内瓦公约》以及在与航空器有关时优先于1988年5月订于渥太华的国际统一私法协会《国际融资租赁公约》。

《技术性贸易壁垒协议》的规定执行;民用航空器的购买只能根据竞争价格、质量和交货条件进行,民用航空器的购买者有权根据商业和技术因素选择供应商;各签署方不得要求、也不得施加不合理的压力,使航空公司、航空器制造商、从事民用航空器购买的其他实体,自任何特定来源购买民用航空器;各签署方不得以数量限制、进出口许可程序要求来限制民用航空器的进出口。WTO 的《补贴与反补贴措施协议》适用于民用航空器贸易,在实施不可诉补贴方面,应避免对民用航空器贸易产生不利影响;民用航空器定价应依据对回收所有成本的合理预期;各签署方不得直接或间接要求或鼓励地区和地方政府和主管机关、非政府机构和其他机构采取与本协议规定不一致的措施。争端解决:如一签署方认为其在该协议下的贸易利益受到另一签署方的影响,应首先进行充分磋商,寻求双方可以接受的解决办法;磋商未果可请求委员会审议。委员会应在 30 天内召开会议,尽快审议此事,并作出裁决或建议。本协议所涉及的任何争端均应适用 WTO 等争端解决机制。

2001 年 11 月,中国加入了世界贸易组织(WTO)。加入 WTO 是中国实施对外开放、融入世界经济的重要里程碑,对中国经济社会发展产生了全面而深远的影响,更促进了中国企业的全球化进程,也使中国航空制造业取得了长足进步。

四、航空器登记国职能和义务的转移

在国际民用航空领域中,租用、包用或互换航空器经营业务的情形较为普遍。这一方面解决了航空承运人在资金短缺和技术力量不足的情形下的经营问题,同时有利于航空制造业的发展;但在另一方面,却出现了航空器在一国登记、而由另一国经营人经营的现象,按照《国际民用航空公约》关于航空器国籍的规定,也就在法律上产生了问题。因为航空器在一国登记后,通过租用、包用和互换航空器的协议,使该航空器由另一国经营人经营,机组是外国的,航空器的经营和维护都在外国,而航空器登记国应对这样的航空器颁发登记证,发给或核准适航证、无线电台许可证、机组成员执照,同时应对航空器遵守现行法律和规章承担责任。因此,对航空器登记国来说,要采取管理控制措施必然增大困难并增加行政管理费用,同时对经营人来说,也在一定程度带来了麻烦。为解决这一问题,1980 年 10 月 6 日,国际民用航空组织大会第 23 届会议通过了修改《国际民用航空公约》的议定书,增加第 83 条分条,转移航空器登记国的职能和义务。① 该条规定如下:(1) 尽管有第 12 条、第 30 条、第 31 条和第 32 条第 1 款的规定,当在一缔约国登记的航空器根据租用、包用或互换航空器的协定或任何其他类似协议,由在另一个缔约国有主营业所,或没有此种营业所而有永久居所的经营人经营时,登记国可以通过与该另一国签订的协定,将第 12 条、第 30 条、第 31 条和第 32 条第 1 款所赋予的作为登记国对该航空器的职能和义务,全部地

---

① 自 1997 年 6 月 20 日起在批准该修正案的国家之间生效(现有 176 个国家批准该条修正案)。中华人民共和国于 1997 年 7 月 23 日批准,即日起生效。

或部分地移转给该另一国。登记国即对所移转的职能和义务解除了其责任。(2) 在移转协定的当事国依照第83条的规定将移转协定向理事会登记并公布,或者将协定的存在和内容直接通知有关缔约国之前,此种移转对其他缔约国不发生效力。(3) 上述1和2两款的规定同样对第77条所指的(联合登记的)情况适用。

该第83条分条的意义在于:(1) 航空器登记国可以向经营人所属国转移其作为登记国对所登记的航空器的职能和义务。移转后即解除了登记国的责任。(2) 该第83条分条所解决的,主要是职能和义务的转移能否对抗第三国的问题。只要办理下列手续之一,移转协定即对第三国发生效力:其一,将移转协定向理事会登记并予以公布;其二,仅将移转协定的存在和主要内容(不必将协定全文)直接通知有关国家后,即对该有关国家发生效力。(3) 转移职能和义务的办法对航空器联合登记的情况同样适用,这意味着在联合登记的有关国家之间自动地相互移转作为登记国的职能和义务。

五、航空器适航证的国际承认

《国际民用航空公约》规定:"缔约国的每一航空器在从事国际航行时,应按照本公约规定的条件携带……航空器适航证"(第29条第2项)。"凡从事国际航行的每一航空器,应备有该航空器登记国颁发或核准的适航证"(第31条)。所谓适航证(airworthiness certificate),是航空器登记国适航管理当局,根据航空器产品和零件合格审定的规定,对航空器颁发的证明该航空器处于适航状态的证件。所谓"适航",是指"航空器、发动机、螺旋桨或部件符合其经批准的设计并处于安全运行状态的状况"①。航空器的适航性包括初始适航性和持续适航性。初始适航性(Original Airworthiness)是指新生产出来的航空器,在投入使用前原所具备的适航性。航空器适航主管机关根据国家颁布的适航标准,按照法定程序,对航空器及其设备的设计和生产施行监督,凡产品符合规定要求,经检验合格,发给适航证。持续适航性(Continuing Airworthiness)是指具有适航证的航空器投入使用后继续保持的适航性。航空器适航主管机关依照法律规定,对航空器的使用和维护施行监督,建立故障反馈系统,发布适航指令,对新发现的不安全因素,责成航空器制造和使用单位,采取纠正措施,保持航空器的适航性。航空器登记国进行适航管理,给在其国家登记的航空器颁发适航证既是权利也是义务。② 航空器适航管理是指航空器适航主管机关依照法律规定,对航空器从设计、定型开始,到生产、使用直至停止使用的全过程施行监督,

---

① 见《国际民用航空公约》附件8关于"航空器的适航性"的定义。
② 详见本章第三节"空中航行的法律制度"第二目"航空器及其国籍制度"。

以保证航空器始终处于适航状态的科学管理。①

中国航空器适航管理主要内容是:(1) 根据适航标准对航空器(含航空发动机、螺旋桨)的设计进行合格审定,颁发"型号合格证",并跟踪监控其设计的完整性;(2) 对航空器制造单位进行生产许可审定,颁发"生产许可证";生产出的航空器,经审查合格后颁发"适航证";(3) 对持有生产许可证的单位生产的航空器,需要出口时由国务院民用航空主管部门签发"出口适航证";中国进口外国生产的任何型号的民用航空器,如系首次进口并用于民用航空活动时,国外出口民用航空器的单位或个人必须向民用航空主管部门申请颁发准予进口的"型号认可证书";(4) 民用航空器必须具有民用航空主管部门颁发的适航证,方可飞行;对租用外国民用航空器的单位或个人,必须经民用航空主管部门对其原登记国颁发的适航证审查认可或者另行颁发适航证后,方可飞行;任何单位或者个人的民用航空器取得适航证后,必须按照有关适航管理规定使用和维修民用航空器,保证其始终处于持续适航状态;加装或改装已取得适航证的民用航空器,必须经适航当局批准,涉及的重要部件、附件必须经适航当局审定;(5) 中华人民共和国境内任何维修单位或个人,承担在中华人民共和国登记的民用航空器的维修业务的,必须向民用航空主管部门申请获取维修许可证后,方可从事批准范围内的维修业务活动;负责维修并放行在中华人民共和国登记的民用航空器的维修技术人员,经民用航空主管部门或者其授权单位考核合格取得维修人员执照或者相应的证明文件后,方可从事民用航空器的维修并放行工作。

《国际民用航空公约》规定:"登记航空器的缔约国颁发或核准的适航证和合格证书及执照,其他缔约国应承认其有效。但颁发或核准此项证书或执照的要求,须等于或高于根据本公约随时制定的标准。"(第 33 条)该公约附件8《航空器的适航性》所制定的国际标准和建议措施,即是根据该公约"随时制定的标准"②。因此,中国的适航管理法制完善,适航标准高于国际民用航空组织制定的标准,中国颁发的适航证具有国际效力。

---

① 例如,美国的《联邦航空法》就对此作了详尽的规定。美国航空器的证书包括三项内容:(1) 型号证书;(2) 生产证书;(3) 适航证书。美国《联邦航空法》第 603 条规定,美国联邦航空局长有权颁发航空器、航空发动机、螺旋桨的型别证书……任何有关的人均得呈请局长发给航空器、航空发动机、螺旋桨或根据本款(1)项所规定的条例中规定的机上设备的型别证书。收到申请,应进行调查,并举行听证会,进行各种科学试验,要求设计、用材、规格、结构性能等符合安全操作要求的,符合各种标准、规则、条例的要求,才发给相应的证书。等到型别证书的任何有关航空器产品的复制品能够符合型别证书的要求,收到申请后,发给生产证书,批准生产。对生产的产品,局长应进行必要的检查并要求进行必要的试验,以便保证每一件产品的制定都符合型别证书。中华人民共和国借鉴国外先进经验,于 1987 年 5 月 4 日发布了《民用航空器适航管理条例》,1995 年 10 月 30 日颁布的《中华人民共和国民用航空法》又作了专门规定,中国民用航空规章更作了详尽规定,因此,中国已有完整的适航管理法律制度。

② 1979 年,一些欧洲的航空公司控告美国 FAA 适航管理违反《国际民用航空公约》第 33 条规定并胜诉,就是一个典型的案例。参见〔法〕Michel De Juglairt:《航空法论》(上卷),第二版,第 320—321 页,巴黎法律和判例总出版社 1989 年法文版。另《国际民用航空公约》附件8《航空器的适航性》前言指出:"本附件被称为构成了公约第三十三条所指的最低标准"(2010 年 7 月第 11 版)。

六、航空产品责任

所谓"产品责任"(product liability),"是指生产者或销售者因其生产或销售的缺陷产品致使购买者、使用者以及旁观者遭受财产损害或人身伤害而需承担的侵权法律责任"①。产品责任起源于货物的买卖,产品责任与合同责任有一定的关联。但缺陷产品的受害者主张侵权赔偿并不需要以存在合同关系为前提,因为产品责任的产生是基于产品生产者或销售者违反法律规定的义务,生产或销售的产品有缺陷而导致消费者遭受损害所致。因此产品责任属于侵权责任,但又具有不同于一般侵权行为法的特点,受害人只需证明产品存在缺陷,并且这种缺陷对受害人造成了损害,不论生产者或销售者对缺陷的存在是否有过失,即可请求赔偿。伴随着经济全球化的进程,保护消费者权利的呼声越来越高,产品责任法也就越来越受重视。产品责任立法虽然呈现出国际化趋势②,但目前世界上并没有形成国际统一的或被广泛接受的产品责任实体法律制度,因此,各国国内的产品责任法律制度便成为保护本国消费者权益的重要依据和手段。

在航空事故损害赔偿中,追究航空产品责任的案例呈上升的趋势。③ 一是追究产品责任实行客观责任制,即不问产品责任主体是否有过失,都需赔偿所造成的损失;二是按实际损失赔偿,没有限额的规定;三是法律保护向受害人倾斜,往往对产品制造商处以"惩罚性损害赔偿"(punitive damages compensation)④。1974 年 3 月 3 日,土耳其航空公司 DC-10 客机在巴黎附近坠毁追究产品责任案,就是一个典型案例。⑤ 2004 年,中国发生"11·21"包头空难,部分受害人以航空产品存在制造缺陷为由,向美国加州洛杉矶郡高等法院提起了产品责任诉讼,试图通过适用美国的相关法律来获得更高的损害赔偿,使一起依照法律规定完全由中国国内法院管辖的案件移送至国外法院审理,引起人们的广泛关注。

航空产品责任密切涉及航空器适航标准和适航管理规范。如果航空产品存在缺

---

① 见《Black's Law Dictionary》。
② 产品责任方面的区域性和国际性公约,例如有欧共体于 1977 年和 1985 年制定的《关于造成人身伤害和死亡的产品责任欧洲公约》和《欧共体产品责任指令》;1972 年海牙国际私法会议制定的《关于产品责任法律适用的公约》等。
③ 《美国法律报告》(2009 年已更新至第 3 版)自 1980 年起就收集由产品缺陷而引起的航空事故案例。目前收录了近 350 个典型案例。美国著名航空法学者斯佩瑟(Stuart M. Speiser)和克劳斯(Charles F. Krause)在其四卷本《航空侵权法》(Aviation Tort Law)第 2 卷第 19 章(Aviation Product Liability:Manufacturers and Other Suppliers)和第 20 章(Specific Applications of Product Liability)中对航空产品责任问题有专门论述。转引自王瀚、张超汉:《国际航空产品责任法律问题研究》,载《法律科学》2010 年第 6 期。
④ 《中华人民共和国消费者权益保护法》第 55 条规定:"经营者提供商品或者服务有欺诈行为的,应当按照消费者的要求增加赔偿其受到的损失,增加赔偿的金额为消费者购买商品的价款或者接受服务的费用的三倍;增加赔偿的金额不足五百元的,为五百元。法律另有规定的,依照其规定。经营者明知商品或者服务存在缺陷,仍然向消费者提供,造成消费者或者其他受害人死亡或者健康严重损害的,受害人有权要求经营者依照本法第四十九条、第五十一条等法律规定赔偿损失,并有权要求所受损失二倍以下的惩罚性赔偿。"
⑤ 参见刘伟民:《论国际航空运输的责任制度》,载王铁崖等主编:《中国国际法年刊》(1983 年),中国对外翻译出版公司 1983 年版,第 167 页。

陷是由于航空器适航管理疏忽造成的,适航管理机关及其工作人员应承担相应的法律责任。

七、航空器搜寻救援和事故调查

关于航空器搜寻援救和事故调查,在国家之间应加强国际合作。有关涉外事项,《国际民用航空公约》第 25 条和第 26 条的规定提供了国际法依据。该公约附件十二《搜寻援救》和附件十三《航空器事故和事故征候调查》对如何组织实施航空器搜寻援救和事故调查作了具体规定,制定了国际标准和建议措施。①

实施航空器搜寻援救主要遵循两个原则,一是人道主义原则,二是及时、有效原则。《国际民用航空公约》规定,外国航空器在一国领土内遇险,该国应"采取其认为可行的援救措施,并在本国当局管制下准许该航空器所有人或该航空器登记国的当局采取情况所需的援助措施。各缔约国搜寻失踪的航空器时,应在按照本公约随时建议的各种协同措施方面进行合作"(第 25 条)。该公约附件十二进一步明确,各缔约国必须单独或同其他国家合作,在其领土范围内安排建立并立即提供昼夜 24 小时的搜寻与援救服务,以确保向遇险人员提供搜救(第 2.1.1 条)。公海或主权尚未确定的区域,必须在地区航行协议的基础上商定建立搜寻与援救服务。各缔约国一经承担在此种区域中提供搜寻与援救服务的责任,必须单独或同其他国家合作,按照本附件各项规定安排建立并提供此种服务(第 2.1.1.1 条)。缔约国必须使其搜寻与援救组织与邻国的搜寻与援救组织互相协调(第 3.1.1 条)。一缔约国在遵照本国主管当局可能规定的条件下,必须准许另一国搜寻及援救单位为搜寻航空器事故现场并援救事故幸存者之目的,立即进入其领土(第 3.1.3 条)。缔约国必须作出安排,使所有不属于搜寻与援救组织的航空器、船舶和当地的各种服务与设施,在搜寻与援救工作中充分与搜寻与援救组织合作,对于航空器事故的幸存人员予以任何可能的援助(第 3.2.1 条)。在实践中,一国进入另一国搜寻援救有如下三类情况:(1) 签订搜寻援救协定,方便入境援救;(2) 通过援救协调中心或空中交通管制中心提出申请;(3) 通过外交途径申请。

关于航空器事故调查,《国际民用航空公约》第 26 条只作了原则性规定,其附件十三作了具体规定,ICAO《航空器事故和事故征候调查手册》(Doc 9962 号文件)提供了政策与程序的指导性材料。规定的主要内容如下:(1) 航空器事故调查由事故所在地国发起并负责调查,但它可根据相互安排并经同意将全部或部分调查工作委托另一国或一地区事故调查机构进行。在任何情况下,事故所在地国必须采取一切办法以便利调查(第 5.1 条)。首先,事故所在地国必须毫不拖延地用可供利用的最适当和最迅速的方式将事故或严重事故征候的通知发给:a) 登记国;b) 经营人所在国;c) 设计国;d) 制造国;和 e) 国际民航组织(如果所涉及航空器的最大质量在 2 250 公斤以上或是涡轮喷气式飞机)(第 4.1 条)。(2) 航空器登记国、经营人所在国、设

---

① 参见刘伟民主编:《航空法教程》(修订版),中国法制出版社 2001 年版,第 233—257 页。

计国和制造国以及因其公民蒙受死亡或重伤而对事故特别关心的国家,根据要求向进行调查的国家提供资料、设备或专家的任何国家有权参加事故调查(第5.18条、第5.27条、第5.23条)。(3)如不能肯定事故或严重事故征候的发生位置是在任一国家的领土内,登记国必须对事故或严重事故征候进行必要的调查,但登记国在共同协议和同意下,可将全部或部分调查工作委托另一国进行(第5.3条)。(4)进行调查的国家必须毫不拖延地将事故调查的"最后报告"送交:a)组织调查的国家;b)登记国;c)经营人所在国;d)设计国;e)制造国;f)参加调查的国家;g)蒙受公民死亡或重伤的国家;和 h)提供有关资料、重要设备或专家的国家(第6.4条)。(5)未经进行调查国家的明确同意,任何国家不得散发、发表或让人查阅报告草案或其任一部分,以及在事故或事故征候调查过程所获得的任何文件,除非此类报告或文件已由调查国发表或公布(第6.2条)。(6)为了预防事故,进行事故或事故征候调查的国家必须尽快并在可能时于12个月之内将"最后报告"公开发布(第6.5条)①。(7)在对事故或事故征候进行调查的任何阶段,进行调查的国家的事故或事故征候调查部门必须在标有日期的转发函中向有关部门,包括其他国家的有关部门,建议其认为需要及时采取的任何预防行动,以加强航空安全(第6.8条)。(8)"调查事故或事故征候的唯一目的是防止事故或事故征候。这一活动的目的不是为了分摊过失或责任"(第3.1条)②。

八、绿色航空的法律保障

《国际民用航空公约》附件16《环境保护》就航空器噪声和航空器发动机排放规定了国际标准和建议措施(SARPs),也即国际民用航空组织(ICAO)航空环境保护立法。其情况是:鉴于飞行量逐年增多,机场噪声扰民,公众反映强烈,ICAO理事会根据《国际民用航空公约》第37条的规定,于1971年4月2日首次通过航空器噪声的标准和建议措施,并定为《公约》附件16。1972年联合国在斯德哥尔摩举行了人类环境会议。1980年,理事会决定把所有有关航空环境方面的规定汇集在一个附件中,将附件16改名为"环境保护",包括第Ⅰ卷"航空器噪声"和第Ⅱ卷"航空器发动机的排放物"。ICAO紧跟《联合国气候变化框架公约》(UNFCCC)发展进程,保持与联合国其他机构和国际组织的联络,以探索为限制或减少航空排放而在制定政策和执行措施方面的合作和协同努力。ICAO与环境有关的技术活动由理事会及其通过"航空环境保护委员会"(CAEP)进行。2013年6月,理事会修订了附件16第Ⅰ卷"航空器噪声"和第Ⅱ卷"航空器发动机的排放物"的提案,并于2013年7月12日发出了关于修订提案的国家级信件,征求各国和各国际机构的意见,新的标准和建议措施于2014年3月开始采用。此外,ICAO通过编制附件16的第Ⅲ卷"认证规定"的工作,对"碳排放"标准的设定取得了重大进展。

---

① 可将最后报告登载在互联网上以达到公开发布最后报告之目的,并不一定要作为印刷文件出版。
② 在一些国家如加拿大,航空器事故调查与追究责任的刑事调查界限分明,为了保障事故调查的顺利进行,法律甚至规定事故调查结论不能作为追究法律责任的证据。

"碳排放"是关于温室气体排放的一个总称或简称。为了人类免受气候变暖的威胁,国际社会制定公约采取了切实的行动。① 航空运输的快速发展成了气候变化、全球变暖的重要因素之一。为此,很多国家和国际组织积极研究航空减排的基础理论和应对策略,并试图以国际立法的形式在全球范围内推行减少航空碳排放措施。

2001年,国际民航组织大会第33届会议通过决议,支持为国际航空制定一个开放的碳排放交易体系,要求国际民航组织理事会优先为开放的国际航空排放交易制定指导纲要,重点考虑为航空参与开放的交易体系制定框架和法律依据问题。2005年,欧委会宣布它倾向于将航空排放纳入现行的欧洲排放交易体系作为实施航空减排的先驱和试验。2006年12月,欧委会制定了立法草案,即将航空纳入欧盟排放交易体系的2003/87/EC号指令的修改建议稿。2008年6月,欧洲议会与欧盟理事会达成了关于将欧盟航空业纳入欧盟"碳排放配额交易体系"(欧盟ETS)的协议草案,同年7月8日,欧洲议会通过了这一协议。根据所通过协议的新的指令,自2012年起,进出欧盟以及在欧盟内部航线飞行的飞机排放的温室气体均须纳入欧盟ETS。鉴于欧盟议会单方面提出碳排放交易体系(ETS)法案,既不符合气候变化公约的协商一致和"共同但有区别的责任"原则,也不符合《芝加哥公约》的原则,欧盟的决定理所当然地遭到了国际社会的普遍反对和抵制。② 2013年10月3日,国际民用航空组织(ICAO)大会第38届会议通过了关于"实施市场措施必须与他国通过双边或多边协商达成协议"的决议③,明确否定了类似欧盟ETS单边减排措施的合法性,达成了构建全球性基于市场措施(MBM)限制碳排放机制的共识,为多边机制开辟了道路。

环境是人类生存和发展的基本前提。保护环境是中国的一项基本国策,决定将生态文明建设提高到与政治、文化、经济、社会等"四个建设"同等的地位,建立系统完整的生态文明制度体系,实行最严格的源头保护制度、损害赔偿制度、责任追究制度,完善环境治理和生态修复制度,用制度保护生态环境。④ 中国将民用航空业列入经济

---

① 1997年12月,在日本京都召开的《联合国气候变化框架公约》缔约方第三次会议通过了《京都议定书》,以限制发达国家温室气体排放量,抑制全球变暖。2005年2月16日,《京都议定书》正式生效。中国于1998年5月签署并于2002年8月核准了该议定书。1997年《京都议定书》并没有将航空业和航海业纳入削减目标中,但应该控制航空和航海业的排放量。

② 见时任中国国家发改委副主任解振华2012年11月21日在北京举行的中国应对气候变化政策与行动新闻发布会上的讲话。来源:www.china.com.cn/zhibo/2012-11-21/content_27139179.htm,2012年11月22日访问。此外,IATA等国际组织也认为,任何针对航空的市场措施(MBM)都必须覆盖全球,维护公平竞争,并兼顾不同类型和层次的航空公司活动。当前航空运输系统安全、有序、高效的运作是依赖于监管法规、标准和程序的高度一致性。单方面采取措施会破坏这个基础。在国际民航组织内部针对一个单一的全球MBM继续制定综合方案的同时,任何国家提出的任何其他措施或继续就国际航空对另一个国家的航空公司实行的措施,都应遵循国际民航组织的原则。这包括尊重主权领空、航空公司注册国的同意。见2013年ICAO大会第38届会议第68号工作文件(A38—WP/68EX/33)。

③ 由中国、俄罗斯、印度、巴西和沙特等立场相近的12个国家联合提交的修正提案以97票赞成、39票反对、9票弃权的表决结果,获得ICAO大会通过。

④ 见中国共产党第十八届三中全会2013年11月12日通过的《关于全面深化改革若干重大问题的决定》第十四部分"加快生态文明制度建设"的论述。

社会发展重要的战略产业,把"打造绿色低碳航空"作为促进民航业发展的主要任务之一,坚持绿色发展理念,为打造绿色的航空、为人类福祉和社会经济转型发展作贡献。①

参考书目

[1] 刘伟民主编:《航空法教程》(修订版),中国法制出版社 2001 年版。
[2] 刘伟民编:《国际航空法条约汇编》(中英文对照),中国民航出版社 1999 年版。
[3] 〔英〕郑斌:《国际航空运输法》,徐克继译,中国民航出版社 1996 年版。
[4] 〔荷兰〕迪德里克斯—费斯霍尔:《航空法简介》,赵维田译,中国对外翻译出版公司 1987 年版。
[5] 赵维田:《国际航空法》,社会科学文献出版社 2000 年版。
[6] 唐明毅主编:《现代国际航空运输法》,法律出版社 1999 年版。
[7] 王瀚:《国际航空运输责任法研究》,法律出版社 2012 年版。
[8] 〔英〕Shaweross and Beaumont, *Air Law*, 4th ed., London Butterworths,1977.
[9] 〔美〕A. F. Lowenfeld, *Aviation Law*, Matthew Bender, New York,1980;〔加〕N. M. Matte Traité de Droit aérien-aéronautique, troisième édition, Editions A Pedone, Paris, 1980.
[10] 〔法〕Michel de Juglart, Traité de Droit aérien, 2e Edition par Emmanuel du Pontavice, Jacqueline Dutheil de la Rochère et Georgette M. Miller, Tome 1, 1989; Tome 2, 1992, Librairie générale de Droit et de Jurisprudence,Paris
[11] 〔加〕Michael Milde, *International Air Law and ICAO*, 2nd ed., Vol. 10, Eleven International Publishing, 2012.

---

① 见中国国务院 2012 年 7 月 8 日发布的《关于促进民航业发展的若干意见》。

第七章 外层空间法

第一节 概 说

一、人类已进入外空时代

自古以来,飞离地球,遨游星空,一直是人类的美丽梦想。① 外层空间素来代表着神奇、自由、浪漫和无穷的探索,而人类对外空的认知也在不断加深。近代科学技术的发展,使人类开始具备飞出地球所必需的基本科学技术知识。

真正意义上的空间探索活动源自 20 世纪 50 年代。第二次世界大战后,美国和苏联在德国火箭技术的基础上建立了各自的火箭和导弹工业,而美苏关系的恶化和东西方间的"冷战"加剧了美苏间在航天领域的竞争。1957 年 10 月 4 日,苏联率先发射了斯普特尼克 1 号(Sputnik 1)卫星。② 稍后,美国发射了探险者 1 号卫星。1961 年 4 月 12 日,苏联首发宇宙飞船,尤里·加加林成为进入外空第一人。美国紧随其后。此后,苏联将其航天计划的重点转向深空和近地的无人探测,优先发展空间站技术,而美国则加紧实施登月计划,并着力发展可重复使用的航天飞机。1969 年 7 月 20 日,美国成功发射"阿波罗 11 号",将宇航员送上月球,继而于 1981 年 4 月开始发射航天飞机,而苏联在空间站方面取得重大进展,于 1986 年 2 月发射了和平号空间站。

外空探索和利用所展现出来的诱人前景,使越来越多的国家对空间技术及其应用产生了兴趣。继苏联和美国之后,法国于 1965 年 11 月 26 日、日本于 1970 年 2 月 11 日、中国于 1970 年 4 月 24 日、英国于 1971 年 10 月 28 日、印度于 1980 年 7 月 18 日、以色列于 1988 年 9 月 19 日相继用自行研制的运载火箭成功地发射了本国的第一颗人造地球卫星,加入空间国家的行列中来。代表着大多数西欧国家的欧洲空间局则致力于研制自己的阿丽亚娜运载火箭,同时还建造空间实验室。进入 20 世纪 90 年代,又有一些国家先后成为拥有空间能力的国家。③

---

① 早在公元前 200 多年,中国民间就广为流传着"嫦娥奔月"的神话故事。在希腊人、巴比伦人和印度人的神话传说中,也有凡人和神出入于天堂的说法。在文艺复兴时期,人类的航天之梦开始出现在文学和科学著作之中。20 世纪初,俄罗斯科学家齐奥尔科夫斯基预言:"地球是人类的摇篮,但人类绝不会永远躺在这个摇篮里,而会不断探索新的天体和空间。人类首先将小心翼翼地穿过大气层,然后再去征服太阳系空间。"

② 1999 年 12 月 6 日,第 54 届联合国大会通过第 54/68 号决议,将每年的 10 月 4 日至 10 月 10 日(《关于各国探索和利用包括月球和其他天体在内外层空间活动的原则条约》生效日)确定为"世界空间周",以纪念空间科学技术对改善人类生活水平的贡献。

③ 朝鲜于 1998 年 9 月 4 日发射"光明星 1 号"卫星;伊朗于 2009 年 2 月 3 日发射"希望 2 号"卫星;韩国于 2013 年 1 月 30 日发射"罗老"号卫星。此外,乌克兰、白俄罗斯、哈萨克斯坦、沙特阿拉伯等国家也拥有独立研制并发射人造卫星的技术。加拿大、意大利、澳大利亚、德国、荷兰、西班牙、巴西、瑞典、阿根廷、巴基斯坦、智利、泰国、土耳其、墨西哥、印度尼西亚、马来西亚、秘鲁、菲律宾、蒙古等国家委托别国发射了本国自行研制的人造卫星(含微小卫星)。

20世纪50年代处于幼年发展期的航天活动,至90年代便进入了成年期。空间探索开始进入更深、更远、更广的领域。空间微重力、生物学、医学、材料学的研究和试验都取得了惊人的成就。空间技术的应用扩展到对空间资源的实用性开发和利用。各种先进的卫星技术被广泛应用于农业、教育、通信、广播、导航、气象预报、抗灾减灾、资源勘探、电子商务等诸多领域,产生了巨大的社会效益和经济效益。外层空间不但是各国国力的赛场,也是充满商机的市场。[①] 这是一个可以称之为"空间文明"的新时代。2018年6月纪念联合国外空会议50周年高级别会议(UNISPACE + 50)在维也纳召开,会议呼吁"在和平利用外层空间领域加强国际合作,以实现命运共同体愿景,为全人类谋福利与利益"[②]。

二、外层空间的概念

在空间物理学上,空间大体上可以分为空气空间和外层空间。地球上空有一个大气层,也就是空气空间(air space),大气层之外就是外层空间或太空(outer space)。由于尚难从严格的科学意义上精确地界定空气空间的终点和外层空间的起点,外层空间和空气空间的界限如何划分的问题,理论上一直存在分歧。[③] 归纳起来,主要有以下几种较有影响力的主张:(1)航空器上升最高限度说,即以航空器向上飞行的最高限度(离地面约30~40千米)为界;(2)空气构成说,即以大气层中的不同空气构成为界,有空气的领域为"领空",无空气的领域为"外空",高度从50千米至数千千米不等,最高可达16000千米;(3)人造卫星最低限度说,即以人造地球卫星轨道离地球表面的最低高度(约100~110千米)为界;(4)同步轨道说,即以地球同步轨道(约36000千米)为界。此外,还有"有效控制高度说""海洋类比说""引力平衡说"以及反对对外层空间划定任何界限等主张。在20世纪80年代前后,多数国家倾向于接受上述第三种主张,即以离地面100千米左右为外层空间与空气空间的界限。国际法协会在1978年马尼拉年会通过的决议中也曾指出,在海拔约100千米及以上的空间,已日益被各国和从事外空工作的专家们接受为外层空间。但另外一些国家则认为,从空间科技现状来看,仍无法规定一定高度作为空气空间和外层空间的界限,划定外层空间的界限的条件和时机尚未成熟。

"外层空间"作为一个法律术语始见于20世纪50年代初一些国际法学者的著述

[①] 据统计,2018年全球商业航天经济规模已达2774亿美元,占当年全球航天经济总产值的77%和全球经济总量的0.3%。2019年全球共有17个发射场执行了103次商业发射任务。此外,2009至2018年的10年间,全球共发射了约1470颗小卫星,预计2019至2028年间,该数据会达8500多颗,以5倍速度增长。随着空间技术应用范围继续拓展,如气候变化监测、人口流动监测等,以及卫星宽带、天基互联网协议服务等新应用项目的出现,未来航天经济仍将保持高速增长。

[②] 参见《命运共同体理念写入联合国外空会议成果文件》,载新华网:www.xinhuanet.com,2020年2月23日访问。

[③] 参见贺其治、黄惠康主编:《外层空间法》,青岛出版社2000年版,第24—27页。

之中,当时被用来泛指国家主权范围以外的整个高层空间。① 1957 年 1 月 20 日美国总统艾森豪威尔在致国会的国情咨文中表示,美国愿与他国"缔结相互控制'外层空间'导弹和卫星研制的任何可靠的协定"。这是在各国的官方文件中使用"外层空间"一词的第一例。此后"外层空间"开始频频出现在国际文献之中。

虽然外层空间已成为空间科学和外层空间法中的一个通用术语,但迄今为止,还没有一个权威性的法律定义。联合国外层空间委员会自 1959 年起开始审议"外层空间的定义和定界问题",并一直将其列为外空法律小组委员会的固定议题,但由于涉及复杂的政治、安全和技术因素,相关审议工作一直未能取得实质性的进展。② 越来越多的国家主张采取审慎态度。③

在我国,航天业界和国际法学界一般将外层空间解释为地球大气层即空气空间以外的整个宇宙空间。

外层空间和空气空间具有不同的法律地位,受不同的法律支配。1967 年《关于各国探索和利用包括月球和其他天体在内外层空间活动的原则条约》(Treaty on Principles Governing the Activities of States in the Exploration and Use of Outer Space, including the Moon and Other Celestial Bodies,简称《外空条约》),对外层空间的法律地位作出了明确规定,其中包括:外层空间的探索和利用应为全人类谋福利和利益;所有国家可在平等、不受任何歧视的基础上,根据国际法自由探测和利用外层空间;任何国家不得通过任何方式将外层空间据为己有;探测和利用外层空间应遵守国际法;禁止将载有核武器或其他大规模毁灭性武器的物体放置在环绕地球的轨道上。④

---

① 参见霍干:《大气上层和大气以外外层空间的法律用语》,载《美国国际法学报》第 51 卷第 2 期,第 373—375 页。

② 参见中华人民共和国外交部政策研究室编:《中国外交》(1998 年版),世界知识出版社 1998 年版,第 805 页;中华人民共和国外交部政策研究室编:《中国外交》(2000 年版),世界知识出版社 2000 年版,第 700 页;中华人民共和国外交部政策规划司编:《中国外交》(2019 年版),世界知识出版社 2019 年版,第 304—305 页。

③ 中国的基本立场是:确定一个为各国共同接受的外层空间的定义,将有助于保护各国的领空主权和促进外层空间法的进一步发展。但是选择一条适当的分界线不仅涉及复杂的科学技术问题,而且是一个重要的政治和法律问题。对这个问题,应从各国,特别是发展中国家的主权和安全利益出发,根据目前技术的发展状况,并考虑到地球上空的物理特性以及开展外空活动的合理需要,通过反复和耐心的协商予以解决。参见联合国文件 A/AC. 105/C. 2/SR. 355,第 3 页。

④ 《外空条约》于 1967 年 10 月 10 日生效,截至 2023 年 5 月 1 日,共有缔约国 113 个,其中包括中国、美国、俄罗斯、法国、英国、德国、加拿大、日本、印度等主要空间大国以及阿富汗、阿尔及利亚、阿根廷、阿曼、亚美尼亚、澳大利亚、奥地利、孟加拉国、白俄罗斯、比利时、巴西、巴林、波黑、保加利亚、智利、古巴、塞浦路斯、捷克、克罗地亚、丹麦、厄瓜多尔、埃及、芬兰、希腊、匈牙利、冰岛、印度尼西亚、伊拉克、爱尔兰、以色列、意大利、牙买加、哈萨克斯坦、肯尼亚、科威特、老挝、黎巴嫩、利比亚、立陶宛、卢森堡、马达加斯加、马里、马耳他、毛里求斯、墨西哥、蒙古、摩洛哥、缅甸、尼泊尔、荷兰、新西兰、尼加拉瓜、尼日尔、尼日利亚、挪威、巴基斯坦、秘鲁、波兰、葡萄牙、卡塔尔、韩国、罗马尼亚、沙特、塞拉利昂、新加坡、斯洛伐克、斯洛文尼亚、南非、西班牙、斯里兰卡、瑞典、瑞士、叙利亚、泰国、突尼斯、土耳其、乌干达、乌克兰、阿联酋、乌拉圭、委内瑞拉、越南、也门、赞比亚等国家。另有埃塞俄比亚、加纳、哥伦比亚、伊朗、约旦、马来西亚、菲律宾等 23 国家签署,待批准或加入。详见 http://www.unoosa.org/oosa/en/ourwork/spacelaw/treaties/status/index.html,2023 年 5 月 1 日访问。

三、外层空间法的产生与发展

国际法发展的一个重要特征是同科学技术的发展紧密地联系在一起。第二次世界大战以来,随着科学技术的迅速进展,人类的生存空间和活动天地不断扩大,国际法的调整范围和领域也随之扩大。作为国际法的新分支的外层空间法正是在这种情况下产生和发展起来的。可以说,外层空间法是空间科技及人类空间活动的必然产物。随着空间科技的不断发展,外层空间法也将得到进一步的发展。

各国探索和利用外层空间的活动引起了一系列国际法问题,如外层空间的法律属性、宇航员和空间物体的法律地位、探索和利用外层空间的基本准则、空间物体造成损害的赔偿责任,等等。这些问题涉及国际社会的整体利益和国家的权利义务,必须依照各国共同制定和遵循的法律原则和规则来加以解决。

1959年12月12日,联合国大会通过第1472号决议,决定设立常设的"和平利用外层空间委员会"(The Committee on the Peaceful Uses of Outer Space, COPUOS,简称外空委员会或外空委)。[①] 联合国大会赋予外空委员会的任务是制定和平利用外层空间的原则和规章,促进各国在和平利用外空领域的合作,研究与探索和利用外空有关的科技问题和可能产生的法律问题。外空委员会遂成为联合国体系内制定外层空间法的主要机构。

为制定和发展外层空间法,外空委员会于1962年成立了法律小组委员会,由外空委全体成员国组成,负责拟订有关外空活动的条约、协定和其他法律文书草案,提交外空委员会和联合国大会审议通过。联合国大会通过的外空条约和协定生效后即成为对缔约国有拘束力的空间法规范。

联合国外空委员会自成立以来已拟定了三项宣言、三套原则和五个有关外空活动的国际公约,均已提交联合国大会审议通过。其中,1963年《外空宣言》和1967年《外空条约》具有里程碑式的重要意义。前者为人类探索和利用外层空间提出了9条应予遵循的基本原则,涉及与外空活动有关的所有重要方面,为日后的外层空间国际立法活动奠定了政策基础。后者以多边公约的形式将《外空宣言》所宣告的政策性原则转化为国际法原则,并对这些原则的内容作了充实和扩大,受到国际社会的较普遍接受,因而常被誉为《外空宪章》。[②] 同时,由于《外空条约》是一个框架性条约,空间

---

① 联合国外空委员会的成员国有过数度扩大,2019年增加至95个,其中包括:阿尔巴尼亚、阿尔及利亚、阿根廷、亚美尼亚、澳大利亚、奥地利、阿塞拜疆、巴林、比利时、白俄罗斯、贝宁、玻利维亚、巴西、保加利亚、布基纳法索、喀麦隆、加拿大、乍得、智利、中国、哥伦比亚、哥斯达黎加、古巴、塞浦路斯、捷克、丹麦、多米尼克、厄瓜多尔、埃及、萨尔瓦多、埃塞俄比亚、芬兰、法国、德国、加纳、希腊、匈牙利、印度、印度尼西亚、伊朗、伊拉克、以色列、意大利、日本、约旦、哈萨克斯坦、肯尼亚、黎巴嫩、利比亚、卢森堡、马来西亚、毛里求斯、墨西哥、蒙古、摩洛哥、荷兰、新西兰、尼加拉瓜、尼日尔、尼日利亚、挪威、阿曼、巴基斯坦、巴拉圭、秘鲁、菲律宾、波兰、葡萄牙、卡塔尔、韩国、罗马尼亚、俄罗斯、卢旺达、沙特阿拉伯、塞内加尔、塞拉利昂、新加坡、斯洛伐克、南非、西班牙、斯里兰卡、苏丹、瑞典、瑞士、叙利亚、泰国、突尼斯、土耳其、阿联酋、英国、美国、乌克兰、乌拉圭、委内瑞拉、越南。参见http://www.unoosa.org/oosa/en/COPUOS/members.html,2023年5月1日访问。

② 2018年10月26日,联合国大会第73/6号决议重申,《外空条约》作为治理外层空间活动的国际法律制度的基石具有重要作用。该条约体现了国际空间法的基本原则,将继续为开展外层空间活动提供不可或缺的框架。参见联合国文件A/73/L.6和A/73/L.6/Add.1。

活动的调整还需要更具体的法律规范,这就为外层空间法的进一步发展提出了新课题。

在《外空条约》通过后的十多年间,联合国又相继制定了 1967 年《营救宇航员、送回宇航员和归还射入外层空间的物体的协定》(Agreement on the Rescue of Astronauts, the Return of Astronauts and Return of Objects Launched into Outer Space, 简称《营救协定》)、1971 年《空间物体造成损害的国际赔偿责任公约》(Convention on International Liability for Damage Caused by Space Objects, 简称《责任公约》)和 1974 年《关于登记射入外层空间物体的公约》(Convention on Registration of Objects Launched into Outer Space, 简称《登记公约》)、1979 年《指导各国在月球和其他天体上活动的协定》(Agreement Governing the Activities of States on the Moon and other Celestial Bodies, 简称《月球协定》), 初步建立起了四项基本的空间法律制度:空间营救制度、损害赔偿制度、空间物体登记制度和探测与利用月球的制度。空间法的发展取得了长足的进展,已形成为现代国际法的一个新分支。①

空间法是建设和谐外空、防止外空武器化和实现外空可持续发展的重要法律保障。任何国家的外空活动都应遵循外空条约的基本原则,依法进行。同时,外空活动的商业化趋势和外空军事化的现实风险要求制定新的外空法律文件。2000 年,在外空法律小组委员会第 39 届会议上,俄罗斯表示,空间科技的迅速发展极大地改变了空间活动和应用的方式和方法,有必要制定一个综合性公约,弥补目前法律框架尚未跟上空间活动发展造成的缺陷。同年举行的外空委员会第 43 届会议上,中国、保加利亚、俄罗斯、希腊、哥伦比亚等国联合提交了一份题为"讨论拟定一项普遍、全面的国际空间法公约的适宜性和可取性"的工作文件②,提议外空委员会自 2001 年起开始讨论拟订一项全面的综合性外空法公约的可行性。这项提议得到了外空委多数成员国的支持,但由于美国等一些西方国家的反对,制定全面空间法公约的努力迄未取得实质进展。

除上述外空条约外,联合国大会还通过了一系列以探索和利用外层空间为主题的原则、宣言和决议,其中包括:1963 年 12 月 13 日的《各国探索和利用外层空间活动的法律原则宣言》(Declaration of Legal Principles Governing the Activities of States in the Exploration and Uses of Outer Space)③,1982 年 12 月 10 日的《各国利用人造地球卫星进行国际直接电视广播所应遵守的原则》(Principles Governing the Use by State of Artificial Earth Satellites for International Direct Television Broadcasting)④,1986 年 12 月 3 日的《关于从外层空间遥感地球的原则》(Principles Relating to Remote Sensing of

---

① 《营救协定》1968 年 12 月 3 日生效,现有缔约国 98 个;《责任公约》1972 年 9 月 1 日生效,现有缔约国 96 个;《登记公约》1976 年 9 月 15 日生效,现有缔约国 69 个;《月球协定》1984 年 7 月 11 日生效,现有缔约国 18 个。中国于 1983 年 12 月加入《外空条约》,并于 1988 年 12 月加入《营救协定》《责任公约》和《登记公约》,详见联合国外空司网,https://www.unoosa.org/oosa/en/COPUOS/members.html,2023 年 5 月 1 日访问。
② 联合国文件 A/AC. 105/L. 228, Add. 1 和 Add. 2。
③ 联合国大会第 1962(XVIII)号决议,1963 年 12 月 13 日。
④ 联合国大会第 37/92 号决议,附件,1982 年 12 月 10 日。

the Earth from Outer Space)①,1992 年 12 月 14 日的《关于在外层空间使用核动力源的原则》(Principles Relevant to the Use of Nuclear Power Sources in Outer Space)②,1996 年 12 月 13 日的《关于开展探索和利用外层空间的国际合作,促进所有国家的福祉和利益,并特别要考虑到发展中国家的需要的宣言》(Declaration on International Cooperation in the Exploration and Use of Outer Space for the Benefit and in the Interest of All States, Taking into Particular Account the Needs of Developing Countries)③和 1999 年 10 月 18 日的《空间千年:关于空间和人的发展的维也纳宣言》(The Space Millennium: Vienna Declaration on Space and Human Development)④,以及 2018 年 10 月 26 日题为《纪念第一次联合国探索及和平利用外层空间会议五十周年:空间作为可持续发展的驱动因素》(Fiftieth Anniversary of the First United Nations Conference on the Exploration and Peaceful Uses of Outer Space: Space as a Driver of Sustainable Development)的联合国大会第 73/6 号决议。该决议核准了 2018 年 6 月 20 日至 21 日在奥地利维也纳举行的"外空会议 +50"高级别会议通过的成果文件。⑤ 上述原则、宣言和决议,虽然在严格意义上不具有法律的拘束力,但作为联合国大会通过的决议,在一定程度上代表了国际社会对特定问题的法律理念,对外层空间法在相关领域的进一步发展具有指导和促进作用,将来有可能在这些原则宣言的基础之上,形成法律原则和规范。

外层空间法在过去六十多年的发展大致经历了两个发展阶段:从 1957 年到 1976 年左右为第一阶段,1976 年至今为第二阶段。与第二阶段相比,外层空间法在第一阶段的发展较为顺利,联合国大会一致通过了《外空宣言》,并先后制定了《外空条约》《营救协定》《责任公约》和《登记公约》等四项公约。包括美俄在内的绝大多数空间国家和许多非空间国家批准或加入了这些条约。在第二阶段,由于国际形势变化等多种原因,外层空间法的国际立法进程相对来说比较缓慢。1979 年缔结了《月球协定》,但缔约国为数不多,包括中国、美国、俄罗斯、英国、法国在内的主要空间国家均未批准或加入。⑥此后,一直未能制定出新的公约或协定,对已有公约和协定也未能作出任何修订。在此背景下,以联合国大会决议形式呈现的"指导原则"和"行为准则"等不具法律拘束力的"软法"开始扮演更重要的作用。大会通过的原则、宣言和决议,暂时在一定程度上填补了相关领域的法律空白。此外,各国间在航天领域缔结的双边条约和非政府组织或实体之间的契约性协议也为规范各国的航天活动提供

---

① 联合国大会第 41/65 号决议,附件,1986 年 12 月 3 日。
② 联合国大会第 47/68 号决议,1992 年 12 月 14 日。
③ 联合国大会第 51/122 号决议,附件,1996 年 12 月 13 日。
④ 联合国 A/CONF.184/6 号文件,1999 年 10 月 18 日。联合国大会 A/RES/54/68 号决议对该宣言予以确认,2000 年 2 月 11 日。
⑤ 参见联合国文件 A/73/L.6/Add.1。
⑥ 截至 2023 年 5 月 1 日,《月球协定》有缔约国 18 个,包括:亚美尼亚、澳大利亚、奥地利、比利时、智利、哈萨克斯坦、科威特、黎巴嫩、墨西哥、摩洛哥、荷兰、巴基斯坦、秘鲁、菲律宾、沙特、土耳其、乌拉圭、委内瑞拉。另有法国、危地马拉、印度、罗马尼亚 4 国签署但未批准。

了有益的补充。

四、外层空间法的性质和特点

外层空间法(law of the outer space),简称"空间法"或"外空法",是调整各国探测和利用外层空间活动的国际法原则和规则的总和,是现代国际法的一个重要分支。为表明这一点,常在简称的空间法前冠以"国际"一词,称为"国际空间法"。

国际空间法调整的是国家间的关系(包括国家与国际组织的关系),规定的是国家的权利和义务。而且对国家有拘束力的国际空间法原则、规则和制度都是由国家通过协议制定的。任何空间条约,除非构成了习惯国际法,对于非缔约国都没有拘束力。这是国际空间法的基本性质,也是国际空间法与国内空间法最本质的区别。

国际空间法的调整对象决定了该法的主体只能是国家以及以国家或政府作为成员的国际空间组织。个人和法人可以是国内空间法的主体,但不能成为国际空间法的主体。国际空间法的实施也主要依靠国家本身。另外,国际空间法的规定大都比较原则,其实施需要国内法作为中介和补充。如《外空条约》第 6 条规定,缔约国非政府实体从事外空活动应由该缔约国批准,并连续加以监督,但条约并没有对缔约国如何实施这一原则作出具体规定,这一任务应由有关国家通过国内立法来完成。因此,为履行本国参加的空间条约的义务,并对本国的非政府实体在外层空间的活动进行政府管理和监督,多数空间国家都制定了相应的国内空间立法,如美国的《国家航空航天法》、俄罗斯的《航天活动法》、英国的《外层空间法》、瑞典的《空间活动法》、德国的《卫星数据安全法》等。各国的国内空间法与国际空间法均有密切的联系。

空间法是在较短时间里形成和发展起来的,现有的五项外空条约构成了空间法的基本框架。空间法所调整或规范的法律问题,许多具有紧迫性,往往需要采取迅速的行动,依靠国际习惯来形成法律准则显然不能满足空间法发展的需要。在这种背景下,制定成文的国际条约就成了空间法的形成与发展的一大特点。同国际法的其他传统部门相比,习惯作为空间法的渊源的作用是有限的,即使在空间法创立的最初阶段也是如此。

空间法的原则和规范在相当程度上需要具有前瞻性。现有的国际空间条约除了对已经发生的法律问题或情况作出规定外,对于在缔约时尚未发生或预计将要发生的问题或情况也作出了原则规定,如 1979 年《月球协定》关于在月球上建立"站所"和开发月球资源的制度和程序的规定。所以,立法先行是空间法的又一个显著特点。

空间法是空间国家与非空间国家、发达国家与发展中国家共同制定的。"协商一致"(consensus)作为联合国外空委员会的一项基本的程序规则,在起草国际空间条约方面起到了十分重要的作用。① 一方面,"协商一致"保证了各国在国际空间立法

---

① 1962 年 3 月,外空委员会决定,本委员会通过所有重要决议,均采取"协商一致"的方式,而不采用多数表决制。见联合国文件 A/AC.105/OR.2,1962 年,第 5 页。

中的平等,保证了国际空间立法的民主性。另一方面,"协商一致"也增加了达成协议的难度,因为只有在所有成员国一致同意的情况下,决议才能获得通过。

发展中国家积极参与了所有五项空间条约和其他空间法律文书的制定,对空间法的形成和发展作出了巨大贡献。空间法的许多基本原则体现了发展中国家的一贯立场,如人类共同利益、和平利用、不得据为己有、共同继承财产、保护空间环境、考虑发展中国家的利益和要求等,从而大大增强了空间法在总体上的进步性。

空间法是国际法的一个发展中的新分支。空间法还很年轻,许多法律问题尚未解决,新的法律问题还在不断产生出来。21世纪将是人类的信息时代,外层空间、空间技术及其应用将愈来愈重要,空间法也将会有更大的发展。

第二节 外层空间法的基本原则和制度

一、外层空间法的基本原则

1963年《外空宣言》包含有各国探索和利用外层空间的活动应予遵循的九条基本原则。1967年《外空条约》补充和发展了这些原则,并以国际公约的形式加以确立,成为各国探索和利用外层空间的共同准则。

《外空条约》规定:"探索和利用外层空间,包括月球和其他天体,应为所有国家谋福利和利益,而不论其经济或科学发展程度如何,这种探索和利用应是全人类的事情"(第1条第1款)。"外层空间,包括月球与其他天体在内,应由各国在平等基础上并按国际法自由探索和利用,不得有任何歧视,天体的所有地区均得自由进入"(第1条第2款)。"外层空间,包括月球与其他天体在内,不得由国家通过提出主权主张,通过使用或占领,或以任何其他方法,据为己有"(第2条)。国际空间法学界将上述三项规定概括为"共同利益原则""自由探索和利用原则"和"不得据为己有原则",并一致认为这三项法律原则是外层空间法最基本的原则,是整个空间法律体系的基石。[①]

此外,《外空条约》还规定:探索和利用外层空间,包括月球和其他天体在内的活动,应按照国际法,包括联合国宪章,并为了维护国际和平与安全及增进国际合作与谅解而进行(第3条)。各缔约国承诺不在环绕地球的轨道上放置任何载有核武器或任何其他种类的大规模毁灭性武器的物体,不在天体装置这种武器,也不以任何其他方式在外层空间设置这种武器(第4条第1款)。所有缔约国应专为和平目的使用月球和其他天体。禁止在天体上建立军事基地、军事设施和工事,试验任何类型的武器和进行军事演习(第4条第2款)。但不禁止为了科学研究或任何其他和平目的而使用军事人员。为和平探索月球与其他天体所必需的任何装备或设备,也不在禁止之列(第4条第2款)。这些规定对外空的军事化利用作出了一些原则性的限制,有学

[①] 参见贺其治:《外层空间法》,法律出版社1992年版,第34页。

者称之为"限制外空军事化原则"。但如何防止外空军备竞赛,实现外层空间的完全非军事化,尚需国际社会持久的艰苦努力。①

《外空条约》还进一步对宇航员作为人类在外层空间的使者的法律地位、国家对其空间活动的国际责任、对空间物体的管辖权和所有权、空间物体的登记、空间环境保护等问题作出了原则规定。

二、外层空间营救制度

外层空间营救制度是空间法的一项重要制度。空间探索和载人航天是具有相当风险的活动,建立完善的外空营救制度对于促进人类探索及和平利用外层空间的事业具有重要的现实意义。现行的外空营救制度的主要内容包括在《外空条约》和《营救协定》之中。前者确立了宇航员的国际法律地位和外空物体的所有权及管辖权,后者使各缔约国承担的营救业务和归还义务具体化。

(一)宇航员的法律地位

宇航员是"人类在外层空间的使者"。《外空条约》第5条规定:"各缔约国应把宇航员视为人类在外层空间的使者。宇航员如遇意外事故、危难或在另一缔约国领土上或公海上紧急降落时,应给予他们一切可能的援助。宇航员降落后,应将他们安全和迅速送回航天器的登记国。在外层空间及天体上活动时,任一缔约国的宇航员应给予其他缔约国的宇航员一切可能的协助。各缔约国如发现在包括月球与其他天体在内的外层空间有对宇航员的生命或健康可能构成危险的任何现象,应立即通知本条约其他缔约国或联合国秘书长。"

宇航员作为"人类的使者"代表的是全人类,而不仅仅是代表其国籍国或航天器的登记国。② 在外层空间和天体进行活动时,任何国家的宇航员应向其他国家的宇航员提供一切可能的援助。同时,宇航员在外空期间应受航天器登记国的管辖和控制。

但无论是《外空条约》还是《营救协定》都没有对宇航员的含义作出解释。这在人类载人航天的初期似不成问题,但随着空间事业的发展,特别是当空间旅游成为现实时③,外空中将出现非职业宇航员的普通乘客,是否将所有进入外层空间的人员均视为"宇航员"和"人类在外层空间的使者",这是一个值得进一步研究的问题。笔者认为,原则上,进入外空的所有人员,无论是否属于职业宇航员,应具有同等的法律地位,即均应被视为"人类在外空的使者",因为空间旅游也是人类探索和利用外层空间事业的一个组成部分,而《营救协定》在规定被营救对象时使用了"宇宙飞船人员"这

---

① 参见贺其治、黄惠康主编:《外层空间法》,青岛出版社2000年版,第196—211页。
② 自1961年人类首次航天飞行以来,截至2018年,已有38个国家的561名宇航员进入过太空,但仅有俄罗斯、美国和中国具有载人航天的能力。多数国家的宇航员是通过俄罗斯或美国的载人飞船或航天飞机进入外空的。目前,欧盟、印度、日本等国正努力争取成为第四个具有载人航天能力的国家。
③ 2001年4月30日,美国商人丹尼斯·蒂托花费2000万美元搭乘俄罗斯联盟号飞船前往国际空间站,成为人类历史上第一位太空游客,南非的马克·沙特尔沃斯紧随其后,由此开启人类太空旅游新时代。已出现一批私营的太空旅游公司。未来的太空旅游将逐步呈现大众化趋势。有报道称,全球已有600人预定了维珍银河商业载人航天公司的太空旅游席位。美国联邦航空航天局已出台了第一部针对太空旅游业务的条例。

一泛称,而非"宇航员"这一专门术语。

(二) 宇航员遇有紧急情况的通知

《营救协定》第1条规定:"每个缔约国获悉或发现宇宙飞船人员在其管辖的区域、在公海、在不属任何国家管辖的其他任何地方,发生意外,处于灾难状态,进行紧急或非预定的降落时,应立即:(1) 通知发射当局;在不能判明发射当局或不能立即将此情况通知发射当局的情况下,应立即用它所拥有的一切适用的通信手段,公开通报这个情况;(2) 通知联合国秘书长,他要立即用他所拥有的一切适用的通信手段,传播这个消息。"

此项通知义务对于缔约国而言具有强制性,"立即"二字的使用表明宇航员发生意外情况的紧迫性和严重性。对于非缔约国,通知只能是出于自愿。此处的"发射当局"系指对本次发射负责的国家或政府间国际组织。

《营救协定》第5条第1款进一步对空间物体返回地球的通知问题作出规定,即每个缔约国获悉或发现空间实体或其组成部分返回地球,并落在它所管辖的区域内、公海或不属任何国家管辖的其他任何地方时,应通知发射当局和联合国秘书长。[①]

(三) 对宇航员的营救和援助

《外空条约》对在紧急情况下援助和营救宇航员作出了原则规定,但未对降落地作出区别。航天员如遇意外事故、危难或在另一缔约国领土上或公海上紧急降落时,各缔约国应给予他们一切可能的协助。

《营救协定》则将宇航员的意外降落地区分为"缔约国管辖的区域"和"不属于任何国家管辖的区域"两种情况,并对缔约国的营救和援助义务作出了不同的规定。宇航员如因意外事故、遇难和紧急的或非预定的降落,降落在任一缔约国管辖的区域内,该国应立即采取一切可能的措施予以营救,并向他们提供一切必要的帮助。[②] 该国还应把它所采取的措施和所取得的结果,通知发射当局和联合国秘书长。如果发射当局的帮助能保证迅速营救,或在很大程度上有助于有效地寻找和营救工作,发射当局应与该缔约国合作,以便有效地实施寻找和营救工作。这项工作应在降落地国的领导和监督下,与发射当局密切磋商进行(第2条)。但如降落在公海或不属任何国家管辖的其他任何地方,如公海和南北极地,只有力所能及的缔约国,并在必要时,才有义务协助寻找和营救,以确保他们迅速得救(第3条)。

上述规定表明,当宇航员意外降落在发射国以外缔约国管辖的区域内时,降落地国对于救助该宇航员有首要的和主要的营救责任,而发射当局则处于次要的和协助

[①] 此处的"空间物体"从字面上理解,系泛指由发射国射入外层空间的所有物体,包括其组件和部件。但在实践中,对于发射过程中所产生的废弃物,如运载火箭的残体,除非对落入国家造成损失,一般是无须进行通知的。

[②] 与1944年《国际民用航空公约》关于缔约国对其境内遇险的航空器的救助义务相比,《营救协定》规定的义务显然要严格得多。前者仅规定"在其认为可行的情况下采取援助措施"。

的地位。这是国际法上的"属地优越权"的具体体现,符合国家主权原则。① 而当宇航员降落在不属任何国家管辖的区域时,情况就有了很大的不同,这时,发射当局应负有首要的和主要的责任,其他缔约国则处于次要的和协助的地位。这是国际法上的"属人优越权"的具体体现。此时,非发射国提供"协助寻找和营救"的义务在很大程度上具有自愿的性质。对于是否属于"必要",以及是否为本国能力所及,由缔约国自己判断。

(四) 归还宇航员和空间物体

《营救协定》第 4 条规定,宇航员如因意外事故、遇难和紧急的或非预定的降落,在任一缔约国管辖的区域内着陆,或在公海、不属于任何国家管辖的其他任何地方被发现,他们的安全应予以保证并立即交还给发射当局的代表。

关于营救和援助宇航员的费用问题,《营救协定》未作明示规定。一般的解释是,有关国家不得就此项费用对发射当局提出偿还要求。这种解释是符合宇航员作为人类派往外层空间的使者的地位的,也是与关于救助海上遇难海员的国际实践相一致的。

关于空间物体的归还问题,《营救协定》第 5 条规定,每个缔约国获悉或发现空间物体或其组成部分返回地球,并落在它所管辖的区域内、公海或不属于任何国家管辖的其他任何地方时,应通知发射当局和联合国秘书长(第 1 款)。若在它管辖的区域内发现空间物体或其组成部分时,应根据发射当局的要求,并如有请求,在该当局的协助下,采取它所认为是切实可行的措施,来保护该空间物体或其组成部分(第 2 款)。空间物体或其组成部分若在发射当局管辖的区域外发现,应在发射当局的要求下归还给该发射当局的代表,或交给这些代表支配。如经请求,这些代表应在物体或其组成部分归还前,提出证明资料(第 3 款)。如果缔约国有理由认为在其管辖的区域内出现的或在其他地方保护着的空间物体或其组织部分,就其性质来说,是危险的和有害的时候,则可通知发射当局在该缔约国的领导和监督下,立即采取有效措施,消除可能造成危害的危险(第 4 款)。缔约国应发射当局的要求,为寻获和归还空间物体或其组成部分所花费的费用,应由发射当局支付(第 5 款)。但是,若不是根据发射当局的请求,而由有关缔约国自行或主动寻获所花费的费用,则不应由发射当局负担。

现行的外层空间营救制度还是不够完备的,例如,对于无人认领的空间物体,或对降落地国造成了损害而发射当局出于某种考虑或原因不愿或拒绝认领的空间物体,缔约国应如何处理?再如,鉴于《营救协定》缔约国数尚未达到普遍的程度,对非缔约国而言,在营救作为"人类在外层空间的使者"的宇航员方面应如何作为?这些问题在现有法律制度中缺乏明确的答案。随着载人航天活动的发展,外层空间营救

---

① 1978 年 1 月,在处理苏联"宇宙—954"号核动力源卫星坠落事件中,苏联政府曾援引《营救协定》第 2 条的规定,要求加拿大政府允许苏联派人参加搜寻和营救行动,以减轻损害,但加方未予同意。后来,在解决赔偿问题时,苏联以此作为降低赔偿总额的一个理由。参见贺其治、黄惠康主编:《外层空间法》,青岛出版社 2000 年版,第 87—88 页。

制度将日益显示其重要性,其规定需要不断加以完善。

三、空间物体损害赔偿制度

空间活动是高风险的活动,因而需要为空间物体造成损害的赔偿责任制定有效的国际规则和程序,特别是要保证及时给予这种损害的受害人充分公正的赔偿。为此,《外空宣言》和《外空条约》确定了各国对本国在外层空间的活动负有国际责任的原则。1972年缔结的《责任公约》据此正式建立了空间物体损害赔偿制度。[①]

(一) 损害赔偿的责任主体

根据《外空条约》和《责任公约》的规定,发射国对其发射的空间物体造成的损害,负有赔偿责任。因此,空间物体的责任主体是发射国,而不论该空间物体的实际所有者是政府还是公司或个人;同样,能在国际法上对空间物体造成的损害提出赔偿要求的也只能是国家,而不是直接遭受损害的个人或法人。发射国不但包括发射空间物体的国家,还包括促使发射空间物体的国家和从其领土上发射空间物体的国家,如A国购买B国制造的卫星,交由C国在D国的发射场发射,所有这些国家对该空间物体造成的损害负有共同的赔偿责任。在政府间国际组织参与发射时,该国际组织应承担发射国的义务。

在有多个发射国的情况下,所有发射国作为一个整体对损害赔偿负有连带责任,同时也负有单独的责任,受害国既可以向某一个发射国提出求偿要求,也可以向所有发射国提出求偿要求。至于各发射国间的责任如何分摊,《责任公约》并未作具体的规定,这需要有关国家协商解决。一般来说,在发射阶段,应由提供发射服务的国家负责,在卫星与运载火箭分离之后的整个运行阶段,由卫星所有人和经营人所属的国家负责。[②] 在实践中,国际商业发射通常引入保险和再保险服务。

上述有关发射国共同责任的规定在相当程度上参照了航空法的有关规定,特别是1952年《关于外国航空器对地面(水面)上的第三方造成损害的公约》(《罗马公约》)有关共同责任的规定。

(二) 损害赔偿的范围

就适用《责任公约》而言,"损害"系指生命丧失、身体受伤或健康的其他损害,国家或自然人、法人的财产,或政府间国际组织的财产受损失或损害。因此,损失可以大致分为两类:一是人员伤亡;二是财产损失。但"损失"是否包括间接损失、对环境的损害以及核损害? 这些问题在法学界一直存在争议,需要在日后的实践中予以解决。[③]

损害发生的地理范围与发射国是否承担责任以及承担何种责任(绝对责任或过

[①] 1982年《责任公约》生效十周年之际,依公约第26条的规定,联合国外空委员会审议了该公约的修订问题,但未向联合国大会作出修订的建议。迄今为止,《责任公约》一直未作任何修订。

[②] 参见贺其治、黄惠康主编:《外层空间法》,青岛出版社2000年版,第74—75页。

[③] 1992年《关于在外层空间使用核动力源的原则》第9条明确规定,发射载有核动力源的空间物体的国家应对此种空间物体或其组成部分造成的损害承担国际赔偿责任。

失责任)有直接的关系。《责任公约》第2条规定,发射国对其空间物体在地球表面,或给飞行中的飞机造成的损害,应负有赔偿的绝对责任;对在地球表面以外的其他地方造成的损害,如对另一发射国的空间物体或其所载人员或财产造成的损害,除飞行中的飞机外,只承担过失赔偿责任。发射国的绝对责任在一定条件下可以减轻或免除(第6条第1款)。

最后,《责任公约》的规定不适用于发射国本国国民和参与发射或应邀观看发射的外国国民。

(三) 求偿的程序

依《责任公约》第9条的规定,遭受损害的国家,或其自然人或法人遭受损害的国家,可向发射国提出赔偿损害的要求。若原籍国未提出赔偿要求,则任何自然人或法人遭受损害的所在地的国家可就所受的损害向发射国提出赔偿要求。若原籍国或在其境内遭受损害的国家,均未提出赔偿要求,或均未通知有意提出赔偿要求,则永久居民的居住国可就该永久居民所受的损害向发射国提出赔偿要求。据此,受害人的原籍国、损害发生地国和永久居住地国均有权向发射国提出赔偿要求,但这三种国家是一种替补的关系,它们不能同时提出赔偿要求,受害人的原籍国具有优先的求偿权。

赔偿损害的要求,应通过外交途径向发射国提出。要求赔偿国若与发射国无外交关系,可请另一国或联合国秘书长代表。在通常情况下,赔偿损害的要求须于损害发生之日起,或判明应负赔偿责任的发射国之日起1年内向发射国提出。

若赔偿要求未能在上述期限内通过外交途径解决,有关各方应于任一方提出请求时,成立求偿委员会以便解决赔偿问题。[①]

(四) 适用的法律及赔偿限额问题

对空间物体造成的损害的赔偿,应适用什么法律,这是损害赔偿制度的一个核心问题。依《责任公约》第12条的规定,发射国根据本公约负责偿付的损害赔偿额,应按国际法和公正合理的原则来确定,以便对损害所作的赔偿,能使提出赔偿要求的自然人或法人、国家或国际组织把损害恢复到未发生前的原有状态。

关于赔偿的限度,国际法上尚无统一的规则,理论上也有较大的分歧。在制定《责任公约》时,对于是否应规定最高赔偿限额的问题,有关国家的观点有所不同。美国主张规定最高限额,如5亿美元,苏联表示可以接受规定一个限额,但大多数国家表示反对。[②] 最终,公约未规定赔偿的最高限额。既然公约未对损害赔偿规定最高限额,赔偿总额应根据实际的损害情况来确定,赔偿额没有上限。值得注意的是,在海事、航空和核能等领域的国际损害赔偿立法中,趋向于制定赔偿的最高限额。

[①] 海牙常设国际仲裁法院依据相关国际协议于2012年设立了一个专门处理与外层空间争议有关的仲裁员小组(Specialized Panel of Arbitrators Established Pursuant to the Optional Rules for Arbitration of Disputes Relating to Outer Space Activities),目前由来自中国、阿根廷、澳大利亚、巴西、智利、多米尼加、以色列、巴拉圭、西班牙等9国的仲裁员组成。

[②] 联合国文件 A/AC.105/C.2/SR.106。

四、空间物体登记制度

空间法上的许多规定是以空间物体的登记国作为适用法律的连接点的。空间物体登记有助于确认射入外空的物体的发射国,还有助于提高各国空间活动的公开性和透明度。随着发射次数及在轨的空间物体的持续增加,建立正式的登记制度开始提上日程。1967年《外空条约》为建立空间物体登记制度奠定了法律基础,1974年《登记公约》建立了强制性的空间物体登记制度。

（一）需要登记的外空物体

就空间物体登记制度而言,"空间物体"（space object）系指所有由发射国射入外层空间的物体,包括空间物体的组成部分以及空间物体的发射载器及其零件。"登记国"是指依照《登记公约》将空间物体登入其登记册的发射国。从理论上说,登记的范围应包括所有的空间物体,无论是正在工作的物体、停止工作的物体以及在发射中解体的物体,都需要进行登记,但实际上,因发射失败而解体的空间物体（多数分解为空间碎片）一般都未予登记。

《登记公约》第2条规定:"凡发射进入或越出地球轨道的空间物体应进行登记。"这就意味着未发射成功的空间物体不必进行登记。短暂地穿越外层空间的物体,如高空探测火箭和弹道导弹,也不必进行登记。

登记属于程序性规则,不登记或不及时登记并不影响发射国的实体权利,即管辖、控制和所有权,只是在需要向其他国家援引此等权利时产生证据上的障碍。

（二）国家登记册

发射国应在国家一级建立登记册,以登记其射入外层空间的物体。每一发射国应将其设置此种登记册的情事通知联合国秘书长。任何空间物体如有两个以上的发射国,各该国应共同决定由其中的哪一国登记该空间物体。根据《外空条约》第8条的规定,应由登记国保有对该空间物体的管辖、控制和所有权。

国家登记册的内容项目和保持登记册的条件由有关的登记国自行决定。

（三）联合国登记册

空间物体登记制度的核心是建立一个由联合国秘书长保存的总登记册,记载并公开各国所提供的空间物体的情报。总登记册应充分公开,听任查阅。这一规定与海洋法和航空法的规定有很大的不同。根据海洋法和航空法的有关规定,船舶和飞机只需在有关国家登记即可,无须进行国际登记,联合国也不保持任何总的登记册。而且,《登记公约》所建立的空间物体的国际登记对于缔约国来说是一项强制性的义务。这是空间法的一个显著特点。

需要进行登记的情报包括:（1）各发射国的国名;（2）空间物体的适当标志或其登记号码;（3）发射的日期和地区或地点;（4）基本的轨道参数;（5）空间物体的一般功能。

就登记时限而言,登记国应"在切实可行的范围内尽速"向联合国秘书长提供上述情报。然而,"尽速"一词具有很大的伸缩性。在实践中,各发射国向联合国秘书长登记空间物体的具体做法也不尽相同。有的采取"一发一登记"的做法,如瑞典,有的采取"一个时期一登记"的做法,如美国和法国。在登记时间上,有关发射国往往在发射后数个月,甚至更长的时间,才向联合国秘书长提供有关情报。

现行的空间物体登记制度还存在一些不够完善之处,在适用过程中也出现了一些新情况。有关审查和修正《登记公约》的问题久已提上外空法律小组委员会的议事日程,但由于修正公约涉及复杂的法律和政治问题,更由于一些空间大国对修正公约可能导致发射国权利义务的变更持谨慎的保留态度,完善空间物体登记制度将是一项长期的任务。①

五、在月球和其他天体上活动的原则

月球作为地球的卫星,是太阳系中离地球最近的星体,是从地球以外的空间观测地球的理想场所,也可为探索火星和更远的天体提供良好条件。月球上还有丰富的矿产资源。人类已实现了登月梦想。建立月球基地、开发月球自然资源将是人类在 21 世纪的下一个宏伟目标。②

当 1969 年 7 月人类初次登月成功后,国际社会立即意识到有必要对月球的法律地位作出明确的规定。1979 年《月球协定》专门就各国在月球和其他天体上活动的原则作出了规定。

(一) 月球应专用于和平目的

《月球协定》的宗旨之一是,"不使月球成为国际冲突的场所"。协定重申了《外空条约》关于和平利用外层空间的原则。月球应供全体缔约国专为和平目的而加以利用。为此,《月球协定》第 3 条规定了四项禁令:(1) 禁止在月球上使用武力或以武力相威胁,或从事任何其他敌对行为或以敌对行为相威胁;(2) 禁止利用月球对地球、月球、宇宙飞行器、宇宙飞行器或人造外空物体中的人员采取任何此类行为或从事任何此类威胁;(3) 禁止在环绕月球的轨道上或飞向或飞绕月球的轨道上,放置载有核武器或任何其他种类的大规模毁灭性武器的物体,或在月球上或月球内放置或使用此类武器;(4) 禁止在月球上建立军事基地、军事装置及防御工事,试验任何种类的武器及举行军事演习。但《月球协定》不禁止为科学研究或为任何其他和平目的而使用军事人员,也不禁止使用为和平探索和利用月球所必要的任何装备或设施。《月球协定》对月球非军事化的规定比《外空条约》更为彻底和严格,因此对于推动整个外空非军事化的进程具有重要的意义。

(二) 国际合作与互助

探索和开发月球是涉及全人类的一项宏伟事业,其成功离不开有效的国际合作和互助。因此,作为一项基本的原则,《月球协定》第 2 条明确规定:月球上的一切活动,应以有利于促进国际合作与相互谅解的方式进行。协定第 4 条第 2 款进一步规

---

① 参见贺其治、黄惠康主编:《外层空间法》,青岛出版社 2000 年版,第 109—113 页。
② 国际宇航科学院:《建立国际月球基地的理由》,载《宇航学报》第 17 卷第 5 期,1988 年英文版,第 463—489 页。

定,按照该协定进行的国际合作,应尽量扩大范围,并可在多边基础上、双边基础上或通过政府间国际组织进行。这一规定使国际合作的原则具体化。未来开发月球的任何计划,包括建立月球基地,均应在国际合作的基础上进行。当然,国际合作的形式可以是多种多样的。目前各国在建立国际空间站方面的合作是其中的一种形式。

国际合作的另一种形式是互通情报。缔约各国应在实际可行的范围内尽量将它们在探索和利用月球方面的活动通知联合国秘书长以及公众和国际科学界。缔约国如获悉并非其本国所发射的空间物体在月球上坠毁、强迫着陆或其他非出自本意的着陆时,应迅速通知发射该物体的缔约国和联合国秘书长。

(三) 科学研究和探索

所有缔约国都享有不受任何种类的歧视,在平等的基础上,并按照国际法的规定在月球上从事科学研究的自由。缔约各国为促进协定各项规定的实施而进行科学研究时,应有权在月球上采集并移走矿物和其他物质的标本。发动采集此类标本的缔约各国可保留其处置权,并可为科学目的而使用这些标本。

各缔约国在遵守《月球协定》有关规定的前提下,可以在月球上降落及从月球发射空间物体,可以将人员、宇宙飞行器、装备、设施、站所和装置放置在月球的表面或表面之下的任何地点。此等人员和物体可以在月球表面或表面之下自由移动。缔约各国还可在月球上建立配置人员及不配置人员的站所。

(四) 月球的环境保护

《月球协定》对保护月球环境给予特别注意。第7条规定,缔约各国在探索和利用月球时,应采取措施,防止月球环境的现有平衡遭到破坏,不论这种破坏是由于在月球环境中导致不利变化,还是由于引入环境外物质使其环境受到有害污染,或由于其他方式而产生。缔约各国也应采取措施防止地球环境由于引入地球外物质或由于其他方式而受到有害影响。缔约各国应就月球上具有特殊科学重要性的地区向其他缔约国和秘书长提出报告,以便在不损害其他缔约国权利的前提下,考虑将这些地区指定为国际科学保护区,并经同联合国各主管机构协商后,对这些地区商定特别保护办法。

(五) 人类共同继承财产和国际开发制度

月球及其自然资源是人类共同继承财产。《月球协定》第4条规定,月球的探索和利用应是全体人类的事情并应为一切国家谋利益,不论其经济或科学发展程度如何。应依照联合国宪章规定,充分注意今世与后代人类的利益,以及提高生活水平与促进经济和社会进步和发展的需要。协定第11条进一步规定,月球及其自然资源均为全体人类的共同财产。月球不得由国家依据主权要求,通过利用或占领,或以任何其他方法据为己有。月球的表面或表面下层或其任何部分或其中的自然资源均不应成为任何国家、政府间或非政府间国际组织、国家组织或非政府实体或任何自然人的财产。在月球表面或表面下层,包括与月球表面或表面下层相连接的构造物在内,安置人员、外空运载器、装备设施、站所和装置,不应视为对月球或其任何领域的表面或表面下层取得所有权。缔约各国有权在平等基础上,按照国际法和本协定的规定探索和利用月球,不得有任何形式的歧视。这些规定是《外空条约》第1条所包含的"共同利益"原则的发展和补充。

贯彻"人类共同继承财产"概念的具体措施是建立月球资源的国际开发制度。当初在拟订《月球协定》时,由于技术条件尚未成熟,人类在短时间内还不可能对月球自然资源进行实际的开发,因而协定只对未来的月球资源国际开发制度作出了一些前瞻性的原则规定。《月球协定》的缔约国承诺:一俟月球自然资源的开发即将可行时,建立指导此种开发的国际制度,其中包括适当程序在内。缔约各国将在实际可行的范围内尽量将它们在月球上发现的任何自然资源通知联合国秘书长以及公众和国际科学界(第11条第5款和第6款)。

拟议建立的国际开发制度的主要宗旨应是,有秩序地和安全地开发月球的自然资源;对这些资源作合理的管理;扩大使用这些资源的机会;所有缔约国应公平分享月球资源所带来的惠益,而且应当对发展中国家的利益和需要,以及各个直接或间接对探索月球作出贡献的国家所作的努力,给予特别的照顾。未来,如何使所有国家公平地分享开发月球自然资源这一"人类共同继承财产"所带来的利益,将是国际社会的一个重大课题。在这方面,1982年《联合国海洋法公约》所建立的国际海底开发制度的有关规定及其实践,具有重要的参考价值。

(六)协商制度与和平解决争端

《月球协定》第15条规定,每一缔约国得查明其他缔约国从事探索和利用月球的活动是否符合该协定的规定。为此目的,在月球上的一切外空运载器、装备、设施、站所和装置应对其他缔约国开放。

第15条还规定,一个缔约国如有理由相信另一缔约国未能履行《月球协定》的义务或妨害其根据协定享有的权利时,可要求与该国举行协商。接获此种要求的缔约国应立即开始协商,不得迟延。如果磋商结果未能导致一项可以互相接受而又适当顾及所有缔约国权利和利益的解决办法,有关各国应采取一切措施,以他们所选择的并且适合争端的情况和性质的其他和平方法解决这项争端。

《月球协定》缔结后,后续的签署、批准或加入情况不甚理想。如前所述,截至2023年5月1日,缔约国只有18个,主要空间国家均未批准或加入,分歧主要集中在未来月球开发制度的相关规定上。1994年,联合国外空委员会在《月球协定》生效十周年之际,根据协定的有关规定,审查了该协定是否需要修订的问题,并决定暂不对《月球协定》加以修订。联合国大会多次呼吁尚未批准或加入《月球协定》的国家参加该协定,以扩大其普遍性。

第三节 关于空间技术及其应用的若干原则

20世纪60年代以来,空间科学技术的发展使得其应用范围不断扩大,卫星国际直接广播、卫星遥感地球、在外层空间使用核动力源先后成为现实,而国际空间立法一时还跟不上空间科技的发展。为填补法律的暂时空白,联合国大会通过了若干套原则,以期对相关的空间活动及其法律问题进行调整或指导。

一、卫星国际直接电视广播的原则

利用人造地球卫星进行电视广播是20世纪60年代以来空间技术的一项重大发展,目前已在世界各国普遍推广应用,并已进入全数字化卫星直播时代。①

卫星国际直接电视广播涉及许多新的法律问题,如尊重国家主权和自由传播消息的关系问题、事先同意问题、国家责任问题等。对于这些问题,有能力进行直接电视广播的西方发达国家和在多数情况下将成为直接电视广播对象国的广大发展中国家之间存在较大分歧。在卫星直播进入实用阶段后,愈来愈多的国家要求制定关于国际直接电视广播的原则,以期最终缔结相应的国际公约,但美国等西方国家表示反对,声称制定关于卫星电视广播的原则违背自由传播消息和交流思想的原则。1982年12月10日第37届联合国大会以107票赞成、13票反对、13票弃权的表决结果通过了阿根廷、巴西等20国提出的《各国利用人造地球卫星进行国际直接电视广播所应遵守的原则》(以下简称《卫星国际直播原则》)②。这是现有的关于卫星国际直接电视广播的一项有指导性意义的国际文书。虽然该套原则不具有法律的拘束力,并遭到了一些西方国家的反对,但对于规范各国在卫星直播电视广播问题上的关系还是具有重要意义的。

(一) 尊重国家主权与自由传播消息

这是一个问题的两个方面,也是发展中国家与西方发达国家之间的主要分歧点。《卫星国际直播原则》原则一规定:利用卫星进行国际直接电视广播活动,不得侵犯各国主权,包括不得违反不干涉原则,并且不得侵犯有关联合国文书所载明的人人有寻求、接受和传递情报和思想的权利。这类活动应促进文化和科学领域情报和知识的自由传播和相互交流,特别是有助于发展中国家的教育、社会和经济的发展,提高所有人民的生活质量并在适当考虑到各国政治和文化完整的情况下提供娱乐。因此,这类活动的进行,应促进所有国家和人民之间的相互了解,加强友好关系与合作,以维护国际和平和安全。可以说,这样的规定既坚持了国家主权原则,又兼顾了传播消息的自由,是较为全面和平衡的。

中国政府于1993年10月5日颁布并于2013年、2018年两次修订的《卫星电视广播地面接收设施管理规定》,将在中国境内接收卫星传送电视节目的地面接收设施的生产、销售、安装和使用纳入了法治的轨道。

(二) 有关国际法的适用

这里主要涉及一国向另一国进行直接电视广播时是否须取得收视国事先同意的

---

① 1945年5月25日,英国科幻作家阿瑟·克拉克(1917—2008)以备忘录的形式向英国星际学会提出了地球同步卫星的设想,并以图文并茂方式说明了地球同步卫星的基本原理。23年后,卫星通信开始成为现实。为纪念他,国际天文学联合会将地球同步轨道命名为"克拉克轨道"。

② 联合国大会第37/92号决议。比利时、丹麦、联邦德国、冰岛、以色列、意大利、日本、卢森堡、荷兰、挪威、西班牙、英国、美国等13国投了反对票。中国投了赞成票。

问题。西方国家认为,只要提及应遵守国际电联相关规定即可,没有必要再制定关于"事先同意"的原则,多数国家则持相反观点。最后通过的原则是折中的产物。原则二规定,利用卫星进行国际直接电视广播活动应遵照国际法,其中包括《联合国宪章》《外空条约》《国际电信公约》及其《无线电规则》的有关规定,以及关于各国间友好关系与合作和关于人权的国际文书的有关规定,主要是1970年《国际法原则宣言》和1948年的《世界人权宣言》。

原则七进一步规定,拟议设立或授权设立国际直接电视广播卫星服务的国家应将此意图立即通知收视国,如后者提出要求,应迅速与之协商。此等服务的设立,还必须符合国际电信联盟的有关规定或安排。

（三）权利平等和国际合作

原则三规定,各国在利用卫星进行国际直接电视广播活动以及授权其管辖范围内的个人和实体从事这种活动方面,权利一律平等。各国和各国人民有权并应当享有这些活动带来的利益。各国可依照有关各方议定的条件,取得这一方面的技术,而不得歧视。这项规定将从事直接电视广播的权利扩展到由国家授权在其管辖范围内的个人和实体。非国家实体和个人经所属国政府授权或批准,也可以从事直接电视广播,并且,权利一律平等。这在一定程度上满足了美国等西方国家的要求。

原则四规定,利用卫星进行国际直接电视广播的活动,应当以国际合作为基础,并应当促进国际合作。这种合作应当得到适当的安排。发展中国家利用卫星进行国际直接电视广播以加速其本国发展的需要应特别得到考虑。国际直接电视广播领域的国际合作的形式、层次和内容可以是多种多样的。政府间的合作可以在双边或多边之间和本区域内进行,也可以在区域间或全球范围内进行。在不妨碍国际法有关规定的条件下,各国应当在双边和多边的基础上进行合作以便缔结适当协定,保障版权和有关权利。所谓"有关权利"系指同版权相近似的权利。合作的项目可以包括培训技术人员、编制和交换节目和进行技术交流等。至于直接电视广播频率以及在地球同步轨道上安放广播卫星的问题,则由国际电信联盟统一安排。

凡利用或授权利用卫星进行国际直接电视广播活动的国家,应当尽量将这些活动的性质通知联合国秘书长。联合国秘书长在接到通知后,应当立即有效地转告联合国各有关专门机构以及公众和国际科学界。

（四）国家责任

这是另一个有较大争论的问题,争论的焦点是广播国是否也应对本国私营机构所从事的国际直接电视广播活动承担国际责任。《卫星国际直播原则》原则六规定,各国对其本身或其管辖范围内所从事的关于利用卫星进行国际直接电视广播的活动,以及对这种活动是否符合电视广播原则,都应承担国际责任。如政府间国际组织使用卫星进行国际直接电视广播,则该组织本身及其参加国都应承担责任。但美英等西方国家对此项原则持强硬的反对立场,拒绝为本国的私营机构和个人的活动承担国际责任。

（五）争议解决

任何可能因为适用本原则所包括的活动而引起的国际争端,应根据《联合国宪章》的规定,通过争端各当事方所同意的、公认的和平解决争端程序来解决。

在某一国际直接电视广播卫星服务范围内的任何广播国或收视国如经同一服务范围内的其他任何广播国或收视国要求协商,应当迅速就其活动同要求国进行协商。协商的问题既可以是技术性的,也可以是非技术性的。就技术问题而言,主要是指消除相互干扰问题。至于非技术性的问题可以包括节目内容和节目交换等。

关于卫星国际直接电视广播的原则是由联合国大多数会员国通过的,代表着大多数国家的法律观点,从而将在这一领域的国际法的形成和发展中产生巨大影响。另外,由于少数国家特别是某些主要的广播国的反对,将联合国大会通过的国际电视直播原则转化为有拘束力的条约仍将是一项艰巨的任务。①

二、卫星遥感地球的原则

卫星遥感是一门新兴的综合性空间技术②,在农业、林业、水利、地质、勘察、海洋、测绘以及环境监测等领域有广泛的应用前景,具有很大的商业价值。

卫星遥感技术的广泛应用在法律上提出了一系列问题,如从事卫星遥感是否须取得被感测国的事先同意？国家对其自然资源的主权是否包括对其自然资源资料的主权？被感测国如何获得有关其领土的遥感数据和资料？遥感国、被感测国和第三国对于取得遥感数据和资料是否不受限制？③ 对于这些问题,具有卫星遥感能力的发达国家和多数情况下作为被感测国的发展中国家之间存在巨大分歧。④

1971 年起,联合国外空委员会及其下属的科技和法律小组委员会开始审议与卫星遥感有关的科技和法律问题,经过 16 年的反复讨论和艰苦努力,于 1986 年就卫星遥感地球原则的案文达成了协商一致。1986 年 12 月 3 日联合国大会一致通过了《关于从外层空间遥感地球的原则》(简称《遥感原则》),整套原则共 15 条,不设标题。⑤

根据《遥感原则》,遥感活动应为所有国家谋福利和利益,不论它们的经济、社会或科学和技术发展程度如何,并应特别考虑到发展中国家的需要(原则二)。这项规定具有重要的现实意义,因为发展中国家如得不到特别照顾,就不可能和发达国家共享卫星遥感带来的利益,也就不可能为遥感产业和市场的进一步发展提供巨大的需求。

各国在进行遥感活动时应遵守国际法,包括《联合国宪章》《外空条约》和国际电信联盟的有关文书,并应尊重所有国家和人民对其财富和自然资源享有完全和永久

---

① 在 1997 年外空法律小组委员会第 36 届会议上,希腊代表团建议将"国际直接电视广播的原则转变为条约"作为新议题列入委员会的议程,委员会同意结合增加新议题问题一并讨论,但迄今一直未达成协议。

② 联合国大会《关于从外层空间遥感地球的原则》对"遥感"(remote sensing)下了如下定义："为了改善自然资源管理、土地利用和环境保护的目的,利用被感测物体所发射、反射或衍射的电磁波的性质从空间感测地球表面。"

③ 1975 年外空法律小组委员会在审议卫星遥感地球的原则议题时,提出了一份需要讨论和解决的八大问题清单。参见联合国文件 A/AC.105/147,附件三,1975 年 3 月 11 日。

④ 参见贺其治、黄惠康主编：《外层空间法》,青岛出版社 2000 年版,第 160—166 页。

⑤ 联合国大会第 41/65 号决议。

主权的原则,同时应适当顾忌其他国家及其管辖下的实体依照国际法享有的权利和利益。尤其是,遥感活动的进行不得损及被感测国家的合法权利和利益(原则三、四)。遥感活动还应促进地球自然环境的保护,促进保护人类免受自然灾害侵袭(原则十、十一)。①

进行遥感活动的国家应促进遥感活动方面的国际合作。为此目的,遥感国应在公平和彼此接受的条件的基础上,向其他国家提供参与的机会(原则五)。参加遥感活动的国家应按照彼此同意的条件向其他有兴趣的国家提供技术援助(原则七)。②联合国及其有关机构也应促进遥感方面的国际合作,包括技术援助和协调(原则八)。从事遥感计划的国家应将有关情况通知联合国秘书长。经任何其他国家请求,特别是受该计划影响的发展中国家的请求,该国还应在切实可行的最大限度内提供任何其他有关资料(原则九)。

为"在最大范围内"享用遥感活动所带来的利益,应鼓励各国通过协定或其他安排,设立和操作数据收集和储存站以及处理和解释设施,尤其是可行时在区域协定或安排的范围内进行(原则六)。

关于发展中国家最为关心的遥感数据的取得问题,《遥感原则》规定,有关被感测国管辖下领土的原始数据和处理过的数据一经制就,该国即得在不受歧视的基础上依照合理费用条件取得这些数据。同样的条件应适用于分析过的资料。在这方面,应特别考虑到发展中国家的需要和利益(原则十二)。这一规定在遥感活动出现商业化经营的情况下,具有十分重要的意义。③

另外,为促进和加强国际合作,尤其是照顾到发展中国家的需要,从外层空间遥感地球的国家经请求应同领土被感测的国家举行协商,以提供参与机会和增进双方由此得到的惠益(原则十三)。这项原则对发展中国家也是重要的。

操作遥感卫星的国家应对其活动承担国际责任,并确保此类活动按照《遥感原则》和国际法规范进行,不论此类活动是由政府实体或非政府实体进行的,还是通过该国所参加的国际组织进行的。此项原则不妨碍国际法关于遥感活动的国家责任的规范的适用(原则十四)。由于现行国际法并没有关于遥感活动的国家责任的明确的规范,在实施这一原则时,有可能产生不同的解释。

《遥感原则》最后规定,这些原则的适用所产生的任何争端应通过既定的和平解决争端程序予以解决。

由于制定卫星遥感的法律原则涉及有关国家的重大政治、经济利益,在审议过程中出现了许多难以解决的问题。联合国大会通过的《遥感原则》实际上是发达国家和

---

① 1999年联合国第三次外空会议通过的《关于空间和人的发展的维也纳宣言》进一步将利用遥感技术和遥感资料作为应对未来全球挑战的战略的核心内容之一。

② 多年来,中国政府通过多种形式向发展中国家提供了技术援助,如免费向周边国家和其他有关国家提供气象卫星资料、召开专题研讨会、培训技术人员、提供奖学金等。

③ 在审议过程中,一些西方国家曾主张分析过的资料涉及知识产权问题,其价格应高于原始资料和处理过的数据。在发展中国家的坚持下,采用了现有的措辞,这对发展中国家较为有利。

发展中国家之间不同利益和意见的妥协和折中的结果。1997年4月,联合国外空法律小组委员会开始审议将《遥感原则》转化为公约的可能性问题,但迄今未取得任何实质性的进展。

三、外空使用核动力源的原则

在外空使用核动力源(nuclear power sources)是一项尖端技术。核动力源由于体积小、寿命长及其他特性,特别适用于甚至必须用于在外层空间的某些任务,但具有一定的安全风险。① 联合国外空委员会及其科技和法律小组委员会自1979年起开始审议核动力源问题,并于1992年拟定了《关于在外层空间使用核动力源的原则》(以下简称《外空使用核动力源原则》),提交联合国大会通过。② 这套原则共11条。

《外空使用核动力源原则》首先规定,涉及在外层空间使用核动力源的活动应按照国际法进行,尤其是《联合国宪章》和《外空条约》,从而确定了国际法的适用性(原则一)。

为尽量减少空间放射性物质的数量和所涉危险,核动力源在外层空间的使用应限于用非核动力源无法合理执行的航天任务。发射载有核动力源的空间物体的国家应力求保护个人、人口和生物圈免受辐射危害。此类空间物体的设计和使用应确保使危害在可预见的操作情况下或事故情况下均低于国际辐射防护委员会界定的可接受水平,并应确保放射性材料不会显著地污染外层空间。应根据深入防范总概念设计、建造和操作安全保障系统(原则三)。

发射国应在发射之前在适当情况下与设计、建造或制造核动力源者合作,确保进行彻底和全面的安全评价。发射国应在每一次发射之前公布安全评价的结果,同时在可行的范围内说明打算进行发射的大约时间,并应通知联合国秘书长,各国如何能够在发射前尽早获得这种安全评价结果(原则四)。

发射载有核动力源的空间物体的任何国家在该空间物体发生故障而产生放射性物质重返地球的危险时,应及时通知有关国家和联合国秘书长。通知的内容应包括系统参数和关于核动力源的放射危险性的资料。资料应尽可能频密地加以更新,以便国际社会了解情况并有充分时间计划必要的应变措施(原则五)。

在接到关于载有核动力源的空间物体及其组件预计将重返地球大气层的通知以后,拥有空间监测和跟踪设施的所有国家均应本着国际合作精神,尽早向联合国秘书长和有关国家提供它们可能拥有的关于载有核动力源的空间物体发生故障的有关情报,以便使可能受到影响的各国能够对情况作估计,并采取必要的预防措施。而在重

---

① 最早在卫星中使用核动力源的是美国,目前也仅有美国和俄罗斯在使用。自从1961年第一颗核动力卫星升空以来,核动力卫星因失事而重返地球的事件时有发生。例如,1964年4月,美国核动力卫星SNAP-GA离开正常运转的轨道重返地球,在印度洋上空烧毁,在高空中放射了17000千居里核燃料铀235。1978年1月,苏联核动力卫星"宇宙—954"号失控,在重返大气层时烧毁,其放射性残片坠落在加拿大境内。这些事件引起了国际社会对在外空使用核动力源问题的严重关切。1989年后原苏联和俄罗斯暂时中止发射核动力卫星。
② 联合国大会第47/68号决议,1992年12月14日。

返地球大气层之后,发射国应根据受影响国家的要求,迅速提供必要的协助,以消除实际的和可能的影响,包括协助查明核动力源撞击地球表面的地点、侦测重返的物质和进行回收或清理活动。除发射国以外的所有拥有有关技术能力的国家及国际组织,均应在可能的情况下,根据受影响国家的要求,提供必要的协助。在提供上述协助时,应考虑发展中国家的特别需要(原则七)。

各国应为本国在外层空间涉及使用核动力源的活动承担国际责任,应保证本国所进行的此类活动符合《外空条约》和《外空使用核动力源原则》中的建议。如果涉及使用核动力源的外层空间活动是由国际组织进行,则应由该国际组织和参加该组织的国家承担此项责任(原则八)。

《外空条约》和《责任公约》关于空间物体损害赔偿责任的规定完全适用于此种空间物体载有核动力源的情况。所作的赔偿还应包括偿还有适当依据的搜索、回收和清理工作的费用,其中包括第三方提供援助的费用(原则九)。

由于执行《外空使用核动力源原则》所引起的任何争端应按照《联合国宪章》的规定,通过谈判或其他既有的和平解决争端程序来解决(原则十)。

《外空使用核动力源原则》应由和平利用外层空间委员会审查和修订,时间不应迟于原则通过后的两年(原则十一)。①

从整套原则来看,总的结构是严谨的,尤其是关于在外空使用核动力源的安全标准,具有严格的科学基础。《外空使用核动力源原则》的通过,是空间法的逐步发展的又一重要进展,对逐步建立和完善在外层空间使用核动力源的法律制度具有重要意义。今后的任务是在条件成熟时,把这些原则转变成为以条约形式反映的法律规范。

第四节 外层空间法的新领域和新发展

自人类进入空间时代以来,空间法在较短的时间里很快发展起来,但是还有许多问题尚待解决,并且,随着空间科技和人类空间活动的不断进展,还将在法律上不断地提出新的问题。可以预见,空间法将继续有较大的发展。

一、国际空间站

(一) 人类已进入空间站的新时代

空间科技的飞速发展使人类面临着如何开发和利用外空资源的重大课题。重返月球,登上火星,探测、研究、开发和利用外空资源已成为21世纪人类空间活动的优先目标,而建立永久性空间站是实现这一目标的必要条件和首要步骤。

1971年4月,苏联发射了世界上第一个空间站——"礼炮1号"。1986年2月,

---

① 1994年以来,联合国外空法律小组委员会每年都对是否修订《外空使用核动力源原则》的问题进行审议,但每次都建议暂不修订。目前各国基本意见是先由科技小组委员会从技术角度提出修订意见,再由法律小组委员会采取行动。

又发射了规模更大、寿命更长的"和平号"空间站。① 1998年1月29日,美国、俄罗斯、日本、加拿大及欧空局11个成员国(比利时、丹麦、法国、德国、意大利、荷兰、挪威、西班牙、瑞典、瑞士和英国)在华盛顿签署协议,决定联合研制国际空间站(International Space Station, ISS)。这是人类在太空领域最大规模的科技合作项目,耗资超过630亿美元。经过十多年的建设,国际空间站于2010年完成建造并投入全面使用,预计运行寿命10—15年,将于2024年前退役。② 与此同时,中国按照"三步走"的载人航天发展战略,开始自主研发自己的空间站——"天宫"。2022年12月31日,国家主席习近平在新年贺词中郑重宣布,"中国空间站全面建成"。在国际空间站退役后,"天宫"将成为世界上唯一在轨运行的空间站。中国政府表示,欢迎各国科学家参与中国空间站的科学实验工作。③

(二) 关于空间站的法律问题

空间站是一种新事物,在法律上提出了许多新问题,需要尽快予以规范。

首先,是"空间站"(space station)的概念问题。目前还缺乏权威性的法律定义,一般指以探测、研究和开发空间为目的的永久性载人和不载人的空间物体群或系统。一个完整的空间站系统通常由空间站主体、空间平台、轨道机动器、地空运输器、地面运输器等几个互相联系的分系统组成。

其次,是适用于空间站的法律。目前尚无专门适用于空间站的国际公约,但空间站属于人类的空间活动确定无疑,因而空间站应适用国际法,其中包括《联合国宪章》和1967年《外空条约》所确立的各项基本原则。这些原则包括:对外空的探测和利用应为所有国家谋利益;各国应有权在平等、不受任何歧视的基础上对外空进行自由的探测、利用和科学考察;各国不得将外空据为己有;保证不在绕地球轨道上放置任何核武器或其他任何类型的大规模毁灭性武器的物体;各国从事外空活动应以合作和互助为准则,并应妥善照顾其他国家的同等权利等。④

最后,多国参与的国际性空间站及其组成部分的登记问题,管辖和控制权问题,损害赔偿问题,知识产权、技术转让及税收问题,空间站的非军事化问题等,也是必须要加以规范的重要法律问题。对于这些问题目前还来不及制定具体的规则。可以考虑,一方面,将现有的空间法的相应原则和规则推广适用于空间站,以解决法律适用的急需;另一方面,应抓紧制定新的原则和规范,来弥补现有空间法的不足。在缔结一般性的国际公约前,由有关国家根据总的原则缔结双边和多边协定,不失为解决问题的一种适当方式。未来,在制定适用于空间站的法律规则方面,作为在相当长的时

---

① "和平号"空间站在轨运行15年,共有俄罗斯等12个国家的135名宇航员在站上工作。1999年8月28日最后一批3名宇航员从"和平号"返回地球。从此,这个20世纪末世界上最大的也是唯一运行的空间站开始进入升空以来第一次无人居住的飞行状态,并于2001年3月20日坠回地球。

② 由于美国等个别西方国家的反对,加上当时我国经济和科技发展水平等原因,中国自始未参与国际空间站的建造和运营。

③ 2019年6月12日,中国载人航天工程办公室和联合国外层空间事务办公室在维也纳联合宣布,17国9个项目入选中国空间站首批科学实验。

④ 参见贺其治、黄惠康主编:《外层空间法》,青岛出版社2000年版,第256—257页。

间内唯一拥有空间站的国家,中国将发挥更加重要和积极的作用。

二、外层空间的商业化利用

(一) 空间活动商业化是空间技术不断发展的必然趋势

20世纪80年代以来,空间科技开始朝着以地球为中心的实用性的方向发展,更多地应用于通信、遥感、对地观测、导航等民用领域,空间应用的商业化程度愈来愈高,私(民)营化开始出现。在研究与开发过程的各个阶段,政府部门正与私营或民营部门以契约为基础建立起伙伴关系。空间商业活动的价值已达数千亿美元,并创造了数以百万计的就业机会。[1]

从事空间商业活动的主体可以大致分为两类:一类是国家和政府间国际组织,另一类是非政府实体,包括公营、私营或合营企业。商业化的领域目前主要集中在卫星通信、广播、遥感、气象、教育、医疗以及商业发射等民用领域,今后将逐步扩展到空间资源开采、空间材料制造、空间旅游等领域。

空间活动的商业化是与空间活动私营化密不可分的。商业化是私(民)营化的前提,在市场经济的条件下,私营化是商业化的必然结果。按照一般的解释,私营化是指将政府拥有和经营的民用空间活动移交给私人企业拥有和经营,或是指私人所创办的民用空间业务。私营企业参与空间商业活动主要是在两个方面:一是为国家的空间计划或项目提供产品或服务;二是直接进行某些空间活动,如卫星制造和出口,从事卫星通信业务等。在空间事业蓬勃发展的形势下,参与空间商业化的私营企业会愈来愈多。[2]

(二) 空间活动商业化和私营化的法律调整

1967年《外空条约》对外空活动是否包括商业性活动未予明示,但空间法学界一般认为,只要符合该条约的规定,空间商业活动应被认为包括在该条约所指的外空活动的范围之内,因此,作为空间法主体的国家和政府间国际组织无疑是可以从事空间商业活动的。

至于私营企业及其他非政府实体参与空间开发和利用,也不存在法律上的障碍。现有的空间条约并不禁止任何非政府实体从事空间活动,只是要求国家的批准和监督,并由国家承担国际责任。因此,私营企业能否从事空间活动以及从事空间活动的范围和条件,主要取决于国内法的规定。就国内法而言,多数空间国家允许私营企业从事空间商业活动,并为此制定了相应的法律法规,其中包括建立了许可证制度,对私营企业从事空间活动进行国家管理和监控。但各国的国内空间法律不应与国际空

---

[1] 据美国航天基金会年度报告,2018年全球商业航天经济规模为2774亿美元。美国自1989年起,共计338个商业航天器被许可发射,24家商业航天公司拥有现行有效的发射许可证,11家商业航天公司拥有现行有效的发射场运营许可证。

[2] 2004年6月21日,美国"太空船一号"进入太空飞行并平安返回地面,人类历史上首次完全由私人企业进行的载人商业航天飞行获得成功。2012年,美国纯民营的太空探索公司SPACE-X成功发射龙号飞船,完成了对国际空间站补给任务,随后美国航空航天局与之签订了约16亿美元的大合同,由太空探索公司负责今后一段时间国际空间站与地面之间的补给。这是空间活动商业化进程中一个标志性事件。

间法的基本原则相抵触。①

空间的商业化利用必须要解决的一个重要法律问题是,国家对私营企业的商业化活动所承担的国际责任,包括损害赔偿责任,以及政府与私营企业在责任问题上的相互关系。

在国际法上,国家不但是其直接从事的空间活动的责任主体,也是本国国民或公司从事的所有空间活动的责任主体。无论从事外空活动的是一国政府、政府机构或该国的非政府实体或私营企业,在对外关系上,责任主体只能是国家。非政府实体所从事的外空商业活动被视为是该实体所属国的活动。同样,非政府实体因从事空间活动而应承担的义务应通过其所属国来履行,如卫星登记、损害赔偿等。《外空条约》一方面容许非政府实体参与外空活动,另一方面要求国家对其管辖的这些实体的一切活动,承担国际责任,并负责保证其活动必须符合《外空条约》的规定。

至于国家与本国非政府实体的关系,在该国内部,是行政上的管辖与被管辖的关系。政府应通过法律法规和行政措施,规范非政府实体的商业行为,保证它们的活动符合本国承担的国际义务,目前最通常的做法是实行许可证制度。在国际层面,是外交上的代表和保护关系。在国际上,非政府实体的空间活动均被视为是该实体所属国的行为,非政府实体因从事空间活动而在空间法上的产生的权利应由政府来代表和保护,应承担的义务也应由政府来履行。在民事责任方面,是代位赔偿关系,为此许多国家建立了强制性保险制度,以保障国家的利益不受损失。

空间活动的商业化还涉及与空间市场有关的法律问题,尤其是空间产品的责任问题和国际市场的公平竞争问题。在空间技术、产品和服务进入国际市场后,各国空间企业间将形成激烈竞争的态势。为规范市场主体的行为,保障消费者的合法权益,并确保在公平基础上开展竞争,就必须为空间商业活动制定一定的规则,必要时还需要进行国际间的协调。

空间活动的商业化和私营化产生了大量的法律问题,需要进行法律调整,但相对说来,空间活动商业化的国际立法还远远落后于空间活动的发展。目前,商业化的空间活动除受现有的空间条约的一般性约束外,主要靠有关国家的国内法加以调整。因此,有必要就空间的商业化活动进行国际立法。

为规范和促进移动设备的资产性融资和租赁交易,建立以保护国际融资者和出租人利益为宗旨的国际法律制度,国际统一私法协会于1992年成立研究小组着手起草公约,并计划拟定三个分别涉及航空器设备、铁路车辆、空间资产的议定书。2001年10月,在南非开普敦召开的外交会议通过了《移动设备国际利益公约》及其《关于航空器设备特定问题的议定书》。② 2012年2月26日至3月9日在德国柏林召开的外交会议通过了《移动设备国际利益公约关于空间资产特定问题的议定书》,并向各国开放签署。截至2020年3月1日,议定书尚未生效。

---

① 美国国会2015年11月通过《商业航天发射竞争力法案》,规定私人实体对获得的外空资源享有所有权。这项法案在国际上引起广泛争议。

② 我国于2008年10月28日批准了《移动设备国际利益公约》及其《关于航空器设备特定问题的议定书》,尚未批准《移动设备国际利益公约关于空间资产特定问题的议定书》。

三、空间环境保护

人类探索和利用外层空间的活动不可避免地会对空间环境造成一定程度的不利影响。空间环境保护问题已引起各国政府和空间法学界的关注。

对空间活动的最大威胁来自"空间碎片"(space debris)或"空间垃圾",包括报废的卫星和其他空间物体,运载火箭的遗弃物以及火箭爆炸或空间物体碰撞后所产生的破碎物。① 随着空间活动的发展,空间轨道上所积累的碎片还将急剧上升,从而增加了空间碎片与空间物体碰撞的可能性和危险性。②

自 1993 年起,联合国外空科技小组委员会一直将空间碎片问题作为一个优先议题列入委员会议程,并于 1999 年通过了《关于空间碎片的技术报告》。③ 联合国第三次外空会议通过的《关于空间和人的发展的维也纳宣言》要求进一步研究和实施各种空间碎片减缓措施,改进对近空和外空环境的保护。

在法律方面,空间法上对保护空间环境已有一些原则性的规定,如《外空条约》规定,各缔约国从事研究和探索外层空间(包括月球和其他天体)时,应避免使其遭受有害的污染,并避免地球以外的物质使地球环境发生不利的变化。如必要,各缔约国应为此目的采取适当的措施。但现有的条约规定尚不够充分、完备,需要进行新的立法予以完善。在联合国外空委员会,已有一些成员国建议将空间碎片问题列入法律小组委员会的议程,但美俄等主要空间大国认为,审议空间碎片的法律问题的时机尚不成熟,应先由科技小组委员会继续从科技方面进行研究。

中国有关部门十分重视空间碎片问题,早在 20 世纪 80 年代就已开始与有关国家联合开展这方面的研究工作。1995 年 6 月,我国以国家航天局的名义加入了"机构间空间碎片协调委员会"(IADC)。2000 年年底,研究制定了"空间碎片行动计划",全面规划了近期我国空间碎片研究的总目标,即初步具备空间碎片观测能力,突破运载火箭和卫星的钝化技术,编制减缓手册,建立空间碎片动态数据库,完成风险评估、预警和机动规避研究,编制防护手册等。经过多年的努力,中国空间碎片研究取得长足进展。2003 年 12 月,中国国家航天局宣布已自主研制出空间碎片初级预警系统。2015 年 6 月 8 日,中国国家航天局空间碎片监测与应用中心在中国科学院国家天文台挂牌成立,标志着我国空间碎片监测、预警、应对突发事件以及国际合作有了实体依托单位,对于保障我国航天器在轨运行安全、维护我国外空发展权益等具有重要意义。中国将继续努力与各国一起探讨和寻求减少、处理空间碎片的途径和方法,推进这一领域的国际合作。

---

① 据美国国家航空航天局公布的数据,外层空间地球轨道中,有大约 11000 块直径大于 10 厘米和几十万块直径小于 10 厘米的碎片。

② 2009 年 2 月 10 日发生了美国 1997 年发射的铱 33 商用通信卫星与俄罗斯已废弃的宇宙 2251 号军用卫星相撞的事件,碰撞产生了大量的碎片,并导致铱 33 星的卫星服务部分中断。这是人类航天史上首次卫星相撞事故,引起了国际社会的高度关注。此前,2005 年 1 月 17 日还曾发生中美火箭残骸太空相撞事件。

③ 联合国文件 A/AC.105/720;联合国出版物:E.99.1.17。

第五节 中国的航天政策和空间立法

一、中国航天政策概述

空间技术作为当代最尖端的高科技之一,不但是综合国力的体现,也是跨越传统发展阶段、加速经济和社会发展的重要手段。中国政府把发展航天事业作为国家整体发展战略的重要组成部分,始终坚持为和平目的探索和利用外层空间。中国政府决定,自2016年起,将每年4月24日(中国第一颗人造地球卫星"东方红一号"发射成功纪念日)设立为"中国航天日",旨在宣传我国和平利用外层空间的一贯宗旨,大力弘扬航天精神,科学普及航天知识,激发全民族探索创新热情,唱响"探索浩瀚宇宙、发展航天事业、建设航天强国"的主旋律,凝聚实现中国梦航天梦的强大力量。

中国航天事业自1956年创建以来,已形成了完整的研究、设计、试制、生产和试验体系,并建立了设备齐全、能发射各类卫星的发射中心和与之相配套的测控网。长征系列运载火箭的技术日趋成熟完善,已具备了发射近地轨道、太阳同步轨道和地球静止轨道卫星的能力。中国自行研制的各类卫星广泛应用于经济、科技、文化和国防建设等各个领域,取得了良好的社会效益和经济效益。中国在卫星回收、一箭多星、低温燃料火箭、捆绑火箭、静止轨道卫星发射与测控等航天技术重要领域已处于国际先进行列,特别是在载人航天领域取得了辉煌成就。2003年10月16日,"神舟"五号载人飞船安然着陆,宇航员杨利伟自主出舱,我国首次载人航天飞行圆满成功。中国成为世界上继俄罗斯和美国之后第三个独立掌握载人航天技术、独立开展空间实验、独立进行出舱活动的国家。2020年6月23日,第55颗北斗导航卫星成功发射,中国自主建设、独立运行的卫星导航系统全面建成,将为全球用户提供全天候、全天时、高精度的定位、导航和授时服务。2023年5月17日,第56颗北斗导航卫星又发射成功。这颗卫星属地球静止轨道卫星,是北斗导航系统的首颗备份卫星,将增强系统的可用性和稳健性。未来,北斗卫星导航系统的国际应用空间将不断扩展。目前,全球范围内已有137个国家与北斗卫星导航系统签订了合作协议。中国航天事业正在向深空拓展。①

探索和利用外层空间的最终目的是改善全人类的生存和发展空间,提高生活质量。因此,探索和利用外层空间应专用于和平目的,并为全人类的福利和利益服务。中国政府主张,探索和利用外层空间,应按照包括《联合国宪章》在内的国际法,在和平利用、平等互利、自由竞争、共同发展的原则基础上进行;应加强和增进和平利用外层空间的国际合作,充分发挥联合国特别是联合国外空委员会在制定国际空间法、健全外层空间法律秩序方面的作用。

中国政府十分重视国际空间合作,主张在平等互利、取长补短、共同发展的基础

---

① 详见国务院新闻办:《2016中国的航天》白皮书,2016年12月27日。

上,增进和加强外空领域的国际合作。中国既重视与空间科技发达的国家的合作,也重视与发展中国家的合作。为此中国与许多国家缔结了政府间空间合作协定,中国航天工业界与世界上几十个国家建立了空间技术和贸易合作关系,在卫星制造、卫星发射、载人航天、空间技术应用等多个方面开展了卓有成效的双边和多边合作。

1980年11月3日,中国正式成为联合国外空委员会成员。此后,中国参加了历届外空委员会及其下属的科技和法律小组委员会会议。中国还派代表团出席了1982年和1999年召开的联合国第二次和第三次外空大会以及2018年联合国纪念外空会议50周年高级别会议。中国分别于1983年12月加入了《外空条约》,于1988年12月加入了《营救协定》《责任公约》和《登记公约》。

二、中国的空间立法

各空间国家都十分重视本国的空间立法工作,如美国于1958年、法国于1961年、日本于1969年、英国于1986年、加拿大于1992年、乌克兰于1992年、俄罗斯于1993年,先后制定了本国的空间法律。近年来,又有南非、韩国、印度尼西亚、匈牙利、芬兰等一些国家颁布了空间方面的国内法。

中国高度重视空间活动的法治建设,已形成了包括民用航天发射管理、空间物体登记管理、空间碎片减缓与防护管理等在内的法律体系,制定综合性的航天法也已列入国家立法计划。

2001年2月8日,原国防科学技术工业委员会和外交部以国防科工委、外交部第6号令的形式发布了《空间物体登记管理办法》,主要规定了空间物体的国内、国际登记管理工作的具体事宜,并规定建立和保存空间物体国家登记册。

2002年11月21日,原国防科学技术工业委员会以第12号令的形式发布了《民用航天发射项目许可证管理暂行办法》,建立了民用航天发射项目许可证管理制度。暂行办法规定,在中国从事民用航天发射项目的自然人、法人或其他组织,必须取得民用航天发射项目许可证,方可从事民用航天发射项目。

根据规划,下一步,中国将加快推进以航天法立法为核心的法治航天建设,适时出台中华人民共和国航天法,并研究制定空间数据与应用管理条例、宇航产品与技术出口管理条例等法规,完善航天发射项目许可管理、空间物体登记管理、科研生产许可管理等法规,依法指导和规范各类航天活动,为航天强国建设提供有力法制保障。

参考书目

[1] 贺其治:《外层空间法》,法律出版社1992年版。

[2] 贺其治、黄惠康主编:《外层空间法》,青岛出版社2000年版。

[3] 〔波兰〕曼弗莱特·拉克斯:《外层空间法——当代立法的经验》,郑衍杓等译,上海社会科学院出版社1990年版。

[4] 〔美〕Stephen Gorove, *United States Space Law, National and International Regulation*, Oceana Publications, Inc., New York, 1985.

[5] 〔荷兰〕Diederriks Verschoor, *An Introduction to Space Law*, Kluwer Law and Taxation Publishers, Deventer-Boston, 1993.

第八章 国际环境法

第一节 国际环境法概述

一、国际环境问题

(一) 国际环境问题的概念

国际环境问题,是指由于人类在长期的生产、生活活动过程中因不当利用自然资源、向环境大量排放污染物而造成越境污染损害、全球性自然资源与生物多样性破坏,从而导致整个地球环境发生不利于生态系统和人类生存的改变等现象。

按照国际环境问题的来源,可以将其大体分为三类:

第一类是由于国内(地区)的环境污染物随环境的正常循环流动扩大或因废弃物越境转移等而导致他国环境损害的现象。如越境的大气污染、酸雨或水污染问题。这类环境问题的表现形式主要是区域性的。

第二类是由于大规模开发自然资源活动带来的对地球生态系统的破坏。如因木材贸易而对湿地、热带雨林的过度开发等造成的沙漠化以及气候变化等。这类环境问题既有区域性的、又有全球性的。

第三类是由于过去几个世纪人类的长期开发自然资源、排放污染物行为所积累产生的困扰人类生存的全球环境改变。如气候变化、臭氧层耗竭以及生物多样性破坏等问题。由于这类环境问题的表现形式主要是全球性的,所以又将它们称为"全球环境问题"。

(二) 国际环境问题的成因

既然环境问题的产生和发展经历了几个世纪,并且它的范围和程度也在不断扩大和加深,那么为什么日益文明的人类没有及早采取有效的对策和措施去遏制环境问题的恶化呢?

国际环境问题的产生和发展有着深刻和复杂的政治、经济、社会与历史背景。在环境问题的演进中,虽然自然环境及其要素自身的改变在一定程度上也可能导致环境状况的恶化,但是人类发展的事实证明,大多数环境问题是由人为因素引起的。世界各国政治、经济学家认为,当决定使用资源的决策人物忽视或低估环境破坏给社会造成的代价时就会出现环境退化问题。其原因主要可以归结于如下几个方面:

1. **市场的失灵**

市场失灵是指市场不能正确估计和分配环境资源,从而导致商品和劳务的价格不能完全反映它们的环境成本。①

市场失灵主要反映在以下几个方面：

第一，环境的成本外部化。这是指产品消费的环境成本由他人承担而又未通过市场得到补偿。由于很难区分和履行对环境（如大气质量）的所有权及其使用权，所以不存在环境（质量）的市场，而产品的价格就不能体现污染物的有害影响，结果导致大量的污染。

第二，对生态系统估值不当。在环境的总体经济价值②中，环境资产的直接使用价值最容易定量化，它等于由资产提供的实际产品和劳务。一种资源的某些用途（如热带雨林）能够出售，而其他用途（如热带雨林对流域的保护）却不能。因此导致资源的不能出售的那部分用途被忽视，从而导致资源过度被利用。

第三，产权界定不清。对资源的开放管理方式会促使它们可为任何人开发利用（如对巴西亚马孙河流域热带雨林的开发等），而资源的环境效应并不能被使用者所认识，结果导致资源的破坏。在一国范围内因环境资产缺少产权而造成的环境与资源的退化，可能破坏相邻国家的生态系统；一个国家在作出资源使用决策时，更容易忽视它对全球环境的效益与成本。

2. 政策的失误

当政府的干预政策不能纠正甚至反而造成或者加剧市场失灵时，就会发生政策干预失灵。在许多场合，政府看似合理的行动有时是鼓励低效能的，而这些低效能反过来又会引起环境的毁坏。例如，对农业的能源投入和对伐木和开发牧场实行补贴、公共部门排污不承担责任、按补贴的价格提供一些公共服务（如电、水和卫生设施）以及公共土地和森林的低效能管理等。

此外，在国际贸易中，关税和非关税壁垒也是政策干预失灵的组成部分，它们也会加剧已有的市场失灵和环境政策干预失灵。③

3. 科学不确定性

科学不确定性是指即使依靠现有科学技术也不能就某一行为可能造成未来的不良影响得出明确和确定结论的现象。现实中如果某一行为对环境造成不良影响还存在着科学不确定性因素的话，就会导致决策风险的提高，并影响到成本——收益分析结果的可靠性。于是便会形成所谓"决策于未知之中"④的情形。

科学不确定性因素会促使人们、特别是经济功利主义者忽视对环境利益的考虑。如果加上当前随着经济利益的驱使以及对行为所致环境问题没有充分证据的支持，更容易造成决策者为求当前的经济利益而忽视长远的环境利益。由于过去一直沿用使用与配置自然资源的经济学理论与方法，因而造成了许多不可恢复的自然资源破坏和环境损害，并造成由上一代人作决策、而由下一代人承担不良后果的局面。事实

---

① 经济合作与发展组织编：《贸易的环境影响》，丁崇宇等译，中国环境科学出版社1996年版，第3页。
② 经济学家认为，环境的总体经济价值包括直接使用价值、间接使用价值、存在价值和选择价值。
③ 经济合作与发展组织编：《贸易的环境影响》，丁崇宇等译，中国环境科学出版社1996年版，第3—7页。
④ 叶俊荣：《环境政策与法律》，台湾月旦出版公司1993年版，第87页。

证明,当今全球环境问题是由于人类在过去几个世纪中为谋求社会经济的发展、大量开发利用自然资源、大量向环境排放污染物积累所致。

4. 国际贸易的影响

贸易与环境问题的联系,是20世纪后期国际社会讨论得比较热烈的话题,也是世界贸易组织目前面对的一个重要课题。在全球经济一体化的进程中,贸易与环境的矛盾日益突出,哪一方面得到发展都必然会对另一方面产生危害:环境控制越严、就越会妨碍自由贸易。反之,自由贸易越发达、环境污染和自然破坏就会越严重。

经济学家研究认为,对环境能够产生不良影响的国际贸易活动主要表现在三方面:

首先,是涉及对环境影响的商品交易。具有代表性的事例,一是从发达国家或地区流向发展中国家或地区的有害废弃物交易活动,二是濒危野生动植物的国际贸易。在有害废弃物贸易方面,据经济合作与发展组织(Organization for Economic Co-aperation and Development, OECD)的统计资料表明,在人口仅占世界总数15%的该组织24个成员国,所产生的有害废弃物约占世界总量的77%,其中有10%以上通过贸易流向了发展中国家。在濒危野生动植物的国际贸易方面,由于稀有野生动植物本身的经济价值,使得国际上一些不法之徒纷纷将目光投向野生动植物物种繁多,但制度不严、管理不善的发展中国家,从而导致许多野生动植物物种的灭绝,使世界生物多样性受到破坏。

其次,是能够引起环境问题的贸易活动。这类贸易活动主要包括热带木材贸易、水产品类贸易等,其特点在于,它们都属于因国际贸易而导致自然资源的过度开发和利用从而导致环境的破坏。

最后,是因国际投资带来的环境影响。这类贸易活动主要包括发达国家对外(对发展中国家)进行的投资活动。其特点在于利用发展中国家劳动力成本低且制定的环境标准不严甚至过于宽松,而将污染企业或落后的生产技术投入这些国家,从而导致"污染转嫁"。

在国际环境问题的对策方面,出于没有一个制定并实施适当政策的权威机构,以及在解决上必须顾及平衡不同国家在利益得失方面的巨大差异等原因,解决国际环境问题也要比解决国内环境问题显得更为复杂。

二、国际环境法的定义和特征

国际环境法(international environmental law),是指国家间制定的以区域或全球环境与生态保护为目的的国际法规范的总称。国际环境法主要以条约、协定与习惯法等规则的形式存在并得以适用和执行。

纵观现代国际环境保护条约或协定的规定,可以看出国际环境法具有如下特征:

第一,调整范围的全球性。由于国际环境问题的发展最终将影响到整个地球生态系统的改变,其结果与地球上人类的生存紧密相连。因此在调整范围上,国际环境法已经不同于传统国际法单纯以国家、国家间行为为主要对象,并且在时间和空间上也跨越或突破了国土、疆界和主权的范围,将保护对象逐步扩大到地球生态系统和全人类共同利益的各个方面。

第二,调整方法的综合性。由于国际环境问题的出现和不断发展,使得原来的多边或双边国际关系变得错综复杂,需要用一些新的原则来重新确立和调整这些发展、变化了的新的国际关系。目前,国际环境法不仅涉及传统国际法的各个领域,还涉及国际私法、国际经济法和各国国内法,从而需要综合的调整方法和手段。

第三,法律理念的生态性。传统的法律理念是以人类利益为中心,以个人利益和国家利益为本位的。而在国际环境法的价值理念方面则突出了以生态利益为中心,强调保护整个地球的生物圈和世代人类的共同利益。目的在于谋求人类社会、经济的可持续发展(Sustainable Development)。

第四,法律规范的技术性。国际环境法的一个重要标志,就是法律规范的科学技术性。这一方面表现在国际环境法必须运用现代科学技术知识和自然科学原理作为立法的指导原则,另一方面还表现为国际环境法在具体内容上广泛运用了技术性规范。

三、国际环境法的产生与发展

国际环境法的产生与发展主要可以分为20世纪初到1972年斯德哥尔摩会议时期、1972年斯德哥尔摩会议到1992年里约会议时期、1992年里约会议到2012年联合国可持续发展大会以及2012年联合国可持续发展大会至今等四个阶段。

(一)20世纪初到1972年斯德哥尔摩会议

在国际社会,早期被关注的环境问题主要围绕资源保护和开发、越境污染和跨界水资源的利用。比如早在1900年制定的多边环境保护条约《保存非洲野生动物、候鸟和鱼类公约》(London Convention for on the Protection of Wild Animals, Birds and Fish in Africa)。国际环境法历史上第一起著名的越境环境污染责任案件则是发生在20世纪30年代的特雷尔冶炼厂事件(The Trail Smelter Case)。另外,在一些国家签署的有关边界河流的协定中还专门规定了防止水污染的条款。比如1909年的《美国英国边界水域条约》(United States-United Kingdom Boundary Waters Treaty)。

这一时期的国际环境条约牵涉的国际环境议题比较分散,在内容上主要确立了一些应对性临时措施。然而,由于这一时期的国际环境司法实践为日后国际环境法的发展确立了一些可资遵循与借鉴的原则与方法,因此一般将这一时期称为国际环境法的萌芽时期。

从20世纪50年代起,随着国际经济和贸易的发展以及规模的扩大,各国的环境保护措施也由于人类活动范围的扩大而扩及领土以外的地区,诸如公海、外层空间和南极等地。而最突出的国际环境问题表现在由于海洋石油运输导致的海洋石油污染方面。为了防止海上油污,1954年,以西方发达国家为主,在伦敦签署了《国际防止海上油污公约》(International Convention for the Prevention of Pollution of the Sea by Oil)。

20世纪60年代,环境污染使发达国家一方面面临着强大的由国内民众反对污染呼声带来的压力,另一方面又面临着因不合理开发利用资源与能源所带来的危机与矛盾。同时,科学研究的结果也表明科技发达的副作用以及不合理地开发利用自然资源将导致人类生存空间的毁灭。1968年联合国大会以"人类环境问题"为论题就环境问题的发展及对环境污染的国际控制作了一般性讨论。大会一致认为,国际社会应当立即采取措施保护全球环境,以避免全球性的生态灾难并决定于1972年举行联合国人类环境会议(United Nations Conference on the Human Environment)。

1972年6月5日至16日,共有113个国家和所有重要国际组织的代表及400多个非政府国际组织派出的观察员参加在瑞典首都斯德哥尔摩举行的联合国人类环境会议(简称斯德哥尔摩会议)。该会议被认为是国际环境法的一个重要标志。会议通过了《联合国人类环境会议宣言》(Declaration of the United Nations Conference on the Human Environment, Stockholm Declaration)(以下简称《斯德哥尔摩宣言》)、《人类环境行动计划》(Action Plan for the Human Environment)等重要的国际环境文件。大会的刊行物《只有一个地球》(Only one Earth)被译为多种文字,其中的多数观点得到了世界各国的认可。此外,本次会议还建议联合国成立一个专门协调和处理环境事务的机构,因而促成了联合国环境规划署(United Nations Environment Programme, UNEP)于1972年12月成立。

其中,《斯德哥尔摩宣言》虽然不具有法律拘束力,属于"软法"的范畴,但是由于它反映了国际社会的共同信念,因此对国际环境法的发展产生了深远的影响。其中某些原则和规则后来成为国际环境条约中具有拘束力的原则和规则。在此之后,区域性和国际环境立法开始蓬勃发展。

(二) 1972年斯德哥尔摩会议到1992年里约会议

从1972年斯德哥尔摩会议之后到1992年里约会议的二十年间,全球经济增量集中在发达国家,同时,地球人口增加了17亿,大量森林消失,沙漠化急速增加。传统的国际环境恶化问题尚未解决,又产生了新的国际环境问题,如臭氧层空洞和全球气候变化,这些问题均非单一国家之力能解决。

这一时期的国际环境立法具有如下三个特点[①]:

第一,国际环境条约和协定的数量迅速增加。受《斯德哥尔摩宣言》的影响,这个时期所制定条约的内容涉及世界文化和自然遗产的保护、防止倾倒废物致海洋污染、濒危野生动植物物种国际贸易、防止船舶污染海洋、防止陆源污染物污染海洋、养护野生动物与迁徙物种、控制长程越界空气污染以及外层空间等各个领域。

第二,将国家环境保护权利和义务的内容予以具体化。主要表现在国际机构经常在各种场合强调环境保护的一般原则,极大地推动了将环境保护的法律原则转化为条约和习惯法的进程。例如,OECD于1971年成立了环境委员会(Environment Policy Committee, EPOC),并在该组织内采纳了环境指针原则、环境政策宣言、污染者

---

① 参见日本地球环境法研究会编:《地球环境条约集》,日本中央法规出版株式会社1999年版,第3页。

负担原则、越境污染原则等。联合国环境规划署(UNEP)管理理事会则自成立以来不断组织法律专家就特定的环境问题进行专题研究并发表报告,并作出了一系列环境保护决定。

第三,萌发了20世纪80年代的主要国际环境法课题。可以说,这一时期国际环境法的发展主要是确立国际环境保护的法律原则与制度措施。然而在此基础上,新的环境与发展关系的问题还在逐步呈现。例如,以欧洲为中心发生的越境污染问题,以及如何对待发展中国家对发展的特殊要求(发展权)和发展中国家广泛参与国际环境保护等问题都成为20世纪80年代以后国际环境法研究和发展的新课题。

20世纪80年代中叶以后,环境问题作为全球共同关心的问题越来越受到国际社会的重视。到1992年之前又有一系列的环境条约得以签订,国际环境保护组织迅速增加,国际司法实践也有了进一步的发展,国际环境法的框架基本形成。1992年,联合国在巴西里约热内卢召开了联合国环境与发展大会(United Nations Conference on Environment and Development),中心议题是环境和可持续发展。该会议也称为"地球首脑会议"(Earth Summit)或里约会议,共取得了三项成果:一是通过了《21世纪议程》(Agenda 21)——涉及环境与发展行动的各个环节;二是通过了《里约环境与发展宣言》(Rio Declaration on Environment and Development, Rio Declaration,下称《里约宣言》)并确立了27项原则;三是签署了《气候变化框架公约》(Framework Convention on Climate Change)、《生物多样性公约》(Convention on Biological Diversity)以及《关于森林问题的原则声明》(Statement of Forest Principles)。

其中,《里约宣言》是确立国家间在环境与发展领域进行国际合作原则的重要文件,它具有如下特点:第一,重申了《斯德哥尔摩宣言》的各项重要原则,确认和发展了国际环境法的一些基本原则,如预防原则、污染者负担原则等;第二,对于执行国际环境标准的程序措施及公众参与的权利也作出了明确的规定。此外,该宣言在处理消除贫困、谋求发展与环境的关系,环境保护与自由贸易的关系以及有关环境损害赔偿方面都有较大的突破和发展。

虽然该宣言不具有严格的法律拘束力,但它对国际环境法的发展有着不容忽视的贡献。它的许多原则已被条约法所肯定,有些原则促进了国际习惯法的发展,并为国际法的未来发展提供了方向。

联合国环境与发展大会以后,世界各国都把实施可持续发展战略作为国家的一项根本任务并制定了环境与发展的政策或规划,许多国际组织也将环境保护纳入自己的领域。例如,世贸组织、国际法院等国际机构也设立了相应的机构以处理未来日益增多的环境事务,并且专门性环境保护国际组织也将重点放在国际环境法的实施上。此外,这次大会还推动了各国国内环境法的发展以及在国际环境"软法"指导下的趋同化。

(三) 1992年里约会议到2012年联合国可持续发展大会

进入20世纪90年代以后,国际环境法的重点主要转换到建立健全完善的国际监督、检查组织机制,以指导、协助缔约方履行国际环境条约。但是,由于人类社会近几百年发展所形成的传统消费观念和模式在发达国家还难以彻底转变,发展中国家经济增长与环境保护的对立问题还继续存在。另外,发达国家之间、发达国家与发展中国家之间以及发展中国家之间的各种政治、经济利益的交错,使得国际环境法难以在国家层面上全面展开执行。2002 年在约翰内斯堡举行的可持续发展问题世界首脑会议(World Summit on Sustainable Development, WSSD)就证明了这一点。该会议通过了《约翰内斯堡可持续发展宣言》(Johannesburg Declaration on Sustainable Development)以及《可持续发展问题世界首脑会议的执行计划》(WSSD Plan of Implementation),承诺世界各国将致力于可持续发展,不过没有提出可执行的具体行动。

直到里约会议 20 年后,世界各国领导人再次聚集在里约热内卢才取得积极成果。2012 年,联合国可持续发展大会(United Nations Conference on Sustainable Development, Rio+20)由三个目标和两个主题构成。第一个目标是重拾各国对可持续发展的承诺,第二个目标是找出目前在实现可持续发展过程中取得的成就与面临的不足,第三个目标是继续面对不断出现的各类挑战。大会集中讨论了两个主题:绿色经济在可持续发展和消除贫困方面的作用,以及可持续发展的体制框架。大会最终通过了题为《我们希望的未来》的成果的文件。最终文件重申了"共同但有区别的责任"(common but differentiated responsibilities)原则并鼓励各国根据不同国情和发展阶段实施绿色经济政策。大会还决定建立可持续发展问题高级别政治论坛(UN High-level Political Forum on Sustainable Development, HLPF),取代联合国可持续发展委员会。

(四) 2012 年联合国可持续发展大会至今

2012 年,在联合国环境署(UNEP)的领导下,为了更好地应对全球环境挑战,成立了联合国环境大会(United Nations Environment Assembly, UNEA),取代了之前的理事会(Governing Council)。联合国环境大会作为全球最高级别的环境决策机构,被誉为环境保护的"全球议会",承担着推动全球环境议程的重要角色。联合国环境大会的核心职责包括审议全球环境问题、制定环境政策、采取具体行动、促进环境法律和政策的制定与执行,以及提供环境保护的领导和指导。每两年举行一次的联合国环境大会吸引了来自联合国会员国的高级别代表,包括政府首脑、环境部长、科学家、企业界代表和民间社会组织代表。在大会期间,各国就全球环境议题展开深入讨论和协商,并通过决议和行动计划来推动环境保护的实施。通过联合国环境大会,各国得以共同研究和解决全球性环境问题,如气候变化、生物多样性丧失、土地退化、水资源匮乏等。大会还提供了一个平台,促进各国之间的经验分享、最佳实践交流和技术合作,以加强全球环境治理的能力和效果。联合国环境大会的决策和行动对于实现可持续发展目标和建立更为绿色、清洁和健康的环境具有重要意义。它与联合国环境署一起发挥着关键作用,确保全球环境法律和政策得到落实,并推动各国共同努力,为下一代创造更可持续的未来。

2015 年,联合国可持续发展峰会通过了具有里程碑意义的《2030 年可持续发展议程》,其中包括17项可持续发展目标和169个具体目标。这一综合性和转型性议程旨在应对当前全球面临的重要问题,如贫困、不平等和气候变化。可持续发展目标的通过标志着国际环境法的发展迈出了重要一步,指引着朝着更可持续、更公正的世界迈进。

在之后的几年里,联合国环境大会(UNEA)发挥了重要作用,涉及不同领域的全球环境治理。特别是面对气候变化、自然环境和生物多样性丧失、污染和废弃物这三重地球危机,联合国环境大会采取了一系列决议来应对这些全球性挑战。例如,2022年,联合国环境大会通过了题为《终结塑料污染:迈向国际法律约束工具》的第5/14号决议,呼吁制定一项关于塑料污染的国际法律约束工具,包括海洋环境在内。此外,联合国环境大会还推动了基于自然的解决方案,支持可持续基础设施发展,并提倡化学品和废物的健康管理。这些决议体现了各国对环境保护和可持续发展的共同承诺,为全球合作提供了框架,并推动了国际环境法的制定与实施。经过多年的发展,国际社会在国际环境法的建立方面取得了重要进展,致力于应对各种环境挑战,为实现可持续发展铺平道路。

四、国际环境法的主要渊源

国际环境法的主要渊源包括国际环境条约、国际环境习惯等。

(一) 国际环境条约

国际环境条约(International Environmental Treaties)是国际环境法的主要渊源,包括双边、多边的条约或协定。目前国际环境条约已经涵盖了大气、水、海洋、生物资源、极地、世界文化和自然遗产、有害废弃物处理以及有毒化学品和放射性污染等国际环境保护的各个领域。

20世纪80年代以来,国际环境条约有一个明显的发展倾向,就是不断朝着"框架公约"(framework convention)的方向演变。由于全球环境状况不断恶化,保护环境和实现社会、经济的可持续发展是世界各国所共同追求的目标,为此国际社会必须携手实施保护全球环境的对策。然而,许多国家出于自身的发展需要以及从国内的法律与政策调整、政治和经济利益等方面考虑,不愿意承诺某些具体的环境义务,更不希望以牺牲本国的政治、经济利益为代价来参与环境保护国际合作和履行环境保护的国际义务。

在这种制定国际环境条约虽非常必要,但条约又不可能对其所要调整的各种国际关系全面、完整地予以表述的条件下,就出现了条约只对有关环境保护的目标原则作出规定,而具体的权利义务事项则留待于缔约方事后通过议定书或附件等形式来明确的环境保护"框架公约"。这种方式通常被称为"框架公约+议定书+附件"模式。例如,在国际合作保护臭氧层方面,1985年制定了《保护臭氧层维也纳公约》(Vienna Convention for the Protection of the Ozone Layer),之后在1987年又签署了《关于消耗臭氧层物质的蒙特利尔议定书》(Montreal Protocol on Substances that Deplete the Ozone Layer)及其附件等。

(二) 国际环境习惯

国际环境习惯是指由重复实践形成的一种具有法律约束力的行为规则。虽然国际环境习惯作为国际环境法的主要渊源次于国际环境条约,但现行国际环境法的许多原则却是习惯的产物。例如,联合国《斯德哥尔摩宣言》(Stockholm Declaration)和《里约宣言》(Rio Declaration)所确立的诸多原则,如"不得损害其他国家或在国家管辖范围以外地区的环境的原则"等,就是在国际习惯的基础上形成的。国际环境习惯的重要性在于一般对所有国家都具有约束力,而条约仅对缔约方具有约束力。但是,它们也有以不成文或未编纂的形式出现时约束力不确定的缺陷。另外,因习惯需要全球200多个国家广泛和长期实践逐渐形成,所以很难应对不断变化的、紧迫的环境问题。为此被承认为国际环境习惯法的规则相对较少。

(三) 国际环境法的其他渊源

此外,国际法渊源中的公法学家学说、一般法律原则和辅助性渊源等都可以成为国际环境法的渊源。

除以上渊源外,一些无约束力的国际宣言、方针建议、行动计划等文书也影响和推动着国际环境法的发展。第二次世界大战以后,在国际关系中出现了许多新的领域,需要制定新的规则予以调整。由于一时难以制定出明确、具体的且为多数国家接受的规定,因而国际社会不得不制定一些灵活性较大、约束力不强但可以为各国共同接受的原则,这就是所谓的软法(soft law)。① 由于软法可以更快地应对国际环境问题并且被各政府接受,软法在国际环境法领域中的作用越来越重要。

软法文件提出了许多国际环境法的原则,是对国际环境法理论和实践经验的总结。具有政治和道义影响力的软法文件为硬法的形成创造了有利的条件,它可以通过各国的实践和签订国际条约或协定的形式而逐步转变为"硬法"(hard law)。

进入21世纪以来,在国际环境法领域逐渐出现了软法的"硬法化"(hardening),一些国际环境法基本原则的影响力越来越大,通过国际条约或者各国政府自行立法的承认,软法的硬法化现象进一步扩大了软法的影响力。

五、国际环境法的基本原则

作为国际法的分支学科,国际环境法当然必须适用国际法的基本原则。同时,由于国际环境法的对象是国际环境问题,它与传统国际法各领域的问题在性质上有所不同,需要确立一些新的原则来予以调整。这些新的原则已成为国际环境法基本准则体现在国际环境法的渊源之中。目前已被学术界广泛接受并在实践中被普遍适用的基本原则主要包括:资源开发主权与不损害国家管辖范围外的环境原则、国际合作原则、可持续发展原则、预防原则和谨慎原则以及共同但有区别的责任原则。

(一) 资源开发主权与不损害国家管辖范围外的环境原则

《斯德哥尔摩宣言》原则21规定:"依照联合国宪章和国际法原则,各国具有按照

---

① 根据国际法律文件的效力,将具有法律约束力的文件,如国际条约或协定等称为"硬法"(hard law)。

其环境政策开发其资源的主权权利,同时亦负有责任,确保在它管辖或控制范围内的活动,不致对其他国家的环境或其本国管辖范围以外地区的环境引起损害。"这就是资源开发主权与不损害国家管辖范围外的环境原则(the Principle of Not Causing Damage to the Environment or Areas Beyond the Limits of National Jurisdiction)。

《里约宣言》原则2在上述原则的基础上进一步重申:"根据《联合国宪章》和国际法原则,各国拥有按照其本国的环境与发展政策开发本国自然资源的主权权利,并负有确保在其管辖范围内或在其控制下的活动不致损害其他国家或在各国管辖范围以外地区的环境的责任。"

在资源开发的主权原则和不损害国家管辖范围外的环境原则中,包含了两个相互联系的内容:一方面是国家的权利,即国家按照本国环境与发展政策开发本国自然资源的主权。这项权利来源于国家对其管辖范围内的自然资源的永久主权原则,也是国际法中的国家主权原则在国际环境法中的具体适用;另一方面是国家的义务,即各国负有确保在其管辖范围内或在其控制下的活动不致损害其他国家或在各国管辖范围以外地区的环境的责任。这是对国家环境和自然资源主权原则的一种限制,如果一国因行使主权而对他国造成损害,则应承担相应的赔偿责任。

目前,资源开发的主权原则和不损害国家管辖范围外的环境原则已经得到许多国际环境条约的确认,例如《生物多样性公约》《气候变化框架公约》等都对此作出了明确的规定。此外,在确认国家环境资源开发的主权方面,典型的案例有1974年渔业管辖权案、1977年利比亚美国石油公司仲裁案、1982年科威特石油国有化仲裁案等;在不损害国家管辖范围外的环境原则方面,代表性的案例有特雷尔冶炼厂案、法国核试验案、托列峡谷号污染案和拉努湖仲裁案等。这些案例进一步确认了上述国际环境法的基本原则,增强了其法律约束力。①

(二) 国际合作原则

国际合作原则(the Principle of International Cooperation)是现代国际法的一项基本原则,最初由《联合国宪章》第74条所确认。在国际环境法中奉行这一原则有着特别重要的意义。在世界范围内实行环境保护的协同与合作,是在环境问题的全球化过程以及全球经济一体化进程中出现的国际环境管理形式,并且这种合作显得越来越紧迫。

自人类环境会议以来,在关于环境保护的各种条约、决议、宣言中都反复强调了国际合作的重要性,《斯德哥尔摩宣言》原则24和《里约宣言》原则27确认了各国就国际环境保护必须进行合作的义务。《养护自然和自然资源非洲公约》(African Convention for the Conservation of Nature and Natural Resources)第16条、《联合国海洋法公约》(United Nations Convention on the Law of the Sea)第197条、《保护臭氧层维也纳公约》第2条、《生物多样性公约》第5条等都写明了这一原则。

国际合作不仅是国际环境法的基石,而且表现为国际环境法的一些具体制度和

---

① 林灿铃:《国际环境法》,人民出版社2004年版,第46—53页。

措施,尤其是包括信息共享、参与决策、环境评价、环境标准的越境强制执行等在内的技术性措施。目前,国际环境合作在控制臭氧层耗损、气候变化、海洋资源保护、生物多样性保护、森林保护等全球环境问题方面都有重大进展。

当前,国际环境保护合作在发达国家之间尤其是在欧洲进行得较为顺利。1993年欧洲制定了一个关于环境影响评价方面的公约,它要求一国在着手一项可能影响其邻国的建设项目时,应当事前通知相邻国,并且相邻国公民有权就该项目的实施提出质疑。该公约为打破环境保护受国家疆界的限制、实行环境保护国际协商创造了一个先例,同时也向传统国际法有关"国家主权"的概念提出了挑战。

环境保护的国际合作还要求建立起一个组织严密的管理机构,实行环境情报公开和交换制度,在平等的原则下进行协商和对话。建立互通情报、互相监督的国际协作制度,特别是在污染事故条件下的迅速通知制度,对处理有公害性的活动和紧急状态、防治污染扩散具有重要意义。

由于目前发达国家和发展中国家间存在着明显的经济差别,为了解决全球环境问题,发达国家和发展中国家必须通过平等对话、共同协商,建立基于公平的全球合作伙伴关系。发达国家向发展中国家在环境保护方面提供的财政和技术援助不只是一种帮助,而且是一种为实现国际合作应履行的义务。发达国家应当加强对发展中国家实行开发援助,这是国际环境合作的重要内容。唯有如此,才能真正实现对地球环境的共同维护。

(三) 可持续发展原则

可持续发展的概念,最初是世界环境与发展委员会于1987年在其报告《我们共同的未来》中提出的。按照该报告所作的解释,可持续发展是指"既满足当代人的需要、又不对后代人满足其需要的能力构成危害的发展"。它包括两个重要的概念:一为需要(needs),"尤其是世界上贫困人民的基本需要,应放在特别优先的地位来考虑";二为限制(limitations),即"技术状况和社会组织对环境满足眼前和将来需要的能力上施加的限制"①。

《里约宣言》对可持续发展作出了进一步的阐述:"人类应享有以与自然和谐的方式过健康而富有成果的生活的权利,并公平地满足今世后代在发展和环境方面的需要。"自1992年联合国环境与发展大会之后,可持续发展的思想逐步被国际社会普遍接受,并融入重要的国际环境法律文件之中。例如,在《生物多样性公约》《气候变化框架公约》中都规定,为了世代人类的利益,应当可持续地利用自然资源,促进经济社会的可持续发展。由于其在国际环境法领域具有普遍指导意义,体现了国际环境法的特点,可持续发展原则已成为对国际环境法有重要影响的基本原则。

可持续发展的含义非常丰富、涉及面很广,不同的国际文件有不同的理解。其内容主要包括以下几个方面:第一,可持续发展的前提是发展,其目的是增进人类的福利,改善人类的生活质量;第二,要实现发展以满足需要,但同时应当为维持生态系统

---

① 世界环境与发展委员会:《我们共同的未来》,王之佳等译,吉林人民出版社1997年版。

的完整性而限制某些行为,不至于因为当代人类的发展而危害满足后代人类发展所需要的物质基础;第三,应当把经济发展与生态的可持续性有机地结合起来。对人类发展的基础——环境、资源与能源的开发和利用,应当以利用效率最大化和废弃物质最小化为前提,人类的发展和生活品质的改善,必须控制在地球生态系统的承载能力之内。

无论何种定义,可持续发展强调可持续性和发展特征,它要求所有行动和决策都须把环境和社会、经济因素综合起来考虑,还要求公平地满足今世后代在环境与发展方面的需要以及经济和社会发展行为考虑国家所承担的区别责任。1995 年,著名国际环境法学者菲利浦·桑兹将可持续发展原则概括为代际公平、代内公平、可持续利用和环境与发展一体化这四个核心要素,较为全面地反映了这一原则的内容和要求。

与传统的"发展"观念相比较,可持续发展在对发展概念的理解上更为强调更新人类伦理道德和价值观,从而更新人类的生产、生活方式。因此,可持续发展将对人类今后的行为具有很大的影响力:首先,传统的发展观认为环境与发展之间的冲突是无法调和的和对立的,因此传统观念的认识或选择要么是强调发展,要么是限制增长。其次,传统的发展观只着眼于当前和当代部分人类的利益,而忽视或者漠视未来和后代人类的利益。而可持续发展观将环境与发展统一起来,既迎合了许多国家需要发展的意愿,同时也符合环境与资源保护这一全人类的长远利益。

(四) 预防原则和谨慎原则

预防原则(Principle of Prevention)是基于环境问题的特点而提出的一项颇具特色的环境法原则。在国际社会层面,1980 年《世界自然保护大纲》(World Conservation Strategy)曾就"预期的环境政策"作出规定,1982 年《联合国海洋法公约》中也提出了预防原则。与此同时,OECD 环境委员会也提出建议:各国环境政策的核心,应当是以预防为主。

上述主张和建议,导致 20 世纪 80 年代后在各国的环境政策的调整和转变过程中,预防原则越来越受到重视,该原则随后又在一系列国际性环境与资源条约中不断被确认。随着国际社会对环境问题的认识深化,预防原则已成为国际环境法的指导思想和基本原则。

预防原则是针对环境恶化结果发生的滞后性和不可逆转性的特点而提出的,一般指国家在其管辖范围或控制下的重大的环境损害发生以前,采取政治、法律、经济和行政等各种手段或措施,防止此类环境损害的发生即"防患于未然"。预防原则要求任何可能影响环境的决策和行动都应在其最早阶段充分考虑到有关的环境的需要,所以在国际环境法上具有重要的意义。

与预防原则相比,谨慎原则(Precautionary Principle)要求在面对可能发生的严重或不可逆转环境损害和风险的威胁时,即使在科学不确定的条件下也必须采取一定的措施防止环境恶化。尽管对谨慎原则的定义一直以来存有争议,但是自从《里约宣言》原则 15 对其进行了规定,谨慎原则已经被国际环境法认可。《里约宣言》规定:"为了保护环境,各国应按照本国的能力,广泛采用谨慎预防措施。遇有严重或不可逆转损害的威胁时,不得以缺乏科学充分确定证据为理由,延迟采取成本效益的措施防止环境恶化。"

谨慎原则和预防原则在环境保护中有着密切的关系。谨慎原则是在面对科学不确定性和缺乏完全确定证据的情况下采取行动,以防止潜在的环境危害。它要求即使在科学数据不完全确凿的情况下,也应采取适当的预防措施。谨慎原则强调在面对可能的环境恶化时,采取预防措施以避免潜在的不可逆转的环境危害。预防原则则是在早期阶段采取行动以防止环境损害的发生。它强调在已经有相对确定性的科学知识基础上,通过采取预防性措施来避免潜在的环境危害。预防原则要求在重大环境活动之前采取政治、法律、经济和行政等手段或措施,以防止可能的环境损害发生。

谨慎原则已被许多国家的环境立法和国际组织的活动采纳。同时,谨慎原则也是国际环境法最具有特色的贡献之一,它与传统的法律理念差异很大,目前主要适用于生物物种保护、转基因生物(GMO)以及气候变化等具有科学不确定性的领域。在法律实践中,已经出现了谨慎原则与传统国际法制度规则冲突的现象。例如美国对转基因产品采取实质等同的审查原则,而欧盟则采取了谨慎原则,围绕着转基因制品还包含一系列的技术竞争和市场竞争,最终导致美国与欧盟就转基因产品发生贸易争端并诉诸WTO,WTO根据国际贸易的相关规则于2006年作出欧盟败诉的裁决,表现出传统的国际贸易规则与新兴的国际环境法的谨慎原则之间的冲突。

(五) 共同但有区别的责任原则

共同但有区别的责任是指由于地球的整体性和导致全球环境退化的各种因素,各国对保护全球环境负有共同的但又是有区别的责任。它是从国际法的衡平原则的适用中发展而来的,也是发达国家和发展中国家在处理全球环境问题时应遵循的基本原则。

共同但有区别的责任原则是在里约会议上确立的。《里约宣言》原则7宣示:"各国应当本着全球伙伴精神,为保存、保护和恢复地球生态系统的健康和完整进行合作。鉴于导致全球环境退化的各种不同因素,各国负有共同的但是又有区别的责任。发达国家承认,鉴于他们的社会给全球环境带来的压力,以及他们所掌握的技术和财力资源,他们在追求可持续发展的国际努力中负有责任。"

该原则包含"共同的责任"和"有区别的责任"两个基本要素。"共同的责任"是指各国对保护全球环境的责任和义务是共同的。人类共同生活在一个地球上,地球环境质量的恶化危及所有国家的利益,保护地球环境因而成为人类共同的责任。然而,导致全球环境持续恶化的主要历史与现实原因是生产与消费的不可持续方式,因此,造成这种损害的国家即发达国家必须承担控制、减少和消除全球环境损害的主要责任。而且,发达国家有着雄厚的经济实力和先进的环保技术,有力量为解决全球环境问题承担更多的义务。"有区别的责任"就是指在发达国家和发展中国家之间,这种共同责任是有区别的。有区别的责任是对共同责任的具体化和对共同责任的再分配,即发达国家对环境问题应当承担主要责任,而发展中国家则承担次要的责任。它是发展中国家经过艰苦斗争而取得的成果。当然,虽然发展中国家对全球环境保护承担次要的责任,但仍负有减少资源浪费、杜绝乱砍滥伐林木以及减少污染物排放量等义务。

在《气候变化框架公约》《生物多样性公约》《巴黎协定》等国际法律文件中都体现了这项原则,并为不同类型的国家规定了不同的法律责任,如发达国家率先削减排污量,向发展中国家提供新的、额外的资金,建立专门机构为发展中国家履约提供财政、技术和其他援助等。

六、环境保护国际组织

目前的国际环境组织种类繁多,既有一般性的也有专门性的,既有全球性的也有区域性的。按照它们的来源,大体上可以将它们分为两大类。一类是政府间的国际环境组织;另一类是民间的国际环境组织,也称非政府环境组织(non-governmental organizations, NGOs)。

(一) 政府间环境组织

1. 联合国与其专门机构

联合国大会、安全理事会、经济及社会理事会、托管理事会、国际法院和秘书处等六个主要机关都在不同程度上,以不同的方式参与国际环境保护合作。

联合国组织中的主要机构是联合国环境规划署(UNEP),它是1972年12月成立的,其目的在于实施联合国环境会议所通过的各项行动计划以及促进环境保护的国际合作。

另外,世界环境与发展委员会(World Commission on Environment and Development, WCED),又称"布伦特兰委员会",由1983年第38届联合国大会通过的一项决议设立,其任务是向联合国大会提出关于环境对策方面的建议。委员会于1987年在东京召开的环境特别会议上,提出了一份名为《我们共同的未来》的报告,对世界环境保护产生了较大的影响。

其他与国际环境条约相关的组织机构还包括:国际海事组织(International Maritime Organization, IMO),涉及海洋环境与资源的保护;联合国粮食及农业组织(Food and Agriculture Organization, FAO),涉及土壤和水资源的保护管理;世界气象组织(World Meteorological Organization, WMO),涉及气候体系的维护;联合国教科文组织(United Nations Educational, Scientific and Cultural Organization, UNESCO),涉及人类与环境的相互作用与关系问题;国际原子能机构(International Atomic Energy Agency, IAEA),涉及和平利用核能和核安全问题;世界卫生组织(World Health Organization, WHO),涉及环境与人体健康关系和环境标准;国际劳工组织(International Labour Organization, ILO),涉及工人工作条件和环境;等等。

2. 区域性国际组织

主要包括欧洲联盟(European Union),经济合作与发展组织(OECD),非洲联盟

(African Union)、阿拉伯国家联盟(Arab League)、美洲国家组织(Organization of American States)、东南亚国家联盟(Association of Southeast Asian Nations,ASEAN)和南亚区域合作联盟(South Asian Association for Regional Cooperation,SAARC)等。这些组织在签订条约、作出决议和发布宣言等文件中涉及许多环境保护内容，有些还设有专门的环境保护机构。

3. 专门性国际环境组织

这些国际组织的主要事务就是促进环境保护的国际合作，例如：亚马孙合作条约组织(Amazon Cooperation Treaty Organization)和东亚及太平洋地区议员环境与发展大会(The Asia-Pacific Parliamentarian Environment and Development Conference)等。

4. 根据国际环境条约设立的国际组织

根据国际环境条约设立的国际组织的主要目的是促进国际环境条约的实施。这一类的国际组织以条约的缔约方大会为主，主要包括：1985年《保护臭氧层维也纳公约》(Vienna Convention for the Protection of the Ozone Layer)缔约方大会、1989年《巴塞尔公约》(Basel Convention)缔约方大会、1992年《气候变化框架公约》缔约方大会，以及1992年《生物多样性公约》缔约方大会、1997年《京都议定书》(Kyoto Protocol)缔约方大会等。

(二) 非政府环境组织

与传统国际法相比，非政府组织在国际环境法上的参与更加活跃。例如，科学团体、法律团体、环境保护团体、企业团体和土著团体等。①

非政府环境组织尚未被广泛地承认及接受为国际环境法的主体，它们不能直接享有国际法权利并承担国际法义务，例如，它们不能与国家签订条约或加入条约。目前，非政府环境组织在国际环境保护事务中的作用越来越大。从国际环境法的实践来看，它们主要表现在如下几个方面：第一，提出有关全球环境保护的重大事项并呼吁国际社会采取行动；第二，以观察员身份列席重要的国际环境会议以及参与国际环境条约的谈判；第三，从事国际环境法与政策的宣传教育工作；第四，监督国际环境条约的实施。

当前在国际环境领域影响力比较大的非政府组织主要有：一般性非政府环境组织，例如：国际标准化组织，制定了许多与环境有关的标准，供各国参考使用，其中最有名的就是1995年颁布的ISO14000系列环境管理标准。还有专门性非政府环境组织，包括世界自然保护同盟(International Union for Conservation of Nature,IUCN)、世界自然基金会(World Wildlife Fund,WWF)、绿色和平组织(Greenpeace)、塞拉俱乐部(Sierra Club)、地球之友(Friends of the Earth)等。此外，还有诸如国际法学会以及国际法协会等学术组织。

---

① 《21世纪议程》更将妇女、儿童与青年、土著居民、非政府组织、地方政府当局、工人与工会、商业与工业、科学与技术团体等，列举为非政府组织。参见王曦编著:《国际环境法》，法律出版社1998年版，第85页。

另外,个人在一定的条件下,也可在国际环境法的实施中发挥作用。①

第二节　国际环境法的主要内容

一、大气保护和气候变化应对

工业化以来,空气污染已经成为各国国内最关心的环境保护项目之一。但在保护各国内国的空气不受污染时,各国逐渐发现,空气污染不只局限于地区、内国或区域,还会影响到想象不到的范围。主要的影响有越境大气污染、臭氧层耗损及全球气候变化。

（一）越境大气污染

越境大气污染是国际环境问题中的一种比较普遍的现象。如前所述,1920年在美国和加拿大之间就发生了著名的特雷尔冶炼厂事件,为此国际仲裁法院还在判决中确立了越境污染损害赔偿的国际习惯法原则。第二次世界大战以后,伴随着经济的迅速发展,世界各国的工业化和城市化进程也越来越快,越境大气污染所造成的酸雨和湖泊酸化问题也越来越严重。这突出表现在北美洲和欧洲地区。

1979年联合国欧洲经济委员会制定了《长程越境大气污染公约》(Conventionon Long-Range Transboundary Air Pollution),目的在于保护人类及其环境不受来自大气的污染,限制并尽可能逐渐减少和防止大气污染以及长程越境大气污染。

该公约是世界上第一个关于空气污染,特别是远程跨国界空气污染的专门区域性公约。该公约将欧洲上方的大气作为一个整体实行控制,缔约方主要是欧洲国家、美国和加拿大。公约规定了一些防止远程大气污染的基本原则,制定了有关审查、磋商等方面的内部实施机制,主要包括大气质量管理制度、情报交换制度以及协商和合作制度等。公约虽没有许多实质性规范,但它为该领域的条约规则的发展奠定了基础。

《长程越境大气污染公约》签署后,欧共体各国又分别在该条约下签署了1984年《关于长期资助长程越境空气污染监测和评价的议定书》(Protocol on Long-term Financing of Cooperative Programme for Monitoring and Evaluation of the Long-range Transmission of Air Pollution)、1985年《关于削减硫排放或其越境流动30%的议定书》(Protocol on the Reduction of Sulphur Emissions or their Transboundary Fluxes by at least 30%)、1988年《关于氮氧化物排放及其越境流动的议定书》(Protocol concerning the Control of Emissions of Nitrogen Oxides or their Transboundary Fluxes)、1991年《关于削减挥发性有机化合物排放的议定书》(Protocol concerning the Control of Emissions of Volatile Organic Compounds or their Transboundary Fluxes)、1994年《关于进一步削减硫化物的议定书》(Protocol on Further Reduction of Sulphur Emissions)、1998年《关于重金

---

① 参见王曦编著:《国际环境法》(第二版),法律出版社2005年版,第86页。如《北美自由贸易协定》的《环境附属协定》就规定了个人参与的条件。

属的议定书》(Protocol on Heavy Metals)、1998 年《关于持久性有机污染物的议定书》(Protocol on Persistent Organic Pollutants)、1999 年《关于减轻酸化、富营养化和地面臭氧的议定书》(Protocol to Abate Acidification, Eutrophication and Ground-level Ozone)。其中,1994 年《关于进一步削减硫化物的议定书》,为了不使大气污染对易受影响生态系统造成危害,首次使用了"临界负荷"(critical loads)①的概念。

此外,在 2008 年,欧盟通过 2008/50/EC 指令建立了大气污染的区(Zone)、块(Agglomeration)管理与监督制度,将成员国按照领域、人口进行划分,并建立污染物水平"警戒阀"风险预警制度②,为应对越境大气污染提供了新的思路。2013 年 5 月,中、日、韩三国在北九州召开了环境部长会议,三国就沙尘暴问题进行了讨论,计划构建专门的体系,为治沙工程持续提供资金方面的支持,并将尽快成立绿色气候基金(GCF)。此次会议上三国还通过了共同声明,决定设立"政策对话"机构,以解决细颗粒物 PM2.5 跨境污染问题。2014 年 3 月,中、日、韩三国在北京召开了商讨"PM2.5"等跨境大气污染防治措施的首次实务级别的政策对话,三方分享与交流了本国防治大气污染的经验和措施。③

(二) 臭氧层耗损及其控制

人类生产、生活活动使用的消耗臭氧层物质如氟氯烃(CFC)、哈龙等,可以导致大气中臭氧层变薄,从而使臭氧层吸收太阳所辐射紫外线的功能减低,造成地球上的生物过量接受紫外线辐射而使人类发生疾病或者致使农作物减产。20 世纪 80 年代中叶,科学家发现南极上空已经出现了臭氧层空洞,它表明在大气的臭氧层中臭氧的浓度已经非常稀薄。

臭氧层耗损问题在 20 世纪 70 年代就开始引起世界各国的关注。早在 1977 年,UNEP 就成立了一个臭氧层问题协调委员会。1985 年,在维也纳通过了《保护臭氧层维也纳公约》。中国于 1989 年加入该公约。

《保护臭氧层维也纳公约》是第一个全球性的大气保护公约,目的在于保护人类健康和环境,使其免受人类改变或可能改变臭氧层的活动所造成或可能造成的有害影响;采取一致措施,控制已发现对臭氧层有不良作用的人类活动;合作进行科学研究和系统观测;交流有关法规、科学和技术领域的信息。该公约具有明显的框架性质,对缔约方保护臭氧层的一般义务作了原则性规定,而对实体义务规定得十分笼统和概括。具体义务的承担则规定通过附件、议定书来确定与约定。由于这种方式能够得到多数国家的接受,因此《保护臭氧层维也纳公约》及其体制是现代国际环境立

---

① 在大气酸化方面,临界负荷表现为硫、氮等物质经由地表和单位时间而沉积的极限时期。

② Article 24 Short-term action plans 1. Where, in a given zone or agglomeration, there is a risk that the levels of pollutants will exceed one or more of the alert thresholds specified in Annex XII, Member States shall draw up action plans indicating the measures to be taken in the short term in order to reduce the risk or duration of such an exceedance.

③ 商务部:《中日韩就越境大气污染进行首次政策对话》,载 http://www.mofcom.gov.cn/article/i/jyjl/j/201403/20140300525322.shtml, 2018 年 3 月 26 日访问。

法的一个典范。

《保护臭氧层维也纳公约》系统地规定了保护臭氧层的目的和缔约方的一般义务,要求缔约方采取措施保护人类健康和环境不受那些改变或可能改变臭氧层的人类活动的不利影响;详细地规定了缔约方为实现一般义务而承担的合作义务;对缔约方间涉及公约的解释或适用的争端问题在程序和诉诸方式上作出了具体规定。公约的重点是关于程序性问题的规定,它涉及对臭氧层耗损问题的观测与研究、情报交换、信息传递、机构设立、公约的修正、议定书的制定和修正以及公约附件的制定与修正等。

继该公约之后,通过对各国氟氯烃类物质生产、使用、贸易的统计,1987年通过了《关于消耗臭氧层物质的蒙特利尔议定书》(Montreal Protocol on Substances that Deplete the Ozone Layer)。议定书确定的核心准则之一是各国限制生产和消费各种不同类型的消耗臭氧层物质。议定书还制定了一个阶段性削减计划,以1986年各缔约方的实际使用量为基础,逐步降低受控物质的使用量,到20世纪末以前缔约方应当逐步削减或冻结使用。议定书的另一准则是由缔约方在管制的基础上承诺对控制措施进行评估。作为一种鼓励各国加入的刺激手段,议定书还规定限制与非缔约方进行受控物质及有关产品的贸易。规定了发达国家应当在20世纪末减少氟氯烃使用量的50%,发展中国家则在人均氟氯烃消耗量不超过0.3公斤时可以有10年的宽限期。此外,议定书对于与非缔约方的贸易限制、控制数量的计算、数据汇报及信息交流等也作出了规定。

议定书在1990年的《伦敦修正案》(London Amendment)中,除了将控制物质由8种扩大到20种外,还确立了保护臭氧层的国际资金机制和发达国家缔约方有义务以"公平和最优惠的条件"向发展中国家缔约方迅速转让替代物质和有关技术的规定。① 另外,条约还设立了臭氧层保护基金(目的是帮助发展中国家进行技术改造),以及就国际合作而进行的必要的资金与技术转让的奖励措施。之后,议定书又经过1992年的《哥本哈根修正案》(Copenhagen Amendment)、1997年的《蒙特利尔修正案》(Montreal Amendment)、1999年的《北京修正案》(Beijing Amendment)和2019年的《基加利修正案》(Kigali Amendment)的修正,从而形成了较为完善的保护臭氧层国际法律体制。

2017年,《关于消耗臭氧层物质的蒙特利尔议定书》缔结三十周年纪念大会在北京举行,联合国开发计划署、联合国环境规划署、联合国工业发展组织、世界银行、德国国际合作机构等国际和双边组织,外交部、发展改革委、科技部、财政部、农业部、商务部、海关总署等有关部委,地方环保厅(局)、行业协会、科研机构、中外企业及媒体的140多名代表参加了此次大会。② 同年,《保护臭氧层维也纳公约》第11次缔约方

---

① 关于《保护臭氧层维也纳公约》及其议定书等国际文件,详情请见国家环境保护局编:《人类共同的责任》,中国环境科学出版社1993年版,第64—113页。
② 中国保护臭氧层行动网:《〈蒙特利尔议定书〉缔结三十周年纪念大会在京举行》,载 http://www.ozone.org.cn/gzjx/201711/t20171127_95429.html, 2018年3月26日访问。

大会及《关于消耗臭氧层物质的蒙特利尔议定书》第 29 次缔约方大会于 11 月 20 日至 24 日在加拿大蒙特利尔召开,本次会议重点讨论了基加利修正案批约以及修正案生效实施后的技术性安排,审议了多边基金 2018—2020 年增资、消耗臭氧层物质(ODS)必要用途和关键用途豁免以及安全标准等议题。会议最终通过 22 项决定,其中多边基金 2018—2020 年增资规模为 5.4 亿美元,我国四氯化碳实验室及分析必要用途豁免和用于生姜种植的甲基溴关键用途豁免均获得批准。①

《基加利修正案》于 2016 年 10 月 15 日在卢旺达基加利通过,将氢氟碳化物(HFCs)纳入《蒙特利尔议定书》的管控范围。HFCs 是消耗臭氧层物质(ODS)的常用替代品,虽然本身不是 ODS,但 HFCs 是温室气体,具有高全球升温潜能值(GWP)。《基加利修正案》通过后,《蒙特利尔议定书》开启了协同应对臭氧层耗损和气候变化的历史新篇章。

为更好地履行《维也纳公约》和《蒙特利尔议定书》,我国于 1991 年成立中国国家保护臭氧层领导小组,组织实施《国家方案》,并审核各项执行方案和提出决策性意见,于 2000 年成立国家消耗臭氧层物质进出口管理办公室,全面负责有关消耗臭氧层物质进出口管理事宜。②

从国际环境法的发展历程来看,臭氧层的国际保护是国际环境法发展的里程碑。自 1985 年《保护臭氧层维也纳公约》建立了国际臭氧层保护的基本框架后,随着国际社会对臭氧层损耗的严重性的认识不断加深,1987 年的议定书及后续修正案对于缔约方义务设定及前提、履约机制及决策程序等都有创新。该公约得到良好的履行并对控制臭氧层恶化起到了积极作用,被称为环境规制的成功典范。③ 科学家还预测,如果蒙特利尔议定书规定的义务继续得到良好的履行,到 2050 年臭氧损耗的量将会恢复到 1980 年代南极臭氧空洞刚开始形成时的状态。④

(三) 全球气候变化及其控制

国际社会对于全球气候变化问题的关注是从 20 世纪 80 年代才开始的。在此之前,科学家们经过长期的观测分析,就已经发现大气中的水蒸气、二氧化碳、甲烷、一氧化碳和臭氧等气体对地球的气候具有吸收热量并使之再反射回地球的作用。由于这种作用类似于温室玻璃,因此科学家把因上述气体造成大气层地球表面变热称之为"温室效应"(greenhouse effect)现象,把上述气体称作"温室气体"(greenhouse gases)。但是,也有科学家认为,上述气体对地球气候的影响并不是使表面温度升高而是下降,其作用类似于阳伞,因而他们将可能出现的地表温度下降称之为"阳伞效

---

① 中国保护臭氧层行动网:《赵英民率中国政府代表团出席〈保护臭氧层维也纳公约〉第 11 次缔约方大会及〈关于消耗臭氧层物质的蒙特利尔议定书〉第 29 次缔约方大会》,载 http://www.ozone.org.cn/gzjx/201712/t20171201_95797.html,2018 年 3 月 26 日访问。

② 中国保护臭氧层行动网:《履约机构》,载 http://www.ozone.org.cn/zzjg/201607/t20160727_72937.html,2018 年 3 月 26 日访问。

③ UNEP, Hand Book for the Montreal Protocolon Substances That Deplete the Ozone Layer(2009, 8thedn), Xi.

④ WMO, Scientific Assessment of Ozone Depletion: 2006, Global Ozone Research and Monitoring Project, Report No. 52(2011), 5.1.

应"现象。

这两种截然不同的学说及其争论一直延续到20世纪70年代。到20世纪80年代中期,许多国家的和国际的科学小组发表了报告,这些报告的结论都指出今后全球平均气温将会上升。① 鉴于气温的升高或者降低都将对人类生存的地球环境造成影响,为此联合国环境规划署(UNEP)和世界气象组织(WMO)于1988年成立了政府间气候变化专家委员会,专门负责对有关气候变化问题及其影响的评价和对策研究工作。1989年联合国大会通过了一项应对全球气候变化的决议,并决定准备气候变化框架公约的谈判起草工作。

1992年6月在巴西举行的联合国环境与发展大会上,包括中国在内的153个国家签署了《气候变化框架公约》。该公约的目的在于在一个使生态系统能够自然地适应气候变化的时间框架内,把空气中的温室气体浓度稳定在防止气候系统受到威胁的人为干预的水平上;确保粮食生产不受威胁;使经济发展以可持续的方式进行。公约要求缔约方为今世和后代的利益,在公平的基础上,根据共同但有区别的责任承担保护气候系统的责任,对于发展中国家的特殊需要和特殊情况应给予充分的考虑,缔约方应采取谨慎措施、预见、防止和减少致使气候变化的原因,缓和不利影响。

公约的主要内容包括:第一,缔约方应制定并定期公布和修定向缔约方大会提交的有关人为"源"(sources)和"汇"(sinks)的排放和吸收的温室气体的清单,以及实施公约的措施。第二,公约规定发达国家缔约方与发展中国家缔约方在控制温室气体上的"共同但有区别的责任",即将发达国家、发展中国家与前东欧国家的削减义务明确区分开,发达国家缔约方必须向发展中国家缔约方提供"新的和额外的资金"②等照顾发展中国家利益的条款。

此外,公约规定缔约方有义务对工业排放的二氧化碳、甲烷等温室气体予以限制,并且建立国际资金机制对发展中国家予以资金和技术转让。③ 虽然公约对缔约方规定了义务,但对于温室气体排放的削减量和削减的时间表都没有具体规定。

为了更有效和具体实施温室气体排放量的削减,公约缔约方于1997年12月在京都召开的缔约方大会中通过了《京都议定书》。议定书的附件A明确列出了温室气体名录、产生温室气体的能源部门和类别;附件B则列出了承诺排放量限制或削减的39个工业化缔约方的名录;以1990年的排放水平为基准,议定书为公约附件一的缔约方确定了具体的、有差别的减排指标,如欧盟减排8%、美国7%、日本及加拿大各6%、俄罗斯等向市场经济过渡的国家可以维持在1990年的水平。

此外,《京都议定书》规定了公约附件一国家2008年到2012年间的温室气体减排指标,但其中某些国家因为温室气体减排已经达到一定的数量,再持续减排可能要

---

① 参见世界银行:《1992年世界发展报告——发展与环境》,中国财政经济出版社1992年版,第159页。
② "新的、额外的资金"是指有关发达国家在公约签署前向有关发展中国家承诺提供资金之外的资金。
③ 《气候变化框架公约》将缔约方分为三类:附件一的缔约方包括24个OECD成员国和12个"正在向市场经济过渡的国家";附件二是24个OECD成员国与土耳其;其余的国家,主要是发展中国家,包括中国和印度在内,则归入附件三。

采用更先进的技术，成本也就比较高昂。因此《京都议定书》还规定了联合履约机制（joint implementation）、清洁发展机制（clean development mechanism）及排放贸易机制（emissions trading）等灵活机制，让公约附件一缔约方可以灵活运用，以较低廉的成本完成减排指标。① 联合履约机制及排放贸易机制只有在公约附件一国家间实行。联合履约机制乃是让公约附件一国家可以在另一个公约附件一国家发展减排项目，排量在经过核准后可以抵消原公约附件一国家的减排数量指标。清洁发展机制也是如此，只是公约附件一国家（发达国家）在非公约附件一国家（发展中国家）发展减排项目。联合履约机制和清洁发展机制的实施是一个双赢的机制，发达国家通过与其他发达国家或发展中国家的项目合作，以较在本国减排更低的成本获取减排量，而其他发达国家和发展中国家也可以获得资金和技术以有效地实施温室气体减排，从而达到温室气体总量减排的目标。排放贸易机制则是难以完成减排任务的公约附件一国家可以向其他超额完成任务的公约附件一国家购买减排额度。这样，有效减排可以获得奖励，超额排放则需付出代价。

为了讨论《京都议定书》规定的第一阶段温室气体排放减排指标如何在2012年之前达成，以及确定2012年之后如何应对气候变化的解决方案，公约及议定书的缔约方于2005年11月28日召开缔约方会议。会议通过了实施《京都议定书》的《马拉喀什协议》（Marrakech Agreement），启动了2012年之后发达国家温室气体减排谈判，通过了加强《气候变化框架公约》的长期合作对话的规定，设定了议定书的遵约机制，并在适应气候变化和简化清洁发展机制的方法和程序上取得了一定进展。

2007年12月，第13次缔约方大会在印度尼西亚巴厘岛举行。会议着重围绕"后京都"问题进行讨论，即《京都议定书》第一承诺期在2012年到期后如何进一步降低温室气体的排放。由于美国与欧盟、发达国家与发展中国家立场上的重大差异，会议最终艰难地通过了名为"巴厘岛路线图"（the Bali Roadmap）的决议，其进一步确认了解决气候变化的紧迫性，在为应对气候变化新安排进行谈判以及确立在今后的谈判中为发展中国家提供财政和技术支持等方面取得了一定的进展，但文件本身并没有量化减排目标。

为了完成"巴厘岛路线图"的谈判目标，尽快形成关于"后京都"时期温室气体减排的共识和方案，公约缔约方分别于2009年在丹麦哥本哈根、2010年在墨西哥坎昆、2011年在南非德班召开缔约方大会对温室气体减排的目标、指标、资金和技术等问题进行商讨和艰难谈判，取得了一定的进展，并于2012年在卡塔尔首都多哈召开的第18次缔约方大会上通过了决议，确定2013—2020年为《京都议定书》第二承诺期，还在决议中量化了部分发达国家的温室气体减排目标。随后的2013年，公约缔约方再次聚首，在波兰华沙召开了第19次缔约方会议，继续围绕温室气体减排的具体机制等问题进行谈判，但仍未取得显著进展。

在此之后，公约缔约方分别于2014年在秘鲁利马、2015年在法国巴黎、2016年

---

① 《京都议定书》第6条、第12条和第17条。

在摩洛哥古城马拉喀什、2017年在德国波恩召开了第20次、第21次、第22次、第23次缔约方大会。针对第21届联合国气候变化大会一致通过的《巴黎协定》(Paris Agreement)，美国总统特朗普于2017年6月宣布美国正式退出该协议，这一做法致使全球气候治理迄今为止最重要的合作成果遭受重创。① 而2017年在德国波恩召开的《联合国气候变化框架公约》的第23次缔约国大会(COP23)是美国政府宣布退出巴黎协议后的首次峰会，作为一次技术性谈判会议，参会各方通过共同努力，达成了包括"斐济实施动力"(Fiji Momentum for Implementation)在内的一系列积极成果。第24次缔约国大会(COP24)于2018年12月2日至14日在波兰卡托维兹召开。此次会议的核心议题是对巴黎"规则手册"(Paris Rulebook)形成共识，该手册为《巴黎协定》在2020年生效所需的详细"操作手册"。手册的重要部分包括设立透明的报告和监督机制，各国将遵循这一机制来报告碳排放情况。手册还将对碳市场机制、气候融资报告、透明度、"全球总结"等进行规定。

第25次缔约国大会(COP25)于2019年12月2日至13日在西班牙马德里召开，主要目标是谈判解决《巴黎协定》实施细则的遗留问题，推动《巴黎协定》的落实。COP25峰会通过了涵盖《智利—马德里气候行动时刻》(Chile Madrid Time for Action)和碳市场问题在内的决议。

第26次缔约国大会(COP26)于2021年10月31日至11月13日在英国格拉斯哥召开，近200个国家达成一份名为《格拉斯哥气候公约》的联合公报。这份协议旨在将全球变暖控制在1.5℃以内、实现世界免遭灾难性气候变化。此外，大会还为碳市场国际合作提供了一个强有力的《巴黎协定》第6条实施细则。这是经过6年艰难的技术谈判才达到的成果。该条为各国提供了实现环境完整性(integrity)所需的工具——它能够避免双重计算，解决了COP25上无法达成一致的碳市场问题。

由于发达国家和发展中国家在节能减排问题上的立场不尽相同，大会争论激烈，从2011年开始，每届气候大会都会出现会议超时和延期现象。发达国家和发展中国家就气候变化问题的争论逐渐集中在资金技术支持以及损害赔偿责任机制建立的问题上。

二、海洋保护

由于人类直接或间接地把物质或能量引入海洋环境，其中包括河口湾，以致造成或可能造成损害生物资源和海洋生物、危害人类健康、妨碍包括捕鱼和海洋的其他正当用途在内的各种海洋活动、损坏海水使用质量和减损环境优美等有害影响。就海洋污染的原因看，世界上大部分的海洋污染都是由有害物质和石油污染所造成的。并且伴随沿海开发活动而产生的海洋生态系统破坏、富营养化(eutrophication)、垃圾等也带来了海洋的污染和破坏。

---

① 巴黎协定中文官网，http://www.ftchinese.com/tag/%E5%B7%B4%E9%BB%8E%E5%8D%8F%E5%AE%9A，2018年4月3日访问。

海洋在很早以前就是国际法研究的主要对象之一,因此关于防止海洋环境污染的条约也较其他环境保护条约更为完备。由于人类对海洋长期的不当使用,造成了对海洋环境的不良影响。19世纪以后,科学技术的发展帮助人类从多个角度接近和认识海洋,从而导致对海洋利用总量的扩大,由此而促发的海洋污染和海洋生态破坏问题不断增加,因此也制定了一系列全球性的和区域性的海洋环境保护规则。在全球性的海洋保护规则方面,主要包括全球性框架公约、针对海洋污染问题和海洋生态保护的公约以及国际文件。

(一)《联合国海洋法公约》

1982年通过的《联合国海洋法公约》是海洋环境保护条约体系的核心,目的在于建立一种综合性法律秩序,以便利国际交流、促进和平利用海洋、合理利用其资源、保护生物资源以及研究和保护海洋环境;针对所有海洋污染源,建立有关全球和地区的合作、技术援助、监测和环境评价,通过和实施国际规则和标准以及国家立法等方面的基本环境保护原则和规定。值得一提的是,该公约从实质上变更了传统的"海洋自由原则"(the Principle of Freedom of the Seas),提出了"海洋属于全人类"的思想和"人类共同财产"的概念。

《联合国海洋法公约》在第12部分"海洋环境的保护与保全"中确立了国际海洋环境保护的基本原则和制度,明确规定各国有保护和保全海洋环境的义务,要求各国在适当情况下个别或联合采取符合该公约的必要措施,以防止、减少和控制海洋环境污染,并且规定各国负有不将损害或危险转移或将一种污染转变成另一种污染的义务。这些规定体现了《联合国海洋法公约》在海洋环境保护方面新确立的国家必须履行国际海洋环境保护义务的原则、各国享有开发其自然资源的主权权利但不得损害国外海洋环境的原则以及海洋环境保护的国际合作原则。此外,该公约还对全球性和区域性合作、技术援助、监督和环境评价、防止、减少和控制海洋环境污染的国际规则和国内立法等问题也作出了具体的规定。

关于海洋污染的控制,该公约覆盖了所有海洋污染源,通过确立各国立法管辖的方式,对陆源污染、船舶污染、海上作业和海底活动污染以及海洋倾废污染等作出了规定。并且规定在不妨碍重要商业活动的情况下,对船舶污染给予特别的注意。公约还在船籍国(船籍登记的国家)、海岸国(船只经过其沿海水域的国家)、港口国(船只停靠其港口,包括近海集散站的国家)之间划分了执行的职责,在海洋倾倒规则方面也是如此。公约要求各国制定法律和规章并且应当考虑国际上议定的规则、标准和建议的办法及程序,以防止、减少和控制不同来源的海洋环境污染。

在监督履行机制方面,海洋法公约规定联合国大会每年都要评估公约的履行情况,审议与海洋事务和海洋法有关的其他进展,为促使遵守公约和追究违约行为提供了保障。在争端的解决方面,可以选择国际海洋法法庭、国际法院、国际常设仲裁庭或特别仲裁等可以作出具有约束力决定的强制性程序。

《联合国海洋法公约》的缺点和不足是它未能考虑不同海域在地理上的特殊性。中国政府于1982年12月签署了《联合国海洋法公约》。

(二) 针对特定类型海洋污染问题的专门公约

除《联合国海洋法公约》外，国际社会还制定、实施了大量防治海洋环境污染的条约与协定，它们与《联合国海洋法公约》共同构成了控制海洋环境污染的国际规则、标准与程序体系。

以下将分别对国际控制海洋环境污染的主要公约与协定作简要的介绍。

1. 控制陆源污染

陆源污染是海洋污染的最大来源。关于控制陆源污染的国际法律文件，除了《联合国海洋法公约》有关控制陆源污染的规定外，其他都是区域性的协议，尚无全球性的国际条约。

《联合国海洋法公约》第207条规定，"各国应制定法律和规章，以防止、减少和控制陆地来源，包括河流、河口湾、管道和排水口结构对海洋环境的污染，同时考虑到国际上议定的规则、标准和建议的办法及程序"。

1992年的《保护东北大西洋海洋环境公约》(Convention for the Protection of the Marine Environment of the North-East Atlantic, OSPAR Convention)和《赫尔辛基公约》(Convention on the Protection of the Marine Environment of the Baltic Sea Area, Helsinki Convention)作为旨在防止陆源污染的首批国际协议，其主要目的是通过采取单独和联合措施、协调缔约方的努力来防止海洋污染和陆源污染在适用海区域中的发生。

其他关于控制陆源污染的国际法律文件主要包括：UNEP主持签订的区域海洋环境保护公约的有关规定和议定书以及1985年UNEP制定的《保护海洋环境免受陆源污染的蒙特利尔规则》(Montreal Guidelines for the Protection of the Marine Environment against Pollution from Land-Based Sources)。此外，于1995年通过的《保护海洋环境免受陆源活动影响的全球行动计划》(Global Programme of Action for the Protection of the Marine Environment from Land-based Activity)，虽然没有严格的法律拘束力，但是对区域组织和各国制定有关陆源污染规则有指导作用。

2. 控制船舶污染及其赔偿责任

(1) 一般性船舶污染

由于船舶作业过程中可能会排放石油、有害物质、污水、垃圾而造成海洋污染，在防止船舶造成的海洋污染方面，1973年制定的《国际防止船舶污染公约》(International Convention on the Prevention of Pollution from Ships, MARPOL Convention)取代了1954年的《国际防止海上油污公约》。该公约的目的是消除作业过程中可能排放油类和其他有害物质以及减少因船舶意外事故而造成海洋污染。公约的对象不限于油类，而是对一般船舶排放、输送或者处分有害物质的行为也实行了控制。作为条约控制的有害物质，在附件1至5中规定了油或者油性混合物、油以外散装有害液体、容器中装置的有害物质、污水以及废弃物和垃圾。特别在附件5中，还规定了禁止投弃的塑料类制品，以及防止海运包装形式有害物质污染规则。中国于1983年签署了该公约。

1978年国际社会又制定了《关于1973年国际防止船舶污染公约的1978年议定

书》(1978 Protocol to the International Convention for the Prevention of Pollution from Ships,1973)。该议定书主要是针对 1973 年公约若干附件的实施而缔结的。它与《国际防止船舶污染公约》共同构成了一个国际防止船舶污染公约的整体,国际上通常将它们称为"73/78 年防污公约",凡是加入 1978 年议定书的国家,自然地应当遵守《国际防止船舶污染公约》而不必另外履行签字或批准手续。

其他关于控制船舶污染的国际法律文件还包括:《国际控制船舶有害防污底系统公约》(International Convention on the Control of Harmful Anti-Fouling Systems on Ships, AFS Convention),《国际船舶压载水及其沉积物控制和管理公约》(International Convention for the Control and Management of Ships' Ballast Water and Sediments, BWM Convention)和《内罗毕国际船舶残骸清除公约》(Nairobi International Convention on the Removal of Wrecks)。

《内罗毕国际船舶残骸清除公约》为清除或已清除船舶残骸的缔约国提供了法律依据。船舶残骸对人命安全、船上货物和财产,以及海上和岸上环境构成潜在威胁。该公约将使船东负有财政责任,并要求他们投保或者提供其他财政担保来承担船舶残骸清除工作费用。《内罗毕国际船舶残骸清除公约》于 2015 年 4 月 14 日生效。

(2) 海洋油污事故

为了干预公海油类污染突发事故,以 1967 年在英国海域发生了利比里亚油轮"托利峡谷号"因触礁而导致大面积海洋石油污染事件为契机,国际社会强化和扩充了关于防止海洋污染的条约,于 1969 年制定了《国际干预公海油污事故公约》(International Convention Relating to Intervention on the High Seas in Cases of Oil Pollution Casualties)。该公约的目的是保护各国人民的利益免受重大海上事故导致海洋和海岸线遭到油类污染危险的严重后果;认可为保护这种利益在公海采取特别的措施是必要的,只要这些措施不妨碍公海自由的原则。公约的主要特点是扩大了国家管辖权的范围。当缔约方有理由认为海上事故将会造成较大有害后果时,即可在公海上采取必要的措施,以防止、减少或消除由于油类对海洋的污染或污染威胁而对其海岸或有关利益产生的严重而紧迫的危险。公约要求在采取措施前必须与其他受影响的国家进行磋商,并将情况告知所有可能会因实施措施而受到影响的个人或企业,尽最大努力避免危及人类生命,对采取的超出合理需要范围的措施进行赔偿。

中国于 1990 年加入该公约。

此外,国际社会于 1973 年还制定有《干预公海非油类物质污染议定书》(Protocol relating to Intervention on the High Seasin Cases of Marine Pollution by Substances otherthan Oil),使公约的适用范围扩大到非油类物质如有毒物质、液化气和放射性物质。中国于 1990 年加入该公约。

在油污损害事故的民事责任方面,国际社会 1969 年制定的《国际油污损害民事责任公约》(International Convention on Civil Liability for Oil Pollution Damage)对油轮所有者规定了油污损害赔偿的无过失责任,同时设定了责任限度额。并且确立被害地国的法院对赔偿请求享有管辖权,以及确认了法院地国以外的缔约方对判决的执行力。中国于 1980 年加入该公约。

1971 年《建立国际赔偿油污损害基金的公约》(International Convention on the Establishment of an International Fund for Compensation for Oil Pollution Damage)为不能充分实行损害赔偿的受害者设立了后备基金,规定在条约所确立的责任限度额内对损害予以补偿。该基金的出资人为原油或者重油的输入(进口)者,其出资额则按照基金的比例负担。之后,由于经济情势的变更及油污事故的大型化,受害者纷纷要求提高责任限度额。到 1991 年,由于在意大利海域发生的"天国号"爆炸火灾事故所涉及的损害范围巨大,因而提高赔偿的限度额就成为一个紧迫的问题。在 1992 年对该公约进行修正的议定书中,赔偿的限度额由最初的 1.35 亿特别提款权(SDR)提高到 2 亿 SDR。

此间,国际社会还缔结了一些适用于非缔约方的民间协定,如 1969 年的《油轮船东石油污染责任协定》(Tanker Owners Voluntary Agreement concerning Liability for Oil Pollution)和 1971 年的《油轮油污责任补充协议》(Contract Regarding An Interim Supplement To Tanker Liability For Oil Pollution)等。

3. 控制向海洋倾倒废弃物造成的污染

《联合国海洋法公约》第 210 条规定,各国应制定法律和规章,以防止、减少和控制倾倒对海洋环境的污染。这种法律、规章和措施应确保非经各国主管当局准许,不进行倾倒。

从 20 世纪 60 年代后期开始,从飞机、船舶或者海洋构筑物往海洋倾倒废弃物的行为在国际上引起了注意。1972 年,为了控制向海洋倾倒强有害性物质的行为,国际社会以大西洋为对象制定了《防止船舶和飞机倾倒废物污染海洋奥斯陆公约》(Convention for the Prevention of Marine Pollution by Dumping from Ships and Aircraft),以及以所有海域为对象的《倾倒废弃物伦敦公约》(London Convention on Dumping of Wastes),1996 年又制定了该公约的议定书。

其中,《倾倒废弃物伦敦公约》(下称《伦敦公约》)的目的,在于防止在海上任意处置易对人类健康造成危害、危害生物资源和海洋生物,破坏舒适环境以及干扰其他海洋的合法利用者的废弃物。公约的基本原则是禁止向海洋倾倒某些特定的废弃物,在倾倒另外一些废弃物前需要取得特别的许可,其余的废弃物则需取得一般许可。

《伦敦公约》通过附件列举受管制物质的形式对向海洋倾倒的废物分门别类地实行控制。附件 1 规定了禁止向海洋倾倒的废弃物;附件 2 则规定了可以倾倒的废弃物质,但事先必须获得特别的许可;附件 3 规定了事先必须获得许可倾倒的废弃物质。

4. 控制国家管辖的海底活动造成的污染

《联合国海洋法公约》将总面积 3.61 亿平方公里的海洋依其法律地位分为三类不同区域:国家管辖海域、公海和国际海底。其中"国际海底"是指国家管辖海域范围(领海、专属经济区和大陆架)以外的海床和洋底及其底土。由于国家对超出 200 海里的外大陆架仍具有管辖权,国际海底应全属于深海的范畴,是深海海底的主要部分。国际海底区域内蕴藏着丰富的战略金属、能源和生物资源。伴随着世界范围内海洋经济时代的到来,国际海底丰富的资源为人类提供了巨大的利益前景,并在地球科学、生命科学、环境科学等许多领域具有重大的科学研究价值。作为全人类的共同继承财产,所有沿海国家和内陆国家都非常关注国际海底区域的研究、开发和管理,因此形成了专门的国际法律制度,并根据《联合国海洋法公约》缔约国按照公约第十一部分和《关于执行〈公约〉第十一部分的协定》,设立了专门管理国际海底事务的国际机构——国际海底管理局(International Seabed Authority, ISA)

《联合国海洋法公约》第208条和第214条对各缔约方在控制海底活动造成的污染方面应采取的措施作了规定。公约规定,沿海国应制定法律和规章,以防止、减少和控制来自受其管辖的海底活动或与此种活动有关的对海洋环境的污染以及来自有关管辖下的人工岛屿、设施和结构对海洋环境的污染,并且规定这种法律、规章和措施的效力应不低于国际规则、标准和建议的办法及程序。

在对海底油田开发行为污染海洋的控制方面,欧洲于1976年签订了《关于欧洲地区海底开发致油污损害责任公约》(Convention on Civil Liability for Oil Pollution Damage resulting from Exploration for and Exploitation of Seabed Mineral Resources)。

在有关深海海底资源的开发方面,《联合国海洋法公约》还规定,缔约方可以发动包括实行环境影响评价及停止施工在内的紧急命令。

国际海底管理局负责组织成员国在国家管辖范围外的深海底进行的活动,特别是管理该区域矿物资源的活动。国际海底管理局是一个独立的政府间组织,总部设立在牙买加首都金斯敦。根据《联合国海洋法公约》第156条的规定,公约缔约国为国际海底管理局的当然成员国。截至2010年6月,《联合国海洋法公约》有160个缔约方,根据《关于执行〈公约〉第十一部分协定》有138个缔约方。管理局采用召开届会的方式开展工作,其间所有机构均举行会议。在2013年7月举行的国际海底管理局第19届会议上,通过了对《"区域"内多金属结核探矿和勘探规章》(Regulations on Prospecting and Exploration for Polymetallic Nodules in the Area)修正案;并核准了中国大洋矿产资源研究协会和日本国家石油、天然气和金属公司分别提交的两份富钴结壳勘探矿区申请;通过了有关勘探合同管理和监督费用的决定。

(三) 海洋生态保护

除了防止海洋环境污染,保护海洋生态和海洋生物的多样性也是防止海洋环境恶化的重点。

首先,以全球为对象的《联合国海洋法公约》为海洋及其资源的养护和可持续利用确立了法律框架。自《里约会议》以来,海洋生物多样性的养护和可持续利用问题逐步被引入国际公约和原则中。《二十一世纪议程》《我们希望的未来》以及《2030年可持续发展议程》中的可持续发展目标都强调海洋和沿海地区对地球生态系统的重要性,因此各国应当保护海洋生态以及其生物多样性。2017年,联合国海洋可持续发展大会通过了《我们的海洋、我们的未来:行动呼吁》(Our Ocean, Our Future: Call for

Action)宣言,承诺按时实现可持续发展目标 14 即保护和可持续利用海洋和海洋资源以促进可持续发展。同年,联合国还宣布了"海洋科学促进可持续发展国际十年(2021—2030)"作为扭转海洋健康衰退趋势并召集全球海洋利益相关方形成的共同框架。

其次,海洋生态保护中对公海生物多样性的保护从 21 世纪初开始迅速引起国际广泛关注。但是,公海治理碎片化和缺乏具有法律约束力的国际制度导致公海所面临的挑战无法被有力地回应。因此,2015 年联合国大会决定根据《联合国海洋法公约》的规定就国家管辖范围以外区域海洋生物多样性(Biological diversity of areas beyond national jurisdiction,BBNJ)的养护和可持续利用问题拟定一份具有法律约束力的国际文书。2018 年到 2021 年开展的四次政府间谈判主要围绕包括惠益分享问题在内的海洋遗传资源、包括海洋保护区在内的划区管理工具、环境影响评价以及能力建设及海洋技术转让。2023 年 3 月 4 日,根据《联合国海洋法公约》的规定就国家管辖范围以外区域海洋生物多样性的养护和可持续利用问题拟定一份具有法律约束力的国际文书政府间会议正式落下帷幕,各国就 BBNJ 协定内容基本达成一致,标志着国际海洋环境保护法律领域的重大进展。

此外,海洋保护区(Marine Protected Areas,MPA)是保护海洋生物多样性和维持生态系统服务功能的重要工具。联合国环境规划署(UNEP)表示,海洋受到了过度捕捞、资源开采、旅游、娱乐、沿海开发和污染等多种人类活动的压力,这些活动正在以惊人的速度破坏生态环境并减少海洋物种的数量。海洋保护区被认为是维持海洋健康并避免进一步退化的最佳选项之一,尤其是当它们被纳入更广泛的管理解决方案中时。这能带来生态、社会和经济等多方面的好处,这些好处的结合可能有助于实现多个可持续发展目标,包括减少贫困、改善粮食安全和应对气候变化。因此,海洋保护区已被纳入实现可持续发展目标的行动中。

最后,一些区域公约也增加了关于海洋生态保护的内容。比如,1998 年,《保护东北大西洋海洋环境公约》(OSPAR)增加了新的附件,这些附件关注生物多样性和生态系统,目标是防止其海洋区域生物多样性的丧失,保护生态系统,并恢复受到不利影响的海洋区域。OSPAR 也在东北大西洋建立了海洋保护区网络,截至 2016 年,已有 10 个公海海洋保护区。再比如《南极海洋生物资源养护公约》(Convention on the Conservation of Antarctic Marine Living Resources,CCAMLR)的目的是养护南极海域生物资源,其渊源来自历史上对南大洋海洋资源的过度开发。我国于 2005 年 9 月 19 日批准加入,2005 年 10 月 19 日起对我国生效。2011 年,南极海域生物资源保护委员会就通过了为建立海洋保护区提供的框架。第一个公海海洋保护区,由南极海域生物资源保护委员会管理。

三、自然保护

国际上最早关于自然保护的条约,可溯源于欧洲 19 世纪中叶以保护渡鸟为主的野生动植物保护条约。但是,初期的条约主要是基于人类中心的狭隘价值观念与较短的评价期间制定的。① 自然保护的对象只局限于保护水产业或林业等特定经济资源的开发利用。20世纪60年代以后，随着人类对于自然环境生态整体性的认识，国际法律保护对象从原来特定的自然资源保护扩大到整个自然环境保护，例如从个别物种扩大到整个生态系统、从珍稀濒危物种扩大到生物多样性。

以下将从生物资源以及自然地域保护两方面分别加以介绍。

（一）生物资源

1. 生物多样性保护

关于生物多样性保护的国际立法，实际上从20世纪初就已经开始了。但是早期的国际生物保护立法并没有树立生态系统的观念，并且没有认识到物种保护与人类进步的关系，而是单纯为了利用生物资源以赚取经济利益。随着科学的发展，人们对生物资源的认识有了长足的提高，特别是20世纪初生态学创建以来，对生物多样性价值的认识更上升到伦理学、经济学的高度，支持生物多样性保护的国际公约或协定也不断被制定。

但是，所有这些认识以及生物多样性理念的形成主要局限在发达国家。而对占有地球生物资源多数的大部分发展中国家来说，则很少有这么高的认识，即使认识到也会因为强调发展而忽视对生物多样性的保护和管理。因此，由发达国家主张并制定的支持生物多样性保护公约并不能达成立法的初衷。在这种背景下，联合国环境规划署（UNEP）在1987年决定制定一部《生物多样性公约》（Convention on Biological Diversity），该公约在1992年5月被提交到同年6月召开的联合国里约环境与发展大会签署。

《生物多样性公约》为人类树立了广泛、长期生存发展的观念，从而脱离了人类利益中心主义的狭隘的价值观。目的在于确保保护生物多样性及持久使用其组成部分；促进公平合理地分享由利用遗传资源，包括适当获取遗传资源、适当转让有关技术（需顾及对这些资源和技术的一切权利）以及适当提供资金而产生的惠益。

该公约主要规定了缔约方应将本国境内的野生生物列入物种目录，制订保护濒危物种的保护计划，建立财务机制以帮助发展中国家实施管理和保护计划，利用一国生物资源必须与该国分享研究成果、技术和所得利益，以公平和优惠的条件向发展中国家转让技术或提供便利，要求缔约方酌情采取立法、行政或政策性措施使各国特别是发展中国家有效地参加提供遗传资源用于生物技术研究活动并从中受益。

随着现代生物技术的快速发展，也引发了关于基因工程潜在风险的广泛争论。国际社会对生物安全问题十分重视。为了预防和控制转基因生物可能产生的不利影响，2000年1月在加拿大蒙特利尔召开的《生物多样性公约》缔约方大会特别会议上通过了《卡塔赫纳生物安全议定书》（Cartagena Protocol on Biosafety）。该议定书是依据《里约宣言》原则15所确立的谨慎原则，采取必要保护措施，以规范生物多样性及

---

① 参见日本地球环境法研究会编集：《地球环境条约集》，日本中央法规出版株式会社1999年版，第154页。

其组成可能造成负面影响的改性活生物体(living modified organism, LMO)的运输、处置及使用行为,以保护生物多样性免受由现代生物技术改变的活生物体带来的潜在危险。

议定书主要规定了先行知情同意程序,以确保各国在批准改性活生物体进口之前能够获取作出相关决定所需的信息,并建立了生物安全资料交换机制,以便就涉及生物技术变革的活生物体进行信息交流,并协助各国实施该议定书。此外,议定书还规定了嗣后制定在国际贸易中如何认定改性活生物体更为详细规则的程序。

我国于2005年6月8日批准加入《卡塔赫纳生物安全议定书》,2005年9月6日起对我国生效。

作为卡塔赫纳议定书缔约方会议的缔约方大会第五次会议2010年10月15日在日本名古屋通过了一项称为《卡塔赫纳生物安全议定书关于赔偿责任和补救的名古屋—吉隆坡补充议定书》(TheNagoya—KualaLumpur Supplementary Protocolon Liability and Redress to the Cartagena Protocol on Biosafety)的国际协定。补充议定书通过了一项行政性办法,以解决一旦源于越境转移的改性活生物体非常可能给生物多样性的保护和可持续利用造成损害时采取的应对措施。

如何公正和公平分享利用遗传资源所产生的惠益,是《生物多样性公约》的第三项目标,也是各缔约方一直以来争论的焦点。2010年10月29日缔约方在日本名古屋通过了《关于获取遗传资源和公正公平分享其利用所产生惠益的名古屋议定书》,规定了应就获取遗传资源、惠益分享和履约采取措施的核心义务。中国于2016年6月8日加入该议定书。议定书于2016年9月6日起对中国生效,暂不适用于香港和澳门特别行政区。①

议定书要求国家规定公正和非任意的规则和程序来获取遗传资源,制定明确的事先知情同意程序(prior informed consent)和共同商定的条件,并且在准予获取时颁发许可证或等同的证件。另外,缔约方应根据共同商定的条件同提供遗传资源的缔约方公正和公平地分享利用遗传资源所产生的惠益以及就嗣后的应用和商业化作出规定。支持遵守提供遗传资源的缔约方的国内法律或管制规定的具体义务,以及共同商定的条件中所反映的合同义务,是《名古屋议定书》的一项重要创新。在执行方面,议定书规定了一系列工具和机制,协助缔约方建立国家联络点和主管当局,建立信息获取和惠益分享信息交换所,建立财务机制、技术转让等制度以支持国家履约能力的建设。此外,议定书还对有关获取土著和地方社区所持有的与遗传资源相关的传统知识作出了规定。

2018年11月在埃及沙姆沙伊赫举行的《生物多样性公约》第十四次缔约方大会

---

① 中华人民共和国外交部:《〈生物多样性公约〉及〈卡塔赫纳生物安全议定书〉、〈关于获取遗传资源和公正和公平分享其利用所产生惠益的名古屋议定书〉》,载 https://www.fmprc.gov.cn/web/ziliao_674904/tytj_674911/tyfg_674913/t1201178.shtml, 2020年3月12日访问。

围绕"为人类与地球投资生物多样性"这一主题展开。① 此后,原计划在 2020 年 10 月 15 日至 28 日举行的《生物多样性公约》第十五次缔约国大会(The 15th Conference of the Parties to the Convention on Biological Diversity, COP15),受 2020 年新冠病毒疫情影响,被重新安排至 2021 年 10 月 11 日至 15 日以及 2022 年 12 月 7 日至 19 日,在中国昆明和加拿大蒙特利尔分两阶段进行。此次大会主题为"生态文明:共建地球生命共同体"。

在大会的第一阶段,高级别会议正式通过了《昆明宣言》(Kunming Declaration),这为制定、批准和实施《2020 年后全球生物多样性框架》提供了坚实的政治基础。宣言还作出增加为发展中国家提供实施上述框架所需的资金、技术和能力建设支持以及优化和建立有效的保护地体系等承诺。

在大会的第二阶段,缔约方在 2022 年 12 月 19 日采纳了《昆明-蒙特利尔全球生物多样性框架》(The Kunming-Montreal Global Biodiversity Framework),这一框架替代了《生物多样性公约》2011—2020 年的战略计划(The Strategic Plan for Biodiversity 2011—2020)和其爱知目标(Aichi Targets)。框架包括 4 个全球 2050 年的目标和 23 个全球 2030 年的目标,分别涵盖了生物多样性的保护与恢复、自然对人的贡献、获取和共享利益以及主流化和实施的工具和解决方案四个广泛的主题。

作为东道主,中国向世界释明了中国愿同世界各国、国际组织携手合作,共同推进全球生态环境治理的立场和诚意。中国提供的多项生物多样性保护的新举措,为全球生物多样性保护作出了中国贡献,提供了中国智慧和中国方案。在《生物多样性公约》第十五次缔约方大会召开之前,中国于 2021 年 10 月 8 日发布了《中国的生物多样性保护》白皮书,这是中国在生物多样性领域的第一部白皮书。白皮书以习近平生态文明思想为指导,介绍中国生物多样性保护的政策理念、重要举措和进展成效,介绍中国践行多边主义、深化全球生物多样性合作的倡议行动和世界贡献。正文包括四个部分,分别是:秉持人与自然和谐共生理念、提高生物多样性保护成效、提升生物多样性治理能力、深化全球生物多样性保护合作。白皮书展示了中国持续加大生物多样性的保护力度,并积极参与全球生物多样性治理进程的明确承诺和行动。

2. 野生动植物贸易

控制野生动植物贸易的国际条约是 1973 年制定的《濒危野生动植物物种国际贸易公约》(Convention on International Trade in Endangered Species of Wild Fauna and Flora, CITES)。该公约的目的是通过国际合作确保野生动物和植物物种的国际贸易不至于威胁相关物种的生存;通过在科学主管机构的控制下由管理当局签发进出口许可证制度来保护某些濒危物种,使之不致遭到过度的开发与利用。公约所谓的国际贸易除陆生濒危野生动植物的贸易外,还包括将在公海上捕获的动植物带入陆地的贸易。

---

① 新华网:《联合国〈生物多样性公约〉第十四次缔约方会议在埃及开幕》,载 http://www.xinhuanet.com/world/2018-11/17/c_1123729296.htm, 2019 年 11 月 17 日访问。

作为控制对象的动植物,主要在该公约的附件1、2、3中予以了规定。其中,附件1所列为"所有受到或可能受到贸易的影响而有灭绝危险的物种",对这类物种原则上禁止进行商品贸易。附件2所列为"目前虽未濒临灭绝、但是如果不对贸易予以严格管理,以防不利于它们生存的利用,就可能成为灭绝危险的物种"以及"为了使附件2所列某些物种标本的贸易能得到有效的控制,而必须加以控制的其他物种";附件3所列则为"任何成员国认为属其管辖范围内的、应当进行管理以防止或者限制开发和利用,而需其他成员国合作控制贸易的物种"。对于附件2、3规定的野生动植物的贸易,公约规定在符合进出口规定且得到许可的条件下可以进行。

2019年8月17—28日,《濒危野生动植物种国际贸易公约》第18届缔约方大会在瑞士日内瓦召开。此次大会共讨论了由各缔约方提交的107项政策性议题,主题涵盖了濒危野生动植物的贸易管制、立法、执法以及发展战略、行政与财政等领域,同时审议了57项附录修订提案。会议共通过了300余项决议决定。

3. 迁徙性动物物种

1979年制定的《野生动物迁徙物种养护公约》(Convention on the Conservation of Migratory Species of Wild Animals)是以保护迁徙性野生动物(即具有周期性、规则性的跨越国界的动物)为目的。该公约的目的是通过制定并实施合作协议,禁止捕捉濒危物种,保护其生境(生存环境)及控制其他不良的影响因素,以保护那些越过各国管辖边界或在边界外进行迁徙的野生动物物种。作为条约的对象物种,在该公约附件1列出了濒临灭绝的物种,并规定实行强制性保护;在附件2列出了目前保护状况不佳、需要签订国际协议来加强保护和管理,或者加强国际合作以改善其保护状况的物种,对于这类物种的保护主要是在迁徙全过程中进行的,因此公约的实施可能涉及许多国家。

在关于保护候鸟的条约方面,主要是对有关候鸟通过列表的形式宣布予以保护,同时规定对鸟类及其鸟卵的捕获实行管制、对鸟类的贸易与占有的限制、设立保护区、环境保全、对外来物种的管理以及共同调查等形式来进行的。

在国际上,候鸟保护的国际条约主要是采取多边或双边协定的形式,例如在美国、日本、俄罗斯、澳大利亚和中国等国之间都签订有许多双边的条约或协定。例如,中国和日本两国于1981年签署了《保护候鸟及其栖息环境协议》(Protocol on Protection of Migratory Birds and Their Habitat Environment)。

4. 其他

在有关水产资源的条约方面,主要是以可持续利用为目的,对渔区、渔期、渔法予以管理,并导入新的最大可持续获渔量方式和控制混获(incidental catch,指对非对象鱼类生物予以同时捕获)来进行的。其中,最大可持续获渔量方式已经在《联合国海洋法公约》第61条以及1946年《国际捕鲸管制公约》(International Convention for the Regulation of Whaling)附件10中予以规定。中国于1980年加入了《国际捕鲸管制公约》。

1986年国际捕鲸委员会禁止了商业捕鲸活动,但是仍然有一些国家在坚持捕鲸活动。目前,日本、挪威和冰岛仍然以科研、公约中存在的漏洞或者退出公约为由进行商业捕鲸活动。

此外,在1980年《南极海洋生物资源养护公约》(Convention on the Conservation of Antarctic Marine Living Resource)以及1992年《北太平洋溯河性鱼种公约》(Convention for the Conservation of Anadromous Stocksin the North Pacific Ocean)等条约中则对混获和生态要素予以了重视,在《南太平洋禁止流网渔业公约》(Convention for the Prohibition of Fishing with Long Driftnetsin the South Pacific)中还规定禁止使用流网的渔法。

为最有利于实现在中西部太平洋高度洄游鱼类分布的整个区域对其有效养护和管理的目标,2000年9月4日联合国通过了《中西部太平洋高度洄游鱼类种群养护和管理公约》(Convention on the Conservation and Management of Highly Migratory Fish Stocksin the Western and Central Pacific Ocean),我国于2004年11月2日交存了加入书。该公约于2004年12月2日对我国生效。①

(二)自然地域

1. 森林保护

1983年国际热带木材组织制定了《国际热带木材协定》(International Tropical Timber Agreement),这是一部以长期、可持续利用热带木材贸易为目的的国际商品协定,目的在于为热带木材生产国和消费国之间的合作和协商提供一个有效的框架;促进国际热带木材贸易的扩大和多样化以及热带木材市场结构的改善;促进和支持研究和开发工作;加强市场情报的交流;鼓励制定旨在持续利用和保护热带森林及其遗传资源、维护有关地区的生态平衡的国家政策;采纳了只以实施可持续森林管理的森林所生产的木材作为贸易对象而确定的"2000年目标",即通过国际合作和援助,努力使成员国确保在2000年进入国际贸易的热带木材都产自实行可持续管理的森林。

该协定具体的规定还包括,为改善热带木材市场进行国际合作,奖励森林管理与木材利用有关的发展研究、特别是发展中国家林业养护与相关产业的研究,以及制定国家基本政策等。此外,该协定还分别确立了有关自然林与人工林以及生物多样性的指导方针。

该协定不仅是商品协定,而且对虽有热带雨林但没有进行木材贸易的国家而言,根据其资源保有量在国际热带木材机构也确认享有投票权。中国于1986年加入该协定。

1994年1月26日,该协定的缔约方在日内瓦订立了《1994年国际热带木材协定》(1994 International Tropical Timber Agreement),作为1983年协定的后续协定,重申了该协定的基本内容,并增加了一些新的条款。

1992年联合国里约环境与发展大会通过了《关于森林问题的原则声明》(Non-

---

① 北大法宝:《中西部太平洋高度洄游鱼类种群养护和管理公约》,载http://www.pkulaw.cn/fulltext_form.aspx? Db = eagn&Gid = 402cd6728d1eaa0fbcd1db3d190c9506bdfb&keyword = % E9% B1% BC% E7% B1% BB&EncodingName = &Search_Mode = accurate&Search_IsTitle = 0,2018年4月5日访问。

Legally Binding Authoritative Statement of Principles for a Global Consensus on the Management, Conservation and Sustainable Development of All Types of Forests），是发展中国家，尤其是有热带雨林资源的国家，和发达国家激烈争论后妥协的产物。该声明提出了 15 项原则，主要是强调国家开发资源的主权、森林的可持续开发利用，以及发达国家向发展中国家提供财务资源和技术转移等国家合作。但是声明中对于如何保护和利用森林，发达国家同发展中国家仍未达成一致共识。

2000 年 10 月，联合国经济和社会理事会建立了一个拥有全球会员的、高级别的政府间组织联合国森林问题论坛（United Nations Forumon Forests）。其任务在于促进森林的管理、保护和可持续发展，监督会员国政府长期政策关注。论坛每年召开会议，加强对森林问题的长期优先关注，并回顾过去政府间组织行动的执行情况。[①]

2018 年 3 月 23 日，由联合国森林论坛（UNFF）主办、国家林业局承办的联合国森林论坛专家会议在四川省都江堰市举行，来自 40 多个国家与 7 个国际组织和主要团体的 60 多名官员和专家参加了此次会议。[②]

为了发展中蒙两国人民的友好关系，预防、扑灭和相互通报两国边境地区的森林、草原火灾，并减少可能出现的损失，1999 年 7 月 15 日，中国与蒙古国政府签订了《中华人民共和国政府和蒙古国政府关于边境地区森林、草原防火联防协定》（Agreement between the Government of People's Republic of China and the Government of Mongolia on the Prevention of Forest and Grassl and Fires in Border Areas）。[③]

为在平等互利的基础上进一步发展在共同开发和利用森林资源方面的长期合作，2000 年 11 月 3 日，中国与俄罗斯联邦政府签订了《中华人民共和国政府和俄罗斯联邦政府关于共同开发森林资源合作的协定》（Agreement Between the Government of People's Republic of China and the Government of Russian Federation on Cooperation in the Development of Forest Resources）。[④]

为更好地推动实现林业领域互利互惠的合作，2006 年 11 月 21 日，中国和印度签订了《中华人民共和国国家林业局和印度共和国环境与森林部关于林业合作的协议》（Agreement on Forestry Cooperation）。[⑤]

为促进气候变化与森林可持续经营活动的协同增效，努力推动森林可持续经营

[①] United Nations Forum on Forests, http://www.un.org/esa/forests/,2018 年 4 月 5 日访问。
[②] 国家林业局：《联合国森林论坛专家会议在四川省都江堰市举办》，载 http://www.forestry.gov.cn/main/586/content-1085586.html,2018 年 4 月 5 日访问。
[③] 北大法宝：《中华人民共和国政府和蒙古国政府关于边境地区森林、草原防火联防协定》，载 http://www.pkulaw.cn/fulltext_form.aspx? Db = eagn&Gid = c89011993818061bb542fb8174c14095bdfb&keyword = % E6% A3% AE% E6% 9E% 97&EncodingName = &Search_Mode = accurate&Search_IsTitle = 0,2018 年 4 月 5 日访问。
[④] 北大法宝：《中华人民共和国政府和俄罗斯联邦政府关于共同开发森林资源合作的协定》，载 http://www.pkulaw.cn/fulltext_form.aspx? Db = eagn&Gid = e8779ab1563b9e283b6b8598d02e32ffbdfb&keyword = % E6% A3% AE% E6% 9E% 97&EncodingName = &Search_Mode = accurate&Search_IsTitle = 0,2018 年 4 月 5 日访问。
[⑤] 北大法宝：《中华人民共和国国家林业局和印度共和国环境与森林部关于林业合作的协议》，载 http://www.pkulaw.cn/fulltext_form.aspx? Db = eagn&Gid = e256ff67a3bf1a7a8183e5b7515569c1bdfb&keyword = % E6% A3% AE% E6% 9E% 97&EncodingName = &Search_Mode = accurate&Search_IsTitle = 0,2018 年 4 月 5 日访问。

的实施和全球森林目标的实现,2012 年 5 月 13 日,中国、日本、韩国三国签订了《第五次中日韩领导人会议关于森林可持续经营、防治荒漠化和野生动物保护合作的联合声明》(Joint Statement on Cooperation in Forest Sustainable Management, Desertification Control and Wild Animals Protection)。①

2. 湿地保护

国际上关于湿地保护的条约是 1971 年《关于特别是作为水禽栖息地的国际重要湿地公约》(以下简称"《湿地公约》")(Convention on Wetlands of International Importance especially as Waterfowl Habitat)。制定该公约的目的在于制止目前和未来对湿地的逐渐侵占和损害,确认湿地的基本生态作用及其经济、文化、科学和娱乐价值;鼓励"明智地利用"世界的湿地资源;协调国际合作。

该公约所定义的湿地,是包括淡水、海水,以及所有与水相关的场所且不管是否为人工或者暂时性的水域。按照缔约方的指定将这些国际上重要的水域予以登记造册进行保护。

公约规定,应当按照生态学、植物学、湖沼以及水文科学的国际意义确定选入名册的湿地,尤其是应当先行将作为水禽栖息地的国际重要湿地予以确定。缔约方应当制订计划保护列入名册的湿地并促使其合理利用,特别是执行环境影响评价、控制利用过剩、制订和实施有公民参与的环境管理计划,指定登记、设立自然保护区等措施。当湿地发生变化或者变更保护计划时,还应当向国际执行当局通报。

2015 年 6 月 2 日,《湿地公约》第 12 届缔约方大会在乌拉圭埃斯特角城开幕。会议重点关注公约财经事务、国际重要湿地等议题,会议期间,中国政府代表团会见了公约秘书长和湿地国际执行总裁,通报了中国与相关国际组织开展交流和合作的情况,介绍了中国近年来在湿地保护和管理上取得的巨大成就。

2018 年 10 月 22 日,《湿地公约》第 13 届缔约方大会在阿联酋迪拜召开。大会以"湿地,城镇可持续发展的未来"为主题,聚焦了诸如国际重要湿地的状况、区域性议案、小型湿地的保护,以及湿地与气候变化等重要问题。2022 年 12 月《湿地公约》第十四届缔约方大会分别在中国武汉设线上线下主会场、在瑞士日内瓦设线上线下分会场举行,主题为"珍爱湿地,人与自然和谐共生"。大会通过的《武汉宣言》指出,自《湿地公约》缔结 51 年来,尽管已指定 2466 个国际重要湿地,认定了 43 个湿地城市,发起了 19 项区域倡议,各方为实现湿地持续保护作出了许多努力,但全球自然湿地面积仍减少了 35%。宣言呼吁各方采取行动,遏制和扭转全球湿地退化引发的系统性风险。

3. 自然遗产保护

在自然遗产方面主要制定有 1972 年《保护世界文化和自然遗产公约》

---

① 北大法宝:《第五次中日韩领导人会议关于森林可持续经营、防治荒漠化和野生动物保护合作的联合声明》,载 http://www.pkulaw.cn/fulltext_form.aspx? Db = eagn&Gid = 5fafb51ed0e3aa43525be229dddb6966bdfb&keyword = % E6% A3% AE% E6% 9E% 97&EncodingName = &Search_Mode = accurate&Search_IsTitle = 0,2018 年 4 月 5 日访问。

(Convention Concerning the Protection of the World Cultural and Natural Heritage)。该公约的目的在于为集体保护具有突出的普遍价值的文化遗产(具有文化价值的纪念物、建筑物、地址等)与自然遗产(自然或者靠生物作用的形成物、稀有生物物种的栖息地等)建立一个根据现代科学方法制定的永久性的有效制度;为具有突出的普遍价值的文物古迹、碑雕和碑画、建筑群、考古地址、自然面貌和动物与植物的生境提供紧急和长期的保护。

该公约对文化遗产、自然遗产规定了明确的定义,要求缔约方在充分尊重文化遗产和自然遗产所在国主权的同时,承认这些遗产同时也是世界遗产的一部分,并且世界各国都有责任对它们予以保护。

公约认为,有关国家应当认定、保护、保存、整理和运用本国内的各类遗产,对此还应当制定综合性的基本政策、设立行政机关、奖励调查研究以及采取必要的法律、财政措施。为了养护、恢复发展中国家的文化和自然遗产,该公约确立了提供资金和技术等国际合作与援助的体制。

中国于1985年加入该公约。

2017年,联合国教科文组织《保护世界文化和自然遗产公约》缔约方大会在巴黎总部举行,会议选举产生了世界遗产委员会的12个新成员,中国当选世界遗产委员会委员,任期为4年。①

4. 南极保护

1959年签署的《南极条约》(Antarctic Treaty)确立了南极洲的法律框架,"冻结"了世界各国对南极主权的争夺。南极保护等问题主要由《南极条约》予以调整,该公约的目的在于确保永久和平利用南极资源。由于科学研究发现南极地域冰层下拥有大量可供开采的矿产资源,因此南极的自然环境保护便成为一个国际问题。

1988年在《南极条约》下通过了《南极矿产资源活动管理公约》(Convention on the Management of the Activities of Antarctic Mineral Resources),规定设立南极矿产资源委员会,对南极地域实行环境影响评价,以及对在南极从事矿产资源开发实行严格的条件限制等措施。到1991年10月又签署了《关于南极条约的环境保护议定书》(Protocol to the Antarctic Treaty on Environmental Protection),规定至少在50年内禁止在南极进行一切有关矿产资源的开发活动。该公约的5个附件中分别规定了"南极环境评估""南极动植物保护""南极废物处理与管理""防止海洋污染"和"南极特别保护区"。根据公约及附件的规定,各缔约国需负责清理遗留在南极大陆的垃圾,对固体废弃物、食品废弃物、化学药品废弃物及可燃性废弃物要采取不同处理方式,以避免对南极环境造成损害。中国政府于1991年加入该公约。

除此之外,有关南极的环境保护条约还有1964年《南极动植物保护议定书》(Protocol for the Protection of Antarctic Animals and Plants)、1972年《南极海豹养护公

---

① 人民网:联合国教科文组织世界遗产委员会改选 韩国落选,http://world.people.com.cn/n1/2017/1116/c1002-29648872.html,2018年4月5日访问。

约》(Convention on the Conservation of the Antarctic Seals)以及1980年《南极海洋生物资源养护公约》(Convention for the Conservation of Antarctic Marine Living Resources)等。2009年4月在美国巴尔的摩举行了第32届《南极条约》协商会议,美国提出的对前往南极的游船大小以及游客数量设置限制的建议得到了与会的28个协商国的一致同意,该建议的目的是减少人类活动对南极环境的影响。

2017年5月23日,第40届《南极条约》协商会议在北京开幕。中共中央政治局常委、国务院副总理张高丽出席开幕式并致辞。张高丽表示,中国高度重视南极治理和发展。中国国家主席习近平指出,南极科学考察意义重大,是造福人类的崇高事业,中方愿同国际社会一道,更好认识南极、保护南极、利用南极。中国国务院总理李克强提出,要进一步推动极地考察向更深程度、更广范围、更高层次发展。南极地区地理位置和生态环境极为特殊,对全球气候变化和人类生存发展具有重要影响。1959年签署的《南极条约》确立了南极治理的基本法律框架,开启了人类合作协商南极事务的新时代。①

5. 防止荒漠化

荒漠化主要是由于过度开采燃材料、过度放牧以及自然现象所共同造成的。鉴于人为原因所导致的荒漠化现象不断加剧,国际社会从20世纪70年代就开始讨论防治荒漠化问题。在1992年联合国里约环境与发展大会上,荒漠化也是会议所讨论的主要议题,特别是非洲国家则更是强烈要求制定条约。为此,国际社会于1994年在巴黎通过签署了《联合国防治荒漠化公约》(Convention to Combat Desertification)。

该公约的目的在于:在发生严重干旱和(或)荒漠化的国家,特别是在非洲,防治荒漠化和减轻干旱的影响,以期协助受影响地区实现可持续发展。

公约除将人类活动作为控制对象以外,还将自然原因导致的干旱也作为控制对象。这主要是出于早期警报以及粮食储备方面的考虑。由于荒漠化被认为是与贫困和宏观经济活动有关联的问题,因此该公约要求,受到荒漠化和干旱影响的缔约方应当制订行动计划,确保资源的适当分配,对社会经济因素予以充分的理解,同时还应当重视地方的人民、特别是女性和年轻人的作用。另外,公约还要求,发达国家应当对受到荒漠化和干旱影响的缔约方予以科学、技术、教育、训练以及资金等的援助和合作。

2017年9月6日,《联合国防治荒漠化公约》第十三次缔约方大会在中国内蒙古自治区鄂尔多斯市拉开帷幕。本次大会的主题是"携手防治荒漠,共谋人类福祉",主要任务是落实可持续发展议程,制定《公约》新战略框架,确认实现土地退化零增长目标,并筹集资金支持。

2019年9月2日,《联合国防治荒漠化公约》第十四次缔约方大会在印度首都新德里开幕。这次大会聚焦了一系列关键议题,包括土地退化和沙漠化问题,土地使用

---

① 国务院:《张高丽出席第40届南极条约协商会议开幕式并致辞》,载 http://www.gov.cn/guowuyuan/2017-05/23/content_5196197.htm#1,2018年4月5日访问。

和管理方法的创新策略,以及土壤质量的长期稳定性。同时,大会也深入探讨了气候变化与土地退化、生物多样性丧失之间的紧密联系。

四、废弃物及危险物质管理

在较早的时期,国际社会就在有关铁路运输公约、道路交通公约以及欧洲危险物质道路运输协定中对危险物质的运输作出了规定。到了20世纪80年代,由于发达国家将本国的工业废弃物等有害废物出口到没有处理和管理能力的发展中国家,从而导致进口国遭受了大量的污染和损害。有鉴于此,1989年制定了《控制危险废物越境转移及其处置巴塞尔公约》(Basel Convention on the Control of Transboundary Movements of Hazardous Wastes and Their Disposal),对危险废物(有害废弃物)的越境转移问题作了一系列的规定。

另外,由于危险化学品的广泛使用及其所具有的危险性和污染性,需要制定国际规范以保障环境和人类健康。在这方面,重要的国际公约包括《关于在国际贸易中对某些危险化学品和农药采用事先知情同意程序的鹿特丹公约》(Rotterdam Convention on the Prior Informed Consent Procedure for Certain Hazardous Chemicals and Pesticides in International Trade)以及《关于持久性有机污染物的斯德哥尔摩公约》(Stockholm Convention on Persistent Organic Pollutants)。这三个国际公约在国际社会中被统称为"国际危化品三公约"(BRS Conventions),它们的目标是保护环境和人类健康,确保危险化学品的贸易和使用受到适当的控制。2012年,公约的秘书处合并为联合秘书处,通过轮流管理制度或将特定公约的联合服务分配给不同的秘书处,为三大公约的服务和开展联合活动。自2013年首次缔约国大会在日内瓦召开以来,之后的缔约方大会每两年召开一次。2021年的会议主题是"健康地球的全球协议:化学品和废物的合理管理"。

(一)关于《控制危险废物越境转移及其处置巴塞尔公约》

公约的目的在于控制和减少公约规定的危险废物和其他废物的越境转移;把产生的危险废物降低到最低程度,保证对它们进行有利于环境的管理,包括在处置和回收时尽可能地接近危险废物产生源;帮助发展中国家对其产生的危险废物和其他废物进行有利于环境的管理。公约的主要特点在于禁止或者控制危险废物的转移行为,并且还规定禁止缔约方与非缔约方之间进行危险废物贸易。公约强调了危险废物产生国(出口国)对废弃物的责任与义务。并且还要求各缔约方应当谋求对环境进行健全、有效的管理。

公约的核心部分是事先知情同意制度。事先知情同意制度是国际危险物质出口管理的主要法律制度,其主要内容是规定危险物质的出口者必须就拟议中的出口事宜向进口国进行通报,在得到进口国的书面同意后才能出口。公约在第6条详细规定了监视从出口者直到最终接受者的事前通告和事后报告程序以及情报管理程序。这种通告和报告制度要求,必须使情报得到明确传达并对废弃物进行集中的管理和监视,所有国家(包括发展中国家)有必要制定防止危险废物在贸易过程中去向不明的具体措施。

公约的另一个重要内容是对再出口和非法运输的规定。公约规定,在特定情况下,出口国有义务确保将危险废物退运回国。为了防止潜在污染损害的发生,公约要求输出者采取保险和保证的措施予以保障。在违反公约方面,规定了采取退货或者替代措施的义务。在国内法方面,要求将违反条约的行为作为不法交易犯罪对待,并采取法律或行政措施对行为人予以制裁。此外,公约还规定了对缔约方违反公约进行通报的制度。

《巴塞尔公约》缔约国会议原则上每一年半召开一次,主要讨论和处理在实施《巴塞尔公约》过程中遇到的重大问题,落实公约中提出的各项措施和规定,并作出相应决议。

从1992年11月30日召开第一次缔约国会议至今,《巴塞尔公约》缔约国会议共召开了11次。这些会议达成了一系列成果,如《危险废物越境转移及管理的国家法律范本》(Model National Legislation on the Management of Hazardous Wastes and Other Wastes as well as on the Control of Transboundary Movements of Hazardous Wastes and Other Wastes and their Disposal)、《巴塞尔公约缔约国议事规则》(Rules of Procedure of the States Parties to the Basel Convention)、《巴塞尔责任和赔偿议定书》(Protocol on Liability and Compensation for Damage Caused by Transboundary Movements of Hazardous Wastes and Their Disposal),等等。其中,于1999年12月10日由公约缔约方签订的《关于危险废弃物越境转移及其处置所造成损害的责任与赔偿问题的议定书》是第一个全球性的关于危险废物造成环境损害与赔偿责任的国际条约,该条约规定了关于包括合法与非法国际运输危险废物的过程中,因事故或其他方面的原因所造成的危险废物的泄漏,而造成的环境损害与赔偿责任。

(二)《关于在国际贸易中对某些危险化学品和农药采用事先知情同意程序的鹿特丹公约》

目前,国际市场上的化学品贸易品种大约有70000种,每年新增大约15000种。许多已经被发达国家禁止使用的化学品仍然在发展中国家销售和使用。1998年9月,联合国粮农组织全体大会决定,以自愿的方式使用"事先知情同意程序",实现对危险化学品和化学农药国际贸易的控制。1998年9月签订了《关于在国际贸易中对某些危险化学品和农药采用事先知情同意程序的鹿特丹公约》(下称《鹿特丹公约》),以强制性规定取代先前自愿性的规定,该公约并于2004年2月24日正式生效。2004年12月29日中国全国人大常委会通过了《关于批准〈关于在国际贸易中对某些危险化学品和农药采用事先知情同意程序的鹿特丹公约〉的决定》。

《鹿特丹公约》明确规定,进行危险化学品和化学农药国际贸易各方必须进行信息交换。出口方需要通报进口方及其他成员其国内禁止或严格限制使用化学品的规定。发展中国家或转型国家需要通告其在处理严重危险化学品时面临的问题。计划出口在其领土上被禁止或严格限制使用的化学品的一方,在装运前需要通知进口方。出口方如出于特殊需要而出口危险化学品,应保证将最新的有关所出口化学品安全的数据发送给进口方。各方均应按照公约规定,对"事先知情同意程序"中涵盖的化学品和在其领土上被禁止或严格限制使用的化学品加注明确的标签信息。公约各方还同意,开展技术援助和其他合作,促进相关国家加强执行该公约的能力和基础设施建设。

(三)《关于持久性有机污染物的斯德哥尔摩公约》

持久性有机污染物(persistent organic pollutants,POPs),是指在环境中难以降解、能够在生物体内蓄积并沿食物链放大、且能对人体健康及环境构成各种负面影响的有机污染物。有证据显示,这些物质可以通过长距离迁移到达一些从未使用或生产过它们的地区,对环境构成严重威胁。在人类活动造成的所有污染物中,持久性有机污染物的危害最大,它们具有"致癌、致畸、致突变"效应,严重影响人体的生殖系统、免疫系统和神经系统。基于对以上危害的认识,2001年5月23日,各国共同签署了《关于持久性有机污染物的斯德哥尔摩公约》。根据公约,各缔约方将采取一致行动,首先消除12种对人类健康和自然环境最具危害的持久性有机污染物[1],公约还规定,被列入控制的持久性有机污染物清单是开放性的,将来会随时根据规定的筛选程序和标准进行扩充。

2004年6月25日中国全国人大常委会通过了《关于批准〈关于持久性有机污染物的斯德哥尔摩公约〉的决定》。

五、核活动及其损害的控制

核活动分为军用方面和民用方面。调整核军用方面的条约主要有1968年通过的《不扩散核武器条约》(Treaty on the Non-Proliferation of Nuclear Weapons)、1971年通过的《禁止在海床洋底及其底土安置核武器和其他大规模毁灭性武器条约》(Treaty on the Prohibition of the Emplacement of Nuclear Weapons and Other Weapons of Mass Destruction on the Sea-Bed and the Ocean Floor and in the Subsoil there of)、1996年通过的《全面禁止核试验条约》(Comprehensive Nuclear Test Ban Treaty)和2005年通过的《制止核恐怖主义行为国际公约》(International Convention for the Suppression of Acts of Nuclear Terrorism)。

在核的民用领域,国际法的宗旨是促进核的和平利用,在保障公民的生命健康、财产和生态环境的基础上,进行核活动,增进人类的福祉。

1. 核损害责任

为了能够在事故发生后对损害予以全面救济,目前各国法律都规定对核损害赔偿实行严格责任、绝对责任或结果责任等无过失责任制度。关于原子能损害责任的国际立法,主要有1960年《核能领域中第三方责任巴黎公约》(Paris Conventionon Third Party Liability in the Field of Nuclear Energy)(下称《巴黎公约》)、1963年《补充

---

[1] 它们是:艾氏剂、狄氏剂、异狄氏剂、滴滴涕、七氯、氯丹、灭蚁灵、毒杀芬、六氯苯、多氯联苯、二噁英和呋喃。

巴黎公约的布鲁塞尔公约》(Brussels Convention supplementary to the Paris Convention)（下称《布鲁塞尔公约》）以及 1963 年《关于核损害民事责任的维也纳公约》(Vienna Convention on Civil Liability for Nuclear Damage)（下称《维也纳公约》）。《巴黎公约》后来又为其追加议定书(1964 年)及其修正议定书(1982 年)予以修正。

《巴黎公约》是由 OECD 起草完成草案的,其缔约方主要都是欧洲国家。《维也纳公约》是由国际原子能机构起草完成草案的,其缔约方则主要是发展中国家,目的在于制定最低限度的标准,为由于和平使用核能而导致的损害提供资金保障。

上述两个公约在内容方面有很多类似之处。例如,将在运输过程中发生的事故也包含在内,并且不论国籍、住所或者居所如何都可以适用。且事故发生时所产生的赔偿责任全部集中于原子能作业者,即对其实行无过失责任,除非法庭可以判决是受害一方的过错所为,或者核事故是直接由武装冲突、内战、叛乱或预料之外的严重自然灾害造成。另外,在责任的赔偿金额、时间方面虽然都受到了限制,但是必须依靠强制保险来支付。在后来的《布鲁塞尔公约》中,还对与国家有关的作业方面规定增加了赔偿数额。

然而,当非缔约方受到损害时不适用上述两条约。对此,当发送者与接受者,以及事故发生地与被害发生地只有一方为上述两条约的缔约方时,就应当考虑上述两条约是否适用或者法院在管辖上的困难等问题。于是 1988 年由国际原子能机构和 OECD 在维也纳举行会议并通过了《关于适用〈维也纳公约〉和〈巴黎公约〉的联合议定书》(Joint Protocol on the Application of Vienna Convention and Paris Convention),并于同日开放供签署。自此,上述两条约与其他有关的条约在主体方面扩大了缔约方的主体适用范围。

此外,在上述两公约之后,1997 年通过了《核损害补充赔偿公约》(Convention on Supplementary Compensation for Nuclear Damage)。2004 年,OECD 对《巴黎公约》进行修订,修订后的该公约取消了原规定的核电站营运者对特大自然灾害引起的核事故造成的核损害免责的条款,这意味着核损害的免责范围被缩小。同时,也将生命丧失和人身伤害的索赔期限延长为核事故发生之日起 30 年,这意味着核损害索赔期限得到延长。诉讼时效的延长大大提高了理赔的复杂性和长期性,这在很大程度上超出了商业保险的承保范围。

2. 核事故

在苏联切尔诺贝利核电站发生核事故后,国际原子能机构又于 1986 年紧急通过了《关于及早通报核事故公约》(Convention on Early Notification of a Nuclear Accident)与《核事故或辐射紧急情况相互援助公约》(Convention on Assistance in the Case of a Nuclear Accident or Radiological Emergency)。

《关于及早通报核事故公约》的目的是尽早提供可能产生跨界国际影响的核事故情报,以将环境、人群健康和经济上的不利后果减少到最低限度。公约要求,在发生可能导致越境影响的核事故时,必须对事故发生的相关时间、场所、排放放射性物质的种类以及对事故状况的判断等情报及其他基本情报等进行通报。

《核事故或辐射紧急情况相互援助公约》的目的是建立一个国际体制,以便在发生核事故或辐射紧急情况时,缔约方能够直接从国际原子能机构和其他国际组织迅速获得援助;最大限度地减轻后果,保护生命、财产和环境免受放射性释放的影响。公约规定在发生核事故或者放射性紧急事态时应当将影响限制在最小限度内,还规定了防止放射性损害、保护人体生命以及环境的紧急援助活动等措施。

中国于 1987 年加入了上述两个公约。

3. 核安全与核安保

在核安全与核安保方面,主要由国际原子能机构制定了下述三个公约:

(1)《核材料实物保护公约》

《核材料实物保护公约》(Convention on the Physical Protection of Nuclear Material)于 1980 年制定并于 2005 年修订。公约的目的在于从根本上保护国内核材料的使用、贮存和运输,防止因非法取得和使用核材料而可能引起的危险。中国政府于 1988 年加入该公约。

(2)《核安全公约》

切尔诺贝利核电站事故引起了人们对核设施的安全性的高度关注。为此,1994 年国际原子能机构制定并通过了《核安全公约》(Convention on Nuclear Safety),目的在于加强国际核技术交流与合作,在世界范围内实现和维持高水平的核安全,在核设施内建立有效防止潜在辐射危害发生的防御措施,防止带有放射性后果的事故发生并减轻事故的危害后果。

《核安全公约》只适用于民用核电站,军事设施与其他处理设施等不适用该公约。鉴于各国的技术水平不一,公约没有规定统一的基准与罚则,只是要求各国在促进教育和训练、制订紧急应对计划方面进行国际合作。并且要求关闭那些安全性不能提高的核电站。

中国于 1996 年批准了该公约。2017 年 9 月全国人大常委会通过了《核安全法》。

(3)《乏燃料管理安全和放射性废物管理安全联合公约》

1995 年,国际原子能机构在其基本安全文件——"放射性废物管理原则"中特别强调要建立一个法律框架来对乏燃料安全和放射性废物安全进行管理。1997 年 9 月 1 日—5 日,国际原子能机构在其总部举行会议,并于 9 月 5 日通过了《乏燃料管理安全和放射性废物管理安全联合条约》(Joint Convention on Safety of Spent Fuel Management and Safety of Radioactive Waste Management)。该公约是当事国之间有关放射性废物安全管理以及保护个人与环境免受放射性潜在影响的主要国际法律文件。

2006 年 4 月 29 日,全国人大常委会决定加入该公约。

2011 年 3 月,海啸造成日本福岛核电站发生 7 级核事故并导致较大范围的核泄漏。这一事故的发生重新引发了国际社会对核电站选址、小概率事件与事件叠加的安全应对、核事故应急机制的有效性、监管机制的合理性和企业安全文化、信息公开以及区域性核安全协调沟通机制等核安全问题的关注和讨论。

4. 核安全峰会

进入 21 世纪以来,核安保问题越来越受到各国的重视,很多国家都在倡导核安全和打击防范核恐怖主义。因此,召开核安全峰会的计划被提上日程。自首届核安全峰会(Nuclear Security Summit)于 2010 年 4 月 12 日于美国首都华盛顿召开以来,共召开了四次核安全峰会,分别就核安全威胁和应对措施、核安全的国际合作、核安全体系建设、国际原子能机构的作用以及加强国际核安全体系等问题进行了讨论。

中国一直以来都十分重视核安全问题,中国核安全观的基本原则是:发展和安全并重、权利和义务并重、自主和协作并重、治标和治本并重。[①]

六、贸易与环境

由于经济发展会对环境造成影响,因此各国在制定保护环境政策时也会出现由于实施保护措施而限制国际贸易自由化的问题。

自由贸易和自由竞争是现代国际经济交往的基本原则。因此,为减轻关税以及其他实质性贸易障碍、并在国际通商方面废除差别待遇,国际社会在 1947 年制定了《关税及贸易总协定》(GATT)。多年后缔约方认识到成立世贸组织的重要意义,继而在历经多回合谈判后签订了《成立世界贸易组织协议》(Agreement on the Establishment of the World Trade Organization)。世贸组织于 1995 年 1 月 1 日正式成立。

《关税及贸易总协定》有关贸易自由化的基本原则是非歧视原则(non-discrimination principle),即各成员不得给予其他成员类似产品低于其本成员地域内生产的类似产品的待遇,并且应给予所有其他成员的类似产品同等待遇。而所谓"类似产品",只能以产品最终呈现情形判断,而不能以产品制造过程作为判断的基础。因此,假若一项产品在甲国的制造过程中采取严格的环保管制,而在乙国的制造过程则以对环境极为有害的过程制造,则甲国制造的产品成本(亦即污染控制成本)很可能明显高于乙国的类似产品。但在《关税及贸易总协定》的非歧视原则规定下,进口国或地区不能对来自乙国的产品给予低于来自甲国产品的待遇。

一般认为,世贸组织的如下规定可以协调贸易与环境的冲突。

一是《关税及贸易总协定》(GATT)。《关税及贸易总协定》(1994 年)与环境保护有关的例外主要规定在第 20 条一般例外规定的(乙)款和(庚)款。第 20 条规定:"本协定的规定不得解释为阻止缔约方采用或实施以下措施,但对情况相同的各成员,实施的措施不得构成武断的或不合理的差别待遇,或构成对国际贸易的变相限制:(乙)为保障人民、动植物的生命或健康所必需的措施;……(庚)与国内限制生产与消费的措施相配合,为有效保护可能用竭的天然资源的有关措施。"但是该条款属于总协定的例外条款,对它的适用有着严格的前提条件。

[①] 参见国家主席习近平 2014 年 3 月在第三届核安全峰会上的讲话。

二是世贸组织的《技术贸易壁垒协定》(Technology Trade Barrier Agreement),协定要求缔约方的技术标准仅可以使用国际标准,并以"保护人体健康或者安全,保护动植物的生命、健康或者生育"作为其例外。但由于目前环境保护的控制基准与方法在各国或地区有着很大的差异,所以一律采用国际标准是困难的。

三是世贸组织的《补贴协定》(Subsidies Agreement),协定为了防止国际贸易的扭曲而规定限制使用补贴,但是该协定同时又确认了为促进产业结构的转换而可以在环境政策措施中使用的补贴。

然而,在国际环境保护的领域中,贸易限制往往是最有效的执行措施,因此出现了各国或地区为了环境保护而限制国际贸易的问题。例如,一国可以以他国生产的产品不符合该国环境法规与环境标准的规定为由而抵制他国商品进入该国。然而这样就可能因为造成了实质性的非关税贸易壁垒(即"绿色壁垒",Environmental Barrier),而有可能违反《关税及贸易总协定》的规定。

已经有许多世贸组织成员因为依照其地域的环境保护规定对其他成员采取贸易限制措施,而被提交到世贸组织的争端解决机制,但除了少数案例外,大部分采取环境贸易限制措施的成员都被判定违反了《关税及贸易总协定》的规定。

此外,许多国际多边环境保护协议都规定了与贸易限制相关的措施,以有效保障多边环境协议的执行效果,既包括针对缔约方之间的进出口贸易限制,又包括针对非缔约方的贸易限制,例如:《关于消耗臭氧层物质的蒙特利尔议定书》《控制危险废物越境转移与处置的巴塞尔公约》都有此两种措施的规定。这样就引发了各国或地区依据国际环境公约实施的贸易限制措施是否会与《关税及贸易总协定》及世贸组织的相关规定相冲突的问题。为此,世贸组织成立了"贸易与环境委员会"来研究二者之间的关系。根据贸易与环境委员会的报告,目前含有贸易条款的多边环境协议约有20个,而目前国际上还没有任何成员之间因为依据国际环境公约采取贸易限制措施而提交世贸组织争端解决程序的案例。①

由于全球环境保护和自由贸易的冲突问题,世贸组织从2001年11月开始进行的多哈谈判(the Doha Round)也将"贸易与环境"纳入谈判内容。包括:既存的贸易规则与多边环境协议中贸易义务之间的关系;在环境条约秘书处和世贸组织相关委员会之间定期交换信息的程序,以及给予观察员地位的标准;降低或适当消除对环境货物和环境服务的关税和非关税壁垒。世贸组织总干事帕斯卡·拉米在2008年5月28日对欧洲议会发表关于世贸组织如何对抗气候变化的演讲时表示,与其采取单边措施,世贸组织宁愿等候达成"真正的全球共识"以处理气候变化议题。②

可以说,世贸组织的行动在一定程度上反映了其面对贸易与环境议题的态度。

---

① WTO, Trade and Environment at the WTO, April 2004, http://www.wto.org/english/tratop_e/envir_e/envir_wto2004_e.pdf.,2007年11月20日访问。

② Lamy, A Consensual International Accord on Climate Change Is Needed, http://www.wto.org/english/news_e/sppl_e/sppl91_e.htm,2008年7月8日访问。

第三节　中国与国际环境法律实践

一、国际环境法律实践存在的问题

尽管环境问题的全球化已经得到世界各国的公认,国际社会也已制定了联合行动计划和各项法律措施,但是由于世界各国在政治、经济等方面的既得利益以及各国对本国长远利益的考虑,使得各国在具体履行国际环境条约所确立的全球环境保护义务上还存在着许多意见分歧。这些分歧的背后具有深刻的政治、经济利益的背景。从众多全球环境条约谈判所反映的问题表明,如下因素是造成全球环境合作存在障碍的重要原因。

（一）国家经济利益的差别与矛盾

在世界范围内,发展中国家与发达国家目前处于工业化的不同阶段,因此国民收入和生活水平的差距较大,这就导致它们之间在经济利益与国民偏好等方面有着明显的差异,在对待发展与环境关系问题上的看法也大相径庭。发达国家已经完成工业化并且拥有很高的收入水平,因此有充足的财力来规划本国环境保护事宜,也更偏好于全球的环境利益。

但是在对待全球环境问题方面,发达国家仍然有所偏重。例如它们比较看重发展经济过程中环境污染和资源破坏对全球环境问题的贡献,而对诸如水土流失、沙漠化和水旱灾害等发展中国家面临的紧迫环境问题关注的热情相对较低。发展中国家则面临着贫困和经济的双重挑战,它们多主张高速发展经济,并强调经济发展是发展中国家有效治理环境、参与国际合作的基础和保障。

发达国家与发展中国家由于经济发展程度上的差异而导致其在环境保护的客观条件、能力和观念上也存在着诸多不一致,且将在相当长的时期内广泛存在。

（二）发展中国家短期利益和长期利益之间的矛盾

尽管各国都认为环境保护将有利于国家社会、经济的可持续发展,但多数发展中国家迫于贫困和人口增长等社会问题的压力,不得不在一定程度上以牺牲环境为代价获得短期的经济发展与生活水平的提高。虽然经济发展和环境保护相协调是政府政策的理想选择,但传统的发展模式、投资方式和公民消费方式[①]仍然促使发展中国家走上了发达国家"先污染,后治理"的老路。

现实状况是,发展中国家既对国际社会严格的环境法律措施造成本国经济不能快速增长和贫困不能消除的情况无法忍受,又认为既然发达国家不能成为全球环保的典范,发展中国家也就没有义务来承担这一责任。因此在许多场合,发展中国家的

---

① 联合国经济与社会发展事务处于2002年8月发表了题为《全球挑战与全球机遇》(Global Opportunities, Global Challenges)的报告。报告指出以目前的全球生活标准和自然资源开发利用方式为基础的经济发展模式令人恐慌,报告号召各国改变危及地球及人类的经济发展模式,进一步管理好全球资源,实施可持续发展战略。

态度是如果发达国家不能给予足够的经济和技术援助帮助发展中国家解决贫困问题的话,那么全球环境问题就主要应当由发达国家采取措施解决。

(三) 与环境保护相关的国际规则与标准均不利于发展中国家

在经济全球化的进程中,许多国际经济和贸易规则与标准是基于市场完善的发达国家之间的经济交往关系,在衡平了它们相互利益的基础上由发达国家主持制定的。因此这些规则与标准在制定理念上就对发达国家的既得利益具有保护性,而对发展中国家的利益而言则具有很大的排他性。所以它们大多数对发展中国家通过国际贸易获取经济利益是不利的。

例如,为世贸组织相关规则所认可的"绿色贸易壁垒"(Green Trade Barriers)措施,就是发达国家利用本国环境法律和环境标准抵制输入发展中国家产品的一个最好的例证。发展中国家由于环境立法不完善、国内环境标准相对较低,加上资金、技术和人才的相对不足与落后,在国际组织许多事关国家经济利益的国际标准的起草制定中处于劣势地位,为此许多国际标准并不能反映和适应发展中国家的利益需求。从这个意义上讲,这种状况对发展中国家广泛参与全球环境保护也是一个不利的因素。所以,在2002年8月召开的联合国世界可持续发展首脑大会上,发展中国家的代表纷纷呼吁要建立一个公正的贸易体系。[①]

(四) 传统经济学理论与全球环境问题的现实脱节

目前,有关环境的经济学研究与分析主要是围绕单个国家展开的。传统经济学认为,由于市场失灵是环境问题的主要原因,所以最终的解决还是要依赖政府。但是,对于全球环境问题而言,传统经济学所提出的解决方案并不适用。实践证明,经济的全球化并未改变旧的国际经济关系与秩序,相反在国际投资进程中,它还推进了环境污染和破坏从发达国家向发展中国家转移。

本书认为,环境问题与其他种类的市场失灵在形式上是有区别的,它们最大的不同在于环境问题的发展具有全球蔓延性和扩散性。作为物质的一种形式,各国工业生产所排放的大量污染物并不会从地球上消失,而是逐渐增加并长期存留于地球环境中间。当处于某国境内的企业因排放污染物对邻近国家或全球的环境造成污染和破坏时,全球范围的外部不经济性就产生了。而排放污染物的国家在制定本国环境政策时,一般不会考虑本国经济发展造成其他国家额外成本的增加,并且也并没有直接的证据能证明造成这种额外成本的原因是哪个国家排污所致。

从经济学原理分析,全球环境问题的产生会带来负的外部性(即外部的不经济性),而对它的治理却会带来正的外部性。但是,目前并不存在超越所有主权国家的超级中央政府来统筹制定、强制实施全球环境保护法律和政策,所以任何一个国家的环境立法和政策只能在其本国生效。国家之间的合作只能建立在自愿、平等、互利的

[①] 为了就解决全球环境问题在国际社会谋求广泛的共识,2002年8月联合国专门在南非约翰内斯堡召开了可持续发展首脑大会。虽然发展中国家和发达国家的代表们带来的议题、关注的重点和对会议的期望各不相同,但在一点上他们的认识是共同的:必须立即采取行动,兑现承诺,消除贫困,保护环境,使人类获得可持续发展。

基础上。

所以,全球经济中的环境问题要远比国民经济中的环境问题复杂得多。全球环境问题绝不是单个国家或者国际组织所能克服和解决的,它是全人类所面临的共同挑战。

二、中国与国际环境法的实践

由于全球环境问题是国际社会在 20 世纪 80 年代以后所共同关注的热点,为了在对外国际交往中确立中国对待全球环境问题的原则立场,1992 年年初,国务院环境保护委员会通过了《我国关于全球环境问题的原则立场》的报告。该报告指出,全球环境问题是全人类面临的共同挑战,中国作为一个社会主义大国十分重视生态环境保护,已经将保护环境作为一项基本国策,努力坚持社会经济和生态环境保护协调发展的方针。

随着中国作为世界经济和政治大国的崛起,其在国际舞台上的地位越来越重要。在这一背景下,中国不仅继续主张发达国家承担历史责任应对全球环境问题,还呼吁国际合作解决这些问题。同时,中国秉持"负责任的大国"立场和"共同但有区别的责任"原则,在全球生态环境合作和治理中扮演着参与者、贡献者和引领者的角色。

在应对气候变化方面,中国推动了《巴黎协定》谈判的进展,积极推动南南合作,并致力于在"一带一路"倡议下推进绿色低碳发展。习近平主席在 2020 年 9 月的联合国大会上表示,中国将提高国家自主贡献力度,采取更有力的政策和措施,力争在 2030 年前实现二氧化碳排放峰值,并努力争取在 2060 年前实现碳中和。

在保护生物多样性方面,中国是最早批准《生物多样性公约》的国家之一。自 2019 年以来,中国一直是《生物多样性公约》及其各项议定书核心预算的最大捐助国。中国主办了《生物多样性公约》缔约方大会第十五次会议,这是联合国首次以生态文明为主题召开的全球性会议。多年来,中国将生物多样性保护置于政府工作的重要位置,设立生态红线,并通过严格的监管措施惩治环境污染行为。

随着全球化进程的推进,环境治理已成为全球治理的重要方面,并在实践中形成了各种行为主体之间相互合作、博弈和竞争的局面。面对不断变化的国际格局,中国正在逐渐利用历史机遇,积极促进国际环境合作,为全球环境治理贡献中国智慧。

三、国际环境法在中国的适用

我国《宪法》并没有对国际法在国内法律体系中的效力作出明文规定,但根据《宪法》及《中华人民共和国缔结条约程序法》,条约缔结与一般法律制定的基本程序相同,是由全国人大常委会过半数通过,因此多数学者认为条约与中国的一般法律在国内具有同等的效力,所以条约的效力应该低于由全国人大 2/3 以上通过的宪法和由全国人大过半数通过的基本法律。[1]

---

[1] 白桂梅:《国际法》(第二版),北京大学出版社 2009 年版,第 74 页。

虽然一般认为中国参加的国际条约在国内的效力与一般法律相同,但考虑到国际环境条约涉及面广、情况复杂,中国作为一个发展中国家的履约义务与发达国家和一般发展中国家都有不同,而且国内各方对国际条约的适用问题意见不同,为此,我国2014年修订的《环境保护法》删除了1989年《环境保护法》对适用国际条约所作的规定。①

当前,环境问题正受到国际社会的高度关注。作为一个大的发展中国家,中国想在这个问题上置身事外是不可能的。首先,国际舆论的压力要求中国积极参与或加入有关环境条约。其次,积极参与国际环境事务的合作有利于中国在国际外交中占据主动地位。国际条约的制定过程往往是各主权国家为了各自利益讨价还价、互相协调和妥协的过程,即使在保护人类共同的生存环境方面也不例外。如果不积极参与条约的谈判和制定,就无法在条约中反映自己的利益。最后,全球环境的改善从根本上说是符合中国利益的。因此,中国参与国际环境合作势在必行。

国际环境法的迅速发展对中国国内环境法的影响是非常明显的。目前中国已加入60多个国际环境保护公约,这些公约对中国政府有直接的约束力。为了使国际环境条约得以实际履行,中国在新修改和制定的法律中都将有关的国际义务写入国内法规中,并采取具体的措施。

---

① 我国1989年《环境保护法》曾在第46条规定:"中华人民共和国缔结或参加的与环境保护有关的国际条约,同中华人民共和国的法律有不同规定的,适用国际条约的规定,但中华人民共和国声明保留的条款除外。"然而,该条规定自1989年以来从未适用过。

第九章 联合国和区域性国际组织

第一节 国际组织概述

一、国际组织的概念

国际组织(international organization)一般是指两个以上的国家的政府、民间团体或个人为特定的国际合作的目的,通过协议形式而创设的常设机构。国际组织既包括政府间的国际组织,也包括非政府间的国际组织。但是纳入国际法范畴,由国际法规范来调整的国际组织是政府间的国际组织(inter-governmental organization)[①],即两个以上的国家政府为谋求合作,实现符合共同利益的目标,通过缔结国际条约的形式而创建的常设性机构。本章在此意义上使用国际组织这一概念。

从国际法角度看,国际组织具有如下特征:

(1)国际组织是国家之间的组织。首先,国际组织的主要参加者是国家。有一些非主权的政治实体也取得一些国际组织的成员或准成员资格,如巴勒斯坦解放组织是阿拉伯国家联盟和伊斯兰会议组织的成员,是联合国的观察员。但国际组织最基本的主体是主权国家。其次,国际组织不是超国家组织。组成国际组织的国家,是国际组织的主体,是国际组织基本权力的授予者。国际组织不能凌驾于国家之上,不能违反国家主权原则而干涉本质上属于国家国内管辖的事项。[②] 尽管实践中,有的国际组织,如欧洲联盟(The European Union)被称为超国家组织(super-national organization),一些西方学者也论证国际组织的超国家性,但什么是超国家性,迄今尚无一个被普遍承认的界定。

(2)国际组织是国家为了国际合作而建立的。从国际组织的产生、存在和发展可以明白,国际组织是国家之间为谋求政治、经济、社会、文化和军事方面的全面合作或某一特定领域方面的合作与协调而建立的。每一国际组织都有各自的宗旨和目的以及职能范围,成员国为实现其宗旨和目的,要相应调整自己的内外政策,以使国际组织发挥单个国家难以发挥的作用。所以,国际组织是国家间的合作组织,其合作程度视成员国意愿而定。

(3)国际组织依据国家间协议而创立。国家通过缔结国际条约的形式创设国际组织。该国际条约从国际法角度看,应由缔约方在平等、自愿的基础上缔结,而且只

[①] 1969年《维也纳条约法公约》第2条第1款(壬)及1986年《关于国家和国际组织间或国际组织相互间的条约法公约》第2条第1款都规定:"国际组织"指政府间组织。

[②] 见梁西:《国际组织法(总论)》(修订第五版),武汉大学出版社2001年版,第7页。

约束缔约方;从国际组织本身来看,它被称为该国际组织的基本文件(basic instruments)①,要阐明该组织的宗旨和原则、主要机构及其职权、活动程序以及成员国的权利和义务等,而且,它也是成立后的国际组织运作的法律基础和范围。

(4) 国际组织设有常设性机构。任何国际组织为了保证本组织职能的常设性和稳定性,都设有一套常设机构,有具体的运作机制,这是国际组织与国际会议最大的区别。

(5) 国际组织有独立的法律人格。国际组织尽管由主权国家组成,但组成后的国际组织具有一定的独立性和平等性,能独立地参与国际关系,享有和承担国际法上的权利和义务。

二、国际组织的形成和发展

国际组织是国际关系发展到一定阶段的产物,与人类社会的发展史密切相关。国际组织的形成有一个从国家间的民间交往到正式的政府间交往,从民间国际团体到政府间国际会议,最后建立国际组织的过程。国际组织的发展又经历了从专门性国际组织到一般性国际组织的阶段。

(一) 国际组织的形成

在古代,无论是古希腊的城邦国家,还是中国的春秋战国时期的封国,都有类似于国际交往的种种活动。14世纪前后,地中海东部各国与岛屿的商业往来已很频繁。但是严格地说,早期的民间交往并不是在现代国际法原则上进行的。直到19世纪初,民间交往才以民族国家的体制作为其基础,这种交往才真正带有"国际"的性质,形成近代意义上的民间国际性团体。② 但民间国际性团体不同于政府间国际组织,它是根据民间协定成立的非官方团体间的国际组织,如国际商会、国际红十字会等。它们的活动一方面受到各国政府的影响和制约,另一方面也对各国外交政策及对外联系产生作用,从而促进政府间的交流和联系。③

政府间的国际会议,是国家间进行交往和接触的更高一级的形式。17世纪中叶召开的威斯特伐利亚会议(Congress of Westphalia)开创了国家间通过大规模国际会议的形式来解决重大国际问题的先例。到19世纪前后,特别是1815年的维也纳会议之后,国际会议日益频繁,其范围也不断扩大,使国际会议处理国际问题被公认为是国际生活中的一种正常制度。尤其是在欧洲,从1815年维也纳会议开始直到第一

---

① 此类基本文件可以有不同名称,如联合国和美洲国家组织叫"宪章"(charter),国际联盟叫"盟约"(covenant),世界卫生组织叫"组织法"(constitution),世界贸易组织叫"协定"(agreement),国际原子能机构叫"规约"(statute)等。
② 梁西:《国际组织法(总论)》(修订第五版),武汉大学出版社2001年版,第17页;渠梁、韩德主编:《国际组织与集团研究》,中国社会科学出版社1989年版,第19页。
③ 有资料表明:在19世纪50年代的10年间,民间国际性团体所举行的各种国际性会议接近20次;而到80年代的10年间,这类会议已超过270次;发展到20世纪的第一个10年,这个数字几乎突破1000次。参见梁西:《国际组织法(总论)》(修订第五版),武汉大学出版社2001年版,第17页。

次世界大战爆发的 100 年间,出现了"欧洲协调"时期(The Concert of Europe)。① 在此期间,举行过 30 多次大型国际会议,初步形成了一种比较连续和稳定的协商制度,在技术上发展了会议外交(diplomacy by conference)的组织形式;无疑为日后国际组织的运作提供了经验与可资效法的规章制度。

18 世纪后期到 19 世纪,欧洲爆发了产业革命和资产阶级革命,制造业与交通运输业迅速发展,跨国界的海运、铁路、邮政电报通信等的出现带来一系列技术性、行政性的问题,需要国家间通力合作去解决。为此,欧洲各国订立了一系列包含共同遵守的规则的国际协定,并建立了相应的政府间国际组织,如 1865 年的国际电报联盟、1874 年的万国邮政联盟、1855 年的国际法定度量衡组织、1883 年的国际保护工业产权联盟、1886 年的国际保护文学艺术作品联盟,1890 年的国际铁路货运联盟等。这类组织是以专门的、行政性的和技术性的国际协作为职能的机构,不涉及重大政治问题,通常称为国际行政联盟(International Administrative Union)。国际行政联盟建立了比较完善的常设机构——大会、理事会和事务局,改进了各种程序规则,使国际组织的发展进入新的历史阶段。

(二) 普遍性国际组织的出现

尽管政府间国际组织的萌芽首先出现在与社会生活关系最为密切的经济、社会和文化等领域,但为保障和平而建立国际组织的设想自中世纪始就一直存在,只是由于权力和政治色彩太浓,各国无法达成一致意见而迟迟未能建立。第一次世界大战促使人类社会出现了第一个普遍性的国际组织——国际联盟(League of Nations)。

1919 年,英法等 27 国召开了巴黎和会,签订了以《国际联盟盟约》为第一部分内容的《凡尔赛和约》,建立了国际联盟(总部设在日内瓦)。《国际联盟盟约》的序言规定:国联的宗旨是"促进国际合作,保证国际和平与安全"。国联的基本任务,根据《国际联盟盟约》的具体内容可概括为:在维持国际和平方面,包括限制军备,保障成员国的领土完整和政治独立,防止战争,和平解决争端,实施制裁等;在促进国际合作方面,包括国际公益事业的开展,专门机构的管理,委任统治的实施等。国联设有四个主要机构:(1) 大会,由全体成员国代表组成,有权处理"属于国联行动范围以内或影响世界和平的任何事项"。(2) 行政院,由 5 个常任委员国和 4 个非常任委员国的代表组成(后非常任委员国增加到 11 个)。其职权除与大会相同者外,还具有在发生侵略时就采取集体军事行动向成员国提出建议等权力。(3) 秘书处,是常设事务机关,由秘书长和 600 多位工作人员组成,执行国联所决定的事务。(4) 国际常设法院,是国联体系中一个带自主性的机构,其职权在于审理各方提出的且属于国际性质的法律争端,并可就行政院或大会提出的事项或问题发表咨询意见。国联的成员国累计达 63 个,其中创始国 42 个,加入国 21 个。但同一时期内成员国最多的也只是

---

① 梁西:《国际组织法(总论)》(修订第五版),武汉大学出版社 2001 年版,第 17 页;慕亚平等:《当代国际法论》,法律出版社 1998 年版,第 507 页;饶戈平主编:《国际组织法》,北京大学出版社 1996 年版,第 26 页。所谓欧洲协调,是指拿破仑战争结束后,欧洲列强以会议方式协商处理欧洲或与欧洲有关的重大问题的多边外交机制。

1937 年的 58 个。

国联的活动时间主要在第一次世界大战结束后至第二次世界大战爆发前。它作为世界上第一个普遍性国际组织,除了直接或间接处理若干争端并在经济、技术方面取得一些进展外,还组织缔结了 1925 年的《禁止在战争中使用窒息性、毒性或其他气体和细菌作战方法的议定书》(即《日内瓦议定书》)等。在组织体系上为现代国际组织提供了正反两方面的经验。但是,国联毕竟是一个战胜国的联盟,成员国的局限性使它只能让国际矛盾继续,而不可能使矛盾消除。同时,其组织结构存有严重缺陷,如大会与行政院的决定须由全体一致通过,大大限制了国联的作用。国联在制止侵略战争方面也束手无策。第二次世界大战的爆发最终导致国联瓦解。1946 年 4 月,国联正式宣告解散。

战争的残酷性促使人们去寻求更为有效的集体安全体制。1941 年 8 月 14 日,在英美两国首脑签署的《大西洋宪章》中推出了建立"广泛而永久的普遍安全制度"的建议。① 1942 年 1 月,中苏美英等 26 个国家在华盛顿签署了《联合国家宣言》,约定尽其力共同对法西斯作战,第一次使用了"联合国家"(United Nations)这一名称。1943 年 10 月,中苏美英代表在莫斯科发表《关于普遍安全的宣言》,提出有必要于战后建立一个普遍性的国际组织,为联合国奠定了据以建立的方针和基础。创建联合国的具体步骤是:1944 年 8 月 21 日至 10 月 7 日,美英苏和美英中先后在华盛顿敦巴顿橡树园召开会议,提出了《关于建立普遍性国际组织的建议案》。1945 年 2 月,美英苏三国在克里米亚的雅尔塔会议上,就橡树园会议没有解决的安全理事会的表决程序问题达成协议,通过了所谓"雅尔塔方式"。1945 年 4 月 25 日至 6 月 26 日,50 个国家在美国旧金山举行会议,制定并一致通过了《联合国宪章》。51 个国家先后签署了《联合国宪章》并交存了批准书(波兰没有参加制宪会议,但后来作为创建国在宪章上签了字)。1945 年 10 月 24 日,《联合国宪章》开始生效,联合国正式成立。

联合国的创立是国际组织历史上的一个伟大的里程碑。联合国在众多国际组织中起着核心作用,联合国体系构成现代国际社会的重要组成部分。

(三)现代国际组织的发展特点

"19 世纪被称为国际会议的世纪,20 世纪堪称国际组织的世纪。"② 第二次世界大战后,国际格局发生重大变化,新兴独立国家大批出现。它们为维护国家独立与发展民族经济,组成了各类国际组织。同时,科学技术的进步,国际贸易的发展,促使国家间的相互依存性增强,国家间技术合作组织与经济组织剧增。此外,环境污染、灾害、贫穷等,已被视为危害整个人类社会的问题,国家之间加强了解决上述问题的合作。所以,现代国际组织迅猛发展,进入崭新的历史阶段。

---

① 据此,国内外学术界一致认为最早提出建立联合国这一思想的是美国总统罗斯福和英国首相丘吉尔,但新发现的材料证明,中国国民党在 1939 年 11 月 12—20 日召开第五届六中全会时通过的《五届六中全会宣言》中,首次提出了建立集体安全组织的详细构想,比前者要早两年。可参见本章第二节"五、中国与联合国"。

② 日本国际法学会编:《国际法辞典》(中译本),外交学院国际法教研室总校订,世界知识出版社 1985 年版,第 526 页。

（1）国际组织数量剧增，活动范围包罗万象。目前，世界上各类国际组织与机构数以万计。这些组织90%以上是在第二次世界大战后建立的。[①] 国际组织的活动范围涉及政治、经济、社会、文化，甚至是军事等，上至外层空间，下至国际海底，人类的生老病死、衣食住行样样都或多或少地与国际组织联系在一起。

（2）联合国是现代国际组织的核心。如此众多的国际组织并非一盘散沙，而是存在着有机联系。作为目前最具普遍性的国际组织——联合国，不仅是如其宪章中所规定的"构成协调各国行动的中心"，而且是协调各类国际组织的活动的中心。全球性专门性国际组织已成为联合国专门机构；区域性国际组织依据《联合国宪章》第八章与联合国协调合作；甚至非政府间组织也依据《联合国宪章》第71条，与经济及社会理事会进行磋商。[②] 所以，国际社会中的国际组织通过其基本文件的安排，已形成一个相互联系的组织网，而网络中心是联合国。

（3）区域性国际组织的一体化程度越来越高。尽管联合国及其各专门机构对全球各类事务负有广泛责任，但并没有阻止或妨碍国际合作与一体化在地区层面上的开展。[③] 在欧、美、亚、非各洲都建有重要的区域性国际组织，这些区域组织有一般性的，如欧洲联盟、美洲国家组织、非洲统一组织、阿拉伯国家联盟及东南亚国家联盟等；也有专门性的，如欧洲自由贸易联盟、欧洲投资银行、西非经济共同体、亚太经合组织等。更为重要的是，由于区域组织的成员具有共同的利害关系，凝聚力更强，其一体化程度更高。欧洲联盟在这方面是一个突出实例。

三、现代国际组织的类型

现代国际组织名目繁多，宗旨不一，其参加者、组织形式、活动程序和职能也不尽相同。目前，很难提出一个令人满意的国际组织的分类。[④] 常见的分类方法如下：

（1）根据国际组织的活动宗旨和职权范围，可将其分为一般性国际组织和专门性国际组织。前者的活动宗旨和职权范围较广泛，涉及政治、经济、社会、文化和军事等各个方面，如联合国、非洲统一组织、东南亚国家联盟等。后者则只具有专门性职能，限于某一特定领域，如国际海事组织、万国邮政联盟等。

（2）根据国际组织的地域特点，可以分为全球性国际组织与区域性国际组织。

---

① 根据国际协会联盟（Union of International Associations, UIA）《国际组织年鉴（网络版）》（2019—2020）统计，目前有超过72500个政府间与非政府间国际组织，大约每年新增1200个国际组织。见国际协会联盟网站，http://www.uia.be/ybonline，2020年1月30日访问。

② 根据《联合国宪章》第71条，经济及社会理事会可以同与理事会职权范围内事项有关的非政府组织磋商。理事会认为，这些组织应该有机会表达它们的观点，它们掌握着对理事会工作有很大价值的专门经验或技术知识。1500多个非政府组织取得了理事会的咨商地位。它们划分为三类：第一类为与理事会多数活动有关的组织；第二类为在特定领域具有特别专长的组织；第三类为已列入名册，可以非经常性地向理事会、其附属机构或联合国其他机构提供咨询的组织。取得咨商地位的非政府组织可以派遣观察员出席理事会及其附属机构的公开会议，可以提出与理事会工作有关的书面意见。它们也可以就共同关心的事项与联合国秘书处进行磋商。参见《联合国概况》（Basic Facts About the United Nations），并参见2000年10月12日GA/9785号新闻稿。

③ 见饶戈平主编：《国际组织法》，北京大学出版社1996年版，第45页。

④ 见 I. A. Shearer, Starke's International Law, 11th ed., Butterworths & Co., 1994, p.459.

前者是对世界所有国家开放的组织,其活动范围不受地区限制,如联合国、世界气象组织等。后者则是某一地区国家参加的,活动范围也以该地区为限的国际组织,如欧洲联盟、阿拉伯国家联盟等。有些区域性国际组织的地域条件不是很严格,如美英法就参加过东南亚条约组织。

(3)根据国际组织对成员资格条件有无限制,可以分为开放性国际组织与封闭性国际组织。前者对一切国家开放,后者只对特定国家开放。一般说,全球性国际组织是开放性的,区域性国际组织是封闭性的。但封闭性国际组织的成员不以地区特点为准,而是以若干国家的政治、军事利益为背景,如北大西洋公约组织与已解散的华沙条约组织;或以共同经济利益为准,如石油输出国组织、香蕉出口国联盟、可可生产者联盟等。

此外,依据与联合国的关系,可以分为与联合国有关的国际组织和与联合国无关的国际组织。美国学者亨金(Henkin)等主编的《国际法——案例和资料》根据国际组织的职能,把国际组织分为四类:维护世界和平方面的国际组织;贸易和发展方面的国际组织;技术、社会和文化合作方面的国际组织;区域经济共同体。[①]

可见,对国际组织目前并不存在统一的分类方法或标准。像国际联盟和联合国,既是一般性国际组织,又是全球性国际组织,通常称为普遍性国际组织。而区域性国际组织既可是一般性的也可以是专门性的。

四、国际组织的若干法律问题

(一) 国际组织法——国际法的分支

国际组织法(The Law of International Organizations)是调整国际组织内部及其对外关系的各种法律规范(包括有关国际组织建立、存在与活动的一切有约束力的原则、规则和制度)的总体。[②] 国际组织法既包括外部法也包括内部法。外部法主要涉及国际组织在国际关系中的法律地位,同成员国、非成员国或其他国际组织交往中应遵守的规则等,内部法则是调整国际组织内部各种关系的规则,包括国际组织内各机构的职能分工、议事规则、财政制度及人事制度等。由于国际组织由国家政府组成,其内部法律规范产生的基础是国际条约,所以与一国的国内法不同,国际组织的内部法也构成国际法的一部分。

国际组织法的渊源应与国际法本身的渊源基本一致,但也有自己的特点,如它不像海洋法、外交关系法、条约法那样具有较完整的成文法,而是散见于条约、习惯、国际组织的决议、国际司法机构的判决或咨询意见中。(1)国际条约。国际组织的基本文件是国际组织法最重要的渊源。此外,国际组织与其他国际法主体(包括与国际组织的东道国)交往而签订的条约也散见于大量国际组织法规范,如《联合国特别使团公约》《联合国特权与豁免公约》《国家与国际组织间或国际组织相互间的维也纳

[①] 见 Louis Henkin, *International Law—Cases and Materials*, 3th ed, West Publishing Co., 1993, Chapters 17—19.

[②] 见梁西:《国际组织法(总论)》(修订第五版),武汉大学出版社2001年版,第3页。

条约法公约》等。(2) 国际习惯。尽管国际组织的历史不长,但在国际组织的大量实践中仍形成了一些国际习惯,如每一组织都应基于和平与发展的目的,国际组织公务人员应享受外交特权与豁免等。(3) 国际组织的决议。国际组织的主要机构根据其基本文件作出的处理其职权范围内的事务的决议及建议大多构成国际组织法渊源。(4) 国际司法机构的判例和咨询意见。一些国际组织设有常设司法机构。尽管司法机构所作判决"只约束本案和其当事国",但判决对国际法规范的阐释对国际组织同样意义重大。尤其是一些司法机构为弥补国际组织无起诉权而有咨询管辖权的缺陷,其发表的咨询意见有的甚至对国际组织具有法律拘束力。此外,一些国际组织的东道国为履行与国际组织的协定的义务而制定的相应的国内法,如《英国国际组织(特权与豁免)法》《美国国际组织法》《美国保护外国官员和美国正式外宾法》等,也可以成为国际组织法的参考性渊源。

国际组织法应包括哪些具体内容,尚未形成完整体系。中外学者研究国际组织大都以联合国为主要对象,但方法各异。例如在我国,有学者分国联、联合国、区域性国际组织、专门性国际组织来研究。有学者则综合研究国际组织的法律地位、参加者、组织结构与职能、议事规则、特权与豁免、法律秩序、内部争端的解决、经费与预算等。

(二) 国际组织的法律地位

国际组织是国际法主体,而且是有限的或派生的国际法主体。国际法院在1949年"关于为联合国服务而受损害的赔偿案"的咨询意见中也肯定了国际组织的国际法律人格。但国际组织不同于国家,本身并无主权,它在国际法上的权利能力和行为能力是其基本文件授予的,或是从基本文件引申出来的,所以是国家行使主权的结果。而各组织的基本文件规定的范围不一,所以在国际法上的具体权利和义务也不尽相同。但国际组织在国际法上的权利能力和行为能力的体现还是有一些共同性内容的,如缔约权、特权与豁免权、接受和派遣外交使节权、承认与继承的权利、国际求偿权以及在违背国际义务时承担国际责任等。此外,国际组织作为国际法主体,还拥有类似国家的其他的权利能力和行为能力,如处置动产或不动产,向其职员颁发旅行证件,使用自己的旗帜、印章或徽志等。

(三) 国际组织的成员

国际组织的成员是国际组织法的一个基本问题。已经明确国际法主要研究政府间国际组织,所以国家是国际组织的成员。但在特定情况下,正在争取独立的民族、政治实体,甚至国际组织本身也可以成为国际组织的成员。如2012年联合国大会通过决议,决定在联合国给予巴勒斯坦非会员观察员国地位,但不影响巴勒斯坦解放组织按照有关决议和惯例,作为巴勒斯坦人民代表在联合国获得的各项权利、特权和角色。[①] 国际组织的成员有正式成员和非正式成员之分。正式成员包括完全成员和部

---

① 2012年11月29日,联大通过决议 A/RES/67/19,给予巴勒斯坦非会员观察员国地位。联合国网站:https://www.un.org/zh/aboutun/history/2011-2020.shtml,2020年3月6日访问。

分成员;非正式成员包括联系成员及观察员等。它们在国际组织中的权利、义务不尽一致,其资格的取得和丧失的条件和程序也不相同。

(四) 国际组织的机构及职能

依据国际组织基本文件设置的机构以国际组织的名义进行活动,分工负责并作出决议,这是国际组织得以运转的关键所在。19世纪中叶的国际行政组织大多由大会和事务局组成,前者为议事决策的最高权力机构,后者为处理日常事务的行政管理机构。如1874年成立的万国邮政联盟、1884年成立的保护工业产权同盟等。20世纪初,国际组织为提高活动和决策的效率,还设置由特定成员组成的理事会,兼具决策与执行职能,如1905年成立的国际农业协会。第一次世界大战后出现的普遍性国际组织则还设置了国际司法机构,如国际联盟的国际常设法院、联合国的国际法院等,而且内部还有国际行政法庭。由于国际组织的性质不同,活动领域和方式存在差异,不同组织的内部机构也千差万别。在对国际组织进行理论研究时,人们对国际组织内部机构的分类标准也无统一认识。[1] 但国际组织有三大标准的主要机构(the standard principal organs):决策机构、执行机构、秘书处,则是得到公认的。[2]

(五) 国际组织的表决

国际组织为实现其宗旨,履行其职能,其主要机构需经常对其职权范围内的有关事项作出决定。这类决定可以以决议、宣言、建议、规则等不同形式表现。各类决定的法律效力不同,有的只具有建议性质,有的则对成员具有法律拘束力,视各组织各机构的性质和职能而定。决定的产生需经过成员表决。国际组织的基本文件及其各机构的议事规则都对表决制度作出具体规定,包括表决权在成员中的分配,即是一国一票还是一国多票;通过决定时的可决票数,包括全体一致、简单多数、绝对多数、特定多数等。国际组织通过协商一致作出决定成为一种趋势。[3]

第二节 联 合 国

联合国是所有国际组织中最重要的一个。[4] 依据《联合国宪章》的规定,全球性的专门性国际组织成为联合国的专门机构,一般性的区域性国际组织也与联合国建立协作关系。而联合国会员国目前是193个。[5] 所以,联合国是名副其实的普遍性国际组织,在国际社会建立了庞大的体系。

一、联合国的宗旨和原则

《联合国宪章》在其序言中宣告:我联合国人民同兹决心:欲免后世再遭今代人类

---

[1] 见饶戈平主编:《国际组织法》,北京大学出版社1996年版,第153页。
[2] 见 I. A. Shearer, Starke's International Law, p. 555;〔日〕寺泽一、山本草二主编:《国际法基础》,朱奇武等译,中国人民大学出版社1983年版,第178页。
[3] 见江国青:《联合国专门机构法律制度研究》,武汉大学出版社1993年版,第213页。
[4] 见 I. A. Shearer, Starke's International Law, p. 567.
[5] 资料来源于联合国网站:https://www.un.org/zh/member-states/index.html,2020年2月3日访问。

两度身历惨不堪言之战祸;重申基本人权、人格尊严与价值,以及男女与大小各国平等权利之信念;创造适当环境,俾克维持正义,尊重由条约与国际法其他渊源而起之义务,久而弗懈;促成大自由中之社会进步及较善之民生。这表明了联合国各会员国人民的共同理想和他们要使人类不再遭受战祸的决心。

《联合国宪章》第1条规定联合国的宗旨为:(1)维持国际和平与安全。为此目的:采取有效集体办法,以防止且消除对于和平之威胁,制止侵略行为或其他和平之破坏;并以和平方法且依正义及国际法之原则,调整或解决足以破坏和平之国际争端或情势。(2)发展国际间以尊重人民平等权利及自决原则为根据之友好关系,并采取其他适当办法,以增强普遍和平。(3)促成国际合作,以解决国际间属于经济、社会、文化及人类福利性质之国际问题,且不分种族、性别、语言或宗教,增进并激励对于全体人类之人权及基本自由之尊重。(4)构成一协调各国行动之中心,以达成上述共同目的。这申明了联合国存在的依据并要达到的共同目标。

《联合国宪章》第2条规定,为求实现上述宗旨,联合国及其会员国应遵行下列原则:(1)联合国系基于各会员国主权平等之原则。(2)各会员国应一秉善意,履行其依《联合国宪章》所担负之义务,以保证全体会员国由加入本组织而发生之权益。(3)各会员国应以和平方法解决其国际争端,俾免危及国际和平、安全及正义。(4)各会员国在其国际关系上不得使用威胁或武力,或以与联合国宗旨不符之任何其他方法,侵害任何会员国或国家之领土完整或政治独立。(5)各会员国对于联合国依《联合国宪章》规定而采取之行动,应尽力予以协助,联合国对于任何国家正在采取防止或执行行动时,各会员国对该国不得给予协助。(6)联合国在维持国际和平及安全之必要范围内,应保证非联合国会员国遵行上述原则。(7)《联合国宪章》不得认为授权联合国干涉在本质上属于任何国家国内管辖之事件,且并不要求会员国将该项事件依《联合国宪章》提请解决;但此项原则不妨碍第七章内执行办法之适用。这些原则规定了联合国努力完成上述共同目标所应遵循的准则和方法。

《联合国宪章》的序言、宗旨和原则是一个不可分割的整体,构成了《联合国宪章》的总纲,有机地、完整地阐明了联合国的理想、目标、任务和应遵循的准则。《联合国宪章》把防止世界战争作为首要任务,关注基本人权和民族自决原则的尊重,重视社会和经济问题,把促成国际合作、发展各国间的友好关系作为崇高目标,这充分体现了第二次世界大战结束时的时代特征和历史使命。[①] 而且,联合国成立70多年的实践表明,《联合国宪章》的宗旨和原则不再仅仅是一个普遍性国际组织的指南和行为规范,而是整个国际关系和现代国际法的基石。[②]

二、联合国的会员国

《联合国宪章》第2章"会员"共4条(第3、4、5、6条),分别是关于创始会员国,

---

① 见李铁城:《联合国五十年》,中国书籍出版社1995年版,第19页。
② 见许光建主编:《联合国宪章诠释》,山西教育出版社1999年版,第12页。

接纳新会员国的条件,会员国权利的停止,以及会员国的除名。

目前联合国 193 个会员国中,创始会员国为 51 个,它们是参加旧金山会议或以前曾签署《联合国家宣言》,并签署和依本国宪法程序批准《联合国宪章》的国家(第 3 条)。其余的接纳会员国是凡爱好和平,接受《联合国宪章》所载之义务,经联合国认为能够并愿意履行这些义务的国家。接纳的程序是经安全理事会推荐,由大会以决议决定(第 4 条)。

依据《联合国宪章》第 5 条,安全理事会对其采取防止或执行行动的会员国,大会经安全理事会建议可停止会员权利及特权的行使。依据《联合国宪章》第 6 条,对屡次违犯《联合国宪章》所载原则的会员国,大会经安全理事会建议可将其除名。南非 1990 年前因实行种族隔离政策和非法占领纳米比亚,遭到联合国经济制裁及武器禁运,并实际上被停止行使会员权利。依据《联合国宪章》第 19 条,如果会员国不履行财政义务,其拖欠会费等于或超过前两年所应缴之数目时,即丧失在大会的投票权。

三、联合国的主要机关

联合国的主要机关有:大会、安全理事会、经济及社会理事会、托管理事会、国际法院及秘书处。联合国还可依《联合国宪章》设立认为必需之辅助机构。《联合国宪章》特别规定男女均可平等地在其主要及辅助机关任职。

(一) 大会

大会是联合国最具代表性和职能及权限最为广泛的机关。

1. 大会的组成

大会由全体会员国组成。任何会员国在大会中行使同样和平等的权利。每一会员国在大会的代表不得超过 5 人。此外,非会员国经联大批准,且至少是一个联合国专门机构的成员,可以以观察员资格出席联合国大会。被国际社会普遍承认的民族解放组织可以应邀参加联大会议。观察员在联大无投票权,但经大会主席允许,可就其有关问题发言。①

2. 大会的职权

依据《联合国宪章》,大会有八项职权②:(1) 审议和核准联合国预算,分配各会员国应摊付的经费,并审查各部门机构的行政预算。(2) 选举安全理事会非常任理事国,选举经社理事全部理事国,选举托管理事会中须经选举的理事国③,与安全理事会各自投票选举国际法院法官,经安全理事会推荐委任秘书长,通过秘书处规章,经安全理事会建议决定会员国的接纳、停止和除名,以及参与修正宪章。(3) 大会可以就维持国际和平及安全进行合作的方面,包括裁军及军备管制方面进行审议和提出建议。(4) 讨论会员国、安全理事会或非会员国向其提出的有关维持国际和平与安全的任何问题,并可向会员国或安全理事会或兼向二者提出对该项问题的建议。但

---

① 见许光建主编:《联合国宪章诠释》,山西教育出版社 1999 年版,第 104—105 页。
② 联合国网站:https://www.un.org/zh/ga/about/background.shtml,2020 年 2 月 3 日访问。
③ 托管理事会已经完成其使命,参见本节三之"(四)托管理事会"。

安全理事会正在处理的事项除外。大会对足以危及国际和平与安全之情势,可以提请安全理事会注意。(5)讨论《联合国宪章》范围内的问题或影响联合国任何机关的权力和职责的问题,并就其提出建议。(6)开展研究,提出建议,以促进国际政治合作、国际法的发展和编纂、人权和基本自由的实现,以及经济、社会、人道主义、文化、教育和健康领域的国际合作。(7)就可能损害国家间友好关系的任何局势提出和平解决的建议。(8)审议安全理事会和联合国其他机关的报告。

3. 大会的表决程序

每一会员国在大会享有一个投票权。大会对于重要问题的决议应以到会并投票的会员国2/3多数决定;对于其他问题的决议,包括另有何种事项应以2/3多数决定之问题,应以到会并投票的会员国过半数决定。重要问题包括:关于维持国际和平及安全的建议,安全理事会非常任理事国的选举,经济及社会理事会理事国的选举,依宪章规定选举托管理事会须经选举的理事国,接纳新会员国,会员国权利的停止和会员国除名,施行托管制度的问题,以及预算问题。近年来大会还以协商一致方式通过决议,且这类决议所占比例不断提高。①

4. 大会的机构及运作程序

大会下属7个主要委员会,各会员国有权参加所有主要委员会。大会1993年第47/233号决议把主要委员会精简为6个:裁军与国际安全委员会,经济和金融委员会,社会、人道主义和文化委员会,特别政治和非殖民化委员会,行政和预算委员会,法律委员会。大会每届常会还设有两个程序委员会:总务委员会和全权证书委员会。此外,大会还设有若干特别委员会及附属机构。依据《大会议事规则》,大会每年举行一届常会,在9月的第三个星期二开幕,通常持续到12月中下旬休会。如有需要可在年后复会,但须在下一届常会前闭幕。大会还可召开特别会议(特别联大)和紧急特别会议(紧急特别联大)。每届常会开始时,由全体会议选出主席1名、副主席21名和大会所属主要委员会主席。

(二)安全理事会

安全理事会是联合国维持国际和平及安全的主要机关,在联合国的六大主要机关中,占有首要的政治地位。②

1. 安全理事会的组成

安全理事会由15个成员国组成(1965年前为11个),中国、法国、俄罗斯(原为苏联)、英国和美国为常任理事国,其余10国为非常任理事国。非常任理事国由联合国大会按公平地域分配原则选出③,任期两年,不能连选连任。安全理事会主席由理事国按国名的英文字首的排列次序轮流担任,任期1个月。

---

① 李铁城:《联合国五十年》,中国书籍出版社1995年版,第27—28页。以1988年到1993年各届联大为例,协商一致通过决议所占全部决议的大体百分比依次为:1988占58%、1989占65%、1990占74%、1991年占74%、1992占75%、1993占80%。
② 见许光建主编:《联合国宪章诠释》,山西教育出版社1999年版,第93页。
③ 具体分配是:亚洲2席、非洲3席、拉美2席、东欧1席、西欧及其他国家2席。

2. 安全理事会的职权

安全理事会是联合国中唯一有权采取行动来维护国际和平与安全的机关。各会员国同意依《联合国宪章》之规定接受并履行安全理事会的决议。安全理事会的职权规定在《联合国宪章》第五章"安全理事会"，第六章"争端之和平解决"，第七章"对于和平之威胁、和平之破坏及侵略行为之应付办法"，第八章"区域办法"及第十二章"国际托管制度"的有关规定中。关于安全理事会在和平解决争端特别是在维持国际和平与安全和制止侵略方面的职权，将在"集体安全保障制度"一章加以论述。

在其他方面，安全理事会在战略防区的地区行使联合国的托管职能，与大会分别选举国际法院法官，建议或决定应采取的措施以执行国际法院的判决，向大会推荐新会员国和联合国秘书长，向大会建议停止会员国的权利或开除会员国，参加宪章规定的修正程序。

3. 安全理事会的表决程序

安全理事会通过程序性事项的决议应以 15 个理事国中 9 个理事国的可决票通过；通过程序性以外的一切事项的决议，应以 9 个理事国的可决票包括全体常任理事国的同意票通过。[①] 即任一常任理事国的反对票都可否决非程序性问题的决议。但常任理事国不参加投票或者弃权，不构成否决。在有必要决定某一事项"是否属于程序性这一先决问题"时，常任理事国也可以行使否决权，从而形成"双重否决"。为防止否决权的滥用，《联合国宪章》第 27 条第 3 款规定：关于和平解决争端及区域办法或区域机关提交解决的争端的决议，争端当事国不得投票。常任理事国的否决权又称为"大国一致原则"，对五大国来讲无疑是种特权，战后一些中小国家要求取消和限制否决权的呼声很强烈。

4. 安全理事会的机构及运作程序

安全理事会设有专家委员会和接纳新会员国委员会两个常设委员会，由安全理事会全部理事国的代表组成。依据安全理事会暂行议事规则，安全理事会一年举行两次定期会议，此外，安全理事会主席认为必要时可随时决定召开常会。任何安全理事会理事国可请求召开会议。联合国大会、秘书长和任何会员国都可因出现国际争端或危及国际和平与安全的情势，请求安全理事会举行会议。依据《联合国宪章》第 28 条，安全理事会应持续不断地行使其职能，故其会议十分频繁。

（三）经济及社会理事会

1. 经济及社会理事会的组成

经济及社会理事会由大会选举 54 个理事国组成[②]，任期 3 年，每届联大改选 1/3，

[①] 安全理事会的程序性事项与非程序性事项的区分并不十分明了。一般认为《联合国宪章》第 28—32 条项下事务，由于关涉安全理事会的程序，因而属于程序性事项，如议题列入议程、议程议题的次序、推迟审议议程上的议题、取消安全理事会所管问题清单之议题、主席之裁决、暂停或终止会议、邀请参加会议、会议进行的方式、根据联大第 377（V）号决议召集紧急特别会议等。非程序性事项包括：履行维护国际和平与安全的责任、接纳新会员国、就任命秘书长向大会提出建议，等等。参见许光建主编：《联合国宪章诠释》，山西教育出版社 1999 年版，第 190—191 页。

[②] 最初为 18 国，1965 年修改《联合国宪章》，将理事国增加到 27 个，1973 年又增加到 54 个。

可连选连任。每一理事国应有代表 1 人。其席位按地域分配:非洲 14 名;亚洲 11 名;拉丁美洲 10 名;东欧 6 名;西欧及其他国家 13 名。从 1971 年起,中国一直是经济及社会理事会理事国。

2. 经济及社会理事会的职权

经济及社会理事会是在大会权力下负责协调联合国以及各专门机构的经济与社会工作的机构,其职权包括:(1) 就有关国际经济、社会、文化、教育、卫生及其他有关事项进行研究,并向大会、会员国及有关专门机构提出建议案;(2) 促进对人权和基本自由的尊重和遵守,并作成建议案;(3) 就其职权范围内的事项召开国际会议和拟定公约草案,提交大会;(4) 与各专门机构订立协定,确定这些机构与联合国的关系,并通过磋商和提出建议,来协调各专门机构的活动;(5) 可向安全理事会供给情报,并因安全理事会之邀请,予以协助;(6) 经大会许可,应联合国会员国或专门机构的请求,为其服务;(7) 采取适当办法,与同其职权范围内的事项有关的非政府组织磋商。

3. 经济及社会理事会的表决程序

经济及社会理事会以简单多数进行表决,每一理事国享有一个投票权。

4. 经济及社会理事会的机构及运作程序

依据《经社理事会议事规则》,目前经济及社会理事会的附属机构包括 8 个职司委员会:预防犯罪和刑事司法委员会、麻醉药品委员会、人口与发展委员会、科学和技术促进发展委员会、社会发展委员会、妇女地位委员会、统计委员会、联合国森林论坛①;5 个区域委员会:非洲经济委员会、亚洲及太平洋经济社会委员会、欧洲经济委员会、拉丁美洲和加勒比经济委员会、西亚经济社会委员会;3 个常设委员会:政府间机构协商委员会、非政府组织委员会、方案和协调委员会。此外,还包括特设机构、由政府专家组成的专家机构、成员以个人身份组成的专家机构及其他有关机构。② 所有上述各种委员会定期召开会议,分别研究与处理同它们有关的问题,并向经济及社会理事会提交报告。根据 1991 年第 45 届联大通过的第 45/264 号决议,经济及社会理事会改变了过去每年召开春、夏季两次会议的安排,规定经济及社会理事会每年举行一次组织会议,会期 4 天;每年 7 月举行一次为期四周的实质性届会,地点在纽约和日内瓦之间交替举行。届会包括高级别会议、协调会议、业务活动会议、人道主义事务会议和常务会议。其中高级别会议是为部长、国际机构执行首脑和高级官员,以及民间社会和私营部门代表举办的论坛,借以讨论国际议程上经济、社会和环境发展等重要问题。

---

① 联合国森林论坛 United Nations Forum on Forests (UNFF),2000 年 10 月经济及社会理事会通过 2000/35 号决议,基于《里约环境与发展宣言》《关于森林问题的原则声明》《21 世纪议程》第 11 章、政府间森林小组/政府间森林论坛程序(IPF/IFF Process)成果等国际森林政策的重要文件成立的,以促进"各个种类的森林的管理、保护与可持续发展,并保障实现该目的的长期政策承诺",见联合国网站:https://www.un.org/esa/forests/forum/about-unff/index.html,2020 年 2 月 3 日访问。

② 联合国组织与结构,见联合国网站:https://www.un.org/ecosoc/zh/content/subsidiary-bodies-ecosoc,2020 年 2 月 3 日访问。

(四) 托管理事会

托管理事会是联合国为执行其国际托管制度而专门设立的机关。

1. 托管理事会的组成

由三类国家组成:管理托管领土之会员国;非管理托管领土的安全理事会常任理事国;大会选举任期3年的必要数额之其他会员国,以使托管理事会中管理托管领土和非管理托管领土的理事国的名额保持平衡。由于托管领土和管理国数目减少,理事国也相应减少,目前只有5个理事国,美国(管理国)、中国、法国、英国和俄罗斯。①

2. 托管理事会的职权

托管理事会协助安全理事会和大会履行其在国际托管制度方面的责任,并负责监督托管领土。其职权主要是:审查管理当局所送的报告;会同管理当局接受并审查请愿书;与管理当局商定时间,按期视察各托管领土;依照托管协定条款,采取其他行动。原有的11块托管领土,随着美国管理下的最后一块太平洋岛屿托管地帕劳共和国1994年正式宣布独立后,已全部独立或与他国合并。联合国的托管制度已完成其使命。1994年9月,加利秘书长在向第49届联大所作关于联合国工作的报告中已正式建议,大会应根据《联合国宪章》第108条规定的修正条款着手采取步骤撤销这个机关。1994年11月1日,托管理事会停止运作。

(五) 国际法院

国际法院是为和平解决国际争端而设立的联合国的主要司法机关,《国际法院规约》是"宪章的构成部分",其组成、职权及运作程序等,在"和平解决国际争端"一章中论述。

(六) 秘书处

秘书处是联合国行政部门。宪章将其作为联合国主要机关之一,一方面是为了使秘书处成为高效率的行政机构,另一方面也是为了提高秘书长在处理国际事务中的地位和作用。②

1. 秘书处的组成

秘书处由秘书长1人,副秘书长、助理秘书长若干人及其他行政工作人员组成。秘书长由大会根据安全理事会的推荐而任命,任期5年,可连选连任。③ 副秘书长、助理秘书长和高级官员,一般均由各国政府根据习惯分配办法向秘书长推荐后,正式由秘书长委派。其他职员均由秘书长依照大会所定规章聘任,除考虑工作效率、才干和品德外,还应注意地域上的普及。秘书长及秘书处工作人员是国际公务员,只对联合

---

① 见李铁城:《联合国五十年》,中国书籍出版社1995年版,第40页。
② 见许光建主编:《联合国宪章诠释》,山西教育出版社1999年版,第96页。
③ 自联合国成立以来,已有9位秘书长:第一任特里格韦·哈尔夫丹·赖伊(挪威人,1946—1952年);第二任达格·哈马舍尔德(瑞典人,1953—1961年);第三任吴丹(缅甸人,1961—1971年);第四任库尔特·瓦尔德海姆(奥地利人,1972—1981年);第五任哈维尔·佩雷斯·德奎利亚尔(秘鲁人,1982—1991年);第六任布特罗斯·布特罗斯-加利(埃及人,1992—1996年);第七任科菲·安南(加纳人,1997—2006年);第八任潘基文(韩国人,2007—2016年),第九任也即现任安东尼奥·古特雷斯(葡萄牙人,自2017年起就职),联合国网站:https://www.un.org/zh/sections/resources-different-audiences/,2020年2月3日访问。

国负责,各会员国承诺尊重他们的专属国际性,决不设法影响其职责的履行。目前秘书处有来自世界各地的约4.1万名工作人员。①

2. 秘书处及秘书长的职权

秘书处作为联合国的行政管理机关,为联合国其他机关服务,并执行这些机关制定的方案和政策。秘书长是联合国的行政首长,在大会、安全理事会、经济及社会理事会及托管理事会之一切会议中,以秘书长资格行使职务,并执行各该机关所托付之其他职务;秘书长应向大会提交关于联合国组织工作之常年报告;秘书长可将其认为可能威胁国际和平及安全的任何事件提请安全理事会注意;通过斡旋协助解决国际争端。值得注意的是,近年来秘书长在预防与和平解决争端领域的作用有扩大的趋势。如联大1991年通过的《关于联合国在维持国际和平与安全领域事实调查的宣言》,强调了秘书长拥有原本只被认为安全理事会才有的争端调查权。②

四、《联合国宪章》的修正、审查及联合国改革的问题

联合国七十多年的风雨历程证明《联合国宪章》的宗旨和原则经受住了考验。联合国在国际社会和人类生活的几乎所有领域都做了大量有益的工作,对世界和平和人类进步起着不可替代的作用。但这中间有过曲折、错误和失败,存在着诸多需要改革的问题。联合国迄今对宪章作了三次修正,但重大问题仍然存在,审查宪章、进行改革的呼声持续高涨。

(一)《联合国宪章》的修正(amendments)

依据《联合国宪章》第108条,《联合国宪章》的修正案需经大会会员国2/3并由联合国会员国2/3,包括安全理事会全体常任理事国,各依其宪法程序批准后,才对联合国所有会员国发生效力。联合国成立后,由于会员国不断增加,联合国各机构成员亦应随之作必要的调整,因此,联大三次对《联合国宪章》有关条款作了修正。③

(二)《联合国宪章》的审查(reviewing)

《联合国宪章》第109条规定了联合国会员全体会议对《联合国宪章》的重新审查的修正程序。据此,1955年第10届联大把召开一次全体会议审查宪章的问题列入

---

① 联合国网站:https://www.un.org/zh/sections/resources-different-audiences/,2020年2月3日访问。
② 见许光建主编:《联合国宪章诠释》,山西教育出版社1999年版,第627页。
③ 1963年第18届联大通过对《联合国宪章》第23条、第27条和第61条的修正案。修正案把《联合国宪章》第23条规定的安全理事会理事国从11个增加到15个(即非常任理事国由6个增加到10个),并相应将《联合国宪章》第27条安全理事会的表决程序修正为,"关于程序事项的决定,应以9理事国之可决票表决之","关于其他一切事项的决议,应以9理事国之可决票包括全体常任理事国之同意票表决之"。修正案把《联合国宪章》第61条规定的经济及社会理事会理事国的席位从18个增加到27个。上述修正案于1965年8月31日生效。1965年第20届联大通过对《联合国宪章》第109条第1款的修正案,把作出审查《联合国宪章》全体会议的决定所需安全理事会票数由原先的7票增加到9票。该修正案自1968年6月12日生效。1971年第26届联大再次通过对《联合国宪章》第61条的修正案,将经济及社会理事会理事国的席位从27国增至54国。该修正案1973年9月24日生效。上述修正案反映了第二次世界大战后国际形势的发展和大批新独立国家加入联合国后的巨大变化,其意义重大。但从《联合国宪章》的总体结构看,这只是对《联合国宪章》某一方面的"微调"(参见李铁城:《联合国五十年》,中国书籍出版社1995年版,第174页)。

议程,并通过决议成立了一个由全体会员国组成的审查《联合国宪章》会议筹备委员会。从 1957 年至 70 年代初,几乎历届联大都审议过该筹委会的报告,但全体会员国审查会议并未得以召开。① 1983 年第 38 届联大通过决议,调整对《联合国宪章》特委会工作的授权,要求在"宪章范围内"研究加强联合国的作用,特别是联合国在预防和减少国际冲突方面的作用。②

(三) 联合国改革问题

尽管《联合国宪章》的重大修正及审查难以实现,但由于自 1945 年以来,国际形势发生了历史性变化,联合国今天面临的任务与创建时有了很大不同。联合国会员国从 51 个增加到 193 个,所面临的困难和问题也与七十多年前大不一样。因此,联合国改革问题提上议事日程。

联合国会员国、联大六委及《联合国宪章》特委会长期以来讨论的联合国改革问题,涉及面极广。如解决联合国财政危机、扩大联合国大会权限、考虑秘书长的推选程序及其职权、改进和完善经济及社会理事会系统、加强国际法院作用、确定托管理事会去向等。其中大家最关心、议论最多的是如何增强安全理事会的集体安全体制、扩大安全理事会的组成及大国否决权问题。③ 应注意,上述几乎所有问题都会涉及《联合国宪章》的修正及审查程序,故联合国改革与《联合国宪章》的修正、审查密切相关。

目前联合国的改革持续进行,以使联合国更具成效,更加灵活,专注实地工作,更好地服务于会员国及其人民。④ 管理体制改革一直是联合国改革的焦点,2017 年,联合国设立管理改革内部审查小组,以采取内部措施简化程序,减少延迟并改进任务的执行,同时对改革进程提供建议。增强透明度,强化问责和改进任务执行,通过向联合国实体负责人下放管理权,打破官僚缛节,从而拉近决策与执行的距离。⑤

五、中国与联合国

中国是联合国的主要创始国之一,而且是首倡组建联合国。中国国民党在 1939 年 11 月 12—20 日召开第五届六中全会时通过《五届六中全会宣言》,首次提出在"此次东亚与西欧战事结束之时,诚能产生一种包括全世界之有效的集体安全组织,则人类和平共存之光明,庶几随战争之终结而开始",并呼吁"世界一切爱好和平的力量,

---

① 1974 年,联大通过决议设立了由 42 个会员国组成的"联合国宪章特设委员会",其任务是讨论各国政府对审查宪章的意见,审议关于如何在无须修改宪章的情况下提高联合国工作效能的建议。1975 年,联大又通过决议,将"联合国宪章特设委员会"改为由 47 个会员国组成的"联合国宪章和加强联合国作用特别委员会"(宪章特委会)。1983 年前,特委会历届会议的重点问题之一是修改宪章,改革安全理事会机构和职能(包括修改或限制否决权),但各方分歧意见太大,并未取得实质性进展。

② 见李铁城:《联合国五十年》,中国书籍出版社 1995 年版,第 302 页。

③ 见钱文荣:《试论联合国改革和我国的对策》,载陈鲁直、李铁城主编:《联合国与世界秩序》,北京语言学院出版社 1993 年版,第 107 页。

④ 2018 年《联合国秘书长关于联合国工作的报告》第 72 页。

⑤ 2019 年《联合国秘书长关于联合国工作的报告》第 111 页。

皆为此一崇高目的,即建立一有效的集体安全组织而努力"。这种文字上的描述与《大西洋宪章》的描述基本相同,但比它早了整整两年,而且中国方面的描述更为全面和详细。战后的实践证明,联合国基本上是围绕着中国政府的最初构想而建立的。在第二次世界大战初期,中国政府多次向美英苏诸大国提出自己的设想,这无疑对联合国最终建成起了重要作用。①

1943 年 10 月,中、美、苏、英四国签署《普遍安全宣言》,中国第一次平等地与世界大国共同宣布,一致赞同在战后建立一个普遍性的国际组织。② 1943 年 11 月,中、美、英三国首脑举行了开罗会议,发表《开罗宣言》。1944 年敦巴顿橡树园会议,中国代表参加了第二阶段会谈,虽未参与签署《关于建立普遍性的国际组织的建议案》,但为该建议案的形成与完善作出了努力。1945 年,中国与美国、英国、苏联、法国一起作为联合国发起国参加了旧金山制宪会议,签署并批准了《联合国宪章》,并成为安全理事会常任理事国。中国共产党代表董必武参加了旧金山制宪会议并在《联合国宪章》上签了字。中文是《联合国宪章》的作准文本之一,也是联合国正式语言文字之一。

1949 年 10 月 1 日,中华人民共和国宣告成立。中华人民共和国政府成为代表全中国人民的唯一合法政府。按照公认的国际法原则,中华人民共和国理应享有在联合国的一切合法权利,但由于美国等国的阻挠,中华人民共和国的合法席位长期被剥夺。从 1950 年至 1970 年(1964 年除外),历届联大都讨论了恢复中国在联合国合法席位的问题,提案却未被通过。尽管如此,支持中国的票数却逐年增多。终至 1971 年第 26 届联大,以 76 票赞成、35 票反对、17 票弃权的压倒多数通过了"恢复中华人民共和国在联合国一切合法权利和立即把国民党集团的代表从联合国及一切机构中驱逐出去"的第 2758 号决议。③

中国全面介入联合国的工作,成为维护世界和平、促进世界发展的重要力量。中国恢复了在联合国的合法席位之后,坚决维护世界和平,一再坚持要消除军事冲突,和平解决国际争端,实行全面、公平、合理地裁军和裁减军备;中国政府积极参与联合国解决中东、非洲、亚洲、欧洲及拉丁美洲的"热点"问题的行动,反对侵略,主张和平解决争端,并支持和参加联合国的维和行动。同时,中国在联合国强烈要求建立平等互利的国际经济新秩序,消除国际上的贫富不均状况,努力缩小南北差距;中国作为经济及社会理事会的理事国参与了该理事会的决策、管理以及有关活动,为协调国际经济社会领域中的矛盾,促进国际合作与交流,发挥了重要而积极的作用;中国作为亚洲大国,在经济及社会理事会下属的区域委员会——亚洲及太平洋经济社会委员会(亚太经社会)占有独特而重要的地位,成为该委员会及其活动的强有力的支持者和积极的参与者,为促进亚太地区的经济合作、社会合作与共同繁荣作出了重大努力

---

① 见史诚:《中国首倡建立联合国》,载《环球时报》2002 年 12 月 2 日。
② 见谢启美特邀主编:《中国与联合国——纪念联合国成立五十周年》,世界知识出版社 1995 年版,第 12 页。
③ 见同上书,第 35—36 页、第 48 页。文件见联合国网站 https://www.un.org/zh/documents/view_doc.asp? symbol = A/RES/2758(XXVI),2020 年 3 月 3 日访问。

和贡献;中国还积极参与联合国贸发会议、开发计划署的各项活动,在会议上阐述中国政府的立场、观点,积极维护广大发展中国家的正当权益。

中国目前是联合国会费和维和经费的第二大出资国,也是安全理事会常任理事国中派遣维和军事人员最多的国家,截至2023年,中国共派出5万余人次维和人员,参加约30项维和行动。[①] 在促进联合国发展的过程中,中国提出"人类命运共同体"这一主张,倡导建设持久和平、普遍安全、共同繁荣、开放包容、清洁美丽的世界[②],与联合国以维护全人类利益的宗旨一脉相承。中国坚定维护以联合国为核心的国际体系,坚定维护以《联合国宪章》宗旨和原则为基石的国际关系基本准则,坚定维护联合国权威和地位,坚定维护联合国在国际事务中的核心作用。[③]

第三节 联合国专门机构

一、联合国专门机构的概念和基本特征

专门性国际组织按其地域特点来分,可以分为全球性专门性国际组织和区域性专门性国际组织。前者如国际海事组织、世界卫生组织、国际电信联盟等,后者如西非经济共同体、南非关税同盟、比荷卢经济联盟,北大西洋公约组织等。全球性专门性国际组织成为国际经济及社会合作的重要形式,并被纳入联合国的组织体系之中。它们或与联合国签订"关系协定"(relationship agreement)或依据联合国的决定而设立,从而同联合国建立法律关系,被称为联合国专门机构(specialized agencies)。所以,联合国专门机构是指根据政府间协定成立的并与联合国发生合作关系的全球性专门性国际组织。依据《联合国宪章》第57条及第63条,联合国专门机构具有如下特征[④]:

(1)它们是政府间的国际组织,是由各国政府根据正式协定成立的。它们不是非政府组织,非政府组织可在经济及社会理事会取得咨询地位,但不能成为联合国专门机构;它们也不是联合国附属机构,而是各有自己的成员、机构和财政预算,具有独立的国际法主体资格。

(2)它们是对经济、社会、文化、教育、卫生等特定业务领域负有责任的专门性组织,这种特定的专业性是专门机构区别于一般性国际组织的重大特征。

---

① 《中国与联合国——第74届联合国大会中方立场文件》,载外交部网站,https://www.mfa.gov.cn/fyrbt_673021/jzhsl_673025/202304/t20230417_11060477.shtml,2023年5月20日访问。
② 《习近平:决胜全面建成小康社会 夺取新时代中国特色社会主义伟大胜利——在中国共产党第十九次全国代表大会上的报告》,载 http://www.12371.cn/2017/10/27/ARTI1509103656574313.shtml,2020年3月6日访问。
③ 习近平:《论坚持推动构建人类命运共同体》,中央文献出版社2018年版,第425页。
④ 《联合国宪章》第57条规定,负有广大国际责任的专门性国际组织应依《联合国宪章》第63条之规定与联合国发生关系。这类组织简称专门机构。《联合国宪章》第63条规定,经济及社会理事会得同第57条所指的各专门机构订立协定,明确该专门机构与联合国发生关系的条件,且该项协定须经大会核准。《联合国宪章》第59条规定,联合国在适当情形下,应发动各有关国家进行谈判,以创设所必需的新的专门机构。

(3) 在成员组成上具有普遍性。专门机构在经济社会领域的某一方面负有广泛的国际责任,因此成员众多,是全球性而非区域性的国际组织。

(4) 它们与联合国具有法律关系。专门机构通过与经济及社会理事会签订协定,订明与联合国发生关系的条件,该协定须经联合国大会核准。一般地说,专门机构有完全的内部自治权,联合国承认专门机构的职权范围;而专门机构承认联合国有权提出建议并协调其活动,并同意每年向经济及社会理事会提交报告。此外,《联合国宪章》授权联合国大会审查各专门机构的行政预算,以便对它们提出建议。

二、联合国专门机构的类型

依据《联合国宪章》第57条及第63条,通过缔结关系协定而同联合国建立法律关系的专门机构是15个。[①] 国际原子能机构一般也被放在联合国专门机构中,它不是通过经济及社会理事会同联合国发生关系,而是直接同联合国大会达成关系协定,并直接向联合国大会提交报告,在适当情况下,也向安全理事会和经济及社会理事会提交报告。在联合国的系统结构图中,国际原子能机构摆在"相关组织"中。[②] 但这种区分在实践中并无多大意义,因为经济及社会理事会是大会权力之下的一个机关,况且由它具体负责与各专门机构所订的协定最终也还需要经过联合国大会的核准。[③]

联合国专门机构依据其职能特点可分为四类[④]:(1) 社会文化方面的专门机构,包括国际劳工组织、世界卫生组织、联合国教、科、文组织、世界旅游组织;(2) 科学技术方面的专门机构,包括世界气象组织、国际电信联盟、万国邮政联盟、国际海事组织、国际民用航空组织、世界知识产权组织、国际原子能机构;(3) 工农业方面的专门机构,包括联合国粮食及农业组织、国际农业发展基金、联合国工业发展组织;(4) 金融贸易方面的专门机构,包括国际货币基金组织、世界银行集团。

三、各专门机构简况[⑤]

(一) 社会文化方面的专门机构

国际劳工组织(International Labour Organization,ILO)。该组织是在1919年第一次世界大战结束后召开的和平大会上成立的。1919年4月和平大会通过了《国际劳工组织章程》,国际劳工组织作为国际联盟系统内的一个自主机构成立。1946年12月同联合国签订协定,成为联合国的第一个专门机构。总部在瑞士日内瓦。国际劳

[①] 联合国"组织与结构"中联合国专门机构是15个,其中世界银行集团包括:国际复兴开发银行、国际投资争端解决中心、国际开发协会、国际金融公司、多边投资保证机构,一般算一个。资料来源于联合国网站:https://www.un.org/zh/sections/about-un/funds-programmes-specialized-agencies-and-others/index.html,2020年2月3日访问。

[②] 联合国网站:https://www.un.org/zh/sections/about-un/funds-programmes-specialized-agencies-and-others/index.html,2020年3月4日访问。

[③] 江国青:《联合国专门机构法律制度研究》,武汉大学出版社1993年版,第45、46页。

[④] 同上。

[⑤] 各专门机构成员方数字来源于专门机构各自官方网站(2023年5月访问)。

工组织的宗旨是:通过采取国际行动,改善劳动条件和生活水平;促进经济和社会的稳定;促进社会正义而为建立持久和平作出贡献。国际劳工组织的主要活动有两方面:一是通过或拟定有关劳工问题的公约和建议书;二是开展技术援助和技术合作。国际劳工组织由大会、理事会和国际劳工局组成。截至2023年4月,有187个成员。① 1984年6月,中国恢复参加国际劳工组织的活动。②

世界卫生组织(World Health Organization,WHO)。1946年6月至7月在纽约举行建立世界卫生组织的国际会议,通过了"世界卫生组织法",该法1948年4月7日正式生效,世界卫生组织宣告成立。同年9月成为联合国专门机构,总部设在日内瓦。世界卫生组织的宗旨是使全世界人民达到尽可能高的健康水平。1977年,世界卫生组织大会宣布该组织的首要工作是实现到2000年人人身体健康,此后制定了实现这一目标的全球战略。世界卫生组织充当国际卫生工作的指导和协调机构;协助各国政府加强卫生业务;提供适当的技术援助和必要的救济,促进消灭流行病、地方病及其他疾病;提议国际公约、协定和规章的签订;提供卫生领域的情报、咨询和协助;发展建立食品、药物等的国际标准。世界卫生组织主要机构是世界卫生大会、执行委员会和秘书处。截至2023年5月,有194个成员。③ 1972年8月,世界卫生组织第25届大会恢复我国在该组织中的合法席位。

联合国教育、科学及文化组织(United Nations Educational Scientific and Cultural Organization,UNESCO)。该组织1946年11月4日成立,12月成为联合国的专门机构。总部设在巴黎。其宗旨是:通过促进各国间在教育、科学及文化方面的合作,对和平与安全作出贡献,以促进对正义、法治及人权与基本自由的普遍尊重。为实现其宗旨,该组织建议订立必要的国际协定,以促进思想的自由交流;与会员协作开展各种教育活动,推动教育的普及和文化的传播;通过保护世界文化遗产、文化交流,维护、增进及传播知识。其主要机构是大会、执行局和秘书处。截至2023年5月,有193个成员,12个准成员。④ 1971年10月,该组织执行局第38届会议通过决议,承认中华人民共和国是中国唯一合法代表。

世界旅游组织(World Tourism Organization,UNWTO)。该组织成立于1975年,其前身是1925年成立于荷兰海牙的"国际官方旅游联盟"。2003年11月,第58届联合国大会通过决议,批准《联合国与世界旅游组织协定》。至此,世界旅游组织正式成为第15个联合国专门机构。该组织主要负责制定国际性旅游公约、规则,研究全球旅游政策,收集和分析旅游数据,定期向成员提供统计资料。组织机构包括全体大会、执行委员会、秘书处及地区委员会。总部设在西班牙马德里。截至2023年5月,共

---

① 国际劳工组织网站:https://www.ilo.org/global/about-the-ilo/lang—en/index.htm,2023年5月20日访问。
② 我国是国际劳工组织创始国之一。1971年该组织根据联大决议,通过恢复我国合法权利的决议。我国在1984年妥善处理了旧中国批准的劳工条约后,全面恢复在该组织中的活动。
③ 世界卫生组织网站:http://www.who.int/countries,2023年5月20日访问。
④ 联合国教育、科学及文化组织网站:https://www.unesco.org/en/member-states-portal/about?hub=424,2023年5月20日访问。

有正式成员159个,准成员6个,观察员2个,附属会员500多个(多系非政府组织或企业实体)。①1975年5月,世界旅游组织承认中华人民共和国为中国唯一合法代表。1983年10月5日,该组织第五届全体大会通过决议,接纳中国为正式成员,成为它的第106个正式会员。

(二)科学技术方面的专门机构

国际原子能机构(International Atomic Energy Agency,IAEA)。该机构成立于1957年7月,11月14日联合国大会核准了它与联合国的关系协定。总部设在维也纳。其宗旨是:加速并扩大原子能对全世界和平、健康和繁荣的贡献,以及确保其提供的援助不致用于任何军事目的。国际原子能机构的主要活动是促进并指导和平利用原子能的发展,确立核保障和环境保护的标准,通过技术合作援助成员方,促进关于核能的科技情报交流。国际原子能机构由大会、理事会和秘书处组成。截至2023年5月,有176个成员。②1984年1月1日,我国政府递交了接受《国际原子能机构规约》的接受书,成为正式成员。1984年10月,该机构第28届大会批准中国为该机构理事会的指定理事国。

世界气象组织(World Meteorological Organization,WMO)。其前身为1873年成立的非政府间的国际气象组织。1947年9月,在华盛顿通过《世界气象组织公约》,该公约1950年3月23日生效,世界气象组织成立,并于1951年12月成为联合国专门机构。总部设在日内瓦。世界气象组织的宗旨是:促进气象服务和观测方面的国际合作;促进气象情报的迅速交换、气象观测资料的标准化,以及观测和统计资料的统一发布。此外,它还推动气象学在航空、航运、水利、农业和其他人类活动中的应用,促进实用水文学,并鼓励气象学方面的研究和培训。其主要机构是:世界气象大会、执行委员会、区域气象协定、技术委员会和秘书处。截至2023年,有187个成员及6个准成员(领土成员)③,1973年1月,中国恢复参加该组织的活动。

国际电信联盟(International Telecommunication Union,ITU)。国际电信联盟的前身是1865年设立的国际电报联盟。1934年国际电报联盟改称国际电信联盟。1947年改组并于1949年1月成为联合国专门机构,总部设在日内瓦。国际电信联盟的宗旨是:维护和扩大国际合作,以改进和合理使用电信;促进技术设施的发展和最有效的运用以增加其效能,并尽可能使它们为公众普遍利用;为实现这些共同目的协调各国的行动。国际电信联盟活动主要包括分配无线电频谱并对全世界各种目的的无线电频率进行登记;促进电信的标准化,防止对无线电通信的干扰,以及同提出要求的国家合作发展其电信设施。其主要机构有全权代表大会、行政大会及行政理事会。截至2023年,有193个成员以及超过700个私营实体和学术机构。④1972年5月,电

---

① 世界旅游组织网站:https://www.unwto.org/about-us,2023年5月20日访问。
② 国际原子能机构网站:https://www.iaea.org/about/governance/list-of-member-states,2023年5月20日访问。
③ 世界气象组织:https://public.wmo.int/en/about-us/members,2023年5月20日访问。
④ 国际电信联盟网站:https://www.itu.int/zh/about/Pages/default.aspx,2023年5月20日访问。

信联盟行政理事会第 27 届会议通过决议恢复我国的合法席位。同年 10 月,我国加入《国际电信公约》。

万国邮政联盟(Universal Postal Union,UPU)。万国邮联的前身是 1863 年成立的国际邮政委员会,1874 年它更名为邮政总联盟,1878 年又更名为万国邮政联盟。1948 年 7 月成为联合国专门机构。总部设在瑞士伯尔尼。其宗旨是组成一个单一的各国相互交换邮件的邮政区域,组织和改进邮政业务,促进该领域内的国际合作并参与提供联盟各成员国所寻求的邮政技术援助。其活动主要是通过定期修改邮联法规,协调成员国邮政管理在国际邮政服务方面的工作。万国邮联主要机构是大会、执行理事会、邮政研究咨询理事会和国际局。截至 2023 年,有 192 个成员。[①] 1973 年 2 月,我国恢复在该联盟的合法席位。

国际海事组织(International Maritime Organization,IMO)。国际海事组织原名政府间海事协商组织,1959 年 1 月 13 日成立并成为联合国专门机构。1982 年 5 月 22 日改为现名。总部设在英国伦敦。其宗旨是:作为各国就影响国际贸易中的航运技术事项进行合作和交换资料的机构;鼓励在有关海上安全、航运效率和防止船舶造成的海洋污染的事项中普遍采取最高的可行标准,并处理与这些事项有关的法律问题;鼓励各国政府取消影响国际贸易中航运的歧视性行为和不必要的限制。其主要活动是制定和修改有关海运方面的公约和规定;交流经验;向成员国提供活动方面的情报和科学报告;向发展中国家提供技术援助等。其主要机构是大会、理事会、秘书处以及 4 个主要委员会:海上安全委员会、法律问题委员会、海洋环境保护委员会和技术合作委员会。截至 2023 年,有 175 个成员,66 个政府间国际组织取得观察员地位,88 个非政府间国际组织取得咨询地位。[②] 1973 年 3 月,我国参加国际海事组织的活动。

国际民用航空组织(International Civil Aviation Organization,ICAO)。国际民航组织 1947 年 4 月成立,同年 10 月成为联合国专门机构。总部设在加拿大蒙特利尔。国际民航组织的宗旨和目标是确保全世界国际民用航空事业的安全而有秩序的发展;鼓励用于和平目的的飞行器的设计和操作技术以及用于国际民用航空的航线、机场和导航设施的发展;满足全世界人民对于安全、高效率和经济的空中运输的需要。民航组织的主要机构是大会、理事会和秘书处。截至 2023 年,有 193 个成员。[③] 1974 年 2 月,我国恢复参加国际民航组织的活动。

世界知识产权组织(World Intellectual Property Organization,WIPO)。该组织依据 1967 年 7 月 14 日在斯德哥尔摩签署的公约而建立。依据 1883 年《巴黎公约》而成立的国际保护工业产权联盟和依据 1886 年《伯尔尼公约》成立的国际保护文学艺术作品联盟批准了 1967 年公约后,世界知识产权组织于 1970 年 4 月 26 日正式成立。1974 年 12 月成为联合国专门机构。总部设在日内瓦。该组织的目标是通过国际合

---

① 万国邮政联盟网站:https://www.upu.int/en/Universal-Postal-Union,2023 年 5 月 20 日访问。
② 国际海事组织网站:http://www.imo.org/en/,2023 年 5 月 20 日访问。
③ 国际民航组织网站:https://www.icao.int/about-icao/Pages/ZH/member-states_CH.aspx,2023 年 5 月 20 日访问。

作,集中管理各国际知识产权联盟的行政事务以及有关的国际知识产权公约,促进工业产权和版权的保护。该组织对发展中国家给予法律上和技术上的援助,传播信息并办理国际注册登记。该组织主要机构有理事会、成员国会议、协调委员会和国际局。截至2023年,有193个成员。[①] 1980年3月,我国参加世界知识产权组织。

（三）工农业方面的专门机构

联合国粮食及农业组织(Food and Agriculture Organization of the United Nations, FAO)。该组织1945年10月16日成立,1946年12月成为联合国的专门机构。总部设在罗马。该组织的宗旨是提高人民的营养和生活水平;改进农产品的生产和分配的效率;改善农村人口状况,促进世界经济的发展。其主要活动是向成员方提供粮食形势的分析情况和统计资料,提供政策建议,负责对发展中国家组织援助项目,促进农产品的国际贸易以及推广和组织新技术、科技交流等。该组织主要机构是大会、理事会和秘书处。截至2023年,有194个成员国、1个成员组织和2个准成员。[②] 1973年4月,我国恢复参加联合国粮农组织的活动。

国际农业发展基金(International Fund for Agriculture Development, IFAD)。国际农发基金1977年11月成立,同年12月成为联合国专门机构,总部设在罗马。农发基金是联合国在粮农领域为农业和乡村发展,特别是为最穷困的农村人口提供资金而设立的国际金融机构。其宗旨是通过向发展中国家,特别是缺粮国家提供优惠贷款和赠款,来为它们以粮食生产为主的农业发展项目筹集资金。该组织的机构是管理理事会和执行局。截至2023年,有177个成员。[③] 1980年1月,我国加入国际农业发展基金。

联合国工业发展组织(United Nations Industrial Development Organization, UNIDO)。联合国工业发展组织作为联合国的附属机构设立于1967年1月1日。1986年6月1日正式成为联合国专门机构,总部设在维也纳。联合国工业发展组织的目标是促进和加速发展中国家的工业化,以有助于建立新的国际经济秩序,在全球、区域和国家以及部门各级促进工业发展的合作。联合国工业发展组织从三个基本方面来促进发展中国家的工业发展:涉及直接援助的现场业务活动;组织研究会、讨论会、专家小组和培训方案等的支援活动;促进发达国家和发展中国家的金融、商界和学术团体以及其他机构建立直接联系。联合国工业发展组织主要机构有大会、工业发展理事会、方案预算委员会和秘书处。截至2023年,有171个成员。[④] 1972年,中国参加联合国工业发展组织并于次年当选为理事国。

（四）金融贸易方面的专门机构

这方面的专门机构有国际货币基金组织(International Monetary Fund, IMF)、世界银行集团,包括国际复兴开发银行(International Bank for Reconstruction and

---

① 世界知识产权组织网站:http://www.wipo.int/members/en/,2023年5月20日访问。
② 联合国粮食和农业组织:https://www.fao.org/about/en/,2023年5月20日访问。
③ 国际农业发展基金网站:https://www.ifad.org/en/member-states,2023年5月20日访问。
④ 联合国工业发展组织网站:https://www.unido.org/about-us/member-states,2023年5月20日访问。

Development,IBRD)、国际开发协会(International Development Association,IDA)、国际金融公司(International Finance Corporation,IFC)、多边投资保证机构(Multilateral Investment Guarantee Agency,MIGA)、国际投资争端解决中心(International Center for Settlement of Investment Disputes,ICSID),它们在后文"国际经济法律制度"一章介绍。

第四节 区域性国际组织

一、区域性国际组织的定义及特征

区域性国际组织(regional organizations)是指在相同的地域内的国家或者虽不在相同的地域内但以维护区域性利益为目的的国家组成的国际组织与集团。[①]

区域性国际组织除具有国际组织的全部特征外,还有如下特点:

(1) 其成员一般限于特定地区内的国家或地区,具有明显的地理邻近性。各成员由于领土接壤,接触频繁,利害关系较多,比较容易发展睦邻关系也需要发展睦邻关系。但要指出的是,区域组织不一定包括该地区的全部国家和地区。

(2) 成员之间往往基于民族、历史、文化等原因具有某种共同意识,或在政治、经济、军事或社会方面相互依赖。因此,区域组织具有更加稳定的社会、政治基础。

(3) 特定地区内的国家和地区在解决争端、维持本区域和平与安全、保障共同利益或发展经济文化关系等方面,有进行广泛合作并结成永久组织的要求。故重要的区域组织从其基本活动来看,一般既有政治方面维持和平与解决争端的职能,也有促进和调整本区域内社会、经济及有关专业方面的作用。[②]

二、区域性国际组织与联合国的关系

区域性国际组织出现于普遍性国际组织之前。自普遍性国际组织出现后,即产生两者的关系问题。在《国际联盟盟约》中没有关于区域性国际组织的明确条款,但国际联盟并未排除区域组织的存在,《国际联盟盟约》第21条规定:国际协议,如仲裁条约或门罗主义之类的区域协定,均属维持和平,本盟约之任何规定不得被认为影响其效力。[③]《联合国宪章》则明确以第八章专章肯定了区域性国际组织的地位,构成区域性国际组织与联合国关系的法律基础。

《联合国宪章》第52条第1款规定:"本宪章不得认为排除区域办法或区域机关、用以应付关于维持国际和平及安全而宜于区域行动之事件者;但以此项办法或机关及其工作与联合国之宗旨及原则符合者为限。"在此,《联合国宪章》肯定,在不违反联合国宗旨和原则的前提下,区域性国际组织有维持国际和平与安全的职能。而且《联合国宪章》第52条第2款和第3款的规定表明联合国要求和鼓励区域性国际组

[①] 见渠梁、韩德主编:《国际组织与集团研究》,中国社会科学出版社1989年版,第390页。
[②] 见梁西:《国际组织法(总论)》(修订第五版),武汉大学出版社2001年版,第231页。
[③] 同上书,第232页。

织尽先和平解决区域争端。区域性国际组织的另一职能是协助安全理事会实施依安全理事会权力而采取的强制行动,但此等行动必须以安全理事会的授权为限,如未经授权,不得采取任何强制行动(《联合国宪章》第 5 条)。此外,为了增强联合国对区域性国际组织的监督作用,《联合国宪章》第 54 条要求:依区域办法或由区域机关所已采取或正在考虑的行动,不论何时应向安全理事会充分报告。

综上所述,《联合国宪章》把区域性国际组织纳入联合国维持国际和平与安全的世界体制中,使区域性国际组织在和平解决争端、制止侵略方面处于合作和补充的地位。《联合国宪章》和加强联合国作用特别委员会(《联合国宪章》特委会)从 1992 年开始审议"关于改善联合国与各地区组织之间的合作的宣言草案"。该宣言草案首先肯定并强调的是"区域组织是宪章规定的集体安全体制的不可缺少的组成部分"。[①]

三、区域性国际组织的类型

区域性国际组织依据其宗旨和职权范围,可以分为一般性区域组织和专门性区域组织,而后者又包括经济性区域组织、金融性区域组织和军事性区域组织等。

一般性区域组织主要有美洲国家组织、非洲统一组织、阿拉伯国家联盟、东南亚国家联盟以及欧洲联盟等。

经济性区域组织主要有拉美自由贸易联盟、亚马孙工作条约组织、中美洲共同市场、加勒比共同体和共同市场、北美自由贸易区、阿拉伯石油输出国组织、亚太经济合作组织、西非经济共同体、西非国家经济共同体、中非国家经济共同体、经济互助委员会、欧洲自由贸易联盟、比荷卢经济联盟等。

金融性区域组织主要有加勒比开发银行、中美洲经济一体化银行、泛美开发银行、亚洲开发银行、阿拉伯非洲经济开发银行、非洲开发银行、欧洲货币体系、欧洲投资银行等。

军事性区域组织主要有北大西洋公约组织、华沙条约组织、西欧联盟、澳新美理事会、中央条约组织、东南亚集体防务条约组织等。其中,华沙条约组织已于 1991 年解散,澳新美理事会 1986 年消亡,中央条约组织于 1979 年不复存在,东南亚集体防务条约组织也于 1976 年宣布解散。北大西洋公约组织和西欧联盟仍然存在,而且北大西洋公约组织东扩,截至 2023 年 4 月,成员增至 31 个。[②] 1999 年 4 月,北大西洋公约组织在华盛顿会议上通过《北大西洋联盟战略概念》。1999 年 3 月 24 日,该组织对南斯拉夫联盟共和国发动空袭。持续 78 天的轰炸,造成大量民用设施被毁、平民伤亡,难民大量涌现,使得世界爱好和平的人民对军事性区域组织的存在,以及在维护国际和平与安全中起什么作用产生疑问。2011 年 3 月 27 日,北大西洋公约组织称根据联合国安全理事会 1973 号决议接管了在利比亚全部军事行动,其所进行的"联合保护行动"(Operation Unified Protector)的目的在于保护平民。

[①] 见许光建主编:《联合国宪章诠释》,山西教育出版社 1999 年版,第 383 页。
[②] 北大西洋公约组织网站:https://www. nato. int/cps/en/natohq/nato_countries. htm,2023 年 5 月 20 日访问。

四、一般性区域组织简介

(一) 美洲国家组织(Organization of American States, OAS)

美洲国家组织是现存历史最长的区域组织。其起源可溯及 1823 年的美国"门罗主义"的倡导以及中南美独立战争的影响。1889 年 10 月至 1890 年 4 月,美国同拉美 17 国在华盛顿召开第一次美洲国家代表会议(通称"泛美会议"),成立"美洲国家商务局"的常设机构。后经过两次泛美会议,依次更名为"美洲国家国际事务局""泛美联盟"。1948 年在波哥大召开的第九次泛美会议上,通过《美洲国家组织宪章》(即《波哥大公约》),将"泛美联盟"改称为"美洲国家组织",总部设在华盛顿。

依据《波哥大公约》第 4 条,该组织的宗旨是:加强美洲大陆的和平与安全;防止成员国间能引起困难的可能原因并保证成员国间可能发生的争端的和平解决;为遭受侵略的国家安排共同行动;寻求成员国间的政治、法律和经济问题的解决;并以合作行动来促进成员国经济、社会和文化的发展。美洲国家组织现有成员国 35 个。[①]

美洲国家组织的主要机构有:大会,为最高权力机构;常设理事会,为执行机构;秘书处,为中心常设机构;外长协商会议,为和平与安全方面的协商机构。此外,还设有咨询机构、专门机构和自治机构。

该组织每年都会举行年会,截至 2019 年,已举办 49 届。2019 年 6 月,美洲国家组织第 49 届年会在哥伦比亚麦德林举行,与会各方围绕"通过创新加强西半球多边主义"的会议主题及共同关心的地区问题进行讨论,委内瑞拉局势成为各方的焦点所在。[②]

(二) 非洲联盟(African Union, AU)

非洲联盟(简称非盟),是继欧盟之后世界第二个重要的国家间联盟,是集政治、经济、军事等为一体的全洲性政治实体。非盟总部设在亚的斯亚贝巴,现有 55 个成员国。[③] 前身是成立于 1963 年 5 月 25 日的非洲统一组织(Organization of African Unity, OAU,简称非统组织)。1999 年 9 月,非统组织召开第 4 次特别峰会,通过关于成立非盟的《锡尔特宣言》。2000 年 7 月,第 36 届非统峰会通过《非洲联盟章程》。2001 年 3 月,第 5 次非统特别峰会,正式宣布成立非盟。5 月 26 日,《非盟章程》生效。7 月,第 37 届非统峰会决定非统向非盟过渡。2002 年 7 月,第 38 届(最后一届)非统暨首届非盟首脑会议在德班召开,非盟正式取代非统。

非盟的主要机构为国家元首和政府首脑会议(最高决策机构)、外长执行理事会(执行机构)、常设代表委员会和非盟委员会。非盟的立法机构为泛非议会,司法机构是非洲最高法院;下属非洲中央银行、非洲货币基金组织和非洲投资银行 3 个金融机构。非盟首任主席姆贝基强调,非盟的首要任务是实现非洲国家和非洲人民之间的

[①] 外交部网站:https://www.mfa.gov.cn/web/gjhdq_676201/gjhdqzz_681964/lhg_683190/jbqk_683192/,2023 年 5 月 20 日访问。

[②] 同上。

[③] 非盟网站:https://au.int/en/member_states/countryprofiles2,2020 年 2 月 3 日访问。

团结、稳定与通力合作,建立有效机制加快非洲大陆的政治、经济和社会一体化进程,加速非洲文化的集体行动以及非洲与世界其他地区的联系;其次是发展非洲国家之间各个层次的新型伙伴关系,动员各个国家社会各界的力量,共同实现非洲大陆的繁荣富强。

根据《非盟章程》第3条,非盟的宗旨是:在非洲国家与民族间实现更广泛的统一和团结;捍卫各成员国的主权、领土完整和独立;加速非洲大陆政治和社会经济的一体化;在事关非洲大陆及其各民族利益的问题上促进和维护非洲大陆的共同立场;鼓励国际合作,遵守《联合国宪章》和《世界人权宣言》;促进非洲大陆的和平、安全和稳定;促进民主原则与体制,促进大众参与良性治理;依据《非洲人权和各民族权利宪章》和其他相关人权文件促进和保护人权和各民族的权利,建立必要的条件,使非洲大陆能够在全球经济和国际谈判中发挥应有的作用;促进经济、社会和文化层面的可持续发展以及非洲各经济体的一体化;促进所有人类活动领域的合作以提高非洲各民族的生活水平;协调现有和未来区域经济共同体的政策,以逐步实现本联盟的宗旨;通过促进各领域的研究,尤其是科学技术领域的研究,推进非洲大陆的发展;在消除可预防疾病和促进人民健康方面与相关国际伙伴开展合作。

(三) 阿拉伯国家联盟(League of Arab States,LAS)

阿拉伯国家联盟是中东北非阿拉伯国家的最大组织。1944年9月,埃及、叙利亚、约旦、伊拉克、沙特阿拉伯、黎巴嫩和阿拉伯也门共和国等7国外长集会亚历山大,决定成立该阿拉伯国家组织。1945年3月,上述7国代表在开罗集会,签订《阿拉伯国家联盟公约》,正式成立阿拉伯国家联盟。总部设在开罗,1979年迁往突尼斯,1990年迁回开罗。截至2023年5月,阿拉伯国家联盟拥有成员22个。[1] 巴勒斯坦解放组织是其成员。埃及则因1979年埃以和约,在1979—1989年被中止成员资格。

《阿拉伯国家联盟公约》第2条规定联盟的宗旨是:密切成员间的关系;协商彼此间的政治活动,捍卫独立与主权;全面考虑阿拉伯国家的事务和利益;各成员在经济财政事务、交通电讯、文化事务、国籍、社会福利与卫生保健等方面进行密切合作。

阿拉伯国家联盟的主要机构有:首脑级理事会,为最高权力机构,商讨地区性重大问题;部长级(外长)理事会,负责讨论、制定和监督执行阿拉伯共同政策、制定阿盟各机构的内部条例并任命阿盟秘书长;专项部长理事会,其下设13个委员会;秘书处,负责执行理事会的决议。此外,该联盟还设有经济及社会理事会、联合防御理事会。[2]

阿拉伯国家联盟成立后,一直致力于捍卫民族独立与国家主权。尤其在巴勒斯坦问题上,其首脑会议数次通过决议,支持巴勒斯坦人民的民族权利,反对以色列的扩张与侵略。该联盟还加强同欧洲国家合作,建立阿拉伯共同市场。阿拉伯国家联盟的活动促进了阿拉伯事业和世界和平事业的发展。

---

[1] 外交部网站:https://www.fmprc.gov.cn/web/gjhdq_676201/gjhdqzz_681964/lhg_682830/jbqk_682832/,2023年5月29日访问。

[2] 同上。

（四）东南亚国家联盟（Association of Southeast Asian Nations, ASEAN）

东南亚国家联盟简称"东盟"。1967年8月，印度尼西亚、马来西亚、菲律宾、新加坡和泰国外长在泰国集会，通过《曼谷宣言》，宣布东南亚国家联盟正式成立，总部设在雅加达。现有成员国10个。[①] 东盟是中国的近邻，双方在许多地区和国际问题上有着相同或相近的立场，作为中国周边外交的优先方向[②]，双方在各方面存在紧密的合作。

依据《曼谷宣言》，东南亚国家联盟的宗旨是：本着平等与合作的精神，通过共同努力来加速本地区的经济增长、社会进步和文化发展，奠定一个繁荣、和平与稳定的基础；在经济、社会、文化、技术、科技和行政方面促进合作与互助；同其他国际组织和区域性组织保持紧密和有益的合作。

该组织的主要机构有：部长会议，为最高决策机构；常务委员会，本部长会议休会期间执行部长会议的决议，并有权代表东盟发表声明；秘书处，是行政机构，对部长会议和常务委员会负责。此外，还设有9个常设委员会和8个特别委员会。前者负责研究和实施部长会议决定的有关东盟合作的规划和建议；后者负责研究和处理有关东盟经济合作和对外经济关系中的特殊问题。

东盟成立后，于1971年吉隆坡外长会议上签署《东南亚中立化宣言》（又称《吉隆坡宣言》），提出在东南亚建立一个"不受外部强国任何形式或方式干涉的和平、自由和中立区"。1976年，东盟在印尼巴厘岛举行第一次首脑会议，签署《东南亚和睦合作条约》和《东南亚国家联盟协调一致宣言》（又称《巴厘宣言》），确定了东盟在政治、经济和宣传方面合作的原则。2007年1月，东盟第12届峰会领导人签署了《至2015年加速建立东盟共同体之宿务宣言》，至2015年12月31日东盟一体化正式宣布建成。同时，作为实现东盟共同体的基石，《东盟宪章》于2008年12月15日生效，这是东盟成立以来第一份对10个成员国都有法律拘束力的文件。[③] 东盟在加强区域性合作、同西方国家对话、解决区域争端等方面起着日益显著的作用。自2016年以来，东盟就如何强化东盟共同体进行了广泛而深入的讨论，如2017年，第31届东盟峰会就建设以人为本的东盟、维护地区和平与稳定、加强海上安全与合作、促进包容性与创新驱动型增长、加强东盟韧性、推动东盟成为区域主义样板和全球事务参与者进行了探讨。2019年，重点讨论了东盟共同体建设，发表了《东盟印太展望》《东盟领导人关于可持续伙伴关系的愿景声明》《应对亚洲地区海洋垃圾的曼谷宣言》及其行动框架等文件。[④]

中国意识到，地区一体化不仅仅是经济的和社会的，而且是政治的和安全的；同

[①] 东南亚联盟网站：https://asean.org/member-states/，2023年5月20日访问。
[②] 《建设更为紧密的中国—东盟命运共同体》，中国驻东盟网站：http://asean.chinamission.org.cn/chn/dmgx/t1181459.htm，2020年3月8日访问。
[③] 东南亚联盟网站：https://asean.org/member-states/，2023年5月20日访问。
[④] 外交部网站：https://www.fmprc.gov.cn/web/gjhdq_676201/gjhdqzz_681964/lhg_682518/jbqk_682520/，2020年3月6日访问。

时也意识到,要取信周边国家,要在地区发挥大国应有的作用,就必须全方位地融入地区社会,同其他国家一道共同制定和遵守统一的规则。①2002年中国同东盟就南沙群岛问题签署了《南海各方行为宣言》,2003年中国加入了《东南亚友好合作条约》,成为第一个加入该条约的非东盟国家。同时,2002年11月4日,我国与东盟签署了《中国—东盟全面经济合作框架协议》,决定在2010年建成中国—东盟自贸区,并正式启动了自贸区建设的进程。2004年11月,双方签署自贸区《货物贸易协议》,并于2005年7月开始相互实施全面降税。2007年1月,双方又签署了自贸区《服务贸易协议》。②2010年1月1日,世界上人口最多自由贸易区、也是发展中国家间最大的自由贸易区——中国—东盟自由贸易区正式全面启动,标志着中国与东盟之间的经济联系上升到新的历史水平。③中国与东盟建立了完善的对话机制,主要包括领导人会议、外长会、部长级会议、高官会等。2018年,第21次中国—东盟领导人会议在新加坡举行,会议发表了《中国—东盟战略伙伴关系2030年愿景》和《中国—东盟科技创新合作联合声明》等文件。④伴随着中国"一带一路"倡议的发展,双方往来互动频繁,中国与东盟关系进入全方位发展的新阶段。

(五) 欧洲联盟(European Union,EU)

欧洲联盟的前身为欧洲共同体(European Community)。1951年4月,法国、联邦德国、意大利、比利时、荷兰、卢森堡6国在巴黎签订了《欧洲煤钢联营条约》,1952年8月,在卢森堡成立欧洲煤钢联营,总部设在布鲁塞尔。1957年3月,上述6国又在罗马签订《建立欧洲经济共同体条约》和《建立欧洲原子能共同体条约》(统称《罗马条约》)。《罗马条约》于1958年1月生效,欧洲经济共同体和欧洲原子能共同体正式成立,总部均设在布鲁塞尔。1965年4月,5国签订《布鲁塞尔条约》,决定将上述三机构合并为单一机构,统称欧洲共同体。欧洲共同体成员国首脑1991年12月在荷兰马斯特里赫特召开会议,通过《政治联盟与经济、货币联盟条约》(即《马斯特里赫特条约》),意在扩展和深化欧共体经济一体化,进而实现政治联盟和经济、货币联盟。《马斯特里赫特条约》规定:实施共同的外交、安全政策和联合行动;分阶段协调并最迟在1999年使用单一货币。《马斯特里赫特条约》1993年11月1日生效,欧洲共同体更名为欧洲联盟。欧洲联盟自英国退出后,目前有27个成员国。⑤

依据《马斯特里赫特条约》,欧共体法全部原则、规则和规章制度维持不变,此外,对人权、附属原则和尊重民族多元化等问题给予特别关注。《马斯特里赫特条约》中新的共同条款、共同外交和安全政策以及司法和民政事务的合作内容只是对欧共体

---

① 见张锡镇:《东南近邻,中国外交再发力》,载《南方周末》2003年8月28日。
② 《中国—东盟自由贸易区简介》,中国—东盟商务理事会网站:http://www.china-aseanbusiness.org.cn/index.php?m=content&c=index&a=show&catid=12&id=798,,2020年2月3日访问。
③ 《中国—东盟自贸区建设》,国务院新闻办公室网站:http://www.scio.gov.cn/m/zhzc/6/1/Document/1007602/1007602.htm,2020年2月3日访问。
④ 《中国—东盟关系》(2019年版),载中国—东盟中心网站:http://www.asean-china-center.org/link/links/2020-02/4401.html,2020年3月6日访问。
⑤ 欧洲联盟网站:https://europa.eu/european-union/about-eu/countries_en,2023年5月20日访问。

的法律进行了补充。① 欧洲联盟的目的依据《马斯特里赫特条约》第 B 条是:通过创设一个没有内部边界的区域、加强经济和社会联合和建立经济与货币联盟并最终实现单一货币等途径,促进经济和社会均衡、持续的进步;通过共同外交和安全政策等的实现,包括共同防务政策的最终形成,维护欧盟的国际实体地位;通过采用欧盟公民资格加强对成员国国民权益的保护;开展司法和内政的紧密合作;完全保持集体成果,并且为确保欧盟机制和机构的有效性,按《马斯特里赫特条约》第 M(2)条规定的程序对《马斯特里赫特条约》确立的政策和合作形式予以必要修改。

欧洲联盟的主要机构有②:(1) 欧洲理事会,由成员国元首和政府首脑及欧洲委员会主席组成,其任务是为欧洲联盟的发展提供必要的动力,并制定总的政治路线。(2) 欧洲委员会,目前由独立的 27 名委员组成,由欧洲议会投票表决产生。③ 委员会的作用在于提出有关政策和法律的建议,帮助实施欧共体的政策,监督对欧共体法律的遵守,在理事会里调解成员国间的利益,并在对外关系方面代表欧共体。(3) 欧洲联盟理事会,由成员国政府部长级的代表组成,代表各自政府行事,成员国政府概括会议所讨论事项的性质委派政府中相应的成员与会。其职责是负责协调各成员总的经济政策,亦拥有作出决定的权力。理事会作出决定后,可授权欧洲委员会具体执行,特定情况下保留直接执行规则的权利。(4) 欧洲议会,其议员现有 705 名,从 1979 年始由成员国国民依照国内选举体制按比例直接选举产生。欧洲议会的权力主要是监督和咨询性质的。④ 欧洲委员会有义务向欧洲议会提交报告并回答问题,理事会也常在欧洲议会的会议上接受质询。欧洲议会有决定非强制性预算的权力。(5) 欧洲法院,由独立的 15 名法官和 9 名大律师组成。其职责是在解释和适用《欧洲共同体条约》的过程中,保证法律得到遵守。欧洲法院的管辖权主要有三方面:第一是发表初步裁决的权力;第二是受理欧洲委员会或成员国对另一成员国的诉讼;第三是受理对共同体机构提起的诉讼。鉴于提高欧洲法院的案件与日俱增,1988 年根据《单一欧洲文件》设立了一个管辖权有限的初审法院。

欧洲联盟是目前一体化程度最高的区域组织。其进出口贸易额已分别超过美国和日本,是世界上最大的经济集团。《马斯特里赫特条约》又提出共同外交和安全政策,完成政治一体化。由于欧洲联盟法在成员国直接适用,且优先于成员国国内法⑤,所以,该组织的超国家性已引起国际法学者的关注。

另外,2004 年 6 月 18 日,欧盟 25 个成员国在比利时首都布鲁塞尔举行首脑会议,一致通过了《欧盟宪法条约》草案的最终文本。同年 10 月 29 日,欧盟 25 个成员国的领导人在罗马签署了《欧盟宪法条约》。条约必须在欧盟全部成员国根据本国法

---

① 见〔英〕弗兰西斯·斯奈德:《欧洲联盟法概论》,宋英编译,北京大学出版社 1996 年版,第 16—17 页。
② 同上书,第 26—41 页。
③ 欧洲联盟网站:https://european-union.europa.eu/index_en,2023 年 5 月 29 日访问。
④ 欧洲联盟网站:https://european-union.europa.eu/institutions-law-budget/institutions-and-bodies/search-all-eu-institutions-and-bodies/european-parliament_en,2023 年 5 月 29 日访问。
⑤ 见〔英〕弗兰西斯·斯奈德:《欧洲联盟法概论》,宋英编译,北京大学出版社 1996 年版,第 16—17 页。

律规定,通过全民公决或议会投票方式批准后方能生效。但是法国、荷兰两个欧盟创始成员国分别在 2005 年 5 月和 6 月的全民公决中否决了该条约。2007 年 12 月欧盟成员国领导人在葡萄牙首都里斯本正式签署《里斯本条约》,取代了《欧盟宪法条约》。2009 年 12 月 1 日,《里斯本条约》生效,条约增强了欧盟的民主性、日益促进公民权益的实现。2011 年 3 月 23 日,欧洲议会通过对《里斯本条约》的有限修改,以建立"欧洲稳定机制"。① 欧盟在发展的过程中也出现了分离的倾向,2020 年 1 月 31 日,英国脱离欧盟,结束了英国长达 47 年的欧盟成员国身份。②

参考书目

[1] 饶戈平主编:《国际组织法》,北京大学出版社 1996 年版。
[2] 梁西:《国际组织法(总结)》(修订第五版),武汉大学出版社 2001 年版。
[3] 渠梁、韩德主编:《国际组织与集团研究》,中国社会科学出版社 1989 年版。
[4] 〔英〕弗兰西斯·斯奈德:《欧洲联盟法概论》,宋英编译,北京大学出版社 1996 年版。
[5] 许光建主编:《联合国宪章诠释》,山西教育出版社 1999 年版。

---

① 欧洲联盟网站:http://europa.eu/lisbon_treaty/index_en.htm,2014 年 3 月 12 日访问。
② 《英国正式"脱欧"欧盟历史性减员》,载新华网,http://www.xinhuanet.com/world/2020-02/01/c_1125517507.htm,2020 年 3 月 6 日访问。

第十章　外交和领事豁免、国际组织的豁免

第一节　外交特权和豁免

一、外交关系和使馆概说

从国际法的角度,外交可界定为国家为了实现其对外政策,通过互相在对方首都设立使馆,派遣或者接受特别使团,领导人访问,参加联合国等国际组织,参加政府性国际会议,用谈判、通讯和缔结条约等方法,处理其国际关系的活动。① 外交关系在广义上主要是指国与国之间为了实现各自的对外政策,通过互设常驻外交代表机构和通过参加国际组织等各种形式的外交活动进行交往所形成的关系。通常所称的外交关系则是指国家互相在对方首都设立使馆并通过它们进行交往的关系。外交和对外政策很大程度上属于国际政治范畴,但是与外交活动有关的一些事项如外交关系的建立、外交特权和豁免(diplomatic privileges and immunities)、使馆及其人员对驻在国的义务等,则在国际法特别是外交关系法调整之列。

外交关系法的渊源在第二次世界大战之前主要是习惯法。第二次世界大战后,签订了一些涉及外交关系的公约,其中最重要的是 1961 年《维也纳外交关系公约》(Vienna Convention on Diplomatic Relations)。该公约于 1964 年 4 月 24 日生效,到 1995 年 1 月 1 日,有 174 个缔约国。我国于 1975 年加入。我国 1986 年 9 月 5 日公布的《中华人民共和国外交特权与豁免条例》,与《维也纳外交关系公约》一致,同时结合了我国在这方面的做法。在论述外交特权和豁免之前,宜先了解外交关系和使馆的建立、使馆的职务、使馆的人员等问题。

(一) 外交关系和使馆的建立

《维也纳外交关系公约》第 2 条规定:"国与国间外交关系及常设使馆之建立,以协议为之。"这是符合国家主权和平等的基本原则的。至于协议采取什么形式,则由有关国家决定。过去往往缔结条约,近来多用换文、公报等形式。

我国为了防止可能有的制造"两个中国"的阴谋,提出了承认中华人民共和国政府为中国唯一合法政府,台湾是中国领土的不可分割部分等捍卫我国主权和领土完整的建交条件,在这些条件的基础上,通过谈判,同愿意与我国建交的国家达成建交和互设使馆的协议。这些条件完全符合现代国际法基本原则。与我国建交的国家都接受这种条件。

---

① 参见周鲠生:《国际法》(上、下册),商务印书馆 1976 年版,第 505—506 页;Ian Brownlie, *Principles of Public International Law*, 3th ed., Clarendon Press. Oxford, 1979, p.345.

(二) 使馆的职务

按照《维也纳外交关系公约》的规定,使馆有五项主要职务:

(1) 代表,即在接受国中作为派遣国政府的代表。这是使馆的最基本职务。使馆,特别是使馆馆长,是派遣国同接受国政府之间进行联系或者商讨有关两国关系事项的代言人。

(2) 保护,即在国际法许可的限度内在接受国中保护派遣国及其国民的利益。

(3) 谈判,即代表政府与接受国政府进行谈判。

(4) 了解和报告,即用一切合法手段了解接受国的政治、文化、社会和经济等方面的状况和发展情况,并向本国政府报告。

(5) 促进,即促进派遣国与接受国间友好关系和发展两国间经济、文化和科学关系(第3条)。

但是,使馆的职务并不以这五项为限。使馆还可以担负国际法所许可的其他职务。例如,在接受国法律或惯例许可的情况下执行领事职务,经接受国同意保护另一国的利益。

(三) 使馆的人员

使馆人员享受的特权和豁免与他们所属的类别有联系。使馆人员(the members of the mission)分为外交人员(the members of the diplomatic staff)、行政和技术人员(the members of the administrative and technical staff)和服务人员(the members of the service staff)几类。外交人员是指具有外交官官衔的使馆人员,包括馆长如大使、公使、代办[①]和其他外交人员,如参赞,一、二、三等秘书,各种专员如商务、文化专员,陆、海、空军武官。所谓外交代表(diplomatic agents)是指使馆馆长或使馆外交人员。行政和技术人员,是指从事使馆中行政和技术工作的人员,如使馆办公厅主任、译员、会计、打字员、无线电技术员。服务人员(《维也纳外交关系公约》中文本称"事务职员"),包括汽车司机、传达员、维修工、清洁工等。此外,《维也纳外交关系公约》中还列有一种"私人服务员"(private servant,中文本称"私人仆役"),指使馆人员私人雇佣的人员如保姆等,不属于派遣国的工作人员,不在使馆人员编制之内。[②]

二、外交特权和豁免的根据及具体内容

(一) 外交特权和豁免的根据

使馆及其人员,首先是外交人员,享有外交特权和豁免。关于外交特权和豁免的

---

① 第二次世界大战以后的趋势是一般交换大使,只在两国关系有较大问题时才互派代办。例如,1972年前,我国同英国和荷兰之间只交换代办,主要是因为当时这两国在联合国中支持阻挠恢复我国合法权利的提案,特别是英国还与我国台湾地区保持着领事关系。英、荷政府改变上述态度后,我国又同这两国达成协议互相把派驻对方的代办升格为大使。1981年年初,中华人民共和国政府鉴于荷兰政府批准向台湾地区出售海军潜艇的决定破坏了1972年中荷两国使馆升格公报的原则,向荷兰方面提出把两国互派的大使馆降格为代办处的要求,双方就此举行谈判,正式将两国互派的大使馆降格为代办处。之后荷兰方面改变了上述决定,两国之间的外交关系又恢复到原来级别。

② 这里用语的根据是1986年9月5日公布的《中华人民共和国外交特权与豁免条例》。

根据,有三种过去或现在有重大影响的学说。

(1) 治外法权(extraterritoriality)说。它以使馆和外交代表处于接受国领域之外这种拟制来说明外交特权和豁免。这种学说既不是以事实为根据,也不符合各国在外交特权和豁免方面的做法。例如,在使馆馆舍内发生的犯罪,在法律上被认为是在接受国境内发生的,除非犯罪者享有豁免权,属接受国管辖。治外法权说现已被摒弃,但有时仍可看到"治外法权"一词被用来作为外交特权和豁免的同义语。

(2) 代表性(representative character)说。这种学说把外交特权和豁免建立在使节的代表性上,认为使节是君主或国家的代表,根据平等者之间无管辖权的原则,其使节享有外交特权和豁免。这种学说有一定事实根据和道理,但不能充分和确切地说明问题。例如,它不能说明为什么对外交人员的非公务行为也给予豁免。

(3) 职务需要(functional necessity)说。这种学说以使馆和外交人员执行职务的需要来说明特权和豁免。这种学说认为,外交特权和豁免,使使馆和外交官可以在不受驻在国的干扰和压力的条件下,自由地代表本国进行谈判,自由地同本国政府联系,简言之,可以顺利地执行其职务,因而是国家之间保持正常关系所必不可少的。这种学说比较能说明给予特权与豁免的理由,是现在被比较普遍接受的一种学说。

《维也纳外交关系公约》采取职务需要说,同时也考虑到使馆的代表性。《维也纳外交关系公约》序言中说"确认此等特权与豁免之目的……在于确保代表国家之使馆能有效执行职务"。这里说的是"代表国家之使馆",与过去说使节是代表君主,并且以使节而不是以代表机构使馆为中心,是有所不同的。

(二) 使馆特权和豁免

不久以前,在国际法著作中论述常驻外交机构时,一般以外交使节为中心,使馆被视为使节的办事机构。现在使馆是一个国家的代表机关,使馆人员是国家机关人员,馆长是这个国家机关的首长。与此相适应,外交特权和豁免也分为使馆的和使馆人员的。使馆应享有的便利、特权和豁免主要有以下一些。

1. 使用国旗和国徽

使馆及其馆长有权在使馆馆舍,及在使馆馆长寓邸与交通工具上使用派遣国的国旗或国徽(《维也纳外交关系公约》第20条)。

2. 使馆馆舍不可侵犯

使馆馆舍是指供使馆使用和供使馆馆长寓邸之用的建筑物或建筑物各部分,以及其所附属的土地,至于所有权谁属,则在所不问(《维也纳外交关系公约》第1条)。使馆馆舍不可侵犯的含义是,首先,接受国官员非经使馆馆长许可不得进入馆舍;其次,对使馆馆舍要加以特别保护。此外,接受国不得对馆舍及其设备等财产采取强制措施。下面分别加以说明。

(1)《维也纳外交关系公约》第22条第1款规定:接受国官员(agents)[①]非经使馆馆长许可,不得进入使馆馆舍。没有得到使馆馆长许可,接受国的警察、司法机关

---

① 公约的正式中文本作"官吏"。

人员等都不得进入使馆。对使馆馆舍不可侵犯的规定,《维也纳外交关系公约》没有规定任何例外。例如,它没有规定在发生火灾、流行病或其他特别紧急情况时,接受国官员可以不待使馆馆长许可就进入使馆馆舍或"推定许可"。因此,按照这项规定,使馆馆舍的不可侵犯是绝对的。历史上接受国当局强行进入使馆馆舍的事例是比较罕见的。但是在使馆馆舍被利用来反对接受国,接受国安全确实受到严重威胁,而又十分紧急的情况下,进入使馆的事例也并不是绝无仅有。

(2)《维也纳外交关系公约》第22条第2款规定:接受国负有特殊责任,采取一切适当步骤保护使馆馆舍免受侵入或伤害,并防止一切扰乱使馆安宁或有损使馆尊严之情事。所谓"负有特殊责任"就是说负有高于一般的维护秩序的责任。什么是"适当步骤"要根据具体情况决定。例如,在有些情况下,提供或加强警卫可能是"适当步骤";在有些情况下把非法侵入使馆馆舍的人清除出去是"适当步骤"。1979年年末到1981年年初,美国驻伊朗使馆被侵占,使馆人员被扣作人质,这是外交关系史上罕见的事件。诚然,这一事件的发生有其历史原因,然而这种做法显然是不符合公认的外交关系法规则的。国际法院在美国在德黑兰的外交和领事人员案判决中指出,伊朗政府在美国使馆受到攻击时没有采取任何"适当步骤"保护使馆馆舍、人员和档案,事后也没有做出努力来迫使或说服侵入的人退出使馆,释放被扣的外交和领事人员,从而违反了1961年《维也纳外交关系公约》的有关规定。

(3)《维也纳外交关系公约》第22条第3款规定:"使馆馆舍及设备,以及馆舍内其他财产与使馆交通工具免受搜查、征用、扣押或强制执行。"

3. 档案和文件不可侵犯

使馆档案和文件,无论何时,也不论位于何处,都是不得侵犯的(《维也纳外交关系公约》第24条)。1961年《维也纳外交关系公约》没有给"档案"下定义,1963年《维也纳领事关系公约》为档案所下重点定义包括了"一切文书、文件、函电、簿籍、胶片、胶带及登记册,以及明密电码、记录卡及供保护或保管此等文卷之用之任何器具"。这是可供参考的。

《维也纳外交关系公约》中所谓"无论何时"包括外交关系断绝或发生武装冲突时,总之,在时间上是没有限制的。所谓"不论位于何处",是指不论是在使馆馆舍内还是在使馆馆舍外,也不论是否装在外交邮袋内。但对有些情况,特别是档案和文件如果在使馆馆舍以外或不是装在外交邮袋内,法律规则似不够明确。

4. 通信自由

使馆的通信自由包括以下几点:(1) 使馆与派遣国政府及无论设于何处的该国其他使馆及领事馆通信时,可以采用一切适当办法,包括外交信使及明密码电信在内。但使馆非经接受国同意,不得装置并使用无线电发报机。(2) 使馆的来往公文不得侵犯。(3) 外交邮袋不得予以开拆或扣留(《维也纳外交关系公约》第27条)。

5. 行动及旅行自由

使馆人员的行动和旅行自由被认为是使馆执行其保护和了解等职务所需要的一种便利。问题在于这种自由是否必须是完全的或绝对的。在拟定有关这个问题的条文时有两种不同的意见。一种意见认为使馆人员应有这方面的完全自由;另一种意见认为国家基于安全的考虑有权制定这方面的规章、制度。1961年《维也纳外交关系公约》第26条是两种意见妥协的产物。该条规定:除接受国为国家安全设定禁止或限制进入区域另定法律规章外,接受国应确保所有使馆人员在其境内行动及旅行之自由。在实际上,有些国家在这方面对使馆的活动和旅行没有特别的法律、规章,另一些国家则有这种法律、规章。中华人民共和国根据本国的具体情况采取后一种做法,对驻华使馆人员的活动和旅行范围及手续作了一些规定,并按情况的发展对这种规定进行修改。

6. 免纳捐税、关税

1961年《维也纳外交关系公约》第23条、第28条规定,使馆免纳捐税的项目包括:使馆馆舍免纳全国性或地方性各种捐税,但其为对提供的特定服务所应付的费用,例如清除垃圾费,不在免除之列;使馆办理公务所收的规费和手续费免征一切捐税。

在关税方面,使馆公务用品(例如办公室家具、打字机、车辆)准许入境并免除一切关税和除了贮存、运送及类似的服务费用以外的一切其他课征(《维也纳外交关系公约》第36条第1款(甲))。

(三) 外交人员的特权和豁免

使馆馆长和其他外交人员都享有全部外交特权和豁免,这是一项久已明确的、公认的国际法规则。外交人员的特权和豁免包括人身不可侵犯,寓所和财产不可侵犯,刑事、民事和行政管辖的豁免,以及免纳捐税和免征关税。

1. 人身不可侵犯

外交人员人身不可侵犯是外交关系法中最早得到公认的一项重要的规则。如果外交人员的人身不可侵犯没有保证,就很难设想各国之间能进行正常的外交往来。1961年《维也纳外交关系公约》肯定了这项国际习惯法规则,第29条规定:外交代表人身不得侵犯。

外交人员人身不可侵犯有两层含义。一是"外交代表不受任何方式之逮捕拘禁"(《维也纳外交关系公约》第29条)。对于接受国来说,它的有关机关对外交人员不得加以逮捕或拘留,不得对他们施加直接的强迫措施。但是外交人员人身不可侵犯,并不排除对这种人员的行凶进行防卫,或者在他破坏法律规章或者进行犯罪的场合,于情况需要时,采取必要的措施加以制止。例如,接受国有关人员在遇到外交官闯入禁区时,可以采取措施制止他继续深入禁区。又如,在发现外交官进行间谍活动而情况紧急时,可以当场拿获,以便通过外交途径进行处理。二是"接受国对外交代表应特示尊重,并应采取一切适当步骤以防止其人身、自由或尊严受有任何侵犯"(《维也纳外交关系公约》第29条)。这就是说,接受国有义务对外交人员给以特别的保护。至于什么是"适当步骤",要看具体情况而定,也可以由派遣国与接受国商定。例如,在外交人员的安全受到威胁时,接受国采取特别的警卫措施。

2. 寓所和财产不可侵犯

使馆馆长以外的外交人员的寓所(与馆舍相分离的),在各国的实践中也被公认是不可侵犯的。1961年《维也纳外交关系公约》第 30 条第 1 款明确规定,外交人员的私人寓所同使馆馆舍享有同样的不可侵犯权和保护。这里,私人寓所是指外交人员所住的地方,而不是表示私人所有的意思。寓所不可侵犯来源于外交人员的人身不可侵犯,所以寓所包括临时寓所如旅馆房间、别墅等。

《维也纳外交关系公约》还规定,外交人员的文书和信件是不可侵犯的。《维也纳外交关系公约》第 30 条第 2 款规定,外交人员的财产,除按公约规定不在免除强制执行之列的三种情况外,也是不可侵犯的。这里,财产主要是指在外交人员私人寓所中的财产,但也包括汽车以及供外交人员个人使用的物品。

3. 管辖的豁免

(1) 刑事管辖的豁免

大使或者其他外交人员的刑事豁免权的确立比较早。[①] 17 世纪以来,外交代表享有刑事管辖豁免权,得到公认形成了国际习惯。外交代表受到接受国刑事审判和惩罚的事例是极为罕见的。

1961 年《维也纳外交关系公约》第 31 条第 1 款规定:外交代表对接受国之刑事管辖享有豁免。这种豁免是没有例外的。但这并不是说外交代表不必尊重接受国的法律规章,可以犯罪而不负责任,而是说外交代表如果犯罪不受接受国的管辖。接受国对于经查明犯罪的外交代表虽然不能行使管辖权,但是可以根据具体情况采取一定的措施,包括在案情较严重的场合要求派遣国放弃豁免权,以便加以审判;宣布该外交官为"不受欢迎的人"。《中华人民共和国刑法》规定,享有外交特权和豁免权的外国人的刑事责任,通过外交途径解决(第 11 条)。这同《维也纳外交关系公约》的上述规定是一致的。

(2) 民事和行政管辖的豁免

外交代表民事管辖豁免作为一项规则的产生稍晚于刑事管辖豁免。马特维夫(Matveef)案可以说明这一点。1708 年俄国驻英大使马特维因债务纠纷在伦敦街上被逮捕,他的一些财物也被扣押。这一案件的发生导致英国于同年通过了外交特权法。大致到了 18 世纪 20 年代,外交代表的民事豁免可认为已经确立。但是,关于这种豁免的范围,以及是否可以容许例外,如果容许,可以有哪些例外的问题,各国的做法是有分歧的。1961 年《维也纳外交关系公约》规定了民事和行政管辖的豁免及其三种例外情形。这些例外是:(甲)关于接受国境内私有不动产之物权诉讼,但其代表派遣国为使馆用途置有之不动产不在此列;(乙)关于外交代表以私人身份并不代表派遣国而为遗嘱执行人、遗产管理人、继承人或受遗赠人之继承事件之诉讼;(丙)关于外交代表于接受国内在公务范围以外所从事之专业或商业活动之诉讼(《维也纳外交关系公约》第 31 条第 1 款)。

[①] 历史上有名的案例之一是 1584 年西班牙驻英大使孟多查(Mendoza)参与黜废英女皇伊丽莎白一世(Elizabeth I)的阴谋,被命令离境,而没有受到审判。

此外，外交代表或其他享有管辖豁免的人如主动提起诉讼而被告提起"与主诉直接相关之反诉"时，就不得对这种反诉主张管辖豁免（《维也纳外交关系公约》第32条第3款）。在以上四种场合，接受国就可以行使管辖权。

(3) 作证义务的免除

外交代表没有以证人身份作证的义务（《维也纳外交关系公约》第31条第2款）。因此，不能强迫外交代表作证。但这并不等于外交代表一定要拒绝与接受国当局合作。在某些场合由外交代表以适当的方式作证在道义上可能是合适的。例如，如果外交代表是一起严重罪行的见证人的话。当然，在这种场合作证应当是出于自愿，采取适当方式，并且得到派遣国同意。外交代表受本国政府指示或经政府同意自愿作证的事例是不少的。

(4) 管辖豁免的放弃与执行豁免的放弃

外交代表和其他享有特权和豁免的人员对管辖的豁免可由派遣国放弃。豁免的放弃必须是明示的（第32条第1款、第2款）。这里之所以规定可以由派遣国放弃，是因为如上面提到的，外交特权和豁免的目的是确保代表国家的使馆能有效执行职务，而不是为了给予个人以利益。派遣国的放弃决定通常由使馆馆长通知接受国。其所以规定豁免的放弃必须是明示的，是为了慎重，避免因误会而造成不良后果。这样，外交代表仅仅出庭辩护就不构成豁免的放弃。接受国法院只有在得到关于豁免经适当放弃的通知后（派遣国的放弃决定通常由使馆馆长通知接受国），才可受理有关的诉讼。

这里应予特别指出，《维也纳外交关系公约》第32条第4款规定，在民事或行政诉讼程序上管辖豁免的放弃，不得视为对判决执行的豁免也默示放弃，后面一项放弃须分别进行。《维也纳外交关系公约》规定不在免除强制执行之列的三种情况，就是不在民事及行政管辖豁免之列的三种案件（参看上面），而执行处分又无损于其人身或寓所的不可侵犯权的。所以即使在上述四种场合接受国可以行使管辖权，但对外交代表原则上不得采取执行措施，只有执行的豁免也经派遣国予以放弃，才可采取执行措施。

如上面已予指出的，外交代表按照国际法享有上述豁免权，接受国法院对他们一般不能进行司法程序。但这并不是说对外交代表或其他享有豁免权的人员就没有办法令其负责任或履行义务。对他们的民事要求也可通过外交途径或其他办法例如仲裁来解决。如果他们屡次不履行义务、从事犯罪行为或进行严重危害接受国安全的活动，接受国可以要求派遣国将他们召回，或者宣布他们为"不受欢迎的人"或不能接受。

(5) 免纳捐税

在1961年《维也纳外交关系公约》以前，外交代表在接受国享有免纳捐税的特权。但是，这种特权的根据是习惯法规则还是国际礼让，学说并不一致。在免纳捐税的范围上，各国做法也不尽相同。1961年《维也纳外交关系公约》第34条澄清了这种特权的根据问题。这一条也明确了哪些捐税不在免除之列，从而提供了基本统一的规则。

《维也纳外交关系公约》第 34 条规定了外交代表免纳一切捐税的一般规则,同时规定了六项例外。这些例外是:通常计入商品或劳务价格内的间接税;对于接受国境内私有不动产课征的捐税(除非是代表派遣国为使馆用途而置有的);遗产税;继承税;对于在接受国内所获致的私人所得或商业投资所课征的税;为供给特定服务所付的费用,不动产登记费税。

(6) 免除关税和查验

让外交人员私人财物和用品入境而不征收关税,是已有几百年历史的做法。但是在 1961 年《维也纳外交关系公约》以前一般认为这是出于礼让、礼貌或者基于互惠,而不是由于法律义务。《维也纳外交关系公约》第 36 条第 1 款规定了上述物品免税入境的规则,同时也承认,在确保规则得以实行的前提下,接受国可以制定具体的法律、规章,规定应履行的手续并防止免税特权被滥用。这种法律、规章的内容可以包括例如限制进口自用物品的数量或者供安家用物品进口的期限,免除进口物品不得转让的期限或者转让前应办的手续。接受国法律禁止进出口的物品,前者如毒物、枪支弹药,后者如珍贵文物、贵金属、通货,外交代表也不能携运进口或出口。按照我国实际做法,如果外交官携运进的物品中有按章禁止进口的,应在进口后向海关登记,由海关发给进口证明书,以便以后准予凭证复运出口。

按照 1961 年《维也纳外交关系公约》第 36 条第 2 款的规定,外交代表私人行李免受查验,但是有重大理由推定其中装有不在上述免税之列的物品,或接受国法律禁止进出口或有检疫条例加以管制的物品的,不在此限。遇有这种情形,查验需有外交代表或其授权代理在场才能进行。

(7) 其他特权和豁免

按照 1961 年《维也纳外交关系公约》第 33 条、第 35 条的规定,外交代表还享有下列特权和豁免:免于适用接受国施行的社会保险办法;免除一切个人劳务和各种公共服务,如服兵役、担任陪审员等,并免除关于征用、军事募捐等军事义务。

(四) 其他人员的特权和豁免

除外交人员外,还有哪些人员享有哪些特权和豁免呢?在 1961 年《维也纳外交关系公约》以前,各国做法很不一致。在一些国家,例如英国和美国,从大使到大使的私人服务员都享有外交特权和豁免。在大多数国家,使馆行政和技术人员以及服务人员不享有或只享有部分特权和豁免。因此,不能认为在这个问题上存在划一的国际法规则。1961 年《维也纳外交关系公约》对这个问题作了基本上统一的规定。

1. 外交代表的家属

按照《维也纳外交关系公约》第 37 条第 1 款的规定,除外交代表本人外,外交代表的同户家属,如果不是接受国国民,也应享有各项外交特权和豁免。外交代表的配偶和未成年子女属于"构成同一户口家属",对这一点是没有什么争论的。除此以外,还有哪些人是外交代表的"构成同一户口之家属",各国做法并不一致。《维也纳外交关系公约》对此没有作具体的规定,一般说来,这个问题应以接受国的法律规定或做法为准。《中华人民共和国外交特权与豁免条例》第 20 条第 1 款规定,与外交代表共同生活的配偶及未成年子女,如果不是中国公民,享有与外交代表相同的特权和豁免。

2. 使馆行政和技术人员

使馆行政和技术人员以及使馆服务人员，是否以及在什么程度上享有特权和豁免，各国做法并不一致，在1961年《维也纳外交关系公约》以前，国际法上没有确定的规则。在制定《维也纳外交关系公约》关于行政和技术人员地位的条款过程中，大体上有两种意见。一种意见主张行政和技术人员应享全部外交特权和豁免，其理由主要是认为这类人员中有一些人执行的任务不一定比某些外交人员的任务不重要，他们掌握的秘密和机密也不一定比外交人员少，因此，这类人员应享受外交人员的待遇。另一种意见不同意给予行政和技术人员以与外交代表享有的相同的特权和豁免。其理由是，一般说来，行政和技术人员担任的任务同外交人员是有区别的，参与机要工作的仅是其中某些人员，而享受外交特权和豁免的人员太多会造成接受国管理上的困难。1961年《维也纳外交关系公约》的有关条款是对这两种意见的折中，是妥协的结果。

按照《维也纳外交关系公约》第37条第2款的规定，使馆行政和技术人员及其同户家属，如果不是接受国国民而且不在该国永久居留的，除下述两点外，享有外交人员所享有的各种特权和豁免。第一，他们对接受国民事和行政管辖的豁免仅限于执行职务范围之内的行为，或者按照《维也纳外交关系公约》的表述，民事和行政管辖的豁免不适用于他们的"执行职务范围以外"的行为，例如因他们所订购自用物品的价款而提起的民事诉讼。第二，他们依照接受国的法律和规章免纳关税限于新到任安家时运进的物品，而不能像外交人员那样可免税运进物品而不受规定期限的限制。此外，他们的私人行李也不免除海关的查验。

3. 使馆服务人员

按照1961年《维也纳外交关系公约》第37条第3款的规定，使馆服务人员如果不是接受国国民而且不在该国永久居留的享有职务上的豁免，仅就其执行公务的行为享有豁免，其受雇所得酬报免纳捐税，免于适用接受国施行的社会保险办法。

4. 使馆人员的私人服务员

《维也纳外交关系公约》第37条第4款规定，使馆人员的私人服务员如果不是接受国国民而且不在该国永久居留的，其受雇所得的酬报免纳捐税。在其他方面，这些人员只能在接受国许可范围内享有特权和豁免。此外，接受国对他们行使管辖的方式必须不致对使馆职务的执行有不当的妨碍。

关于外交人员以外的使馆人员及其家属的地位，各国的实践并不一致，上述规定是超出订立时一般国际法要求的范围的，因而当时没有被普遍地接受。①

---

① 按照我国原来的做法，外国使馆人员中享有外交特权和豁免的限于使馆馆长（大使、公使、代办）和其他外交人员。此外，则依照中国所参加的国际公约或与各国所签订的条约、协定，对应享有外交特权和豁免的其他人员，也给予外交人员的待遇。我国政府于1975年加入1961年《维也纳外交关系公约》时，曾对包含上述规定的《维也纳外交关系公约》第37条第2款、第3款、第4款作了保留。随着对外开放政策的实行，我国政府于1980年9月15日决定撤回这项保留。1986年9月5日公布并开始施行的《中华人民共和国外交特权与豁免条例》，在使馆行政技术人员及与其共同生活的家属、使馆服务人员及使馆人员的私人服务员享有的特权与豁免方面，与《维也纳外交关系公约》也保持一致，个别优惠待遇并略有提高。

(五) 使馆人员及其家属在第三国的地位

外交代表和使馆其他人员前往接受国就任或返任、或返回本国,往往需要途经第三国国境。这就引起这样一些问题:第三国是否有义务让这些人员过境,这些人员在第三国境内时是否享有特权和豁免,如果享有,是哪些特权和豁免。1961年《维也纳外交关系公约》并没有硬性规定第三国有义务让外交代表过境,但规定如果第三国曾发给所需的签证,它就应给予不可侵犯权和确保其过境或返回任所所必需的其他豁免。享有外交特权和豁免的家属如果与外交代表同行,或单独旅行前往会聚或返回本国,上述规定对他们也适用。《维也纳外交关系公约》还规定,对于使馆行政和技术人员或服务人员及其家属,在类似情况下,第三国不得阻碍其通过该国国境。这就是说,第三国至少应让他们过境,而并非必须给予不可侵犯权和豁免权。《中华人民共和国外交特权与豁免条例》第22条第1款规定,途经中国的外国驻第三国的外交代表和与其共同生活的配偶及未成年子女,享有在中国过境或者逗留期间所必需的豁免和不受侵犯。

三、使馆和享有外交特权与豁免人员的义务

使馆、外交代表和其他享有特权和豁免的人员,在其行为和活动中必须遵守公认的国际法原则和规则,对接受国负有一系列的义务。这些义务是:

(一) 使馆馆舍不得以与使馆职务不相容的方式加以使用

在这个问题上比较常见的有两种情形。一种是在使馆馆舍内庇护人,即所谓外交庇护,主要是庇护接受国政府所要逮捕的人。历史上一个著名的案例是:1762年,当英国驻西班牙大使馆庇护西班牙财政兼外交大臣黎培德(Ripperda)时,西班牙士兵进入英使馆加以逮捕。较近的一个案例是1956年,美国驻布达佩斯大使馆庇护匈牙利红衣主教明曾蒂,直至1970年匈牙利政府准许明曾蒂离境去罗马居住。在使馆馆舍内庇护人是侵犯接受国主权的行为,是违反一般国际法的。国际法院在庇护权案[①]判决中指出,外交庇护包含着对罪犯所在国主权的损害,使罪犯不受当地国家的管辖,因而是对专属该国权限的事项的干涉。国际法院认为,一些拉丁美洲国家之间所缔结的涉及外交庇护的条约和拉丁美洲国家之间给予使馆庇护的事例,并不足以证明存在一方有权决定罪犯是否属于政治犯的习惯国际法规则,也不影响一般国际法的有关规则。1961年《维也纳外交关系公约》第41条第3款明确规定:"使馆馆舍不得充作与本公约或一般国际法之其他规则、或派遣国与接受国间有效之特别协定所规定之使馆职务不相符合之用途。"

另一种情形是在使馆馆舍内拘留人。这同样是以与使馆职务不相容的方式使用使馆馆舍。1896年,革命家孙中山被当时中国清政府驻伦敦公使馆拘留在馆舍内,几

---

① 1948年10月3日秘鲁发生了一次未遂政变,政变领导者托雷(Haya de la Torre)后来到哥伦比亚驻秘鲁使馆请求避难。哥伦比亚使馆给予了庇护,两国在庇护问题上发生争端。哥伦比亚政府认为使馆有权单方面决定犯罪的性质,即决定是否属于政治犯罪。秘鲁认为托雷是刑事犯罪分子,无权得到庇护。争端提交国际法院解决。国际法院在判决中涉及外交庇护与领域庇护的区别、领土主权、不干涉内政原则等。

天后使馆才被迫将他释放,就是一个著名的例子。

(二) 尊重接受国的法律和规章

享有外交特权和豁免的人员,在不妨碍这种特权和豁免的情形下,都负有尊重接受国法律和规章的义务。例如,接受国的治安规则、交通规则、卫生规章等。

(三) 不干涉接受国内政

这些人员不得干涉接受国内政,这是公认的国际法规则。外交人员因被指控干涉接受国内政而被要求召回的案例并不是很罕见的。例如,1888年,英国驻美公使萨克维尔(Sackville)因被指责干涉美国总统选举而被解任;又如,1927年,苏联驻法国大使拉科夫斯基由于签名于一个政治宣言而被要求召回。

此外,使馆奉本国政府指示同接受国洽商公务,应当同或者通过接受国外交部或者另经商定的其他部门进行(《维也纳外交关系公约》第41条第2款)。外交代表不应在接受国内为私人利益从事任何专业或商业活动(《维也纳外交关系公约》第42条)。

四、宣告为"不受欢迎的人"

上面已指出,为了保障接受国的利益,防止外交特权和豁免被滥用,《维也纳外交关系公约》根据大多数国家的做法,规定了宣告使馆外交人员为"不受欢迎的人"(persona non grata)和宣告使馆其他人员为不能接受(not acceptable)这种程序。《维也纳外交关系公约》第9条规定,接受国可以随时不加解释,通知派遣国,宣告使馆馆长或使馆任何外交人员为不受欢迎的人,或宣告使馆任何其他人员为不能接受。遇这种情形,派遣国就应斟酌情况召回该人员,或者在他是接受国国民的场合终止其在使馆中的职务。如果派遣国拒绝或者不在合理期间内履行上述义务,接受国可以拒绝承认该人员为使馆人员。《维也纳外交关系公约》规定接受国采取这种程序可以不加解释,以避免在此问题上发生争执,但接受国一般还是说明理由,以表明其行动的合理性。

接受国宣告使馆人员为不受欢迎的人或不可接受,有各种原因,最常见的是由于该人员经查明干涉接受国内政或者从事间谍活动。[①]

五、特权和豁免的开始和终止

享有外交特权和豁免的人员,自其进入接受国国境前往就任之时起享有这种特权和豁免,已在该国境内的,自其委派通知接受国外交部门之时开始享受。享有特权

---

① 1971年英国政府要求包括苏联驻伦敦使馆许多外交人员的105名苏联官员离境,实际上是一次规模最大的宣告为不受欢迎的人的事例,为外交史上所罕见。此外,外交代表有违反接受国政策的行为,或发表对接受国不友好或诋毁的言论,也可能导致接受国采取这种行动。1952年美国驻苏联大使凯南在柏林的一次演讲中说在莫斯科的美国人的生活,与珍珠港事件后被拘留在德国的美国人的生活差别不大,被苏联宣布为不受欢迎的人。

与豁免人员的职务如果终止了①,这种特权和豁免通常于该员离境之时或听任其离境的合理期间终了时停止;而且,即使有武装冲突情事,也应继续有效至该时为止。对于以使馆人员资格执行职务的行为,豁免应始终有效。在使馆人员死亡时,其家属应继续享有其所应享的特权和豁免,至听任其离境之合理期间终了之时为止(《维也纳外交关系公约》第 39 条)。但是如果使馆人员由于被宣告为不受欢迎的人或不能接受,而派遣国拒绝或未在相当期间内按照情况予以召回或终止其在使馆的职务,接受国可拒绝承认该人员为使馆人员(《维也纳外交关系公约》第 9 条),该人员即不再有资格享有外交特权与豁免,不过通常是限期离境。

第二节 领事特权和豁免

一、领事制度概说

领事是一国为了实行其对外政策,经另一国同意派驻在该国一定地点,以便在该国一定区域内执行领事职务的人员。领事制度的产生较常设外交使团为早。领事的萌芽在古希腊就曾有过。中世纪,在地中海一带,领事制度在国家之间贸易增长的基础上得到发展。随十字军东侵到西亚各国的意大利、西班牙和法国商人,常从当地本国侨商中选出领事,作为其代表与当地当局打交道,保护他们的利益并对他们之间的争讼进行审判。中世纪后期,意大利、西班牙和法国商业城市中的外国商人,也常从同国人中推选一、二人在商务争讼中充当仲裁人,称为"领事法官"。15 世纪,西欧一些国家相互间和在西亚各国已派有不少领事。到了 16 世纪,领事逐渐不再从当地侨商中挑选,而改由国家委派。18 世纪中叶以后,随着资本主义的发展,资本主义大国利用领事作为争夺市场和向外扩张的一种工具。领事制度得到更多重视和进一步扩充。在中国,1842 年的《南京条约》规定英国有权在广州、福州、厦门、宁波、上海五处通商口岸派驻领事官员。西方大国不但把领事制度带到东亚各国,而且从这些国家特别是从中国攫取了破坏主权原则的领事裁判权。②

领事关系法渊源的一个特点是存在着关于领事关系的大量双边条约。据统计,到 1876 年,有条文涉及领事问题的条约有 140 个。现在,据估计,双边领事条约有几

---

① 使馆人员职务终止的原因包括:(1) 派遣国召回;(2) 派遣国撤回使馆;(3) 派遣国与接受国之间外交关系断绝;(4) 派遣国或接受国发生革命或剧烈冲突而成立新的政府(例如,1949 年中华人民共和国成立后,所有原来驻华使馆外交及其他人员的职务即告终止);(5) 接受国拒绝承认为使馆人员。接受国通知派遣国,某馆人员由于被宣告为不受欢迎的人或不能接受,而派遣国拒绝或未在相当期间内按照情况予以召回或终止其在使馆的职务,接受国可拒绝承认该人为使馆人员。

② 领事裁判权是指历史上西方列强在亚非各国的领事按照其本国法律对其本国侨民行使司法管辖权的片面特权。列强在中国的领事裁判权首次规定于 1843 年中英《五口通商章程》。1844 年中美《望厦条约》又加以明确和扩大。以后其他西方国家也通过条约和最惠国条款纷纷攫取领事裁判权。在中国的领事裁判权直到第二次世界大战后期和结束后,才由于中国人民的长期斗争而被废除和彻底取消。

百个。我国在20世纪50年代末60年代初,曾订立了三个领事条约,后为新条约所取代。1980年以来,我国同外国缔结的领事条约呈增长之势。截至2023年,已生效的中外领事条约(协定)共有49个。① 1963年《维也纳领事关系公约》是关于领事制度的一个比较全面的公约,于1967年3月19日生效。我国于1979年加入《维也纳领事关系公约》,同年8月1日对我国生效。1963年《维也纳领事关系公约》不影响双边领事条约,也不排除另订领事条约加以确认或补充(《维也纳领事关系公约》第73条)。1990年10月30日我国公布并开始施行《中华人民共和国领事特权与豁免条例》,该条例与《维也纳领事关系公约》是一致的。关于《中华人民共和国领事特权与豁免条例》与《维也纳领事关系公约》和我国缔结的双边条约的关系,《中华人民共和国领事特权与豁免条例》第27条规定:中国缔结或者参加的国际条约对领事特权与豁免另有规定的,按照国际条约的规定办理,但中国声明保留的条款除外。中国与外国签订的外交特权与豁免协议另有规定的,按照协议的规定执行。

（一）领事关系和领馆的建立

《维也纳领事关系公约》规定:国与国间领事关系之建立,以协议为之;除另有声明外,两国同意建立外交关系亦即谓同意建立领事关系。《维也纳领事关系公约》还规定,领馆须经接受国同意始得在该国境内设立;领馆的设立地点、类别及其辖区由派遣国决定,但须经接受国同意。这些规定是符合国家主权和平等原则的。领事辖区或领区(consular district)是指为领馆执行领事职务而设定的区域。

（二）领事职务

按照《维也纳领事关系公约》的规定,领事职务主要是:(1) 保护:即在国际法许可的限度内在接受国内保护派遣国及其国民——个人与法人——的利益;(2) 促进:增进派遣国与接受国间商业、经济、文化及科学关系的发展,并在其他方面促进两国间的友好关系;(3) 了解和报告:以一切合法手段了解接受国内商业、经济、文化和科学活动的状况及发展情形,并向派遣国政府报告;(4) 发护照签证等:向派遣国国民发给护照及旅行证件,并向希望到派遣国旅行的人士发给签证或其他适当文件;(5) 帮助派遣国国民;(6) 公证登记和行政事务:执行公证、民事登记等职务和办理若干行政性质的事务,但以接受国法律、规章无禁止的规定为限;(7) 监督和协助派遣国的船舶、航空器及其航行人员;等等。

领馆(consular post)和使馆(diplomatic mission)都是执行本国对外政策的国家对外关系机关,但有很大的差别,两者之间的主要区别在于:使馆全面代表派遣国,同接受国政府进行外交往来,领馆通常是就领事职务范围内的事项同地方当局进行交涉;使馆所保护的利益一般对派遣国说是带全局性的,例如,关于接受国违反国际法或两国之间条约所规定的重要原则,而领馆的保护则一般表现于经常性的事务;使馆

---

① 中国领事服务网:http://cs.mfa.gov.cn/zlbg/tyxy_660627/201402/t20140225_961624.shtml,2023年5月27日访问。另可参见许育红:《领事保护法律制度与中国实践研究》,法律出版社2020年版,第456页。

的工作和活动范围是接受国全境,而领馆则一般限于在领区。

(三) 领馆的人员①

1. 领馆人员的类别

按照1963年《维也纳领事关系公约》,领馆人员分为领事官员(consular officer)、行政和技术人员[《维也纳领事关系公约》中称为"领馆雇员"(consular employee)和服务人员(members of the service staff)]。领事官员是执行领事职务的人员,包括领馆馆长(the head of)。行政和技术人员包括办公室秘书、译员。服务人员包括汽车司机、传达员等。此外,领事关系公约还提到私人服务人员(members of the private staff),指领馆人员的私人服务员,不属于领馆人员之列。

2. 领馆馆长和其他人员的委派

领馆馆长由派遣国委派,并由接受国承认准予执行职务。1963年《维也纳领事关系公约》和国际习惯并不要求委派领馆馆长须事先征求接受国同意。但有些国家要求事先征求同意。在这种情况下,有关国家之间可以商定事先征求同意的程序。例如1959年中苏和中德领事条约就曾经有这种规定。中国现行的做法是,对外国驻华领馆馆长的任命,除两国另有协议外,中国政府不要求派遣国政府事先征求同意。中国政府任命中国驻外国的领馆馆长,如接受国规定需事先征求其同意,则中国政府尊重其规定。

1963年《维也纳领事关系公约》第11条规定,领馆馆长奉派任职,应由派遣国发给"委任文凭"(commission)(中国政府发给的此种文书称为"领事任命书"),经由外交途径送交接受国政府。领馆馆长须经接受国以发给"领事证书"(exequatur)的形式给予准许,才能执行职务(《维也纳领事关系公约》第12条)。发给领事证书,实际上也是接受国承认或接受的一种方式。但领馆馆长在领事证书送达之前可以暂时准予执行职务(《维也纳领事关系公约》第13条)。

二、领事特权和豁免的具体内容

使馆和领馆起源不同,职务也有区别,因而外交特权与豁免和领事特权与豁免也有相当多的差别。但是正如1963年《维也纳领事关系公约》序言中所提及,领事特权与豁免之目的"在于确保领馆能代表本国有效执行职务"。这反映出,在现时,领馆也是代表本国的。1963年《维也纳领事关系公约》关于领事特权和豁免的规定是各国处理领事特权和豁免问题的标准。但是各国在某些方面的实践,较之《维也纳领事关系公约》中的规定,已有所发展,趋向于接近外交特权与豁免。

---

① 关于名誉领事官员(honorary consular officers)。有一些国家从其居住在接受国的人士中选任领事官员,称为名誉领事。任名誉领事的大多是商人或律师。名誉领事不属于委派国国家人员编制,也不领取薪金,通常以领馆所收的手续费、规费为报酬。有些国家所派的名誉领事的数目比职业领事(careerconsuls)还多。是否委任或接受名誉领事官员由各国自由决定。名誉领事制度在《维也纳领事关系公约》第3章中作了规定。总的说来,由名誉领事官员担任馆长的领馆及其成员所享有的特权和豁免明显低于一般的领馆及其成员。我国现在不委派也不接受名誉领事官员。

中国自 1980 年以来,已同二十几个国家在平等互惠的原则下缔结或重订了领事条约。这些领事条约在 1963 年《维也纳领事关系公约》有关规定的基础上,也对某些领事特权与豁免的某些方面有所发展。《中华人民共和国领事特权与豁免条例》第 27 条规定:中国缔结或者参加的国际条约对领事特权与豁免另有规定的,按照国际条约的规定办理,但中国声明保留的条款除外。中国与外国签订的外交特权与豁免协议另有规定的,按照协议的规定执行。所以,要了解有关国家的领馆及其人员应享有的特权和豁免,除了 1963 年《维也纳领事关系公约》的规定外,还应看双边领事条约。

领事特权和豁免分为领馆的和领馆人员的。

(一) 领馆的便利、特权和豁免

1. 领馆工作的便利

1963 年《维也纳领事关系公约》首先规定,接受国应给予领馆执行职务的充分便利(facilities)。《维也纳领事关系公约》第 28 条、第 30 条还规定,接受国应便利派遣国置备馆舍或协助领馆以其他方法获得房舍,在必要时并应协助领馆为其人员获得适当房舍。

2. 使用国旗、国徽

领馆所在的建筑物及其正门上,以及领馆馆长寓邸和在执行公务时所使用的交通工具上,可以悬挂派遣国国旗和展示国徽(《维也纳领事关系公约》第 29 条)。

3. 领馆馆舍不可侵犯

领馆馆舍(consular premises)是指专供领馆使用的建筑物或建筑物的各部分及其所附属的土地。《维也纳领事关系公约》对领馆馆舍规定了不可侵犯,但是这种不可侵犯是有限度的。《维也纳领事关系公约》在这个问题上作了三点规定。

(1) 接受国官吏非经领馆馆长或其指定人员或派遣国使馆馆长同意,不得进入领馆馆舍中专供领馆工作之用之部分。唯遇火灾或其他灾害须迅速采取保护行动时,得推定领馆馆长已表示同意(《维也纳领事关系公约》第 31 条第 2 款)。这里关于推定同意的规定,和将保护范围限于领馆的办公处所,使得领馆馆舍的不可侵犯有一定限度。

(2) 接受国负有特殊责任,采取一切适当步骤保护领馆馆舍免受侵入或损害,并防止任何扰乱领馆安宁或有损领馆尊严之情事(《维也纳领事关系公约》第 31 条第 3 款)。这款规定也是有条件的,因为这款规定受上面(1)的限制。

(3) 领馆馆舍、馆舍设备以及领馆的财产与交通工具,应免受国防或公用目的而实施之任何方式之征用。如为此等目的确有征用之必要时,应采取一切可能步骤以免领馆职务之执行受有妨碍,并应向派遣国为迅速、充分及有效之赔偿(《维也纳领事关系公约》第 31 条第 4 款)。很明显,在给予所规定的赔偿的条件下,这种征用还是容许的。

在一些国家的实践中,领馆馆舍的有限度的不可侵犯在发生变化。在中国与南斯拉夫、中国与意大利领事条约中,规定了《维也纳领事关系公约》的上述关于"推定同意"的条款。在中国与美国、中国与老挝领事条约中规定的领馆馆舍不可侵犯是完全的,并扩大适用于领事官员的住宅。例如,《中华人民共和国和老挝人民民主共和国领事条约》中相应的条款规定:"领馆馆舍和领事官员的住宅不受侵犯,接受国当局人员未经领馆馆长或派遣国使馆馆长或他们两人中一人指定的人的同意,不得进入领馆馆舍和领事官员的住宅。"

在关于领馆馆舍的免予征用问题上,也有类似的发展。在中美、中波、中意、中保、中土条约中,我国同意关于领馆在必要时在给予赔偿的条件下,可以征用。同时,在互惠的基础上,我国也与一些国家达成协议,对领馆馆舍完全免予征用。例如,《中华人民共和国和老挝人民民主共和国领事条约》规定:"领馆馆舍和领馆的设备、财产和交通工具免予任何形式的征用"(第29条)。《中华人民共和国和墨西哥合众国领事条约》也有类似规定(第28条)。在有些双边领事条约中,领馆馆舍的不可侵犯已被提高到接近使馆馆舍不可侵犯的标准。

4. 领馆档案及文件不可侵犯

领馆档案是指领馆的一切文书、文件、函电、簿籍、胶片、胶带及登记册,以及明密电码、记录卡片及供保护或保管这些文卷之用的任何器具(《维也纳领事关系公约》第1条)。《维也纳领事关系公约》第33条规定,领馆档案及文件无论何时,也不论位于何处,都不得侵犯。

5. 通信自由

《维也纳领事关系公约》关于通信自由的规定包括以下几点:(1) 领馆与派遣国政府和无论在何处的该国使馆及其他领馆通信,可以采用一切适当方法,包括外交或领馆信差、外交或领馆邮袋及明密码电信在内。但领馆装置和使用无线电发报机必须经接受国许可。(2) 领馆的来往公文不得侵犯。(3) 领馆邮袋不得予以开拆或扣留。但如接受国主管当局有重大理由认为邮袋装有不在来往公文及公务文件或专供公务之用之物品时,可以请派遣国授权代表一人在该当局前将邮袋开拆。如果派遣国当局拒绝这项请求,邮袋应予退回至原发送地点(《维也纳领事关系公约》第35条第1款、第2款、第3款、第4款)。

6. 行动及旅行自由

《维也纳领事关系公约》关于这个问题是这样规定的:除接受国为国家安全设定禁止或限制进入区域所定法律规章另有规定外,接受国应确保所有领馆人员在其进境内行动及旅行之自由(第34条)。

7. 免纳捐税、关税

领馆馆舍和领馆馆长寓邸,其所有权人或承租人是派遣国或代表派遣国的人员的,免纳国家、区域或地方性的一切捐税,但对提供的特定服务的收费不在此列(《维也纳领事关系公约》第32条第1款)。领馆可在接受国境内征收派遣国法律和规章所规定的领馆办事规费与手续费,这种规费与手续费的收入款项以及收据,免纳接受国的一切捐税(《维也纳领事关系公约》第39条)。

领馆公务用品应准予入境,并免除一切关税和一切其他课征(《维也纳领事关系公约》第50条第1款)。

8. 与派遣国国民通讯和联络、得到接受国有关通知

为了便于领馆执行其对派遣国国民的职务起见,领事官员可以与派遣国国民自由通讯和会见;领事官员有权探访受监禁、羁押或拘禁的派遣国国民,与之交谈或通讯,以及为他们聘请法律代表(《维也纳领事关系公约》第36条)。

此外,为了便利领馆执行职务,《维也纳领事关系公约》规定,遇有下列情事,而接受国主管当局如获有关情报,有义务通知有关领馆:派遣国国民死亡,需要为具有派遣国国籍的无充分行为能力人指定监护人或托管人,具有派遣国国籍的船舶或在派遣国登记的航空器在接受国领域发生事故(第37条)。

(二) 领事官员及其他领馆人员的特权和豁免

按照1963年《维也纳领事关系公约》的规定,领事官员及其他领馆人员享有的特权和豁免有:

1. 人身自由或尊严受保护、人身不受侵犯

《维也纳领事关系公约》规定:接受国对于领事官员应表示适当尊重并应采取一切适当步骤以防其人身自由或尊严受任何侵犯(第40条)。对领事官员,只有在他犯了严重罪行,并且依主管司法机关的裁判执行,才能予以逮捕候审或羁押候审;除了有上述情形,并为执行有确定效力的司法裁决外,也不得对领事官员施以监禁或对其人身自由加以任何其他方式的拘束。如果对领事官员提起刑事诉讼,该官员须到管辖机关出庭,但应予以适当照顾(第41条)。

在有些双边领事条约中,领事官员的人身不可侵犯的标准有所提高。例如,《中华人民共和国和老挝人民民主共和国领事条约》中规定:领事官员人身不受侵犯,不得对其予以拘留或逮捕。接受国应采取适当措施防止领事官员的人身自由和尊严受到侵犯(第34条)。《中华人民共和国和美利坚合众国领事条约》中规定:接受国应给予领事官员适当的保护,以防止他们的人身、自由或尊严受任何侵犯(第7条)。中波、中朝、中匈、中蒙、中苏、中墨和中保等领事条约中也作了相似的规定。

2. 管辖豁免

《维也纳领事关系公约》规定,领事官员或领馆行政和技术人员,对其为执行职务而实施的行为不受接受国司法或行政机关的管辖。但下列民事诉讼不在豁免之列:(1) 因领事官员或领馆行政和技术人员并未明示或默示以派遣国代表身份而订立契约所引起的诉讼;(2) 第三者因车辆、船舶或航空机在接受国内所造成的意外事故而要求损害赔偿的诉讼(第43条)。《维也纳领事关系公约》这里规定的管辖豁免限于有关人员的职务行为。在国家实践中,这个规则也已有发展。从中国所订立的领事条约来看,例如《中华人民共和国和美利坚合众国领事条约》在此问题上规定:"领馆成员及其家庭成员免受接受国的刑事管辖"(第13条第1款)。这里,刑事管辖的豁免不限于执行职务的行为,而且享有这项豁免的人员范围也扩大了。但这些人员的民事和行政管辖豁免仍限于执行领事职务时的作为(规定有例外,参看同条第2、3款)。中国与南斯拉夫领事条约也作了相似的规定。在有些领事条约中,例如中国与老挝领事条约、中国与吉尔吉斯共和国领事条约,对领事官员和领馆其他成员加以区别,领事官员免

受接受国的司法或行政管辖(除特定的几种民事诉讼外),但领馆行政和技术人员及领馆服务人员免受接受国的上述管辖限于执行公务的行为。

《中华人民共和国领事特权与豁免条例》规定:领事官员和领馆行政技术人员执行职务的行为享有司法和行政管辖豁免。领事官员执行职务以外的行为的管辖豁免,按照中国与外国签订的双边条约、协定或者根据对等原则办理(第 14 条)。

3. 作证义务

《维也纳领事关系公约》规定,领馆人员可被召在司法或行政程序中到场作证。但领馆人员就其执行职务所涉及的事项,没有担任作证或提供有关来往公文及文件的义务。领馆人员并有权拒绝以鉴定人身份就派遣国的法律提出证言。但除上述情况外,领馆行政和技术人员及领馆服务人员不得拒绝作证。

对于领事官员,要求其作证的机关应避免对其职务有所妨碍,在可能情形下,可以在其寓所或领馆录取证言,或接受其书面陈述。如领事官员拒绝作证不得对其施行强制措施或处罚(《维也纳领事关系公约》第 44 条)。

现在,国家实践在领馆人员的作证问题上也有发展。中国同有些国家订立的领事条约中的规定,与《维也纳领事关系公约》的上述规定类似。例如中美、中南、中波和中土领事条约就是这样。中国与另一些国家缔结的领事条约中,例如与老挝、与吉尔吉斯共和国的领事条约,也同意领事官员享有完全的作证免除,而对于领馆行政和技术人员及领馆服务人员的规定,基本上与 1963 年《维也纳领事关系公约》相似,但在作证的方式方法上有较多照顾。

4. 特权与豁免的放弃

《维也纳领事关系公约》规定的要点有:(1)派遣国可以就某一领馆人员放弃规定的人身不可侵犯、管辖豁免和作证义务方面的任何一项特权和豁免;(2)领事官员或领馆行政和技术人员如就依规定本可免受管辖的事项,主动提起诉讼,即不得对与本诉直接相关的反诉主张管辖豁免;(3)除第(2)项所述的情形外,特权和豁免的放弃都必须明示,并应以书面通知接受国;(4)民事或行政诉讼程序上管辖豁免的放弃,不得视为对司法判决执行处分的豁免也默示放弃,对这种处分的豁免的放弃,须分别表示(第 45 条)。

5. 免纳捐税、关税和免受查验

《维也纳领事关系公约》在这方面的规定主要有以下一些。领事官员和领馆行政和技术人员以及与其构成一户口的家属免纳一切对人或对物课征的国家、区域或地方性捐税,但间接税、遗产税等不在此列。领馆服务人员由于其服务而得的工资,免纳捐税(第 49 条)。领事官员或与其构成同一户口的家属的私人自用品,包括供其初到任时定居之用的物品在内,免除关税。消费用品不得超过有关人员本人直接需要的数量。领馆行政和技术人员初到任时运入的物品,免纳关税。

领事官员及与其构成同一户口的家属所携带的私人行李,免受查验,仅在一定情况下和依规定的条件,才可加以查验。

6. 其他特权和豁免

《维也纳领事关系公约》所规定的其他特权和豁免有:领馆人员免除接受国法律、规章对外侨登记和居留证所规定的一切义务(第46条);免除接受国关于雇用外国劳工的法律、规章所规定的任何有关工作证的义务(第47条);免予适用接受国的社会保险办法(第48条);免除个人劳务和公共服务,及有关征用、军事捐献及屯宿等军事义务(第52条)。

7. 不享受特权和豁免的人员

《维也纳领事关系公约》规定下列人员不应享有《维也纳领事关系公约》有关条款所规定的特权和豁免:在接受国内从事私人有偿职业的领馆行政和技术人员或服务人员;这些人员的家属或私人服务人员;领馆人员家属本人在接受国内从事私人有偿职业的(第57条)。

《中华人民共和国领事特权与豁免条例》规定:领事官员如果是中国公民或者在中国永久居留的外国人,仅就其执行职务的行为,享有本条例规定的特权与豁免。领馆行政技术人员或者领馆服务人员如果是中国公民或者在中国永久居留的外国人,除没有义务就其执行职务所涉及事项作证外,不享有本条例规定的特权与豁免。私人服务人员不享有本条例规定的特权与豁免(第22条)。

(三) 领馆人员及其家属在第三国的地位

1963年《维也纳领事关系公约》规定,如果领馆官员前往就任或返回派遣国途经第三国国境或在该国境内,而该国已经发给他所需要的签证,第三国应给予为确保其过境或返回所必需的一切豁免。与领事官员构成同一户口而享有特权和豁免的家属如果与领事官员同行或单独旅行前往会聚或返回派遣国,也应给予上述豁免。其他领馆人员或与其构成同一户口的家属,在类似情形下,第三国不应阻碍他们经过该国国境。

《中华人民共和国领事特权与豁免条例》的有关规定比较宽松,但中国政府按照具体情况根据对等原则给予相应的待遇。《中华人民共和国领事特权与豁免条例》规定:途经中国的外国驻第三国的领事官员和与其共同生活的配偶及未成年子女,享有为此所必需的特权与豁免(第23条)。但如果外国给予中国驻该国领馆、领馆成员以及途经或者临时去该国的中国驻第三国领事官员的领事特权与豁免,不同于中国给予该国驻中国领馆、领馆成员以及途径或者临时来中国的该国驻第三国领事官员的领事特权与豁免,中国政府根据对等原则,可以给予该国驻中国领馆、领馆成员以及途径或者临时来中国的该国驻第三国领事官员以相应的领事特权与豁免(第26条)。

三、领馆和享有领事特权和豁免人员的义务

领馆、领馆人员和其他享有领事特权和豁免的人员,其行为和活动必须遵守公认的国际法原则和规则,对接受国负有以下义务:领馆馆舍不得以任何与执行领事职务不相容的方式加以使用,领事官员和其他享有领事特权和豁免的人员在不妨碍这项特权和豁免的情形下,都负有尊重接受国法律、规章的义务。这些人员负有不干涉接

受国内政的义务(《维也纳领事关系公约》第 55 条)。

此外,领馆人员有以下义务:职业领事官员不应在接受国内为私人利益从事任何专业或商业活动(《维也纳领事关系公约》第 57 条第 1 款);领馆人员对于接受国法律、规章就使用车辆、船舶或航空器对第三者可能发生的损害所规定的任何保险办法应加遵守(《维也纳领事关系公约》第 56 条)。

四、宣告为不受欢迎的人

为了维护接受国的利益,防止领事特权和豁免被滥用,1963 年《维也纳领事关系公约》规定了宣告为不受欢迎的人的程序:

(1)接受国得随时通知派遣国,宣告某一领事官员为不受欢迎人员或任何其他领馆馆员为不能接受。遇此情事,派遣国应视情形召回该员或终止其在领馆中之职务。

(2)倘派遣国拒绝履行或不在相当期间内履行其依上述第(1)项所负之义务,接受国得视情形撤销关系人员之领事证书或不承认该员为领馆馆员。

(3)任何派为领馆人员之人得于其到达接受国国境前——如其已在接受国境内,于其在领馆就职前——被宣告为不能接受。遇此情形,派遣国应撤销该员之任命。

(4)遇上述第(1)项及第(3)项所称之情形,接受国无须向派遣国说明其所为决定之理由(第 23 条)。

从这些规定不难看出,宣布为不受欢迎的人或不能接受,既可在必要时适用于在任的领馆人员,也可适用于已任命而尚未就职的人员。从历史上看,接受国作出这种决定,大都由于领馆人员从事——或被指控从事——与领事职务不相符的活动。

五、特权和豁免的开始和终止

1963 年《维也纳领事关系公约》第 53 条规定的各类人员的特权和豁免的开始和终止:领馆人员自进入接受国国境前往就任之时起享有上述特权和豁免,其已在该国境内的,自其就任领馆职务之时起开始享有。

领馆人员的与其构成同一户口的家属和私人服务人员,自领馆人员依上述规定享有特权和豁免之日起,或自本人进入接受国国境之时起,或自其成为领馆人员的家属或私人服务人员之日起,享有《维也纳领事关系公约》所规定的特权与豁免,并以在后的日期为准。

领馆人员的职务如果终止①,其本人的特权和豁免以及与其构成同一户口的家属

---

① 领馆人员职务终止的原因主要有:
(1)派遣国通知接受国,该人员的职务已终了;
(2)领事证书被撤销;
(3)接受国通知派遣国,接受国不复承认该人员为领馆馆员;
(4)领馆关闭或领事关系断绝;
(5)派遣国与接受国之间发生战争。
按照《维也纳领事关系公约》的规定,断绝外交关系并不当然断绝领事关系。派遣国与接受国之间断绝外交关系时,领事关系是否断绝,要看两国的意图而定。

或私人服务人员的特权和豁免,通常应于各该人员离接受国国境时或者离境的合理期间终了时停止,以在先的时间为准。领馆人员的家属和私人服务人员的特权和豁免在其不复为领馆人员家属或不复为领馆人员雇用时终止。但如果这些人员愿在稍后的合理期间内离接受国国境,其特权和豁免应继续有效,至其离境之时为止。领事官员或领馆行政和技术人员为执行职务所作的行为,其管辖豁免应继续有效,无时间的限制。

如果领馆人员死亡,与其构成同一户口的家属应继续享有应享的特权和豁免,至其离开接受国国境,其离境之合理时间终了时为止,以在先的时间为准。

第三节 联合国和各专门机构的特权和豁免

一、概说

外交在原来的意义上主要涉及国家之间的关系。随着国际组织的发展,情况有很大的变更。普遍性国际组织,如联合国,现在有一百九十多个会员国。这就不但涉及各会员国同作为一个组织的联合国之间的关系,而且也涉及各会员国相互之间的关系;同时,除了有各国派遣的临时性代表团以外,还有常驻使团。从外交关系法的角度看,普遍性国际组织不但扩大了这个国际法部门的领域,而且增加了所涉及的方面:传统的外交主要涉及派遣国和接受国两个方面,而现在则有三个方面:派遣国、国际组织和东道国。派遣国所派的代表是派到国际组织的,但他们享有特权和豁免有赖于东道国的合作。此外,国际组织及其官员、专家等享有为达成组织的宗旨、执行有关职务所必需的特权和豁免。这种特权和豁免在其根据和内容上都有别于外交特权和豁免,虽然两者在内容上有一些类似之处。

联合国和各专门机构都具有法律人格,也都应享有为达成其宗旨和履行其职务所必需的特权和豁免。《联合国宪章》第 105 条规定,联合国在每一会员国领土内应享有为达成其宗旨所必需的特权和豁免(第 1 款);联合国会员国的代表和联合国组织的官员也应享有为独立执行关于联合国的职务所必需的特权和豁免(第 2 款)。各专门机构特权和豁免公约也有相似的规定。根据这些规定来看,联合国以及各专门机构的特权和豁免的根据似乎主要是职务需要。

联合国和联合国各专门机构及其官员,以及它们的会员国的代表的特权和豁免,是由一系列公约和协定予以具体规定的。其中最基本的是下列两个:

1946 年《联合国特权和豁免公约》[①]于同年 9 月 17 日生效。我国于 1979 年 9 月 11 日加入该公约,同日公约对我国生效。

1947 年《专门机构特权和豁免公约》于 1948 年 12 月 2 日生效。我国于 1979 年 9 月 11 日加入这个公约,同日该公约对我国生效。根据我国政府的声明和通知,该公

---

① 参见中华人民共和国外交部条约法律司编:《中华人民共和国多边条约集》(第 1 集),法律出版社 1987 年版。

约对联合国、联合国粮农组织、国际民用航空组织以及国际货币基金组织、国际复兴开发银行等专门机构适用。

此外还有联合国及其专门机构同其所在地国所缔结的会所协定,例如1947年《联合国和美利坚合众国关于联合国会所的协定》,1954年联合国教科文组织同法国之间的协定。这些条约中所规定的特权和豁免总的说来低于外交特权和豁免。1975年通过的《维也纳关于国家在其对普遍性国际组织关系上的代表权公约》所规定的特权和豁免接近外交特权和豁免,但尚未生效。《中华人民共和国外交特权与豁免条例》第24条规定:来中国参加联合国及其专门机构召开的国际会议的外国代表、临时来中国的联合国及其专门机构的官员和专家、联合国及其专门机构驻中国的代表机构和人员的待遇,按中国已加入的有关国际公约和中国与有关国际组织签订的协议办理。下面主要根据1946年《联合国特权和豁免公约》和1947年《专门机构特权和豁免公约》作一说明。

二、联合国和联合国各专门机构及其官员的特权和豁免

联合国和联合国各专门机构本身所享有的特权和豁免略低于使馆所享有的,但在一些基本方面大体上达到职务需要标准,并有其特点。按照上述两个特权和豁免公约规定,这些国际组织本身享有的特权和豁免包括:会所不受侵犯和免受管辖,档案和文件不受侵犯,持有、转移款项、黄金或任何货币不受任何财政管制、财政条例等限制,资产、收入和其他财产免纳税捐,公务用品免除关税和不受进出口的禁止和限制,通讯便利,包括使用密码、信使和邮袋(1946年《联合国特权和豁免公约》和1947年《专门机构特权和豁免机构》中均为第2条)。

按照1947年联合国与美国之间关于联合国会所的协定,联合国对会址区有管理的权力,有权制定在会址区内实施的行政法规,以便在该区内确立为充分执行其职务所需的一切必要条件。会址区不可侵犯,除得秘书长同意并依照秘书长所许可的条件外不得进入会址区执行任何公务。联合国可以在会址区内设立和使用各种通信设备。美国联邦、各州或地方当局对于联合国会员国代表及其家属等人员进出会址区的过境不得加以任何阻碍。

联合国和各专门机构的官员所享有的特权和豁免包括:他们对于为执行公务而发表的言论和所作的行为,享有法律程序的豁免;他们由联合国或专门机构付给的薪金和津贴免除捐税;他们免除公共服务的义务,本人和家属免受移民限制和免于外侨登记,享有外汇方面的某种便利;他们新到任时可免关税进口家具和个人用品,个人行李一般免受查验(1946年《联合国特权和豁免公约》第5条和1947年《专门机构特权和豁免公约》第6条)。

联合国秘书长、副秘书长和各专门机构行政首长(如总干事、秘书长)等高级官员,以及他们的配偶和未成年子女,除享有上述各项特权和豁免外,应享有外交使节、其配偶和未成年子女所享有的特权、豁免、免除和便利(1946年《联合国特权和豁免公约》第5条第19节,1947年《专门机构特权和豁免公约》第6条第21节)。

此外，执行联合国使命的专家在执行使命期间，包括为执行使命而作的旅行期间，享有为独立行使职务所必要的特权和豁免，包括免受人身拘留或拘禁，私人行李免受扣押，就执行使命过程中所发表的言论和所作的任何行为享有一切法律程序的豁免，其一切文书和文件不可侵犯，为同联合国通讯而使用密码、信使或邮袋，在通货或外汇限制方面的某种便利，以及私人行李免受查验（1947 年《专门机构特权和豁免公约》第 6 条第 22 节）。

三、常驻使团及其人员的特权和豁免

常驻使团及其人员的特权和豁免一般是在有关国际组织同东道国订立的关于会所的协定中规定的。

1946 年《联合国特权和豁免公约》、1947 年《专门机构特权和豁免公约》以及 1947 年联合国会所协定，对于常驻使团本身的地位都没有专门的规定。仅个别的专门机构会所协定规定了常驻使团团址的不可侵犯权。按照 1975 年《维也纳关于国家在其对普遍性国际组织关系上的代表权公约》的规定，常驻使团基本上享有使馆所享有的各项特权和豁免。

关于常驻联合国使团成员的特权和豁免，1946 年《联合国特权和豁免公约》中为"出席联合国各主要和辅助机关及联合国所召开会议的各会员国代表"所规定的特权和豁免，略低于使馆外交人员所享受的（参看下面关于临时性代表团及其人员的特权和豁免部分）。1947 年《联合国和美利坚合众国关于联合国会所的协定》规定："一、凡由一会员国指派为其常驻联合国的首席代表或大使或全权公使级的常任代表；二、经秘书长、美国政府与有关会员国同意的驻会所常任职员"享有驻美国的外交使节所享的同等特权和豁免。1948 年，联合国秘书长、有关国家和美国三方达成协议，将使团中全部外交人员列为应享有外交特权和豁免的人员。

各专门机构会所协定大多规定常驻代表享有使馆外交人员所享有的特权和豁免。

1975 年《维也纳关于国家在其对普遍性国际组织关系上的代表权公约》第二编对常驻使团及其各类人员的地位作了规定，按照这部分规定，常驻使团及各类人员大体上享有相当于《维也纳外交关系公约》为使馆及其各类人员所规定的便利、特权和豁免。常驻使团各类人员的随行家属享有各该类人员所享的特权和豁免。

四、临时性代表团及其人员的特权和豁免

派到这些国际组织的临时性代表团包括参加这些国际组织各机关或各委员会的活动或出席这些国际组织召开或主持下举行的会议的临时性代表团。这种代表团除团长外可以包括其他代表、外交人员、行政和技术人员以及服务人员。

这种代表团所享有的便利、特权和豁免一般低于使馆。

1946 年《联合国特权和豁免公约》没有把代表团本身作为国家代表机关规定其应享的便利、特权和豁免，而是规定代表（包括代表团所有的代表、副代表、顾问、技

专家和秘书在内)的特权和豁免。

1946年《联合国特权和豁免公约》第4条规定:出席联合国务主要和辅助机关及联合国所召开会议的各会员国代表,在执行职务时和在到开会地点的往返途中,享有下列各项特权和豁免:

(甲)其人身不受逮捕或拘禁,其私人行李不受扣押,其以代表资格所发表的口头或书面的言论及其所实施的一切行为,豁免各种法律程序;

(乙)其一切文书和文件均属不可侵犯;

(丙)有使用电码及经由信使或用密封邮袋收发文书或信件的权利

(丁)在他们为执行职务而访问或经过的国家,其本人及配偶免除移民限制、外侨登记或国民服役的义务;

(戊)关于货币或外汇之限制,享有给予负临时公务使命的外国政府代表的同样便利;

(己)其私人行李享有给予外交使节的同样的豁免和便利;

(庚)为外交使节所享有而与上述各项不相冲突的其他特权、豁免和便利,但他们对于运入物品(除作为私人行李的一部分外)无权要求免除关税、消费税或销售税。

1947年《专门机构特权和豁免公约》为会员国代表所规定的特权和豁免大体上与1946年《联合国特权和豁免公约》相似。

1975年《维也纳关于国家在其对普遍性国际组织关系上的代表权公约》第三编对关于临时性代表团的各项问题,包括其特权和豁免,作了比较全面的规定。按照这一编的规定,除不享有代表团房舍不可侵犯权外,代表团所享有的便利、特权和豁免与使馆所享有的大体相同。代表团团长、代表和其他外交人员享有的特权和豁免比使馆外交人员所享有的略低。代表团的行政和技术人员享有的特权和豁免基本上与代表团外交人员所享有的一样。代表团服务人员的职务行为享有民事和行政管辖的豁免,其因受雇而得的报酬免缴捐税。

在豁免权的放弃问题上,1946年和1947年两个公约的规定与外交豁免放弃的规则有所不同。例如,1946年《联合国特权和豁免公约》在此问题上重申赋予会员国代表特权和豁免的本旨并非为其私人利益,而是为了保障他们能独立执行有关联合国的职务,接着规定:因此遇有会员国认为其代表的豁免有碍司法的进行,而放弃该项豁免并不妨害给予豁免的本旨的情形,该会员国不但有权利而且有责任放弃该项豁免(第4条第14节),1947年《专门机构特权和豁免公约》也有同样的规定(第5条第16节)。这里比较强调豁免放弃的责任一面。

常驻使团、临时性代表团及其人员对东道国负有与使馆及其人员对接受国所负有的义务相似的义务,主要是尊重东道国的法律和不干涉东道国的内政。

在东道国要求召回使团或代表团成员、终止其职务或使其离境的程序上,由于派到国际组织的常驻使团和临时性代表团是向国际组织而不是向东道国派遣的,在享有特权和豁免人员滥用特权的情形下,东道国不能适用宣告为不受欢迎的人或不可接受这种程序。但1947年《联合国和美利坚合众国关于联合国会所的协定》和1947

年《专门机构特权和豁免公约》都规定,在享有特权和豁免人员滥用特权的情形下,东道国可以视情形依外交程序或经有关国家外交部部长同意使其离境(参看1947年《专门机构特权和豁免公约》第7条第25节)。1975年《维也纳关于国家在其对普遍性国际组织关系上的代表权公约》对这个问题是这样规定的:如果享有管辖豁免权人员严重而明显地违犯东道国刑法,或者严重而明显地干涉东道国的内政,则派遣国除非放弃有关人员的豁免,就应视情形予以召回、停止其在使团或代表团的职务,或者使其离境(第77条第2款)。

在豁免权的放弃方面,1946年和1947年两个公约的规定与《维也纳外交关系公约》中的相应规定有重要的不同。在联合国秘书长认为联合国官员或专家援用豁免权有碍司法的进行而放弃豁免权又不损害联合国的利益时,秘书长有权并且有责任放弃任何官员或专家所享有的豁免权。就秘书长而言,放弃其豁免的权利属于安全理事会。在类似情况下,各专门机构也有权并且有责任放弃其任何官员豁免权。不但如此,1946年和1947年两个公约还都规定,联合国或专门机构应随时同有关当局合作,以便利司法的进行,保证警察规章的遵守,并防止官员的各项特权、豁免和便利被滥用。

参考书目

[1] 〔印度〕B.森:《外交人员国际法与实践指南》,周晓林等译,中国对外翻译出版公司1987年版。
[2] 〔英〕戈尔·布思主编:《萨道义外交实践指南》(第五版),杨立义、曾寄萍、曾浩译,上海译文出版社1984年版。
[3] Hardy, *Modern Diplomatic Law*, Manchester University Press, 1968.
[4] Denza, *Diplomatic Law*, Oxford University Press, 1976.
[5] 《新中国领事实践》编写组编:《新中国领事实践》,世界知识出版社1991年版。

第十一章 国际经济法律制度

第一节 国际经济法律制度概述

随着国际经济交往的增加,国家之间签订了一系列条约,规范国际经济活动。国际经济组织应运而生,专门管理一个或多个方面的国际经济条约。一些国际组织还编纂国际商事惯例,为各种经济活动提供指南。相应地,各国自己也制定了相关的国内法,调整这种"涉外"的经济活动。这些条约、国际组织、惯例和国内法,共同构成了国际经济法律制度。

国际经济法律制度主要由以下几方面组成:

一、国际贸易法律制度

最早的国际贸易是货物贸易。当货物买卖跨越边境,买卖双方所在国的法律制度有所不同,如何确保合同的履行,便成了重要的问题。国际社会开始致力于制定国际货物买卖统一法。其中,《联合国国际货物销售合同公约》(United Nations Convention on Contracts for the International Sales of Goods),对合同成立、买卖双方的权利义务,违约救济等基本内容作出了规定。此外,国际商会对一些国际惯例进行编纂,形成了《国际贸易术语解释通则》(International Rules for the Interpretation of Trade Terms,简称 INCOTERMS),就一些常用国际贸易术语,例如 FOB(Free on Board,离岸价)、CIF(Cost Insurance and Freight,到岸价),提供了权威的解释。

伴随货物买卖的是运输、保险、支付等一系列事务。例如在运输方面,形成了关于国际海上运输的《统一提单的若干法律规则的国际公约》(International Convention for the Unification of Certain Rules of Law Relating to Bills of Landing,简称《海牙规则》)、《修改统一提单的若干法律规则的国际公约的议定书》(Protocol to Amend the International Convention for the Unification of Certain Rules of Law Relating to Bills of Landing,简称《海牙—维斯比规则》)、《联合国海上货物运输公约》(United Nations Convention on the Carriage of Goods by Sea,简称《汉堡规则》),同时还有关于航空和陆地运输的公约,以及关于几种运输方式结合的多式联运公约。保险方面,有各国关于海上保险方面的法律规定。支付方面,有《国际汇票和国际本票公约》(Convention on International Bills of Exchange and International Promissory Notes)、《托收统一规则(Uniform Rules on Collections)》和《跟单信用证统一惯例》(Uniform Customs and Practice for Documentary Credit)。

随着科学技术的快速发展,知识产权保护制度的完善,技术贸易也成为国际贸易的重要组成部分,跨国转让专利、商标、专有技术的商业活动日益频繁。很多国家制定了相应的管理法律,例如《中华人民共和国技术进出口管理条例》,对技术转让的行为进行规范。国际组织也开始了国际条约的制定工作,其中,联合国贸易与发展会议起草的《国际技术转让行动守则》(International Code of Conduct on the Transfer of Technology)便是一个范例。该守则虽未生效,但对技术转让的定义、国家对技术转让交易的管制、限制性惯例、当事人的责任和义务、对发展中国家的特殊待遇等,都作出了详细规定。这个守则体现了技术贸易主要是发达国家向发展中国家单方面流动的特点。

国际贸易的另一个领域是服务贸易,即以各种服务作为交易对象的活动,例如国际电话服务、境外旅游、在外国设立企业、个人去外国提供专业服务等。世界贸易组织专门制定了《服务贸易总协定》(General Agreement on Trade in Services),第一次对各国和各地区开放市场,提供最惠国待遇等,作出了规定。

为了统一各国贸易管理行为,扩大市场开放,促进国际贸易,1995年1月1日,世界贸易组织宣告成立。该组织管理一系列协议,包括货物贸易、服务贸易、与贸易有关的知识产权等领域,并且对各国贸易争端的解决制定了详细的法律程序(详见本章第四节)。

二、国际投资法律制度

国际投资,是投资者将资本投入另外一个国家的经济活动,可以分为直接投资(例如直接在国外设立企业)和间接投资(例如购买外国股票)。

当今世界,国际资本流动是非常频繁的。各国都有涉及这方面的法律规定,对这种商业行为进行规范。不仅如此,很多国家还签订了双边投资保护协定,对外国投资者的待遇、利润汇出、政治风险的担保、征用和补偿、双重征税的避免、投资争议的解决等事项,作出了规定。世界银行集团的多边投资担保机构,专门负责《多边投资担保机构公约》(Convention Establishing the Multilateral Investment Guarantee Agency)的实施。世界银行还主持制定了《解决国家与他国国民间投资争端公约》(The Convention on the Settlement of Investment Disputes between States and Nationals of Other States, ICSID)。此外,经济合作与发展组织还正在组织《多边投资协定》(Multilateral Agreement on Investment)的谈判和起草工作。

跨国公司是国际投资中最为活跃的主体。为此,联合国经济与社会理事会专门成立了跨国公司委员会,负责协调和研究有关跨国公司的事务。该委员会完成的《联合国跨国公司行为守则》,虽然尚未生效,但在跨国公司的活动及对东道国的态度、跨国公司待遇、各国合作等方面,已经提供了重要的指南。

三、国际金融法律制度

国际金融关系是当代国际经济关系的重要组成部分。由于国际贸易、国际投资等的发展,跨越国境的货币资金流动越来越多,便形成了国际货币制度、国际融资制度及国际金融监管等基本的国际金融法律制度。

以国际货币基金组织和世界银行为代表的国际货币和融资体系,在对各国汇率监督和政策协调,以及发放贷款等方面,形成了一系列制度(详见本章第二、三节)。

专门针对跨国银行而设的"银行管理和监督实施委员会"(Committee on Banking Regulations and Supervisory Practices,巴塞尔委员会),对跨国银行监管提出了一系列原则、规则、标准和建议,形成了"巴塞尔体系"。其中包括,对银行国际业务的并表监管、银行外汇头寸的监管、对银行国外机构的监管原则、银行表外风险管理、统一银行资本衡量与资本标准的国际协议、银行监管当局的信息交流、对国际银行集团及其境外机构的最低监管标准、跨国银行监管、有效银行监管的核心原则等。

四、国际税收法律制度

对于跨国经济活动,各国在征税方面容易产生矛盾。为协调各国税收管辖权,解决重复征税、避税、税收歧视等问题,各国在双边和多边层面,作出了很多努力,形成了国际税收法律制度。其中包括大量的双边税收协定。经济合作与发展组织颁布了《关于对所得和财产避免双重征税的协定范本》(Model Double Taxation Convention on Income and Capital),联合国经济与社会理事会也颁布了《关于发达国家与发展中国家间避免双重征税的协定范本》(The United Nations Model Double Taxation Convention Between Developed and Developing Countries)。

全球经济一体化是当今世界发展的一大趋势,一国经济发展再也不能孤立于其他国家而存在。因此,国际经济活动成为最为活跃的一个现象,国际经济法律制度的内涵日益丰富,很多新的法律制度正在制定当中。因此,学习国际经济法律制度,需要密切关注新的发展,才能跟上时代的发展,把握住时代的脉络。

本章重点介绍国际货币基金组织、世界银行集团和世界贸易组织,及其法律制度。这三个组织被公认为当今国际经济秩序的三大支柱。它们最能代表国际经济法律制度的一些特点。

第二节　国际货币基金组织

一、概说

第一次世界大战以前,资本主义国家的货币信用和国际结算制度尚处于建立和形成阶段。虽然在这些领域也存在一定的矛盾,但还不十分尖锐。一些国家的国际收支有顺差,资金可以自由调拨,外汇汇率基本保持稳定,金本位(gold standard)制度得以维持。第一次世界大战爆发以后,特别是经历了20世纪30年代的世界经济大萧条,国际货币金融制度的矛盾日益突出。人们开始对纸币失去信心,转而对黄金产生大量需求,各国都储备黄金和能兑换成黄金的货币,从而限制了国家之间金融交易的数量和频率,也阻碍了国际贸易的发展。

鉴于第一次世界大战前金本位制崩溃后国际货币体系的混乱及其严重后果,建立新的国际货币安排成为最突出的问题。由于通货膨胀的急速发展与国际收支逆差日益严重,多数资本主义国家在货币、外汇和国际结算方面发生了困难,对外力的援助寄予希望。而在两次世界大战中经济、政治、军事实力迅速膨胀起来的美国,更希望利用国际组织来扩大其影响,为商品输出和资本输出创造条件。在其倡导和推动下,设立国际金融组织的要求被付诸实践。

1944年7月1日,参加联合国会议的45个国家的代表,在美国新罕布什尔州的布雷顿森林召开了具有历史意义的联合国货币与金融会议,通过了"国际货币基金协定"(Agreement of the International Monetary Fund,以下简称"协定")和"国际复兴开发银行协定"(Agreement of the International Bank for Reconstruction and Development),总称布雷顿森林协定(Bretton Woods Agreement),确定了布雷顿森林体系。1945年12月27日,国际货币基金组织(以下简称"基金组织")正式成立,总部设在华盛顿,并于1947年3月开始运作。布雷顿森林体系的特点是建立平价制度(parity grid)[①]和美元与黄金的自由兑换,其主要内容是:确立以固定价格(每盎司35美元)兑换黄金的美元为国际货币;实行可调整的固定汇率制,即会员国货币与美元保持固定汇率,但在国际收支失衡时可以经基金组织批准后调整;会员国可以通过两个途径调整国际收支,即调整汇率和使用基金组织贷款以弥补逆差,以纠正根本性失衡。

二、基金组织的宗旨和会员国的义务

基金组织的宗旨是,通过建立一个就国际货币问题进行磋商和合作的常设机构,促进国际货币合作;促进国际贸易平衡发展,并借此提高和保持高的就业率和实际收入水平,开发所有会员国的生产性资源,以此作为经济政策的主要目标;促进汇率的稳定,保持会员国之间有秩序的汇兑安排,避免竞争性通货贬值;协助建立会员国之间经常性交易的多边支付体系,取消阻碍国际贸易发展的外汇限制;在有充分保障的前提下向会员国提供暂时性资金融通,以增强其信心,纠正国际收支失衡,而不致采取有损于本国和国际繁荣的措施;根据上述宗旨,缩短会员国国际收支失衡的时间,减轻失衡的程度。

为了保证基金组织实现其宗旨,协定明确规定了会员国的义务。会员国的一般义务是:未经基金组织许可,任何会员国不得对经常性交易的支付实行限制;任何会员国不得实行歧视性汇兑安排;各会员国有义务兑换其他会员国持有的本国货币;会员国应提供基金组织认为行使其职能所必需的材料和数据;经基金组织同意保留过渡性汇兑安排的会员国必须与基金组织定期磋商,并逐步取消这种限制;各会员国必

---

① 平价制度是国际货币基金组织为维持会员国的汇率稳定而建立的以美元为中心的货币体系,其内容为:会员国必须建立本国的货币平价,使各国货币与美元保持固定比价;美元的货币平价为35美元等于1盎司黄金,其他国家也规定自己的货币平价或货币含金量;各国的货币只有在兑换成黄金后才能向美国中央银行以官价兑换黄金;货币平价及汇率一般不得随意变动;各会员国汇率的波幅不得超过货币平价的上下1%范围,否则政府应予干预;1971年12月《史密斯协定》订立后,汇率波幅扩大为货币平价的上下2.25%范围,并且平价的标准由黄金改为特别提款权。刘鸿儒主编:《新金融辞海》,改革出版社1995年版,第188页。

须与基金组织和其他会员国合作,保证各会员国的有关储备资产政策,符合对国际清偿手段更好的监督,以及使特别提款权作为国际货币体系的主要储备资产的目标。

三、基金组织的组织机构、资金来源、投票权和特别提款权

（一）组织机构

基金组织由理事会、执行董事会、总裁和若干业务职能机构组成。

理事会是基金组织的最高权力机构（Board of Governors）,由各会员国委派理事和副理事各一人组成。理事和副理事任期5年,可以连任。理事会的主要职权是：批准接纳新会员国,批准修改份额,批准会员国货币平价的普遍变动,决定会员国退出事宜,以及讨论其他有关国际货币制度的重大问题。理事会每年举行一次会议,必要时可举行特别会议。鉴于理事会的庞大,1974年10月设立了由20个会员国部长级代表组成的附属机构"临时委员会",每年举行3—4次会议。临时委员会的决议在大多数情况下等于理事会的决议,因而成为事实上的决策机构。

执行董事会的职责主要是监督会员国政府对理事会所制定的政策的实施情况。它由24个执行董事（Executive Directors）组成,其中,在基金组织中占有份额最多的5个会员国（美、英、德、日和沙特阿拉伯）各单独指派一名执行董事,其他会员国按地理区域划分16个选举集团,各推选一名执行董事。执行董事会很少用正式投票的办法作出决定,而是采取全体一致的做法。这种做法避免了在敏感问题上的分歧,有助于所有成员接受最后的决定。

总裁（Managing Director）由执行董事会推选,任期5年,总管基金组织的业务工作。总裁兼任执行董事会主席。根据传统,总裁是一个欧洲人,或者至少不能是美国人。基金组织的职员大约有2600名,来自122个国家,主要是经济学家。

（二）资金来源

基金组织用以支持会员国改善国际收支状况的资金来源主要有两个：普通资金和借款。

普通资金包括会员国认缴的份额和这部分资金运用所产生的未分配净收入。每个国家在加入基金组织时,都必须认缴一定数额的资金作为会费,称为份额（quotas）。这是基金组织最主要的资金来源。基金组织根据对每个国家的财富和经济状况的分析,确定每个成员应认缴的份额。份额每5年审查一次,可以根据基金组织的需要和成员的经济状况进行调整。1946年,35个成员认缴的份额为76亿美元；到了1998年,成员认缴的份额已达1930亿美元。美国认缴的份额最多,约占总份额的18%（大约350亿美元）。帕劳于1997年12月成为基金组织的成员,其认缴的份额最小,大约380万美元。未分配的净收入是指基金组织的业务收入中没有分配给会员国而作为基金组织储备的那一部分。

基金组织除了依靠份额外,在必要时为了满足定期扩大信贷的需要,也可通过向会员国政府或者其他途径借款来增加资金,平均期限为5年。基金组织借款的一大特点是：贷款人除清算银行外,如果发生国际收支困难,可以提前收回贷款,因而具有

很高的流动性,贷款国往往将其视为国际储备的一部分。这一特点对基金组织自身流动性的管理也有较大影响。借款是基金组织补充资金来源的重要手段。

(三) 投票权

基金组织决定主要政策和业务都是需会员国的多数票通过的;有些重大的问题还需要特殊多数票通过才能决定。会员国的投票权主要取决于认缴的份额。认缴份额越多,发言权越大。按基金组织的规定,每个会员国有 250 张基本票,即按目前各会员国份额每十万美元特别提款权增加一票,还有可变的分配票,两种票之和即为该国的投票数。基本分配票旨在实行各国主权平等,加强经济上较小国家的表决地位;可变分配票旨在确认认缴额的不同,保证那些在国际贸易与金融往来中占较大份额的会员国的利益与合作。

(四) 特别提款权[①]

特别提款权(Special Drawing Rights)是基金组织 1969 年创立的,是基金组织所有金融和财务活动的计值单位,由 5 个占世界商品和劳务出口比重最大的国家的货币组成,即美元、德国马克、日元、法国法郎和英镑,各种货币的比重根据情况进行调整。自 2016 年 10 月 1 日起,人民币与美元、欧元、日元和英镑一起,构成特别提款权篮子货币。

四、基金组织的主要活动

(一) 汇率监督与政策协调

为使国际货币体系正常运转,基金组织有责任检查会员国是否与基金组织和其他会员国合作,以保证有秩序的汇率安排,促进汇率制度稳定,避免操纵汇率或国际货币体系,避免多重汇率、妨碍国际收支的有效调节或获得不公平的比较优势。基金组织要对会员国履行这些义务的行为进行监督。监督的主要方式是磋商和多边监督。磋商是与会员国举行定期会谈,收集会员国经济和金融信息,与会员国官方讨论其宏观经济发展战略、政策与前景,并作出详细报告提交执行董事会讨论。经会员国政府同意,基金组织可以公布报告内容和执行董事会评价,促使会员国实施政策协调。除了这些定期的磋商之外,基金组织也有针对性地与那些对世界经济产生重大

[①] 20 世纪 60 年代世界贸易迅速发展,国际货币基金组织担心主要的储备资产黄金和美元的供应量会突然不能满足需求,从而引起美元的货币价值对其他储备资产不成比例地上升,因此需要一种中性的记账单位。1969 年 9 月举行的国际货币基金组织第 24 届年会通过决议,决定从 1970 年起分三年发行特别提款权。特别提款权是基金组织分配给会员国的一种使用资金的权利,也是一种特殊的货币计值单位。当时,特别提款权与美元等值。会员国分配到一定数额的特别提款权后,可以作为会员国自己的国际储备资产,也可以用来归还基金组织贷款或抵偿会员国之间国际收支的差额,但是不能作为现实的货币用于国际上的一般收支。由于美元的贬值和主要国家实行浮动汇率制,为了保持特别提款权的稳定,发挥其定值作用,从 1974 年 7 月 1 日起,基金组织宣布特别提款权与黄金脱钩,而按"一篮子货币"原则定值(选定 1968 年至 1972 年间出口额占世界出口总额 1%以上的 16 个国家的货币确定加权比例)。以后又根据 1972 年至 1976 年世界各国出口贸易的变化作出了调整。1980 年,基金组织决定,从 1981 年 1 月 1 日起,特别提款权根据 1975 年至 1979 年间的最大商品和劳务出口国的五种货币定值。由于其他任何一种货币的稳定性都无法与特别提款权相比,因此它现在已被用于民间合同、国际协定和欧洲债券市场上证券的价值单位。

影响的国家举行特别磋商,议题包括审查世界经济的状况,对未来的经济发展作出预测。基金组织每年两次在《世界经济展望》(World Economic Outlook)上公布这方面的资料。多边监督则是通过执行董事会每年两次对世界经济发展前景的讨论来进行的,相关讨论是评价会员国之间宏观经济政策关系的基础。

(二) 发放贷款

基金组织通过发放贷款帮助会员国进行国际收支调整。在决定是否贷款时,基金组织一般要使用三个指标评估会员国的需要,即国际收支状况、外汇储备和储备状况的变化,并考虑会员国所采取的调整政策是否适当,以及会员国是否有能力还款。由于基金组织有义务使其金融活动保持连续性,因此要求借款方有效地使用款项。会员国在请求借款时,必须向基金组织提供改革计划,并制定一系列改革措施,以消除导致支付困难的根源,为"高质量"的经济增长提供条件。基金组织根据不同的情况,按照不同的机制贷款给有支付困难的会员国。两个常用的机制是备用安排(stand-by arrangement)和延长安排(extended arrangement)。[①] 这样,会员国就可以承担对外国的义务,支持一至两年(备用安排)或三至四年(延长安排)的计划,重组财政,调整经济,采取措施恢复增长。在计划实施期间内,成员可以从基金组织分期借款,对外支付,但成员必须坚持实施政策调整计划。从1988年开始,基金组织还提供一种"偶然性"的贷款,帮助成员实施基金组织所支持的调整计划,以对付未曾预见的外部困难。此外还有一种机制是针对贫穷国家的,通过为其提供低息贷款,以帮助这些国家迅速调整经济,消除长期存在的无效现象。这种机制的特点是要求成员在进行结构性的调整时与世界银行保持密切的合作。这种机制的资金来源是会员国的自愿捐款。

贷款的种类包括:普通贷款(Normal Credit Tranches, NCT)、补偿与应急贷款(Compensatory & Contingencing Facility, CCFF)、缓冲库存贷款(Buffer Stock Financing Facility, BSFF)、临时信用贷款(Temporary Credit Facility, TCF)、中期贷款(Extended Financing Facility, EFF)、信托基金贷款(Trust Fund Facility, TFF)、补充贷款(Supplementary Credit Facility, SCF)、结构调整贷款(Structural Adjustment Facility, SAF)和制度转型贷款(Systemic Transformation Facility, STF)。

(三) 技术援助

自基金组织成立以来,向会员国提供技术援助一直是其工作的一个重要组成部分。技术援助主要是向会员国提供宏观经济政策方面的人员培训和政策或技术咨询,涉及的领域包括经济政策、国际收支调整计划、债务管理、法律事务、汇兑和贸易、

[①] 备用安排是会员国与基金组织达成的协议,约定在一定的期间内,会员国得随时向基金组织借贷一定数额的资金,以备会员国在必要时用来解决国际收支暂时发生逆差的困难。延长安排与备用安排的主要区别在于:备用安排的期限一般为1年,延长安排的期限一般为3年,但这种区别并非绝对;偿还债款的期限,备用安排为提款后5年,而延长安排可达10年,但如果基金组织所提供的款项来自借贷,则两种安排的使用期均为7年。参见中华证信所编:《国际贸易金融大辞典》,经济科学出版社1997年版,第883页;王贵国:《国际货币金融法》,北京大学出版社1996年版,第106页。

财政、会计、统计和数据处理等。

基金组织的活动除以上各项外,还包括编制世界经济统计报告等。

五、对基金组织作用的评价及基金组织的改革

基金组织在成立后的前十年里对会员国的政策和措施的影响有限。在减少对经常项目支付和资本转移的限制方面进展缓慢,这主要是因为除美国以外的许多国家都面临国际支付困难。基金组织的融通资金的作用也很有限,只有在欧洲复兴方案(即马歇尔计划)项下得到美国援助的国家,才能使用基金组织贷款。一些发展中国家由于种种原因没有资格使用基金组织贷款。20世纪50年代中期至60年代中期,许多国家国际支付地位改善,加快了在减少国际支付的限制方面的进展。基金组织执行董事会对借款条件作了某些修改后,基金组织的贷款使用额增加了。总的说来,基金组织在建立后的前二十年中,布雷顿森林体系的作用虽然有限,但其运转是比较平稳的。

但从20世纪60年代中期开始,由于欧洲大陆和日本的重新崛起,工业国之间的竞争地位发生了变化,美国的经济实力严重衰落,美元的特殊地位发生动摇。随着美元危机和美国国际收支危机进一步严重化,美国已经没有能力负担起维持国际货币体系运转的责任。1971年8月,美国宣布,因国际收支持续数年出现大量逆差,黄金储备流失,国外美元债务大幅度增加,正式停止官方持有的美元与黄金的自由兑换。于是,布雷顿森林体系的两大支柱,即平价制度和美元与黄金的自由兑换就此崩溃。

基金组织因此着手对国际货币体系进行全面的检查和改革。1976年,在牙买加举行的临时委员会就改革的具体问题达成了协议,对协定进行了修正(目前的国际货币体系因此被称为牙买加体系)。修正案于1978年4月1日起生效。改革的核心问题是汇率机制。修改后的协定重申,国际货币体系的目的是为促进商品、劳务、资本交流和经济健康发展提供一个框架,为金融和经济稳定创造基本的条件。修正案强调了会员国与基金组织的合作、保证有秩序的汇兑安排和稳定的汇率机制的重要性。会员国在推行国内和对外经济、金融政策时必须遵循这些原则。修正案采取的具体措施是,削弱黄金的作用,取消黄金作为平价制度的共同计价工具及其作为特别提款权计值单位的职能;废除了黄金的官价;要求基金组织出售其黄金储备,并将所得利润存入特别账户,用于一般业务和交易,包括向低收入国提供资金;要求基金组织在黄金交易中防止控制黄金价格或制定固定价格;要求会员国在储备政策方面与基金组织合作,以加强对国际清偿手段的监督,并使特别提款权成为国际货币体系的主要储备资产。修正案还扩大和简化了基金组织的业务和交易。

随着国际贸易和国际资本流动的不断增加,国际经济与金融一体化进程的明显加快,基金组织的作用也越来越大。基金组织监督所有影响汇率变化的经济政策,与会员国进行定期磋商,检查发达国家和发展中国家的宏观经济政策,可以说基金组织的监督职能明显加强了。基金组织经过几次普遍增资,可用的资金增加了,贷款也随之增加,其金融职能得到了加强。基金组织还通过提供培训和派出专家等加强了其

技术援助的职能。到2023年5月,基金组织的成员已达190个。

20世纪90年代以来的三大国际金融危机(亚洲、俄罗斯和拉美金融危机),引起了各方面对基金组织的批评。这些批评意见主要有:(1)基金组织未能有效预见历次金融危机的发生,未能督促后来的"受灾国"事先进行调整与改革;(2)危机发生后,基金组织紧急贷款附带的条件过于苛刻,紧缩性政策未能充分考虑各国国情;(3)基金组织在处理危机的过程中偏袒债权国的利益,并未能阻止危机向邻国扩散。这引发了新一轮国际金融机构改革。改革大体经历了三个阶段:

(1) 1994年年末墨西哥金融风暴之后到1997年亚洲金融危机爆发。墨西哥金融风暴爆发后,国际社会开始积极寻找应对金融风险的良策。1995年哈利法克斯七国首脑会议上,十国集团工作组提交了著名的REY报告,报告集中讨论了新兴市场国家的债务改革问题,并在发展中国家经济数据披露、银行监管实行国际标准、扩大应急资金供给及建立补充储备手段等方面取得了进展。这一阶段的改革虽然较集中于应急机制的建立,但与之后的改革方案思路已有诸多的共同之处。

(2) 1997年亚太经合组织(APEC)温哥华非正式首脑会议倡导召开22方会议至1998年10月基金组织/世界银行年会召开。这一时期,各方在积极探讨防范金融危机的同时,开始了建立国际金融新秩序的探讨,但基本停留在确定新秩序的原则和设定有关框架等方面,对深层次的问题尚未触及。由主要工业国和新兴市场国家参加的22方会议于1998年4月成立了三个工作组,重点放在提高国际金融的透明度、加强世界金融系统以及应对经济危机的步骤之上,1998年10月22方会议在基金组织/世行年会上提交报告,从以上三方面为改革订出粗略框架。

(3) 1999年2月22方会议使命结束,各项提议开始转入落实阶段。特别是在同年6月八国集团举行的科隆首脑会议上,改革具体方案出台,美欧等主要发达国家经过妥协就国际金融体制改革达成新共识。会议确定加强基金组织和世界银行在国际金融体系中的核心作用,决定了国际金融体制改革将在旧有体制基础上进行改良。

提交科隆八国集团首脑会议的财长报告,是迄今最为全面、系统阐述国际金融改革最新设想的官方正式文件,它与其他诸多官方文件一起构成了当前国际金融改革的指导性文件。国际社会已从6个方面确定了国际金融新体系的总体框架。即:增进透明度,促进国际公认标准的建立和执行;加强国内金融系统;国际机构应更好地适应新形势;推进国际金融市场有序一体化;私营部门参与金融危机的预防和解决;社会政策是国际金融新秩序大厦的基石等。

围绕上述总体框架,国际社会近来在一些具体领域取得了进展,为国际金融体制改革的深化打下了基础。

增进透明度和建立国际公认的标准方面,是改革进展最为显著的领域。公共部门透明度有明显提高。基金组织1996年通过的特殊数据公布标准(SDDS)已被47个成员国所采用。1998年12月,基金组织执董会同意将SDDS扩大至国际储备和外债的公布上,此决定已于2000年4月生效,并制定了相应的监督程序。1998年4月,基金组织又通过了《财政透明行为守则》,1999年年会上还通过了《货币和金融政策透明行为守则》。标准方面,建立了会计、审计、证券市场管理、公司管理、支付制度、保险管理和破产标准。工作重点已转为公布标准、促进标准的采用及监督标准的执行等方面。

在国际机构的协调与合作方面,成立了金融稳定论坛(Financial Stability Forum)。旨在通过主要国际金融机构、主要工业国和新兴市场国家的参与监管,加强国际金融市场的国际协调与合作,增进风险评估和管理,着重监管高杠杆举债机构、境外金融中心、跨国界短期资本流动,为金融市场稳定运行提供了必要保证。

在预防危机方面,基金组织批准了设立紧急信贷限额(Contingent Credit Line)的计划,通过向受到金融危机威胁但还没有陷入危机的成员国提供贷款,防止危机发生。这标志着基金组织在应对金融危机方面已由被动治疗转为积极预防。当然,接受紧急信贷限额的国家也需满足一定的条件才能成为额度接受方,这也将促使许多国家主动采取稳健的经济政策。

国际机构方面,基金组织临时委员会将改组成为具有永久地位的国际金融和货币委员会,组织机构已基本确立。

就加强新兴市场国家的宏观经济政策和金融体系达成了一些共识。发展中国家汇率制度选择应有可持续性,应采取谨慎的财政政策,要加强短期债务管理,资本账户实行有序自由化。同时,发展中国家承诺遵守巴塞尔有效银行监管核心原则。

加强社会安全网建设,保护贫弱阶层。金融危机使贫困人口的生活保障问题凸显。维护社会公正、保证经济稳定和社会安全成为国际金融机构的工作重点之一。当前,基金组织、世行和其他国际机构均深入地参与了发展中国家社会安全网的建设,表明基金组织与世界银行减免债务及消除贫困的决心。

其中,基金组织作为现行国际金融体系重要的载体和协调组织机构,有必要对基金组织进行广泛的改革,改革的内容拟包括以下几个方面:

(1)增加基金组织的基金份额,扩大其资金实力。可以考虑按现有比例增加成员国20%的交纳份额,使基金组织摆脱目前捉襟见肘的困境。也可考虑由基金组织牵头建立若干个区域性的货币互换和储备调拨机制,以便在某个国家或地区爆发危机时,增强基金组织可动用资金的规模。事实证明,危机发生时,恢复信心是减弱危机最关键的因素,而基金组织所具有的援助资金能力是克服危机恢复信心的重要保障之一。

(2)扩大基金组织提供援助的范围,扩充其职能,在某种程度上扮演国际最终贷款者。这就需要基金组织不仅将维持自由汇兑作为其宗旨,也应将维持成员国一定程度的信用能力作为自己的宗旨,当成员国发生信用危机时,无论这一危机是否会立即影响该国的对外支付能力,基金组织都应该提供贷款援助,从而有效地缓解危机对该成员国的冲击。当然,这样做要求基金组织具有更雄厚的资金实力,更充实的信息和更准确的判断力。这些难以一下子做到,但现在已经是往这个方向努力的时候了。

(3)增强基金组织的监测和信息发布功能,为投资者和市场主体提供准确的信息,为成员国制定政策提供重要依据。20世纪90年代以来发生的金融危机无一不与信息传递的不充分和扭曲有着千丝万缕的联系。当成员国国际收支不断恶化、外债不断增加、外汇储备名不符实、国内经济增长出现泡沫时,基金组织有义务对成员国及公众提出忠告,对其国内经济政策提供建设性的建议,并在其相应的出版物上反映这些信息,以使有关的当事方警觉,作出正确的风险判断。这就要求基金组织收集多方面的信息来源,从而减少亡羊补牢,总是事后分析的被动局面。

(4)恢复基金组织对成员国国际收支逆差进行干预和援助的职能。虽然基金组织不再维持固定汇率制,但不少成员国实际上实行的是变相固定汇率制,汇率自动调节国际收支的功能是缺位的,这就要求基金组织进行监测并对长期处于严重逆差状态的国家进行政策规劝及对政策实施提供帮助。事实证明,严重的货币危机总是与国际收支长期逆差相关,基金组织要防范金融危机,需要将国际收支不平衡问题列入其工作的范围。

(5)在实施援助计划时,应改变短期内恢复受援国偿付能力并将它作为唯一目标的做法,而应将危机国中期内走出经济衰退的需要列入计划予以考虑,从而使计划更易于被受援国接受并能经受较长时间的考验,减少基金组织与受援国不融洽状况。可以考虑与世界银行进行合作,将两者的援助计划相结合。传统上,世界银行的项目援助是为成员国经济增长目的服务的,它的专家在考虑财政政策和货币政策如何相结合才能促进经济增长方面,可能会比基金组织专家通常只从货币这个角度考虑更有经验些。

尽管国际社会在国际金融体系改革方面取得了上述共识和一些进展,但这只是建立公正、合理的国际金融新秩序的开端。国际金融机构在发挥兼顾金融市场开放与稳定、兼顾各国接受国际监管和货币政策独立性、兼顾发达国家和发展中国家利益等作用方面仍需继续努力。

六、中国与基金组织

1980 年,中国恢复了在基金组织的合法席位,中国同基金组织的交往日益增多,合作的领域也不断扩大。

中国人民银行是国务院授权主管基金组织事务的机构,行长和主管国际业务的副行长任基金组织正、副理事、临时委员会成员,因此中国的执行董事参加了基金组织日常业务的领导工作。

对于基金组织进行的定期和临时的磋商,中国政府把它看作向基金组织和国际社会介绍中国经济情况和政策意向的途径,使世界更多地了解了中国。同时,基金组织专家在磋商中对中国经济发展和政府政策的评价和建议,对有关经济管理部门提供了有益的借鉴和参考。

基金组织的贷款对帮助中国政府实施稳定的经济计划,调整国际收支起到了一定的作用。中国对这些贷款都作了及时的归还,反映了中国的信誉和履行会员国义务的积极态度,也方便了基金组织对其他会员国的资金援助。这些年来,我国不断增强与基金组织的业务往来,包括接受技术培训、人才培训、参加会议、接受基金组织出版物等。但与其他发展中国家相比,我国利用基金组织的资金并不多。

第三节 世界银行集团

1944年,根据布雷顿森林会议通过的《国际复兴开发银行协定》(Agreement of the International Bank for Reconstruction and Development),建立了国际复兴开发银行(International Bank for Reconstruction and Development or IBRD),简称世界银行。后来陆续建立了国际开发协会(International Development Association)、国际金融公司(International Finance Corporation)、多边投资担保机构(Multilateral Investment Guarantee Agency)和解决投资争端国际中心(International Centre for the Settlement of Investment Disputes)等四个附属机构,统称为世界银行集团。

世界银行和国际货币基金组织都是布雷顿森林会议的产物,在促进会员国经济持续增长和发展方面有着共同的目标,只是世界银行侧重于长期发展,而国际货币基金组织则侧重于短期平衡。两组织自成立以来,在政策和业务上密切配合,相互补充。从1966年开始,它们就制定了合作指南,并定期进行检查。它们合作的主要领域有,就双方有共同利害关系的基本政策问题和国别政策问题保持广泛接触;共同编制国别战略;在支持会员国的经济调整方面进行广泛的合作;为解决债务问题共同努力;通过双方共同参加研讨会和共同承担项目进行合作研究;双方工作人员在日常工作中交换观点和情况,交流专门领域的分析结果和经验。两组织每年春季和秋季联合举行两次会议,进行政策和业务协调。

一、国际复兴开发银行

国际复兴开发银行1945年12月建立,是世界银行集团中最早成立的机构,1946年6月开始营业,1947年成为联合国的一个专门机构。凡参加世界银行的国家必须是国际货币基金组织的会员国,但国际货币基金组织的会员国不一定是世界银行的会员国。根据《国际复兴开发银行协定》,世界银行的宗旨可以概括为:通过组织和提供长期贷款与投资,为会员国提供生产性资金,促进会员国经济发展。具体说来,包括以下内容:运用银行本身资本或筹集的资金及其他资源,为会员国生产事业提供资金支持,帮助会员国国内建设,促进欠发达国家生产设施与资源的开发;利用担保或参加私人贷款及其他私人投资的方式,促进会员国的外国私人投资;用鼓励国际投资以开发会员国生产资源的方式,促进会员国国际贸易长期均衡地增长,以保持国际收支的平衡;在提供贷款保证时,应与其他方面的国际贷款配合。在义务中适当地照顾各会员国境内工商业,使其免受国际投资的过大影响。目前该银行已成为拥有固定资产最多、向欠发达国家提供中长期贷款最多的国际金融机构。

世界银行成立之初,其主要职能是为欧洲国家从战时经济过渡到和平经济提供资金;1947年,随着"马歇尔计划"的出台,银行即转变为主要向亚非拉的发展中国家提供中长期贷款,帮助其经济开发。

参加银行的会员国都应认缴银行的股份,会员国投票权的大小取决于其认缴的股份。根据《国际复兴开发银行协定》的规定,每一会员国均拥有基本投票权 250 票,每认缴一股股份(一股为 10 万美元),另外增加一票投票权。除非有特别规定,一切事项均需多数票通过。

银行的组织系统包括决策机构(理事会和执行董事会)和行政管理机构(行长、副行长和工作人员)两部分。理事会由每一会员国委派理事和副理事各一位组成,是最高权力机构。理事会的职权包括:批准接纳新会员国,增加或减少银行股份,暂停会员国资格,裁决执行董事在解释《国际复兴开发银行协定》方面发生的争执,批准同其他国际机构签订正式的协定,决定银行净收益的分配,批准修改银行章程,批准解散银行等。执行董事会负责银行的日常业务,行使理事会授予的职权。执行董事会选举 1 人为行长,兼任董事会主席,是银行行政管理机构的首脑,负责银行的日常行政管理工作,任免银行的高级职员和工作人员。

银行的资金来源主要有 5 个方面:会员国实际缴纳的股金,国际金融市场筹资,贷款业务收益,贷款资金回流,以及将部分贷款债权转让给私人投资者。其中前三项为主要资金来源,后两项为辅助资金来源。

银行的主要业务是向发展中国家提供长期生产性贷款,以促进其经济发展和人民生活水平的提高。另外,银行还从事技术援助,学术和政策研究,为会员国提供发展方面的帮助。银行贷款的对象只限于发展中国家政府和由会员国政府担保的公私机构,其贷款期限较长,可达 20—30 年。贷款种类包括:项目贷款,非项目贷款,"第三窗口"贷款,技术援助贷款,联合贷款。

二、国际开发协会

1960 年 9 月 24 日,世界银行会员国签署了《国际开发协会协定》(Agreement of International Development Association),国际开发协会成立。国际开发协会是专门向低收入发展中国家提供优惠长期贷款的国际金融组织。国际开发协会的宗旨是,帮助世界上不发达地区的会员国,促进其经济发展,提高人民的生活水平。国际复兴开发银行的工作重点是帮助广大的亚非拉发展中国家进行经济开发事业,但银行不能向那些被认为借债信誉不好的国家贷款,以避免损害其自身在国际资本市场上的借款能力。因此,很多最贫困的国家就被排除在国际复兴开发银行之外,而这些国家往往需要更为优惠的贷款。协会就是应这个需要而成立的。现在人们通常用"世界银行"来统称国际复兴开发银行和国际开发协会,因为这两个机构实际上是一班人马两块牌子,只是用两个窗口来提供条件不同的贷款。

国际开发协会实现其宗旨的主要方式是,以比通常贷款更为灵活、给借款国的收支平衡所带来的负担也较轻的条件提供资金,以满足发展中国家在重要发展领域的资金需求,从而进一步发展国际复兴开发银行的开发目标,并对银行的业务活动起补充作用。

国际开发协会的资金来源主要是会员国认缴的股金,会员国和其他资助国提供的捐款,国际复兴开发银行从其业务收益中拨来的赠款,协会的资金回流。

国际开发协会的会员国,必须首先是世界银行的会员国。所有参加国际开发协会的会员国都必须认缴国际开发协会的股份。国际开发协会的会员国有两类,即经济上较发达或收入较高的国家,这些国家是国际开发协会资金的主要提供者;发展中国家是国际开发协会信贷的接受国。

国际开发协会的组织机构与管理办法与世界银行相同,从经理到内部机构的人员均由世界银行相应机构的人员兼任,是世界银行的附属机构。但它们在法律和会计上是不同的两个实体,有各自的资金,在财务上是严格独立的。

国际开发协会的业务活动与世界银行的相同,即主要从事项目贷款,同时提供技术援助和进行经济调研。但国际开发协会的信贷条件比银行的贷款条件更为优惠,为无息贷款,只收取少量的手续费。国际开发协会的信贷重点也不同于银行,主要用于经济收益率低、时间长,但社会效益好的项目。

三、国际金融公司

早在1949年美国提出"技术援助落后国家计划"时,世界银行就开始考虑该计划对开发贷款的影响,认为该计划以技术援助为主,但也应该有相应的资金转移,因此建议成立一个"国际金融公司"。这一建议经过长时间讨论,联合国最终决定由世界银行起草《国际金融公司协定》(Agreement of International Finance Corporation)。1956年7月20日,《国际金融公司协定》开始生效,公司宣告成立。

公司的宗旨是鼓励发展中国家私人部门的发展,从而促进发展中国家的经济增长,并以此作为世界银行集团其他成员的活动的补充。为此,公司的主要业务活动是进行投资(股本投资和贷款)、资金动员(带动不同来源的资金共同参与投资)和咨询服务。

公司具有完全的法人地位。公司会员国必须是世界银行的会员国。公司是按会员国出资入股的形式组成的。公司设理事会、执行董事会、总裁和一位副总裁,组成行政管理机构。

公司的资金来源包括,会员国认缴的股本,公司自身的留存收益,从国际金融市场筹措的资金,国际复兴开发银行的贷款。

四、多边投资担保机构

20世纪五六十年代,大量的殖民地国家宣布独立,新独立的国家对一些外国私人公司采取了征收和国有化等措施,这对发达国家的投资者造成了很大的非商业性风险,阻碍了这些国家的资本输出。而当时各投资国的保险机构能力有限,私人保险公司也大多不愿对这种风险提供担保。因此,60年代初期,有些国家就提出成立一个多边投资担保机构,但由于各国对机构的主要问题存在争议,该机构迟迟未能成立。世界银行积极倡导成立该机构,1985年10月11日在世界银行年会上通过了《多边投资担保机构公约》(Convention Establishing the Multilateral Investment Guarantee Agency)。经世界银行执行董事会和理事会批准,1988年4月12日,《多边投资担保机构公约》正式生效。1988年6月8日,多边投资担保机构举行了成立大会。

根据《多边投资担保机构公约》的规定，机构的目标是鼓励在其会员国之间，尤其是向发展中国家会员国融通生产性资金，以补充国际复兴开发银行、国际金融公司和其他国际开发金融机构的活动，以便进一步加强国际合作，推动全球的经济发展。为此，《多边投资担保机构公约》给机构规定的宗旨是，通过减少非商业投资障碍，鼓励股本投资和其他直接投资流入发展中国家；根据会员国的要求，开展合适的辅助性活动，帮助发展中国家改善投资环境，吸引更多的资金流入，并鼓励资金在发展中国家会员国之间的流动；为推进其目标，使用必要的和适宜的附带权力。

《多边投资担保机构公约》规定，机构承保的投资，其内容必须是经济上合理，对东道国发展有所贡献，符合东道国法律，与东道国发展的目标和重点相一致；其形式必须是产权投资且投资期限不少于三年，经机构董事会确定的非产权直接投资，以及经董事会特别多数通过的任何中、长期贷款；在时间上，必须是投保申请注册之后才开始执行的新投资。合格东道国必须符合三个条件：必须是一个发展中国家，必须是一个同意机构承保特定投资的特定风险的国家，必须是一个经机构查明，投保的投资在那里可以得到公正和平等待遇及法律保护的国家。合格的投保者限于具有东道国以外会员国国籍的自然人和法人。

机构的组织包括理事会、董事会、总裁和职员。理事会是机构的最高权力机构，由每一会员国按其自行确定的方式指派的理事和副理事各一人组成。董事会负责机构的一般事务。总裁在董事会的监督下，处理机构的日常事务。

每个会员国都必须认购一定的机构股本，以特别提款权计算。每个会员国除享有基本投票权 177 票外，每认缴一股，就增加一票投票权。

机构的主要业务是承保非商业性风险。《多边投资担保机构公约》规定承保的险别有五种：货币转移险，指由于东道国政府对货币兑换和转移的限制而造成的风险；征用险，指东道国政府采取任何立法或行政手段剥夺受保人对其投资或收益的所有权或控制权的风险；违约险，指东道国政府毁约或违约的风险；战争和内乱险，指东道国境内的任何军事行为或民事动乱给受保人造成损失的风险；其他特定的非商业性风险，例如罢工等。机构在与投资者签订任何担保合同之前，必须征得东道国政府的认可。担保合同签订后，受保人遇到上述风险，由机构负责赔偿，机构相应取得代位权，可以直接向东道国进行交涉和索赔。

机构除承保非商业性风险外，还向发展中国家会员国提供外国投资促进及咨询服务，以帮助会员国创造良好的环境，吸引外国私人直接投资。促进活动包括，帮助会员国组织外国投资促进会议，促使会员国与外国投资者直接接触并对话，以创造现实的投资机会；帮助会员国制定和执行发展计划；组织外国投资政策圆桌会议，推广有关外国投资的成功经验；提供外国直接投资法律框架咨询服务；成立外国投资咨询服务公司（由国际金融公司、多边投资担保机构和世界银行联合成立并管理），向发展中国家提供关于外国直接投资政策、规划及机构建设方面的咨询服务。

五、解决投资争端国际中心

解决投资争端国际中心是根据世界银行执行董事会于 1965 年 3 月通过的《关于

解决国家和他国国民之间投资争端公约》(Convention on the Settlement of Investment Disputes Between States and Nationals of Other States)成立的。该中心是世界银行集团的另一个投资促进机构,它与多边投资担保机构是彼此独立的两个机构。中心的宗旨是创立一个为解决国家和外国投资者之间的争端提供便利的机构,促进投资者与东道国之间的互相信任,从而鼓励国际私人资本向发展中国家流动。

中心的组织机构由行政理事会、秘书处、调停人小组和仲裁人小组组成。行政理事会由会员国各派一名代表组成,一般由该国在世界银行的理事兼任。世界银行行长是行政理事会的当然主席,但没有表决权。秘书处由正、副秘书长和工作人员组成,秘书长与副秘书长由行政理事会主席提名,经行政理事会选举产生。秘书长是中心的法律代表和行政首长。调停人小组和仲裁人小组由会员国指派工作人员组成。

根据《关于解决国家和他国国民之间投资争端公约》的规定,中心的职能是为各缔约国和其他缔约国国民之间的投资争端提供调停和仲裁的便利。因此,中心解决争端的程序就分为调停和仲裁两种。在调停程序中,调解员只是向当事人提出解决争端的建议,供当事人考虑。但在仲裁程序中,仲裁员作出的裁决具有约束力,当事人应遵守和履行裁决。但由于种种原因,中心实际受理的案件很少。

六、世界银行与中国

我国是世界银行的创始会员国之一,但自 1949 年中华人民共和国成立起长达 31 年的时间里,我国没有能够行使代表权。1980 年,世界银行执行董事会讨论通过了恢复中华人民共和国代表权的决议。从此以后,世界银行集团与我国的合作关系得到了迅速的发展。

世界银行和国际开发协会为我国的基础设施建设、技术改造和社会发展提供了大量的优惠资金,在很大程度上缓解了国内资金不足及外汇短缺的状况;优惠贷款改善了我国的外债结构,提高了中长期债务的比例,降低了借款成本,减轻了偿债负担和压力;利用贷款还引进了先进的技术和先进的管理方法,培养了大量的技术、管理人才。世界银行支持的项目几乎遍布所有省、自治区、直辖市和国民经济的各个部门,其中基础设施项目约占贷款总额的一半。国际金融公司通过贷款和参股投资于我国的非国营部门,一定程度上缓解了这些部门投资来源不足的问题;对一些中外合资企业的投资,带动了私人资本流入我国;参与企业新建和现有企业的投资,还提高了这些企业在国际金融市场上的知名度和信誉。

我国与世界银行集团合作开展的经济调研,也对我国的经济建设产生了积极的作用,有助于分析我国经济发展中存在的问题,有助于我们学习先进的研究方法,也有助于国际社会了解中国。

第四节　世界贸易组织

一、概说

第二次世界大战以后,国际社会曾经试图筹建一个"国际贸易组织"(International

Trade Organization，ITO），并为此起草了《国际贸易组织宪章》。国际贸易组织虽未能成立，但《国际贸易组织宪章》中的贸易政策条款却被单独抽出，经修改形成了单一的多边协定，定名为《关税及贸易总协定》(《关贸总协定》)（General Agreement on Tariffs and Trade or GATT），并从1948年1月1日起生效。《关贸总协定》是一项协定，而"关贸总协定"则是一个组织。从1948年到1995年，《关贸总协定》一直是管理国际贸易的唯一多边条约，而"关贸总协定"成为事实上的"国际贸易组织"。

关贸总协定主持了8轮多边贸易谈判(称为"回合")，大大降低了各国的关税水平，并且发展了多边贸易体制。在最后举行的"乌拉圭回合"谈判（Uruguay Round of Multilateral Trade Negotiations）中，宣布成立世界贸易组织(世贸组织)。因此，世贸组织是根据1994年4月15日通过的《马拉喀什建立世界贸易组织协定》（《世贸组织协定》)成立，并于1995年1月1日正式开始工作的。

世贸组织虽然来源于关贸总协定，但二者有很大的不同。关贸总协定是根据"临时适用议定书"成立的，从未得到各国立法机构的批准，关贸总协定中也没有关于成立一个组织的条款；而世贸组织及其协议是固定的、经成员批准的协议，协议本身也规定了该组织的运作问题，因此世贸组织有明确的法律基础。关贸总协定只管理货物贸易的问题，而世贸组织还包括服务和知识产权。与关贸总协定相比，世贸组织的争端解决机制也更为迅速、有效。

2001年11月9日至13日，世贸组织第四次部长会议在卡塔尔首都多哈召开。会议通过了《多哈部长理事会宣言》(简称《多哈宣言》)，决定全面启动新一轮全球多边贸易谈判(即多哈回合谈判)。新一轮谈判涉及诸多重要议题，如农业、服务业、非农业产品市场准入、知识产权、贸易与环境、贸易与竞争政策等。新一轮谈判将制定新的国际贸易规则，减少贸易壁垒，更加有力地促进世界贸易的发展。

二、《世贸组织协定》的主要内容[①]

《世贸组织协定》只有16条，规定了世贸组织的结构、决策过程、成员资格、加入和生效等内容。规范多边贸易关系的实质性内容体现在4个附件中。附件一是13

---

① 世贸组织成立以后，仍在主持谈判新的协议。1996年12月13日，在新加坡举行的世贸组织第一届部长级会议上形成了《关于信息技术产品贸易的部长宣言》，即《信息技术协议》（Information Techno-logy Agreement)，并于1994年4月1日生效；1997年4月15日达成了"《服务贸易总协定》第四议定书"及其减让表，即《基础电信协议》（Basic Telecommunications Agreement），于1998年2月15日生效；1997年12月12日达成了"《服务贸易总协定》第五议定书"及其减让表，即《金融服务协议》（Financial Services Agreement），于1999年3月1日生效。以上协议都是诸边协议。参见世界贸易组织秘书处编：《乌拉圭回合协议导读》，法律出版社2000年版，第393—409页。

另外，根据有关协议所作的安排，对有关协议所涉及的内容还在进一步谈判，因此协议内容也在不断更新。例如，关于继续进行农业领域改革的、针对《农产品协议》进行的谈判已于1999年开始。参见程国强：《WTO农业规则与中国农业发展》，中国经济出版社2000年版，第82—83页。

此处介绍的《世贸组织协定》，仅为1994年4月15日通过的《乌拉圭回合多边贸易谈判结果》的法律文本中所包括的协议。参见 The Legal Texts: The Results of the Uruguay Round of Multilateral Trade Negotiations, Cambridge University Press, 1999。

个多边货物贸易协定(Multilateral Agreements on Trade in Goods)、《服务贸易总协定》(General Agreement on Trade in Services)和《与贸易有关的知识产权协定》(Agreement on Trade-Related Aspects of Intellectual Property),附件二是《关于争端解决规则与程序的谅解》(Understanding on Rules and Procedures Covering the Settlement of Disputes),附件三是贸易政策审议机制(Trade Policy Review Mechanism),附件四是4个诸边协定(Plurilateral Trade Agreements):《民用航空器贸易协定》(Agreement on Trade in Civil Aircraft)、《政府采购协定》(Agreement on Government Procurement)、《国际奶制品协定》(International Dairy Agreement)和《国际牛肉协定》(International Bovine Meat Agreement)。

(一) 世贸组织的宗旨、目标和基本原则

1. 宗旨

提高生活水平,保证充分就业,大幅度和稳定地增加实际收入和有效需求,扩大货物和服务的生产与贸易,按照可持续发展的目的,最优运用世界资源,保护和维护环境,并以不同经济发展水平下各自需要的方式,加强采取各种相应的措施;积极努力,确保发展中国家,尤其是最不发达国家在国际贸易增长中获得与其经济发展需要相称的份额。

2. 目标

建立一个完整的、更具有活力的和永久性的多边贸易体制,以巩固原来的关贸总协定为贸易自由化所作的努力和乌拉圭回合多边贸易谈判的所有成果。为实现这些目标,各成员应通过互惠互利的安排,切实降低关税和其他贸易壁垒,在国际贸易关系中消除歧视性待遇。

3. 基本原则[①]

(1) 非歧视的贸易

这一原则包括两个方面,一个是最惠国待遇(most-favoured-nation treatment),另一个是国民待遇(National Treatment)。最惠国待遇是指成员一般不能在贸易伙伴之间实行歧视;给予一个成员的优惠,也应同样给予其他成员。这个原则非常重要,在管理货物贸易的《关贸总协定》中位居第1条,在《服务贸易总协定》中是第2条,在《与贸易有关的知识产权协定》中是第4条。因此,最惠国待遇适用于世贸组织所有三个贸易领域。

国民待遇是指对外国的货物、服务以及知识产权应与本地的同等对待。

(2) 更加自由的贸易

《世贸组织协定》确认,减少贸易壁垒是最明显的鼓励贸易的方式。这些壁垒包括关税和配额等限制数量的措施。关贸总协定进行的8轮谈判主要就是为了减少贸易壁垒:起初致力于降低关税,后来又扩大到非关税措施,同时也从货物扩大到服务

---

① 参见 Trading into the Future: Introduction to the WTO, 2nd ed., written and published by the World Trade Organization, February 1998, pp. 5-8.

和知识产权。《世贸组织协定》允许成员逐步减少贸易壁垒,发展中国家一般有更长的过渡期。

(3) 可预见性

世贸组织成员在同意开放货物或服务市场时,必须约束关税,即未经与其他贸易伙伴进行补偿谈判(即可能要补偿贸易伙伴的贸易损失)不得提高关税。承诺不增加贸易壁垒有时与减少贸易壁垒一样重要,因为商业人士可以对未来的机会有一个明确的预期。除了对关税进行约束外,世贸组织还通过不鼓励配额和数量限制,以及要求成员保持各自规定的透明度(即公开各自的政策和做法)来增加可预见性。

(4) 促进公平竞争

《世贸组织协定》是一套鼓励公开和公平竞争的规则。非歧视原则就是为了创造公平的贸易条件。一些具体的规则,例如反倾销和反补贴规则,也是为了确定公平和不公平的准则。

(5) 鼓励发展和经济改革

世贸组织 3/4 的成员是发展中国家和正在向市场经济转型的国家。世贸组织应致力于发展,最不发达国家在实施《世贸组织协定》的时间方面需要灵活性,这已经成为共识。《世贸组织协定》继承了《关贸总协定》中的规定,给予发展中国家以特别的援助和贸易减让。

(二) 世贸组织的职能、法律地位和组织机构

1. 职能

促进乌拉圭回合多边协议的执行、实施和管理;为成员间有关贸易协议的后续谈判和未来有关新议题的谈判提供一个场所;协调解决货物贸易、服务贸易和知识产权等贸易纠纷和争端;负责审议和监督各成员的贸易制度和相关的国内经济政策,从而实现全球经济政策制定的统一性;组织编写年度世界贸易报告和举办世界经济与贸易研讨会,并向发展中国家提供必要的技术援助。

2. 法律地位

具有法人资格;每个成员向世贸组织提供为履行其职责所必需的特权与豁免,范围等于联合国大会于 1947 年 11 月 21 日通过的《专门机构特权和豁免公约》所规定的特权与豁免。

3. 组织机构

(1) 部长会议(Ministerial Conference)。部长会议是世贸组织的最高权力机构,由所有成员的代表组成,每两年举行一次会议,可以对多边贸易协议的所有事务作出决定。

(2) 理事会(General Council)。理事会从事日常工作,下设争端解决机构和贸易政策审议机构,还有三个理事会(货物贸易、服务贸易和知识产权),五个委员会(贸易与环境、贸易与发展、区域贸易协议、收支平衡限制、预算财政与管理)。

(3) 秘书处(Secretariat)。秘书处是日常办事机构,由部长会议任命的总干事领

导,总干事的权力、职责和任期等由部长会议确定。

三、世贸组织的主要协议之一(附件一:多边货物贸易协议、《服务贸易总协定》和《与贸易有关的知识产权协定》)

(一) 多边货物贸易协议

1. 1994年《关贸总协定》(General Agreement on Tariffs and Trade 1994)

关贸总协定作为一个事实上的国际贸易组织已经不存在了,但作为协议的1947年《关贸总协定》,却经修改保存了下来。1994年《关贸总协定》包括4个部分:1947年《关贸总协定》的各项规定;在《世贸组织协定》生效之前,在1947年《关贸总协定》下生效的有关法律文件;1994年达成的对一些条款的谅解;1994年关贸总协定马拉喀什议定书。《关贸总协定》主要是调整货物贸易的,协议涉及成员货物贸易政策的许多方面,一些主要的方面已经形成了下述单独的协议。此处只介绍基本原则和例外。

《关贸总协定》的最基本原则是"一般最惠国待遇",成员对来自或运往其他国家的产品,在关税和费用等方面所给予的利益、优待、特权或豁免,应当立即、无条件地给予来自或运往所有其他成员的相同产品。具体做法是,成员在双边基础上就有关产品进行相互减让关税的谈判,达成协议后,就列入"减让表";这种关税的减让立即、自动地适用于全体成员。

除最惠国待遇原则外,《关贸总协定》的基本原则有:国民待遇(适用于征收国内税和有关国内销售、购买、运输、分配所适用的法令法规)原则;互惠与关税减让原则,即成员应在互惠互利的基础上进行谈判,以大幅度降低关税和进出口其他费用的一般水平;透明度原则,即成员实施的影响贸易的政策、法令、条例等应予以公布。

例外条款,即在以下情况下,成员可以实行进口限制:国际收支平衡,即成员遇到国际收支困难;新兴产业和幼稚产业的保护,即为了保护刚刚建立、还没有竞争能力的产业;保障条款,即某些产品突然增加,对国内同类产品造成严重损害或损害威胁;国家安全。另外,关税同盟和自由贸易区成员之间相互给予的贸易优惠可以不给予非会员国,一些特殊优惠待遇也可以只限于发展中国家。

2.《农产品协议》(Agreement on Agriculture)

农产品对于各国的利益都很大,一些国家采取保护主义的政策,对农产品进口实行高关税和其他限制,把具有竞争力的农产品几乎完全拒绝于国内市场之外。协议的目的,就是建立一个"公平、公正、以市场为导向的农产品贸易体制"。

协议建立农产品自由贸易体制的措施是:约束关税并进行一定的减让,即将农产品的关税约束在一定的水平,各成员承诺按照一定的百分比对这些关税进行减让;将非关税措施关税化。协议要求成员取消数量限制和随意性许可证等非关税措施,并建立了一套规则,计算出这些措施的关税等量,然后将计算出的关税等量加到已有的固定关税上。这些关税不得随意提高。协议还要求减少补贴的使用。

3. 《实施动植物卫生检疫措施协议》(Agreement of Sanitary and Phytosaitary Measures)

植物、蔬菜和肉类等产品的进口,一般必须符合进口国动植物卫生检疫方面的严格规定。但有些国家借口保护国民的身体健康和生态环境,实施了一些不合理的卫生检疫措施和标准,从而使这些措施变成了一种非关税壁垒。

协议对成员管制进口产品需要遵循的原则和规则作了具体规定。协议承认各成员有权采取动植物检疫措施,但这些措施应限制在保护人类、动植物的健康所必要限度之内,不应在成员之间有歧视;鼓励各成员在制定国内措施时以现有的国际标准为基础;明确规定了危险评定和确定适当保护水平的程序;希望各成员接受其他成员相等的检疫措施。

4. 《纺织品与服装协议》(Agreement on Textiles and Clothing)①

纺织品与服装贸易领域一直是各国设立歧视性数量限制较多的一个领域。协议的主要目标是把纺织品贸易纳入1994年《关贸总协定》的基本原则,实行自由化;到2005年1月1日的10年期限到期之时,除非能依据保障措施协议项下的保障条款说明设限的合理性,任何成员都不能再对纺织品的进口实施限制。即使经调查并确认进口的迅速增加对国内纺织业造成了严重的损害,采取的限制措施也必须针对所有来源的进口,而不能在歧视的基础上专门针对某些国家。

协议对10年期限内成员为实现上述目标所应该采取的具体措施作了详细的规定。

5. 《技术性贸易壁垒协议》(Agreement on Technical Barriers to Trade)

为保护消费者,各国政府经常制定产品的健康和安全标准。但有些国家故意设置过严的技术标准、卫生检疫措施、商品包装和标签规定等,形成了技术性贸易壁垒,以限制进口,保护国内市场,从而影响了国际贸易的发展。

协议要求,成员在实行强制性产品标准时,应以科学资料和证据为基础,采用现有的国际标准,加入国际证书制度。成员技术标准不应对国际贸易造成不必要的障碍。协议的附件还提供了关于标准的制定、采用和实施的"行为守则"。

6. 《与贸易有关的投资措施协议》(Agreement on Trade-Related Investment Measures)

随着国际投资的大量增加,投资者和东道国之间的纠纷也大量增加。协议的目的,是为了加强国际投资的协调与合作,减少和消除这些纠纷。协议主要对东道国的投资措施中违背贸易自由化的措施进行了限制。

协议规定禁止使用的投资措施主要有:当地成分(含量)要求,即要求外商投资企业生产的最终产品中必须有一定比例的零部件是从东道国当地购买或者是当地生产的;贸易(外汇)平衡要求,即规定外商投资企业为进口而支出的外汇,不得超过该企业出口额的一定比例;进口用汇限制,即规定外商投资企业用于生产所需的进口额应

---

① 该协议已于2005年1月1日终止。

限制在该企业外汇的一定比例内；国内销售要求，即规定外商投资企业要有一定数量的产品在东道国销售。

7.《关于履行1994年关贸总协定第6条的协议》（反倾销协议）（Agreement on Implementation of Article VI of the General Agreement on Tariffs and Trade 1994 or Anti-Dumping Agreement）

如果一个产品经一国出口到另一国的出口价格低于在出口国正常贸易中旨在用于消费的相同产品的可比价格，即低于该产品的正常价值进入另一国商业，此产品即被视为倾销。倾销是一种不正当的商业竞争行为，采取反倾销措施是合理的，但这些措施不应成为贸易歧视行为。协议的目的，是为倾销和反倾销确定统一的标准。协议对倾销和损害的确定，调查和裁决的程序等作出了规定。该协议已经成为各国制定反倾销法的准则。

8.《关于履行1994年关贸总协定第7条的协议》（海关估价协议）（Agreement on Implementation of Article VII of the General Agreement on Tariffs and Trade 1994 or Anti-Dumping Agreement or Customs Valuation Agreement）

海关估价是指进口国海关当局对进口货物的价格进行估算，并以此作为计算关税数额的依据。但在国际贸易中，有些国家为了限制进口，对进口货物进行任意估价，使海关估价成为一种非关税壁垒。协议的目的，是消除或减少海关估价对国际贸易的不利影响，促进关贸总协定目标的实现，确保发展中国家在国际贸易中获得更多的利益。

协议规定了海关估价的具体方法，建立了简单、公平的标准，要求各成员将国内立法与协议协调一致，确保这些规则在实际操作中保持统一性。

9.《装运前检验协议》（Agreement on Preshipment Inspection）

货物装运出口之前，对其数量、质量和价格等进行核查，是为了防止逃汇、虚报产品价格和质量、偷漏关税等欺骗行为。

协议要求，进口商政府应确保所进行的检验活动遵守非歧视原则，即对外国商品的标准和程序，在待遇上不得低于本国商品；确保数量和质量的检验根据购销双方在购货合同中确定的标准进行；确保检验的透明度；将检验的内容作为商业秘密；确保检验的货物不受到不合理的延误。出口商政府应根据要求提供技术援助。

10.《原产地规则协议》（Agreement on Rules of Origin）

原产地规则，是各个国家和地区为了确定商品的原产国或地区而制定的法律、规章和行政命令。商品的原产地在国际贸易中具有重要的作用，签发原产地证书是各国实行进出口贸易管制的一种手段，也是海关核定减免进口关税的证明。但各国制定的确定原产地的规则相差很大。

协议要求，成员应保证其原产地规则是客观的、可理解的和可预见的；原产地规则本身不得对国际贸易形成限制、扭曲或破坏性影响；成员应以连续、统一、公正和合理的原则执行其原产地规则；成员不得追溯性地实施普遍适用的原产地规则；原产地审议机构应对有关申请材料予以保密。

11.《进口许可程序协议》(Agreement on Import Licensing Procedures)

进口许可证制度是一种进口管理制度,即商品必须经进口国政府批准并发给进口许可证后才能进口。进口许可证维护了进口国正当的贸易权益,但同时也有可能会成为非关税壁垒。

协议要求成员客观实施和公平地管理许可制度;提前公布有关规定和资料;简化申请表格和手续。进口许可证程序在实施和分配中应遵循的规则有:不应对进口商形成额外的限制作用,申请应尽快给予办理,配额分配不应具有歧视性,等等。

12.《补贴与反补贴措施协议》(Agreement on Subsidies and Countervailing Measures)

为了扩大出口,很多国家都对出口实行补贴,而进口国为了保护本国市场和产业的发展,则采取反补贴措施。协议就是为了对补贴和反补贴行为进行规范。

补贴是指在一成员领土内由一个政府或任一公共机构作出的财政支持。它包括"政府的行为涉及一项直接的资金转移(即赠予、贷款和资产投入),潜在的资金或债务(即贷款保证)的直接转移;政府预定收入的扣除或不征收(即税收方面的鼓励);政府对非一般基础设施提供货物或服务,或者购买货物;政府向基金会组织或信托机构支付或指示某个私人机构执行上述所列举的、一般由政府行为承担的作用";以及政府给予的任何形式的收入或价格支持和"由此而授予的利益"。

协议将上述的补贴措施分为三类:第一,禁止使用的补贴措施,即一国政府或其他组织对进口替代品或出口产品在生产、销售环节,直接或间接提供的补贴。这种补贴都将直接扭曲进出口贸易,或者严重损害别国经济利益。第二,允许使用,但可以提起反对申诉的补贴措施。这类补贴在一定范围内允许实施,但是,如果在实施过程中对其他缔约方的贸易利益造成严重损害或对其他缔约方的贸易利益产生了严重歧视性影响,因这些补贴措施的实施而遭受损害或影响的成员可以就这些补贴措施向实施补贴的成员提出反对和提起申诉。第三,不可申诉的补贴措施。即成员在实施过程中,一般不会受到其他成员的反对或采取反措施的补贴。这种补贴措施具有普遍适用性或国内经济发展的必要性,并且通常不会直接扭曲国际贸易或损害别国经济的特点。① 这三类补贴,由于各自所产生的后果不同,协议对其分别规定了相应的行为准则和处理程序。

协议的另一内容,是对成员采取反补贴措施规定了严格的程序。这些程序与反倾销程序类似,包括调查、确定补贴与损害、征收反补贴税等。

13.《保障措施协议》(Agreement on Safeguards)

如果一国的某一具体产业受到突然大量增加的进口产品的冲击,从而受到了损害,则该国可以采取临时性限制措施,即保障措施。协议对保障措施的实施规定了条件和程序。

---

① 根据《补贴与反补贴措施协议》第 31 条的规定,关于不可申诉补贴的规定只临时适用 5 年。该协议现在不包括对不可申诉补贴的规定。

采取保障措施必须符合以下条件：

(1) 产品进口出现不正常情况，包括进口数量是因为未预见的发展情况或因为承担关贸总协定的义务所致，进口增加对国内生产者造成严重损害或严重威胁。

(2) 采取的保障措施，必须在防止或纠正严重损害或其威胁的必要限度和时间内，不能长久地实施。

(3) 采取的保障措施必须针对某一产品的所有进口，而不分其来源，不能针对该项产品的出口国。

(4) 遵守关贸总协定的有关程序。

所谓关贸总协定的有关程序是：在采取保障措施之前，必须向关贸总协定秘书处提出书面通知，并且应给与该产品有实质性利害关系的各缔约方提供机会，就拟采取的行动进行协商。在延迟会造成难以补救损害的紧急情况下，也可以临时采取保障措施而在此后进行协商。如果协商没有达成协议，拟采取保障措施的进口国也可以采取行动。在这种情况下，贸易利益受到不利影响的国家可以采取报复行动并对采取保障措施的国家的贸易"暂停大体上对等的减让或其他义务"。

(二)《服务贸易总协定》

1. 概说

服务贸易，是指以各种服务作为交易对象的活动。《服务贸易总协定》把国际服务贸易分为四种：跨境交付（cross-border supply，例如国际电话服务），境外消费（consumption abroad，例如旅游），商业存在（commercial presence，即在外国设立商业机构，例如在外国设立银行），自然人流动（presence of natural persons，即个人去外国提供服务）。把服务贸易纳入《世贸组织协定》中，标志着国际贸易结构的重大变化。

《服务贸易总协定》的目标，是在透明和逐步自由化的条件下扩大服务贸易，以此作为促进所有贸易伙伴的经济增长和发展中国家发展的手段。《服务贸易总协定》适用于各成员为影响服务贸易所采取的措施，其中也包括影响基于商业目的所提供服务的政府措施。《服务贸易总协定》共29条，分为6个部分，即范围和定义、一般义务和纪律、具体承诺、逐步自由化、机构条款、最后条款。

2. 主要内容

《服务贸易总协定》的主要内容是关于成员义务的规定。成员的义务主要包括以下几个方面：

(1) 最惠国待遇。原则上，一成员对另一成员的服务和服务提供者所采取的措施，应遵守最惠国待遇的原则，立即和无条件地适用于其他成员。成员可以在10年的过渡期内维持与这一原则不符的措施，但要将这些措施列入一个例外清单。这些例外是临时性的，维持这些例外的必要性要在5年之后进行定期审议，并必须在10年之后取消。

(2) 透明度。除非在紧急情况下，各成员应迅速并最迟于其生效之时，公布所有普遍适用的有关或影响《服务贸易总协定》实施的措施。《服务贸易总协定》要求每一成员建立一个或多个咨询点，其他成员可以通过这些咨询点得到对他们的服务部门有影响的法规的情况。

(3) 相互承认服务提供者的资格。提供服务的公司或个人需要获得允许执业的证书、许可证或其他授权,但由于对资格的不同要求,外国服务提供者常常发现这种授权很难获得。为此,《服务贸易总协定》要求成员就资格相互承认进行双边或多边安排,并且规定,这种安排应该是开放性的,如果其他成员证明其国内标准和要求与这些安排相同,应允许加入这些安排。

(4) 管理垄断和专营服务提供者及有关商业惯例。鉴于服务业在国内市场上经常出现垄断的现象,提供服务的专营权常常只授予少数提供者,服务提供者的某些商业惯例也会抑制竞争。各成员应确保垄断、专营服务提供者不滥用他们的权利,并应与其他成员进行磋商,消除限制竞争的商业惯例。

(5) 服务贸易自由化的承诺。自由化主要涉及市场准入和国民待遇两个方面。

在成员承诺承担市场准入的部门中,不得采取以下措施:限制服务提供者的数量,限制服务交易或资产的总金额,限制服务业务的总量,限制某一特定部门可雇佣的、或一服务提供者可雇佣的、对一具体服务的提供所必需或直接有关的自然人的总数,限制或要求一服务提供者通过特定类型的法律实体或合营企业提供服务的措施,通过对外国持股的最高比例或单个或总体外国投资总额的限制来限制外国资本的参与。

在成员承诺的部门中,每个成员在所有影响服务提供的措施方面,给予任何其他成员的服务和服务提供者的待遇不得比其给予本国相同服务和服务提供者的待遇较为不利。

服务贸易自由化是一个持续的过程,《服务贸易总协定》规定,新的一轮谈判应从《马拉喀什建立世界贸易组织协定》生效后5年之内(即2000年1月1日)开始。

(6) 发展中国家更多参与。为帮助发展中国家成员发展服务业,加强其国内服务能力、效率和竞争力,《服务贸易总协定》要求成员对发展中国家具有出口利益的交易方式和服务部门给予自由市场准入的优先权;发展中国家可以在总体部门或单个部门中维持较高水平的保护,在对进口的开放上具有灵活性;发展中国家在作出自由化的承诺时,可以设置条件,要求投资者设立合资或合作企业,并向当地企业提供技术、信息或销售渠道。

(三)《与贸易有关的知识产权协定》

1. 概说

知识产权已经成为国际贸易的一个重要组成部分,药品、电影贸易就是明显的例证。越来越多的货物贸易也含有专利、商标等成分。但各国在保护知识产权的标准方面,还存在着很大的差距,从而影响了国际贸易的进行。《与贸易有关的知识产权协定》就是为了在这一领域建立一些基本的规则和标准。《与贸易有关的知识产权协定》共73条,分为七个部分,即一般规定和基本原则,知识产权效力、范围和使用的标准,知识产权的执法,知识产权的取得、维持和相关程序,争端的防止和解决,过渡安排,机构安排,最后条款。

2. 主要内容

（1）《与贸易有关的知识产权协定》的基本原则。《与贸易有关的知识产权协定》强调了国民待遇和最惠国待遇的原则。《与贸易有关的知识产权协定》在此援引了《保护工业产权巴黎公约》《保护文学艺术作品伯尔尼公约》等知识产权国际公约，称这些公约中的例外条款也适用于《与贸易有关的知识产权协定》。这可以说是《与贸易有关的知识产权协定》的一个特点，即建立在其他国际公约的基础之上，明确规定各成员依其他主要国际公约所承担的义务并不由于《与贸易有关的知识产权协定》的规定而受到减损。

（2）《与贸易有关的知识产权协定》的适用范围。《与贸易有关的知识产权协定》适用于版权和邻接权（copyright and related right），商标（trademarks），地理标志（geographical indications），工业品外观设计（industrial designs），专利（patents），集成电路布图（拓扑图）设计（layout-design（topographies） of integrated circuits），未披露过的信息的保护（protection of undisclosed information），以及对许可协议中反竞争行为的控制（control of antcompetitive practices in contractual licenses）。

《与贸易有关的知识产权协定》对以上权利的保护，规定了一定的标准。例如对于专利，规定所有技术领域的任何发明，不论是产品还是方法，只要它们具有新颖性、创造性，并能进行工业应用，均应有可能获得专利。但各成员为了保护公共秩序或道德，包括保护人类、动物或植物的生命或健康，或为了避免严重损害环境，有必要阻止某些发明在其境内进行商业上利用，可以把这类专利排除于授予专利条件之外。专利权人对其专利享有专有权，有权阻止第三方未经同意制造、使用、推销、销售专利产品，或为以上目的而进口专利产品。专利权人还有权转让专利。专利的保护期限应自申请日起 20 年。另外，《与贸易有关的知识产权协定》还对专利申请人的条件、授予权利的例外、专利的撤销等内容作出了规定。

再如商标，《与贸易有关的知识产权协定》规定，任何标记或标记的组合，能区别一企业和其他企业的商品或服务，就能构成商标，均能作为商标进行注册。注册商标的所有人应享有专有权，阻止所有第三方未经其同意在交易过程中使用相同或类似的标记。商标的保护期限不得低于 7 年，并可以无限期续展。

又如版权，《与贸易有关的知识产权协定》直接援引了《保护文学艺术作品伯尔尼公约》，涉及了文学艺术作品、计算机软件等客体，并对表演者、录音制品制作者和广播组织的邻接权作出了规定。例如，对于计算机程序和电影作品，成员应给予作者及其权利继受人许可或禁止将其享有版权的作品的原件或复制品向公众商业性出租的权利。录音制品制作者应享有准许或禁止直接或间接复制其录音制品的权利。作品的保护期限，如果不以自然人的生命为基础计算，则该期限自作品准予出版的那一公历年年终起不得少于 50 年；或者，如果作品在创作后 50 年内未曾授权出版，则自创作的那一公历年年终起不得少于 50 年。

（3）知识产权的执法。《与贸易有关的知识产权协定》要求，各成员应确保在其国内法中提供《与贸易有关的知识产权协定》所规定的执法程序，以有效打击任何侵犯知识产权的行为,包括可迅速阻止侵权的救济措施和遏制进一步侵权的救济措施。但实施这些程序时,应避免对合法贸易造成障碍,并为防止其滥用而规定保障措施。

《与贸易有关的知识产权协定》规定的执法程序包括:民事和行政程序及救济,对证据、禁令、损害赔偿等作出了规定;临时措施,阻止任何侵犯知识产权行为的发生,保存有关证据;与边境措施有关的特别要求,如海关暂停放行,保证金或相当的担保;刑事程序,要求各成员规定刑事程序和处罚,至少将其适用于具有商业规模的故意假冒商标或版权盗版的案件。

《与贸易有关的知识产权协定》除以上主要内容外,还要求在《世贸组织协定》于1995年1月1日生效后,发达国家应在1年内使其法律和做法符合知识产权协议的要求。发展中国家和转型国家实施这一协议的期限是5年,而最不发达国家的期限则为11年。

四、世贸组织的主要协议之二(附件二:《关于争端解决规则与程序的谅解》)

(一) 基本内容

世贸组织第一任总干事鲁杰罗称争端解决机制是世贸组织对世界贸易体制"最突出的贡献"。[①] "谅解"也指出,世贸组织的争端解决机制是保障多边贸易体制的可靠性和可预见性的核心因素。

《关于争端解决规则与程序的谅解》共27条,对成员之间解决贸易争端的规则和程序作出了规定。

世贸组织成员发生争议,应首先进行磋商;磋商时间一般为60天。

如果磋商未达成协议,一方可向"争端解决机构"(Dispute Settlement Body, DSB)申请成立专家小组(panel);该机构应于45天内决定是否同意成立专家小组(只有该机构全体反对,才能不成立专家小组);专家小组应于6个月内作出裁决。专家小组虽然只是协助争端解决机构作出裁决或建议,但专家小组的报告只有在该机构全体一致反对的情况下才能被否决。

争端双方可以就裁决向"上诉机构"(Appellate Body)提出上诉。上诉机构将对裁决的法律问题进行审查,最长必须在90天内作出维持、修改或撤销专家组裁决的决定。争端解决机构应在30天内接受或否决上诉机构的报告。[②]

败诉方必须履行裁决,但如果无法立即履行,争端解决机构可以给予一个合理的履行期限。如果在合理的期限里不履行裁决,胜诉方可以要求补偿;败诉方也可以主动给予补偿。当败诉方未能履行裁决,又未给予补偿时,胜诉方可以要求争端解决机构授权采取报复措施,中止协议项下的减让或其他义务。

---

① *Trading into the Future: Introduction to the WTO*, 2nd Edition, written and published by the World Trade Organization, February 1998, p.38.
② 由于美国阻挠上诉机构成员遴选和连任,2019年12月11日,上诉机构仅剩一名成员,暂时停止接受新案件。

(二) 案例:委内瑞拉和美国的汽油进口案[①]

1995年1月23日,委内瑞拉向争端解决机构提起诉讼,称美国适用了歧视汽油进口的规则,并正式要求与美国进行磋商。一年以后(1996年1月29日),专家小组完成了最终报告。美国提起上诉。上诉机构完成了报告,争端解决机构于1996年5月20日接受了该报告。此时距诉讼的提起为一年零4个月。

美国与委内瑞拉随后又用了6个半月的时间就美国应该做什么达成了协议。履行协议的时间为15个月,从上诉结束时算起,即从1996年5月20日至1997年2月13日。争端解决机构始终监督协议履行的进展,例如,该机构就审查了美国分别于1997年1月9日和2月13日提交的报告。

本案的产生,是美国对汽油化学成分的要求,进口的比国产的高。委内瑞拉认为,这是不公平的,因为这违反了国民待遇的原则。专家小组同意委内瑞拉的观点。上诉机构的报告维持了专家小组的报告。美国最终同意在15个月内修改相应的规定,并于1997年8月26日向争端解决机构提交报告,称新的规定已于8月19日签发。

五、世贸组织的主要协议之三(附件三:贸易政策审议机制)

贸易政策审议机制协议共有7个方面的内容,即目标、国内透明度、审议程序、报告、与1994年《关贸总协定》和《服务贸易总协定》的国际收支平衡规定的关系、对机制的评估、对国际贸易环境发展的回顾。

世贸组织对成员的贸易政策定期进行审议,"贸易政策审议机构"(Trade Policy Review Body)是总理事会。贸易政策审议的目的,是通过经常的监督,增加成员贸易政策和做法的透明度和理解,提高公众和政府对这些问题进行讨论的质量,就这些政策对世界贸易体制的影响作出多边的评价。

贸易政策审议是定期进行的,其频率取决于各成员在世界贸易中所占的份额。最大的四方(目前是欧盟、美国、日本和加拿大),大约每两年审议一次;随后的16方每四年审议一次;其余的成员每六年审议一次;最不发达成员的审议间隔可以更长。

审议时,必须准备两份报告:接受审议的成员准备的全面报告,秘书处独立准备的详细报告。审议结束后,这两份报告将公布。

六、世贸组织的主要协议之四(附件四:诸边协议)

《世贸组织协定》还包括关贸总协定在"东京回合"达成的4个协议,即民用航空器、政府采购、奶制品和牛肉协议。由于这些协议只在接受方之间有效,因此被称为"诸边协议"。诸边协议不是世贸组织整体权利和义务的组成部分,具有相对独立性。

[①] Trading into the Future: Introduction to the WTO, 2nd ed., written and published by the World Trade Organization, February 1998, p.42.

(一)《民用航空器贸易协议》

随着民用航空事业的发展,民用航空器贸易方面的竞争也日趋激烈,各国在竞争中所采取的一些政策和措施,对民用航空器贸易产生了不利的影响。民用航空器协议的目的,就是促进民用航空器贸易的自由化。

协议的目标是,实现民用航空器、零件及其有关设备的世界贸易最大限度自由化;在全世界范围内鼓励航空器工业在技术上持续发展;为民用航空器及其生产者参与扩大世界民用航空器市场提供公正而平等的竞争机会;力求消除在发展、生产和销售民用航空器方面由于政府支持对民用航空器贸易产生的不利影响。

协议适用于一切民用航空器、民用航空器发动机及其零部件。在1980年协议生效时,取消对以上产品进口所征收的一切关税和其他费用,并把它列入各自的减让表。

民用航空器的购买者应根据商业和技术因素自由选择供应者,不应造成歧视;避免附加引诱性的条件;属于本协议产品的购买只能在竞争性价格、质量和交货条件的基础上进行。

不得运用数量限制或进出口许可证要求,限制民用航空器的进口与出口。

(二)《政府采购协议》

政府采购是指政府或其代理人作为消费者为其本身消费而不是为商业转售所进行的采购行为。政府采购在国际贸易中占有相当大的比例,但却几乎不受多边贸易体制的约束和管理。这种采购活动常常对国内、国外商品及有关劳务的供应者实行差别待遇,事实上已经成为一种非关税壁垒。政府采购协议就是为了约束和监督政府采购行为。

协议适用于一定金额以上的合同,例如中央政府采购货物和服务,合同金额在13万特别提款权以上。成员应当采取的贸易自由化措施包括:保证政府采购以商业考虑为基础,在有关政府采购的法律、程序及具体做法上,实行非歧视原则和国民待遇原则;在技术上不应故意设置障碍;政府采购机构应采用公开或选择性招标程序;应成立政府采购委员会,以便为签约方就该协议实施过程中出现的问题进行磋商,并在签约方出现"利益丧失或损害"时设法解决争端;有关法律、司法和行政裁决、程序及标准合同应予公布,保持透明度;应向发展中国家尤其是最不发达国家提供特殊及差别待遇。

(三)《国际奶制品协议》[①]

奶制品主要是指牛奶、奶油、黄油、奶酪、奶干和酪素。奶制品的贸易对很多国家的经济影响很大,因此限制奶制品贸易的行为也很多。奶制品协议的目的,是为了实现这一领域的贸易自由化。

协议的宗旨是,为了生产者和消费者、出口者和进口者的共同利益,避免过剩和

---

① 由于《农产品协议》和《实施动植物卫生检疫措施的协议》的形成,1997年9月30日,国际奶制品理事会决定,该协议于1997年底终止,其职能由世贸组织农业委员会和动植物卫生检疫措施委员会承担。

短缺,必须把价格稳定在公平的水平上。协议的目标有,在市场条件尽可能稳定的条件下和在进出口国互利的基础上,扩大世界奶制品贸易,实现更大的自由化;促进发展中国家的经济和社会发展。

国际奶制品理事会应监督和评价整个世界奶制品的市场情况及个别奶制品的世界市场情况。

签约方将与联合国粮农组织和其他有关组织合作,培养对提高营养水平的奶制品价值的认识并在力所能及的范围内以粮食援助的方式向发展中国家提供奶制品。

(四)《国际牛肉协议》[①]

牛肉贸易占世界贸易的比重很大,对一些国家的经济发展也有很重要的影响。为了实现国际肉类和活动物的贸易自由化,稳定和扩大贸易,因此制定了该协议。

协议的宗旨是,逐步消除世界肉类和动物贸易中的障碍和限制;促进国际肉类和牲畜市场的扩大、更加自由化和稳定;鼓励广泛的国际合作,以使国际肉类经济资源分配更为合理有效;增加发展中国家参加扩大世界牛肉和活动物贸易的可能性;在竞争的基础上进一步扩大贸易。协议适用的产品包括活牛、牛肉及可食用的杂碎。设立国际肉类理事会,监测市场条件的变化,评估世界供求情况,以及监督协议的实施。对发展中国家提供更优惠的特殊待遇,凡是可能和合适的措施,均应给予应有的考虑。

七、发展中国家

如上所述,鼓励发展和经济改革是《世贸组织协定》的一项基本原则,在很多协议中都有对发展中国家的特别规定。概括说来,世贸组织在三个方面对发展中国家有特别的待遇:《关贸总协定》作出了特别的规定,成立了贸易与发展委员会,秘书处提供技术援助。

《关贸总协定》对发展中国家和最不发达国家作出了特别的规定。有关货物贸易的《关贸总协定》有"贸易与发展"专门一节,规定发达国家和发展中国家在贸易谈判中应适用非互惠,即发达国家对发展中国家所作的贸易减让不应要求协议的回报。《关贸总协定》还允许成员给予发展中国家的特别减让不给予其他成员,即"特殊差别待遇"。《关贸总协定》中有关发展中国家的规定还有:给发展中国家履行承诺更多的时间,通过更大的市场准入增加发展中国家的贸易机会,成员在采取国内、国际措施时保障发展中国家的利益,采取各种方式帮助发展中国家等。

贸易与发展委员会的职责很广泛,主要有:实施有利于发展中国家的规定,制定技术合作的准则,促进发展中国家参加贸易体制,关注最不发达国家的地位等。成员应通报世贸组织对发展中国家产品的贸易减让,以及发展中国家之间的地区安排。

---

① 同上原因,国际肉类理事会于1997年9月30日决定,该协议于1997年年底终止,其职能由世贸组织农业委员会和动植物卫生检疫措施委员会承担。

贸易与发展委员会下设最不发达国家分委会,其主要工作是将最不发达国家纳入多边贸易体制和进行技术合作。分委会还负责检查《关贸总协定》中有利于最不发达国家的规定的实施情况。分委会已经确定,世贸组织可以从事两项工作,一个是确保最不发达国家成为世贸组织技术合作的重点,这主要是帮助最不发达国家建立必要的机构和培训人员,以提高最不发达国家的能力,另一个是准备一份最不发达国家行动计划。

技术援助是为了帮助发展中国家在世界贸易体制中更好地运作。援助包括建立必要的机构和培训官员。

八、新回合谈判

2001年11月9日至14日,世贸组织第四次部长会议在卡塔尔首都多哈召开。在这次会议上,面对着新世纪经济发展的挑战,世贸组织各成员的部长们表达了恢复世界经济的共同愿望与信心,就范围广泛的问题进行了富有建设性的讨论,并最终通过了《多哈部长理事会宣言》(简称《多哈宣言》),决定全面启动新一轮全球多边贸易谈判(即多哈回合谈判)。同时,这次会议还批准接纳中国为世贸组织的新成员,多边贸易体制趋于更加完整和稳定。

新回合谈判涉及诸多重要议题,如农业、服务业、非农业产品市场准入、知识产权等,因此自启动以来就受到很大的关注。尽管包括中国在内的众多世贸组织成员一直积极认真地参与各项议题的谈判,但由于众多议题的重要性和敏感性,谈判进展并不顺利,除在与贸易有关的知识产权和公共健康问题上达成协议外,其他主要议题未能按照《多哈宣言》规定的时间表完成谈判目标。

2003年9月10日至14日,世贸组织第五次部长会议在墨西哥坎昆召开。由于成员方之间严重的立场分歧,这次会议无果而终。由于坎昆会议处于多哈回合启动以来的中期阶段,这次会议的失败对于如期完成多哈回合谈判产生了很大的负面影响。2005年12月13日至18日,第六次部长会议在香港举行,就2006年的谈判计划制订了时间表,表明新回合启动时所设定的2005年1月1日结束谈判的目标没有实现。在2013年12月7日举行的第九届部长级会议上,新回合谈判取得了突破性进展,达成了《贸易便利化协议》(Agreement on Trade Facilitation)。但是到了2020年,新回合谈判事实上已经宣告失败。

九、中国与世贸组织

中国是关贸总协定的创始缔约方。1947年4月至10月,当时的中国政府参加了联合国经社理事会在瑞士日内瓦组织召开的"国际贸易与就业会议"第二届筹委会。关贸总协定就是在这个会议上形成的。1947年4月21日,中国签署了实施关贸总协定的《临时适用议定书》,于1947年5月21日正式成为关贸总协定的创始缔约方。会议期间举行了关税减让的谈判,是关贸总协定历史上的第一轮关税减让谈判,后被称为"日内瓦回合"。1949年4月至8月,关贸总协定在法国安纳栖举行了第二轮关税减让谈判,后被称为"安纳栖回合"。中国政府参加了这两轮谈判,并对关税作出了减让。

1949年10月1日,中华人民共和国成立。我国台湾当局于1950年3月6日,通过它的"常驻联合国代表",以"中华民国"的名义照会联合国秘书长,决定退出关贸总协定。次日,联合国秘书长致函关贸总协定执行秘书(1965年改称总干事),他已答复我国台湾"外交部长",退出于1950年5月5日生效。

台湾当局退出关贸总协定之后,中国当时并没有及时恢复在关贸总协定中的缔约方地位,从此与关贸总协定中断联系长达30年。

1981年,中国代表列席了关贸总协定纺织品委员会第三个多种纤维协议(MFA,又称《国际纺织品贸易协定》)的谈判,并于当年5月获得了纺织品委员会观察员资格。中国开始恢复与关贸总协定的联系。

1986年7月10日,中国照会关贸总协定总干事,正式提出中国政府关于恢复在关贸总协定缔约方地位的申请(简称"复关")。中国提出复关申请后,随即参加了关贸总协定与1986年9月发起的第八轮谈判,即"乌拉圭回合谈判"。从此以后,中国政府派团参加了乌拉圭回合历次重要的谈判和期间召开的三次部长大会,并就农产品、非农产品和服务业及知识产权保护等方面提交了符合中国当时国情的具体义务承诺表,为乌拉圭回合最终取得成功做出了贡献。1994年4月15日,关贸总协定乌拉圭回合最后一次会议发表的《马拉喀什部长宣言》宣告了旷日持久而且影响深远的乌拉圭回合正式结束。中国政府代表团参加了这次关贸总协定的部长级会议,代表团团长代表中国政府和125个乌拉圭回合的全部参加方一道签署了乌拉圭回合最后文件。这意味着中国一旦成为世贸组织成员,乌拉圭回合协议就将对中国适用。

1995年1月1日,世贸组织成立。中国的复关谈判转为申请加入世贸组织的谈判。2001年12月11日,中国正式成为世贸组织的成员。经过长达15年的谈判,中国与其他成员达成的协议长达1000页,在中国的贸易制度、货物贸易、服务贸易、知识产权和投资等方面作出了全面的规定。

中国加入世贸组织是一个具有重大现实和深远历史意义的事件。

首先,中国加入世贸组织,有利于中国面向21世纪进一步推进改革开放和社会主义现代化建设事业。加入世贸组织是涉及中国大的发展战略的问题,也就是中国如何进一步扩大开放、深化改革的问题。加入世贸组织为中国深化改革提供强大的动力,促进结构调整和技术进步,提高经济发展的质量和效益。加入世贸组织有利于改善中国经济发展所需要的相对稳定的外部环境,直接参与国际规则制定,维护中国权益;有利于中国更加广泛、深入地参与国际分工和国际合作,促进利用外资和出口。加入世贸组织,中国就向世界发出一个强有力的信号,即中国承诺遵守多边贸易规则,承诺逐步开放市场,中国将继续坚定不移地推进改革开放。这有助于树立中国改革开放和负责任大国的形象。中国是一个发展中的社会主义大国,对外开放是实现中国社会主义现代化的一项基本国策。在经济全球化的大趋势下,中国必须积极有效地参与经济全球化的进程。

其次,中国加入世贸组织,为世界经济的发展与繁荣注入了新的动力。中国加入世贸组织,为各国、各地区的贸易伙伴提供了更为宽松、透明的投资环境和更加广泛、稳定的市场准入机会。这无疑有利于新世纪世界经济贸易的繁荣与发展。中国经济总量居世界前列,连续多年成为世界第二大吸引外资国。中国已成为推动世界经济增长的一支重要力量。中国的加入使世贸组织更趋完整,有利于国际贸易的稳定与发展。同时,加入世贸组织后,中国认真履行中国的对外承诺,遵循公认的多边贸易规则,积极参与国际贸易规则的制定,为建立公正、合理的国际经济新秩序作出更大的贡献。

中国加入世贸组织后,认真履行了加入世贸组织的承诺。中国对经济贸易方面的法律法规进行了大规模的清理和修改工作,大幅度降低了进口产品的关税,逐步放开了服务贸易市场准入的范围和条件,加强了知识产权保护工作。中国还全面参与了世贸组织的事务,向世贸组织派出了大使,参与了世贸组织新一轮谈判工作,并且开始利用世贸组织争端解决机制解决与其他成员的贸易争端。①

参考书目

[1] Louis Henkin, Richard Crawford Pugh, Oscar Schachter and Hans Smit, *International Law: Cases and Materials*, 3rd ed., West Publishing Co., St. Paul, Minn., 1993.

[2] *Trading into the Future: Introduction to the WTO*, 2nd Edition, written and published by the World Trade Organization, February 1998.(关于世贸组织的最新情况,可参见世贸组织网址:http://www.wto.org)

[3] 中国人民银行国际货币基金处编:《国际货币基金组织》,北京工业大学出版社1994年版。

[4] 金立群主编:《世界银行:寻求发展之路》,北京工业大学出版社1994年版。

[5] 刘光溪:《中国与"经济联合国":从复关到"入世"》,中国对外经济贸易出版社1998年版。

---

① 关于中国参与争端解决情况,参见本书第十五章第八节。

第十二章 人权的国际保护

第一节 概 述

一、人权的概念及人权国际保护的历史发展

所谓人权,是指在一定的社会历史条件下每个人作为人而享有或应该享有的基本权利,或者说是指人人基于生存和发展所必需的平等、自由等物质和精神方面的基本权利。人权概念事实上是不断发展、充实、完善的,在不同的历史时期,甚至不同的国家,人权都有着不完全相同的含义。最初,人权主要被界定为个人的政治自由权利,例如1776年美国《独立宣言》所规定的"生命权、自由权和追求幸福的权利"及1789年法国《人权和公民权宣言》所倡导的"公民权"即是如此。19世纪末20世纪初以来,经济、社会和文化权利开始被作为人权的内容日益受到重视。第二次世界大战结束后,随着国际政治经济形势的发展,集体人权如民族自决权、发展权、环境权、国际和平与安全权等也逐渐被纳入受保护的人权的范围。

人权概念和理论的实质显然在于人权之保护,在人权概念和理论不断得到充实和深化的同时,人权的保护也经历了从国内保护到国际保护的发展过程。人权的国际保护主要是指国家按照国际法,通过国际条约或者基于国际习惯,承担国际义务保护基本人权,并在某些方面进行合作与保证及相互监督,禁止非法侵犯这些基本的权利和自由,并促使它们得以实现。[①]

就人权的国内保护而言,以洛克、卢梭等启蒙思想家关于人权保护的论述为先导,以美国1776年《弗吉尼亚的权利宣言》《独立宣言》,1789年法国的《人权和公民权宣言》及1789年美国《宪法修正案》(权利法案)等国内法文件的相继诞生为契机,明确承认并特别保护基本人权的做法,开始在许多国家的宪法中得到体现,人权的国内保护体制逐渐在近代资本主义国家的政治法律制度中得以确立。从发展过程来看,人权的国内法保护和国际法保护并不同步,在第二次世界大战以前,人权问题基本上是被当作纯粹的国内法管辖的事项来对待的。[②]

第一次世界大战后签订的一些和约中,包括了保护少数民族的条款,《国际联盟盟约》也规定联盟的会员国应承担保障和维护所有人公平和人道之工作条件,公平对待殖民地土著居民,保证在防止和控制疾病等方面采取行动等方面的义务。国际联盟随后于1926年和1930年分别主持签订了《禁奴公约》和《禁止强迫劳动公约》,但

---

① 还有观点认为,人权的国际保护还包括国际刑法所涉及的人权保护,如有关国家或国际司法机构直接对战争或武装冲突中犯有严重侵犯人权罪行的人进行惩罚。
② 白桂梅、龚刃韧、李鸣等编著:《国际法上的人权》,北京大学出版社1996年版,第1—2页。

总体而言,两次世界大战之间的这一时期有关人权保护的条约规定还是极其零散的,且明显地局限于一定的对象和地理范围,如对少数人宗教自由的保护,对工人权利的保护等,人权保护还只是刚刚开始由国内法进入国际法领域。

第二次世界大战期间,德、日、意法西斯的军国主义独裁统治和野蛮侵略给各国人民带来了空前灾难,人们的基本生存权利遭到严重侵犯。有鉴于此,通过建立新的国际保护机制以保证和维护基本人权的思想在战后开始受到国际社会的普遍关注。如1942年的《联合国家宣言》宣称:深信完全战胜它们的敌国,对于保卫生命、自由、独立和宗教自由并在本国和其他国家内保全人权和正义是非常必要的。1945年《联合国宪章》在序言中也开宗明义地指出:欲免后世再遭今代人类两度身历惨不堪言之战祸,重申基本人权,人格尊严与价值,以及男女与大小各国平等权利之信念。《联合国宪章》第1条亦要求各国:促成国际合作……增进并激励对于全体人类之人权及基本自由之尊重。1948年,联合国大会更发布了著名的《世界人权宣言》。20世纪50年代以后,随着民族解放运动的推进,世界范围内争取人权的思想、理论和运动也继续发展。《殖民地国家和民族独立承认宣言》(1960年)、《经济、社会及文化权利国际公约》(1966年)、《公民权利和政治权利国际公约》(1966年)、《发展权利宣言》(1986年)等有重大国际影响的宣言、条约也相继得以通过。经过半个多世纪,以前述宣言和条约所包括的原则(其中许多已经形成国际习惯法规则)为基础,人权的国际保护体系逐渐形成,国际人权法作为国际法的独立分支,也发展成为一个相对完备的法律体系。

二、人权国际保护涉及的主要问题

人权的国际保护在理论上和实践中涉及一些尚存在较多分歧和争论的问题,例如人权的国际保护的方式问题,人权的国际保护与不干涉内政原则的关系问题等。

(一)人权的国际保护的方式

从人权的国际保护的实践来看,可以认为,目前主要包括以下几种保护方式:

(1)国家通过参加国际条约,承担国际义务保障人权和改进国内的人权状况。一般情况下,各国在承诺依公约的规定完善国内法以增进对人权的保护的同时,还在条约中作出自我限制,接受公约所规定的报告制度、缔约国来文制度、个人申诉制度等[①],承认依据条约而成立的机构在一定条件下可以对缔约国履行义务的情况进行审议、调查甚至决定采取制裁措施,以及接受因条约的解释和实施而产生的争端的解决程序。显然,此种情况下的国际保护是在国家承担条约义务的前提下进行的。

(2)国家未参加有关的国际人权条约,但根据该国所确认的有关人权保护的国际习惯法规则,通过国内立法和司法活动保护人权。然而,由于对有关人权保护的国际习惯规则的认定存在分歧等原因,在某些情况下,其他一些国家或国际组织可能

---

① 关于允许个人申诉的制度,有关的人权条约通常采取在任择议定书中加以规定的方式,由条约当事国选择自行决定是否承担该项义务。

会认为一国国内发生的事件侵犯了"国际公认"的国际习惯法规则所保护的基本人权,从而采取谴责、施加压力或提请联合国大会、经济与社会理事会或安理会审议等国际监督措施以施加影响。①显然,这种方式的国际保护往往可能会引起争议。其根本原因在于,此种情形下国家并未承担有关的条约义务,其他国家或国际组织认为该国违反了关于人权保护的国际习惯法规则而采取或准备采取种种措施,会引发有关国际习惯法是否已经形成或存在的争论②,以及关于人权与主权的关系、人权保护的国际干预和不干涉内政原则之间的界限应如何界定等问题的争论。

(二) 人权的国际保护与不干涉内政原则的关系

如前所述,国际人权法中一个极为复杂的问题是关于人权的国际保护与不干涉内政原则之间的关系问题。自从《联合国宪章》将促进对人权的尊重与遵守纳入其宗旨并要求各成员国与联合国合作以达成此宗旨以来,各国的人权保护问题是否属于联合国所可以管辖的事项成为国际法学界争论的对象,而争论的焦点是国际人权保护与不干涉内政原则的关系。③

内政通常被界定为"本质上属于任何国家国内管辖之事件"。《联合国宪章》第2条第7款规定:"本宪章不得认为授权联合国干涉在本质上属于任何国家国内管辖之事件,且并不要求会员国将该项事件依本宪章提请解决;但此项原则不妨碍第7章内执行办法之适用。"显然,内政是国家主权管辖范围内的事项,干涉一国的内政即属于损害该国国家主权的行为,人权的国际保护与不干涉内政原则的关系,实质上也就是人权与国家主权关系的问题。

人权的国际保护与尊重国家主权在国际法上是对立统一的。在维护和争取国家的独立权、平等权、民族自决权与发展权方面,国家主权和人权的国际保护的方向往往一致,但在涉及保护个人的公民、政治权利以及经济、社会、文化等权利方面,可能会存在人权的国际保护与国家对内的最高统治权(或国家对其人权事务的国内管辖权)的冲突及协调的问题,即人权的国际保护能否突破"内政"的防线,介入主权国家国内的人权保护事务。关于这一问题,始终存在争论,西方国际法学者对此也有不同理解,他们多数倾向于认为,人权的国际保护可以限制国内管辖权或不干涉内政原则。如英国国际法学者劳特派特即认为:人权现在是否为本质上属于各国国内管辖之事项(因而是否受禁止干涉规定的支配)尚不确定。然而即使人权受禁止干涉规定的支配,这一事实并不能剥夺联合国各机构的申诉权,也不免除这些机构通过其他有力方式为实施宪章作出贡献之责任,假定人权与主权之间存在着固有的对立,那么,

---

① 例如国际社会在第二次世界大战结束后曾对南非所实施的种族隔离政策采取的措施。

② 指控他国违反人权保护的国际习惯法规则的一方,往往指责对方违反"人权保护的国际标准"或"关于人权保护的公认的国际准则",从拘束力的角度来看,关于前述"国际标准"的争论,其实质就是有关规则是否已形成国际习惯法规则的争论。

③ 万鄂湘、杨成铭:《区域性人权条约和实践对国际法的发展》,载《武汉大学学报》(哲学社会科学版) 1998 年第 5 期,第 62 页。

这两者之间的对立不能以取消联合国与其宗旨为核心部分相关的职能为代价。①

另一些国际法学者认为,人权具有特殊性与相对性,个人所实际享有的权利不但受其国内政治、经济、文化状况的制约,也受国内道德和历史传统的影响。因此,人权保护目前主要是一国国内管辖的事项,主要是由国内法加以调整的问题。如美国学者比尔德指出:"一般来讲,国际人权法和整个国际法一样,主要地和直接地适用于民族国家而非个人。"② 前常设国际法院法官安齐洛蒂也认为,国际习惯或条约表面上似乎赋予个人以义务,实际只是命令或授权国家禁止或处罚某项个人的行为,或只是命令或授权国家给予个人某项权利;个人所接受的权利或义务不是从国际法接受而来,而仍是从国内法接受而已。③

人权是否在本质上属于国家国内管辖之事件,《联合国宪章》和其他有关国际条约都没有明确地肯定或否定。但《联合国宪章》第 2 条第 7 款在规定不干涉内政原则的同时还强调,不妨碍《联合国宪章》第 7 章内执行办法之适用,换言之,联合国安理会如果根据第 7 章的规定决定对大规模严重侵害人权的行为采取制裁措施,则不受这一条款的限制。

尽管存在上述一些争论,但不可否认,人权的国际保护和尊重国家主权是辩证统一的关系,国际社会在促进人权的国际保护,促进人权的充分实现的同时,也要尊重国家独立、主权平等原则。首先,必须承认人权的国际保护有特定的内容和范围,凡对国际社会安全、和平与发展造成威胁和损害的,应属于国际人权保护的范畴,例如,侵略战争、种族灭绝、种族隔离和种族歧视、国际恐怖主义以及大规模驱赶和迫害难民等,国际社会对受害者的权益应给予保护。其次,人权的国际保护是以主权国家的互相合作和承担国际义务为基础和原则的,因而并不排斥和否定国家主权。应把握人权的国际保护的范围及属于国内管辖事项的范围,将人权的普遍性原则与各国的具体情况相结合。正如有些国际法学者所指出的那样:"就取缔灭绝种族、酷刑和奴隶制和大规模侵犯人权等一些最基本的权利而言,当今对一个认为一般性国际人权法体系业已出现的主张,已经没有太大的争议。但是对于所有或部分这类条约所保障的那些重要性较弱的权利,这种主张就具有很大的不确定性。"④ 由于历史背景、文化传统和社会经济发展水平不同,各国在进行人权保护时,从内容到形式,从方法到步骤都会有所不同,要求所有国家套用同一种固定的模式并不一定现实。因此,只有在尊重国家主权和不干涉内政原则的基础上,才能更好地实现人权国际保护的目的和价值。

---

① Lauterpacht E. ed., *International Law: Being the Collected Papers of Hersch Lauterpacht*, vol. 3, Cambridge University, 1977, p.420.
② Richard B. Bilder, "The Status of International Human Rights Law: An Overview", in James C. Tuttle, ed., *International Human Rights Law and Practice*, Vol.1, 1978, p.6.
③ 参见周鲠生:《国际法》(上、下册),商务印书馆 1976 年版,第 63 页。
④ 〔美〕托马斯·伯根索尔、肖恩·D. 墨菲:《国际公法》(第 3 版),黎作恒译,法律出版社 2005 年版,第 95—96 页。

第二节 国际人权的分类及其基本内容

基于不同的角度,可以对人权作出不同的分类。《世界人权宣言》采用了将人权分为公民、政治权利和经济、社会、文化权利的两分法。而基于享有人权的主体的不同,还可以把人权分为个人人权和集体人权。此外,还有学者提出了"三代人权"的观点。

一、《世界人权宣言》采用的两大类人权划分法

《世界人权宣言》首创了两大类人权的划分法,一类为公民和政治权利,另一类为经济、社会和文化权利。有学者认为,这些权利又可分为四类:一是公民权利;二是政治权利;三是社会和经济权利;四是文化权利。很多西方人权学者接受《世界人权宣言》的划分法,认为这种划分法与社会关系结构原则相适应,每类权利表明在社会结构中的特殊功能。[1] 为在国际法上将《世界人权宣言》中所确认的有关权利进一步明确化和具体化,联合国大会于 1966 年通过了两个著名的国际人权公约,即《经济、社会及文化权利国际公约》(1976 年 1 月 3 日生效)与《公民权利和政治权利国际公约》(1976 年 3 月 26 日生效)。

西方人权学说极为注意两个公约中这两大类权利的区别。这些区别主要包括:对公民权利、政治权利的规定要求国家采取措施确保尽速实现;对经济、社会、文化权利则仅要求国家采取步骤"尽最大能力"促使其"逐步实现"。对公民权利、政治权利采用"个人享有的权利"的表述方式,而对于经济、社会、文化权利,则认为它们具有集体权利的倾向,因而使用国家行为的措辞。[2]《公民权利和政治权利国际公约》和《经济、社会及文化权利国际公约》分别对《世界人权宣言》中的公民权利、政治权利和经济、社会、文化权利作了具体规定。

(一) 公民和政治权利

公民和政治权利主要是指一些涉及个人的生命、财产、人身自由的权利以及个人作为国家成员自由、平等地参与政治生活方面的权利。《公民权利和政治权利国际公约》第三部分规定了公民权利和政治权利,包括:生命权(第 6 条),免予酷刑和不人道待遇或刑罚的权利(第 7 条),免于奴役和强迫劳动的权利(第 8 条),人身自由和安全权(第 9 条),被剥夺自由者享有人道待遇权(第 10 条),免于因债务而被监禁(第 11 条),迁徙自由(第 12 条),外国人免于非法驱逐的权利(第 13 条),受指控者获得公正审判的权利(第 14 条),不受有溯及效力的刑法追究的权利(第 15 条),法律面前的人格权(第 16 条),私生活不受干扰权(第 17 条),思想、良心和宗教自由(第 18 条),自由发表意见权(第 19 条),禁止鼓吹战争的宣传或煽动民族、种族或宗教仇恨(第

---

[1] 参见刘升平、夏勇主编:《人权与世界》,人民法院出版社 1996 年版,第 115 页。
[2] Louis Henkin, *The Age of Rights*, Columbia University Press, 1990, p.33.

20条)、和平集会权(第21条)、自由结社权(第22条)、缔结婚姻和成立家庭权(第23条)、儿童享受家庭、社会和国家保护的权利(第24条)、参政权(第25条)、法律面前平等的权利(26条)、人种、宗教或语言的少数者受保护的权利(第27条)等。

(二) 经济、社会、文化权利

经济、社会、文化权利主要是指个人作为社会劳动者参与经济、社会、文化生活方面的权利,如就业、劳动条件、劳动报酬、社会保障、文化教育等权利。《经济、社会及文化权利国际公约》第一次以普遍性国际公约的形式确立了这些权利,强调了经济、社会、文化权利与公民、政治权利的同等重要性和不可分割性,并确认只有在创造了使人可以享有其经济、社会及文化权利,正如享有其公民和政治权利一样的条件的情况下,才能实现自由人类享有免于恐惧和匮乏的自由的理想。

《经济、社会及文化权利国际公约》规定,所有人民都有自决权,根据这种权利自由决定自己的政治地位,并谋求其经济、社会和文化的发展,为他们自己的目的自由处置其天然财富和资源(第1条)。《经济、社会及文化权利国际公约》还规定各缔约国应保障个人的下列经济、社会、文化权利:工作权(第6条),同工同酬及享受公正、良好和安全卫生的工作条件的权利(第7条),组织和参加工会及合法罢工的权利(第8条),享受包括社会保险在内的社会保障权利(第9条),妇女、儿童以及家庭、婚姻自由受保护权(第10条),享受所需之衣食住等适当生活程度及不断改善之生活环境的权利、免于饥饿权(第11条),获得相当生活水准享受可能达到的最高标准之身心健康权(第12条),受教育之权(第13条、第14条),参加文化生活和享受科学进步及其应用的权利、著作权(第15条),等等。

二、基于享有人权的主体所作的分类——个人人权和集体人权

还有学者从享有人权的主体出发,认为主要以个人为主体的人权是个人人权,主要以民族和国家等为主体的人权是集体人权。集体人权与个人人权是辩证统一的关系。首先,集体人权是个人人权得以充分实现的前提,如果一个国家失去了国家主权,没有了民族自决权、种族平等权和发展权等集体人权,则其人民的个人人权也显然无法得到保证,任何人权包括集体人权最终都必须体现为个人人权,个人人权若得不到保障,也就谈不上集体人权。其次,某些集体人权同时也是个人的人权。例如,发展权、环境权、和平等既是集体的人权,也是个人的人权。如果这些集体权利形式的人权得到了保障,同时也就保障了个人的人权。

国际社会的人权概念强调了人权内容的不可分割性。1968年《德黑兰宣言》和1977年《关于人权新概念的决议案》都强调指出:一切人权和基本自由都是不可分割和互相依存的,对于公民、政治权利以及经济、社会、文化权利应给予同等的关注;若不同时享有经济、社会、文化权利,则公民和政治权利永无实现之日。这些观点在一定程度上反映了广大发展中国家的要求,丰富了对人权概念的解释。

(一) 个人人权

个人人权泛指每个人所享有的基本权利和自由,即个人依法享有的生命、人身和

政治、经济、社会、文化等各方面的自由平等权利,此类人权最早由《世界人权宣言》系统阐明,并由 1966 年的两个人权公约以条约的形式予以规定。

(二) 集体人权

集体人权泛指作为个人的社会存在方式的每一国家、每一民族以及以每一种族、宗教、语言为特征的少数人团体以全体成员的名义享有或应该享有的权利,如民族自决权、种族平等权、发展权、环境权、和平权等。近年来,随着国际人权概念的发展,出现强调优先保护集体人权的主张。一些发展中国家认为,国际社会的人权概念已不是单纯的个人权利,集体人权也同样重要,如维护国家独立的权利,殖民地、附属国人民实现民族自决的权利,和平权和种族平等权,发展中国家自由处置其自然资源和财富、发展民族经济的权利等。《关于人权新概念的决议案》以及此后的一系列人权国际文书均强调,在联合国系统内处理人权问题时,对于种族主义、殖民主义、外国统治和占领、侵略和对国家主权、统一和完整的威胁以及否认民族自决权和自然资源永恒主权等等造成的大规模严重侵犯人权的事件,国际社会应作为优先事项来寻求解决。以下为几种主要的集体人权:

1. 民族自决权

一般认为,国际法上的民族自决权是指"被外国奴役和殖民统治下的被压迫民族有自由决定自己的命运、摆脱殖民统治、建立民族独立国家的权利"[①]。各民族依据这一权利,有权"自由决定其政治地位及自由从事其经济、社会与文化之发展。……自由处置其天然财富及资源"[②]。

民族自决权的含义主要包括两个方面的内容:首先是反对殖民主义侵略和统治,实现民族独立和解放;其次是任何民族国家都有权独立地决定、处理本民族国家的内部事务。民族自决权是每一民族作为一个整体享有的基本权利,也是每一国家和每一民族实现其他各项人权和基本自由的前提。1952 年 12 月 16 日联合国通过的《关于人民与民族的自决权的决议》中强调指出:"人民与民族应先享有自决权,然后才能保证充分享有一切基本人权。"但是,民族自决权不得解释为授权或鼓励破坏或损害实现了民族平等权和自决权的国家的领土完整和政治统一。

2. 生存权和发展权

生存权是指社会承认并保障每个成员的生命安全、人身自由、人格尊严以及获得维持生命、过正常社会生活所不可缺少的基本的物质的和精神的生活条件和行为能力。西欧资产阶级革命时期的一些思想家在提出生存权时,就认为它属于人的首要权利,显然,这是因为它是其他人权得以实行的前提,人们只有获得了生存权,才具有现实条件有效地行使其他人权。但同时,不能仅仅将生存权等同于个人的生命权,它也是人民、民族、国家的集体权利。只有国家、民族、人民群众的生存权利得到了承认和保障,作为社会和群体一员的个人生存权才能得到承认和保障。

---

① 王铁崖主编:《国际法》,法律出版社 1981 年版,第 61 页。
② 参见《经济、社会及文化权利国际公约》第 1 条的规定。

发展权是个人、民族和国家积极、自由地参与政治、经济、社会和文化的发展并公平享有发展所带来的利益的权利。1986年,联合国通过了《发展权利宣言》,正式确认发展权为一项人权:"发展权利是一项不可剥夺的人权,由于这种权利,每个人和所有各国人民均有权参与、促进并享受经济、社会、文化和政治的发展,在这种发展中,所有人权和基本自由都能获得充分实现。"《非洲人权和民族权宪章》也强调了发展权,并规定了发展权包括以下内容:自由处置天然财富和资源的权利;在适当顾及本身的自由和个性并且平等分享人类共同财产的条件下发展经济、社会和文化的权利;国内与国际的和平与安全的权利;有利于发展的普遍良好的环境的权利。从20世纪60年代初期到70年代中期,联合国通过了一系列有关发展权的文件。①

发展权最初是为了使获得政治独立但经济上仍然落后的发展中国家,谋求摆脱贫困和落后,平等地发展民族经济、促进社会和文化的发展而提出来的一项权利,是发展中国家反对不合理的国际经济秩序,要求在国际市场上获得公平的机会和待遇的反映。《各国经济权利和义务宪章》等一系列文件中均规定,国际社会要"促进所有国家特别是发展中国家的经济和社会发展"。同时,一方面,发展权对发达国家也具有重要意义,少数发达国家的发展显然不可能建立在大多数国家长期处于落后和贫困的基础上,发展权的最终目的是实现世界各国的共同发展和共同繁荣。另一方面,发展权也是一项综合权利,是个人权利和集体权利的统一。1979年3月2日,联合国人权委员会在其决议中强调指出:"发展权是一项人权,平等的发展机会既是各个国家的特权,也是各国个人的特权。"1979年11月23日联合国大会又通过了《关于发展权的决议》,再次对此予以重申。

3. 环境权

20世纪以来,特别是第二次世界大战以后,随着生产力的发展、人口的膨胀,环境污染问题日趋严重,"环境危机"成为威胁人类生存和制约经济发展的重要因素。人们开始认为,日渐成为稀缺性资源的水、空气、安宁、阳光等人类生活所必需的环境要素应视为"公共财产",任何人都不能任意对其进行占有、支配和损害。每一个公民都既有在良好环境下生活的权利,又有保护环境的义务。一些有重要影响的国际文件也开始对环境权予以肯定,1972年联合国人类环境会议通过的《人类环境宣言》第1条宣布:"人类有权在一种能够过尊严和福利的生活的环境中,享有自由、平等和充足的生活条件的基本权利,并且负有保护和改善这一代和将来的世世代代的环境的庄严责任。"1992年世界环境与发展大会通过的《里约环境与发展宣言》再次重申了环境权:"人类处于普受关注的可持续发展问题的中心。他们应享有以与自然相和谐的方式过健康而富有生产成果的生活的权利。"②

---

① 联合国通过的有关发展权的文件主要有:1962年《关于自然资源永久主权的决议》;1969年《社会进步与发展宣言》;1970年《关于制定〈联合国第二个发展十年的国际发展战略〉的决议》;1974年《建立新的国际经济秩序宣言》《建立新的国际经济秩序行动纲领》及《各国经济权利和义务宪章》。

② 《世界自然宪章》《里约热内卢宣言》及20世纪80年代以来通过的大多数国际人权文件都承认了环境权。

一般认为,环境权的主体包括当代人和后代人,环境权应由当代人和后代人共同享有,因此,对环境权的理解和把握还应考虑代际公平。环境权的内容可以具体化为实体性权利和程序性权利。作为实体性权利的环境权包括清洁空气权、清洁水权、免受过度噪声干扰权、风景权、眺望权、通风权、日照权、达滨权、宁静权等。作为程序性权利的环境权,主要是指公民参与环境决策的权利,包括环境知情权、环境立法参与权、环境影响评价机制的参与权等。

三、三代人权的划分法

"三代人权"的划分系由法国人权学者联合国教科文组织前法律顾问卡雷尔·瓦萨克(Karel Vasak)于1977年所提出,后产生广泛影响。瓦萨克将人权的内涵及发展分为三个阶段:第一代人权形成于17、18世纪的美国和法国大革命时期,主要是指公民权利和政治权利,这些权利被认为是"消极权利",即属于重在形式上(法律上)争取和保障个人自由,不希望国家加以干预的权利,包括生命权、财产权、自由权(信仰自由、良心自由、集会联合结社自由、表达自由)等基本的权利;第二代人权形成于19世纪俄国社会主义革命时期,主要是指经济、社会及文化权利,这些权利侧重于在实质上为个人自由的实现提供基本的社会与经济条件,它们需要国家积极作为才能实现,因而称为"积极人权";第三代人权形成于第二次世界大战后,反映了全球相互依存的现象和第三世界国家对于全球资源重新分配的要求,主要包括民族自决权、和平权、环境权、发展权和人类共同遗产权等。这些权利涉及人类生存条件面临的如维护和平、保护环境和促进发展等各种重大问题,都需要通过国际合作来加以解决,因而被称为"连带权利"(solidarity right)。也有学者将这三代的人权分别称为"第一世界的人权""第二世界的人权"与"第三世界的人权"。

西方国家和一些非政府组织及学者对三代人权学说的意见有很大分歧。许多人不同意将前两代人权分为消极的人权和积极的人权,还有人反对将经济、社会和文化权利列入人权,特别是反对第三代人权的思想,或者认为第二代人权远远不及第一代人权重要,将第一代人权凌驾于第二代人权之上,而第三世界国家则往往更加强调第二代人权的重要性。这些也都体现了西方人权思想与社会主义国家、第三世界国家人权思想之间的差异和争论。

第三节 普遍性国际人权保护机制

普遍性人权国际保护机制,是第二次世界大战结束以后,主要以《联合国宪章》为先导,以"国际人权宪章"(《世界人权宣言》《经济、社会及文化权利国际公约》《公民权利和政治权利国际公约》)为核心,辅之以禁止种族歧视、种族隔离和种族灭绝,禁止酷刑,保护难民妇女和儿童权益等各专门领域保护人权的国际公约,逐渐发展和形成的。

一、《联合国宪章》关于人权保护的主要规定和保护机制

1945年6月联合国成立时通过的《联合国宪章》第一次将保护人权规定为一个普遍性国际组织的宗旨,《联合国宪章》关于人权问题的原则性规定,成为国际人权保护活动的重要法律依据。《联合国宪章》共19章111条,其中有7处提到人权。《联合国宪章》序言规定"重申基本人权、人权尊严与价值,以及男女与大小各国平等权利之信念",并"促成大自由中之社会进步及较善之民生"。第1条规定联合国应促成国际合作,以解决国际间属于经济、社会、文化及人类福利性质之国际问题,且不分种族、性别、语言或宗教,增进并激励对于全体人类之人权及基本自由之尊重。第68条规定"经济暨社会理事会应设立经济与社会部门及提倡人权为目的之各种委员会,并得设立于行使职务所必需之其他委员会"。

联合国负责人权事务的机构主要有联合国大会第三委员会、联合国经济及社会理事会、联合国人权委员会(后改为联合国人权理事会)、联合国人权事务高级专员办公室等,其中联合国人权委员会(Commission on Human Rights)是联合国系统内监督人权状况、处理人权问题的主要机构。根据《联合国宪章》第68条的规定,联合国于1946年2月设立了人权委员会,其职责主要是负责进行专题研究、拟具建议和与人权有关的国际文书,调查关于侵犯人权的指控和处理与这种侵犯有关的来文,协助经社理事会协调联合国系统内人权的活动。人权委员会由经社理事会的成员国按地区分配原则选举产生。最初只有18个成员国,1979年扩大为43个成员国。1992年增至53个成员国(亚洲12国、非洲15国、拉美和加勒比地区11国、东欧5国、西欧和其他地区10国),任期三年。[①]

2006年3月15日,第60届联合国大会通过一项决议,决定设立共有47个席位的人权理事会,以取代总部设在瑞士日内瓦的人权委员会。决议规定,人权理事会是联大的下属机构,人权理事会的47个席位按公平地域原则分配,其中,亚洲和非洲各占13席,拉美及加勒比地区占8席,西欧(包括北美及大洋洲发达国家)和东欧各占7席和6席。人权理事会成员由联大秘密投票产生,候选国必须获得联大成员国的过半数支持,方能当选。理事会成员每届任期3年,连续2任后须间隔1年方可寻求新任期。联大每年改选1/3左右的成员。经2/3成员国同意,联大可中止严重违反人权国家的人权理事会成员国资格。决议还规定,人权理事会的总部也设在瑞士日内瓦,联大将在5年后对该理事会的地位进行审查。2006年5月9日,第60届联合国大会以无记名投票的方式选出了新成立的人权理事会,首届47个成员,其中包括中国、法国、俄罗斯和英国4个联合国安理会常任理事国。

2007年6月19日,在瑞士日内瓦召开的联合国人权理事会第六届会议通过了关于人权理事会建章立制问题的一揽子方案,该方案确立了普遍定期审议机制

---

① 除53个成员国外,联合国其他成员国、非成员国、各专门机构、区域组织和为联合国所承认的民族解放运动以及在经社理事会具有咨商地位的非政府组织可派团以观察员身份参加人权委员会的会议。

(Universal Periodic Review/UPR)、人权特别机制、专家咨询机制以及理事会议程和议事规则等。

人权理事会的普遍定期审议制度在促进人权保护方面发挥了积极的作用。前述联合国大会于 2006 年 3 月 15 日通过的第 60/251 号决议中,既规定了应成立人权理事会,也规定应实行普遍定期审议制度。该制度实质上是一个由人权理事会主持并由国家主导的程序,以督促被审议的国家公布其为改善国内人权状况所作的努力,报告其在履行各项人权义务和承诺方面的进展。根据该制度,无论是发展中国家还是发达国家,每隔 4 年都要接受一次人权状况的全面审议。审议由人权理事会 47 个成员组成的普遍定期审议工作组主持进行,审议内容是各国保护政治和公民权利、经济、社会、文化权利等各项人权的具体落实情况。该制度的特点是基于国家平等原则和客观、可靠的资料,以互动对话的形式进行审议,鼓励各国相互监督和合作,而非相互对抗或指责,其最终目标是促进各国乃至国际社会人权状况的整体改善。

2007 年 9 月 21 日,人权理事会通过排序表,列出了在第一个四年普遍定期审议周期内(2008—2011 年)联合国成员国接受审议的次序。人权理事会于 2011 年完成了对所有国家人权记录的第一轮审议。2011 年 3 月 25 日,人权理事会通过第 16/21 决议,对第二轮审议作了规定,该决议对于普遍定期审议程序作了一定的调整。第二轮审议为期 4 年半,2012 年至 2016 年一共召开 14 次工作组会议,每次对 14 个国家人权状况进行审议。由联合国所有成员国参与对被审议国家人权状况的审议,普遍定期审议工作组会议审议过程中,对每个国家的审议时间一般为 3 个半小时,其中被审议国占用 70 分钟,其他成员国占用 140 分钟,会议上的所有发言均应记录在案。其他联合国成员国可以对被审议国人权情况提出各项意见,被审议国可以在工作组审议会议上,或者在随后召开的人权理事会会议上表态接受或拒绝联合国其他成员国的意见。第二轮的审议活动除对被审议国人权情况进行审议外,还审查第一轮审议中被该国接受的建议的执行情况。2013 年 8 月 5 日,中国政府向联合国人权理事会普遍定期审议工作组提交了第二轮审议(2013 年 10 月 21 日至 11 月 1 日)所要求的国家报告。2017 年至 2021 年则为第三轮审议的周期。

相对于其前身人权委员会的审议机制而言,人权理事会的普遍定期审查制度有了很大的改进。例如人权委员会每年只开一次会议,每次会议也只是审议少数国家的人权状况,审议活动缺乏连续性,审议对象国选择的政治性色彩也较为浓厚,缺乏规范性和普遍性。而联合国人权理事会除可以处理紧迫的人权危机外,主要借助定期的普遍审查全面促进人权状况的改善。

1947 年,经社理事会根据其 1946 年 6 月 21 日第 9(Ⅱ)号决议,设立了"防止歧视和保护少数小组委员会"(Sub-Commission on Prevention of Discrimination and Protection of Minorities),作为人权委员会最主要的下属机构,1999 年该委员会改名为"促进和保护人权小组委员会"(Sub-Commission on the Promotion and Protection of Human Rights)。该小组委员会小组会现有专家 26 名,以个人身份任职,任期 4 年,其主要职能是对有关促进人权的重要问题进行研究并向人权会提出报告。

联合国根据联大第 48 届会议于 1993 年 12 月通过的第 48/141 号决议设立了人权事务高级专员（the High Commissioner for Human Rights），其职权是在联合国秘书长授权下，负责协调联合国人权领域的活动。1997 年 10 月，联合国进一步设立"联合国人权事务高级专员办公室"（Office of the High Commissioner for Human Rights），总部设在日内瓦，并在纽约联合国总部设办事处，负责处理联合国人权事务，联合国人权事务高级专员办公室每年有将近 5000 万美元的预算，有大约 200 名雇员，在 50 个国家开设了技术援助项目，在某些事情上向所在国政府提出建议，其中包括训练警察和军队。

1965 年，联合国经济及社会理事会通过决议，要求联合国及其专门机构的各成员国实行三年一度的报告制度，即在每三年的第一年报告本国有关公民及政治权利的保护情况，第二年报告本国有关经济和社会权利的情况，第三年报告有关信息自由的情况。后来该报告的周期又从 3 年改为 6 年，报告的内容也改为每两年调整一次。[①]

1970 年，联合国经社理事会通过了一个题为"有关侵犯人权及基本自由的来文的处理程序"的决议，规定在经证明确实存在一贯和严重地侵犯基本人权情形的前提下，"防止歧视及保护少数小组委员会"（即后来的"促进和保护人权小组委员会"）可以不必依据条约，即有权受理个人的申诉来文。小组委员会可决定将具有一贯侵犯人权特点的情况提交人权委员会审议，人权委员会可以自行研究并向经社理事会提出报告和建议，也可以在征得有关国家同意的情况下任命一个特设委员会进行调查，这一程序被称为"1503 程序"。人权委员会和防止歧视及保护少数小组委员会基于这一程序所作决议对当事国没有法律拘束力。实践中，由于缺乏条约依据且需以证明"一贯和严重地侵犯基本人权"，这一程序的实际适用并不常见。人权理事会于 2007 年 6 月 18 日通过的第 5/1 号决议（《联合国人权理事会的体制建设》）规定在原来"1503 程序"的基础上，建立一个类似的"申诉程序"，"以处理世界任何地方在任何情况下发生的一贯严重侵犯所有人权和基本自由且得到可靠证实的情况"。与原来的"1503 程序"相似，新申诉程序是保密的，旨在加强与相关国家间的合作。人权理事会的第 5/1 号决议在"申诉程序"中明确了对于侵犯人权和基本自由问题的来文的可受理条件："（1）没有明显的政治动机，其目标与《联合国宪章》《世界人权宣言》和人权法领域其他适用的文书一致；（2）以事实说明所指控的侵权行为，包括据称遭到侵犯的权利；（3）没有使用辱骂性的语言。然而，如果此种来文在删除了辱骂性语言之后，仍符合其他的受理标准，则可对其加以审议；（4）是由声称自己是侵犯人权和基本自由行为受害人的一个人或一批人提出的，或是由真诚本着人权原则行事、不采取含有政治动机并有违《联合国宪章》规定的立场的、声称直接并可靠了解有关侵犯人权情况的任何个人或一批人，包括非政府组织在内提交的。然而，如果来文得到可靠证实，只要提供的证据清楚，便不得仅仅因为具体提交人对情况的了解是第二手的而不予受理；（5）依据的不完全是大众传媒的报道；（6）所述案件似乎显示存在一贯

---

① 参见白桂梅、龚刃韧、李鸣等编著：《国际法上的人权》，北京大学出版社 1996 年版，第 103 页。

严重侵犯人权并已得到可靠证实的情况,但目前还没有由一个特别程序、条约机构、或联合国其他人权申诉程序或类似的区域申诉程序处理的;(7)已用尽国内补救办法,或者此种补救办法看来不会奏效或会被不合理地拖延。"①总体来看,该"申诉程序"虽然受理来自个人、团体或者非政府组织提交的来文,但以存在"大规模侵犯人权"的证据作为受理的前提条件之一,因此具有"只处理问题不处理个案"的特点,即来文所申诉的必须是一贯严重侵犯所有人权和基本自由的情况,而不是特殊的、具体的侵犯个人人权的案件。②

对于援引前述"申诉程序"的来文,人权理事会将成立两个不同的工作组——"来文工作组"和"情况工作组"进行审查。"来文工作组"成员要就来文可否受理作出决定,并评估侵权指控的案情实质,包括评估该来文本身或与其他来文结合起来看是否显示某种一贯严重侵犯人权和基本自由并已得到可靠证实的情况。"情况工作组"则应在"来文工作组"提供的资料和建议的基础上,通常以关于所涉情况的决议或决定草案的形式,向理事会提出关于一贯严重侵犯人权与基本自由且已得到可靠证实的情况的报告,并向理事会建议应采取的行动方针。③鉴于第 5/1 号决议对于"申诉程序"的保密性要求,截至 2020 年 5 月,在联合国人权事务高级专员办事处网站上仅公开了 2006 年—2012 年期间适用"申诉程序"处理的 14 起来文的部分材料。④二、"国际人权宪章"的主要内容及其确立的人权保护机制

1948 年《世界人权宣言》与 1966 年《经济、社会及文化权利国际公约》及《公民权利和政治权利国际公约》一起,被通称为"国际人权宪章"。可以认为,由"国际人权宪章"所确立的国际人权保护机制,在当前国际人权领域也最具有影响力。

(一)1948 年《世界人权宣言》

联合国成立时通过的《联合国宪章》明确把增进人权作为联合国的主要宗旨,1948 年 12 月 10 日,联合国大会在巴黎通过第 217A(Ⅲ)号决议并颁布《世界人权宣言》。《世界人权宣言》把《联合国宪章》中有关人权的原则加以具体化,对《联合国宪章》宣布的基本人权原则进行了阐发,其诞生标志着人权发展一个新阶段的开始。

《世界人权宣言》由一个序言和 30 条规定组成。《世界人权宣言》在序言中开宗明义地说明其主旨:大会发布这一《世界人权宣言》,作为所有人民和所有国家努力实现的共同标准,以期每一个人和社会机构经常铭念本宣言,努力通过教诲和教育促进对权利和自由的尊重,并通过国家的和国际的渐进措施,使这些权利和自由在各会员国本身人民及在其管辖下领土的人民中得到普遍和有效的承认和遵行。

---

① 联合国人权理事会第 5/1 号决议(《联合国人权理事会的体制建设》),第 87 段。
② 郭日君、夏伟:《联合国人权理事会来文程序述评》,载《中国矿业大学学报》(社会科学版)2016 年第 1 期,第 14—15 页。
③ 联合国人权理事会第 5/1 号决议(《联合国人权理事会的体制建设》),第 89—99 段。
④ List of Situations Referred to the Human Rights Council Under the Complaint Procedure Since 2006, https://www.ohchr.org/Documents/HRBodies/HRCouncil/SituationsconsideredHRCJan2013.pdf.

在其正文中,《世界人权宣言》宣告了人权所包括的基本内容,将人权分为两大类,一类为公民和政治权利(第 2—21 条):自由权、平等权、生命和人身安全权、公平审判的权利、无罪推定权、隐私权、人格权、法律平等保护权、禁止歧视、禁止奴隶制、禁止酷刑和不人道待遇、禁止任意逮捕、自由迁徙和居住权、寻求庇护权、国籍权、婚姻自由平等权、财产权、言论自由权、信仰自由权、集会和结社权、自由选举和担任公职的权利、宗教自由权等。另一类为经济、社会和文化权利(第 22—29 条):工作权、同工同酬权、适当的生活水平权、参加工会权、休息权、社会保障权、对母亲、儿童、老人、残疾人的特殊保护权、受教育权、参加社会文化生活权等。

一方面,由于《世界人权宣言》起草时,正值第二次世界大战刚刚结束,起草者更多地关注第二次世界大战爆发之前及第二次世界大战期间侵犯和践踏人权的现象,因而对民族自决权、发展权、环境权等集体人权并未加以规定。另一方面,《世界人权宣言》只是联合国大会的一项决议而非国际公约,其本身不具有法律约束力。^① 但《世界人权宣言》第一次在国际范围内系统地规定了所有人都应毫无区别地享受的各种基本权利和自由,从而为此后的普遍性国际人权保护机制的发展奠定了基础,其重要意义和历史进步作用是显而易见的。正是在《世界人权宣言》的影响下,联合国随后于 1966 年相继制定和通过了《经济、社会及文化权利国际公约》和《公民权利和政治权利国际公约》。

(二)《经济、社会及文化权利国际公约》(A 公约)及其人权保护机制

1.《经济、社会及文化权利国际公约》的主要内容

《经济、社会及文化权利国际公约》于 1966 年 12 月 16 日由第二十一届联大通过并开放签署、批准和加入,1976 年 1 月 3 日《经济、社会及文化权利国际公约》开始生效。它是继《世界人权宣言》之后,国际人权宪章体系的第二个文件。《经济、社会及文化权利国际公约》包括序言及五个部分,共 31 条。

《经济、社会及文化权利国际公约》序言确认"按照世界人权宣言,只有在创造了使人可以享有其经济、社会及文化权利,正如享有其公民和政治权利一样的条件的情况下,才能实现自由人类享有免于恐惧和匮乏的自由的理想"。

《经济、社会及文化权利国际公约》还确认了所有人民都有自决权,并规定各缔约国应保障个人的各项经济、社会、文化权利。^②《经济、社会及文化权利国际公约》要求每一缔约国家承担尽最大能力个别采取步骤或经由国际援助和合作,特别是经济和技术方面的援助和合作,采取步骤,以便用一切适当方法,尤其包括用立法方法,逐渐达到公约中所承认的权利的充分实现。《经济、社会及文化权利国际公约》还要求缔约国保证公约所宣布的权利应予普遍行使,而不得有例如种族、肤色、性别、语言、宗教、政治或其他见解、国籍或社会出身、财产、出生或其他身份等任何区分。缔约各国只能在其促进民主社会中总的福利目的的法律中,对此等权利加以同这些权利的

---

① 当然,《世界人权宣言》中的有些规则作为国际习惯法规则是具有法律拘束力的。
② 《经济、社会及文化权利国际公约》所规定的各项经济、社会、文化权利参见本章第二节第一部分。

性质不相违背的限制。

2. 《经济、社会及文化权利国际公约》的执行机制

为使公约义务得到履行,《经济、社会及文化权利国际公约》第 16—21 条规定了一套报告和审议制度:

(1) 公约缔约各国承担义务,就其在遵行公约所规定的权利方面所采取的措施和所取得的进展向联合国秘书长提交报告,联合国秘书长应将报告副本由经济及社会理事会按照公约的规定予以审议。

(2) 公约任何缔约国,如果同时是某一联合国专门机构的成员国,且其所提交的报告或其中某部分与该专门机构管辖范围内的事项有关,则联合国秘书长应同时将报告副本或其中的有关部分转交该专门机构。

(3) 专门机构也应就其使本公约中属于该专门机构活动范围的规定获得遵行方面的进展,向理事会报告。

(4) 经济及社会理事会可以将前述缔约各国或有关专门机构提出的关于人权的报告转交联合国人权委员会,以便其研究和提出一般建议或在适当的时候参考。

(5) 缔约各国以及有关的专门机构也可以针对人权委员会所提出的前述任何一般建议或其报告中的此种一般建议或其中所提及的任何文件,向经济及社会理事会提出意见。

(6) 经济及社会理事会得随时和其本身的报告一起向大会提出一般性的建议,并将各缔约国和专门机构关于在遵行公约所承认的权利方面所采取的措施和所取得进展的材料摘要提交给大会。

《经济、社会及文化权利国际公约》第 23 条还进一步规定,缔约各国为实现《经济、社会及文化权利国际公约》所承认的权利而采取的国际行动应包括签订公约、提出建议、进行技术援助,以及为磋商和研究的目的同有关政府共同召开区域会议和技术会议等方法。

《经济、社会及文化权利国际公约》第一次在世界范围内以具有法律约束力的条约形式确立了经济、社会、文化权利,并第一次援引《世界人权宣言》,强调了经济、社会、文化权利与公民、政治权利的同等重要性和不可分割性,确立了民族自决的权利,对于维护和促进发展权和建立公正的国际政治经济新秩序产生了积极影响。

(三) 《公民权利和政治权利国际公约》(B 公约) 及其人权保护机制

《公民权利和政治权利国际公约》于 1966 年 12 月 16 日由第二十一届联合国大会通过并开放给各国签字、批准和加入。1976 年 3 月 23 日《公民权利和政治权利国际公约》生效,到 2011 年已有 167 个缔约国。

1. 《公民权利和政治权利国际公约》的主要内容

《公民权利和政治权利国际公约》是国际人权宪章体系的第三个文件,内容包括序言和六个部分,共 53 条。《公民权利和政治权利国际公约》规定了公民个人所应享有的各项政治权利和基本自由,其序言和有关民族自决权的规定与《经济、社

会及文化权利国际公约》基本相同。① 《公民权利和政治权利国际公约》还规定了成员国对于某些权利和自由可以加以一定的限制。如规定公民在享有宗教或信仰的自由、自由发表意见、和平集会、结社的自由等权利的同时,也受法律所规定的以及为保障公共安全、秩序、卫生或道德、或他人的基本权利和自由所必需的限制。②

考虑到一些特殊情况,《公民权利和政治权利国际公约》第 4 条还规定,在社会紧急状态威胁到国家的生存并经正式宣布时,公约缔约国得采取单方面措施暂时克减其在公约下所承担的一部分义务,但克减的程度以紧急情势所严格需要者为限,并不得与它根据国际法所负有的其他义务相矛盾,且不得包含纯粹基于种族、肤色、性别、语言、宗教或社会出身的理由的歧视。③ 但《公民权利和政治权利国际公约》同时也规定了一些不可克减的权利,即对有些权利如生命权、免受酷刑权、免于奴役和被强迫役使权、享受思想及良心和宗教自由的权利、法律人格权、不得仅仅由于无力履行约定义务而被监禁的权利等即使在紧急情况下也不能加以限制。④

由于历史的局限,《公民权利和政治权利国际公约》也存在一些不足。比如《公民权利和政治权利国际公约》将其规定的权利视为天赋的权利,过分渲染了个人权利的普遍性和绝对性。但《公民权利和政治权利国际公约》对于人权的发展有着重要意义:首先,《公民权利和政治权利国际公约》与《经济、社会及文化权利国际公约》将《世界人权宣言》的内容法律化,使之对缔约国具有法律约束力,是对宣言所倡导的各项人权保护原则的制度化;其次,《公民权利和政治权利国际公约》与《经济、社会及文化权利国际公约》一样特别强调民族自决权在人权中的地位,从而使集体人权成为基本人权的一个重要组成部分;最后,《公民权利和政治权利国际公约》规定的人权事务委员会的报告及和解程序,使得对公约的缔约国进行国际监督更具有可操作性。

2. 《公民权利和政治权利国际公约》的执行机制

为促使成员国履行其义务,《公民权利和政治权利国际公约》及 1966 年的《公民权利和政治权利国际公约任择议定书》规定了一套执行机制,而人权事务委员会是公约为监督其执行而设置的机构。人权事务委员会由十八名委员组成,委员任期 4 年,可以连选连任。根据《公民权利和政治权利国际公约》及《公民权利和政治权利国际公约任择议定书》的规定,人权事务委员会的职能包括审查缔约国提交的报告、审议缔约国间指控来文、审议个人来文及解释公约条款等方面。

---

① 《公民权利和政治权利国际公约》所规定的各项公民权利、政治权利的说明参见本章第二节第一部分。
② 参见《公民权利和政治权利国际公约》第 18 条第 3 款、第 19 条、第 21 条、第 22 条。
③ 《公民权利和政治权利国际公约》规定,任何援用克减权的公约缔约国应立即经由联合国秘书长将它已克减的各项规定、实行克减的理由和终止这种克减的日期通知本公约的其他缔约国家。
④ 《公民权利和政治权利国际公约》第 4 条第 2 款规定,不得克减的权利包括《公民权利和政治权利国际公约》第 6 条、第 7 条、第 8 条(第 1 款和第 2 款)、第 11 条、第 15 条、第 16 条和第 18 条所规定的权利。

(1) 缔约国定期提交履约报告

《公民权利和政治权利国际公约》第 40 条规定了定期提交履约报告的制度。该条规定,各缔约国承担义务,在本公约对其生效后的 1 年内,或者在此后每逢人权委员会要求这样做的时候,提出关于它们已经采取而使本公约所承认的各项权利得以实施的措施和关于在享受这些权利方面所作出的进展的报告。所有的报告应送交联合国秘书长转交委员会审议。缔约国提交的报告中应提出"影响实现公约的因素和困难"——如果存在着这种"因素和困难"的话。

人权事务委员会负责研究本公约各缔约国提出的报告,并应把它自己的报告以及它可能认为适当的一般建议送交各缔约国。委员会也可以把这些意见同它从本公约各缔约国收到的报告的副本一起转交联合国经济及社会理事会。《公民权利和政治权利国际公约》各缔约国可以就按照第 40 条第 4 款所可能作出的意见,向委员会提出意见。

由于第 40 条对缔约国提交的报告中应提出的"影响实现《公约》的因素和困难"的具体内容并未作出明确规定,也未对缔约国应采取的立法和其他措施作出明确的要求,从而使得报告制度缺乏可操作性,致使在相当长的时间内提交报告的缔约国并不多。为改善这一状况,人权事务委员会在 1980 年 10 月建立了定期报告制度,并自 1987 年 7 月开始实施 5 年一次的定期报告周期。即便如此,还是存在着诸如缔约国提交报告出现迟延、报告内容失于空泛等问题,委员会自 1992 年起开始对缔约国报告发表国别评议,并采取将提交报告逾期过长的国家名单予以公开等措施,以期加强报告制度的监督功能。

(2) 缔约国国家间指控制度

《公民权利和政治权利国际公约》第 41 条规定,各缔约国可以"随时声明它承认人权事务委员会有权接受和审议一缔约国指控另一缔约国不履行本公约义务的来文"。同时,"任何来文如果是关于尚未作出这种声明的缔约国的,委员会不得加以接受"。换言之,缔约国如果不作出此种声明,则人权事务委员会无权接受其他缔约国的指控来文,即委员会审查来文这一职权是任择性的。

如公约的某一缔约国认为另一缔约国未执行公约的规定,它可以用书面通知提请该国注意此事项。收到来文的国家应在收到后 3 个月内对发出来文的国家提供一项有关澄清此事项的书面解释或任何其他的书面声明,其中应可能地和恰当地引证在此事上已经采取的、即将采取的、或现有适用的国内办法和补救措施。

如果在被指控的缔约国收到来文 6 个月内,该事件的处理未能使双方满意,则两国中任何一国有权以通知委员会和对方的方式将此事项提交委员会。

委员会对该争议的审议权以该事项"已经用尽当地救济"或"补救措施的采取被无理拖延"为前提。

委员会的审议以秘密会议的方式进行,委员会应首先在有关缔约国同意的基础上成立一个和解委员会提供斡旋,优先考虑力求使争议事项得到友好解决。①如有必要,委员会在继续审议争端的过程中可以要求有关缔约国提供任何有关情报,有关缔约国也有权派代表出席审议程序并提出口头和(或)书面说明。委员会应在自收到要求其解决冲突的要求时起12个月内提出一项报告,如果争端业已在斡旋之下得到解决,委员在其报告中应限于对事实经过作一简短陈述。案件有关双方提出的书面说明和口头说明的记录,也应附在报告上。在每一事项上,委员会应将报告送交各有关缔约国。

(3) 个人对缔约国的指控来文及其审议制度

个人指控缔约国违反《公民权利和政治权利国际公约》的来文审议制度,规定在《公民权利和政治权利国际公约第一任择议定书》中。缔约国有权自由选择是否接受人权事务委员会对于个人指控来文事项的管辖,即人权事务委员会接受和审议个人指控来文的管辖权是任择性的。缔约国参加公约《公民权利和政治权利国际公约任择议定书》就意味着承认人权事务委员会的此种管辖权。自《公民权利和政治权利国际公约任择议定书》1976年生效以来,截至2020年4月,有121个公约缔约国批准了《公民权利和政治权利国际公约任择议定书》。②

凡声称其在公约规定下的任何权利遭受侵害的个人,在用尽国内救济而其受侵害的权利仍未能得到维护的前提下,可以向人权事务委员会书面提出申请,请委员会予以审查。来文所涉公约缔约国如非议定书的缔约国,则人权事务委员会不得予以接受。

个人所提交的前述性质的来文,如属于不具名、或经委员会认为滥用此项呈文权、或不符合公约的规定的情况,委员会应不予受理。委员会如认定来文可以接受,即应将该来文提请被控违反公约任何规定的本议定书缔约国注意。收到委员会通知的国家应在6个月内书面向委员会提出解释或澄清,如该国业已采取救济办法,则亦应一并说明。委员会应参照该个人及关系缔约国所提出的一切书面资料,对所收到的来文提出的问题进行审议。委员会对来文的审议以举行秘密会议方式进行,审议后将委员会的意见分别通知缔约国和个人,随后还应将其审议的工作摘要列入委员会的年度报告。

委员会最后作出的审议意见不属于司法判决,对有关缔约国不具有法律上的拘束力。根据人权事务委员会报告的统计,自1977年第二届会议开始开展《公民权利和政治权利国际公约任择议定书》之下的工作以来,截至2010年7月,在30多年的

---

① 《公民权利和政治权利国际公约》第42条规定,人权事务委员会可以在经各有关缔约国事先同意的基础上,指派一个由5人组成的专设和解委员会。和解委员会应对有关缔约国提供斡旋,以便在尊重本公约的基础上求得此事项的友好解决。如果争端未能经予和解委员会的斡旋得到解决,和解委员会应向人权事务委员会和各有关缔约国提交一份报告,报告中应包括对各有关缔约国间争执事件的一切有关事实问题的结论,以及对于就该事件寻求友好解决的各种可能性的意见,各有关缔约国应于收到报告后3个月内通知人权事务委员会主席是否接受报告的内容,此项规定并不影响人权事务委员会在审议争端的职权和责任。

② 《联合国公约与宣言检索系统》,参见 https://treaties.un.org/pages/ViewDetails.aspx?src=TREATY&mtdsg_no=IV-5&chapter=4&clang=_en,2020年4月8日访问。

时间里登记审议的来文 1960 份,涉及了 84 个国家。审议后通过审议意见的案件 731 份,其中包括裁定存在违反公约情况的 589 份,宣布不予受理的 557 份,不再审议或撤回的 274 份,尚未结案的 398 份。此外,联合国人权事务高级专员办事处的请愿组还收到几千份需要提交补充资料才能予以登记的来文,以及数千件因为不属于《公民权利和政治权利国际公约》或《公民权利和政治权利国际公约任择议定书》的范围而被拒绝处理的来文。①

总之,人权事务委员会对于缔约国提交的报告、缔约国间指控来文及个人来文的审查监督构筑了《公民权利和政治权利国际公约》比较完整的执行机制,但实践中该执行机制仍然存在着一些不足。例如,该机制中只有缔约国定期报告制度是对所有缔约国有强制性的监督程序,缔约国间指控来文及个人来文的审查都以国家的任择性同意为前提;缔约国的自愿合作也直接影响到公约的执行机制的效果,而且,即使缔约国违反其所承担的义务,公约也缺乏有效的制裁措施。

二、各专门领域人权国际保护机制

第二次世界大战结束以来,由于国际社会的不懈努力,有关的各专门领域的人权保护机制逐渐得以形成、发展和完善,各国相继在禁止种族歧视、种族隔离和种族灭绝,保护难民权利,禁止酷刑和其他残忍、不人道或有辱人格的待遇或处罚,禁止歧视妇女和保护妇女权利,保护儿童权利,国际人道主义法等各个专门领域确立了种种人权保护制度。

(一) 禁止种族歧视、种族隔离和种族灭绝

1. 防止及惩治灭绝种族罪行

禁止并惩治灭绝种族罪行是联合国大会最早关注和处理的种族人权保护问题之一。1948 年 12 月 9 日联合国大会通过了《防止及惩治灭绝种族罪公约》,1951 年 1 月 12 日生效。《防止及惩治灭绝种族罪公约》共 19 条,其第 1 条规定:"缔约国确认灭绝种族行为,不论发生于平时或战时,均系国际法上的一种罪行,承允防止并惩治之。"第 2 条进一步规定:灭绝种族系指蓄意全部或局部消灭某一民族、人种、种族或宗教团体,犯有下列行为之一者:(a) 杀害该团体的成员;(b) 致使该团体的成员在身体上或精神上遭受严重伤害;(c) 故意使该团体处于某种生活状况下,以毁灭其全部或局部的生命;(d) 强制施行办法,意图防止该团体内的生育;(e) 强迫转移该团体的儿童至另一团体。

《防止及惩治灭绝种族罪公约》还规定,灭绝种族罪包括灭绝种族、预谋灭绝种族、直接公然煽动灭绝种族、意图灭绝种族、共谋灭绝种族等罪名。

根据《防止及惩治灭绝种族罪公约》,凡犯前述灭绝种族罪行者,无论其为依宪法负责的统治者、公务员或私人,均应予以惩治。缔约国应依照其本国宪法制定必要的

---

① 《人权事务委员会的报告(第一卷)》,联合国大会正式记录:第 65 届会议补编第 40 号,第 90 页,A/65/40(Vol.1)。

法律,将此种犯罪者交由行为发生地国家的主管法院,或缔约国接受其管辖权的国际刑事法庭审理,以有效惩治前述罪行,且不得将犯有前述灭绝种族罪行者视为政治犯而拒绝引渡。

2. 禁止或消除种族歧视

第二次世界大战结束后,《联合国宪章》《世界人权宣言》以及联合国的一系列决议中均强调种族平等和不歧视的原则,但种族歧视现象在南非和美国等许多国家依然严重存在。1963 年 11 月 20 日联合国大会第 1904 号决议通过了《联合国消除一切形式种族歧视宣言》,大会随后于 1965 年 12 月 21 日通过了《消除一切形式种族歧视国际公约》。《消除一切形式种族歧视国际公约》于 1969 年 1 月 4 日生效,根据公约的规定,消除种族歧视委员会(Committee on the Elimination of Racial Discrimination)作为负责监测缔约国履行公约义务的情况的条约机构于 1970 年成立。

《消除一切形式种族歧视国际公约》第 1 条规定,"种族歧视"是指"基于种族、肤色、世系或民族或人种的任何区别、排斥、限制或优惠,其目的或效果为取消或损害政治、经济、社会或公共生活任何其他方面人权及基本自由在平等地位上的承认、享受或行使"。

《消除一切形式种族歧视国际公约》要求缔约国承诺谴责种族歧视并立即以一切适当方法实行消除一切形式种族歧视与促进所有种族间的谅解的政策,并应于情况需要时在社会经济、文化及其他方面,采取特别具体措施确保属于各该国的若干种族团体或个人获得充分发展与保护,以期保证此等团体与个人完全并同等享受人权及基本自由。缔约国还应特别谴责种族分隔及"种族隔离",并在其所辖领土内防止、禁止并根除具有此种性质的一切习例。对于以某一种族或属于某一肤色或人种的人群具有优越性的思想或理论为根据的一切宣传及一切组织,以及对于试图辩护或提倡任何形式的种族仇恨及歧视的活动,缔约国一概应予谴责,并承诺立即采取旨在根除对此种歧视的包括处以刑罚在内的积极措施。禁止并消除一切形式种族歧视,保证人人有不分种族、肤色或民族或人种在法律上一律平等的权利,保证人人均能经由国内主管机关对任何种族歧视行为,享有获得有效保护与救济,及就由于此种歧视而遭受的任何损失向国内主管法庭请求公允充分的赔偿或补偿的权利等。

在监督执行方面,《消除一切形式种族歧视国际公约》规定,由依据公约成立的"消除种族歧视委员会"负责审议各缔约国提交的履约报告及缔约国间的指控来文。委员会就缔约国履约报告的审议结果所拟具的意见与一般建议将提送联合国大会,对于缔约国间的指控来文,委员会可以经争端当事各方的一致充分同意,设立专门和解委员会,以求获得妥善解决,和解委员会主席应将和解会报告书分送争端各当事国,各当事国应于 3 个月内,通知委员会主席是否接受和解委员会报告书所载的建议。消除种族歧视委员会应将和解委员会报告书及关系缔约国的宣告,分送公约其他缔约国。

在缔约国声明同意的前提下,消除种族歧视委员会有权接受并审查在缔约国管辖下声称为该缔约国侵犯公约所载任何权利行为受害者的个人提交的指控来文。

此外,1985年,联合国大会还通过了《反对体育领域种族歧视国际公约》。

3. 禁止并惩治种族隔离

第二次世界大战结束之后,南非政府在其本国及独立前的纳米比亚实施的种族分离和歧视政策,遭到世界各国及联合国大会、安全理事会的一再谴责。1973年11月30日,联合国大会通过了《禁止并惩治种族隔离罪行国际公约》,并于1976年7月18日生效。

《禁止并惩治种族隔离罪行国际公约》共19条,第1条在历史上第一次将种族隔离宣布为罪行:种族隔离是危害人类的罪行,由于种族隔离的政策和做法以及类似的种族分离和歧视的政策和做法所造成的不人道行为,如《禁止并惩治种族隔离罪行国际公约》第2条所规定者,都是违反国际法原则,特别是违反联合国宪章的宗旨和原则的罪行,对国际和平与安全构成严重的威胁。第2条则进一步指出,所谓"种族隔离的罪行",应包括与南部非洲境内所推行的相类似的种族分离和种族歧视的政策和办法,是指为建立和维持一个种族团体对任何其他种族团体的主宰地位,并且有计划地压迫他们而作出的下列不人道行为:杀害一个或一个以上种族团体的成员,或使其受到身体上或心理上的严重伤害,侵犯他们的自由或尊严,或者严刑拷打他们或使他们受残酷、不人道或屈辱的待遇或刑罚;对一个或一个以上种族团体故意加以旨在使其全部或局部灭绝的生活条件;故意阻止一个或一个以上种族团体参与该国政治、社会、经济和文化生活,或阻止此种团体的充分发展,特别是剥夺其成员的基本人权和自由;为一个或一个以上种族团体的成员建立单独的保留区或居住区,禁止不同种族团体的成员互相通婚,没收属于一个或一个以上种族团体或其成员的地产;剥削一个或一个以上种族团体的成员的劳力,特别是强迫劳动;迫害反对种族隔离的组织或个人,剥夺其基本权利和自由。

《禁止并惩治种族隔离罪行国际公约》强调,上述罪行不应被视为政治犯罪,因而不得以政治犯不引渡作为拒绝引渡的理由。任何个人、组织或机构的成员,或国家代表,不论其身份和动机为何,若从事前述行为均应承担责任。《禁止并惩治种族隔离罪行国际公约》还要求,各缔约国应采取立法或其他措施来禁止和惩治种族隔离罪行,对犯有或被指控犯有种族隔离罪行的人进行起诉、审判或惩罚,犯有上述罪行者得由具有管辖权的主管法庭,或国际刑事法庭予以审判。

在《禁止并惩治种族隔离罪行国际公约》的监督执行方面,公约要求各缔约国就其为执行公约的规定而采取的立法、司法、行政及其他措施,定期提出报告,报告的副本应由联合国秘书长转送种族隔离问题特别委员会。由联合国人权委员会设立一个3名成员的小组,对缔约国提交的报告进行审议。

(二)保护难民权利

1951年7月28日,联合国难民和无国籍人地位全权代表会议通过了《关于难民地位的公约》,于1954年4月22日生效。为了作进一步修改和完善,缔约国于1967年1月31日签署通过了《难民地位的议定书》。关于该公约和议定书有关难民权利保护的规定,请参见本书第三章第五节"难民的法律地位"。

(三) 禁止酷刑和其他残忍、不人道或有辱人格的待遇或处罚

为充分保证一切人都不受酷刑、不人道或有辱人格的待遇，联合国一直致力于制定有关的规范性文件，1948 年通过的《世界人权宣言》及 1966 年通过的《公民权利和政治权利国际公约》都规定，对任何人不得"施以酷刑，或施以残忍的、不人道的或侮辱性的待遇或刑罚"。1955 年《囚犯待遇最低限度标准规则》及 1979 年《执法人员行为守则》也对禁止酷刑和其他不人道或有辱人格的待遇问题作了规定。1975 年，联合国大会通过了《保护人人不受酷刑和其他残忍、不人道或有辱人格待遇或处罚宣言》。在该宣言的基础上，联合国人权委员会设立的工作组开始起草禁止酷刑国际公约。1984 年，《禁止酷刑和其他残忍、不人道或有辱人格的待遇或处罚公约》得以通过，公约明确将酷刑行为规定为国际罪行。

《禁止酷刑和其他残忍、不人道或有辱人格的待遇或处罚公约》于 1987 年 6 月 26 日生效。《禁止酷刑和其他残忍、不人道或有辱人格的待遇或处罚公约》规定，"酷刑"系指为了向某人或第三者取得情报或供状，为了他或第三者所作或被怀疑所作的行为对他加以处罚，或为了恐吓或威胁他或第三者，或为了基于任何一种歧视的理由，蓄意使某人在肉体或精神上遭受剧烈疼痛或痛苦的任何行为，而这种疼痛或痛苦又是在公职人员或以官方身份行使职权的其他人所造成或在其唆使、同意或默许下造成的。纯因法律制裁而引起或法律制裁所固有或随附的疼痛或痛苦则不包括在内。每一缔约国应采取有效的立法、行政、司法或其他措施，防止在其管辖的任何领土内出现施行酷刑的行为。任何意外情况，如战争状态、战争威胁、国内政局不稳定或任何其他社会紧急状态、上级官员或政府当局的命令，均不得作为施行酷刑之理由。

《禁止酷刑和其他残忍、不人道或有辱人格的待遇或处罚公约》规定，如有充分理由相信任何人在另一国家将有遭受酷刑的危险，则任何缔约国不得将该人驱逐、遣返或引渡至该国。缔约国还应保证将一切酷刑行为，包括施行酷刑的企图及任何人合谋或参与酷刑的行为，定为刑事罪行，并根据罪行的严重程度，规定适当的惩罚。酷刑罪被《禁止酷刑和其他残忍、不人道或有辱人格的待遇或处罚公约》确定为各国可以享有普遍管辖权的罪行，对于本国境内的犯有酷刑罪者，各国如不进行引渡，则应将该案提交主管当局以便起诉，主管当局应根据该国法律，以审理情节严重的任何普通犯罪案件的同样方式作出判决。缔约国应在其法律体制内确保酷刑受害者得到补偿，并享有获得公平和充分赔偿的强制执行权利。

在执行机制方面，《禁止酷刑和其他残忍、不人道或有辱人格的待遇或处罚公约》规定设立禁止酷刑委员会以监督公约的执行。缔约国应通过联合国秘书长向委员会提交关于其为履行公约义务所采取的措施的报告；每份报告由委员会加以审议，委员会可提出一般性评论，并将其载入委员会提交缔约国和联合国大会的报告。如果委员会收到可靠的情报，认为其中有确凿迹象显示在某一缔约国境内经常施行酷刑，则委员会应请该缔约国合作研究该情报，如果认为有正当理由，可以指派一名或几名成员进行秘密调查并立即向委员会提出报告，委员会在审查其成员所提交的调查结果

后,应将这些结果连同根据情况认为适当的任何意见或建议一并转交该有关缔约国。委员会的一切程序均应保密,在程序的各个阶段,均应寻求缔约国的合作;调查程序一旦完成,委员会在与有关缔约国协商后,可将关于这种程序的结果载入其为其他缔约国和联合国大会编写的年度报告。此外,在缔约国声明承认禁止酷刑委员会的权限的前提下,委员会有权接受和审议某一缔约国声称另一缔约国未履行公约所规定义务的来文,以及在一缔约国管辖下声称因该国违反公约条款而受害的个人或其代表所提交的来文。

(四) 禁止歧视妇女和保护妇女权利

联合国大会于 1967 年制定了《消除对妇女歧视宣言》,并随后于 1979 年 12 月 18 日通过了《消除对妇女一切形式歧视公约》,公约于 1981 年 9 月 3 日生效。

根据《消除对妇女一切形式歧视公约》的规定,"对妇女的歧视"一词是指基于性别而作的任何区别、排除和限制,其作用或目的是要妨碍或破坏对在政治、经济、社会、文化、公民或任何其他方面的人权和基本自由的承认,以及妇女不论已婚未婚在男女平等的基础上享有或行使这些人权和基本自由。

《消除对妇女一切形式歧视公约》要求,缔约国应为妇女与男子平等的权利确立法律保护,通过各国的主管法庭及其他公共机构,采取适当立法和其他措施,包括适当时采取制裁,以禁止和消除任何个人、组织或企业等对妇女的一切歧视;如缔约国尚未将男女平等的原则列入本国宪法或其他有关法律,则应将其列入,并以法律或其他适当方法,保证实现此项原则。

缔约各国应在所有领域,特别是在政治、社会、经济、文化领域,采取包括制定法律在内的一切适当措施,力谋妇女的充分发展和进步,以保证她们在与男子平等的基础上,行使和享有人权和基本自由。缔约各国为加速实现男女事实上的平等而采取的暂行特别措施,不得视为公约所指的歧视,亦不得因此导致维持不平等或分别的标准,这些措施应在男女机会和待遇平等的目的达到之后,停止采用。缔约各国为保护母性而采取的特别措施,包括公约所列各项措施,不得视为歧视。

缔约各国还应采取一切适当措施,改变男女的社会和文化行为模式,以消除基于因性别而分尊卑的观念或基于男女定型任务的偏见、习俗和一切其他方法,打击一切形式的贩卖妇女和对妇女进行剥削的行为,消除在本国政治和公众事务中对妇女的歧视,特别应保证妇女在与男子平等的条件下,享有选举权和被选举权,担任政府公职的权利,参加有关本国公众和政治事务的非政府组织和协会的权利,以及在国际上代表本国政府参加各国际组织的工作的权利等。

在国籍方面,缔约各国应给予妇女与男子相同的取得、改变或保留国籍的权利,并在关于子女的国籍方面,给予妇女与男子平等的权利。在教育、就业、保健及经济和社会生活的其他方面,还应保证妇女与男子在平等的基础上享有相同权利。努力消除对农村地区妇女的歧视,以保证她们在男女平等的基础上参与并受益于农村发展。

缔约各国还应给予男女在法律面前平等的地位,并确认旨在限制妇女法律行为能力的所有合同和其他任何具有法律效力的私人文书,应一律视为无效;应消除在有关婚姻和家庭关系的一切事务上对妇女的歧视,并特别保证她们在男女平等的基础上有相同的缔婚、自由选择配偶的权利;在婚姻存续期间以及解除婚姻关系时,夫妻有相同的权利和义务;在选择姓氏、专业和职业,以及财产的所有、取得、管理、享有、处置方面,夫妻具有相同的权利;在有关子女的事务上,作为父母亲有相同的权利和义务;禁止童婚,并应采取包括立法在内的一切必要行动,规定结婚最低年龄及婚姻必须向正式机构登记。

在执行机制方面,《消除对妇女一切形式歧视公约》设立了"消除对妇女歧视委员会",缔约各国应就本国为使公约各项规定生效所通过的立法、司法、行政或其他措施以及所取得的进展,向联合国秘书长提出报告,供委员会审议。报告中应指出使公约所规定义务的履行受到影响的各种因素和困难。委员会应就其活动,通过联合国经济及社会理事会,每年向联合国大会提出报告并可根据对所收到缔约各国的报告和资料的审查结果,提出意见和一般性建议。这些意见和一般性建议,应连同缔约各国可能提出的评论载入委员会所提出的报告中。联合国秘书长应将委员会的报告转送妇女地位委员会,供其参考。《消除对妇女一切形式歧视公约》还规定,如缔约各国的法律,及对该国生效的任何其他国际公约、条约或协定如果对实现男女平等更为有利的任何规定,其效力不得受公约的任何规定的影响。

(五)保护儿童权利

联合国大会于1959年11月20日通过《儿童权利宣言》,并在30年后于1989年11月20日通过了《儿童权利公约》,于1990年9月2日生效。

《儿童权利公约》规定,"儿童"系指"18岁以下的任何人,除非对其适用之法律规定成年年龄低于18岁"。《儿童权利公约》要求,缔约国应尊重公约所载列的权利,并确保其管辖范围内每一儿童均享受此种权利,不因儿童或其父母或法定监护人的种族、肤色、性别、语言、宗教、政治或其他见解、民族、族裔或社会出身、财产、伤残、出生或其他身份而有任何差别。

缔约国应确认每个儿童均有固有的生命权,获得姓名和国籍的权利,受其父母照料的权利,自由发表言论的权利,思想、信仰和宗教自由的权利,结社自由及和平集会自由的权利,隐私、家庭、住宅或通信不受任意或非法干涉的权利,荣誉和名誉不受非法攻击的权利,从多种的国家和国际来源获得促进其身心健康信息和资料的权利,不受到任何形式的身心摧残、伤害或凌辱的权利,保有健康的权利,受益于社会保障、包括社会保险的权利,享有足以促进其生理、心理、精神、道德和社会发展的生活水平的权利,受教育的权利,自由参加文化生活艺术活动的权利,免受经济剥削和从事任何可能妨碍或影响儿童教育或有害儿童健康或身体、心理、精神、道德或社会发展的工作的权利,免遭一切形式的色情剥削和性侵犯之害的权利,对未满18岁人所犯罪行不应判处死刑或无期徒刑,不得对儿童施以酷刑或残忍、不人道或有辱人格的待遇或处罚,等等。

在执行机制方面,根据《儿童权利公约》的规定,在其生效后6个月成立儿童权利委员会,以审查缔约国在履行根据公约所承担的义务方面取得的进展。缔约国应定期向委员会提交关于它们为实现公约确认的权利所采取的措施以及关于这些权利的享有方面的进展情况的报告。

(六) 其他方面的有关专门领域的人权保护制度

除上述所作介绍外,还有其他一些方面的人权保护公约发挥着重要的影响,例如国际联盟1926年主持制定的《废除奴隶制及奴隶贩卖之国际公约》[①],国际劳工组织大会第三十四届会议通过、1953年5月23日生效的《男女工人同工同酬公约》,联合国1956年通过的《废止奴隶制、奴隶贩卖及类似奴隶制之制度与习俗补充公约》,1990年通过的《保护所有迁徙工人及其家庭成员权利国际公约》,以及有战时和武装冲突中的人权保护内容的四个日内瓦公约和两个附加议定书等。

第四节 区域性国际人权保护机制

区域性人权条约为国际人权法制化作了有益的尝试,与全球性人权条约相比,它们所规定的权利更全面、更完整;在实践中,它们对人权保护的途径更便利、更有效;它们所建立的保障制度更具多样性和可行性;它们所保护的权利主体更具体,所适用的人权标准更统一。[②]

第二次世界大战结束之后,欧洲理事会下属的部长委员会于1950年任命了两个独立的政府间委员会起草《欧洲人权公约》(即《保障人权和基本自由公约》),于1950年11月4日在罗马开放签字并于1953年9月生效,此为历史上第一个比较完善的区域性人权保护机制。此后,其他地区的一些区域人权保护条约和组织也相继产生,如1968年常设阿拉伯人权委员会成立,1978年《美洲人权公约》生效,1986年《非洲人权和民族权宪章》通过并于1986年生效,从而相继确立了欧洲、美洲、非洲的区域人权保护机制。

一、欧洲人权保护

《欧洲人权公约》是第一个区域性国际人权条约。《欧洲人权公约》自1953年生效后,缔约国通过一系列议定书不断扩充其所保护的人权内容并逐步完善其实施机制。自1952年以来,公约缔约国先后已经通过了12项附加议定书。这些议定书在增设应予以保护的权利、修改人权保护实施机制的程序、调整人权保护的实施机构等方面不断地对公约予以改进。

《欧洲人权公约》在所列举的权利和自由方面,与其他国际人权文件大体一致,其突出特点在于它建立了一整套不断发展的人权保护机制。《欧洲人权公约》第1条要

---

① 联合国大会于1953年通过了《关于修正废除奴隶制及奴隶贩卖之国际公约的议定书》,规定国际联盟根据《废除奴隶制及奴隶贩卖之国际公约》所负的职责由联合国继续执行。

② 参见万鄂湘、杨成铭:《区域性人权条约和实践对国际法的发展》,载《武汉大学学报》(哲学社会科学版)1998年第5期,第67页。

求"缔约国应确保在它们管辖下的每个人"享有《欧洲人权公约》规定的权利和自由,为此,《欧洲人权公约》设立了欧洲人权委员会和欧洲人权法院,前述机构连同欧洲理事会部长委员会,共同构成公约人权保护的监督执行机构。但根据后来于1998年11月1日生效的《欧洲人权公约第十一议定书》,1999年11月1日过渡期届满后,欧洲人权委员会被取消,其过滤案件的职权改由单一的欧洲人权法院行使。

欧洲理事会部长委员会于1949年成立,由欧洲理事会各成员国外交部部长或其代表组成,是欧洲理事会的决策和执行机构。根据《欧洲人权公约》第32条的规定,欧洲人权委员会为处理一缔约国指控另一缔约国违反公约的问题而进行的调解努力失败后,在人权委员会向欧洲理事会部长委员会提交报告之日起3个月内,如果案件没有被人权委员会或有关缔约国提交人权法院,则欧洲理事会部长委员会有权作出有关缔约国的被指控行为是否违反公约的决定,如果认为缔约国违反公约的规定,则应规定一段时期,要求有关缔约国在该段时期内采取其决定所要求的措施。如果有关被指控的缔约国在规定的期间内尚未采取满意的措施,部长委员会可对它原来的决定应予以何种效力作出决定,并将报告予以公布。最后,对于无视部长委员会依据《欧洲人权公约》第32条所作出的决定,严重违反公约的缔约国,部长委员会作为欧洲理事会的最高权力机关,有权按照《欧洲理事会规章》第8条的规定,将该缔约国开除出欧洲理事会。[1]

欧洲人权委员会系根据《欧洲人权公约》第19条的规定,由和缔约国数目相同的委员组成的机构。欧洲人权委员会有权受理、调解和调查关于缔约国违反公约的指控,也可以受理个人、非政府组织或个别团体提出的申诉。但《欧洲人权公约》第25条规定,委员会受理个人、非政府组织或个别团体提出的申诉,以受该申诉所指控的缔约国事先已经声明它承认委员会拥有此种权限为条件。《欧洲人权公约》第26条还规定,不论是缔约国之间的指控,还是个人对缔约国的申诉,委员会处理该案件需要满足两个基本前提:(1)该案件系已在被指控的缔约国国内用尽当地救济;(2)该案件必须在被指控的缔约国作出最后决定之日起6个月内提交给委员会。对于非政府组织或个别团体申诉的案件,《欧洲人权公约》第27条还进一步作了限制,规定在下列情况下委员会不予受理:(1)申诉系以匿名的形式提出,或者申诉在实质上同委员会已经审查的问题相同或已经提交其他国际调查或解决的程序,并且该申诉并不包含任何有关的新材料;(2)委员会认为该申诉不合公约的规定,属于显然根据不足或者滥用申诉权。《欧洲人权公约》生效后,委员会收到的缔约国相互间的指控很少,但所收到的个人、非政府组织或个别团体提出的申诉的数量则急剧增加,1981年欧洲人权委员会登记的指控为404件,1993年则是2037件,到1997年更达到4750件。[2] 然而,由于前述种种限制条件,大量的个人申诉都被委员会拒之门外,据统计,截至1992年12月底,委员会宣布受理的案件为1227项,仅占其收到的个人申诉案件总数

---

[1] 参见白桂梅、龚刃韧、李鸣等编著:《国际法上的人权》,北京大学出版社1996年版,第208页。
[2] Council of Europe: *Survey of Activities*, 1999, p.4.

21077 件的 5.8%。①

欧洲人权法院是欧洲理事会根据《欧洲人权公约》第 15 条的规定于 1958 年 9 月 3 日在法国的斯特拉斯堡成立的一个常设司法机构。法院成员由同欧洲理事会成员国数目相等的法官组成,其职能是对欧洲人权委员会和缔约国提出的有关公约的解释和适用问题的所有案件行使管辖权。

《欧洲人权公约》原来规定,只有缔约国和欧洲人权委员会才有权将案件提交欧洲人权法院,有权将案件提交法院的缔约国限于其国民被指为是受害人的缔约国、将案件提交欧洲人权委员会的缔约国以及案件中被控的缔约国。法院对缔约国的管辖是自愿管辖,以缔约国的承认法院强制管辖权的任何时候的声明为前提条件。②

根据《欧洲人权公约》原第 44 条、第 48 条的规定,个人、非政府组织或个别团体只有权向欧洲人权委员会提出申诉,而无权直接将案件提交欧洲人权法院,但 1990 年的《欧洲人权公约》第九议定书对此作了修改,规定个人、非政府组织或个别团体除可以选择将案件提交给欧洲人权委员会之外,也可以选择直接将案件提交欧洲人权法院,由法院三位法官组成的合议庭决定是否审理该案。③欧洲人权法院判决为终审判决,欧洲理事会部长委员会有权监督判决的执行。

根据欧洲理事会部长委员会 1994 年通过、1998 年 11 月 1 日生效的《欧洲人权公约》第十一议定书的规定,原有的欧洲人权法院和欧洲人权委员会由一个新的单一的欧洲人权法院所取代,它们的相关职能也转由调整后的欧洲人权法院统一行使。在新的体制中,欧洲理事会部长委员会的唯一职责是监督欧洲人权法院判决的执行。④

根据经第十一议定书修改后的《欧洲人权公约》的规定,新的欧洲人权法院由与缔约国数目相等的法官组成,但该条不再像原《欧洲人权公约》第 38 条规定的那样要求"不得有两名法官为同一国家的国民",修订后的《欧洲人权公约》不再限制相同国籍的法官的人数。根据新的欧洲人权法院规则,法院下设四个部,每一部再设三人法官委员会和七人法庭。此外,法院的院长、两名副院长及每个部的部长及两名副部长组成十七人法官大法庭。

欧洲理事会所有成员都必须接受欧洲人权法院的强制管辖,而不取决于其是否发表接受管辖的声明。任何缔约国如果认为其他缔约国违反了公约及议定书的规定,则可就此向人权法院提出指控。人权法院也可以直接受理任何个人、非政府组织或个别团体对缔约国违反公约规定从而使自己受损害的指控。个人可以自行提交指控,但当指控被宣布为可接受后,要求有法定代理人以便出席庭审。国家的指控直接提交法庭,个人的指控提交到部。对于个人指控,部长指定一报告起草人。该报告起

---

① Ermacora, Nowak and Tretter, *International Human Right Documents and Introductory Notes*, Printed by MANZ, A-1050 Vienna, 1993, p.196.
② 截至 1990 年 1 月,欧洲理事会全体成员均已成为《欧洲人权公约》的缔约国,并全部发表了此类声明。
③ 《欧洲人权公约》的第九议定于 1994 年 10 月 1 日生效。
④ 参见国际人权法教程项目组编写:《国际人权法教程》(第一卷),中国政法大学出版社 2002 年版,第 513 页。

草人经过对事件的初步审查后决定是否把指控交由三人委员会或法庭。三人委员会可无记名投票决定并宣布案件不可接受或注销,这样便不再作进一步审查。如果个人指控没有被三人委员会宣布不可接受或报告起草人直接把案件提交到法庭,则法庭要断定案件的可接受性及法律依据,并作出裁定。对于涉及公约解释的重大问题的案件或有可能与现存判例法相背离的案件,法庭可在任何阶段停止管辖以便大法庭审理。在审理案件的过程中,争端当事方可以秘密谈判友好解决争端,如果能够达成协议,则法院会将该案件注销。法庭作出判决后的3个月里,任何一争端当事方都可以针对案件涉及公约的解释或适用问题,或基于问题带有普遍重要性的理由而请求将案件提交到大法庭。对此,应由法院院长及部长五人组成大法庭专门小组加以审查,如果专门小组接受了请求,则大法庭将作出判决。法庭及大法庭的生效判决均为最终判决。①

经第十一议定书修改后的《欧洲人权公约》既赋予了欧洲人权法院以对缔约国的强制性管辖权,又确认个人、非政府组织或个别团体有权在用尽当地救济的前提下直接在人权法院提起对缔约国的指控,从而进一步强化了其人权保护机制的力度和可操作性,其特色和超前性都是明显的。

由于《欧洲人权公约》缔约国数目快速增长,个人申诉的案件日益增多,致使欧洲人权法院的案件积压严重。2004年5月,旨在提高欧洲人权法院效率并重点调整该法院组织结构和相关职能的《欧洲人权公约》第十四议定书获得通过。第十四议定书主要是对《欧洲人权公约》第二编"欧洲人权法院"进行了修订,设定了过滤程序,进一步明确规定了对个人申诉案件的受理标准,增加了在申诉人未"遭到重要的侵害"情况下对其申诉可不予受理的规定,从而强调了应重点受理和解决重大复杂案件。该议定书还强化了欧洲理事会部长委员会对欧洲人权法院判决执行的监督职能。第十四议定书生效的前提是必须得到全部成员国的批准,2010年6月1日,该议定书正式生效。

根据《欧洲人权公约》的规定,除诉讼管辖权外,欧洲人权法院还享有咨询管辖权,法院可以应欧洲理事会部长委员会的请求,针对有关《欧洲人权公约》及其议定书的解释问题提供咨询意见。总体来看,《欧洲人权公约》通过欧洲人权法院对成员国的强制管辖权及法院直接受理个人申诉等实施机制在欧洲提供了一个超越国家并直接实施于个人的"欧洲人权标准"。这一标准使欧洲人民的个人政治和公民权利在享有国内法保护的同时,享有较世界其他区域更有效的国际保护。②

二、美洲人权保护

1948年,美洲国家国际会议在制定《美国国家组织宪章》的同时,也通过了《美洲人的权利和义务宣言》。在宣言的基础上,有关国家提出了公约草案,1969年11月

---

① 参见吴慧:《〈欧洲人权公约〉实施机制的发展》,载《国际关系学院学报》2001年第1期,第13—15页。
② 万鄂湘主编:《欧洲人权法院判例评述》,湖北人民出版社1999年版,第9页。

22日,美洲国家间人权特别会议在哥斯达黎加的圣约瑟城通过了《美洲人权公约》,该公约是继《欧洲人权公约》之后的第二个区域性人权保障公约。《美洲人权公约》于1978年7月18日生效,只限于美洲国家组织的成员加入。迄今为止,一些重要的美洲国家如美国、加拿大、墨西哥和巴西等尚未加入《美洲人权公约》,从而在一定程度上制约了该公约的影响力。《美洲人权公约》共11章,82条。《美洲人权公约》规定,各缔约国承诺尊重公约所承认的各项权利和自由,并保证在它们管辖下的所有人都能自由地全部地行使这些权利和自由,不因种族、肤色、性别、语言、宗教、政治见解或其他主张、民族或社会出身、经济地位、出生或其他任何社会条件而受到任何歧视。在《美洲人权公约》规定的权利和自由尚未得到其立法或其他规定的保证时,各缔约国应依照各自的宪法程序和该公约的规定采取为使这些权利或自由实现所必需的立法或其他措施。

《美洲人权公约》所保护的公民和政治权利主要包括生命权、人道待遇的权利、法律人格的权利、对政治犯罪不得处以死刑、免受奴役或非自愿的劳役的自由、法律面前人人平等权和司法保护权等27项。其中除财产权、免于驱逐的自由、禁止集体驱逐外侨、答辩的权利和寻求避难的权利等5项权利外,公约保护的其余22项权利均与1966年《公民权利和政治权利国际公约》的规定相同。[①]

《美洲人权公约》还规定,在发生战争、公共危险或威胁到一个缔约国的独立和安全的紧急状态下,该缔约国可以采取措施,在形势紧迫所严格要求的范围和期间内,克减其根据公约所承担的义务。但此种措施不得同该国依照国际法所负有的其他义务相抵触,也不得引起以种族、肤色、性别、语言、宗教或社会出身为理由的歧视。《美洲人权公约》同时也规定了不得克减的权利,即不得暂时停止实施关于法律人格的权利、生命权、人道待遇的权利、不受奴役的自由、不受溯及既往法律的约束、良心和宗教自由、家庭的权利、姓名的权利、儿童的权利、参加政府的权利等条款,或暂时停止实施为保护这些权利所必要的司法保证。

在监督执行机制方面,《美洲人权公约》规定主要由美洲国家间人权委员会和美洲国家间人权法院负责公约实施的国际监督。美洲国家间人权法院是公约新设的机构,而美洲国家间人权委员会在公约制定之前就已经依据《美洲国家组织宪章》成立。

《美洲人权公约》规定了国家报告程序和美洲国家间人权委员会报告程序。关于国家报告程序,《美洲人权公约》第43条规定:"各缔约国承诺向委员会提供它可能要求的有关它们国内法律保证有效地实施本公约任何规定而采用的方式的情报。"由于《美洲人权公约》并没有规定缔约国提交报告的时间期限限制,实践中缔约国在提交本国人权报告时存在拖延现象。委员会报告程序是指人权委员会应根据缔约国提供的信息或对一些国家现场调查所收集的信息向美洲国家组织大会提交报告。

在受理申诉或指控方面,《美洲人权公约》规定美洲国家间人权委员会有权受理个人申诉案件和缔约国相互间的指控案件,其中,委员会受理个人的申诉不以缔约国

---

① 参见白桂梅、龚刃韧、李鸣等编著:《国际法上的人权》,北京大学出版社1996年版,第232—233页。

事先声明同意为前提,但当事人须事先在国内用尽当地救济。而对于缔约国相互间的指控案件,则须以提出指控和被指控的缔约国都事先声明接受委员会的审查权为前提,否则委员会不得接受和审查。① 委员会决定受理某项指控后,应首先在查明事实的基础上谋求争议的友好解决,如果无法友好解决,则委员会应起草一份包括事实和结论的报告,提交给有关各国,在提交报告后的 3 个月内,如果争议仍未得到解决,且委员会或有关国家也未将争议提交美洲国家间人权法院,则应由委员会提出结论性意见和建议,有关缔约国应采取委员会所建议的相关措施。

美洲国家间人权法院亦由 7 人组成,其职权包括诉讼管辖权和咨询管辖权。

根据《美洲人权公约》第 21 条的规定,公约的诉讼管辖权是任择性的,即只有在有关缔约国事先发表承认法院管辖权的声明或达成将争议提交法院的协议的前提下,法院才享有管辖权。《美洲人权公约》第 61 条还规定,有权向人权法院提交案件的,限于公约的缔约国和人权委员会,换言之,个人无权直接向人权法院提交案件。人权法院的判决为终局判决,对当事国具有法律拘束力。《美洲人权公约》第 64 条规定了法院的咨询管辖权,依该条规定,公约的缔约国、美洲国家间组织成员国及其机构,均可就公约本身或者有关美洲国家保护人权问题的其他条约的解释等问题,提请法院发表咨询意见。

从《美洲人权公约》生效后的实际执行情况来看,主要出于政治上的原因,很少有缔约国主动向美洲国家间人权法院提交案件,美洲国家间人权委员会也只是在法院成立了 7 年之后,才开始向法院提交案件,因此,该体制下的缔约国合作还有待于进一步强化。②

三、非洲人权保护

1981 年 6 月 28 日,非洲统一组织在肯尼亚首都内罗毕通过了《非洲人权和民族权宪章》(因该宪章最初起草于冈比亚的首都班珠尔,因此又称《班珠尔人权和民族权宪章》),《非洲人权和民族权宪章》于 1986 年 10 月 21 日生效。

《非洲人权和民族权宪章》由序言和三个部分共 68 条组成,其内容既涉及公民、政治权利又涉及经济、社会和文化权利,同时还包括了民族权利和集体权利,而且,在规定权利的同时,也规定了个人对家庭、社区、国家和国际社会应尽的义务。前述有关规定反映了宪章人权保护的鲜明特色,但宪章对有些权利的规定则略显简单和抽象,在一定程度上欠缺可操作性。

在执行机制方面,《非洲人权和民族权宪章》以非洲人权和民族权委员会和非洲人权和民族权法院为监督机构,建立了以调查和来文审查程序或司法管辖为执行措施的非洲人权法律保护机制。根据《非洲人权和民族权宪章》的规定,在非洲统一组织内部设立非洲人权和民族权委员会,委员会由 11 名委员组成,其职责主要是:促进

---

① 参见《美洲人权公约》第 44、45 条。
② 参见白桂梅、龚刃韧、李鸣等编著:《国际法上的人权》,北京大学出版社 1996 年版,第 246—247 页。

非洲人权和民族权的实现,保证人权和民族权在宪章规定的条件下受到保护;拟定旨在解决与人权和民族权及基本自由有关的法律问题的原则和章程;应缔约国和(或)非洲统一组织等机构的要求对宪章的有关条款作出解释等。1987年11月,非洲人权和民族权委员会根据《非洲人权和民族权宪章》的规定宣告成立。为保证《非洲人权和民族权宪章》所规定的人权和民族权得以实现,非洲人权委员会有权接受各缔约国相互间的指控或有关个人的申诉来文。某一缔约国如认为其他缔约国违反《非洲人权和民族权宪章》,可以将该事件提交非洲人权委员会,委员会必须在查明该事件业已用尽当地救济后,才可以受理。委员会经审查后应向有关缔约国及国家和政府首脑会议提交包含事实陈述和审查结果的报告。对于个人的申诉来文的审议,不必以被指控的缔约国事先同意为前提,如果经过委员会过半数委员的同意,即可以由委员会加以审议。如果经过对个人申诉来文的审查认为确实存在一贯地、严重地或大规模地侵犯人权和民族权的情况,则委员会应提请国家和政府首脑会议对此特别关注。

1998年6月9日,《非洲人权和民族权宪章》的缔约国签订了《关于建立非洲人权和民族权法院的〈非洲人权和民族权宪章〉议定书》。2006年7月2日,非洲联盟第七届首脑会议通过决议,决定成立非洲人权和民族权法院。非洲人权和民族权法院由11位法官组成,由非洲统一组织首脑会议从非统的成员国国民中选举产生。法院可以行使诉讼管辖权和咨询管辖权。① 前述《关于建立非洲人权和民族权法院的〈非洲人权和民族权宪章〉议定书》第5条第1款规定了强制性管辖权。根据该条款的规定,非洲人权委员会、向该委员会提出指控的缔约国、在该委员会内被提出指控的缔约国、其公民是侵犯人权案件的被害人的国籍国以及非洲的各种政府间组织都有权向非洲人权和民族权法院提交案件。而且,根据第5条第2款的规定,对案件具有利害关系的任何缔约国都可以向非洲人权法院申请参加诉讼。第5条第3款则规定了任择性管辖权。根据该条款的规定,当个人和非政府组织在面临紧急案件,以及当人权遭受蓄意大规模侵害时,可以直接向非洲人权和民族权法院起诉,但只有当该议定书的缔约国在批准或以后任何时候宣布接受第5条第3款时,非洲人权和民族权法院才有权受理非政府组织和个人针对该国提起的诉讼。

四、亚洲人权保护

亚洲地区地域辽阔,由于各国在政治、经济、社会、文化、历史、宗教、法律等方面都存在着诸多差异,致使亚洲国家迄今未能达成一项区域性人权公约,也未建立起本地区的专门人权保护机构。但近年来,亚洲有关国家不断为促进人权的国际保护而付出努力,并初步达成一些重要共识。

1982年,亚洲国家在斯里兰卡首都科伦坡举行了亚洲地区人权讨论会,包括中国在内的许多亚洲国家派代表出席了会议。会议讨论了人权的概念、促进和保护人权的方法等问题。1986年,第一次世界人权大会在伊朗首都德黑兰举行。会议通过的

---

① 聂文娟:《非洲人权机制建设的成就与挑战》,载《亚非纵横》2012年第2期,第25—26页。

《德黑兰宣言》重申了民族自决权,强调各项人权相互依存、不可分割的原则。1990年,亚洲有关国家代表和人权专家在菲律宾首都马尼拉举行会议,就亚洲地区各国保护和促进人权问题进行讨论。

1993年3月底至4月初,包括中国在内的亚洲49个国家的部长和代表在曼谷举行第三次筹备会议——亚洲区域人权筹备会,会议通过的《曼谷宣言》反映了亚洲国家在人权保护方面达成的共识。《曼谷宣言》提出,支持《联合国宪章》和《世界人权宣言》所载的各项原则,支持在全世界充分实现所有人权,认为国家负有主要责任通过适当基础设施和机制来促进和保护人权,并重申有必要探讨是否可能在亚洲设立关于促进和保护人权的区域安排。

2005年11月22日,亚洲议会和平协会(The Association of Asian Parliaments for Peace, AAPP)第六届会议通过了《亚洲国家人权宪章》这一涉及整个亚洲区域人权保护的重要文件。《亚洲国家人权宪章》由序言、基本权利,权利、义务和责任,国际合作,人权专家技术委员会及保留五部分组成。虽然前述亚洲区域人权宣言及宪章的通过有助于区域内各国在人权保护方面凝聚共识、加强合作,但距离建立亚洲区域人权保护机制还存在距离。①

第五节　中国在人权保护问题上的立场和实践

中国一贯重视人权的国际保护。1955年万隆会议上,周恩来总理代表中国政府签署的《亚非会议最后公报》明确宣布:"完全支持联合国宪章中提出的人权的基本原则,并注意到作为所有人民和所有国家努力实现的共同标准的世界人权宣言。"中国政府自1971年在联合国的合法席位得到恢复之后,开始逐步介入联合国各个领域的活动,并从1979年开始派代表团作为观察员列席联合国人权委员会的会议。中国还多次当选为联合国人权委员会(后改为人权理事会)的成员。中国政府在人权保护问题上的立场和实践可以总结为以下几个主要方面:

第一,在参加有关人权国际保护的国际机制方面,中国一贯重视国际人权文书在促进和保护人权方面发挥的重要作用,迄今已先后加入包括《经济、社会及文化权利国际公约》在内的多项重要的国际人权公约,其中包括《联合国人员和有关人权安全公约》《联合国打击跨国有组织犯罪公约》《联合国反腐败公约》《制止恐怖主义爆炸事件的国际公约》《1949年8月12日关于战俘待遇之日内瓦公约》《1949年8月12日日内瓦四公约关于保护非国际性武装冲突受难者的附加议定书(第二议定书)》《1949年8月12日日内瓦四公约关于保护国际性武装冲突受难者的附加议定书(第一议定书)》《1949年8月12日关于战时保护平民之日内瓦公约》《1949年8月12日改善海上武装部队伤者病者及遇船难者境遇之日内瓦公约》《1949年8月12日改善

---

① 李霖:《亚洲区域人权保护机制研究》,载《西安电子科技大学学报》(社会科学版)2014年第5期,第76页。

战地武装部队伤者病者境遇之日内瓦公约》《经济、社会及文化权利国际公约》《消除就业和职业歧视公约》《残疾人权利国际公约》《儿童权利公约》《〈儿童权利公约〉关于买卖儿童、儿童卖淫和儿童色情制品问题的任择议定书》《〈儿童权利公约〉关于儿童卷入武装冲突问题的任择议定书》《消除对妇女一切形式歧视公约》《关于难民地位的议定书》《禁止并惩治种族隔离罪行国际公约》《消除一切形式种族歧视国际公约》《男女工人同工同酬公约》《防止及惩治灭绝种族罪公约》《关于难民地位的公约》《禁止酷刑和其他残忍、不人道或有辱人格的待遇或处罚公约》《残疾人权利公约》等。

此外，中国政府已经签署《公民权利和政治权利国际公约》，并就批准该公约的事宜进行积极研究。

第二，在处理维护国家主权和保护人权的关系方面，中国政府一贯认为，既应维护国家主权，又应切实、积极地保障人权，履行保护人权的国际义务。主张人权的国际保护是国际社会根据国际人权条约或国际习惯法规则，对实现基本人权的某些方面承担特定的或普遍的国际合作义务，并对违反国际人权条约义务，侵犯人权的行为加以防止和惩治的活动。人权的国际保护主要是针对一贯地、严重地、大规模地侵犯人权的行为，如外国侵略与占领、种族灭绝、种族隔离、种族歧视、国际恐怖主义活动、殖民主义、贩卖奴隶等。这些行为不仅严重侵犯人权，而且危害世界和平和安全，国际社会应当给予更多的关注。中国坚决反对任何国家在人权的保护方面推行双重标准的做法，反对借用人权问题将自己的价值观念、意识形态、政治标准和发展模式强加于他国，干涉他国内政。

第三，在人权保护的内容方面，中国政府坚持认为，生存权和发展权是首要人权，是其他一切人权的基础，这也是从中国的历史和实际国情出发，在人权问题上得出的一个基本结论。中国是一个拥有14亿人口，人均资源相对贫乏，经济文化比较落后，曾经长期遭受外国侵略、掠夺和压迫的发展中国家，如何发展经济，解决人民的生存权、发展权问题，一直是中国人权建设的首要任务。

第四，在保护人权的国内立法的逐步完善方面，改革开放以来，中国逐步健全和完善了以宪法为基础，部门法律相配套的社会主义法律制度。其中，特别是近年来民事诉讼法、刑事诉讼法、行政诉讼法和刑法等法律的相继制定或修改，为推进司法改革、维护基本人权、促进司法领域的人权保障，提供了强有力的法律依据。

中国宪法就人权保障问题也作了较为全面的规定，其内容涉及政治权利、人身权利、经济权利、生命健康权、劳动权利、受教育权利、宗教信仰自由、少数民族权利保障、残疾人权利保障和妇女、未成年人和老年人的权利等诸多方面。2004年3月14日，中国十届全国人大二次会议通过了宪法修正案，首次将"人权"概念引入宪法，在《中华人民共和国宪法》第33条中明确规定"国家尊重和保障人权"，从而不仅在宪法中确立了人权原则，突出了人权价值和理念，而且为宪法关于公民权利的规定注入了新的意义，进一步强化了中国宪法的人权精神。这也充分表明中国对人权的高度重视，体现了当代中国民主宪政的最新发展方向。

总之,改革开放以来,中国在维护个人人权、改善人权状况、促进人权发展等方面,已经取得巨大的成就。当然,人权保障的实现是一个渐进的历史过程。不可否认,中国目前还存在着资源匮乏、经济发展相对落后、政治体制改革尚待完善、制约权力和监督权力的有效机制还需进一步加强等诸方面的问题,因此,广泛深入地总结和吸取各国宪政制度的经验教训,力求人权价值得到根本的保障和实现,在相当长的时期里,仍然是中国政府面临的重要课题。

参考书目

[1] 国际人权法教程项目组编写:《国际人权法教程》(第一卷),中国政法大学出版社2002年版。
[2] 北京大学法学院人权研究中心:《国际人权文件选编》,北京大学出版社2002年版。
[3] 夏勇:《人权概念起源》,中国政法大学出版社1992年版。
[4] 刘升平、夏勇主编:《人权与世界》,人民法院出版社1996年版。
[5] 白桂梅、龚刃韧、李鸣等编著:《国际法上的人权》,北京大学出版社1996年版。
[6] 〔美〕托马斯·伯根索尔:《国际人权法概论》,潘维煌、顾世荣译,中国社会科学出版社1995年版。
[7] 万鄂湘主编:《欧洲人权法院判例评述》,湖北人民出版社1999年版。

第十三章 条约法

第一节 概 说

自从有国际社会以来就有条约。条约由于国际社会的实际需要而产生。在国家之间的合作和斗争的过程中不可能没有它们应共同接受和遵守的某些行为规则。这些规则必须通过条约或习惯产生。所以,条约是自古以来就存在的、用以规定国家相互间行为规则的法律工具,在国际关系历史上具有基石性地位,而规定条约的缔结程序及在实施和终止之间所发生的种种问题的法就是条约法。

一、条约的概念

条约的产生虽然很早,但条约法的卓有成效的编纂却是比较新近的事,其成果主要就是1969年的《维也纳条约法公约》。按照《维也纳条约法公约》的规定,条约是指国际法主体之间、主要是国家之间依据国际法所缔结的,据以确定其相互权利与义务的国际协议。在国际法上,条约具有如下特征:

(1) 条约是国际法主体之间、主要是国家之间缔结的协议。只有国家、国际组织等国际法主体之间所缔结的协议才是条约,任何个人(自然人或法人)之间、个人与国家之间订立的协议,不论其性质或内容何等重要,均不是条约。①

(2) 条约系以国际法为准。所谓"以国际法为准"(governed by international law),是指条约的缔结、适用及解释应受国际法,包括条约法支配。这是区分条约与非条约的标准:只有受国际法支配的国际协议才是条约;国家与个人、法人以及个人、法人相互之间订立的协议是契约而不是条约,因为它们一般受国内法支配;政府之间诸如购买食品之类的具有私法性质的交易也不是条约,因为它们受国内法或国际私法规则的调整。

(3) 条约的内容是确定国际法主体相互间在某一问题或某些问题上的权利和义务,或者确立某方面国际法原则和制度。

(4) 条约的缔结通常采用书面形式。1969年《维也纳条约法公约》所界定的"条约"只限于书面国际协议,国际法委员会在起草该公约的过程中曾特意说明,"无意否认符合国际法的口头协议的法律上的效力"。不过,口头协议缔结的例子在国际实践中是不多见的。

---

① 1952年国际法院在"英伊石油公司案"中判决道,伊朗与英伊石油公司(英国法人)之间签订的特许协议只是一个契约,国际联盟的调解和两国政府为解决该争端而进行谈判等,都不能使该契约具有条约的性质。

二、条约的名称

在外交和国际法实践中,"条约"一语有广狭两种含义:广义的是指国际法主体间所缔结的任何具有法律拘束力的国际协议,而不论其名称为何;狭义的仅指在国际协议中以条约为名称的那种协议。"条约"一词多用于广义,例如 1969 年《维也纳条约法公约》第 2 条规定,称"条约"者,谓国家间所缔结而以国际法为准之国际书面协议,而不论其载于一项单独文书或两项以上相互有关之文书内,亦不论其特定名称为何。由此可见,广义的条约包括了各种具有不同名称的国际协议。根据国际实践,这些名称主要有以下几种:

(1) 公约(convention):通常是多个国家举行国际会议缔结的多边条约,内容多属于造法性的,规定一些行为规则或制度。例如《联合国海洋法公约》。

(2) 条约(treaty):适用于重大政治、经济、法律等问题的协议,且有效期较长。例如边界条约。这一种名称即为狭义之条约。

(3) 协定(agreement):多是解决某一方面具体问题的协议。例如贸易协定、航空协定等。

(4) 宪章、盟约、规约(charter, covenant, statute):通常是国际组织的章程,例如《联合国宪章》《国际联盟盟约》《国际法院规约》。

(5) 文件、总文件或最后文件(act, general act or final act):通常用于国际会议上通过的规定一般国际法规则或解决一般国际问题的多边条约,例如 1890 年《关于禁止非洲奴隶贸易的布鲁塞尔总文件》,1815 年维也纳和会的最后文件。①

(6) 议定书(protocol):多是辅助性的法律文件,内容一般比协定还要具体,如两国关于贸易协定所缔结的支付议定书。但有的议定书是一个独立文件,本身就是一项重要条约,例如 1925 年《关于禁用毒气或类似毒品及细菌方法作战的日内瓦议定书》。补充、说明、解释主条约的议定书通常被称为"附加议定书"或"最后议定书"(additional protocol or final protocol)。

(7) 换文(exchange of notes):当事国相互交换外交照会,就有关事项达成的协议。例如,1955 年 6 月 3 日中国和印度尼西亚关于双重国籍问题的条约的实施办法的换文。换文程序简易,是常用的缔约方式之一。

(8) 谅解备忘录(memorandum of understanding):一般是处理较小事项的条约,例如,1963 年《美、苏关于建立直接通信联络的谅解备忘录》。

(9) 宣言(declaration):规定国家间权利和义务或行为规则的声明,如 1856 年关于海战规则的《巴黎宣言》,1943 年中美英《开罗宣言》等。但单纯的政策声明而没有规定具体权利和义务的宣言不是条约。②

(10) 联合声明、联合公报(joint declaration, joint communique):是指两个或两个

---

① 有时,最后文件并不是多边条约,只是对有关国际会议的程序和内容的一种正式叙述或总结。
② 关于宣言的各种用法,参见〔英〕戈尔·布思主编:《萨道义外交实践指南》(第五版),杨立义、曾寄萍、曾浩译,上海译文出版社 1984 年版,第 351—353 页。

以上的国际法主体就同一事项发表的声明,彼此承受有关的权利和义务。如1984年中英《关于香港问题的联合声明》,1987年中葡《关于澳门问题的联合声明》。

除上述名称外,国际实践中还有专约(convention)、组织宪章(constitution)、临时协定(modus vivendi)、补充协定(arrangement)等。不过,条约的不同名称仅表示它们在缔约方和缔约程序等事项上有所差别,但它们的法律性质和法律效力并无二致。

三、条约的结构和文字

一般地说,条约包括序言、正文和杂项条款三个部分。序言载明条约的目的和宗旨、缔约国的名称、全权代表的姓名与权限等;正文是条约最重要的组成部分,它规定条约的实体内容,即缔约各方承受的具体权利和义务;杂项条款规定条约的批准、加入、保留、生效等程序事项,以及有效期限、语文、签署的地点和时间等。

关于条约的文字,国际法上没有统一的规定。根据国家主权平等原则,每个国家都有权使用本国语言和文字缔结条约。双边条约通常是每份都以缔约双方的文字写成,两种文字具有同等的法律效力,有时也以第三国文字写成。多边条约通行的是几种文字同一作准,例如,《联合国宪章》的作准文字有中文、法文、俄文、英文、西班牙文五种。

四、条约法的编纂

条约法是调整国际法主体之间的条约关系的原则、规则、程序和制度的总称。长期以来,它们主要是以国际习惯为依据的。第二次世界大战后,国际社会开始了系统的条约法编纂工作。1968年和1969年,在联合国的主持下,在维也纳召开了两期外交会议,讨论国际法委员会提出的条约法公约草案。1969年5月22日会议通过、5月23日正式签署《维也纳条约法公约》。《维也纳条约法公约》由序言、正文和一个附件组成。序言重申了条约的重要地位及未经公约规定的问题仍以国际习惯法规则为准。正文分为八编,共85个条文;第一编导言说明了公约的适用范围及有关用语等,第二编为条约的缔结与生效,第三编为条约的遵守、适用及解释,第四编为条约的修正与修改,第五编为条约的失效、终止及停止施行,第六编为杂项规定,第七编为保管机关、通知、更正与登记,第八编为最后规定,即公约的签署、批准、加入、生效和作准文本;85个条款都有小标题,对各该条的内容加以概括,使人一目了然。由于《维也纳条约法公约》正文没有解决争议条款,附件对此作了补充,它规定为解决《维也纳条约法公约》缔约国有关公约本身问题的争议组成一个和解委员会。《维也纳条约法公约》是对条约法系统的、全面的编纂,具有条约法法典的性质,其中它的大部分规定是国际习惯规则的条文化,也有一部分规定为新的内容。《维也纳条约法公约》已于1980年1月27日生效,中国于1997年5月9日加入该公约。[①]

[①] 1997年5月9日第八届全国人大常委会第三十五次会议决定加入《维也纳条约法公约》,并对第66条的规定予以保留,同时声明台湾当局于1970年4月27日以中国名义对该公约的签署是非法的,无效的。

由于《维也纳条约法公约》第 1 条明确规定该公约只"适用于国家间之条约",1986 年国际社会又编纂了《关于国家和国际组织间或国际组织相互间条约法的维也纳公约》。这一公约除了规定国际组织也是缔约主体外,有关缔约规则条款与《维也纳条约法公约》的规定基本相同。本章主要论述国家之间的条约法。

第二节 条约的缔结与生效

一、缔约能力

凡国际法主体都有缔结国际条约的能力。根据国家主权原则,任何国家都拥有与其他国家或国际组织缔结条约的权利。《维也纳条约法公约》第 6 条规定:每一国家皆有缔结条约之能力。

国家的缔约权必须由国家统一行使。国家内部的地方政权机关,无权代表国家对外缔结条约,除非根据该国法律经中央政权机关特别授权。但一个国家具体由哪个机关代表国家行使缔约权,属于其国内法决定的事项。各国宪法对此规定有所不同,但一般都由国家元首或国家最高行政机关代表国家缔结条约。1982 年《中华人民共和国宪法》第 67 条、第 81 条、第 89 条分别规定:全国人大常委会决定同外国缔结的条约和重要协定的批准和废除;国家主席根据全国人大常委会的决定批准和废除同外国缔结的条约和重要协定;国务院管理对外事务,同外国缔结条约和协定。

《关于国家和国际组织间或国际组织相互间条约法的维也纳公约》规定,政府间国际组织具有缔结国际条约的权利,其缔约能力依照该组织的规则。国际组织的规则是"指组织的组成文书、按照这些文书通过的决定和决议以及确立的惯例"。在实践中,国际组织缔结条约一般是由各该组织的行政首长,如联合国的秘书长,代表该组织缔结条约。

二、缔约程序

国际法对于缔约程序并无划一的硬性规定。在外交实践中,因条约的性质和内容的不同,缔结的程序可繁可简。通常,缔约程序可分为三个阶段:约文的拟定、约文的认证和接受约文的拘束力。它们通常包括谈判、签署、批准、交换或交存批准书和登记等程序。

(一) 谈判(negotiation)

谈判是缔约各方为了就条约内容达成协议而进行的交涉过程。它的主要任务就是拟定条约约文。重要的条约,可以由国家元首亲自进行谈判,但在通常情况下,都是由国家元首派遣代表进行谈判。谈判代表一般需持有被授权进行谈判的"全权证书"。"全权证书"是一国主管当局所颁发给其指派的一人或数人代表该国谈判、议定、认证条约约文或表示该国同意受条约拘束,或完成有关条约之任何其他行为的文件。《维也纳条约法公约》规定,国家元首、政府首脑、外交部部长为实施缔结条约之一切行为,使馆馆长为议定派遣国与接受国之间的条约约文,国家派往国际会议或国际组织的代表为议定在该会议、组织职权范围内的条约约文,因其所任职务代表其国家而无须出具全权证书。未经授权或越权所缔结的条约,除非该国事后追认,否则不发生法律效力。

双边条约,不论是由一方或由双方起草,均由双方共同议定。多边条约通常是以召开国际会议的形式,由各方代表共同起草、或由国际组织起草、或由专门委员会起草约文草案,由国际会议议定。①条约约文议定后,进入约文的认证阶段。

(二) 签署(signature)

签署是指在条约文本上签字。约文拟定后,经缔约方议定或通过,即可在条约文本上正式签署。在正式签署前,条约可以由谈判代表草签。草签只构成条约文本的认证,不具有法律效力。草签时,中国人只签一个姓,外国人签代表姓名的第一个字母。当事国政府若对约文有异议,可要求重新谈判,不受草签约束。若当事国达成协议,草签可在其政府核准同意后构成正式签署。②

缔约国以签署表示承受条约拘束之同意。《维也纳条约法公约》规定,在下列三种情况下,条约因缔约国的签字而对其产生拘束力:条约规定签字有此效果;另经谈判国协议确定签字有此效果;该国使签字有此效果的意思可见于其代表的全权证书或已于谈判时有此表示。如果不属于这三种情况,那么,缔约国的签字只有正式认证条约约文或文本的效果。

根据国家主权平等原则,条约签署采取轮署制。双边条约为一式两份,每一国家都在己方保存的约本首位(左)签字,然后交换,对方则在同一文本的次位(右)签字。多边条约一般拟定一份或几份文本,由缔约国按照它们所同意的文字的各国国名的字母顺序依次签字。

(三) 批准、接受、赞同(ratification, acceptance, approval)

在国际实践中,并非所有条约一经正式签署就对缔约国产生法律拘束力,一些重要的条约签字后还需要经过批准方能生效。所谓批准,是指缔约国的有权机关对其全权代表所签署的条约的认可并同意承受条约约束的行为。依《维也纳条约法公约》,遇有下列情形,一国得以批准表示承受条约拘束:(1) 条约有此规定;(2) 另经确定谈判国协议需要批准;(3) 该国代表已对条约作出须经批准的签署;(4) 该国对条约作出须经批准的签署的意思可见于其代表的全权证书或已于谈判时有此表示。批准条约属国家的缔约权利,因而国家对已签署的条约并无批准的义务③,通常情况

---

① 《维也纳条约法公约》第9条规定,国际会议议定约文"应以出席及参加表决国家2/3多数表决为之"。除此之外,议定约文"应以所有参加草拟约文国家之同意为之"。

② 另外,根据《维也纳条约法公约》第12条第2款的有关规定,谈判代表对条约作待核准之签署,如经本国确认,即构成正式签署。

③ 穆尔(J. B. Moore)法官在"马弗罗马提斯巴勒斯坦特许权案"中指出:"认为一国政府有义务批准其全权代表在其训令范围内所签订的任何条约,并从而认为条约在批准以前在法律上就已生效和可予实施的这种论点已经过时了。它只是过去的回声余音缭绕而已。"P. C. IJ. Series A. No. 2, Leyden: A. W. Sijthoff's Publishing Company, p. 57.

下是给予批准的,但也不乏拒绝批准的实例,如美国参议院就曾拒绝批准威尔逊总统签署的1919年《凡尔赛和约》。

根据《维也纳条约法公约》的规定,除批准外,国家还可采用接受、赞同方式同意承受条约的拘束,其条件与适用于批准者相同。各国宪法规定不一,许多国家批准条约的权力由立法机关行使,缔约权则属于行政机关,这样,政府签订的条约为了获得其国会的批准往往需要经过一定的宪法程序,不仅复杂繁琐,而且还有可能被拒绝批准。为了使缔结条约的程序变得更加简单方便,国际实践发展出了以接受、赞同代替批准作为国家同意承受条约拘束的方式。这两种方式与批准的差别仅在于它们是政府的行为,而批准是国会的行为。

(四) 交换或交存批准书

在国际实践中,有些双边条约除需经批准外,还必须互换批准书。所谓交换批准书,是指缔约双方互相交换各自国家的有权机关批准其所缔结的条约的证明文件。批准书一般由国家元首签署,由外交部部长副署。其内容包括条约的名称、签署或批准日期、保证遵守或履行条约等。

如条约在一方的首都签署,则批准书通常在另一方的首都交换。国际法并未规定交换批准书的时限,一般由条约本身或缔约双方协议决定,例如,1984年12月19日中英《关于香港问题的联合声明》第8条规定批准书应于1985年6月30日前在北京互换。

至于多边条约,因签字国众多,无法互换批准书。按照国际惯例,缔约各方将批准书交送条约保存国或保管条约的国际组织,由它们将条约已被批准的情况通知各缔约国。

(五) 条约的登记与公布

《联合国宪章》第102条规定:"一、本宪章发生效力后,联合国任何会员国所缔结之一切条约及国际协定应尽速在秘书处登记,并由秘书处公布之。二、当事国对于未经依本条第一项规定登记之条约或国际协定,不得向联合国任何机关援引之。"[1]联合国大会于1946年12月14日通过了关于实施《联合国宪章》第102条的规则,对登记与公布条约的有关事项作了具体规定。[2]该规则还规定了联合国秘书处除保存条约的登记簿外,还应汇集和记录其他国际条约;并将其登记、汇集和记录的国际条约附随英、法文译本,在联合国《条约集》中公布。

《维也纳条约法公约》第80条重申:条约应于生效后送请联合国秘书处登记或存案及记录,并公布之。双边条约由缔约一方或双方送请登记,多边条约的登记事项由保管该条约的机关实施。

---

[1] 登记和公布的目的在于反对秘密外交,它并不是一项强制性程序。有关当事国不履行这一程序的唯一后果是丧失向联合国任何机关援引该条约的权利。

[2] 该规则的有关内容可参见〔英〕戈尔·布思主编:《萨道义外交实践指南》(第五版),杨立义、曾寄萍、曾浩译,上海译文出版社1984年版,第434—436页。

三、条约的加入

条约的加入(accession),是指未在条约上签字的国家参加已经签订的多边条约,从而成为缔约国的一种方式,也是该加入国接受条约拘束的一种法律行为。条约的加入一般只适用于明文规定允许非签字国加入的条约,即所谓"开放性条约"。对于双边条约或非开放性的多边条约一般不存在第三国加入的问题。现今许多多边条约特别是造法性的国际公约,都向世界各国开放。根据《维也纳条约法公约》的规定,一国以加入表示同意承受条约的拘束有以下三种情况:(1)条约规定一国得以加入表示此种同意;(2)另经谈判国协议确定,某些国家得以加入表示此种同意;(3)全体当事国嗣后协议,某些国家得以加入表示此种同意。

传统国际法学认为,加入这种方式只能适用于已经生效的条约,对尚未生效的条约是不能加入的。①现代条约法的理论和实践均认为,加入与生效是两个不同性质的问题:条约生效与否不影响非签字国的加入,而只涉及对加入国的效果。加入已生效的条约对加入国立即产生拘束力;加入未生效的条约则只表示加入国同意受条约拘束,在该条约未生效之前并不对加入国产生拘束力。因此,加入不以条约生效为前提,非签字国可以加入未生效的条约,而且加入本身可算在条约生效的条件之内。②《维也纳条约法公约》第84条规定:本公约应于第35件批准书或加入书存放之日后第30日起发生效力。在这种情况下,加入的法律效果与批准无异。

加入的程序,一般是由加入国以书面形式通知条约保存方(国家或有关国际组织),由保存方转告其他缔约国。条约何时对加入国生效,由各该条约本身加以规定。

四、条约的保留

条约的保留,是指"一国于签署、批准、接受、赞同或加入条约时所作之片面声明,不论措辞或名称为何,其目的在于排除或更改条约中若干规定对该国适用时之法律效果"。一般地说,双边条约不发生保留问题,因为双边条约的所有条款都是缔约双方通过谈判达成的。若一方不同意某一条款,条约就不能成立;在条约成立后表示不接受某一条款,则意味着要重开谈判。③多边条约因参加国较多,参加时间不一致,缔约国之间关系复杂,各国的政策与利益不尽相同,因此,有的国家在参加条约时不能接受某些条款,于是引起保留问题。

---

① 菲茨莫里斯(Fitzmaurice)说:"严格地说,加入是指且只能是指对一项业已生效的条约的加入,实质上是参加一个所谓的'营业中的商行'的方式,这是来源于这样一个事实(该事实构成加入与签署的本质区别):即,加入实质上是接受已完成的事,而不是参加去完成这种事。"Yearbook of I. L. C(国际法委员会),1956, Vol. 2,第125页。

② I. L. C. Reports, 1966,第32页。

③ 事实上,尽管从技术上说,为双边条约规定"保留条款"是可能的,但是这种保留条款在双边条约范围内所构成的法律形象是不切实际的、独特的,因为它只是意味着在谈判结束后又要重开谈判。参见[英]戈尔·布思主编:《萨道义外交实践指南》(第五版),杨立义、曾寄萍、曾浩译,上海译文出版社1984年版,第410页。

(一) 保留的根据和目的

关于保留的根据,曾提出多种观点。其中一种观点,是根据国家主权,认为国家拥有平等的缔约能力,当然也就有在签署、批准或加入时对条约提出保留的权利。按照这种看法,保留的权利是无限制的。另一种观点要求保留得到全体当事国的一致同意。再就是这两种观点的折中,提出过各种方案。《维也纳条约法公约》第19条首先肯定了国家的保留权利,同时规定,国家的这种权利应受以下限制:(1) 条约本身禁止保留。例如,1956年《废止奴隶制、奴隶贩卖及类似奴隶制之制度与习俗补充公约》第9条规定,不得对公约作出保留。(2) 条约规定对某些条款不得作出保留,或仅准许对某些条款作出保留而其他条款不在保留范围之内。例如,1958年《大陆架公约》规定,不得对公约第1—3条作出保留;1957年《已婚妇国籍公约》规定,可以对公约第1条和第2条以外的条款提出保留。(3) 保留与条约的目的和宗旨不符。例如,1966年《消除一切形式种族歧视国际公约》第20条第2款规定:"凡与本公约之目标及宗旨抵触之保留不得容许,其效果足以阻碍本公约所设任何机关之业务者,亦不得容许。"

保留的目的是免除条约的某些条款对提出保留国的适用或更改某些条款,换言之,是为了免除该国的某项义务或变更某项义务。保留不同于一国表示同意条约拘束时所作的解释性声明。《维也纳条约法公约》专题报告人沃尔多克就此指出:"在这类声明中有一些具有一般性质,对它们所理解的条约含义提出客观的解释。而另一些声明的目的则是澄清一些措辞含混的条款的含义,或者澄清一些对某些国家有争议的条款的含义。再有一些声明,就涉及在一国特有的某种情况下条约的适用问题。国际法委员会认为应把保留理解为表明某些条款在应用于某一特定国家时应予摒除或更改其法律效力的声明。"1983年《联合国海洋法公约》第309条规定"除非本公约其他条款明示许可,对本公约不得作出保留或例外",第310条规定"第309条不排除一国在签署、批准或加入本公约时,作出不论如何措辞或用何种名称的声明或说明,目的在于除其他外使该国国内法律和规章同本公约规定取得协调,但须这种声明或说明无意排除或修改本公约规定适用于该缔约国的法律效力"。

(二) 保留的性质和效果

保留是提出保留国在签署、批准、接受、赞同或加入条约时所作的片面声明,因而是一种单方行为。这种行为,如果发生在条约允许保留时,就具有法律效力;但是在条约对是否允许保留未作规定的情况下,保留是否具有法律效力,在国际法上曾是一个争论很大的问题。传统的见解是基于条约的完整性以及缔约国之间权利与义务的平衡,认为除非得到所有其他缔约国的一致同意[①],缔约国不得作出保留,否则要么保留无效,要么该保留国不被承认为缔约国。这种见解为20世纪以来的国际法理论和实践所否定。因为现代国际关系的特点是以一般性多边公约为调整手段,为了争取更多的国家参加公约,使公约具有更大的广泛性,就应允许国家提出保留,而保留

[①] 这种同意可以是明示的,也可以是默示的。

的一致同意原则是不适合这一特点的要求的;而且,给予一个国家或一些国家阻止另一个国家或另一些国家参加公约的权利也是不恰当的。① 1951 年国际法院就"灭种罪公约保留案"所发表的咨询意见反映了上述观点。这一意见对后来《维也纳条约法公约》的有关规定产生了积极的影响,其第 20 条规定:

(1) 明示准许保留的条约,无须其他缔约国事后予以接受,除非条约规定须如此办理。

(2) 若从谈判国的有限数目、条约的目的和宗旨看,在全体当事国间适用全部条约为每一当事国同意承受条约拘束的必要条件时,保留须经全体当事国接受。

(3) 若条约是国际组织的组织约章,除另经规定外,保留须经该组织主管机关接受。

(4) 凡不属于以上情况,除条约本身另有规定外,如果保留经另一缔约国接受,就该另一缔约国而言,保留国是条约的当事国,但须以条约对它们生效为条件;如果保留经另一缔约国反对,条约在保留国与反对国之间并不因此而不产生效力,但反对国明确表示相反意思的不在此限;一国表示同意承受条约拘束而附有保留的行为,只要至少有另一个缔约国接受保留就发生效力。

(5) 在适用上述 2、4 时,除条约另有规定外,如果一国在接到保留通知后 12 个月的期间届满时,或至其表示同意条约拘束之日为止,两者中以较后的日期为准,没有对保留提出反对,那么,这项保留就被视为已为该国接受。

《维也纳条约法公约》第 21 条规定:凡是依本公约有关规定对另一当事国成立的保留,在保留国与该另一当事国相互之间,依保留的范围修改保留所涉及的条约规定,其他当事国相互之间的条约关系不受保留影响;如果反对保留的国家并不反对条约在它与保留国之间生效,则在该两国之间仅不适用所保留的条款。

(三) 提出和撤回保留的程序

根据《维也纳条约法公约》的有关规定,除非条约另有规定,保留可以随时撤回,无须经业已接受保留的国家的同意,对保留提出的反对也可以随时撤回。撤回保留或撤回对保留的反对,均应通知有关当事国,撤回自接受保留国或提出保留国收到撤回的通知时起发生效力。

保留、明示接受保留及反对保留,均必须以书面形式提出并送至缔约国及有权成为条约当事国的其他国家。撤回保留或撤回对保留提出的反对,也必须以书面形式为之。如保留是在签署待批准的条约时提出的,保留国应在批准条约时确认该项保留,遇此情形,该项保留应视为在确认之日提出;明示接受保留或反对保留是在确认保留前提出的,其本身无须经过确认。

五、条约的生效

国际法没有对条约生效的方式和日期作出统一的规定。《维也纳条约法公约》第

---

① 参见〔英〕劳特派特修订:《奥本海国际法》(第 8 版)(上卷第 2 分册),王铁崖、陈体强译,商务印书馆 1981 年版,第 336—337 页。

24条规定:条约生效之方式及日期,依条约规定或依谈判国之协议。在国际实践中,双边条约和多边条约的生效方式有所不同。

1. 双边条约的生效方式

双边条约的生双边条约生效的方式主要有三种:(1)自签字之日起生效。这种方式多用于经济贸易或技术合作协定。例如,1982年3月29日中国政府和瑞典政府《关于相互保证投资的协定》第9条规定:本协定自签字之日起生效。(2)自批准之日或自互换批准书之日或之后若干时间生效。如缔约双方于同日批准,条约即在该日生效;如双方先后批准,则自缔约一方最后通知的日期生效。例如,1980年10月17日中国政府和法国政府《关于设立领事机构的协议》第9条规定:本协议在缔约双方完成各自国家的法律程序后,以照会相互通知,并自最后通知一方照会发出之日起生效。1980年9月17日《中美领事条约》第42条规定:本条约自互换批准书之日起第31天开始生效。(3)自条约规定的生效日期生效。例如,1977年10月27日,《中华人民共和国政府和斯里兰卡共和国政府贸易和支付协定》第10条规定:本协定于1978年1月1日生效,有效期为5年。

2. 多边条约的生效方式

多边条约生效的方式大体有四种:(1)自全体缔约国批准或各缔约国明确表示承受条约拘束之日起生效。例如,1959年《南极条约》第13条规定,本条约须经各签字国批准始能生效。(2)自一定数目的国家交存批准书或加入书之日或之后若干时间生效。例如,1948年《防止及惩治灭绝种族罪公约》第13条规定:本公约自第二十份批准书或加入书交存之日起90日发生效力。(3)自一定数目的国家,其中包括某些特定的国家提交批准书后生效。例如,1945年《国际货币基金协定》第20条规定,经持有基金分配总额65%的各国政府,分别签字并以各该国政府的名义按协定交存文件后,本协定发生效力。《联合国宪章》第110条规定,一俟美国政府通知,有中、法、苏、英、美以及其他签字国过半数将批准书交存时,本宪章发生效力。(4)以特定事件的发生为条约生效的条件。例如,1925年12月1日《洛迦诺公约》规定,该公约在德国加入国际联盟时生效。

六、《中华人民共和国缔结条约程序法》

1990年12月28日,我国颁布了《中华人民共和国缔结条约程序法》,其主要规定有:

(1)该法适用于中华人民共和国同外国缔结的双边和多边条约、协定和其他具有条约、协定性质的文件。

(2)关于缔约权的行使,除了重复《中华人民共和国宪法》的有关规定外,该法还规定,中华人民共和国以下列名义缔结条约:中华人民共和国、中华人民共和国政府、中华人民共和国政府部门。外交部在国务院领导下管理同外国缔结条约和协定的具体事务。

(3)以中华人民共和国名义或者以中华人民共和国政府名义缔约答复,由外交部等委派代表,其全权证书由国务院总理或外交部部长签署;以政府部门名义缔结协定,由部门首长委派代表,其全权证书由国务院总理或外交部部长签署。

(4) 条约和重要协定签署后,由外交部等报请国务院审核;由国务院提请全国人大常委会决定批准;国家主席根据全国人大常委会的决定予以批准。批准书由国家主席签署、外交部部长附署。

(5) 加入多边条约和协定,由全国人大常委会或国务院决定。加入书由外交部部长签署,具体手续由外交部办理。接受多边条约和协定,由国务院决定。

(6) 经全国人大常委会决定批准或加入的条约,由全国人大常委会公报公布;其他条约的公布由国务院决定。上述条约和协定,由外交部编入《中华人民共和国条约集》。

(7) 中华人民共和国缔结的条约和协定文本,一般由外交部保存,并由外交部向联合国秘书处登记。

第三节 条约的遵守、适用及解释

一、条约必须信守(pacta sunt servanda)

约定必须信守是一项古老的原则。它最早出现于古罗马万民法,后来发展成为国际法的一项原则——条约必须遵守,或称条约神圣原则。

条约必须遵守原则是指在条约缔结后,各方必须按照条约的规定,行使自己的权利,履行自己的义务,不得违反。

条约必须遵守原则的意义,在于为国际间的互信和互赖创造条件,从而为维持和发展正常的国际关系、保障国际和平与安全提供支持。特别是根据国际法的特点,没有一个最高权力可以强制执行条约,如果不实行条约必须遵守原则,可以恣意破坏所缔结的任何条约,缔结条约也就没有什么意义了。这样就不可能有稳定而有序的国际关系,国际和平与安全也会受到损害,最终连国际法本身都可能趋于崩溃而迷失于各国利害冲突的混乱之中。正因为如此,国际法的理论和实际一向确认条约必须遵守原则并强调其重要意义。

在国际法理论上,不论根据什么学说,也不论属于哪一种学派,国际法学者们无不强调国家遵守条约的义务,一致承认条约必须遵守原则。在国际实践中,条约必须遵守原则得到了许多国际法判例的支持,也为一系列重要的国际法文件所反复申明。1871 年对于沙俄片面废除 1856 年《巴黎宣言》有关黑海中立化的条款而发表的《伦敦议定书》肯定了条约必须遵守原则,它指出,国际法的一个首要原则是任何一国不得解除自己的条约义务或修改其条款,除非通过和平与友好方法得到缔约各国的同意。《国际联盟盟约》和《联合国宪章》的序言都确认了尊重条约的义务。当然,在实践中条约被粗暴践踏的也不乏其例,如德国宰相倍特曼·赫尔维希在第一次世界大战发生之前公然说 1839 年保障比利时中立的"伦敦协约"不过是"废纸一张"。像这样蔑视条约义务的例子是不多见的。大多数违反条约的国家总是竭力抵赖违约的事实，或者歪曲解释条约的含义，或者否认条约的效力，或者提出种种理由或借口辩解其违约行为。①这些恰恰说明了条约必须遵守原则的存在：因为若没有这一原则，那些违约的国家何苦如此费尽心机呢？正如《哈佛条约法公约草案》所说："民族的自利、责任心、对于庄严地作出的许诺的尊重、避免违约恶名的愿望以及习惯的力量，在压倒多数的情形下，是足以保证严谨地遵守条约的一些有利因素。如果在特殊情形下，这些力量证明还不够，那么对于报仇的恐惧大概会阻止一个国家违反条约。在实践上，当一个国家不履行条约义务时，他方即加以谴责；如果坚持违约而并无有理由的证明，由于违约而致无过失的一方遭受任何损害，无过失一方即要求赔偿。"②由此可见，条约必须遵守原则具有足以为各国信奉的威慑力。

但是，条约必须遵守原则也不能被绝对化。从古至今，都存在各种不同性质和不同内容的条约，有形式和内容都是平等的条约，也有从形式到内容都是不平等的条约。如果不加区别，一律要求当事国予以遵守，就会造成不公平的结果。这同样不利于国际关系和国际法的健康发展。19世纪一些帝国主义国家以武力或武力威胁将一些奴役性的不平等条约强加给弱小国家，然后利用条约必须遵守原则迫使这些弱小国家履行，否则就借口不讲国际信义、不遵守国际法，再次诉诸武力或武力威胁，而它们自己则不受条约拘束。这是对条约必须遵守原则的歪曲。因此，应该得到严格遵守的只是合法的条约。具体地说，凡是在平等自愿的基础之上缔结、符合国际法基本原则的条约，就应得到遵守；反之，凡是违背平等自愿、违背国际法基本原则的奴役性的条约，则应坚决反对。《联合国宪章》第2条中载明："各会员国应一秉善意，履行其依本宪章所负之义务。"1970年《关于各国依联合国宪章建立友好关系及合作之国际法原则之宣言》重申了这一原则，并进一步指出："每一国均有责任一秉诚意履行其在依公认国际法原则与规则系属有效之国际协定之义务"。《维也纳条约法公约》第26条规定："凡有效之条约对其各当事国有拘束力，必须由各该国善意履行。"这里再清楚不过：合法的条约即有效条约。而非法的条约则当然属于无效，自不在履行之列。

二、条约的适用

条约的适用涉及条约适用的时间范围、空间范围以及在缔约国内执行等问题。

（一）条约适用的时间范围

一般地，条约自其生效之日起开始适用，其有效期由条约明文加以规定。有些限期条约还作了条约期满之前或以后经协议等方式继续延长的规定。例如，1985年6月3日《中英两国政府经济合作协定》第7条规定：本协定自1986年1月1日起生效，有效期至1990年12月31日止。在本协定期满6个月内，如无任何一方以书面通知另一方宣布本协定失效，本协定将自动延长一期，并依此法顺延。立法性的国际公

---

① 以上参见周鲠生：《国际法》（上、下册），商务印书馆1976年版，第648—649页。
② 转引自李浩培：《条约法概论》，法律出版社1987年版，第346页。

约和国际组织约章一般不规定有效期,其适用的时间是没有限制的。

根据《维也纳条约法公约》第 28 条的规定,条约没有溯及力。也就是说,除非条约另有规定,条约一般不溯及既往。对于当事国在条约生效以前发生的任何行为或事实,条约的规定对该国不发生拘束力。

(二) 条约适用的空间范围

条约适用的空间范围,就是指条约适用的领土范围。《维也纳条约法公约》第 29 条规定:"除条约表示不同意思,或另经确定外,条约对每一当事国之拘束力及于其全部领土。"条约的规定应在当事国全部领土内适用,这是公认的国际法原则。因为国家是以整体名义缔约而成为当事国的,所以条约一旦生效,其效力就应及于其全部领土,而不论其是单一国还是联邦国家。但是当一国不愿条约影响其领土的某些部分时,可以限制条约的适用范围。1990 年 4 月 4 日《中华人民共和国香港特别行政区基本法》第 153 条规定:中华人民共和国缔结的国际协议,中央人民政府可根据香港特别行政区的情况和需要,在征询香港特别行政区政府的意见后,决定是否适用于香港特别行政区。中华人民共和国尚未参加但已适用于香港的国际协议仍可继续适用。中央人民政府根据需要授权或协助香港特别行政区政府作出适当安排,使其他有关国际协议适用于香港特别行政区。1993 年 3 月 31 日《中华人民共和国澳门特别行政区基本法》第 138 条也有类似规定。①

(三) 条约在缔约国内的执行

国家缔结条约,就是要享受条约规定的权利并履行条约规定的义务。如果缔约国不在其领土内执行条约,条约规定的权利和义务就无法实现,缔约也就没有任何意义。因此,国家应采取必要的措施,以保证对其有效的条约在其领土内的执行。对此,有些国家的宪法或法律明确规定,条约是该国法律的一部分。有的国家虽未明文规定条约在其国内法中的地位,但也是应该履行的。现在有一些国际公约,明文规定缔约国应采取必要的立法或其他措施来保证条约在其领土内的执行。例如,1973 年 11 月 30 日《禁止并惩治种族隔离罪行国际公约》第 4 条规定,本公约缔约国承诺"采用必要的立法或其他措施来禁止并预防种族隔离罪行和类似的分离主义政策或其表现的鼓励,并惩治触犯此种罪行的人"。1966 年两个人权公约第 2 条也有这种规定。

(四) 条约的冲突

由于现代条约关系日益纷繁复杂,几个条约就同一事项规定相互矛盾之事时有发生,条约的适用就涉及条约的冲突问题,即缔约国先后所订的两个条约的内容不符而发生矛盾,从而产生了哪一个条约应优先适用的问题。《联合国宪章》第 103 条规定:"联合国会员国在本宪章下之义务与其依任何其他国际协定所负之义务有冲突时,其在本宪章下之义务应居优先。"1970 年《关于各国依联合国宪章建立友好关系及合作之国际法原则之宣言》重申了这一规定。该规定排除了会员国之间以及会员

---

① 根据这两个基本法第 13 条、第 14 条的规定,中央人民政府负责管理与特别行政区有关的外交事务和特别行政区的防务,因此,中华人民共和国缔结或参加的有关外交与国防的条约,中央人民政府根据情况和需要可直接适用于特别行政区,而不必征询特别行政区政府的意见。

国与非会员国之间所订条约违反宪章的可能性,对于遵守和实施宪章具有积极的意义。

《维也纳条约法公约》对就同一事项先后所订条约的适用规定如下:(1)如果条约明文规定不违反先订或后订条约,或不得视为与先订或后订条约不合,该先订或后订条约应居优先;(2)如果条约无明文规定,当先订条约的当事国亦为后订条约的当事国时,但在后订条约没有终止或停止施行先订条约的情形下,先订条约仅在其规定与后订条约相符的范围内适用,即按后订条约执行;(3)如果后订条约的当事国不包括先订条约的全体当事国,在同为两个条约的当事国之间,按后订条约执行,而在为两条约的当事国与仅为其中一个条约的当事国之间,其权利义务则依两国同为当事国的条约的规定。①

三、条约与第三国

一般地,条约仅对各当事国有拘束力,而对作为非缔约国的第三国是不发生效力的,这被称为"条约相对效力原则"。②它可追溯至罗马法中的"约定对第三国既无损亦无益"(pacta tertiis nec nocent nec prosunt)原则,后来在许多国家的民法或合同法中得到广泛采用③,并成为国际法上一项公认的原则。《维也纳条约法公约》第34条确认了这一原则,它规定:"条约非经第三国同意,不为该国创设义务或权利。"但是在特定条件下,如同各国国内法一样,国际法也允许某些条约为第三国创设义务或权利。

(一) 条约为第三国创设义务

根据国家主权,条约当事国不能将条约义务加于第三国。所以,一般而言,条约不能为第三国创设义务。但是,在严格的限制下,容许有例外。联合国为了维持国际和平与安全,并在此范围内,有必要保证作为第三国的非联合国会员国遵守《联合国宪章》第2条所规定的各项原则,包括以和平方法解决国际争端,在国际关系上不得使用威胁或武力④。《联合国宪章》第2条第6款对此特别明文规定:联合国在维持国际和平及安全之必要范围内,应保证非联合国会员国遵行这些原则。

《维也纳条约法公约》第35条规定:如果条约当事国有意以条约之一项规定作为确立一项义务之方法,且该项义务经第三国以书面明示接受,则该第三国即因此项规定而负有义务。这里,《维也纳条约法公约》对为第三国创设义务规定了两个必备条件:(1)当事国有此意思表示;(2)第三国以书面形式明示接受。这些条件是国家主权平等的当然结果,也为国际实践所肯定,例如,1932年常设国际法院关于"上萨瓦

---

① 参见《维也纳条约法公约》第30条第4款。
② 李浩培:《条约法概论》,法律出版社1987年版,第475页。
③ 例如,《法国民法典》第1165条;英美法上的"合同相互关系原则"(doctrine of privity of contract),又称合同排他原则。
④ 参见李浩培:《条约法概论》,法律出版社1987年版,第507—508页;[英]劳特派特修订:《奥本海国际法》(第8版)(上卷第2分册),王铁崖、陈体强译,商务印书馆1981年版,第346页。

自由区和热克斯区案"的判决。①然而,在维护国际和平与安全的必要的范围内同样应允许例外。例如,为了制裁而在多边公约中对侵略国科以义务,属于追究国家责任的性质,与一般的条约为第三国创设义务完全不同,因此根本不需要侵略国的同意。《维也纳条约法公约》第75条明确规定:本公约之规定不妨碍因依照《联合国宪章》对侵略国之侵略行为而采取措施而可能引起之该国任何条约义务。

(二) 条约为第三国创设权利

在国际实践中,缔约国以条约为第三国规定权利,屡见不鲜。如第二次世界大战后《意大利和约》第31条确定了一些属于阿尔巴尼亚的权利;又如《联合国宪章》第35条、第50条给予非会员国协商的权利;等等。《维也纳条约法公约》第36条规定:"一、如条约当事国有意以条约之一项规定对一第三国或其所属一组国家或所有国家给予一项权利,而该第三国对此表示同意,则该第三国即因此项规定而享有该项权利。该第三国倘无相反之表示,应推定其表示同意,但条约另有规定者不在此限。二、依第一项行使权利之国家应遵守条约所规定或依照条约所确定之条件行使该项权利。"这里,条约为第三国创设权利有三个必备条件:(1) 当事国有此意思表示;(2) 第三国表示同意,或如无相反之表示,可推定其同意②;(3) 第三国同意后应按条约规定行使权利。

(三) 取消或变更对第三国的义务或权利

条约为第三国创设的义务或权利一经确定,原条约当事国是否可予取消或变更呢?对此,《维也纳条约法公约》第37条分别作了规定:(1) 除非原条约当事国和第三国另有协议,要取消或变更该第三国已负担的义务,须经条约当事国和该第三国同意;(2) 如果经确定原意为不经该第三国同意不得取消或变更该项权利,当事国就不得取消或变更之。

(四) 条约的规定成为一般国际法或国际习惯法规则

对于某些条约,特别是多边条约,由于它所作的规定可能被许多第三国认为是应当或必须遵守的规则,且在一个相当长的时期内该规定被这些第三国反复遵行,从而使该规定成为一般国际法或习惯国际法规则,所以第三国也有予以尊重的义务。在这种情形下,条约的规定虽然给第三国带来了权利和义务,但这些权利和义务"并不是条约对第三国产生了权利和义务,而是习惯国际法附着于条约而产生"③。对此,国际法委员会在1966年报告中曾阐述说:"某些国家之间所缔结的一个多边条约可能规定一个规定或建立领土的、河流的或海洋的制度,而这个制度以后由于习惯被一些国家所一般接受并成为对其他国家有拘束力的制度,例如,关于陆战规则的海牙公约、规定瑞士中立化的一些协定以及关于国际河流和海道的各个公约。"因此,《维也

---

① 该判决指出,除了在瑞士的同意范围内,《凡尔赛和约》第435条对非缔约国瑞士没有拘束力。参见李浩培:《条约法概论》,法律出版社1987年版,第481—484页。关于《凡尔赛和约》,1920年荷兰曾以非缔约国为由拒绝协约国根据该和约第227—228条引渡德皇的请求。

② 这种表示同意为推定同意,也可以视为默示同意。

③ 李浩培:《条约法概论》,法律出版社1987年版,第489页。

纳条约法公约》第 38 条规定:关于条约与第三国之规定不妨碍条约所载规则成为对第三国有拘束力之公认国际习惯规则。

四、条约的解释

条约在执行过程中,因缔约国对约文理解不同而产生分歧,这就引起条约的解释问题。关于条约的解释,涉及两个问题,一是由谁解释,二是依什么规则进行解释。

(1) 一般地说,按照"谁有权立法,谁就有权解释法律"的罗马法格言,条约是当事国缔结的,当然应由各当事国来解释,因为只有当事国最清楚缔约的意图及各项条款所包含的内容。缔约国的解释通常表现为双方协议的"解释性声明"或"解释性议定书或换文",或在另一条约中载入"解释条款"等形式。但是,由于缔约各国所处的地位不同或利益所至,仍可能在解释上发生分歧,有许多国家参加的多边公约尤其如此。因此,许多国际条约都规定有解释的条款和解决解释争端的程序。例如,1949 年12 月 2 日《禁止贩卖人口及取缔意图营利使人卖淫的公约》第 22 条规定:"本公约缔约国间倘因本公约之解释及适用问题发生争执而不能以其他方法解决时,则经争执当事国任何一方之请求,应将其交由国际法院处理。"《国际法院规约》第 36 条不仅规定了"协定管辖",而且还将其中"条约的解释"列为其"任意强制管辖"的法律争端之一。

(2) 对条约的解释,无论是国际法的理论或是实践,都没有提供一套完整的、精细的规则。《维也纳条约法公约》第 31—33 条规定体现了四个规则:第一,善意原则,它要求对条约加以善意的解释,解释应合理、合法:同一条约中的字句应作前后一致的解释,同一字句在不同条款中应作一贯解释,解释不得违反国际法原则及条约法规则。第二,整体原则,它要求根据条约的全部条款而不拘泥于个别字句进行解释:上下文有矛盾的,应结合上下文的整体意思;特殊用语与一般用语矛盾的,先依特殊用语;有明显错误的,依正确的意思;整体解释原则包括使用条约之准备工作等补充资料。第三,目的原则,它要求特别注重条约所载的目的和宗旨,有两种以上解释时,应采用最符合条约的目的宗旨的意义。第四,通常意义原则,常设国际法院和国际法院在其判决及咨询意见中曾多次指出,"文字必须按其在上下文中通常有的意义解释,这是解释的一个基本原则";并强调"解释及适用条约约文时,首先要尽力按约文的自然而通常的意义使条文有效"[①]

(3) 关于以两种或两种以上文字缔结的条约的解释:首先,每种文字的文本在解释时具有同等的效力,除非条约明确规定了遇有解释分歧时应以某种文字为准。其次,作准文字以外的条约的其他文字文本,在解释条约时可以作为参考。最后,两种或两种以上文字都是条约文本的作准文字的,条约用语在各该作准文本内应推定为

[①] 参见"在但泽的波兰邮政服务案",P.C.I.J. Series B, No11, p.13;"加入联合国案"和"隆端寺案",I.C.J. Reports, 1950, p.8; 1962, pp.32-33.

意义相同；如遇有分歧，按条约另外明文规定为准的某种文字解释；条约未再特别规定以某种文字为准的，有关各方仅受本国文字文本的约束，而且不得从对方文字文本的不同解释中获得利益；如按照上述办法仍不能消除解释分歧时，应采用在考虑条约的目的和宗旨下最能调和各种文本的意义。

第四节 条约的修改、终止、停止执行与无效

一、条约的修改

双边条约，经当事国达成协议，可以进行修改。这种协议的达成适用关于条约缔结和生效的全部规则。多边条约的修改则有两种不同情况，对此，《维也纳条约法公约》第39—41条分别作了不同规定。

（一）全体当事国对条约的修改

全体当事国对条约的修改，《维也纳条约法公约》称之为"修正"。按照公约的规定，"条约得以当事国之协议修正之"；修正应遵守如下规则：(1) 任何修正提议必须通知全体当事国，各缔约国均有权参加对修正提议采取行动的决定，以及参加修正条约的任何协定的谈判和缔结；(2) 凡有权成为条约当事国的国家也有权成为修正后条约的当事国；(3) 未参加修正协定的原条约当事国不受修正协定的约束；(4) 修正协定生效后成为条约当事国的国家，如无相反表示，应视为修正后的条约的当事国，并就其与不受修正协定拘束的原条约当事国的关系而言，应视为未修正条约的当事国。

多边条约一般明文规定了修正的程序、条件和效力等。例如《联合国宪章》第108条规定："本宪章之修正案经大会会员国三分之二表决并由联合国会员国三分之二，包括安全理事会全体常任理事国，各依其宪法程序批准后，对于联合国所有会员国发生效力。"1982年《海洋法公约》第312条规定，自该公约生效之日起10年期间届满后，修正请求通知送达所有缔约国后12个月内有半数当事国赞成修正请求，联合国秘书长应召开会议修正公约。

（二）若干当事国彼此间修改条约

若干当事国彼此间更改多边条约，《维也纳条约法公约》称之为"修改"。按照公约的规定，这种修改必须遵守如下规则：(1) 必须是条约内规定有作这种修改的可能，或者这种修改不为条约所禁止，而且不影响其他当事国的权利和义务，也不涉及损抑整个条约的目的和宗旨的有效实现；(2) 有关当事国应将它们缔结修改协定的意思及内容通知其他当事国。

二、条约的终止与停止施行

（一）条约的终止

条约的终止是指条约由于某种法律事实和原因而使条约自动失去效力，从而解

除当事国履行条约的义务。根据国际实践和《维也纳条约法公约》的规定,条约的终止一般有如下情况:

(1) 条约到期。除无期限的条约外,规定有效期的条约在期满时即自动失效。如1950年《中苏友好同盟互助条约》规定有效期为30年,在期满前1年未有一方表示愿意废除时,可延长5年,并依此法顺延。1979年中华人民共和国全国人民代表大会常务委员会决定不再延长,该条约遂于1980年4月11日期满失效。

(2) 条约执行完毕。有些条约旨在执行一定义务或事项,例如,偿还债务、撤离驻军,一旦执行完毕,其效力即告终止。

(3) 条约解除条件成熟。有些条约明文规定了解除条件,如1957年《已婚妇女国籍公约》规定:本公约在缔约国减至不足6国之退约生效之日起失效。一旦具备了这种解除条件,条约即告失效。

(4) 条约被代替。由于另订新约,旧条约失效。例如,1960年1月28日《中缅边界协定》宣布:本协定在互换批准书后立即生效,到两国政府将签订的中缅边界条约生效时自动失效。1961年1月4日《中缅边界条约》生效,《中缅边界协定》自然终止。

(5) 退约。有些条约规定可以退出,一国退出后便对该国失效;如因退出而使缔约国数目减至不足有效数目时,整个条约失效。

(6) 缔约各方同意终止条约。在国际法上,当事国既能因其同意而受条约拘束,也就能因其同意而解除该拘束。这是自明之理。《维也纳条约法公约》第54条第2款规定,任何时候,经全体当事国同其他各缔约国咨商后表示同意,条约予以终止。

(7) 条约履行不能。条约缔结后所发生的事实致使该条约无法履行时,该条约因此而终止。《维也纳条约法公约》第61条规定:倘因实施该条约所必不可少标的物永久消失或毁坏以致不可能履行条约时,当事国得援引不可能履行为理由终止或退出条约。国际法委员会曾对此解释说,例如"实施条约所必不可少的岛屿沉没了、河流干涸了、堤坝或水电设施毁塌了"。

(8) 条约规定与新产生的国际法强行法相抵触,使该项条约成为非法而终止施行。

(9) 单方面废约。一般来说,条约不能单方面被废除,但在下述情况下,单方面废约是允许的。

第一,一方违约,他方有权废除条约。这来源于一个习惯国际法规则——"对不履行者无须履行"(exceptio non adimpleti contractus),或称为"一方不履行义务,他方亦得免除之"或"不履行契约的抗辩"。它原是国内契约法上的一个原则。《维也纳条约法公约》第60条规定:如果缔约一方废弃条约或行使了与条约目的和宗旨不符的重大违约行为时,双边条约当事国的另一方有权援引违约为由终止该条约;多边条约的其他当事国有权一致协议,在该国与违约国之间或在全体当事国之间终止条约。

第二,情势变迁。当事国在缔结条约时,总是以当时的基本情况为根据来表达其意思的。因此,其所缔结的条约的效力的持久性有赖于当时的基本情况的继续存在,即它们不发生重大变迁,否则,当事国可以因此而终止或停止施行条约。这就是所谓"一切条约都假定情势不变原则"(conventio omnis intelligitur rebus sic stantibus)。在国际实践中,情势变迁原则经常被引用,例如,1926年中国宣布废除1856年与比利时签订的含有领事裁判权的条约,就是以"情势变迁"为一个根据的。但是,由于该原则缺乏一个客观的衡量标准,某些国家往往凭主观意志决定,从而导致了对该原则的滥用。例如,1935年德国以情势变迁为借口,单方面不履行1919年《凡尔赛和约》,宣布实行普遍兵役制。因此,《维也纳条约法公约》第62条对当事国援引该原则作了严格的规定:如果缔约时存在的情况构成当事国同意承受条约拘束的必要根据,以及该情况的改变将根本变动依条约尚待履行义务的范围,那么,当事国才可以援引其作为终止或退出条约的理由。《维也纳条约法公约》第62条除对援引情势变迁原则作了严格的限制外,还规定了适用该原则的两个例外:一是不得援引它作为终止或退出边界条约的理由;二是如果因为当事国自己违反条约义务而引起情势变迁的,该国不得援引其终止或退出条约。

(二)条约的停止施行

条约的停止施行与条约的终止是两个不同的概念,界定了条约效力的两种不同状况。条约的停止施行是指一个或数个当事国在一定期间内暂停施行条约的一部或全部,在停止施行期间中止条约效力。因此,条约的终止是从终止之日起终止条约的效力,从而解除当事方履行条约的义务;而条约的停止施行不是条约效力的终止,只是暂停施行条约,在暂停施行期间解除当事方履行条约的义务,此外并不影响其他当事方之间的法律关系,嗣后必要时,可依一定程序恢复条约的施行,但也可能导致条约效力的终止。《维也纳条约法公约》的规定,当事国可以援引一方违约、情势变迁等理由,停止施行条约。一项条约可根据该条约的规定或经各当事国同意而中止施行。多边条约仅在若干当事国之间经协议中止施行,这应符合下列规定:(1)该项条约规定了可以在部分当事国之间中止施行;(2)条约在部分当事国之间中止施行应不影响其他当事国的权利和履行其义务;(3)条约在部分当事国之间中止施行不违背该项条约的宗旨和目的;(4)有关各方应将其中止施行条约的协议通知其他当事国。

三、条约的无效

条约的无效不同于条约的终止,条约终止的后果与条约无效的后果不同,条约终止一般不溯及既往,已经履行的部分不用恢复原状。而条约无效则自始至终无效。《维也纳条约法公约》规定了条约无效的各种情况。

(1)违反国内法关于缔约权限的规定。如果一项条约为无缔约权限或越权者所为且事后未得到本国追认,该项条约即为无效条约。由于缔约人的权限是由国内法规定的,所以其无权或越权必须是明显的、且涉及具有根本重要性的国内法规则,否则一国不得援引违反国内法的缔约权限为条约无效的理由;一国也应将对其代表的特定限制事先通知其他谈判国。

(2)意思表示不真实。条约的缔结乃基于缔约国的意思表示达成一致,如果一方的意思表示不真实,条约自然无效。自罗马法以来,各国私法均将错误、诈欺、贿赂、胁迫等视为契约当事人自由意思表示中"原始的瑕疵",它们玷污了当事人的真实意思,从而否定了契约的效力。①《维也纳条约法公约》对此有类似规定。第 48 条规定,如果条约存在重大错误且该错误关涉一国缔约时假定为存在并构成其同意的必要根据的事实或情势时,该国可以援引它撤销条约;第 49 条规定,一国因另一谈判国之诈欺行为而与其缔约的条约,该国可以撤销其同意;第 50 条规定,一国贿赂另一国谈判代表而与其缔结的条约,该国可以撤销其同意;第 51 条和第 52 条规定,一国同意承受条约拘束之表示是他国以行为或威胁强迫其代表而取得者,无法律效果;条约系违反《联合国宪章》所含国际法原则以威胁或使用武力而获缔结者无效。

(3) 与一般国际法强行法相抵触。如上所述,这指的是条约在缔结时与现行的一般国际法强行法相抵触的情况,在这种情况下,条约无效。

总之,在缔约国一方对他方或其代表施加强迫的情况下缔结的条约,违反《联合国宪章》所含国际法原则,以威胁或使用武力而获缔结的条约,与国际法强行规则抵触的条约,按照现代国际法是无效的。②

上述原因以外的无效条约,严格来讲是一种相对无效,当事国可以主张条约无效并撤销其同意,如果当事国不撤销其同意,条约仍然可以有效。

参考书目

[1] 李浩培:《条约法概论》,法律出版社 1987 年版。
[2] 万鄂湘、石磊、杨成铭、邓洪武:《国际条约法》,武汉大学出版社 1998 年版。
[3] 王铁崖主编:《国际法》,法律出版社 1995 年版。
[4] 〔英〕劳特派特修订:《奥本海国际法》(第 8 版)(上卷第 2 分册),王铁崖、陈体强译,商务印书馆 1981 年版。

---

① 例如《法国民法典》第 1109—1116 条的规定。
② 参见 1969 年《维也纳条约法公约》第 51 条、第 52 页、第 53 条。

第十四章 国家责任

第一节 概　说

一、国家责任的概念与性质

在国际关系中，违反国际法、违反条约义务的行为或事件时有发生，例如，一国驻另一国外交使节受到的特权和豁免受到侵犯；一国船舶在公海上正常航行而被他国军舰无端地扣押；一国拒不履行条约义务，单方撕毁与别国所签订的条约；一国对他国滥用武力，发动侵略战争；等等。在国际法上，这些违反国际法的行为就是国际不法行为。行为国要对这些行为承担法律责任，这在国际法上就称为"国家责任"或"国家的国际责任"。国家的不法行为在国际法上产生一定的后果，行为国与受害国之间由此产生相应的法律关系。国家责任制度就是确定这些法律关系，规定国际不法行为的法律后果，以及承担国际责任形式的规则。

在现代国际关系中，国家责任制度的作用主要表现在以下三个方面：

首先，通过追究国家责任以限制国家的不法行为。引起国家责任的基本条件之一是一国违反了自己所承担的国际义务。而承担国家责任的一个重要形式就是行为国必须停止其不法行为，并对自己的不法行为承担法律责任。国际法体系，不像国内法，不存在强制执法机制，因而国家责任制度起着保证各国诚实地履行自己的国际义务、限制国家的不法行为的作用。

其次，维持正常的国际关系秩序。国家责任制度本身不涉及国际法上的实体权利和义务，其作用是保证国际法的实体权利和义务得到实现和履行，因此国家责任规则又称为"第二级规则"。国家责任规则通过对不法行为的纠正，使行为规范更加明确，以保证国家间的正常往来和国际关系的稳定。

最后，追究行为国的国家责任，使受害国的损害得到合理赔偿。国家责任的最终目的之一是对权利和利益受到侵害的国家给予补偿。赔偿的形式、内容及程序是国家责任规则的重要内容。

二、国家责任理论的发展和演变

国家责任规则的内容随着国际关系的发展，发生了很大的变化。在传统国际法上，国家责任也称"国际赔偿"（international remedies），其研究范围主要局限于对外国人及其财产所造成的损害而产生的赔偿责任，与外交保护问题交织在一起。1945年联合国成立后，为促进国际法的逐渐发展和编纂，成立了国际法委员会。1949年，国际法委员会在第一届会议上选定了一系列国际法议题作为编纂的题目，国家责任则是其中之一。1953年联合国大会通过决议,要求国际法委员会开始对国家责任的国际法原则的编纂工作。在最初的十几年中,国际法委员会主要围绕对外国人的人身及其财产的损害所引起的国家责任问题进行研究。由于委员会对外交保护问题的看法存在较大分歧,该议题的审议工作进展缓慢。1962年意大利籍委员罗伯特·阿戈担任该议题的特别报告员,负责提出条款草案报告。阿戈没有延续前任特别报告员的工作思路,提出委员会应当重新界定该议题的范围,主张研究国家责任的一般规则,而不再局限于对外国人的保护和赔偿问题。1963年国际法委员会就该议题的研究方向确定了三项原则,即:(1)优先编纂国家责任的基本原则;(2)同时考虑某些领域的国际实践,包括有关对外国人造成损害的国家责任方面的实践;(3)兼顾与国家责任有关的其他国际法方面的发展。这就从根本上改变了国家责任规则所调整的范围,使国家责任规则不再仅针对国际法的某个领域的国家权利和义务,而是针对所有的违反国际义务的不法行为,规定由此而产生的法律关系和法律后果。

经过近半个世纪的努力,2001年第53届国际法委员会终于完成了国家责任条款的二读审议。同年第56届联合国大会56/83号决议审议通过了国际法委员会向联大提交的"国家对国际不法行为的责任条款及其详细评注",并决定3年后将再次审议该议题,以决定是否最终召开外交大会制定国际公约。尽管如此,国际法委员会制定的国际责任条款已引起各国政府和国际法学界的普遍关注和研究,有些条款已被国际法院作为对国际习惯法的编纂在多个案件中引用,其影响力不容忽视。需要指出的是,国家责任条款包括了大量的基于国家实践的习惯国际法规则,所以说这些条款能否最终成为公约条款已不影响它们在国际实践中的适用,条款中一些新的逐渐发展的内容,如对国际社会的责任、严重国际不法行为的后果、反措施规则等,将会影响国家实践的发展方向,因此更应加以研究。

第二节 国家责任的构成要件

一个国家对于本国的国际不法行为应当承担国家责任,这是一项国际法原则。产生国家责任必须具备两个基本条件:(1)该行为违反了该国所承担的国际义务,构成国际不法行为;(2)该不法行为应当视为国家的行为,国家责任应归咎于有关行为国。

一、国际不法行为(internationally wrongful acts)的概念

当一国的行为违反该国所承担的国际义务时,就构成国际不法行为。国际不法行为的构成要素有二:第一,该行为按照国际法的规定可视为该国的行为;第二,不法行为违反了该国所承担的国际义务。这种行为,既包括作为,也包括不作为,既可以是一项行为,也可以是多项行为,例如,在外国外交使团的安全受到威胁时,驻在国政府没有采取及时、有效的保护措施,或故意放纵破坏分子的行为,致使外交使团受到骚扰和入侵,造成损害,这就要引起驻在国的国家责任。

就国家责任而言,国际义务一般必须是在有关行为发生时对该国有效的义务。如果一项条约已终止,不再履行该条约义务的行为就不能构成不法行为。由于国家责任制度现已涵盖了国际法的各个领域,所以国际不法行为包括了从对国际法的轻微违反到侵略行为等严重违反国际法的各种行为。无论是违反了基于国际条约的义务,还是违反了基于习惯国际法的义务,其法律后果都是一样的,都要引起国家责任。当然,这并不是说具体义务和责任与国家责任的后果没有关系,相反,责任后果的具体内容取决于国际义务的具体规定,例如侵略行为与一般国际不法行为在国际法上所产生的责任后果是不同的。

多年来,学者们对国家责任的基础存在各种争议。争论的第一个焦点问题是,国家责任是否只产生于双边的国际义务,只限于条约性的义务。国际法委员会最终通过的条款规定:有关的国际义务可以是双边的,也可以是多边的;既可以是对一国或数国承诺的义务,也可以是对整个国际社会承诺的义务。这样就把国家责任的法律基础扩展到整个国际法的范围。

第二个焦点问题是具体行为人的主观要件与国家责任之间的关系。国家行为通常都是由政府官员或其代表来实施的,行为者的主观因素,即故意或过失,在国内法上一般都作为引起过失责任的必要因素。这个条件是否同样也应作为引起国家责任的必要因素,作为确定国际不法行为的必要因素,学者们则持不同意见。国际法委员会对此基本持否定态度。这主要是因为在国际法上,行为者的主观状态可否等同于国家的主观状态,这在实践中可能会出现两种截然相反的情况。一种情况是,政府代表诚实地履行了自己的职责,但其结果是该行为违反了其本国对外所承担的国际义务。而另一种情况是,政府的命令是正确的,但执行者采取越权行为,造成侵害他国利益的后果,导致引起执行者本国的国家责任。由此可见,如果将行为者的过失作为引起国家责任的必然条件,将会不可避免地产生一些法理上的困难。在很多情况下,行为者的主观状态与国家责任之间没有必然的联系。换言之,国内法上的合法行为并不导致国际法上的合法。行为者本身没有任何过失,但其行为的后果可能却违反了国际法。例如,1999年5月8日以美国为首的北约用导弹轰炸中国驻南斯拉夫大使馆,不管具体的指挥官和飞行员在执行命令中主观上是否有过失,是否如美国政府所称是因为地图上的错误而导致的"误炸",其轰炸外国使馆的行为本身就已构成了严重的国际不法行为。另外,证明行为者的过错往往是困难的,因为这涉及一国内部的法律程序和行政职权。因此,过分强调行为者的主观因素,将使国家责任制度变得过于复杂和难以操作。当然,这一原则并不否认故意或过失因素在确定国家责任时的意义。

围绕国家责任基础的第三个争议点是,国际不法行为是否一定都要产生实质损害?有的学者主张实质损害是引起国家责任必不可少的条件,否则就不产生赔偿的问题。但是,国际法委员会认为,国家责任的形式不仅限于实质损害的赔偿,还包括其他非实质的赔偿,如终止不法行为、道歉、惩罚肇事者等。例如,一国立法机关通过一项严重损害别国主权、违反国际法强行规则的法律,不管该项法律是否已经实施,并对另一国造成实际损害,都构成国际不法行为,行为国都有义务予以纠正。用该议题前报告员阿戈先生的话说,国际不法行为本身就是对受害国的一种侵害(injury),就应引起国家责任。国际法委员会最终采取了一种类似客观责任(objective responsibility)的原则,作为国家责任的基础,即作为一般原则,只要一国违反了自己所承担的国际义务,它就应当承担由此而产生的国家责任。由于各国的法律制度不同,责任的概念也不尽一致,民法中的责任形式不能照搬到国际法中来。应该说,国家责任的基础主要取决于国际法对特定义务的具体规定。对于私人的行为,国家一般不在国际层面承担直接责任。一般认为,只有当国家在防止本国国民或法人的行为给他国造成损害或惩治违法者方面未尽到应尽的职责(due diligence)时,才应承担责任。

对于一些国际公约中加以明确规定的责任,例如,对于某些高危险活动所造成的损害,缔约国根据条约的规定承担绝对或严格的赔偿责任(absolute or strict liability),即无过失责任(liability without fault)。这种责任的基础依然是有效的国际义务。

二、引起国家责任的"国家行为"(the act of state)

国际法委员会起草的国家责任条款明确规定:根据国际法,只有可归咎于国家的国际不法行为才引起该国的国家责任。

区分国家行为与非国家行为无论在理论上还是实践上都是十分必要的。根据国际法的主权原则,国家对内享有至高无上的权力,包括属人管辖权和属地管辖权。但是,并不能因此而要求一个国家对其境内的所有人从事的一切活动所产生的后果都对外负责。国家只应对以国家或政府名义所从事的或者依国际法可归于国家的国际不法行为负责。①

根据国家责任条款的规定,可归于国家的行为主要有②:

（一）国家机关的行为

国家可能通过其机关或代表进行国家行为。一个国家机关,不论是立法机关、行政机关、还是司法机关,不论是中央政府或联邦政府的机关,还是地方行政机关,只要其行为依国际法应视为该国的行为,他们的行为就应由其本国负责。处于他国境内的一国官方代表的行为,只能由其所属国负责,例如,一国常驻他国的外交、领事代表机构的行为只能由其派遣国负责。

国家元首或政府首脑在行使其职权中,如果违反了其本国对外所承担的国际义务,构成国际不法行为,就要引起该国的国家责任。由于国家元首或政府首脑的身份

---

① 传统国际法理论区分国家的原始责任和转承责任。前者指对于国家本身的行为、政府行为,无论是通过政府机关和官员还是通过授权的个人所实施的官方行为,国家承担直接的责任。而后者指对于私人或未经授权的官员所进行的某些国际侵害行为,如果国家有间接失误,也应承担国家责任。这种责任称为"转承责任"。对此,该国应采取适当补救措施,惩罚不法行为,否则该国就要为自己不采取措施防止和惩罚不法行为承担直接责任。对于这种区分,国际法委员会没有采纳,主要是因为实践中这种区分意义不大。

② 这里根据《国家对国际不法行为的责任条款草案》(国际法委员会一读暂时通过。参见《国际法委员会第四十八届会议工作报告》)。

特殊,他们的私人行为和官方行为,在实践中一般难以区分。作为国家的代表,他们享有外国司法管辖豁免权。对于他们的行为,一般不区分是公务行为还是私人行为,均视为国家的行为。

立法机关虽然在国家的政治体制中不负责国家的对外关系,但作为国家机关,其行为视为国家的行为。如果一个国家的国会或议会通过的法案违反了本国所承担的国际义务,该国就要对这一行为承担国家责任。实践中,这种立法在什么情况下产生国家责任要视具体内容和情况而定。

司法机关的行为如果违反了本国对外国所承担的国际义务,同样也可以引起该国的国家责任。对他国而言,司法机关违反国际法的行为视为国家的行为。在对外关系上,它与立法和行政机关别无二致,是作为国家机关对待的。在对待外国人的问题上,西方学说主张,如果一个国家的法院拒绝向外国人提供司法救助——拒绝受理外国人遭受损害的诉讼,或无理由地延迟诉讼,或明显司法不公,就构成"拒绝司法"(denial of justice),国家应对此承担责任。在这种情况下,由于司法机关的不当行为,对个人损害行为就转变成了国际不法行为,因而引起国家责任。

(二) 实际上代表国家行事的个人行为

个人或团体的行为,在以下情况下,依国际法亦应视为国家的行为:

(1) 经确定该人或该团体实际上系行使政府职权;或

(2) 该人或该团体,在正式当局不存在和有理由行使政府权力的情况下,实际上行使这些权力。

毫无疑问,除经国家或政府正式授权外,非代表国家行事的个人行为不应视为国家的行为。他们损害他国利益的行为只能由其个人负责。

(三) 一国交由另一国家支配的机关所做的行为

一国的机关如果交由另一国支配,并行使该支配国的政府权力,即使从国家组织结构上看,这些机关属于别国,但其行为应视为支配国的国家行为,而不是其所属国的国家行为。在实践中,如果一国的部队交由另一国支配,对于该部队的行为,给予命令的支配国就应当负责。当然,这里的前提条件是,该部队必须是名副其实地置于该国的实际控制之下,名义上的指挥而实际上无控制,则不能视为该国的行为。

(四) 逾越权限行事的机关的行为

在实践中,比较难判断越权行为。从理论上说,越权行为应视为行为者个人的行为,对由此而产生的损害,国家不负责赔偿。但是,在实践中,政府官员的某些越权行为依然能引起国家责任。这是因为,首先,在一个特定事件中,哪个行为是经授权的,哪个是违背其指示或职权范围的,二者很难截然分开。其次,有关行为是否越权,是根据国内法的有关规定来判断的。在实践中,国内法上的理由往往并不能免除有关国家在国际法上所应承担的责任。国家机关或授权行使政府职权的个人或团体的行为在国际法上视为国家行为,只要它们是在行使政府的职能,即使它们的行为超越了授权,甚至不符合其指令,也视为国家行为。

(五) 叛乱或起义活动的行为

在一国领土或在其管辖下的任何领土内成立的叛乱运动(起义活动)的行为,依国际法不应视为该国的行为,但该叛乱运动最终成为一国的新政府或导致一个新国家的诞生,该叛乱运动的行为就应视为这个新国家的国家行为。

总之,关于国家行为,国际法并不注重国家内部的政治结构。无论是立法、行政或司法机关的行为,还是联邦政府或各地方政府的行为,甚至个人和团体的行为,只要它们是代表其国家的行为,或由国家授权,实际指挥、控制,它们的行为就具有国际法上的意义,在国际法上就视为国家的行为。

三、一国牵连另一国的国际不法行为

涉及另一国行为所产生的国际责任的案例主要有三种情况:

第一种情况是援助或协助另一国从事国际不法行为,例如甲国向乙国提供军事援助和武器,帮助乙国入侵占领丙国。在这种情况下,如果甲国明知乙国的入侵行动是违法的,并且提供军事援助和武器的目的就是为了这项行动,甲国就应当为援助行为承担国家责任。

第二种情况是指挥和控制另一国从事国际不法行为。指挥和控制的国家虽然没有直接参与国际不法行为,但是如果该国明知这种行为是违反国际法的,而且假如自己从事这种行为,也是违反自己所承担的国际义务的,该国就应当对有关国际不法行为承担国家责任。

最后一种情况是胁迫他国从事国际不法行为。一国因受他国胁迫而实行某项国际不法行为,不论实施胁迫的根据如何,也不论胁迫手段是使用武力或武力威胁,或者采取经济压力或其他方式,只要由于实施胁迫使他国不得不违背自己的意愿而实行国际不法行为,则实施胁迫国应对该国际不法行为承担责任。

上述三种情况虽然程度不同,但都强调了参与国在行为中的主导和控制地位。主观上,他们都必须是对行为的违法性事先知情;客观上,他们本身也都承担了有关的国际义务。换言之,如果他们直接从事了这些行为,他们也就是从事了国际不法行为,因此而要承担国家责任。当然,以上的规定并不影响实际从事不法行为的国家按照国际法规定本应负有的责任。例如,受胁迫的国家如果超过实施胁迫国要求的范围,或者对胁迫能抵抗而不加抵抗,或者事实上是按照自己的意志行事,也应当负国家责任。

第三节 国家责任的免除

引起一国国家责任的条件是该国实行了违反其国际义务的行为,给其他国家的利益造成了损害。但是,在某些情况下,由于客观原因或条件,行为国根据国际法中的国家责任规则,可以对不法行为免除承担国家责任。根据国际实践,国际法委员会在国家责任条款中主要规定了以下几种免责情况:

一、同意(consent)

一个国家以有效方式表示同意他国实行某个与其所负义务不符的特定行为,在

这种情况下,在与该国的关系上,这一行为就不再认为是违法的,但是有关行为应以受影响国予以同意为条件。例如根据一项国际条约,一个上游国承担义务在3年内修筑一个水坝,以保证下游国免遭水灾。后来由于财政困难和其他原因,该上游国难以在预定期限内完成该条约所规定的工程。经过下游国的明示同意,工期往后推迟。除非两国另有协议,上游国对下游国因工期拖延而受到的损失不承担赔偿责任。再如,外国军舰不得随便驶入一国的领水。但经沿岸国的明示同意或批准,外国军舰进入一国领水就不视为对其领土主权的侵犯。

应当强调的是,所谓"同意"的例外不得违反国际法基本原则所确立的国际义务。任何国家不得以所谓已获得有关国家同意为理由而从事与国际强行法规则背道而驰的行为。历史上帝国主义列强借"同意"之名,对小国、弱国行侵略之实,干涉其内政的例子不胜枚举。因此,同意必须有效、明示和合法。

二、自卫(self-defense)

一国按照《联合国宪章》所采取的合法自卫措施,虽然使用武力,但并不违法,即并不违反宪章关于禁止使用武力或武力威胁的规定。

三、反措施(countermeasures)

一国针对另一国的国际不法行为所采取的对应自救措施,称为"反措施"。尽管这种反措施违反了一国原来所承担的国际义务,但也不构成国际不法行为。采取反措施的前提是,行为国的所为已构成国际不法行为,受害国对此有必要采取对应措施,以维护自己的权益。实践中,这个条件往往是由受害国单方来判断的,而且取决于双方的实力对比,所以带有很大的主观性和随意性,容易被滥用。因此是国际法委员会起草工作中最有争议的一部分。为防止滥用反措施,国际法委员会在二读草案中将反措施问题作为执行国家责任的单独一部分,在条款的第三部分第二章专门作了规定。第一,作为限制条件,反措施的目的是让违约国继续履行义务,而不是对其进行惩罚。反措施的方式和期限应以恢复履行义务为限。第二,反措施的力度要与受到的损害相当,不能过度使用反措施。第三,反措施在任何情况下都不能违反国际法的强行规则所规定的义务,这包括不使用武力原则、保障基本人权和人道主义原则等。第四,采取反措施的国家依然负有义务积极寻求和平解决争端的途径,尊重外交、领事特权豁免不受侵犯。第五,一旦违约国恢复履行义务,或有关争端已交法律程序加以解决,反措施就应当停止。

虽然委员会的条款对反措施的使用规定了一系列的限制条件,但在几个方面仍有较大的突破,在很大程度上反映了西方国家的立场。在程序上,条款规定,受害国在一般情况下应当事先通知行为国,要求举行谈判解决争议,否则将采取反措施。但委员会又规定,受害国在紧急情况下为了保护自己的权利不经通知还可以采取必要的"紧急反措施"。鉴于在很多情况下,反措施都是为应对紧急情况而采取的保护措施,"紧急反措施"与反措施在实践中有何区别,以及"紧急"的条件是值得研究的。

此外，在行为国同意采取和解争端程序之后，受害国如果认为行为国对解决争端并没有诚意，它仍然可以继续实行反措施。这种由实行反措施的国家来主观判断的规定，实际上就使其可以自由裁量何时终止反措施。有关反措施的规定还属于发展中的国际法，各国还持有不同的立场，因此国际法委员会的条款还需要国家实践的进一步检验。

四、不可抗力（force majeure）

一国违反本国国际义务的行为，是由于不可抗力，即由于该国无法抗拒、无力控制或无法预料的外界事件，以致该国不能履行自己的国际义务，则该行为的不法性可以排除，该国可以不承担国家责任。

不可抗力必须是不可预见的外界因素，并且这种外界因素使履行义务成为事实上的不可能。如果这种情况是由于行为国本身造成或引起的，这个例外规定就不能适用。

五、危难与危急情况（distress and state of necessity）

危难是指代表国家执行公务的机关或个人，在遭遇极端危难的情况下，为了挽救其生命或受其监护的人的生命，作为唯一的选择，不得已而作出的违反本国国际义务的行为。危难的理由排除该国所作行为的违法性。

危急情况是指一国为保护本身的根本利益、应对严重而紧迫的危险不得已而所作出的、但是违反该国所承担的国际义务的行为，同时该行为并不严重损害其所承担的国际义务所涉国家的根本利益。在这种情况下，该国可援引危急情况作为理由来排除自己行为的不法性。但是如果有关国际法规定禁止对该项义务援引危急情况，或者危急情况的发生是由行为国本身造成的，则不得援引这条理由来排除本国行为的不法性。

危急情况与不可抗力和危难都是由于外力的因素而引起的。在不可抗力的情况下，当事国并非有意不履行自己的国际义务，而是在事实上已无法履行，或是根本无法知道自己的行为是违反国际法的。在危急情况下，当事国对于自己行为可能产生的法律后果是清楚的，但是为了更大的利益，只能作出如此选择。危急状态并不针对个人的安危，而是国家的利益和国家本身的生存受到威胁，处于危险境地。就这三种情况而言，它们都必须满足三个基本条件：第一，它们都涉及当事者的生命或根本利益；第二，情况非常紧急和严重；第三，所采取的行为是唯一可行的办法，非此不能避免危险。

上述各项免责条款，不适用于国际法的强行规则；换言之，在上述任何情况下，都不能违反国际法的强行规则，而且上述情况一旦解除，有关行为国就应当继续履行自己的国际义务，并对造成的损失给予一定的赔偿。

第四节　国家责任的形式

在国际关系中，国家责任的概念往往被用于不同的场合。有人将其分为政治上的责任、物质上的责任、道义上的责任和法律上的责任。国际法所涉及的是法律上的责任，即：当国际不法行为发生后，国际法上要产生什么样的法律后果和什么样的国际权利义务关系。这种法律关系的表现形式就是国家责任的形式。

国家的国际不法行为一经确定，就要在行为国和受害国之间引起法律后果，形成一种新的法律关系。这种新的法律关系，不同于原来的权利和义务关系。根据国家责任规则，受害国享有要求赔偿损害的权利，而行为国承担赔偿的义务。赔偿是国家责任的逻辑后果。在著名的"霍茹夫工厂案"中，国际常设法院曾就赔偿问题发表过法律意见，认为："国际法的原则是，违反了承诺就要承担给予充分赔偿的义务。"

作为一般原则，赔偿应当是充分而有效的，而且赔偿的范围不仅包括物质损失，也包括精神损失。行为国不能以国内法的规定为理由而拒绝作出赔偿。这一点在实践中是十分重要的。有些国家在本国的赔偿法中规定对国家的某些行为，国家不承担赔偿义务。但如果涉及该国的国际义务，国家责任规则就排除了这样的规定在国际层面的适用。

根据国际实践，在确定赔偿时，还应当考虑到受害国或求偿国的国民是否有过失或故意行为而导致了损害。国家责任的赔偿理论是建立在过失理论之上的。在国际实践中，无过失则无责任，无责任则无赔偿，这一原则一直为各国所接受。因此，如果受害国的行为导致了损害的后果，无论是作为还是不作为，无论是过失还是故意所为，行为国就不能对此承担责任，这一部分损失应当从行为国的赔偿中扣除。

国际法委员会的条款将国家责任的形式分为两大类：(1) 不法行为所产生的法律后果；(2) 赔偿。前者包括继续履约的义务、停止不法行为和保证不再重犯。后者包括恢复原状、赔偿和道歉。下面将分述有关内容：

一、继续履约和停止不法行为(continued duty to perform and cessation)

当一国实行了具有持续性质的国际不法行为时，不管其后果如何，它首先有义务要停止这一不法行为。将停止不法行为作为单独的一种法律义务写入国家责任规则主要是从国际政治的现实和国家关系的现状出发的。它的作用主要是停止一个仍在进行中的国际不法行为，以保证国际法原则和规则能够继续有效地得到遵守。停止不法行为的义务不同于赔偿义务，它不取决于整个不法行为是否已完成。除非有关的国际权利和义务已被修改，或者已经终止，或者有关的不法行为已被原谅，否则行为国就必须改正自己的不法行为，继续履行义务，所以，停止不法行为的义务是无条件的。

在国际关系中，明确这一义务具有现实意义。因为当国际不法行为不是某个单独的行为或事件，而是一个有持续性的行为时，受害国首先关注的是行为国停止不法行为。在受害国实力不敌行为国,无法采取有效的自救措施,如反措施的情况下,这一规定就变得尤为重要。受害国虽然最终可以根据国家责任规则,要求行为国对其所造成的损害进行赔偿,但赔偿程序只有当整个事件终结时才能开始,而且谈判过程可能要持续很长时间。从维护权益角度看,对于受害国来说,更现实而急迫的往往是行为国立即停止不法行为。

此外,还有一类国际不法行为对于受害国来说,其损害性不仅在于它的后果,更重要的还在于它的持续性,因此停止该行为对于受害国尤其重要,例如,1999年以美国为首的北约持续不断地对南斯拉夫进行野蛮轰炸,造成平民、甚至外交机构遭受严重伤亡损失,严重违反了1949年《关于战时保护平民之日内瓦公约》的规定和国际人道主义法。显而易见,立即停止野蛮轰炸等行为对受害国来说则是第一位的。

此外,行为国即使在作出赔偿之后,依然负有继续履约的国际义务。对于强行法规则和对国际社会作出的义务来说,这项规定是不言而喻的,因为有关的国际义务并没有因为不法行为的发生而终止,而是继续有效的。对于双边的条约义务,行为国和受害国除非另有协议,否则行为应当继续履行自己的义务。这一条的目的,主要是强调国际义务必须诚实遵守。

二、保证不重犯(non-repetition)

行为国以某种形式保证不再重犯自己的国际不法行为。一般来说,保证不重犯通常是在道歉时就作出的,或是在以其他方式赔偿时作出的,而不再作为一种单独的赔偿方式加以强调。但是,保证不重犯有其独特的重要作用。不像其他形式的赔偿,保证不重犯的着眼点是将来的行为,是预防性的,而不在于对已作出的行为的后果进行补救。对于受害国来说,往往更重要的不仅是要恢复原状,对已造成的损害给予赔偿,而是要对行为国以后的行为获得保证。实践中,这项义务对于严重的国际不法行为,如侵略、大规模侵犯人权等行为更具有现实意义。

总之,当客观形势上确实存在着不法行为会重演的可能性时,受害国就有权要求行为国对于自己将来的行为提供保证,而不得再违反其所承担的国际义务,这是国家责任的必然结果。

三、恢复原状(restitution)

受害国根据国际法有权要求实施国际不法行为的国家对造成的损害给予赔偿,恢复不法行为以前所存在的原状。实践中,恢复原状有时比给予金钱赔偿还要重要。比如上游国在一条跨界河流上开挖运河,将原本流入下游的河水大量引走,以致下游国生活用水和农业灌溉都出现了严重困难,违反了两国间有关分水的协议规定。对于受到损害的下游国来说,赔偿的首要目标是重新得到水源,而并非得到金钱补偿。

恢复原状作为一种赔偿形式,比较合情合理,但在有些情况下也可能对行为国产生不公正,因此是否以恢复原状方式给予赔偿要受一定条件的限制。

首先,恢复原状要在事实上可行。如果恢复原状已在事实上不可能,就不应坚持这种方式的赔偿。有些损害一旦造成,就不可能再恢复原状,法律不能要求行为者采取事实上做不到的事情。其次,恢复原状这种赔偿形式要受国际法强行规则的限制。例如国家不得以武力或武力相威胁的方式要求另一国以恢复原状的方式给予赔偿。历史上,帝国主义列强在对待小国、弱国的关系上,常以"炮舰的方式"要求有关国家对其国民造成的损失给予赔偿。这在当代国际关系中是应当坚决禁止的。再次,基于公平合理原则,不应使一方得到的利益与对另一方所造成的负担完全不成比例。在司法判例中,这一考虑是很常见的。是否采取恢复原状方式给予赔偿,应在行为国赔偿的负担和受害国的受益之间进行平衡。如果二者之间"严重的不相称",行为国就可以不采取这种方式给予赔偿。在实践中,当事国往往就此事先达成协议。最后,恢复原状不应损害赔偿国的政治独立与经济稳定;反之,如不恢复原状也不应对受害国产生类似的影响。

四、赔偿(compensation)

根据国际法,受害国如未能以恢复原状方式得到赔偿,有权要求实行国际不法行为的国家对其行为所造成的损害以经济上可计算的方式加以赔偿,包括实际损失、利息,并在适当情形下包括利润损失,给予货币补偿。实践中这是最经常采用的赔偿方式。

关于赔偿的范围,司法判决和各国实践不尽一致,但它们倾向于只要行为与损害的因果关系成立,直接损失和间接损失都应得到赔偿。1978年苏联的核动力源卫星"宇宙—954号"坠入加拿大领土,造成大面积核污染。加拿大向苏联提出索赔。对于赔偿的范围和数额,加拿大表示:"在计算赔偿额时,加拿大认为,根据一般国际法原则所确立的有关标准,(苏联)应当对加拿大作出公正的补偿,包括所有合理的费用、所有由于卫星坠入和残骸坠落而造成的费用,以及以合理的准确性所推算出来的费用。"最终的赔偿额由双方谈判而确定下来。

赔偿在很大程度上是恢复原状的一种补充形式。当恢复原状不可能的时候,就可以采取赔偿的方式。但有时尽管恢复了原状,仍难以作出充分的赔偿,所以还要给予补偿。补偿一般适用于那些"经济上可估计的损害"。就国际法而言,对于一国尊严的损害,行为国有义务赔礼道歉。对于个人精神上的创伤,国际法则没有明确的赔偿规则。

国际不法行为所引起的国际赔偿责任在更多的情况下是对个人的损害赔偿。有些国际判例将个人的或法人的损害视为其本国的"间接损害",即国家通过其国民或法人而受到损害。这在传统的外交保护规则中多有阐述。现代国际法不再作这种"直接"和"间接"损害的区分。

五、道歉(satisfaction)

受害国有权要求不法行为国对其主权、尊严、名誉所造成的损害作出赔礼道歉。赔礼道歉本身就是一种赔偿形式。

道歉有多种形式。首先,行为国向受害国道歉。这种道歉不是一般政治意义上的行为,而是有法律意义的行为。在"孤独号案"中,美国海上警卫队将一艘涉嫌走私酒类的船舶击沉,该船为美国公民所有,但在加拿大注册。赔偿委员会裁定,美国不需要对沉船作出赔偿,但是美国海上警卫队击沉该船的行为是非法行为,美国应正式承认其行为的非法性,并向加拿大政府道歉。此外,作为赔礼道歉的一部分,美国向加拿大政府支付2.5万美元。

在美国轰炸中国驻南斯拉夫使馆事件中,中国政府首先要求美国及北约向中国作出公开、正式的道歉。这种道歉不仅具有政治意义,而且具有法律意义。

在外交实践中,对他国国旗无礼,入侵他国领空,袭击外国船舶、航空器,攻击外国外交或领事官员,骚扰使馆等,都会引起受害国外交交涉,并要求行为国道歉。道歉可以是承认错误、口头道歉、书面正式道歉或其他合适的方式。历史上还有向受害国国旗敬礼的做法。

国家的行为在实践中通常都是通过政府官员、外交代表或其他政府授权的个人所实行的。因此,对于国家的不法行为追究法律责任,受害国首先会要求行为国采取国内法措施惩治责任者。

历史上,一些战胜国向战败国提出过分的甚至是带侮辱性的赔礼要求,例如向其国旗下跪。在现代国际关系中,这种做法已不能被接受。受害国提出的赔礼道歉要求不得有损行为国的尊严。

第五节 国际罪行问题与国际法委员会的条款

当国家责任制度区别于实体权利义务规则,而作为第二级的规则,普遍适用于所有的国际不法行为之后,国际法委员会将国际不法行为分为两类:一类属于严重的不法行为,即国际罪行;另一类是一般性的不法行为。围绕国家罪行的概念在国际法上能否成立,特别是对于国内法的刑法理论能否照搬适用于国家的问题,国际法学界和国际法委员会意见分歧较大。委员会一读草案规定,如果一国所违反的国际义务对于保护国际社会的根本利益至关重要,并且整个国际社会也公认违反这项义务是犯罪时,该国际不法行为即构成国家罪行。这些罪行包括侵略、奴隶制、灭绝种族、种族隔离、严重破坏环境等。1996年一读草案完成,提交联合国大会第六委员会向各国征求意见,在国家罪行的问题上各国意见难以取得一致。

从1998年至2001年,国际法委员会对《国家对国际不法行为的责任条款草案》进行了二读审议。与此同时,国际刑法的发展使委员会在国家罪行问题上的立场发生了较大的转变。委员会最终决定在国家责任规则中放弃国家罪行的概念,而将侵略、大规模侵犯人权、种族灭绝等原定性为国家罪行的违法行为确定为"严重违反一般国际法强制规则义务",同时对这些行为所产生的国家责任的内容和后果也作了相应的修改。伴随这一重要修改,在新的条款草案中,特别报告员对"受害国"(injured state)的定义也作了较大的修改。在违反多边国际义务的情况下,特别报告员参考了

《维也纳条约法公约》的有关规定,提出凡其利益直接受到损害的国家、集团利益受到损害的国家集团成员国以及在国际社会整体利益受到损害的情况下,所有国际社会的成员,均可作为受害国向不法行为国提出权利主张。此外,除了受害国外,为了维护集体的利益或国际社会整体的利益,其他国家也可以要求行为国承担国家责任,终止不法行为,履行国际义务。

国际法委员会最终通过的条款包含几方面新的内容:

第一,对于"严重违反一般国际法强制规则"的概念,委员会采纳了《维也纳条约法公约》中强行法的定义,为体现不法行为的严重性,条款规定:违法行为应当是"严重的"或是"有系统的",排除了偶发和个别的行为。这种义务既可以基于双边规则,也可以基于多边规则,也就是说,这种义务既可能是对某个国家作出的承诺,也可能是对数个国家,甚至是对整个国际社会作出的承诺。这种义务的特征是其强制性和不可违反性,例如,不得使用武力或武力威胁解决国际争端,这一义务既可以在双边关系中,也可以在多边关系中加以规定。

第二,新条款将"对国际社会整体所承担的义务"作为一个单独的义务而加以规定。这种义务与前者概念上有重叠,但又不完全一样。这种义务既可能是强制规则,如不得采取种族隔离政策;也可能是非强制规则,如保护南极环境。这种义务的特性是责任的对象不是某个国家,而是整个国际社会。

第三,由于责任的性质和受害国对象发生了变化,国家责任的内容和实施方式也在新条款中有了一些重要修改。对于严重违反国际法强制规则的不法行为,国际社会全体成员负有不得承认其行为后果的合法性的义务,并且应当共同合作,以合法手段终止这一不法行为。在这方面,侵略行动就是典型的例子。各国不得承认侵略占领的合法性,并应当共同努力以制止和结束侵略。当然除此之外,行为国仍负有赔偿损失的义务,而且国家责任的规则并不影响国际法其他制度对侵略行为所采取的措施。

第四,在实施责任方面,国际法委员会的条款在国际法院"巴塞罗那电力公司案"判决的基础上大大向前迈进了一步,规定:除了受害国外,其他利益相关国也可以提出不法行为国的国家责任,要求其停止国际不法行为,保证不再重犯,并继续履行本国的国际义务。在多边条约的情况下,任何缔约国都可以提出这种要求,而不论其是否是不法行为的直接受害者;如果有关义务是对国际社会整体作出的,那么任何国家都可以提出要求。应该提及的是,这些国家甚至可以采取类似反措施的行动来制止国际不法行为。这种行为与现行国际法的其他制度之间是什么关系,实践中易引起争议。

国际法委员会的条款还处于发展阶段,特别是这些新的内容还有待各国的实践来加以检验和完善,目前的条款规定尚未具备实在国际法的地位,这是值得特别注意的。

第六节 程序规则

根据一般法律原则,只有权利受到侵害的国家才有资格提出求偿,这在国际法院的判决中已得到反复重申。程序上,受害国在提出国家责任之前,它应当首先通知不法行为国,要求其停止不法行为,并提出具体的赔偿要求。如果受害国已明确放弃其求偿要求,或不在合理时间内提出权利主张,该国就不应再提出国家责任的问题。在有数个受害国的情况下,它们可以各自分别提出主张,也可以共同提出主张。在不法行为是数个国家所为的情况下,受害国可以对有关国家分别提出国家责任的问题,要求其给予赔偿;但赔偿总额不应超出其实际所遭受的损失。

对于针对本国国民或公司的行为所引起的国家责任问题,国际法的有关规则依然适用,这包括:只有国籍国才有权利行使外交保护;在寻求外交保护之前,有关受害人必须首先用尽当地司法救助;只有在用尽当地司法救助,或这种司法救助无效的情况下,国家才能介入,提出国家责任的问题。

实践中,一旦发生国际不法行为,往往首先表现为国际争端,因为有关行为国会努力为自己的不法行为进行辩护,而不会轻易承认违反了国际法。如果双方事先对解决争端的程序已有协定,协定的规定优于国家责任的一般规则。国家责任制度的宗旨和目的有三:维护公正,使受害国的损失得到赔偿;强化法制,保证国际义务得到充分的履行;维持秩序,促进国际关系的稳定与发展。因此,在程序上,应当强调有关国家应根据国际法,以和平方式解决国家责任的问题。目前国际法委员会的条款没有包括这方面的内容,但和平解决国际争端的一般国际法原则,特别是《联合国宪章》第33条的规定依然适用。

参考书目

[1]〔英〕詹宁斯、瓦茨修订:《奥本海国际法》(第9版)(第1卷第1分册)第4章,王铁崖等译,中国大百科全书出版社1998年版。
[2]《国际法委员会第四十八届会议工作报告》,1996年。

第十五章 国际争端的和平解决

第一节 概 论

一、国际争端的产生

国际争端(international disputes)是国际社会现实存在的一种客观现象,它随着国家的产生、国家之间交往的开始和发展而出现,即由于各个国家之间的利益、主张和要求、权利和义务甚至对客观事实不同的认知等方面存在着差异和矛盾而产生国际争端。

在国际法上,国际争端是国际法基本主体——主要是主权国家之间的争端,可以是两个国家之间的,也可以是涉及若干个国家甚至若干个地区或世界范围的国家之间的争端。国际争端还可能发生于其他国际法主体之间(例如国际组织之间),或者是国家与其他国际法主体之间(例如某一个国家与某一个国际组织之间)。

二、国际争端的特点

第一,国际争端的主体主要是国家,因此国际争端对国家之间正常关系的影响,对世界和平与安全的影响,对有关国家、人民利益和正常生活的影响,远远超过任何其他争端。第二,国家之间不存在一个超国家的权力机关或裁判者来制定法律和解决争端,因此国际争端的解决主要取决于有关争端当事国的意愿、诚意、努力、同意和第三方的协助。第三,国际争端往往涉及有关国家和人民的重大利益,比其他任何争端都错综复杂和难以解决。因此,在国际实践中,国际争端的解决通常需要比较长的时间,有些甚至需要几年、十几年或几十年。第四,国际争端产生的原因比较复杂,既可能有政治因素,也可能有法律因素,还可能有事实因素和历史原因等,往往是各种因素和原因交织在一起。第五,解决国际争端的方法和程序是随着历史的发展而发展、变化的。随着历史的发展和变化,一些新的争端解决方法、程序和机制可能得以出现和发展。第六,国际争端的解决受到国际关系力量对比的制约,同样性质的争端在不同的情况下,解决的办法、程序和结果可能不同。和平解决国际争端事关国际和平与稳定,事关国家之间的正常交往和有关主权国家的政治、安全、经济等重要利益。在当前错综复杂的国际形势下,国际争端的和平解决对维护世界和平与稳定,有着特殊的重要意义和现实需要。

三、国际争端的性质和种类

在国际法上,国际争端因其发生原因和性质的不同,一般分成四类:

第一类是法律争端,在传统国际法上也被称为"可裁判的争端"(justifiable dispute)。法律争端是指争端当事方的各自要求和主张是以国际法为根据的争端,也是可以通过法律方法解决的争端。这类争端通常关系到有关国家被国际法承认和保护的权利和利益。

第二类是政治争端,在传统国际法上也被称为"不可裁判的争端"(non- justifiable dispute)。政治争端是指起因于有关国家的政治利益的争端,通常被认为是指不能通过法律方法或有关争端当事国不愿意通过法律方法解决的争端。这类争端一般对争端当事国的独立、主权等有重大影响,因此难以或者有关国家不能接受用法律方法来解决。

第三类是混合型争端。这类争端既涉及争端当事方的法律权利,也涉及其政治利益。事实上,在国际关系中,单纯的法律争端或政治争端并不多见,更多的国际争端都属于混合型争端,即政治利益的冲突中往往含有法律的因素或者以法律争端的形式表现出来。混合型国际争端的解决,既可以采用法律的解决方法,也可以采用政治的解决方法,还可以采用法律和政治方法并用的解决方法。

第四类是事实争端。这类争端是指起因于有关争端当事方对某项事实、某种情况的真相争执不下的争端。通常是各争端当事方由于对事实问题不清楚或认识不一致,对事实真相各执一词。因此,这类争端比较适合于采用某些特殊的、有效的解决方法,例如:调查、和解等。

四、国际争端的解决方法

用不同的方法来解决不同性质的国际争端,一方面易于争端当事国的接受,另一方面因为有针对性,可能会收到事半功倍的效果,从而有助于维护国家之间的正常关系,维护国际和平与稳定。

根据有关主权国家参与解决国际争端的情况,和平解决国际争端的方法可以分为两类:一类是争端当事方直接地讨论和商定对争端的解决,而无须任何其他国家的参与或介入,例如谈判或协商的方法;另一类是经各争端当事方的同意,由非争端当事国的第三方(可以是任何国家、国际组织或个人)协助、参与或主持争端的解决,亦被称为"第三方解决"方法,例如调查、斡旋、调停、和解等。

从解决国际争端的手段进行分类,传统国际法分为和平解决方法和强迫解决方法。所谓和平解决(amicable settlement)方法,是指以武力以外的手段或方法解决国际争端,即用政治的方法(也称外交方法)和法律的方法来解决国际争端。政治的方法是指谈判、协商、调查、斡旋、调解、和解等方法;法律的方法是指通过仲裁和司法来解决争端的方法。所谓强迫解决方法,是指一个国家为了使另一个国家同意它所要求的对国际争端解决和处理,而采用某些带有强制性的解决措施和方法。强迫解决(compulsive settlement)方法主要包括反报、报复、平时封锁、干涉等争端解决方法。在传统国际法上,战争曾被认为是解决争端的强制方法之一,但在理论上与其他强迫解决方法有明显的区别,即虽然强迫解决方法也包括带有使用武力性质的某些措施,但争端当事国和其他国家不认为其是战争行为,因而正常的国家关系保持不变。

反报(retorsion)是指一国对另一国某种不礼貌、不善良、不公平或不适当的行为以同样或类似行为作为反击,即以一个有害行为反击另一个有害行为。但是,一旦受到反报的国家改变了其行为,一切反报行为必须立即停止。

报复(reprisals)是指一国例外地被准许对另一国所采取的有害行为或其他国际不法行为,以迫使后者同意接受由其自己的国际不法行为所产生争端的满意解决。报复与反报的主要区别在于反报与国际不法行为的实际存在无关,而报复则必须以另一国的国际不法行为的实际存在为本国行为的基础。报复虽有积极报复和消极报复之分,但都必须与所受损害和为取得赔偿所需要的强制成比例。

平时封锁(pacific blockade)是指一国在和平时期以军事力量阻止船舶进出另一国的港口或领海,以迫使被封锁国接受前者所提出的解决争端条件的行为。在历史上,平时封锁曾是一种被经常采用的争端解决方法,但由于它是一种以武力来实现的具有严重后果的强制性措施[①],是对被封锁国领土主权的侵犯,因此在现代国际法上是被禁止的。

干涉(intervention)是指一国用强制性的方法,特别是以武力手段介入或干预其他国家内部事务的情形。在现代国际法上,干涉被认为是违反国际法的国际不法行为,但是近年来也有少数国家打着"人道主义干涉"等旗号,试图为武力干涉别国内政寻找合法根据。

第二节 和平解决国际争端原则的确立及其意义

一、第一次海牙国际和平会议以前

在人类社会漫长的历史中,战争曾经是国家推行其内外政策的工具,其合法性在传统国际法上长期得到肯定和保护。在很多个世纪中,战争连绵不断,战火夺去了无数无辜百姓和战士的生命、健康、家庭幸福、财产和尊严,给人类带来无尽的、惨不堪言的痛苦、折磨、灾祸和悔恨。

二、第一次海牙和平会议以后

1899年5月至7月,在俄国沙皇尼古拉二世的提议下,26个欧洲和其他地区国家出席了在荷兰海牙召开的第一次海牙和平会议。会议通过了3项公约、3项宣言和1项决议。其中最重要的是1899年《和平解决国际争端公约》,规定于1900年成立常设仲裁法院,公约缔约国应尽可能避免诉诸武力;在诉诸武力前,如果条件允许,应求助于斡旋等和平方法解决有关国际争端。1899年的《和平解决国际争端公约》体现了和平解决国际争端、放弃使用武力的国际社会早期努力,但是由于历史条件所限,

---

① 〔英〕劳特派特修订:《奥本海国际法》(第8版)(下卷第1分册),王铁崖、陈体强译,商务印书馆出版1981年版,第106页。

并没有规定缔约国有和平解决争端的强制性义务。

第二次海牙和平会议在美国政府的推动下,于 1907 年 6 月至 10 月在海牙召开。参加会议的国家有 44 国。会议最终通过了 13 项国际公约和 1 项宣言,其中包括和平解决国际争端和限制"诉诸战争权"的《和平解决国际争端公约》和《限制使用武力索取契约债务公约》。上述公约是对第一次海牙和平会议和平解决国际争端制度和方法的发展,也是对国家"诉诸战争权"的进一步限制。然而,由于历史的局限,上述公约仍未能作出禁止诉诸战争解决国家之间争议或争端的规定。

在两次海牙和平会议期间,国家之间的争端和在国家关系中使用武力的情况屡见不鲜。大多数国际争端并未能以和平方法得到解决,虽然战争的"使用率"有所下降,但以强制方法解决国际争端的合法性却是国际公认的。

三、第一次世界大战以后

第一次世界大战灾难性的惨痛教训,使得世界各国进一步认识到和平解决国际争端的重要性。首先,第一次世界大战的战胜国于 1920 年成立了国际联盟,《国际联盟盟约》明确规定了会员国有义务以和平方法解决它们之间的争端。其次,为了满足国际社会以法律方法解决国际争端的需要,国际联盟创立了第一个真正意义上的国际司法机构——国际常设法院。然而,《国际联盟盟约》并没有完全禁止以战争方式解决国际争端,而只是规定在一定的时间内、一定的条件下不得诉诸战争。

为了废弃战争作为国家政策的工具,在法律上实现和平解决国际争端的目的,在法国、美国政府的倡议下,15 个国家于 1928 年 8 月 27 日在巴黎签署了《关于废弃战争作为国家政策工具的一般条约》(简称《巴黎非战公约》或《白里安—凯洛格公约》)。《巴黎非战公约》在法律上第一次禁止把战争作为国家推行国家政策的工具,第 2 条明确规定:缔约各方同意,它们之间可能发生的一切争端或冲突,不论其性质或起因如何,只能用和平方法加以处理或解决。然而,无论是国际联盟,还是国际常设法院,还是《巴黎非战公约》,都无法实现和平解决国际争端、世界从此进入和平的善良愿望,第二次世界大战最终还是在 10 年后不幸地爆发了。

四、第二次世界大战以后

在经历了"今代人类两度惨不堪言之战祸"以后,在第二次世界大战中共同抗击德、意、日法西斯的 50 个国家于 1945 年 6 月 25 日在旧金山召开会议,一致通过了《联合国宪章》。1945 年 10 月 24 日,《联合国宪章》开始生效,世界历史上最大的普遍性国际组织——联合国正式宣告成立。

《联合国宪章》把"维持国际和平及安全"作为联合国的首要目的,为了实现这一目的,宪章规定了两个步骤:一是"以和平方法且依正义及国际法之原则,调整或解决足以破坏和平之国际争端或情势";二是"采取有效集体方法,以防止且消除对和平之威胁,制止且消除对和平之威胁,制止侵略或其他对和平之破坏"。

在联合国七十多年的历史中,和平解决国际争端始终是联合国的首要目标和任务,也有过不少成功的实践。然而,国际争端的存在仍是当今世界不可否认的现实,并且始终都是对国家之间正常关系、国际和平及安全的首要威胁。冷战结束后,意识形态虽然不再是影响国家之间关系的主要因素,但是地区冲突和国家之间的争端仍此伏彼起,而且时有升级和愈演愈烈之势,例如:巴以冲突、科索沃冲突、伊拉克战争、利比亚战争、克什米尔冲突、克里米亚冲突、朝鲜半岛核危机、叙利亚危机、中美贸易争端,等等。

五、和平解决国际争端原则的重要和现实意义

和平解决国际争端是一项国际关系的基本准则和国际法的基本原则。

其一,《联合国宪章》对和平解决国际争端有明确规定。《联合国宪章》第1条第1款规定:维持国际和平与安全;并为此目的:采取有效的集体方法,以防止且消除对于和平之威胁,制止侵略行为或其他和平之破坏;并以和平方法且依正义及国际法之原则,调整或解决足以破坏和平之国际争端或情势。第2条第3款规定:各会员国应以和平方法解决其国际争端,俾免危及国际和平、安全及正义。《联合国宪章》第六章还规定了和平解决国际争端的原则、方法和程序。目前,联合国会员国几乎包括了世界上所有的国家,《联合国宪章》对所有会员国都具有法律约束力。

其二,联合国通过的一系列重要决议和宣言中都重申和确认了和平解决国际争端的原则。例如,1970年10月24日联合国大会通过的"联合国25周年纪念宣言"、1970年12月16日通过的"加强国际安全宣言"、1970年通过的"关于各国依《联合国宪章》建立友好关系及合作的国际法原则宣言"、1982年通过的"关于和平解决国际争端的马尼拉宣言"、1988年通过的"关于预防和消除可能威胁国际和平与安全的争端和局势、关于联合国在该领域的作用的宣言"、1991年通过的"关于联合国在维持国际和平与安全领域中的实况调查宣言"、1994年12月9日通过的"联合国和区域安排或机构在维持国际和平与安全方面加强合作宣言"、1995年12月11日通过的"国家之间和解争端的联合国示范规则"和1998年12月8日通过的"国际谈判原则和准则草案",等等。

其三,众多的国际组织、区域性国际组织的章程和国际公约、区域性条约都明确规定了以和平方法解决成员国或缔约国之间争端的义务。例如:1982年《联合国海洋法公约》、1994年《马拉喀什建立世界贸易组织协定》、1957年《欧洲和平解决国际争端条约》、1948年《美洲国家组织宪章》、1963年《非洲统一组织宪章》、1993年《马斯特里赫特条约》(又称《欧洲联盟条约》),等等。

其四,和平解决国际争端原则与其他国际关系基本准则、国际法基本原则密切相关,相辅相成,共同构成国际关系和国际法的基础。例如:在国际关系上不使用武力原则、不干涉内政原则和国家主权平等原则,等等。

其五,经过世界各国的长期实践和确认,和平解决国际争端原则已经成为国际法的强行法规则,不仅对有关国际组织或区域组织的成员、有关条约或国际公约的缔约方有法律拘束力,而且对国际社会的其他成员都有国际习惯法性质的法律拘束力。

和平解决国际争端原则作为一项国际关系的基本准则和国际法基本原则,不仅赋予国家一项法律义务,同时给予国家一项法律权利,即:国家不仅有权要求与其存有分歧或争端的国家以和平方法解决它们之间的争端,还有权自由选择和平解决国际争端的具体方法。国家有权根据自己的意愿,根据争端的具体情况,通过与其他争端当事国的协议,选择和决定自己认为适当的争端解决方法。

第三节　解决国际争端的政治方法

解决国际争端的政治方法,亦称为外交方法,是指法律方法以外的争端双方解决方法和争端双方以外的第三方解决方法。政治解决方法一般包括:谈判或协商、调查、斡旋或调停、和解。

政治解决方法的主要特点是:

(1) 适用各种不同类型的国际争端。只要争端当事方同意,无论是政治争端,还是法律争端,无论是混合型争端,还是事实争端,都可以通过政治方法解决。

(2) 争端当事方的主权得到充分的尊重。政治方法是在争端当事方享有充分的自由的情况下提出和采用的,争端当事方始终享有完全的自由裁量权。

(3) 不影响争端当事方同时或今后采用其他的争端解决方法。争端当事方可以在使用一种政治解决方法的同时或者在一种政治方法不成功的情况下,随时采用另一种政治方法或政治方法以外的法律解决方法。

一、谈判或协商

谈判(negotiation)或协商(consultation)是指两个或两个以上的国家或国际组织为了有关冲突、矛盾或争端得到谅解或解决,而进行的直接交涉或接触,包括澄清事实,阐明观点,消除隔阂和误会,增进相互了解和信任,以寻求双方都能接受的解决方法。在国际实践中,谈判或协商是解决国际争端最经常使用的方法,也是一种最基本的政治外交解决方法,适用于各种类型的国际争端。

谈判或协商的共同特点是:

(1) 争端当事方之间直接交换意见,自始至终地参加和掌握谈判或协商的整个过程,而不需要第三方的参与或介入;

(2) 适用于各种类型的国际争端,包括政治性的、法律性的、混合型的、技术的和事实的争端;

(3) 谈判或协商是各争端当事方最经常用来解决争端的方法,尽管不可能全部取得成功,但在国际实践中确实较成功地解决了很多国际争端;

(4) 由于谈判或协商是争端当事方之间直接进行的,具有保密性强、节省费用、有利于维持争端当事方之间的友好关系、其谈判或协商结果能够得到有关争端当事方的执行和遵守;

(5) 在谈判或协商中,争端当事方原则上处于平等地位,它可以提出、接受、拒绝或修正任何解决争端的建议；

（6）除另有协议外，争端当事方可以在任何时候平行选择它认为适当的其他争端解决方法，包括在进行谈判和协商的同时，诉诸其他的争端解决方法。

谈判或协商的结果有三种：一是争端的当事一方作出让步，放弃自己原来的权利主张或要求，接受争端另一方的意见、主张或要求；二是争端的当事方互相让步，相互妥协，找出双方都能接受的解决方法或结果；三是争端当事方坚持己见，互不让步，造成谈判或磋商破裂，而只能采用其他的解决方法。

谈判作为一种解决国际争端的方法在历史上早就出现，到了近代特别是现代，谈判的方法越来越普遍，并且逐步发展成为比较有效、成熟的国际争端解决方法，是当之无愧的和平解决国际争端的首要方法。协商的方法则是在现代被明确提出并受到越来越多的重视。① 特别是20世纪60年代以后，协商在很多国际条约中被作为和平解决国际争端的一种公认的方法得到明确规定，越来越多的争端当事方在解决它们之间的矛盾或争端时诉诸协商方法。然而，在实践中，国际上一般并不在谈判与协商之间加以区分。

谈判或协商的形式、程序和运作多种多样、非常灵活，可以是口头形式，也可以是书面形式；可以是双边形式，也可以是多边形式；还可以是两种形式并用。进行谈判或协商的人员可以是争端当事方派遣的任何级别的人员，但通常双方人员级别基本对等；谈判或协商的持续时间长短各异，可以在一天或数天内结束，也可以旷日持久；如果谈判或协商取得成功，争端当事方通常以发表书面文件的形式反映双方达成的协议，书面文件的形式是多种多样的，可以是协定、联合声明、公报、备忘录等；如果谈判或协商未取得成功，争端当事国可以无限期地停止谈判或协商的进程，也可以公开宣布谈判或协商失败。

二、调查

调查（investigation）又称"查询"（inquiry）或"实况调查"（fact-finding），指在特别涉及对事实问题发生分歧的国际争端中，有关争端当事方同意一个与争端没任何关系的第三方（a third party），通过一定的方式调查有争议的事实，查明是否存在争端当事方所声称的情势，以有助于合理解决争端的一种方法。调查作为查明事实和调查研究的公正第三方解决方法有以下特点：

（1）把外交、法律和技术方法结合起来，既可以就争端的问题作出公正的调查报告，又可以提出解决该争端的具体建议；

（2）一般由条约性法律文件具体规定调查机构的组成、其工作方法、程序和职能；

（3）调查通常是和平解决国际争端的第一步，只是查明有争议的事实，争端的解决尚待争端当事方的下一步行动；

---

① 例如，《联合国宪章》第33条列举的和平解决国际争端方法中并未提到"协商"的方法。

（4）调查的结果通常是一份调查报告，提供给争端当事方和有关的国际机构，报告的内容一般只限于叙述已查明的事实，对争端当事方无拘束力。

在国际实践中，调查的方法一般都有一定的组织或机构，但名称各有不同，例如：国际调查委员会、国际实况调查委员会等。这些组织或机构根据有关条约、有关组织章程等法律文件来履行其职务。

调查是最早确立的和平解决国际争端的方法之一。从1899年第一次海牙和平会议开始的国际实践看，调查一直都是为各国和国际组织所承认和接受的解决国际争端的方法，特别是得到了包括《国际联盟盟约》《联合国宪章》在内的一系列国际法律文件的确认和重申。

调查的开始主要取决于有关条约或组织章程的具体规定。常设的调查委员会和临时的调查委员会往往是各不相同的。由于常设的调查委员会一般是根据有关条约设立的，所以其开始调查的时间是根据条约的具体规定；而临时的调查委员会则取决于决定设立委员会的有关争端当事方之间达成的有关协议，即根据争端当事方的意愿开始调查。调查的组织机构，既可以是由若干人组成的调查委员会或调查小组，也可以是单独的一个人。在国际实践中，一般是若干人组成的调查委员会或调查小组。调查的手段和工作方法主要包括听取争端当事方的意见、询问证人、收集证据和查看现场等。调查的目的是查明事实真相，促使争端在此事实基础上得到解决。调查的结果一般是由调查委员会或调查小组撰写调查报告，提供给被调查的争端当事方或有关国际机构。调查报告的内容可以只限于叙述已确认的事实，但对争端当事方没有拘束力；也可以是对有关事实的结论性意见，并对争端当事国有拘束力。

三、斡旋或调停

斡旋（good offices）或调停（mediation）是除谈判或协商以外、最经常使用的和平解决国际争端的政治方法，是指在争端当事方之间不能通过直接或协商解决争端时，第三方善意地主动或应争端当事方的邀请，进行有助于促成争端当事方直接谈判、协助争端当事方解决争端的方法。

尽管斡旋或调停都是第三方解决争端的方法，而且在相当多的国际公约和国际实践中对它们不作严格区分，但在理论上，斡旋和调停是两种不同的解决争端的方法。斡旋的特点是：第三方主动地进行有助于促成争端当事方之间直接谈判的行为，但斡旋者本身不参加谈判；而调停的特点是：第三方以中间人的身份主动推动争端当事方采取和平的方法解决其之间的争端，包括提出建议作为争端当事方进行谈判的基础，并且直接参加争端当事方之间的谈判，以促使争端当事方达成妥协。然而，无论是斡旋还是调停，争端当事方均有采取任何主权行为的自由，均对争端的解决保有完全的自由，不因斡旋或调停的进行而承担任何义务；进行斡旋或调停的第三方不能把自己的意见和建议强加于争端当事方，无论斡旋或调停是否成功，第三方都不承担任何法律义务。

斡旋或调停的开始，可以是由主动进行斡旋或调停并为争端当事方所共同接受的第三方提出开始的建议被接受而开始,也可以是由争端当事方邀请第三方进行斡旋或调停并为第三方所接受而开始。在一般情况下,斡旋的工作方法是第三方通过与争端各当事方进行接触和取得联系,了解争端各当事方的立场和主张,然后向各方转达彼此对争端的立场,使争端当事方能够重新坐到谈判桌前;而调停的工作方法则主要包括第三方与争端当事方交换意见,澄清问题,草拟解决争端的建议,作出临时安排以替代争端的最终解决方法。在任何情况下,进行斡旋或调停的第三方不能把自己的意见或建议强加于争端当事方,并且对争端当事方不产生法律后果。当然,如果调停人的建议被争端当事方所接受,这些建议就将成为争端当事方解决争端的基础。

四、和解

和解(conciliation)是指争端当事方通过条约或其他形式,同意或商定把它们之间的争端提交给一个由若干人组成的委员会,委员会通过对争端事实的调查和评价,向争端当事方澄清事实,并在听取各当事方意见并作出促使它们达成协议的努力后,提出包括解决争端建议在内的报告的争端解决方法。和解也是一种第三方解决争端的政治方法,其特点是:

(1) 争端当事方根据条约或其他协议,同意把争端提交给一个由数人组成的和解委员会;

(2) 和解委员会有固定的组织、工作方法和程序等;

(3) 和解委员会不仅调查争端的事实,而且还提出解决争端的具体建议;

(4) 和解的结果对争端当事方有道义上的拘束力。

和解是一种解决国际争端的传统办法,产生于19世纪末,在20世纪上半叶以后得到了进一步的发展。由于和解方法基本上是以双边条约或国际公约为法律根据,所以和解的工作则因条约或国际公约的不同而有所差异。但是,和解的基本程序和工作方法通常是:

(1) 用调查或其他方法搜集一切与争端有关的、必要的情况;

(2) 设法使争端当事方就解决争端达成协议;

(3) 设法提出适当的解决争端的条件和方法,供争端当事方考虑和采纳;

(4) 规定争端当事方作出是否接受和解结果的最后期限。

在历史上,和解基本上是任择性质的第三方解决争端的方法,具体规定在以和解方法解决国际争端的条约或国际公约中。然而,近几十年来出现了一种使和解在某些情况下具有一定强制性的新的发展趋势。

和解不同于调查,和解委员会也不同于调查委员会,其主要区别在于:前者的目的是通过和解委员会的工作,积极协助和推动争端当事方就解决争端达成协议;而后者的目的则是查明事实真相,在此基础上希望争端当事方能够自行解决其之间的争端。和解也不同于调停,前者是争端当事方把争端交给一个由若干人组成的和解委员会,以求通过委员会公正和客观的调查以及所提出的建议来谋求争端的和平解决;

而后者则是进行调停的第三方主动以各种方法,努力使争端当事方进行直接谈判或磋商,促成其讨论和寻找解决争端的方法。

和解委员会是和解方法的重要方面,其组成一般在有关条约或国际公约中有明确和具体的规定。和解委员会的人数一般是单数,可以是 3 名或 5 名,争端当事方各指定 3 名和解员中的 1 名或 5 名和解员中的 2 名,第 3 名或第 5 名和解员由争端当事方协商指定或者由争端当事方指定的 2 名或 4 名和解员共同指定,并且应该是非争端当事国的国民。被争端当事方共同指定的和解员一般还被同时指定为和解委员会主席。如果争端当事方就指定最后一名和解员发生困难而妨碍了和解委员会的组成时,争端当事方可授权第三方(通常是第三国或 1 名知名人士,如联合国秘书长或国际法院院长)来指定。事实上,在 20 世纪下半叶缔结的条约或国际公约中,有关和解委员会的组成和指定程序已发生了一些变化,即一般都规定要事先编制并保持一份和解员名单,以供争端当事方从中挑选和指定和解员。

和解可以根据有关条约或国际公约中的和解条款或特别规定开始,也可以根据争端当事方的一致同意开始。前一种情况反映了一种发展趋势,即争端当事方可以根据有关规定,单方面提出和解要求,而且和解要求一旦提出即可以开始和解程序,也就是单方面的强制和解。后一种情况是传统的和解程序,即和解的开始需要争端当事方的一致同意,也就是任择性的和解。

在一般情况下,和解委员会应自行决定和解的程序规则,或者除非各争端当事方不同意,和解委员会应决定其工作程序。和解委员会的程序规则、报告和建议等问题的决定,应由其成员的多数票作出。

和解的第一步工作是听取争端当事方的陈述、审查其权利主张和反对意见、召集和听取证人与专家的陈述、在征得争端当事方同意的条件下到与争端有关的地区实地调查或访问等。和解的第二步工作是听证,即和解委员会听取争端当事方的代理人、辩护人和专家的意见,并可以要求争端当事方提供委员会进行和解工作所必需的文件和情况。和解的第三步工作是在和解委员会结束工作时,编写并提出一份包括有关问题的调查情况和解决争端建议的正式报告。报告应分发各争端当事方以及有关的国际组织和机构。传统上,和解委员会所提出的解决争端的建议往往对争端当事方没有拘束力,但现代出现了和解委员会提出对争端当事方有一定拘束力的建议的情况,即和解委员会作出的建议或决定是最后的,而且对争端当事方有拘束力。

第四节 和平解决国际争端的法律方法

和平解决国际争端的法律方法,是指用仲裁或司法判决的方法来解决国际争端。其特点是:

(1) 适用解决法律性质的争端或混合型的争端;

(2) 裁判争端依据的是法律规则,而不是一般的道德规范、社会习俗、世俗的是非标准等;

(3) 有相对完善的组织机构和比较固定的程序规则;

(4) 仲裁裁决和司法判决对有关争端当事方有拘束力,其有义务诚实履行仲裁裁决和司法判决;

(5) 是解决国际争端的最后方法,争端当事方一般不得再诉诸其他争端解决方法。

一、仲裁

仲裁(arbitration)是指争端当事国达成协议同意将它们之间的争端交由自己选任的仲裁员来裁判并承诺服从裁决的一种国际争端解决方法。从形式讲,仲裁类似于司法判决,但实际上与司法判决不同:仲裁属于"自愿管辖"性质,由争端当事国自愿把争端交给自己选任的仲裁人,仲裁人在争端当事国协议规定的范围内根据争端当事方选择的法律作出裁决。同时,仲裁也不同于国际争端的政治解决方法,其根本区别在于仲裁裁决对争端当事方有拘束力。

仲裁的特点是:

(1) 争端当事国自己愿意把争端提交仲裁解决,同时争端当事国有权自己选择仲裁员;

(2) 仲裁裁决对有关争端当事国有拘束力,争端当事国自愿将争端提交仲裁,就表明其愿意诚实服从和执行仲裁裁决;

(3) 仲裁裁决是根据法律作出的,争端当事国有权选择仲裁所依据的法律。

古代的希腊及中世纪欧洲国家之间就已广泛采用仲裁方法来解决争端。从18世纪末期开始,仲裁得到越来越广泛的采用,特别是19世纪后期,仲裁越来越受到重视,并且成功地解决了一些复杂或严重的国际争端,极大地提高了仲裁的地位。同时,仲裁案件所涉及的争端范围也越来越广,有涉及国家主权和利益被侵犯的争端,也有涉及国家领土的纠纷,还有关于海上中立法和海上捕获法等方面的争端,等等。20世纪以来,仲裁的适用范围更加广泛,并得到了包括《联合国宪章》《联合国海洋法公约》在内的一系列国际法律文件的确认和发展。这样,仲裁逐渐发展成为现代国际法上很重要一种的和平解决国际争端的方法。

(一) 仲裁的法律根据

仲裁是自愿管辖,因此进行仲裁的先决条件是争端当事国同意把它们之间的争端提交仲裁解决,而争端当事国表示同意一般是采用以下两种形式:

(1) 订立仲裁条约或协定。争端当事国通过订立仲裁条约或协定,表明其把争端交付仲裁的同意和合意[①],并因此承担了诚实服从和执行仲裁裁决的义务。仲裁条约或协定可以是两个国家之间订立的,也可以是两个以上国家之间订立的;可以是在争端发生以后为解决特定争端而临时订立的,也可以是为了今后可能发生的争端事

---

① 菲律宾政府2013年单方面提起的所谓"南海仲裁案"是违背国际法"共同同意"原则的一个典型案例。中国政府对所谓"仲裁裁决"作出郑重声明:仲裁是无效的,没有拘束力,中国不接受、不承认。

先订立的;可以是一般性的或永久性的仲裁条约或协定,也可以是附属于其他条约或公约、以处理有关条约或公约的解释或适用中发生的特殊争端的附加仲裁协定。无论是哪一种情况,仲裁条约或协定的基本内容都包括提交仲裁的具体争端情况、争端的主要问题、仲裁庭的组成、争端当事国代理人的指派、仲裁庭的程序规则和工作方法(包括仲裁庭所使用的语言、仲裁所在地、费用、财务安排等)、适用的法律、裁决的效力、争端当事国的权利和义务等。

(2)接受条约或国际公约中的争端解决条款或仲裁条款。条约或国际公约中的这类条款一般只是规定缔约国在一定的条件下应以仲裁的方法解决有关条约或国际公约解释或适用中所产生的争端,即在原则上表明争端当事国同意把某种争端的全部或部分提交仲裁解决。

(二)仲裁庭的组成

仲裁庭的组成不仅是仲裁制度的一个重要方面,而且是仲裁的一个主要特征,即由争端当事国自己选任的仲裁员进行仲裁。仲裁庭通常由3名仲裁员组成,有时也由5名仲裁员组成,很少是1名仲裁员。每一争端当事国有权根据自己的具体情况选任3名仲裁员中的1名或者5名仲裁员中的2名,第3名或第5名仲裁员一般由争端当事国共同指派,或由争端当事国选任的仲裁员共同指派。仲裁庭的庭长由该名共同指派的仲裁员担任。仲裁庭一经建立,在其作出裁决前,其组成应保持不变。如果某一仲裁员因死亡、解职或辞职而空缺时,则应按原来指派仲裁员的程序予以补缺。

(三)仲裁争端的范围

适合于提交仲裁解决的国际争端一般是:法律性质的争端,特别是有关条约或国际公约的解释或适用的争端;争端当事国认为可以提交仲裁解决的其他争端。在国际实践中,除涉及国家重大利益、独立、荣誉或第三国利益的争端被认为不宜提交仲裁解决外,被认为不宜提交仲裁的争端还有关于一国国内管辖事项、历史争端、特殊的领土和政治利益的争端,等等。

(四)仲裁适用的法律和程序

争端当事国可以事先就仲裁所适用的法律达成协议,法律可以是争端当事国"共同同意"的国际法原则和规则,也可以是争端当事国同意的以"公允及善良"原则为基础的公平原则,还可以是争端当事国为特定案件而规定的其他规则。

仲裁程序可以是争端当事国之间的协议,也可以在争端当事国没有协议的情况下或者在争端当事国商定的程序不充分的情况下,由仲裁庭自定的全部或部分规则。仲裁员也可以决定在仲裁过程中出现的程序问题。

(五)仲裁裁决和效力

仲裁裁决是书面的,是在仲裁庭秘密讨论后由仲裁员多数作出的,需要经过仲裁庭庭长签字,并注明作出裁决的具体时间。除争端当事国另有协议外,仲裁员可以对仲裁裁决附有单独意见或不同意见。仲裁裁决是最终的,一经正式宣布并通知争端当事国或代理人后,即开始生效,不得上诉。争端当事国如果对仲裁裁决的解释或执行发生任何争端,除有相反的约定外,应提交作出裁决的仲裁庭处理。仲裁裁决对提交仲裁的争端当事国有拘束力,各当事国应善意地诚实遵守和执行仲裁裁决。

(六) 仲裁的地点和费用

在一般情况下,仲裁条约或协定规定仲裁的地点,在条约或协定无规定的情况下,仲裁庭庭长可以决定仲裁的地点。仲裁费用中的律师费、专家费、取证费、翻译费等应由争端当事国分别承担;另外一些用于仲裁庭的公共开支,包括仲裁员的工资、书记官等人员的工资及其他设备等,应由争端当事国共同分摊。

二、常设仲裁法院

常设仲裁法院(the Permanent Court of Arbitration)是1899年海牙《和平解决国际争端公约》缔约国根据第20—29条的规定,于1900年在荷兰海牙建立的。常设仲裁法院的目的和任务是"……便利将不能用外交方法解决的国际争议立即提交仲裁……"该法院随时受理案件,"除当事国另有规定外,按照公约所载之程序规则办事";"除非当事国协议成立特别法庭,常设仲裁法院有权受理一切仲裁案件"。

常设仲裁法院由常设行政理事会、国际事务局和仲裁法院组成。

常设行政理事会由《和平解决国际争端公约》各缔约国驻荷兰的外交代表和荷兰外交大臣组成,荷兰外交大臣任理事会主席。理事会的任务是指导和监督国际事务局的工作,决定常设仲裁法院的一切行政问题,制定理事会议事规则和其他必要的规章,就法院的日常工作、行政工作、经费情况向缔约国提出年度报告等。

国际事务局是常设仲裁法院的书记处和有关法院开庭事项的文件转达机关,负责保管档案和处理法院的一切行政事务。

常设仲裁法院是由海牙《和平解决国际争端公约》各缔约国遴选任命的若干"公认深通国际法和道德名望极著"的个人组成。每一缔约国最多可以选择任命4人担任仲裁员职务;两个或两个以上国家可以共同任命1人或数人,同一名仲裁员可以由不同的国家任命;每名仲裁员任期6年,可连选连任。各缔约国任命的仲裁员列入法院的仲裁名单,并由国际事务局通告各缔约国。遇有缔约国将特定的争端提交常设仲裁法院解决时,法院并不是作为一个整体来裁决争端,而是由争端当事国在法院的仲裁员名单中各选定2名仲裁员,再由被选定的仲裁员共同选定第5名仲裁员组成仲裁庭,审理和裁决争端。

常设仲裁法院从成立至今的一百多年时间里,在1891—1900年之间各国共签订了74项仲裁条约或协定,此后持续减少,而且大多数仲裁条约或协定是在欧洲国家、美洲国家之间签订的。[①] 常设仲裁法院在第一次世界大战以前作出过14项仲裁裁决,而从第二次世界大战至今的七十多年时间里只有过十多项仲裁裁决。同时,值得注意的是,常设仲裁法院受理的国家与非国家争端当事方之间的仲裁案件有增加

[①] A. M. Stuyt: Survey of International Arbitration, 1990; C. Gray and B. Kingsbury: Developments in Disputes Settlement: Inter-State Arbitration Since 1945, *British Yearbook of International Law*, 1992, pp. 97-134.

趋势。①

20世纪末期,由于和平解决国际争端的呼声越来越高,特别是"联合国国际法十年"活动开展以来,常设仲裁法院又重新受到国际社会的重视。1993年9月10日至11日,常设仲裁法院在荷兰海牙和平宫召开了法院历史上第一次全体仲裁员大会,共54个国家的94名仲裁员和16名特邀人士出席了会议。会议集中讨论了常设国际仲裁法院的未来和制定第三个海牙和平解决国际争端公约的建议。1994年第49届联合国大会又一致同意接纳常设仲裁法院为联合国大会观察员。这样,常设仲裁法院在重新建立其在和平解决国际争端的地位方面迈出了新的一步。1999年5月17日至19日,在第一次海牙和平会议一百周年纪念会上,各国仲裁员又聚集在一起,为常设仲裁法院相对积极地参与和平解决国际争端的工作和发挥作用出谋划策。然而,国际社会并未能够真正看到常设仲裁法院可以重新从低谷走出来,可以有更多机会为和平解决国际争端、为维持国际和平与安全作出自己的贡献。

三、司法解决

司法解决(judicial settlement)是一种和平解决国际争端的法律方法,是指争端当事国把它们之间的争端提交给一个事先成立的、由独立的法官组成的国际法院或国际法庭,根据国际法对争端当事国作出具有法律拘束力的判决。

司法解决和仲裁虽然都是以法律方法解决国际争端,但司法解决与仲裁有以下区别:

(1)国际法院或法庭是固定、事先组成的,而仲裁庭是临时组成的。

(2)国际法院或法庭的法官不取决于争端当事国的选择,是由有关国家事先和定期选举产生的,在一段时间内保持不变,而仲裁庭的仲裁员则是争端当事方为特定案件而逐案选择和任命的。

(3)国际法院或法庭审判案件适用国际法,而仲裁庭所适用的法律则是争端当事方一致同意的,有较大的任意性。

(4)国际法院或法庭的判决对争端当事国有法律拘束力,争端当事国有义务执行和服从,对于不执行法院判决的国家,安理会可提出建议或决定应采取的方法,以保证判决的执行。而仲裁裁决则完全靠有关争端当事方的善意遵守和执行,而在国际实践中,仲裁裁决的执行缺少机制保证,有关争端当事国拒不执行或不充分执行的情况时有发生。

在1907年第二次海牙和平会议上,与会国家第一次正式讨论了建立一个世界范围内的法院以解决国际争端的问题,但最终只是制定出国际仲裁法院的框架。与此同时,会议还通过了一项关于建立国际捕获法院的公约草案,但由于这个公约没有得到任何国家的批准,国际捕获法院始终未能建立起来。此后,一些地区通过条约建立了一些区域性法院,例如中美洲法院、欧洲共同体法院、欧洲人权法院、美洲人权法院

---

① 争端双方只有一方为国家的情况,例如,另一方为国际组织或个人。

等;第一次世界大战以后,国际联盟建立了国际常设法院;第二次世界大战以后,联合国家建立了国际法院;一些国际公约建立起自己的公约法庭,例如国际劳工组织行政法庭、国际海洋法法庭、世界贸易组织上诉法庭、国际刑事法院,等等。虽然这些国际法院或国际法庭建立的方式、时间、目的等各不相同,但一般均有以下特点:

(1) 根据国际公约或国际组织的基本文件建立;
(2) 司法独立,作出对争端当事方有法律拘束力的判决;
(3) 管辖权完全取决于有关国家的同意;
(4) 争端当事方在法律适用和诉讼程序上一律平等;
(5) 法律适用问题通常是在建立国际法院或法庭的基本文件中明确规定;
(6) 有固定的程序规则,既可以包括在建立国际法院或法庭的基本文件中,又可以是以国际法院或法庭的名义制定和颁布的单独文件;
(7) 判决对争端当事方有法律拘束力。

四、国际常设法院

国际常设法院(Permanent Court of International Justice)是人类历史上第一个严格意义的以司法方法解决国际争端的机构。由于常设仲裁法院还不是通常意义的真正的法院,不能完全满足国际社会以法律方法解决国际争端的需要,第一次世界大战以后建立的国际联盟就决定创立一个真正的国际法院。《国际联盟盟约》第14条规定:行政院应筹拟建立国际常设法院之计划并交联盟各会员国采用。凡各方提出属于国际性质之争议,该法院有权审理并判决之。根据上述规定,1920年2月国际联盟行政院在伦敦会议上决定任命法学家组织委员会,起草《国际联盟法院组织草案》,同年7月该委员会完成了起草工作。经行政院和大会审议修正,《国际常设法院规约》于同年12月通过。1921年,行政院和大会根据规约的规定,分别投票选举出11名法官和4名候补法官(1929年以后,法官增为15名,并取消了候补法官)。1922年2月,国际常设法院在荷兰海牙正式宣告成立。

然而,国际常设法院并没有取代已存在的常设仲裁法院,前者进行司法审判,后者从事仲裁,各司其职,相辅相成。二者之间的主要联系是《国际常设法院规约》规定的由常设仲裁法院的"各国团体"(national group)提名法官候选人。

国际常设法院成立以后,从1922年至1942年,共受理诉讼案件65个,其中作出判决的32个;提出了28项咨询意见。[①] 由于第二次世界大战的爆发,国际常设法院被迫停止工作。1945年,在筹建联合国组织的旧金山会议上,国际常设法院的命运问题引起了激烈的讨论。最终会议决定结束国际常设法院的使命,建立一个新的国际法院来代替它。国际常设法院于1945年10月举行了最后一次形式上的开庭。1946年1月1日,国际常设法院的全体法官提出辞职,同年4月,国际联盟最后一次大会

---

① 〔英〕劳特派特修订:《奥本海国际法》(第8版)(下卷第1分册),王铁崖、陈体强译,商务印书馆出版1981年版,第53—59页。

解散了国际常设法院。

五、国际法院

国际法院(International Court of Justice)是根据《联合国宪章》的规定而设立的联合国主要司法机关。《国际法院规约》是《联合国宪章》不可分割的一部分,联合国会员国是《国际法院规约》的当然当事国。根据《联合国宪章》和《国际法院规约》的有关规定,国际法院于 1945 年 6 月成立,联合国大会和安全理事会于 1946 年分别选举了国际法院的 15 名法官,同年 4 月 3 日国际法院在荷兰海牙召开第一次会议,宣告国际法院正式开始运作。截至 2019 年 12 月 30 日,国际法院共受理案件 180 个,其中诉讼案件 153 个,已结案 133 个;咨询案件 27 个,已全部结案。[①] 上述诉讼案件主要涉及陆地边界、海洋边界、大陆架划界、国际公海通过权和经济权利、领土主权、不使用武力、不干涉国家内政、外交关系、劫持人质、庇护权、国籍、有关双边条约的执行和终止、一国对另一国实施武装侵略而产生的国际不法行为、国家的谈判义务、国际河流的地位和使用、对外国领导人的豁免和刑事诉讼、违反国际公约的法律后果等诸多的国际法问题。[②] 上述咨询案件主要涉及接受联合国会员国、对有关国际法院判决的解释、西南非洲和西撒哈拉的领土地位、联合国行政法庭作出的判决、某些联合国行为的开支、联合国东道国协议的可接受性、威胁使用或使用核武器的合法性、对在为联合国服务中损害的赔偿、有关岛屿从有关国家分裂的法律后果、人权报告员的地位等国际法问题。[③] 20 世纪 90 年代以来,以和平的方法解决国际争端越来越受到国际社会和主权国家的重视,作为联合国主要司法机关的国际法院也进入了一个历史上最活跃的时期。

(一) 国际法院的组织

国际法院由 15 名法官组成,其中不得有两名法官为同一国家的国民。法官候选人由常设仲裁法院的各国团体提名,或者由在常设仲裁法院没有代表的联合国会员国另行成立的国内团体提名,每一团体提名不得超过 4 人。联合国大会和安全理事会同时并分别选举法官,每 3 年改选 15 名法官中的 1/3,在联合国大会和安全理事会同时获得绝对多数票者即当选为法官。

法官应是品格高尚并在本国具有最高司法职务的任命资格或公认的国际法学家。这些法官作为整体应确能代表世界各大文化及各主要法系。法官任期 9 年,得连选连任。法官为专职,不是其国籍国的代表,更不得担任任何政治或行政职务,或执行其他任何职业性质的任务。除其他法官认为其不再符合法官所必要的条件的情况外,法官不得被免职。法官在执行职务时,应享受外交特权和豁免。

为了审理特定的案件,法院可以根据《国际法院规约》第 31 条,在争端当事国在

---

① 详见《国际法院报告》(1946—2019 年)年度报告。
② 同上。
③ 同上。

国际法院无本国籍法官时选派 1 名专案法官①参与该国有关案件的审理。专案法官在参与特定案件的审理工作时,与其他法官的权利和地位完全平等。②

法院院长主持法院的工作和一切会议,并监督法院行政事务。院长和副院长任期 3 年,由法官秘密投票选举产生,获多数票即为当选,并立即就职。院长职位出缺或院长不能执行职务时,应由副院长代行职务。

(二) 国际法院的管辖权

国际法院的管辖权包括诉讼管辖权和咨询管辖权。

1. 诉讼管辖权

国际法院的诉讼管辖权包括对人管辖权和对事管辖权:

(1) 对人管辖权。根据《国际法院规约》第 34 条,只有国家才能在国际法院成为诉讼当事方。联合国会员国是《国际法院规约》的当然当事方。非联合国会员国的国家可以根据《联合国宪章》第 93 条第 2 款规定的条件,成为《国际法院规约》的当事方。截至 2019 年 7 月 31 日,193 个联合国会员国和巴勒斯坦是《国际法院规约》的当事国。③

联合国、联合国专门机构和其他国际组织不能成为国际法院的诉讼当事方,个人也不能成为国际法院的诉讼当事方。

(2) 对事管辖权。根据《国际法院规约》第 36 条,国际法院的对事管辖权有三类:

第一,争端当事国提交的一切案件,且不限于法律性质的争端;

第二,《联合国宪章》和现行条约中特别规定的事件或争端;

第三,国家事先声明接受国际法院管辖的一切法律争端。

国际法院对第一类争端的管辖被称为"自愿管辖",对第二类争端的管辖被称为"协定管辖",对第三类争端的管辖被称为"任择性强制管辖"。

根据国家主权平等原则,国际法院不是也不可能是凌驾于主权国家之上的超国家的司法机构。因此,国际法院的诉讼管辖权是建立在国家同意的基础之上的,即只有在国家明确表示同意接受法院管辖权的情况下,国际法院才能行使诉讼管辖权。国家通常可以采取以下三种形式表示同意接受国际法院的管辖权:

(1) 特别协议。争端当事国为了把它们之间的某项具体争端提交国际法院解决,专门共同订立协议,就该案接受国际法院管辖权。

(2) 条约中的争端解决条款。现行有效的双边或多边条约的缔约国,根据条约的规定,同意今后把它们之间因条约所载事项所发生的争端,提交国际法院解决。

(3) 任择性强制管辖权。《国际法院规约》当事国根据第 36 条第 2 款的规定,随时作出单方声明,就与接受同样义务的其他国家发生的某些性质的法律争端,承认国

---

① 参见《国际法院规约》第 31 条。
② 例如在 2018 年 7 月 31 日至 2019 年 7 月 31 日期间,争端当事国 27 次选派专案法官。详见《国际法院报告》(2018—2019 年)。
③ 《国际法院报告》(2018—2019 年)。

际法院的强制管辖权,而不需另行订立特别协议。

截至 2019 年 7 月 31 日,规定国际法院具有诉讼管辖权的双边条约和国际公约有 300 多项;共有 73 个国家声明接受国际法院的强制管辖权,但其中有相当一些国家附有保留或声明。[①]

在国际法院是否对某一诉讼案件具有管辖权的问题上,国际法院有决定权。

2. 咨询管辖权

国际法院的咨询管辖权是国际法院管辖权的另一个重要方面,是指国际法院作为联合国的司法机关,应有关国际组织或机构的请求,对有关法律问题提供权威性的意见。根据《联合国宪章》的规定,联合国 5 个其他机关[②]和 16 个联合国专门机构和其他国际组织[③],有权就"任何法律问题"[④]或者"职责活动范围内的法律问题"[⑤]请求国际法院发表咨询意见。国家不能要求国际法院发表咨询意见,也不得阻止国际法院发表咨询意见。任何个人,包括联合国秘书长,也无权要求国际法院发表咨询意见。

国际法院的咨询意见虽属咨询性质,但在法律上具有重要意义:一方面是从法律上为国际争端的和平解决提供法律意见和依据,特别是帮助联合国大会和安全理事会履行对于提交它们的争端进行和平解决和报告的义务,甚至可能对争端的解决产生决定性的影响或效果;另一方面,对当代国际法发展具有重要的影响。

(三) 国际法院审理案件的组织形式

国际法院审理案件一般应由全体法官出席开庭,但可以在下列情况时设立分庭:

(1) 为了迅速处理案件,每年可以组织由 5 名法官参加的简易分庭;

(2) 随时可以设立由 3 名或 3 名以上法官组织的处理特种案件(例如劳工、交通或过境案件)分庭;

(3) 经争端当事国请求、为处理某个特定案件而随时成立的特别分庭。在国际法院七十多年的司法实践中,罕有过简易分庭和特种案件分庭的审判实践,只有少量案件是由特别分庭审理(第 3 类分庭)。[⑥]

(四) 国际法院可适用的法律

根据《国际法院规约》第 38 条,国际法院根据国际法审判案件,可适用的法律有四类:

[①] 《国际法院报告》(2018—2019 年)。
[②] 它们是:联合国大会、安全理事会、经济及社会理事会、托管理事会、联合国大会临时委员会。
[③] 它们是:国际劳工组织、联合国粮农组织、联合国教科文组织、国际民航组织、世界卫生组织、世界银行、国际金融公司、国际开发协会、国际货币基金组织、国际电信联盟、世界气象组织、国际海事组织、世界知识产权组织、国际农业发展基金、联合国工发组织和国际原子能机构。
[④] 仅限于联合国大会和安全理事会。
[⑤] 其他 3 个联合国机关和 16 个联合国专门机构或其他国际组织。
[⑥] 特别分庭经争端当事国共同要求、由法院决定组成。特别分庭一般是由 3—5 名法官组成,争端各当事国对分庭的组成有很大的发言权,且分庭的判决视为法院的判决。因此一般认为特别分庭的组织形式可以增加当事国对法院的信任。

(1) 国际条约；
(2) 国际习惯；
(3) 为世界各国所普遍承认的一般法律原则和规则；
(4) 司法判例和各国权威最高的公法学家的学说。

此外，经有关争端诉讼当事国的同意，国际法院还可以依照"公允及善良"原则裁定案件。在国际法院七十多年的司法实践中，主要适用的法律是国际条约和国际习惯，罕见适用一般法律原则和规则，而"公允及善良"原则则迄今未适用过。

（五）国际法院的程序

1. 起诉

争端当事国以请求书或特别协议的形式向国际法院提出诉讼案件。① 以请求书的方式起诉（institution of proceedings），必须在请求书中叙明请求当事国、被告国和争端事项。同时，还应尽可能说明法院管辖权的根据和诉讼请求的确切性质，并简要陈述诉讼请求所依据的事实和理由。以特别协议的方式起诉，争端当事国应将其所订立的特别协议通知法院书记官长，通知书应写明争端的明确事项及争端各当事国。通知书可以由各争端当事国联合提出，也可以由其中的一国或几国提出。

2. 诉讼程序

国际法院的诉讼程序分为书面程序（written proceedings）和口头程序（oral proceedings）。书面程序是指争端当事国的诉状（Memorial）、辩诉状（Counter-Memorial）及必要时的答辩状（Reply），连同可作证明的各种文件和公文，送达国际法院和各诉讼当事国。② 口头程序是指国际法院讯问证人、代理人、鉴定人、律师和辅佐人。法院进行口头讯问，应由法院院长或副院长主持，公开进行，但法院另有决定或者争端当事国要求公众不得旁听的情况除外。③

3. 判决

法庭辩论结束后，法官退席讨论和起草判决。讨论秘密进行，并永远保密。包括判决在内的一切问题，应由出席开庭的法官的多数票决定。如果票数相等，法院院长或代理院长有权投决定票。任何法官对判决的全部或部分有不同意见时，有权发表个别意见或不同意见。判决应开庭宣读，并应事先通知各争端当事国的代理人。

除上述基本程序外，国际法院还有一些在特定情况下采用的特别程序，包括临时保全措施、反对、参加、共同诉讼、中止诉讼等。

国际法院的判决是终审判决，不得上诉。判决对各争端当事国有拘束力。根据《联合国宪章》第94条，如果任何争端当事国（无论是否为联合国会员国）不履行依法院判决所承担的义务时，其他当事国可以向安理会提出申诉；安全理事会在认为必要时，可以提出建议或决定应采取的方法，以执行国际法院的判决。在国际法院长达

---

① 《国际法院规约》第40条。
② 《国际法院规约》第43条。
③ 同上。

七十多年的司法实践中,迄无争端当事国明确拒绝遵守和执行国际法院判决的情况发生。虽然国际法院的判决是最终判决,但争端当事国可以在两种情况下请求法院作出解释或申请复核:

(1) 由于对判决的含义或范围发生争端,可以请求国际法院作出解释;

(2) 由于发现在判决宣告时所不知道的、且具有决定性意义的新事实时,可以请求法院对案件进行复核。①

第五节 联合国与和平解决国际争端

国际组织作为一种解决国际争端的方法,是国际联盟作出了首次尝试,《国际联盟盟约》标志着一个开创历史的重要进展。而第二次世界大战结束后成立的联合国,则为国际组织在和平解决国际争端方面发挥重要作用作出了进一步的贡献。《联合国宪章》明确规定:"以和平方法且依正义及国际法之原则,调整或解决足以破坏和平之国际争端及情势",并且强调:"各会员国应以和平方法解决国际争端,俾免危及国际和平、安全及正义"。同时,《联合国宪章》有关联合国大会、安全理事会、秘书处的条款中都明确而具体地规定了这些机构在和平解决国际争端方面的职能和作用,宪章第六章就专门规定了联合国在和平解决国际争端方面的具体方法和程序。此外,联合国还通过了一系列关于和平解决国际争端的宣言、决议和文件,并且具体参与了许多国际争端的解决。联合国(或秘书长)作为参与解决国际争端的中立第三方(以调查人、斡旋人、调停人、和解员等身份),也直接参与了许多国际争端的解决过程和最终解决。应该说,和平解决国际争端是联合国最重要的任务之一。

一、联合国主要机关在和平解决国际争端中的职责和权力

在联合国主要机关中,除国际法院外,对和平解决争端负有重要责任的机关主要有大会、安全理事会和秘书处。

(一) 联合国大会

根据《联合国宪章》第10条和第14条,大会可以讨论《联合国宪章》范围内的任何问题或事项,包括有关国际争端的解决,并且可以向联合国大会、安全理事会或同时向二者提出建议,包括解决有关争端的建议或和平调整的办法。这样,大会不仅可以直接向争端当事国发出呼吁和平解决国际争端,还可以在提请安全理事会注意、协调联合国各机关为防止争端及和平解决争端所进行的活动方面发挥重要作用。但是,大会的上述活动受《联合国宪章》第2条第7款和第12条的限制,即:不得干涉本质上属于一国内部的事务;对安全理事会正在按照《联合国宪章》所赋予的职权进行处理的争端或情势,除经安全理事会请求或同意外,不得提出任何建议。

---

① 复核最迟应在新事实发现后的6个月之内提出。同时,在国际法院作出判决超过10年之后,不得提出复核申请。详见《国际法院规约》第61条。

根据《联合国宪章》第35条,大会对于会员国或非会员国向大会提出的争端或可能导致国际摩擦或惹起争端的情势,与安全理事会有同样的权力,包括进行调查和为此目的设立常设或临时委员会或机构。

在实践中,联合国大会参与和平解决国际争端的实例很多,但主要是讨论有关争端或情势,针对有关争端提出解决建议的情况比较少。例如:1948年,联合国大会就阿拉伯国家和以色列之间的争端,提出了巴勒斯坦未来的规划建议,还任命了巴勒斯坦问题联合国调停人。然而,联合国大会的有关建议对争端当事国并没有法律拘束力,更多的是政治上和道义上的影响力和拘束力。

(二) 安全理事会

根据《联合国宪章》第24条和第六章的规定,安全理事会是联合国解决国际争端的主要机构。其具体职责是:

(1) 调查和讨论。安全理事会对任何争端或可能引起国际摩擦或争端的任何情势可以自行进行调查,以断定该争端或情势的继续存在是否足以危及国际和平与安全的维持;还可以在断定需要采取《联合国宪章》第七章所规定的执行行动的情势和存在时,进行调查。[①] 为了行使调查的权力和职责,安全理事会可以设立常设或临时的调查委员会,而争端当事国根据《联合国宪章》的有关规定,有义务对安全理事会所设立的调查机构给予一切必要的支持和协助。

(2) 建议适当的争端解决程序或调整方法。根据《联合国宪章》第36条,安全理事会对足以危及国际和平与安全的争端或情势,可以在任何阶段,提出适当的争端解决程序或调整方法的建议。[②] 安全理事会的建议可以是一般性的,也可以是解决争端的具体条件。安全理事会的这种建议具有政治上和道义上的拘束力,但没有法律上的拘束力。

(3) 进行调停、斡旋或和解的努力。《联合国宪章》并没有具体规定安全理事会进行调停、斡旋或和解的职能,但安全理事会由于对维持国际和平与安全负有主要责任,可以在提出适当争端解决程序或调整方法的同时,进行调停、斡旋或和解的实际活动。这既包括安全理事会本身进行这些活动,也包括安全理事会指派某个个人或机构担任有关工作。

(4) 断定存在对和平的威胁、破坏或侵略行为,并建议应付或解决的方法。安全理事会根据《联合国宪章》第七章的规定,应首先断定是否存在对和平的威胁、破坏或侵略行为。[③] 在作出断定以后,安全理事会还应提出应付或解决办法的建议,以维持或恢复国际和平与安全。[④] 安全理事会在这种情况下作出的建议或通过的决议,是有拘束力的并可以强制执行的。

(5) 鼓励或利用区域机关或区域办法。安全理事会根据《联合国宪章》第八章的

---

① 《联合国宪章》第34条。
② 《联合国宪章》第36条。
③ 《联合国宪章》第39条。
④ 《联合国宪章》第41条、第42条。

规定,可以鼓励或利用区域机关或区域办法来解决区域性或地区性的争端。宪章赋予联合国各会员国自主选择解决国际争端和平方法和程序的权利,争端当事国有权选择在什么情况、条件下把争端交给区域机关或采用区域办法解决,或者在什么情况下把争端提交安全理事会解决。

在实践中,安全理事会处理国际争端的实例很多。例如,1991年安全理事会断定伊拉克非法入侵和占领科威特,确认伊拉克应承担其因违反国际法而造成的损失、损害和其他后果,并成立了联合国赔偿委员会负责调查和赔偿有关人员、公司和国家的损失。

(三) 秘书处

联合国秘书处在和平解决国际争端方面的作用和职责,主要是通过秘书长的作用和职权体现的。根据《联合国宪章》第十五章,秘书长是联合国组织的行政首长,秘书长可以将其认为可能威胁国际和平与安全的任何事件提请安理会注意,同时秘书长在解决国际争端方面具有非常广泛的权力,其主要职责是:

(1) 密切注意世界各地的潜在冲突或争端,提请联合国各机关和有关国家注意。由于秘书长的工作和地位,秘书长的这种职能,被认为是最理想、最有效的预防外交的一个重要组成部分。

(2) 根据争端或冲突的具体情况,向争端当事国发出进行谈判或协商的呼吁,直接与争端当事国进行讨论和磋商,开展实况调查活动,参与谈判、斡旋、调停、和解或仲裁等工作,在必要时建议建立联合国维和部队、或在安全理事会或大会的授权下统率联合国维和部队。秘书长本人可以直接履行解决国际争端的职权,也可以通过其指派的特别代表进行。

(3) 在争端得以和平解决后,特别在争端各当事方就争端达成协议后,密切注意有关协议的实施情况,监督争端当事方执行解决争端的方法和结果。

(4) 秘书长通过向大会提交关于联合国组织的年度工作报告,对联合国在维持国际和平与安全方面的工作作出回顾和评价,并在可能时提出改进的建议。

在实践中,秘书长在和平解决国际争端中发挥其独特作用的例子很多,例如,20世纪80年代,秘书长在法国和新西兰的"彩虹勇士号"争端中直接担任仲裁员;又如,20世纪90年代,秘书长亲自调停伊朗与伊拉克之间的冲突;等等。

二、发展趋势

随着冷战的结束,联合国在和平解决国际争端方面和处理可能导致破坏和平的情势方面越来越活跃,发挥着越来越大的作用,并且取得了相当程度的成功。自联合国成立以来,《联合国宪章》第33条规定的所有方法来处理和解决有关国际冲突和争端,包括谈判、磋商、斡旋、调停、和解、仲裁和司法解决都在解决国际争端中实际采用过,并且在程序上和具体做法上有所创新。联合国还通过了一系列有关和平解决国际争端的宣言、决议和法律文件,为推动有关争端当事国以和平的方法解决其之间的冲突和争端发挥了积极、重要的作用和影响。

今天，联合国在和平解决国际争端方面仍有潜力可挖，可以大有作为。各国政府和学者在各种场合曾提出过一些建议，其中值得国际社会进一步研究和考虑的有：

(1) 鼓励联合国会员国更广泛地接受国际法院的管辖权，包括《国际法院规约》第36条第2款规定的"强制管辖权"和国际公约中规定的争端解决条款；

(2) 考虑更多地接受国际法院以分庭的形式审理案件；

(3) 考虑授权秘书长请求国际法院发表咨询意见；

(4) 鼓励国家向"联合国解决国际争端信托基金"捐款和充分利用该基金解决争端；

(5) 进一步探索和平解决国际争端的新程序和方法。

第六节 区域机关或区域办法与和平解决国际争端

区域机关(regional agencies)或区域办法(regional arrangements)作为一种解决国际争端的方法或途径，在《联合国宪章》中有明确的规定。由于建立区域机关或区域办法的条约不同，它们在解决争端方面的职能和权力也有所不同，在解决争端的方法和程序上更有所差异。然而，这些机关或办法一般都具有以下特点：

(1) 只能解决区域性或地区性的争端；

(2) 作为某一区域机关或区域办法成员的联合国会员国，在把争端提交安全理事会之前，应该诉诸区域办法由该区域机关争取和平解决；

(3) 在安全理事会的授权下，区域机关或办法可以采取解决争端的执行行动；

(4) 区域机关或办法有义务随时向安全理事会报告其已采取或正在考虑采取的行动。

区域机关或区域办法在和平解决国际争端方面已经做了很多工作，并取得了一定的成效。对此，联合国前任秘书长加利在其著名的《和平纲领》中给予了高度评价：……显然区域办法或区域机关在很多情况下都具有潜力，应该利用这种潜力来发挥本报告所说的各种功能：预防性外交、维持和平、建立和平、在冲突后缔造和平。……以区域行动作为一种分权、授权和配合联合国努力的方式，不仅可以减轻安理会的负担，还可以有助于加深国际事务方面的一种参与、协商一致和民主化的意识。毫无疑问，区域机关或区域办法是当代国际关系中解决国际争端的一个重要的和平方法，对地区或区域性争端的和平解决、对维持地区和平与安全作有独特的贡献。其中几个比较重要的区域机关或区域办法有：

1. 阿拉伯国家联盟

阿拉伯国家联盟(以下简称"阿盟")成立于1945年，现有22个成员国，《阿拉伯国家联盟条约》是该组织的基本文件。根据该组织条约的规定，如果两个阿盟成员国之间的争端不涉及国家的独立、主权和领土完整，并且该成员国向阿盟理事会提出解决它们之间的争端的请求，阿盟理事会可以进行仲裁。理事会作出的仲裁裁决有拘束力，争端当事国必须执行；对两个成员国之间发生的可能导致战争的争端，阿盟理事会应进行调停,以便它们和平解决争端。在实践中,阿盟理事会对所有争端都采用各种不同的方法解决,包括斡旋、调停或和解,而不论这些争端是否威胁到地区和平与安全。此外,阿盟秘书长还根据阿盟内部条例在和平解决争端方面发挥着积极作用,例如参加阿盟为进行调停或实况调查而设立的专门机构。

2. 美洲国家组织

美洲国家组织是世界上历史最悠久的区域组织,成立于1890年,现有35个成员国。根据《美洲国家组织章程》的规定,"美洲国家之间可能发生的一切国际争端,在提交联合国安理会之前,必须交由本章程所规定的和平方法来处理";该章程还规定了和平解决国际争端的具体方法,包括直接谈判、斡旋、调停、调查、和解、仲裁、司法解决以及争端当事国选择的其他解决方法。美洲国家组织下设争端解决委员会,具体负责处理美洲国家之间的争端。

3. 非洲统一组织

非洲统一组织成立于1963年,现有53个成员国。《非洲统一组织宪章》规定了和平解决国际争端的原则,并建立了调停、和解和仲裁委员会。争端当事国可以共同或单独向该委员会提交争端,非洲统一组织部部长理事会或国家和政府首脑大会也可以向该委员会提交争端。除上述三种争端解决方法外,非洲统一组织还利用非洲的一些政治家以斡旋方法解决争端。

4. 东南亚国家联盟

东南亚国家联盟于1967年在曼谷成立,现有10个成员国。东南亚国家联盟成员国通过了一系列宣言、条约,承诺以协商方法解决成员国之间的争端,并要求各成员国根据《联合国宪章》,以和平方法解决它们与其他国家之间的国际争端。

第七节 其他国际组织或国际公约与和平解决国际争端

除联合国外,世界上还有为数众多的政府间国际组织或国际公约,它们对国际争端的和平解决也起着积极、重要的作用。其中比较有代表性的政府间国际组织或国际公约及其在和平解决国际争端方面的职权、争端解决方法和程序如下:

一、国际劳工组织

国际劳工组织是1919年根据《凡尔赛和约》作为国际联盟的附属机构成立的,1946年成为联合国专门机构。根据《国际劳工组织章程》的规定,国际劳工局可以接受任何成员国对其他成员国未遵守任何国际劳工组织公约的申诉;可以视情况设立调查委员会审议有关申诉;调查委员会在进行充分调查和审议的基础上,提出报告,报告内容包括对于确定各方争执有关的一切事实问题的裁决、应采取的适宜步骤以及采取这些步骤时限的建议。有关国家政府应在3个月内通知劳工局长是否接受调查委员会报告中的建议;如果不接受,是否同意把该争端提交国际法院。国际法院可以对提交的争端作出判决,也可以确认、更改或撤销调查委员会的建议。如果任何成员国在指定的时间内不执行调查委员会的建议或国际法院的判决,缔约国大会可以采取其认为适当的行动,以保证上述建议或判决的执行。

二、世界贸易组织

世界贸易组织的争端解决机制是以《关税及贸易总协定》相关机制为基础、与 1994 年乌拉圭回合达成的《关于争端解决规则与程序的谅解》(Understanding on Rules and Procedures Governing the Settlemnet of Disputes)融合建立的一套独特的争端解决机制。① 世界贸易组织的争端解决机制包括四个步骤:磋商、专家组裁定、上诉机构裁决和执行裁决。这个机制有以下创新:一是成立专门的争端解决机构(Dispute Settlement Body DBS);二是设立了常设上诉机构,由 7 名专职法官组成,法官任期 4 年,可以连任 1 次;三是任何争端均需要 3 名法官共同审理;四是除非成员国一致反对,专家组的报告被认为通过,即"反向一致同意原则";五是以"双层"的争端解决机制来保证争端解决的公正性;这些创新的目的是提高和保证争端机制的有效性、权威性、公正性。

在经济全球化的大背景下,世界贸易组织的争端解决机制对解决各缔约方之间的贸易争端发挥了重要作用。截至 2020 年 4 月 30 日,世界贸易组织争端解决机制共受理了 595 项案件②,其中成立了 261 个专家组并通过了 198 份专家组报告(Panel Report)和 36 份根据第 21 条第 5 款的执行之诉专家组报告③;有 137 份专家组报告被有关争端当事方提交上诉机构,上诉机构作出 120 项裁决(Appellate Body Report)和 25 份执行之诉裁决。④

三、《联合国海洋法公约》

《联合国海洋法公约》于 1982 年由联合国大会通过,1994 年 11 月 16 日生效。根据公约规定,各缔约国有义务以和平方法解决它们之间的争端,同时缔约国可自由选择任何和平解决争端的方法。在缔约国诉诸自己选择的争端解决方法未果的情况下,争端当事国将适用公约规定的程序。公约规定的解决争端方法有:争端当事国之间交换意见、和解、有拘束力的裁判(包括将争端提交国际海洋法法庭、国际法院、仲裁庭、特别仲裁庭等)。

有拘束力的裁判属于司法解决争端程序,国家可以在签署、批准或加入《公约》时或在其后的任何时间,自由作出选择,以书面声明的形式选择有拘束力的裁判中的一种或一种以上的程序。如果国家作出特定的选择,国际海洋法庭、国际法院、仲裁庭或特别仲裁庭将对该国为争端当事方的争端具有管辖权。如果缔约国未作出选择,则被认为只是接受了仲裁程序。同时,《联合国海洋法公约》第 298 条也赋予了缔约

---

① 详见《马拉喀什建立世界贸易组织协定》附件二:《关于争端解决的程序和规则的谅解》。
② 世界贸易组织官方网站:Chronological List of Disputes Cases, 2020 年 4 月 30 日访问。
③ 世界贸易组织官方网站:Dispute Settlement, Trade Topic,2020 年 4 月 30 日访问。
④ 同上。

国行使选择排除特定类型争端的权利,即缔约国可以在签署、批准或加入公约时,或在其后任何时间,书面声明对于某些类型的争端,不接受强制解决程序。①

1. 交换意见

缔约国之间如果对公约的解释或适用发生争端,应迅速就以谈判或其他和平方法解决争端事交换意见;如果在有关解决争端程序终止后,争端仍未解决,或者在虽已达成解决办法、但争端当事国就实施解决办法仍需要进行协商时,应迅速交换意见。

2. 和解

争端当事国可以就公约解释或适用方面的争端提交和解。和解的程序应根据争端当事国之间达成的协议。根据《联合国海洋法公约》的规定,和解委员会是特设性质,一般由5人组成,争端双方各指派2名和解员,第5名和解员由双方共同指派,并任委员会主席。和解委员会的报告包括结论和建议,但对争端当事国没有拘束力。

3. 仲裁

海洋争端可通过3种不同的方式提交仲裁:一是以传统的协议方式提交仲裁;二是以缔约国作出声明的方式接受仲裁;三是缔约国根据《联合国海洋法公约》附件七接受强制性仲裁。

4. 特别仲裁

特别仲裁程序适用于公约中关于渔业、保护和保全海洋环境、海洋科学研究以及航行,包括来自船只和倾倒造成的污染等科学技术性较强的争端。特别仲裁的特点是由上述各个领域的专家担任仲裁员并组成仲裁庭,其工作主要包括事实调查、和解及判决。

5. 国际海洋法法庭

国际海洋法法庭是《联合国海洋法公约》设立的司法机构,法庭设在德国的汉堡。法庭根据"公平地域分配原则",由来自《联合国海洋法公约》不同缔约国的21名法官组成,每一地理区域集团应有至少3名法官。法官的任职资格应是享有公平和正直的最高声誉、在海洋法领域内具有公认资格的人士。法官任期9年,可连选连任。第一次选举出的法官中,有7人任期3年,7人任期6年。法官由公约缔约国大会以无记名投票的方式选举产生,得票最多并获得出席且参加表决的缔约国2/3多数票的候选人当选为法官。法庭法官的首次选举于1996年8月在联合国总部纽约举行。法庭对向其提交的一切争端或申请,以及将管辖权授予法庭的任何其他国际协定中具体规定的一切申请有管辖权。同时,在特定情况下,法庭对国家以外的某些特定的实体,包括国际组织开放,还可以对非公约缔约国开放。法庭可适用的法律是《联合国海洋法公约》和其他与公约不相抵触的国际法规则。法庭的程序规则和判决的效力基本上类似于国际法院。

---

① 包括中国在内的一些国家根据《联合国海洋法公约》第298条的规定向联合国秘书长提交了有关声明。

6. 海底争端分庭

海底争端分庭是国际海洋法法庭中一个专门处理海底争端的专业分庭,由国际海洋法法庭 21 名法官中选派的 11 名法官组成,每 3 年改选一次,可连选连任。分庭对公约各缔约国、海底管理局和特定的实体开放,审理国家之间的争端、国家与海底管理局之间的争端以及国家与其他特定实体之间的争端。

海底争端分庭中还设专案分庭,专门处理根据《联合国海洋法公约》第 188 条第 1 款(b)项向其提交的特定争端。专案分庭由 3 名法官组成,但不得为属于任何争端当事方的国民,并应在得到争端当事方同意后成立。

由于海洋争端的复杂性,《联合国海洋法公约》对上述司法解决争端机制规定了"例外",允许公约缔约国以声明的方式排除对以下五类海洋争端适用司法解决程序:

(1)同时涉及大陆或岛屿陆地领土主权或涉及其他尚未解决的权利的争端;
(2)关于领海、专属经济区和大陆架的海洋边界划界所引起的争端;
(3)涉及历史性海湾或所有权的争端;
(4)关于军事活动,包括从事非商业活动的政府船舶和飞机的军事活动的争端;
(5)正由联合国安理会执行《联合国宪章》所赋予职务的争端。

此外,沿海国对他国在其专属经济区内和大陆架上进行海洋科研活动和渔业活动行使主权权利或管辖权所引起的争端,并无义务提交上述有关程序解决。

四、国际民用航空组织

国际民用航空组织于 1944 年成立,后成为联合国的一个专门机构。根据《国际民用航空公约》的规定,如果缔约国对公约及附件的解释或适用发生争议、不能协商解决时,应任何争端当事国的请求,理事会可作出裁决。对于理事会的裁决,任何争端当事方可以向另一争端当事方同意的特设仲裁法庭或国际法院起诉。仲裁法庭或国际法院的裁决或判决是最终的。各缔约国承诺,如果理事会认为某一缔约国未执行上述裁决或判决,将立即不准许该国空运企业在其领空飞行。缔约国大会对违反上述规定的任何缔约国,应暂停其在大会和理事会的表决权。

五、国际原子能机构

国际原子能机构成立于 1957 年。根据《国际原子能机构规约》,有关该规约的解释或适用的任何问题或争端,应以谈判的方法解决;如果未能解决而争端方又未商定其他的解决方法,应按照《国际法院规约》提交国际法院解决。

六、国际货币基金组织

国际货币基金组织成立于 1945 年 12 月。根据《国际货币基金组织协定》,凡会员国与基金之间或会员国之间关于协定的解释的争议或争端,应立即提交执行董事会裁决;对执行董事会的裁决,任何会员国可以在裁决后的 3 个月内提交理事会作最后裁决;当基金与退出基金组织的会员国之间发生争议时,应提交由 3 人组成的仲裁庭解决。

第八节　中华人民共和国与和平解决国际争端

中华人民共和国成立以来,一贯奉行独立自主的和平外交政策,一贯主张以和平方法解决国际争端,并在与其他国家的关系中,始终主张和坚持以和平方法处理一切历史遗留问题和现实问题。在对一些重大国际冲突或争端的处理上,中国始终主张并坚持以和平方法予以解决,并为这些冲突或争端的最终解决作出了自己的不懈努力和建设性的贡献。中国在和平解决国际争端方面的立场和实践如下:

首先,中国作为负责任的大国和联合国创始会员国,始终如一地遵守和奉行和平解决国际争端的国际法基本原则和《联合国宪章》的有关宗旨和规定。在理论上和原则上,中国可以接受一切和平解决国际争端的方式和方法,特别是《联合国宪章》第33条规定的各种和平解决国际争端的方法,包括谈判、调查、调停、斡旋、和解、仲裁和司法解决以及区域机构或区域安排等。同时,中国强调并坚持主权国家有权根据有关争端的实际情况和自己的国家利益,自由选择和平解决国际争端的方法。

其次,在实践中,中国选择采用的和平解决国际争端方法仍是相对有限的。具体地讲,中国主张和强调以谈判协商的方法解决国际争端。就中国与其他国家之间的国际争端而言,绝大部分都已通过谈判协商的方法得以妥善解决。对于斡旋、调查、调停或和解等第三方争端解决方法,中国的实践尚较少,但有稳妥、逐步增加的趋势。对于解决国际争端的法律方法中的仲裁,中国在实践中已较广泛地接受和采用特别是在投资、贸易、经济、科技等专业性质的领域。中国还于1993年向常设国际仲裁法院提名了4名中国籍仲裁员(已被列入该院仲裁员名单)。对于通过国际法院或法庭解决国际争端,中国理论上没有困难,而且中国籍法官已在国际法院、国际海洋法法庭、世界贸易组织上诉机构等国际司法机构中占有一席之地,但迄未向国际法院、国际海洋法庭等提交过任何争端或案件,而诉诸贸易组织争端解决机构则有常态化的趋势。截至2020年4月30日,世界贸易组织争端解决机构共受理涉华争端案件65件,其中:中国提起诉讼21件(起诉欧盟5件,起诉美国16件),以中国被诉方的案件44件(其中美国起诉中国23件,欧盟起诉中国9件,加拿大起诉中国4件,墨西哥起诉中国4件,其他国家起诉中国4件)[①]。

再次,中国对自己作为非争端当事方的国际争端(即其他国家之间的争端),始终坚持并主张有关争端当事国以和平方式加以解决,特别强调谈判协商的重要性,不但赞成以谈判协商方法以外的政治方法来解决,而且还有选择地单独或集体地积极参加了一些第三方解决争端的努力,并发挥了重要的积极作用。例如,中国多次派特使斡旋巴以冲突,促其重新回到谈判桌上。又如,中国积极倡导、推动并组织了朝鲜核问题六方会谈、积极和建设性地参与伊朗核问题6+1对话,等等。

---

① 世界贸易组织争端解决机制的案件统计,是根据起诉方的数量进行的。详见:世界贸易组织官方网站:Chronological List of Disputes Cases, 2020年4月30日访问。

最后,随着中国综合国力的进一步增强,国际地位和影响力的进一步提升,中国可以也能够通过采用更多样化的和平解决争端方法或程序来解决国际争端,这既包括中国是当事方的国际争端,也包括中国不是当事方的国际争端。中国作为负责任的世界大国,可以也应该为世界和平与稳定、为国际争端的和平解决作出更多的努力和更大的贡献。

一、谈判或协商

中华人民共和国成立以来,通过谈判协商的方法解决了大量的历史遗留问题和现实问题,其中包括涉及国家主权、领土完整和重大利益的、非常复杂和困难的边界问题等。例如,1954 年与印度通过谈判解决了取消原英国遗留下来的印度在中国西藏地方的特权问题及印度与中国西藏的通商和交通问题;1955 年与印度尼西亚解决了同时具有中印(尼)国籍人的国籍问题;先后与缅甸、尼泊尔、巴基斯坦、老挝、俄罗斯、吉尔吉斯斯坦、哈萨克斯坦、塔吉克斯坦、阿富汗、蒙古国、朝鲜、越南等 12 个邻国解决了陆地边界问题;1984 年和 1987 年分别与英国和葡萄牙解决了香港、澳门的回归问题;2000 年通过谈判与美国解决了"撞机事件";2004 年与欧盟解决了中国焦炭出口问题;近些年来,多次与美国、欧盟、加拿大、日本就知识产权、贸易等问题进行谈判或磋商,并取得一些重要的进展;等等。

二、斡旋和调停

迄今为止,中国尚未接受过以调停方法解决中国与其他国家之间的争端,但有以斡旋者身份进行斡旋解决国际争端的实践。例如,1990 年海湾战争前,钱其琛外长曾赴伊拉克进行过类似于斡旋性质的访问,呼吁伊拉克与科威特谈判协商解决它们之间的领土争端。

中国政府接受过调停作为一种解决中国与其他国家之间争端的和平方法。例如,1962 年中印发生边界冲突以后,亚非六个国家在科伦坡会议上提出调停中印边界争端的建议,周恩来总理曾复信表示原则上同意接受六国建议作为中印直接谈判的基础。但由于六国建议实际上是偏袒印度,而印度又要求中方无保留地接受六国建议,六国集体调停没有成功。

同时,中国作为调停者直接参加了一些重大国际争端的解决或解决的努力。例如,20 世纪 90 年代初,中国为了推动和促成柬埔寨问题的和平解决,积极参加了联合国主持的、安理会五个常任理事国和其他有关国家参加的集体调停,并发挥了令世人瞩目的独特、重要作用,使长达 13 年的柬埔寨问题最终得以和平解决。又如,2003 年以来,中国积极推动并主持了关于"朝核问题"的多次三方会谈和六方会谈,使立场严重对立的朝鲜、美国最终坐到了谈判桌前,使朝鲜半岛触目即发的紧张局势得以缓和,中国独特、重要的作用受到了国际社会的公认和好评。

三、调查与和解

中国虽然在原则上可以接受以调查、和解方法解决国际争端,但强调以有关国家的自由选择和明示同意为前提条件。迄今为止,中国尚未有过以调查或和解方法解决中国与其他国家争端的实践。

四、仲裁

中国对以仲裁方法解决中国为当事方的国际争端持一直非常谨慎的态度。在中国与外国缔结的双边条约中,除一些贸易、投资、科技等专业技术性协定外,几乎都没有仲裁条款。在中国签署、批准或加入的国际公约中,对有关仲裁解决争端内容的争端解决条款,几乎都作有保留。在实践中,对于中国与其他国家之间发生的重大争端,中国一般都拒绝以仲裁方式解决的建议。例如:1962年中印(度)边界冲突发生以后,印度政府提议,双方协议"……进行某种国际仲裁",以作出"对两国政府都具有拘束力的裁决",中国政府严词拒绝了印度的提议,认为"中印边界争端是涉及两国主权的重大问题,而且涉及的领土面积又有10万平方公里之大。不言而喻,它只能通过双方直接谈判求得解决,绝不可能通过任何形式的国际仲裁求得解决"。

20世纪80年代后期,中国对以仲裁方式解决国际争端问题的政策有所调整。在中国与外国签订的专业性、贸易、商业、经济、科技、文化等非政治性的政府或国家间的双边协定中,同意载入仲裁条款或包括仲裁内容的争端解决条款。在中国签署、批准或加入国际公约时,也不再无例外地对有仲裁内容的争端解决条款作出保留,但仍限于经济、贸易、科技、交通运输、航空、航海、环境、文化等专业或技术性的国际公约,而且一些经济、贸易、海运等方面的争端也通过仲裁得到了合理解决。

中国在1996年批准《联合国海洋法公约》时,考虑到中国的具体情况和当时的国际形势,并根据公约的有关规定和参考多数国家的做法,未作出选择司法解决争端程序的书面声明,即意味着中国自动接受了公约规定的仲裁程序。2006年,中国根据《联合国海洋法公约》第298条的规定向联合国秘书长提交声明,排除该条第1款(a)(b)(c)项所述的任何争端,即涉及海域划界、历史性海湾或所有权、军事和执法活动以及联合国安全理事会执行《联合国宪章》所赋予的职务等争端适用强制司法解决程序[①],包括仲裁程序。

1993年7月,钱其琛外长致函常设仲裁法院院长,代表中国政府"按照1907年海牙公约第44条的规定,向常设仲裁法院指定公认的精通国际法问题、享有最高道德声望并愿意接受仲裁人职责的中国著名人士4名为常设仲裁法院仲裁员"。同年9月,4名中国仲裁员出席了在海牙召开的第一届仲裁员大会。1999年5月,中国仲裁员应邀以仲裁员身份出席了在海牙和平宫召开的第一次海牙和平会议一百周年纪念会。

五、国际法院

中华人民共和国成立以后,由于国民党政府窃据着中国在联合国的合法席位,中

---

① 详见:中华人民共和国外交部网站,2006年9月7日中国根据《联合国海洋法公约》第298条提交排除性声明。

国当然与国际法院没有任何联系。1971年联合国大会通过第2758(XXVI)号决议,恢复了中华人民共和国政府在联合国的合法席位。1972年9月5日,中国政府宣布"不承认过去中国政府1946年10月26日关于接受国际法院强制管辖权的声明"。与撤销国民党对国际法院强制管辖权的承认相适应,中国在实践中从未与任何国家订立过把它们之间的争端提交国际法院的特别协议,对中国签署、批准或加入的国际公约中凡有提交国际法院解决争端的条款,几乎都作有保留或者提交了不接受的声明。中国迄未向国际法院提交过任何解决国际争端的诉讼案件,也从未接受过把中国与其他国家之间的争端提交国际法院解决的任何建议。

1984年中华人民共和国首次提名了倪征燠竞选并成功当选国际法院法官,其后史久镛、薛捍勤先后分别于获中国提名,于1993年[①]、2011年[②]成功当选国际法院法官。

20世纪80年代以来,联合国在维持国际和平与安全方面的作用越来越受到重视和加强,国际法院作为联合国主要司法机构,在和平解决国际争端方面的作用也越来越受到重视,特别是国际法院的组成发生了一些积极的变化,来自发展中国家的法官人数有所增加,在审判案件、发表咨询意见时能够比较客观和主持正义,使得包括中国在内的多数发展中国家开始改变对国际法院基本上不信任的态度。20世纪90年代初期,中国政府在"联合国国际法十年"议题下,向联合国提交了加强国际法院作用的几点具体建议,包括鼓励国家以各种方式更多地接受国际法院的管辖权、在条件适当时采用分庭审理案件、考虑扩大国际法院的咨询管辖权等。特别是21世纪以来,中国籍法官在国际法院数次担任了法院副院长、院长等重要司法职务,在以法律方法解决国际争端方面发挥着越来越重要的积极作用。[③]

---

① 参见《国际法院报告》(1993—1994年)年度报告。
② 参见《国际法院报告》(2011—2012年)年度报告。
③ 参见《国际法院报告》(2004—2019年)年度报告。

第十六章　集体安全保障制度

第一节　概　　说

一、集体安全保障的概念和特征

和平与安全问题对人类至关重要。人类自始生活在充满安全威胁的环境之中。创立一个使各国人民都能无所恐惧地生活的新的世界秩序仍是人类面临的一项头等重要的任务，也是构建人类命运共同体的基石。安全与安全保障不可分离。集体安全保障，是传统国际法向现代国际法发展的一个重要标志。

集体安全保障，简称"集体安全"（collective security），是国际社会成员以相互约定，对国家使用武力实施法律管制，并采取有效集体办法，共同防止侵略，维持普遍和平与安全的国际制度。

集体安全是相对于个体安全（individual security）而言的。所谓个体安全保障，是指国家凭本国力量或联合友邦来防御其他国家进攻，以维护本身安全的一种安全保障方式。个体安全保障在历史上曾占统治地位。在这种体制下，军备竞赛、战争、结盟和中立是国家避免战争以保自身和试图取得国际社会安全的主要途径。20世纪初，激烈的军备竞赛和集团对立使个别安全保障已难以维护国际社会的安全，战争一旦爆发便难以控制。频频发生的武装冲突和战争的残酷性，使各国认识到个别安全保障难以避免战争，不能有效维护国际和平与安全，建立集体安全保障机制，通过国际合作以维护和平与安全的认识逐渐提高。第一次世界大战后，国际联盟首次建立了集体安全保障制度。国际联盟把集体安全、裁军和通过国际仲裁联系起来以期达到安全的目的。联合国继承了国际联盟集体安全的制度，并加以完善和发展。因此，就其起源和传统而言，集体安全一般指先前的国际联盟和当今联合国的安全保障体制。

集体安全具有如下一些基本特征[①]：

1. 集体安全所要保障的不是个别国家或若干国家的安全，而是普遍的和平和各国的安全，它没有特定的或假想的敌国。集体安全在根本上否定"集团对立"，排斥以一个同盟反对另一个同盟的传统的安全保障方式。国际社会的全体成员都应受到免受非法侵害的法律保护。联合国的首要宗旨就是"维护国际和平及安全"。从仅仅维护一国或若干国家的单独安全到维持普遍国际和平及安全这种目的上的重大转折，是集体安全与个别安全的本质区别，同时也是集体安全的首要特点。

---

① 参见黄惠康：《国际法上的集体安全制度》，武汉大学出版社1990年版，第9—11页。

2. 集体安全的理论基础是对战争的新认识和世界整体和平的新观念。随着科学技术的发展和社会生产力的提高,战争已不再只关涉交战国和战斗员,而是关系到人类本身的生存和发展。这就在客观上提出了从"世界一体""天下一家"的角度来预防战争的紧迫要求。集体安全正是建立在国际和平不可分割的理性认识的基础之上,并通过国际合作来实现维持和平及安全的任务。

3. 集体安全的核心是对在国际关系中使用武力实行法律管制。具体地说,就是通过国际社会的共同约定,接受原则,确定规章,限定合法使用武力的条件,禁止非法诉诸战争或使用武力。在集体安全体制下,战争权不再是国家的一项固有或天然权利。任何违反集体安全义务而使用武力的行为均属非法,均在禁止之列。

4. 对使用武力的国际法律管制是有集体强制力作为后盾的。违反集体安全义务的行为,将依其对国际和平与安全的威胁程度分别实施外交的、经济的乃至军事的制裁。集体安全能够对潜在的侵略国构成相当的威慑力;在实际发生侵略行为时,则具有直接对和平的破坏者或侵略者采取并实施强制措施的能力。

5. 国际组织是集体安全的基本存在形式。在由主权国家组成的国际社会里,不可能设想建立一个"世界政府"或其他形式的超国家机构来实施集体安全保障。集体安全与国际组织相结合恰当地反映了集体安全的性质,即在人类共同利益基础上的主权国家间的联合与合作。集体安全保障的能力和效率在很大程度上取决于国家间的合作诚意。

6. 集体安全作为一项国际法制度是建立在国际条约的基础之上的。国家在集体安全体制下的义务、集体安全组织的机构、职权、活动程序及与其成员国的关系均以条约这种法律形式加以规定。

集体安全保障制度的主要内容包括:(1)关于维持国际和平及安全的一般原则;(2)关于集体安全义务的规则,包括使用武力的法律规则;(3)关于制止威胁和平、破坏和平及侵略行为的规则和程序;(4)关于集体安全组织的构成、职权及运作机制的规则。这些原则和规则构成了《联合国宪章》的核心内容。

维持国际和平与安全是一项宏大的系统工程,涉及国际关系的各个方面。集体安全只是这项伟大工程中的一个组成部分,它的有效运作除自身的因素之外,还取决于其他各方面条件的配合与补充。经济和社会的发展对维持人类社会持久和平与安全也日渐重要。

二、集体安全保障制度的产生与发展

(一)集体安全保障制度的产生

传统国际法认为战争是国家的自然职能,是国家实现基于国际法的或自称基于国际法的权利主张的一种自助手段,甚至是用以改变以现行国际法为依据的权利的合法工具。①因此,在第一次世界大战前,国家的安全保障主要是依"个体"或"个体联盟"的方式进行的,即"个别安全保障"。这种体制以战争自由、军备自由、结盟自由和中立自由为主要特征。

由于当时国际法允许以战争作为解决国际争端的手段,比较强大的国家就乐于以武力来推行其国家政策,以致战祸连绵。面对战争的威胁,为了保障自身的安全,各国首先求助于本国的资源,进行扩军备战,以求获得对可能的或假想的敌国的军事优势,或至少保持力量对比的"平衡"。当单一国家的力量不足以抗衡外来威胁时,受威胁的国家就竭力寻求与面临同样威胁的国家结盟或寻求强大国家的保护。处于特定战争冲突之外的国家则具有保持中立的自由,并得随时改变中立地位。

个体安全保障在敌对双方力量相对平衡时能够保持暂时的"和平"。但历史证明,自保与结盟均不可能维持普遍持久的国际和平与安全。军备自由必然导致军备竞赛,结盟则最终形成集团对抗,战争也就不可避免,终至爆发第一次世界大战。

第一次世界大战的爆发,再次表明个体安全保障既不能维持世界和平,也不足以确保国家安全。战后,国际社会建立了人类历史上第一个普遍性安全组织——国际联盟。国联的建立是人类安全保障史上的重大转折。

(二) 国联的集体安全体制

国际联盟(the League of Nations)初次建立了集体安全保障的制度,虽然《国际联盟盟约》并未明确使用"集体安全"这一术语。《国际联盟盟约》序文明确表明,国联的宗旨为"增进国际间合作并保持其和平与安全",缔约各国"特允承受不从事战争之义务"。《国际联盟盟约》第10条规定:联盟会员国担任尊重并保持所有联盟各会员国之领土完整及现有之政治独立,以防御外来之侵略。第11条进一步宣告:凡任何战争或战争之威胁,无论其直接影响任何一会员国与否,皆为有关联盟全体之事。联盟应采取适当有效之措施以保持各国间之和平。凡影响国际关系之任何情势,足以扰乱国际和平或危及国际和平所依之良好谅解者,联盟任何会员国有权以友谊名义,提请大会或行政院注意。依据第16条的规定,任何"联盟会员国如有不顾本盟约之规定而从事战争者,则据此事实即应视为对所有联盟其他会员国有战争行为"。联盟其他会员国将依《国际联盟盟约》对此违约国采取集体的制裁措施,包括经济制裁、军事制裁和开除会籍,以确保和平之恢复。上述规定表明,在国联的体制下,联盟各会员国作为一个整体在维持和平、防止战争、抵御侵略问题上具有共同的利益和利害关系,《国际联盟盟约》已将战争问题纳入了国际法律管制的框架。此外,《国际联盟盟约》关于集体安全保障的规定的适用范围,通过《国际联盟盟约》第17条扩大到了非联盟会员国,从而在全球范围内开始了集体安全保障的实际尝试。

国联的集体安全保障体制自1920年开始运作,至1939年第二次世界大战爆发而陷入瘫痪,到1940年完全瓦解。在这期间,既有成功的记录,也有失败的教训。作

---

① 参见〔英〕劳特派特修订:《奥本海国际法》(第8版)(下卷第1分册),王铁崖、陈体强译,商务印书馆1981年版,第129页。

为集体安全保障的首次尝试,国联的集体安全体制在总体上是不完备的,具有某些明显的、致命的缺陷。首先,《国际联盟盟约》在制止战争的问题上存在很大的漏洞。《国际联盟盟约》并未禁止战争,而只是对联盟会员国发动战争的权利作了某些限制,仍然以战争作为解决国际争端的最后手段。而且,被《国际联盟盟约》所禁止或限制的那些战争也只限于正式的战争或法律意义上的战争。在不存在正式战争状态的情况下使用武力的各种情况均不在禁止之列,例如平时封锁、武力报复等。其次,国联的集体安全体制具有分权的性质。战争行为是否违反《国际联盟盟约》的规定,以及对于违反《国际联盟盟约》的非法战争应给予怎样的经济制裁,完全要由各会员国自行判断、自行决定和自行实施,联盟缺乏统一的和集中的实施制裁的决定权。最后,国联本身并无可供直接指挥的武装力量,加之联盟行政院和大会职权划分不尽合理,运作机制又不够灵活,难以形成对国际和平的强有力的保障。这些缺陷最终导致了国联的失败。

虽然人类的首次集体安全保障实践是以失败而告终的,但在《国际联盟盟约》下建立起来的安全保障体制,对于第一次世界大战后的国际关系和国际法的发展具有深远的影响,同时,也为联合国的集体安全体制的建立积累了经验。

第二节 联合国的集体安全体制

一、联合国集体安全体制的政治与法律基础

联合国集体安全保障的起源,从奠定政策基础的意义上可以追溯到第二次世界大战初期反法西斯国家阐明战争目的和战后秩序设想的一系列政策性宣言,其中包括 1941 年《大西洋宪章》(The Atlantic Charter)、1942 年《联合国家宣言》(Declaration by the United Nations)、1943 年中国、英国、美国、苏联四国《莫斯科普遍安全宣言》(Moscow Declaration on General Security) 等,而 1945 年 10 月 24 日《联合国宪章》的生效和联合国的正式成立,则宣告了人类新的普遍性集体安全体制的诞生。

联合国的集体安全体制是在第二次世界大战期间反"轴心国"联盟中占核心地位的大国,在战时合作的基础上建立起来的。"大国一致原则"(the principle of unanimity of great powers)从一开始就被设想为联合国集体安全体制的建立和有效运作的基础。①《联合国宪章》的有关规定使"大国一致原则"具体化和法律化,其中包括:安理会对维持国际和平与安全负有主要责任;中国、法国、英国、美国和苏联(俄罗斯)"五大国"在安理会拥有常任席位,并在非程序性事项的决议上享有"否决权";《联合国宪章》的批准和修订,必须经安理会各常任理事国的同意。

"大国一致原则"在宪章中确定下来具有深远的意义。一方面,"五大国"在联合国集体安全体制中的特殊地位被固化和永久化了;另一方面,联合国集体安全体制的

---

① 参见〔苏联〕克里洛夫:《联合国史料》(第 1 卷),张瑞祥等译,中国人民大学出版社 1955 年版,第 63 页。

有效运作以及在具体场合安理会职权的行使,在很大程度上取决于"五大国"能否取得一致,而实践证明,期望大国长期保持和谐和一致是多么的困难。①充分认识联合国集体安全体制的政治基础,可以帮助人们正确理解联合国在维持国际和平与安全领域中的成就和失败,启发人们寻求完善这一体制的办法和途径。

二、《联合国宪章》下的集体安全义务

联合国的首要目的是要在战后维持普遍持久的国际和平。这一目的在《联合国宪章》的序文及第1条中得到了充分的体现。为此,《联合国宪章》为联合国会员国和非会员国设定了一些基本的集体安全义务。

(一) 禁止非法使用武力或武力威胁

《联合国宪章》第2条第4款规定:各会员国在其国际关系上不得使用威胁或武力,或以与联合国宗旨不符之任何其他办法,侵害任何会员国或国家之领土完整或政治独立。《联合国宪章》序言也提出将"力行容忍,彼此以善邻之道,和睦相处……接受原则,确立方法,以保证非为公共利益,不得使用武力"。《联合国宪章》不但重申了1928年《巴黎非战公约》提出的禁止以战争作为推行国家政策工具的国际法原则,而且否定了一切违反《联合国宪章》的非和平方法的合法性。除了依据《联合国宪章》第51条的规定行使合法自卫权和《联合国宪章》授权的集体安全行动之外,任何其他在国际关系中使用武力或武力威胁,包括武装干涉,武装进攻或占领的行为,都是违反国际法的,都在被禁止之列。②

(二) 和平解决国际争端

在禁止战争、禁止非法使用威胁或武力的前提下,《联合国宪章》把和平解决国际争端确定为联合国组织和各会员国应予遵循的一项基本原则。《联合国宪章》第2条第3款规定:各会员国应以和平方法解决其国际争端,俾免危及国际和平、安全及正义。《联合国宪章》第1条第1款把"以和平方法且依正义及国际法之原则,调整或解决足以破坏和平之国际争端"确定为实现"维持国际和平及安全"宗旨的主要手段之一。为贯彻和平解决国际争端的原则,《联合国宪章》以专章(第六章和第十四章)规定了解决争端的和平方法、程序和联合国安理会及大会的职权等有关事项。

(三) 集体协助

在联合国集体安全体制下,各会员国依宪章把维持国际和平及安全的主要责任授予安全理事会,并同意安理会于履行此项责任下的职务时,即系代表各会员国。《联合国宪章》第25条要求各会员国依《联合国宪章》规定接受并履行安理会的决议。各会员国应通力合作,彼此协助,以执行安理会所决定的办法。《联合国宪章》第2条第5款还明确规定,各会员国对于联合国依本《联合国宪章》规定而采取的行动,应尽力予以协助,联合国对于任何国家正在采取防止或执行行动时,各会员国对该国

---

① 截至2023年5月,联合国安理会5个常任理事国合计行使"否决权"296次,其中俄罗斯141次(原苏联110次,俄罗斯31次),美国82次,英国34次,法国20次,中国19次。
② 参见史久镛:《国际法上的禁止使用武力》,李雪平译,载《武大国际法评论》2017年第6期。

不得给予协助。这项义务是从作为和不作为两个方面来加以规定的。前项作为的义务较宽,泛指联合国依《联合国宪章》所采取的任何行动;后项不作为的义务,则只限于在《联合国宪章》第七章范围内所采取的集体制裁行动。[①]就这后一项不作为的义务而言,《联合国宪章》限制各会员国依一般国际法所享有的中立权。在联合国与正在受到联合国集体制裁的国家之间,各会员国无"中立"可言。

上述义务,对非联合国会员国也是有拘束力的。《联合国宪章》第2条第6款特别规定:本组织在维持国际和平及安全之必要范围内,应保证非联合国会员国遵行上述原则。此项规定在联合国成立之初,曾发挥重要作用。时至今日,仍具有积极意义。[②]

三、集体安全保障职能的划分

《联合国宪章》把集体安全保障职能,按不同的性质分别授予联合国安理会和大会,并规定了它们之间的相互关系以及各自的管辖权范围及权限。

《联合国宪章》第24条第1款规定:为保证联合国行动迅速有效起见,各会员国将维持国际和平及安全之主要责任,授予安全理事会,并同意安全理事会于履行此项责任下之职务时,即系代表各会员国。依第25条的规定,联合国会员国同意依《联合国宪章》之规定接受并履行安理会的决议。《联合国宪章》第六章、第七章、第八章及第十二章详细规定了授予安理会履行上述"主要责任"(primary responsibility)的特定权力。

关于争端的解决问题,《联合国宪章》把争端和情势分为两类。一类是一般争端和情势,另一类是其"继续存在足以危及国际和平与安全之维持的争端和情势"。对于前者,任何争端当事国应尽先自行选择和平的方法予以解决,安理会只是在认为有必要时得促请各争端当事国用和平方法解决争端(第33条);同时安理会可以调查任何争端或可能引起国际摩擦的任何情势,以断定争端的性质(第34条);而后一类则是《联合国宪章》所特别规定加以处理的。依《联合国宪章》规定,安理会对于其继续存在足以危及国际和平与安全的争端或情势,"在任何阶段,得建议适当程序或调整方法"(第36条),并在一定条件下提出"其所认为适当之解决条件"的建议(第37条)。

在维持和平与制止侵略方面,安理会应断定和平之威胁,和平之破坏或侵略行为是否存在(第39条);为维持或恢复和平,得决定采取武力的或非武力的强制措施(第41条和第42条);为防止情势的恶化,安理会得促请关系当事国遵行安理会所认为必要或适宜之临时办法(第40条)。除此之外,安理会还应负责拟定军备管制方案,在属于战略性的地区行使联合国的托管职能等其他职能。[③]

[①] 梁西:《现代国际组织》,武汉大学出版社1984年版,第52页。
[②] 参见许光建主编:《联合国宪章诠释》,山西教育出版社1999年版,第53—55页。
[③] 这里,其他职能主要指,安理会可提出建议或决定应采取的措施,以执行国际法院的判决;同大会平行选举国际法院法官,向大会推荐新会员国和联合国秘书长,向大会建议终止会员国的权利或开除会员国等。

与此同时,大会在集体安全保障方面的职权,按照不侵犯和不妨碍安理会履行其"主要责任"这一原则予以确定。《联合国宪章》第12条明确规定:当安理会对于任何争端或情势,正在执行宪章所授予该会之职务时,大会非经安理会请求,对于该项争端或情势,不得提出任何建议。第11条也规定,凡对于需要行动之各该项问题,应由大会于讨论前或讨论后提交安理会。但是,除了这些限制之外,大会的职权仍然是相当广泛的。

依《联合国宪章》第10条和第11条的规定,大会得讨论宪章范围内的任何问题或事项,或关于宪章所规定任何机关之职权;并得除上述限制外,向联合国会员国或安理会或兼向两者提出对各该问题或事项之建议;得考虑关于维持国际和平及安全之合作的普遍原则,包括军缩及军备管制之原则,并得向会员国或安理会或兼向两者提出对于该项原则的建议;得讨论联合国任何会员国或安理会或非会员国依宪章规定向大会所提关于维持国际和平及安全之任何问题,并除上述第12条所规定的限制之外,向会员国或安理会或兼向两者提出对于各该项问题之建议。《联合国宪章》第14条进一步规定,在不违背《联合国宪章》第12条规定的前提下,大会对于其所认为足以妨碍国际间公共福利或友好关系之任何情势,不论其起源如何,包括由违反本《联合国宪章》所载联合国之宗旨及原则而起之情势,得建议和平调整办法。

《联合国宪章》的上述规定清晰地界定了大会和安理会在联合国集体安全体制中的地位和作用。一方面,大会作为一个有普遍代表性的机构,主要起一个"世界论坛"的作用,而安理会则是一个"行动的机关",是联合国集体安全体制的中枢。因此,大会具有比安理会更为广泛的职权范围,但在原则上,只有安理会才有权决定强制性集体行动。另一方面,除了安理会专属管辖的事项之外,在许多问题或事项上,安理会和大会需要进行平行合作和相互协调。联合国集体安全体制的有效运作,除了需要在安理会保持"大国一致"之外,安理会与大会之间的配合和协作也是一个重要的因素。[①]

四、和平之威胁、和平之破坏及侵略行为的应付办法

强制手段在维持或恢复国际和平,制止侵略行为方面具有十分重要的作用。《联合国宪章》第七章具体规划了对于和平之威胁、和平之破坏及侵略行为的应付办法。

(一)和平之威胁、和平之破坏及侵略行为的断定

《联合国宪章》第39条规定:安理会应断定任何和平之威胁、和平之破坏或侵略行为之是否发生,并应作成建议或抉择依第41条及第42条规定之办法,以维持或恢复国际和平及安全。该条是《联合国宪章》第七章中的一个关键性条款,是联合国集体强制行动的法律基础。安理会在该条款下负有断定需要采取集体强制行动的前提情况是否存在的专属职责,以及享有决定采取武力的或非武力的制裁措施的专属权力。

---

① 参见梁西:《现代国际组织》,武汉大学出版社1984年版,第134—135页。

"和平之威胁、和平之破坏或侵略行为之是否存在"的措辞表明,只有在存在上述三种情况之一,且安理会断定有此种情况存在时,安理会才可启动《联合国宪章》第七章规定的集体强制措施;同时,安理会在选择处理危及国际和平之维持的严重局势的方法方面,又具有较大的活动余地,即使安理会作出了肯定的断定,它也不一定决定必须采取强制办法。对于安理会来说,有三种方式可以使用:依《联合国宪章》第36条或第37条提出关于和平解决争端的建议;促请各当事国遵行安理会认为必要或合宜之临时办法;或决定采取严格意义上的集体制裁措施。在它自己裁量的基础之上,安理会得自由作出抉择。

《联合国宪章》第39条授予安理会作出断定和平之威胁、和平之破坏或侵略行为是否存在的专属权力,但并未对此种断定的对象作任何定义或提供断定的指导原则。相当一些国家曾对此表示过疑虑。他们担心,在某些情况下,大国为了避免采取强制措施,而对侵略行为视而不见,因而提议在《联合国宪章》中载明侵略定义,以提供一个判断标准。但是多数国家的代表则认为,没有必要用某种方法来限制安理会处理问题的自由。然而,自联合国成立以来,侵略定义问题一直是集体安全体制中一个重要而又颇有争议的问题。①

侵略的概念在《联合国宪章》中占有很重要的地位。《联合国宪章》第1条第1款、第2条第4款、第39条、第51条、第53条以及第106条都有涉及侵略的规定。自1951年起,联合国大会开始了有关侵略定义问题的讨论。在其后的24年间,大会先后成立了4个特别委员会,并于1974年4月最终拟定了一个侵略定义的综合方案。1974年12月14日联合国大会以协商一致通过了包含8个条文的《关于侵略定义的决议》(the Definition of Aggression),作为联合国大会第3314(XXIX)号决议。②大会决议指出,侵略是非法使用武力的最严重和最危险的形式,在一切类型大规模毁灭性武器存在的情况下,充满着可能发生世界冲突及其一切惨烈后果的威胁,在现阶段应该订立侵略定义。这一定义的订立应可对潜在的侵略者产生威慑作用,简化对侵略行为的断定及其制止措施的执行,并便利对受害者权利及合法利益的保护和对他们的援助。大会决议同时声明,本定义不得解释为对于《联合国宪章》中有关联合国各机关职权的规定的范围有任何影响。

《关于侵略定义的决议》规定:侵略是指一个国家使用武力侵犯另一个国家的主权、领土完整或政治独立,或以本定义所宣示的与《联合国宪章》不符的任何其他方式使用武力(第1条)。一个国家违反《联合国宪章》的规定首先使用武力,就构成侵略行为的显见证据(第2条)。这一界定把侵略限于武装的侵略行为,而没有提及武力威胁的问题,尽管纽伦堡判决曾判定在一定的场合,例如受害国在战争实际爆发之前因受威胁而被迫投降的场合,使用武力之威胁即构成侵略;同样,通过将侵略限于"武力"的使用,定义还有意回避了其他形式的强制,如领土兼并和扩张,政治干涉和颠覆

---

① 参见黄惠康:《国际法上的集体安全制度》,武汉大学出版社1990年版,第220—233页。
② 定义全文参见王铁崖等编:《国际法资料选编》,法律出版社1982年版,第16—19页。

以及经济控制和掠夺等行为。一些评论家认为，这是侵略定义的一项重大缺陷，因为这些侵略形式正是西方大国推行侵略扩张政策的主要表现形式。①

（二）防止形势恶化的"临时办法"

在联合国的集体安全体制下，以强制措施保障国际和平应是最后诉诸的手段。在涉及国际和平与安全之维持的许多场合，虽然争端已发展到大规模武装冲突的程度，因而构成了对国际和平的实际威胁或破坏，但又不宜或尚不必立即依《联合国宪章》第41条或第42条采取集体强制行动，或者因缺乏实施集体强制的条件而难以采取强制行动。为此，《联合国宪章》特在以和平方法解决国际争端和以强制手段维持或恢复国际和平之间设计了一种称为"临时办法"（provisional measures）的过渡措施。《联合国宪章》第40条规定：为防止情势之恶化，安全理事会在依第39条规定建议或决定办法以前，得促请关系当事国遵行安全理事会所认为必要或合宜之临时办法。此项临时办法并不妨碍关系当事国之权利、要求或立场。安全理事会对于不遵行此项临时办法之情形，应予适当注意。这项规定旨在防止情势的恶化。安理会在依本条行动时，重点是要求当事各方尽快结束军事冲突，以防止已十分严峻的局势进一步恶化。可见，第40条下的"临时办法"具有预防的性质。

然而，第40条并未给"临时办法"下一定义或对此种办法的种类和适用范围作出限定，而只是说安理会"认为必要或合宜"。这一规定给予安理会较大的自由裁量权。一切形式的办法，只要安理会认为是为防止事态的恶化所必需的或合宜的，并符合不妨碍关系当事国的权利、要求或立场这一条件，安理会都可以采取。在1945年旧金山制宪会议上，曾提出过"临时办法"的若干种形式，如：停止军事冲突；从特定地区撤离武装部队；接受某种形式的国际政治安排；终止因敌对行动而采取的报复性措施等。有学者认为，20世纪50年代在实践中发展起来的"联合国维持和平行动"也可归入"临时办法"的范畴。②

《联合国宪章》第40条中"促请"（call upon）一词的使用，提出了安理会依本条规定作出的决定的效力问题。"促请"一词在《联合国宪章》的其他条文中也有使用，如第33条和第41条，但其含义不尽相同。在第33条，"促请"一词所表示的安理会的意向是劝告性的、建议性的，而不具有命令的性质；但在第41条，"促请"一词则具有较强的命令成分，安理会依第41条作出的"促请"对各会员国均具有法律拘束力，会员国有义务予以执行。在第40条，"促请"一词的效力与上述两种情况都有所不同。依第40条所作出的决议既不是纯建议性的，也不具有必须执行的强制性，而是介于两者之间。从法律上讲，安理会指示"临时办法"只是提出了一项建议，当事国没有义务必须接受安理会促请它们遵行的"临时办法"。一方面，当事国对于执行"临时办法"所给予的合作，也只有在自愿的基础上进行；另一方面，依第40条作成的安理会决议，在政治上和道义上具有相当的分量。不遵行安理会促请遵行的"临时办法"有

---

① 参见王铁崖主编：《国际法》，法律出版社1981年版，第73—74页。
② 黄惠康：《论联合国维持和平部队的法律基础》，载《中国社会科学》1987年第4期。

可能导致安理会决定采用强制办法。

《联合国宪章》第 40 条对安理会的权利施加了一项限制,即安理会所指示的"临时办法"不应妨碍当事国的权利、要求或立场。安理会在依第 40 条行事时,还必须遵守《联合国宪章》第 2 条第 7 款规定的不干涉在本质上属于当事国国内管辖之事件的原则。

(三) 维持或恢复国际和平的强制办法

1. 非武力的强制措施

《联合国宪章》第 41 条规定:安全理事会得决定所应采武力以外之办法,以实施其决议,并得促请联合国会员国执行此项办法。此项办法得包括经济关系、铁路、海运、航空、邮、电、无线电及其他交通工具之局部或全部停止以及外交关系之断绝。在这方面,安理会可以自由决定是否应采用此项强制办法,如果是,哪一种或哪一些办法应被采用。在《联合国宪章》列举的诸种办法中,不存在强制程度的强或弱的问题,或依次递进使用的问题。所有这些办法,均可由安理会自主作出抉择。

安理会采取集体强制措施的决定是具有拘束力的。各会员国依《联合国宪章》第 25 条的规定,有义务履行安理会的决定。非武力的强制措施的实施也不依赖任何特别的补充协议。因此,《联合国宪章》第 43 条意义上的"特别协定"(special agreement)未能缔结这一情况①,既不能排除安理会履行第 39 条和第 41 条下的职务的责任,也不能免除会员国执行安理会实行非武力的强制措施的义务。

一种可能的矛盾是,联合国会员国在《联合国宪章》下执行安理会实施非武力制裁决定的义务与它们已缔结或参加的国际条约(如商务条约、邮政条约)的义务之间的冲突。在这种情况下,根据《联合国宪章》第 103 条的规定,《联合国宪章》下的义务应居优先。

2. 使用武力的强制措施

如果安理会认为《联合国宪章》第 41 条所规定的办法不足以或已经证明为不足以维持或恢复国际和平时,《联合国宪章》第 42 条授权安理会采取必要之空海陆军行动。此项行动得包括联合国会员国之空海陆军示威、封锁及其他军事举动。这是联合国集体安全体制最后诉诸的和平保证手段,也是最有力的威慑手段。安理会依第 42 条作出的武力制裁的决定,各会员国应忠实地予以履行。就使用武力制裁的决定权属于集体安全组织本身以及其决定对本组织所有会员国都有拘束力而言,联合国的集体安全保障体制的确前进了一大步。

《联合国宪章》第 42 条和第 41 条都是第 39 条的具体运用。就强制性的程度而言,第 42 条下的武力之强制办法与第 41 条下的非武力的强制办法显然是不同的,但对于安理会的抉择权来说,第 42 条与第 41 条并非递进关系,而是一种并列关系。为了维持或恢复国际和平与安全,安理会得决定采用其中一种强制办法,或同时采用两

---

① 关于《联合国宪章》第 43 条意义上的"特别协定"问题,详见下文关于"维持国际和平及安全所必需的军队、协助及便利"部分的有关内容。

种办法,或先采用非武力的办法,然后视需要再决定采用武力的办法。

依《联合国宪章》第 42 条作出的采取必要之空海陆军行动的决定的实施需要一个必要的条件,即武力行动所需之军队、便利及协助的有效提供。这一重要事项由《联合国宪章》第 43 条作了原则性规定。

(四) 维持国际和平及安全所必需的军队、协助及便利

1. 联合国军队的组织形式

建立一支以维持国际和平为宗旨的国际军队的观念远比联合国的历史悠久,但在联合国集体安全体制建立以前,并无任何此类部队的实例可循。

依《联合国宪章》第 43 条第 1 款的规定,联合国各会员国力求对于维持国际和平及安全有所贡献起见,担任于安全理事会发令时,并依"特别协定",供给为维持国际和平及安全所必需之军队、协助及便利,包括过境权。另依《联合国宪章》第 45 条和第 46 条的规定,为使联合国能采取紧急军事办法,会员国应依特别协定将其本国空军部队为国际共同强制行动随时供给调遣。武力使用的计划应由安理会以军事参谋团的协助决定。军事参谋团在安理会的权力之下,对于受该会支配的任何军队,负战略上的指挥责任。只要安理会与会员国之间签订了上述特别协定,一支由会员国依特别协定提供的军事分遣队并置于安理会统帅下的联合国军即可建立。一俟安理会的决定,可随时执行《联合国宪章》第 42 条下的使用武力的强制措施,以维持或恢复国际和平与安全。

2. 特别协定的缔结及其影响

由于会员国向联合国供给为维持国际和平必需的军队须依"特别协定",特别协定的缔结就成为建立联合国军的关键步骤。

依《联合国宪章》第 43 条第 3 款的规定,上述特别协定应以安理会之主动,尽速议订。此项协定应由安理会与会员国或由安理会与若干会员国之集团缔结之,并由签字国各依其宪法程序批准之。显然,缔结特别协定的程序只有在安理会主动发动后才开始运转;而安理会在发动这一程序之前必须就特别协定的实质条款,特别是关于联合国军队的组织和指挥的指导原则达成一致。遗憾的是,由于安理会五个常任理事国的政策性意见分歧,安理会一直未能就这一先决问题达成一致。缔结特别协定的程序也就从未启动。

《联合国宪章》第 43 条规定的特别协定长期未能缔结的法律后果十分严重。它使作为联合国集体安全保障体制最有力的工具的联合国部队一直付诸阙如;而这一后果又进一步影响到《联合国宪章》第 42 条的实施。由于没有可供使用的武力手段,联合国集体安全体制的实际能力和作用受到严重削弱。正是由于这样的现实,在需要使用武力的强制手段维持或恢复国际和平时,近年来出现了由安理会援引《联合国宪章》第七章整章,授权联合国成员国使用武力的新情况。如安理会于 1990 年 11 月 29 日通过第 668 号决议,授权联合国成员国与科威特政府合作,采取一切必要措施贯彻落实安理会关于伊科争端的第 660 号决议,以恢复海湾地区的和平与安全。

(五) 安理会集体强制决议的实施

依《联合国宪章》第 48 条第 1 款的规定,执行安理会为维持国际和平及安全之决议所必要之行动,应由联合国全体会员国或由若干会员国担任之,一俟安理会之决定。这项规定增加了在实施安理会采取强制措施决议的具体安排上的灵活性。由于各会员国在地理位置、经济实力等方面有很大的差异,对于一项具体的强制行动,某些会员国可能比其他会员国更适宜采取行动。但是,无论采取何种具体方式,依《联合国宪章》第 48 条第 2 款的规定,安理会关于采取集体强制措施的决议应由"会员国以其直接行动及经其加入为会员之有关国际机关之行动履行之。"

《联合国宪章》第 49 条要求联合国各会员国通力合作,彼此协助,以执行安理会所决定的办法。这项规定在解决联合国会员国及非会员国因执行安理会决议而引起特殊经济困难时,具有特殊的意义。

《联合国宪章》第 50 条进一步规定,安理会对于任何国家采取防止或执行办法时,其他国家,不论其是否为联合国会员国,遇有此项办法的执行而引起特殊经济问题者,应有权与安理会会商解决这一问题。安理会如认为需要采取特别措施,得依《联合国宪章》第 65 条促请经社理事会给予协助,还可以依第 49 条决定会员国应采取的措施。[1]

目前,联合国大会"宪章和加强联合国作用特设委员会"(简称"宪章特委会")正隔年审议"执行宪章中有关援助因实施宪章第七章的制裁而受到影响的第三国的规定"的议题。一些国家建议设立一个信托基金,以便从财政上援助受影响的第三国。信托基金由联合国会员国的摊款和自愿捐款构成。由于一些西方国家的反对,宪章特委会一直未能就此达成协议。[2]如何更好地解决联合国成员国因执行安理会制裁决议而产生的特殊经济困难,仍是一个需要继续予以关注的问题。

我国作为联合国安理会常任理事国,重视依据《联合国宪章》义务执行安理会决议,并形成了一套行之有效的执行安理会制裁决议的办法。具体做法是:就内地而言,在安理会通过制裁决议后,外交部向中央各部委、各直属机关、各省、自治区、直辖市人民政府外事办公室发出通知,要求其采取措施执行安理会决议。相关中央部门和省级人民政府根据外交部通知要求,在各自管辖范围内采取相应的执行措施。就香港和澳门特区而言,外交部向两个特区政府发出通知,要求其执行安理会决议。在香港,特区行政长官接到外交部通知后根据香港特区《联合国制裁条例》制定规例实施安理会决议。在澳门,特区行政长官接到外交部通知后,在《澳门特别行政区政府公报》公布实施安理会决议。中国实施安理会制裁决议的情况,由外交部按照决议要

---

[1] 在安理会决定对南罗得西亚实行经济制裁期间,安理会曾于 1973 年呼吁所有国家和联合国系统的所有机构,立即对赞比亚提供技术、财政和物资援助,以便赞比亚能够保持正常交通流量并加强赞比亚彻底执行对南罗得西亚的强制性制裁的能力。

[2] 中国政府认为,联合国在解决该问题上应负有首要责任,希望尽快制定一套对因执行制裁措施而受影响的第三国提供援助的措施。建议参考 1998 年专家组报告(A/53/312)尽快制定一套办法,以评估预防性措施或执行措施对第三国造成的后果,并积极探讨向第三国提供国际援助的可行性措施,包括建立基金和常设磋商机制等。目前情况下,可通过多渠道的财政安排或经济援助等方式,尽量减轻第三国所受的损失。

求,向联合国安理会提交执行情况报告。① 2023 年 6 月全国人大常委会通过的《中华人民共和国对外关系法》将上述实践上升为法律制度。②

五、集体安全体制下的区域办法

国家的利益和国家有效行使权力的能力在一定程度上是由其所处地理位置和自然界限所决定的。因此,各国在世界的不同地区具有不同的兴趣和利害关系。区域性利益促使有关国家为了共同利益,首先是安全利益而进行合作,从而出现了区域性国际组织或安排,如美洲国家联盟、阿拉伯联盟、非洲统一组织、北大西洋公约组织等。

《联合国宪章》在一定程度上承认区域安全体制,同时将其置于联合国体制的制约之下。根据《联合国宪章》第 33 条的规定,国际争端也可以通过"区域机关或区域办法"求得解决。有关区域机关或区域办法的利用,《联合国宪章》在"区域办法"(Regional Arrangements)的标题下以专章(第八章)对区域安全体制的性质、地位、职能和与联合国安全体制的关系等问题作了规定。③

依《联合国宪章》的有关规定,区域办法或机关的宗旨必须是依联合国的宗旨和原则以适当的区域行动来维持国际和平与安全(第 52 条第 1 款)。《联合国宪章》授予区域办法或机关的基本职能包括两个方面:一是以和平方法解决区域性争端(第 52 条第 2 款、第 3 款);二是协助安理会实施其集体强制行动的决议(第 53 条)。安理会对于职权内的强制行动,在适当情形下,应利用区域办法或机关,但没有安理会的授权,区域办法或机关则不得采取任何强制行动(第 53 条第 1 款)。④依区域办法或机关所采取或正在考虑的行动,应向安理会作充分报告(第 54 条)。

许多区域组织的章程都规定了和平解决争端的方法和程序,在一些区域性冲突中,这些区域组织依条约所规定的办法,采取积极行动,为区域性争端的和平解决作出了重要贡献。近年来,联合国维持国际和平与安全的任务日益繁重,联合国和区域性组织的关系与合作已变得越来越重要。如何进一步执行《联合国宪章》第八章的规定,更好地利用区域组织,发挥其在维护国际和平与安全中的应有作用,是国际社会亟待解决的问题。⑤

---

① 参见黄惠康:《中国特色大国外交与国际法》,法律出版社 2019 年版,第 155—156 页。
② 《中华人民共和国对外关系法》第 35 条规定:国家采取措施执行联合国安全理事会根据《联合国宪章》第七章作出的具有约束力的制裁决议和相关措施。对前款所述制裁决议和措施的执行,由外交部发出通知并予公告。国家有关部门和省、自治区、直辖市人民政府在各自职权范围内采取措施予以执行。在中国境内的组织和个人应当遵守外交部公告内容和各部门、各地区有关措施,不得从事违反上述制裁决议和措施的行为。
③ 详见许光建:《联合国宪章诠释》,山西教育出版社 1999 年版,第 366—387 页。
④ 例如,1999 年 3 月 26 日,北约在未经安理会授权的情况下,开始对南斯拉夫联盟共和国采取军事行动,进行了长达 78 天的狂轰滥炸,这一侵略行径即遭到了国际舆论的严厉谴责。
⑤ 参见许光建主编:《联合国宪章诠释》,山西教育出版社 1999 年版,第 372—385 页。

第三节 联合国维持和平行动

一、概述

联合国维和行动(the peace-keeping operations)是联合国维护国际和平与安全的重要手段,是国际社会共同践行多边主义的一项创举。

自20世纪50年代后期以来,联合国在解决严重国际争端或冲突时,曾多次采取后来称之为"维持和平行动"(the peace-keeping operations)的措施。维和行动与依《联合国宪章》第七章采取的强制行动有原则性的区别,它不属于严格意义上的集体安全范畴,但与维持国际和平与安全又有着密切的关系。①

维和行动在《联合国宪章》中没有明文规定,它是在联合国调解和解决地区冲突的实践中逐步形成和发展起来的一种特殊措施,联合国秘书长曾称之为"预防性外交"(preventive diplomacy)②,是联合国集体安全保障的辅助手段或补充。1988年,联合国维持和平部队荣获诺贝尔和平奖,其缓解地区冲突、维护世界和平的独特作用得到了世界的公认。

维和行动的目的是遏制威胁和平的局部冲突的扩大或防止冲突再起,从而为最终的政治解决创造条件。其具体职责视情况和需要而有所不同,一般包括:监督停战或停火、撤军;观察、报告冲突地区的局势;监督执行脱离接触协议;协助恢复治安或维持秩序;防止非法越界或渗透等。近年来,维和行动的任务范围有所扩大,如监督大选、全民公决、提供和保护人道主义援助等。除联合国外,一些区域组织,如非统组织,也采取了一些区域性的维和行动。

联合国维和行动的建立,原则上应由联合国安理会决定,但在历史上曾有联合国大会作出决定的例外情况。③维和行动的部署必须得到当事各方的同意,其具体实施由联合国秘书长商安理会决定。

维和行动主要有两种形式:军事观察团和维持和平部队。前者一般由非武装的军官组成,后者由联合国成员国提供的军事分遣队组成。维和行动属非强制性行动,军事观察员不得携带武器,维和部队虽配有武器,但除迫不得已的自卫外,不得擅自使用武力,并应避免采取可能影响当事国权利、要求或地位的任何行动,尤其是不得利用其方便条件干涉驻在国的内政。维和行动属临时性措施,一般均有一定期限,期限可由安理会视情予以延长。

---

① 黄惠康:《论联合国维持和平部队的若干法律问题》,载《法学评论》1986年第3期。
② 参见刘恩照:《联合国维持和平行动》,法律出版社1999年版,第31—32页。
③ 1956年7月26日,埃及政府宣布将苏伊士运河公司收归国有,10月29日以色列在英法两国的怂恿下发动侵略埃及的第二次中东战争。安理会于当月30日召开紧急会议讨论此问题,由于英法使用"否决权"而未能通过决议。11月1日召开的联合国大会紧急会议,通过第998(ES-1)号和第1000(ES-1)号决议,授权联合国秘书长建立了第一支联合国紧急部队(UNEF),以确保和监督冲突地区停止敌对行动的计划。但苏联和东欧国家对联大决议的合法性提出了质疑。

关于维和行动的法律依据或法律地位问题,一向众说纷纭。① 在维和行动的建立、管理、职权范围、经费开支和活动程序等方面,也一直存在意见分歧。为此,联合国大会成立了"维持和平行动特别委员会",专门研究维和行动的有关问题。

二、联合国维和行动的现状和发展趋势

联合国维和行动始于1948年。当时,为监督以色列与阿拉伯国家间停战协定的执行,安理会决定建立并向中东地区派遣了联合国停战监督组织。截至2023年5月,联合国共实施了70多项维和行动,目前仍在执行任务的维和行动主要有:(1)1948年6月建立的联合国停战监督组织(UNTSO);(2)1949年1月建立的联合国驻印度和巴基斯坦军事观察小组(UNMOGIP);(3)1964年3月建立的联合国驻塞浦路斯维持和平部队(UNFICYP);(4)1974年6月建立的联合国脱离接触观察员部队(UNDOF);(5)1978年3月建立的联合国驻黎巴嫩临时部队(UNIFIL);(6)1991年4月建立的联合国西撒哈拉全民投票特派团(MINURSO);(7)1991年4月建立的联合国伊拉克/科威特军事观察团(UNIKOM);(8)1993年8月建立的联合国驻格鲁吉亚观察团(UNOMIG);(9)1999年6月建立的联合国科索沃临时行政当局特派团(UNMIK);(10)1999年10月建立的联合国驻塞拉利昂特派团(UNAMSIL);(11)1999年11月建立的联合国刚果(金)特派团(MONUC);(12)2000年7月建立的联合国埃塞俄比亚和厄立特里亚特派团(UNMEE);(13)2003年5月建立联合国驻科特迪瓦特派团(MINUCI);(14)2003年9月建立联合国驻利比里亚特派团(UNMIL);(15)2005年3月建立的联合国苏丹特派团(UNMIS);(16)2011年7月建立的联合国南苏丹特派团(UNMISS);(17)2013年4月建立的联合国马里多层面综合稳定特派团(MINUSMA);(18)2013年6月建立的联合国索马里援助团(UNSOM)等。

联合国维和行动是国际社会在符合《联合国宪章》宗旨和原则的基础上,探讨以非武装的方式来解决战乱或冲突的一种尝试,正如1998年联合国秘书长安南先生在联合国大会纪念维和行动五十周年特别会议上所述,它是人类历史上没有先例的行动,是联合国对国际和平与安全最重要和长期的贡献之一,它在半个世纪中挽救了成千上万人的生命。从整体上看,联合国维持和平行动尽管存在一些挫折和问题,但在多数情况下仍不失为是维护国际和平与安全的有效手段,发挥了积极的和有益的作用。②

---

① 关于联合国维和行动的法律依据问题的争议主要集中在两点:第一,维和行动是否为"执行行动"。过去苏联认为是,而1962年国际法院发表咨询意见认为不是,根据《联合国宪章》"主要"但不是专属于安理会负责,联大也可依《联合国宪章》第11、14条决定或建议采取维和行动。第二,维和部队是大会的"附属机构"还是安理会的"附属机构"。事实上,前者只说明大会和安理会在建立维和行动上的职权问题,并没有说明采取维和行动的法律依据。后者,无论将维和行动纳入大会或安理会的"附属机构",都不能说明维和行动的宪章根据。的确,《联合国宪章》中没有明确的关于维和行动的条款,但《联合国宪章》的宗旨、原则和精神,确实为维和行动这样的创举提供了法律依据。详见宋玉波:《联合国维和行动的国际法根据和问题》,载《现代法学》1995年第5期。

② 关于联合国维和行动的经验和教训,请参阅刘恩照:《联合国维持和平行动》,法律出版社1999年版,第242—251页。

近年来,联合国维和行动,在经过索马里、卢旺达的挫折和失败,进行吸取经验教训和调整阶段后,又开始了向前发展的趋势。维和行动的数量持续增多、规模有所扩大,使命日趋复杂多维。部分维和行动突破了传统的维和行动"三原则",明显带有"缔造和平"而非"维持和平"的倾向,如不再限于当事国同意而采取行动,不再严守中立而卷入内部冲突,武力的使用大大超出自卫的程度等。联合国维和人员安全问题也日显突出。所有这些问题,都已引起国际社会的高度关注。

三、中国与联合国维和行动

《中国关于联合国成立70周年的立场文件》指出,联合国维和行动是缓解地区冲突、维护集体安全的有效手段,维和行动应坚持"维和三原则",尊重当事国主权和意愿,避免干预当事国主权范围内的事务。中方支持联合国维和行动与时俱进,在会员国广泛共识基础上进行合理必要改革,使维和行动更好地维护当事国稳定,协助当事国推进政治进程。维和授权应现实可行,坚持政治优先,目标明确,重点突出,并根据形势发展灵活调整。维和行动应获得充足资源,同时提高资源使用效率,并保障维和行动机构和人员安全。中方支持不断改进和完善维和行动,使维和行动更好地维护当事国稳定,协助当事国推进政治进程。

联合国维和行动创设初期,因受制于东西方冷战的历史背景,带有明显的地缘政治的烙印,在某些大国的影响或操纵下,不同程度上存在着偏袒冲突的某一方,或者变相干涉当事国内政的情况,有损于联合国的形象和作用。在此背景下,加上其他的一些历史的和政治的原因,中国曾在较长一段时间里对联合国维和行动持否定态度。自1971年中国恢复在联合国的合法席位后,对建立派往中东的几支维持和平部队,中国代表均未参加安理会决议的投票,并声明不承担财政义务。1981年年末,根据国际形势的发展变化,中国相应地调整了对联合国维和行动的政策,表示:对此后的维和行动将采取区别对待的灵活立场。自1982年1月1日起,中国开始支付维和摊款。此后,中国政府对维和行动采取了积极支持的态度,逐渐成为联合国维和行动的主要出兵国和出资国之一。[①]

1988年,中国成为联合国维持和平行动特委会成员。1989年首次派人参加了联合国纳米比亚过渡时期协助团。1990年,中国向联合国停战监督组织派遣了5名军事观察员,这是中国军人首次参加联合国维和行动。1992年4月,中国第一支"蓝盔"部队——军事工程大队赴柬埔寨执行任务。1997年5月,中国表示原则同意参加联合国"维和待命安排"。1999年,中国政府正式宣布派遣维和警察参与联合国维和行动。2000年1月,中国首次派遣15名民事警察到东帝汶执行联合国维和任务。2001年12月,中国国防部成立维和事务办公室,统一协调和管理中国军队参与联合

---

① 参见《维护和平的大国担当——中国参加联合国维和行动28周年记事》,载新华网:http://www.xinhuanet.com/world/2018-05/30/c_1122914221.htm,2023年5月10日访问。

国维和行动的工作。2002年1月,中国正式参加联合国维和行动第一级待命安排机制。[①] 2018年,中国组建完成的8000人规模维和待命部队中13支分队成功通过联合国二级待命机制。2018年,中国在联合国维和预算分摊比例为10.2%。2019—2021年上升为15.2%,在联合国会员国中仅次于东道国美国,居第2位。截至2019年12月,中国共参加了30项联合国维和行动,累计派出维和人员(军事人员、警察和民事官员)4万余人次,21位中国军人和警察牺牲在维和一线。目前,2500多名中国维和人员正在南苏丹、黎巴嫩、刚果(金)、巴以边境、西撒哈拉、苏丹达尔富尔、马里、塞浦路斯等联合国8个任务区执行维和任务,为促进联合国维和事业发展、维护世界和平与安全做出了重要贡献。中国维和部队官兵多次荣获联合国颁发的"和平荣誉勋章"。[②] 2019年10月1日,中国维和部队作为最后一支徒步方队在中华人民共和国国庆70周年阅兵中接受检阅。

第四节 当代集体安全中的若干法律问题

一、禁止使用武力或威胁的限度

普遍持久和平的保障,首先取决于国际社会成员对其承担的集体安全义务的尊重,而集体安全体制下集体强制措施的实施必须以非法使用武力的事实为前提,因此,使用武力的合法性问题以及证明使用武力的合法性问题自然也就成了关于集体安全的法律争论的焦点,首先涉及的是《联合国宪章》确立的禁止使用武力或威胁原则的解释。

禁止使用武力或威胁在联合国集体安全体制中是占据中心位置的法律原则之一,它主要体现在《联合国宪章》第2条第4款中,即,各会员国在其国际关系上不得使用威胁或武力,或以与联合国宗旨不符之任何其他方法,侵害任何会员国或国家之领土完整或政治独立。但对该条款的解释,无论是在理论上还是在实践中,都一直存在着严重分歧。

有些国家和学者主张作限制性的解释,即将《联合国宪章》所禁止使用的"武力"限定为"侵害任何国家之领土完整或政治独立"的武力,而将不具有这一性质的武力

---

① 联合国维持和平行动的人力来源是执行维和任务成败的关键。1994年4月,时任联合国秘书长加利提出建立"联合国维和待命安排机制",分为三级:一级待命机制要求所派遣维和人员在90天内部署完毕,二级为60天,三级为30天。根据安排,各国在自愿的基础上与联合国秘书处签署待命安排协议,由该国在本国指定一定数量的军事、民警和文职人员,并储备必要的装备。这些人员和装备处于备用待命状态,各国自行解决费用。当联合国需要运用这些人和装备时,征求该国同意。如该国同意,即可调用这些人员和装备参加联合国维和行动。一经调用,联合国即按照维和规定支付费用。各国对是否派人有决定权。

② 例如,2014年3月26日,中国第15批赴利比里亚维和部队558名官兵荣获联合国"和平荣誉勋章";2018年9月21日,中国第四批赴南苏丹维和步兵营全体官兵被授予"和平荣誉勋章";2019年8月6日,中国第九批赴南苏丹维和工兵和医疗分队331名官兵被授予"和平荣誉勋章";2019年8月8日,中国第22批刚果(金)维和部队218名官兵全部被授予"和平荣誉勋章";2020年2月25日,中国第7批赴马里维和部队413名官兵被授予"和平荣誉勋章"。

排除在禁令之外,目的是要在《联合国宪章》的法律体制下,尽可能地扩大留给国家行使自保权的范围,尤其是《联合国宪章》第51条授予国家的"单独或集体自卫之自然权利"。与此相适应,则限制不得使用武力或武力威胁禁令的适用范围。按照他们的观点,在特定条件下,即国家的重大利益受到非法威胁或侵犯时,国家仍有权诉诸武力,国家也可以用武力反对他国的非武力的侵权行为,例如,使用武力保护本国在国外的侨民就是合法的。①多年来,在美西方国家的实践中出现了两种矛盾的倾向:一方面,限制他国在本国境内合法使用武力的权利,试图将禁止非法使用武力原则扩大适用于一国的内部争端或冲突;另一方面,极力扩大本国在国际关系中"合法"使用武力的范围,如鼓吹各种形式的干涉主义。②

对"武力"一词作限制性的解释的观点,是不能接受的。如果承认《联合国宪章》所禁止的只是侵害他国的领土完整或政治独立的武力,势必将扩大国家在维护自身权益方面使用武力的权利,这是与《联合国宪章》的宗旨不符的,并且是与国际关系和国际法的发展趋势背道而驰的。就《联合国宪章》本身的措辞而言,也不能得出应对"使用威胁或武力"作限制性的解释的结论。

就意欲达到的目标,《联合国宪章》第2条第4款所要禁止使用的方法或手段,是一切形式的武力或武力威胁,这首先是指"侵害任何国家之领土完整或政治独立"的武力和武力威胁,其次是指"以与联合国宗旨不符之任何其他方法"使用的武力或武力威胁。此项禁令的后一部分,是对前一部分的补充。

关于《联合国宪章》第2条第4款的解释问题的法律争论的最终目的是要划清合法使用武力与非法使用武力的界限,即在一般性禁止使用武力威胁或武力原则确立之后,作为这一原则的例外,国家在哪些情况下仍保有使用武力的权利。限制性解释意在扩大禁止使用武力之例外。

依《联合国宪章》的明文规定,在当代国际关系中,合法使用武力的情况仅有以下两种情况:

一是联合国集体安全行动。其中包括:联合国安理会依《联合国宪章》第39条和第42条代表本组织采取的维持或恢复国际和平的武力的集体制裁行动,或依《联合国宪章》第七章授权联合国会员国为维持或恢复国际和平而采取的武力行动;在《联合国宪章》第43条规定的特别协定生效以前,安理会常任理事国依《联合国宪章》第106条代表联合国组织采取为维持国际和平及安全宗旨所必需的联合行动;安理会依《联合国宪章》第52条第1款授权区域办法或区域机关所采取的强制行动。

二是联合国会员国依《联合国宪章》第51条行使的自卫权。

因此,就联合国会员国而言,除联合国组织本身采取的集体安全行动外,《联合国宪章》所允许的禁止使用武力之例外只有一项,即依《联合国宪章》第51条的规定对外来的武力攻击,在安理会采取必要办法,以维持国际和平及安全以前,得进行武力

---

① 黄惠康:《国际法上的集体安全制度》,武汉大学出版社1990年版,第211—220页。
② 黄惠康:《中国特色大国外交与国际法》,法律出版社2019年版,第180—190页。

自卫。

二、合法自卫的条件与范围

在联合国集体安全体制建立之后,一方面,各国依《联合国宪章》负有不在其国际关系中使用武力或武力威胁的义务,另一方面,作为一种救急手段,《联合国宪章》明示承认在一定条件下,国家仍保有单独或集体自卫的权利。

自卫作为国家的一项主权权利久已存在,而且常常被称为国家的"自然权利"(inherent right)。20世纪以来,随着对国家使用武力的权利的法律限制逐步加强直到最终废止,自卫作为使用武力的合法根据的重要性遂日益突出,以致其确切的含义及其适用范围已成为当代国际法上的一个重要问题。西方大国普遍倾向于对禁止使用武力作灵活解读,扩大解释自卫权是其主要的切入点。

《联合国宪章》第51条规定:联合国任何会员国受武力攻击时,在安全理事会采取必要办法,以维持国际和平及安全以前,本宪章不得认为禁止行使单独或集体自卫之自然权利。会员国因行使此项自卫权而采取之办法,应立即向安全理事会报告,此项办法于任何方面不得影响该会按照本宪章随时采取其所认为必要行动之权责,以维持或恢复国际和平及安全。这项规定清楚地表明,与1928年《巴黎非战公约》不同,《联合国宪章》明确限定了行使自卫权的条件,自卫权的行使必须满足《联合国宪章》规定的条件。这些条件是:

(1) 自卫必须是而且只能是对已经实际发生的武力攻击进行的反击。首先使用武力攻击他国,即构成对他国的领土完整和政治独立的侵犯。这是被侵犯国得以使用武力予以反击的合法根据。"受武力攻击"是联合国会员国行使自卫权的首要条件和唯一的合法理由,任何其他情况下的所谓"自卫"都是非法的。因此,所谓的"预先自卫"(anticipatory self-defense)是与《联合国宪章》的精神和规定相违背的。①

(2) 自卫权只有在联合国安理会采取必要办法,以维持国际和平及安全以前才得行使。可见,在联合国集体安全保障体制下,自卫只是一种临时的紧急救助办法。并且,虽然当事国得对武力攻击是否已实际发生首先作出自我判断,也得决定自卫的办法或措施,但这种判断在事后必须服从于联合国安理会的判断。当事国已采取的自卫措施能否继续执行,也完全取决于安理会的决定。当安理会的判断或采取的措施与当事国的判断或措施相冲突时,安理会的判断或措施具有优先的地位。

(3) 当事国所采取的自卫措施或办法必须立即向安理会报告。相对于上述两个条件而言,此项条件可以说是程序性的。

(4) 自卫权的行使还必须遵守"相称性原则"(the proportionality rule),即武力反击的规模及强度应适当。自卫的目的是击退外来的武力攻击,而不得进一步作为实施权利的工具,或发展为武力报复。一国以一场大规模的战争对抗邻国侵犯其边境安全的武力攻击,显然是过度的。这一原则久已在一般国际法中确立,并且应被视为

---

① 参见史久镛:《国际法上的禁止使用武力》,李雪平译,载《武大国际法评论》2017年第6期。

包含在自卫的概念之中。①

自卫权也不包括武力报复权。自卫与报复虽有某些相似之处,但两者的法律地位是截然不同的。依《联合国宪章》第51条所进行的自卫是合法的,而武力报复系《联合国宪章》所禁止的非法自助行为。1970年联合国大会通过的《关于各国依联合国宪章建立友好关系及合作之国际法原则宣言》明确宣布:各国有不采取包括使用武力在内的报复行为的义务。

三、使用武力保护在国外的国民问题

国家对于在国外的本国国民享有保护的权利,这是国际法上一项确定的原则。如一国国民的生命或财产安全在国外受到威胁或侵害,无论这种威胁或侵害系当地国家机构直接作为,还是当地的非政府团体或个人所为,当地国家如不采取适当行动解除此种威胁或侵害,该国民的本国得依其属人优越权行使外交保护权。但是,外交保护权是否包括使用武力的权利的问题,则是当代集体安全体制中的一个重大理论和实践问题。

《联合国宪章》禁止国家在国际关系中使用武力或武力威胁,但仍有个别国家坚持主张传统国际法上的使用武力保护国民的权利,如1956年英法联合入侵埃及,1960年比利时军队对刚果(金)的武装干涉,1965年美国武装入侵多米尼加共和国,1976年以色列突击队在乌干达恩德培机场营救人质的军事行动等。一些国际法学者试图从习惯国际法和所谓的"自卫权"出发来支持这一权利主张。

在历史上,为保护在国外的本国国民的安全而使用武力可能是传统国际法上的一项权利②,但是,1928年《巴黎非战公约》缔结后,使用武力的外交保护的合法性的基础即开始动摇。更为重要的是,《联合国宪章》确立了一项新的普遍禁止在国际关系中使用武力或武力威胁的原则。除了《联合国宪章》允许的对武力攻击的自卫之例外,任何国家都不再享有使用武力的一般权利。因此,可以肯定地说,《联合国宪章》禁止以保护本国国民为由而进行这样或那样的武力干涉。

从政治上看,如果承认国家享有使用武力保护在国外的国民的权利,此项权利极易被滥用,从而成为推行强权政治,任意干涉他国内政,侵犯他国领土主权或其他非法目的的托词或借口,因为此等保护权可能成为少数强大国家的特权。1945年以来主要是英国、美国、法国、以色列等国主张过这种权利的事实从一个侧面说明了这种危险性。

因此,对于使用武力保护在国外的国民的合法性问题,必须给予否定的回答。由于一国国民的生命安全受到非法侵犯所引起的危机,应该也可以通过其他的方法或途径求得解决。其中对于因国际恐怖主义分子扣押人质所造成的对人质生命安全的威胁,请求人质所在国政府给予必要协助,不失为一种有效的解决方法。

---

① I. Brownlie, the Use of Force in Self-Defense, British Yearbook of International Law, 1961, pp. 229-232.
② 参见黄惠康:《国际法上的集体安全制度》,武汉大学出版社1990年版,第249—250页。

四、"人道主义干涉"与"保护的责任"理论

(一)"人道主义干涉"论

何谓"人道主义干涉"(humanitarian intervention)?在法律上,并不存在权威的定义。西方国际法学界通常将其解释为,当一个国家不愿或无力保护本国国民的生命安全,或给予其人民极不人道的待遇,严重程度超出了人类理性和正义所能容忍的地步时,他国为了人道目的,而对该国单方面地使用武力进行干涉的情况。

人道主义干涉的历史始于19世纪,它在国际法上的地位以《联合国宪章》的制定为分水岭,经历了一个从合法到非法,从承认到禁止的发展过程,与此相适应,支持人道主义干涉的理论也经历了一个从兴到衰的过程。但近年来,"人道主义干涉"合法论大有回潮之势,西方大肆鼓吹"人权高于主权"的"新干涉主义"谬论,并在"人道主义"的幌子下频频使用武力干涉他国内政,科索沃战争是其中的典型一例。①最新的例子是美、英、法三国对叙利亚的空袭。2018年4月7日,叙利亚首都大马士革东郊杜马镇发生疑似化学武器袭击事件。美西方认定此系叙利亚政府所为,但叙利亚政府坚决否认。4月14日,美、英、法三国,对叙利亚发动空袭。英国司法大臣发布法律意见称,空袭叙利亚属于必要的"人道主义干涉",旨在缓解叙利亚日益严重的人道危机。

依据《联合国宪章》第2条第4款,各国在其国际关系上不得使用威胁或武力,或以与联合国宗旨不符之任何其他方法,侵害任何国家的领土完整或政治独立。《联合国宪章》第2条第7款禁止干涉在本质上属于任何国家之国内管辖之事项,除非联合国安理会决定适用《联合国宪章》第七章下的强制措施。1970年《关于各国依联合国宪章建立友好关系及合作之国际法原则之宣言》也明确规定,任何国家或国家集团均无权以任何理由直接或间接干涉任何其他国家之内政或外交事务。武装干涉及对国家人格或其政治、经济及文化要素之一切其他形式之干预或试图威胁,均系违反国际法。因此,以"人道主义"为由的武装干涉丝毫也不能解脱对被干涉国的领土完整或政治独立构成的严重侵犯。

以《联合国宪章》关于尊重和保护人权的规定来对抗禁止使用武力的规定的观点也是与《联合国宪章》的精神所不相容的。毫无疑问,联合国的首要的和压倒一切的

---

① 20世纪90年代,东欧剧变,南斯拉夫解体,分裂为南斯拉夫联盟、克罗地亚、斯洛文尼亚、北马其顿和波斯尼亚—黑塞哥维那。南联盟内部,科索沃民族主义运动兴起,族裔矛盾日益尖锐,内战爆发。1999年3月24日至6月10日,以美国为首的北约依其"新战略",未经联合国安理会授权,以南斯拉夫科索沃地区出现"种族清洗"为借口,凭借绝对优势的空中力量和高技术武器,对南斯拉夫联盟发动了持续78天的空中军事打击,造成了1800人死亡,6000多人受伤,众多基础设施被毁,经济损失高达2000亿美元,南斯拉夫联盟最终被迫屈服,同意将军队撤出科索沃。1999年6月10日,安理会通过1244号决议,决定派遣联合国民事特派团和国际维和部队入科索沃。科索沃名上仍属于南斯拉夫领土,但实际上处于国际托管之下,并最终于2008年2月单方面宣布独立。科索沃战争造成前南斯拉夫联盟领土分裂和人道主义灾难,至今仍广受谴责。参见甄延:《"人道主义干涉"于法不容》,载《人民日报》1999年6月21日第4版。

宗旨是"维持国际和平及安全",而禁止使用威胁或武力是联合国各会员国为实现这一宗旨所承担的最基本的义务。在《联合国宪章》的体制中,尊重和保护人权的宗旨是为维持国际和平的首要宗旨服务的。"保护人权"的理由并不能使非法使用武力的事实合法化。借口"人道主义干涉"摒弃禁止使用武力的基本原则早为广大发展中国家所唾弃。2000年4月14日"77国集团"首次南方首脑会议(哈瓦那峰会)发表声明指出:所谓的"人道主义干涉权"在《联合国宪章》和国际法一般原则中找不到任何法律依据。

"人道主义干涉"合法论在政治上是极其有害的,它将削弱联合国在维持国际和平与安全方面的主导地位和作用,破坏以《联合国宪章》为基础的现行集体安全保障体制,为西方大国推行强权政治和霸权主义大开方便之门。而就其实例来说,所谓的"人道主义干涉"多发生在强大国家压迫弱小国家的场合,并且都是为干涉国的政治目的而进行的。因此,必须旗帜鲜明地加以反对。

（二）"保护的责任"理论

1999年科索沃战争后,单方面"人道主义干涉"引发联合国大会的激烈辩论。一方面,由于广大发展中国家的强烈反对,"人道主义干涉"难以为继;另一方面,国际社会应如何应对一些国家内部的人道主义危机问题受到了重视。时任联合国秘书长科菲·安南在其2000年的《千年报告》中向联合国成员国提出了一个挑战性的问题:如果"人道主义干涉"确实是对国家主权不可接受的侵犯,那么我们该如何应对卢旺达事件、斯雷布雷尼察事件,以及那些会冒犯人类共同人性准则的公然系统的侵犯？作为回应,加拿大"干预与国家主权国际委员会"(International Commission on Intervention and State Sovereignty, ICISS)于2001年12月提交了一份专题报告,较系统地提出了"保护的责任"(Responsibility to Protect,简称R2P或RtoP)的理论。①

该理论主张,国家主权既是权力,也是责任。国家负有保护人类免受屠杀、种族清洗、虐待和其他原因造成的严重伤害的责任,即"保护的责任"。当一国出现上述危机而该国不愿或不能履行保护责任时,国际社会就有义务代其承担"保护的责任"而进行干预;并设计了一套从预防、干预到重建的责任体系,强调危机的预防和预警,将军事干预作为"最后手段"慎重使用,军事干预后应致力于危机发生地的重建,以防止危机死灰复燃;主张军事干预行动应限定在联合国的框架内,根据《联合国宪章》事先获得安理会授权,若安理会未能通过授权决议,可提请召开紧急特别联大,获联大2/3多数支持后方可进行。此外,区域性组织也可根据《联合国宪章》在区域范围内采取行动。如果个别国家冒着不合法的风险自行进行干预,应争取安理会事后确认。

2003年11月,为筹备纪念联合国创立60周年暨2005年联合国世界首脑会议,经联合国大会同意,安南秘书长设立了由16人组成的"威胁、挑战和变革问题高级名

---

① "干预和国家主权国际委员会"是加拿大政府于2000年9月发起成立的半官方研究机构,主要探讨国际社会如何应对大规模侵犯人权和违反国际法的行为。该委员会于2001年12月发表题为《保护的责任》的报告,并提交了联合国秘书长和联合国有关机构。

人小组"。①该小组经深入研究,集思广益,于 2004 年 11 月 30 日向联合国秘书长提交一份题为《我们共同的责任:一个更安全的世界》(A More Secure World: Our Shared Responsibility)的研究报告,其中原则上认可了"保护的责任",并进一步提出了"国际集体责任"的概念。对于军事干预的程序问题,报告强调联合国安理会授权的极端重要性,反对个别国家单方面采取军事行动。② 2005 年 9 月联合国世界首脑会议成果文件正式接纳了"保护的责任"。与会的各国领袖一致承诺承担起保护其人民免遭种族灭绝、战争罪行、种族清洗和反人类罪的责任。

世界首脑会议成果文件宣称:每一个国家均有责任保护其人民免遭灭绝种族、战争罪、族裔清洗和危害人类罪之害。这一责任意味通过适当、必要的手段,预防这类罪行的发生,包括预防煽动这类犯罪。我们接受这一责任,并将据此采取行动。国际社会应酌情鼓励并帮助各国履行这一责任,支持联合国建立预警能力。国际社会通过联合国也有责任根据《联合国宪章》第六章和第八章,使用适当的外交、人道主义和其他和平手段,帮助保护人民免遭种族灭绝、战争罪、族裔清洗和危害人类罪之害。在这方面,如果和平手段不足以解决问题,而且有关国家当局显然无法保护其人民免遭种族灭绝、战争罪、族裔清洗和危害人类罪之害,我们随时准备根据《联合国宪章》,包括第七章,通过安全理事会逐案处理,并酌情与相关区域组织合作,及时、果断地采取集体行动。我们强调,大会需要继续审议保护人民免遭种族灭绝、战争罪、族裔清洗和危害人类罪之害的责任及所涉问题,要考虑到《联合国宪章》和国际法的相关原则。我们还打算视需要酌情作出承诺,帮助各国建设保护人民免遭种族灭绝、战争罪、族裔清洗和危害人类罪之害的能力,并在危机和冲突爆发前协助出于紧张状态的国家。③

"保护的责任"理论试图化解"人道主义干涉"和国家主权、不干涉内政原则之间的矛盾,主张依《联合国宪章》发挥联合国的作用,为国际干预寻找合法依据,似具有一定的积极意义。但它将主权任意解释为"责任",在未界定危机是否纯属一国内政、是否构成《联合国宪章》所规定的足以危及国际和平与安全的情况下,将"干预"视为国际社会的义务,同时也没有排除个别国家先行干预的可能性,所有这些都将对国家主权和不干涉内政原则产生负面影响,值得进一步的关注和研究。

五、集体安全的前途

在第二次世界大战的废墟上建立起来的联合国集体安全体制,一方面,在设计上

---

① 联合国"威胁、挑战和变革问题高级名人小组"由泰国前总理阿南任主席,成员包括:中国前副总理钱其琛、俄罗斯前总理普里马科夫、挪威前首相布伦特兰、法国前司法部部长巴丹泰、澳大利亚前外长埃文斯、英国前常驻联合国代表汉内、阿拉伯联盟秘书长穆萨、联合国前难民署高级专员绪方贞子、前非洲统一组织秘书长萨利姆、美国前总统国家安全事务助理斯考克罗夫特等。

② 参见古祖雪:《联合国改革与国际法的发展——对联合国"威胁、挑战和改革问题高级别小组"报告的一种解读》,载《武大国际法评论》2006 年第 2 期。

③ 2006 年 4 月,联合国安理会在关于苏丹达尔富尔局势的第 1674 号决议中首次援引了"保护的责任"概念。此后,"保护的责任"在安理会关于利比亚、科特迪瓦、也门、叙利亚、中非冲突的相关决议中一再得到援引。

吸取了国际联盟失败的经验教训,因而有了很大的进步,如实现了对在国际关系中使用武力的法律管制,强化了联合国在以强制手段维持或恢复国际和平方面的职能,改善了集体安全体制的运作机制,增强了集体安全的普遍性等;另一方面,作为特定历史时期国际关系的产物,它又不可能超越时代的局限,因而不可避免地带有某些缺陷。

首先,"大国一致"作为联合国赖以存在和有效运作的基础,要求"五大国"自觉带头遵守宪章义务,不在国际关系中使用武力威胁或武力,在履行《联合国宪章》授予的责任时,不得掺杂大国利己主义,还要求"五大国"能够自始至终保持目的和行动的一致,但实践证明,要做到这一点是极为困难的。正是由于这一关键原因,受战后新的国际政治形势的影响,投入运行的联合国集体安全体制在一些重要方面没有能够达到《联合国宪章》的设计要求,或者没有发挥应有的作用。例如,由于"五大国"之间的原则分歧,《联合国宪章》第43条规定的特别协定一直未能缔结,由此直接影响到执行武力之集体措施的联合国部队的建立;某些大国,多次违反《联合国宪章》禁令,非法使用武力,侵犯他国的主权、独立和领土完整,如美国侵略朝鲜、侵略越南,美国发动伊拉克战争,苏联侵略阿富汗,英法武装入侵埃及,等等,而集体安全在此等情况下是不可能有所作为的。战后许多危及国际和平及安全的情势都能看到大国争斗的影子。

其次,如同任何国际条约一样,《联合国宪章》也存在一个解释问题。然而,《联合国宪章》并未就《联合国宪章》的解释问题作出规定。这就为日后围绕集体安全义务条款的法律争论敞开了大门。在不存在一个有权威的解释机关的情况下,各国得从各自的立场、政策和利益出发,对《联合国宪章》的有关条款作出解释。这是长期以来各国在诸如《联合国宪章》第2条第4款禁止使用威胁或武力原则的确切含义和适用范围、侵略的法律定义、行使自卫权的条件、使用武力的合法例外等一系列涉及基本的集体安全义务的问题上,存有严重分歧而又长期得不到统一的重要原因之一,也为一些非法使用武力的国家在《联合国宪章》中寻找所谓的"合法根据"留下了口实。

但尽管存在这样那样的缺陷和问题,对联合国集体安全体制持完全否定的态度是没有根据的。集体安全在经历了两次世界大战后,已显示出生命力,在可预见的将来,尚不可能有其他的安全保障方式能够取而代之。它对维持国际和平与安全的积极作用仍然不可低估。它为国际社会规定了使用武力的行为规范,这些规范在绝大多数场合得到了绝大多数国家的遵守;在大国未直接卷入冲突的情况下,安理会对若干威胁国际和平及安全的地区性争端、情势或事件作出了有效的反应,制止或冷却了绝大多数突发性的战争和大规模武装冲突,避免了冲突的不断升级或国际化,如在两伊战争、中东战争、印巴冲突等实例中所发生的那样;它在保障被压迫民族的民族自决权和维护新独立国家的主权、独立和领土完整方面也作出了积极贡献,从而有助于普遍和平的维持。尤其值得注意的是,随着国际紧张局势趋于缓和,联合国集体安全体制的有效性有了较大的提高。世界整体和平的集体安全观念比以往任何时候都深入人心,人心思和已成为一种不可抗拒的世界潮流。以中国为代表的新兴发展中大国群体崛起,大大加强了有利于维护国际和平的力量。人类命运共同体观念的提出,将会加强这一潮流。

当前应重申并坚决贯彻《联合国宪章》的宗旨和原则,总结经验教训,研究改进集体安全保障的运作机制和效率,其中包括加强安理会常任理事国在履行《联合国宪章》所授维持国际和平与安全之主要责任上的合作。从更广泛的意义上说,集体安全的辅助机制,特别是和平解决国际争端和裁减军备,应得到相应的改善;阻碍全球进步的不合理的国际经济旧秩序,应予以改革;对人类战争观有重大影响的世界文化基础,应有较大发展。人类已经在这些方面取得了进展,并将继续朝着建立一个更公正、更民主、更进步的世界的方向发展。

参考书目

[1] 黄惠康:《中国特色大国外交与国际法》,法律出版社 2019 年版。
[2] 黄惠康:《国际法上的集体安全制度》,武汉大学出版社 1990 年版。
[3] 梁西:《梁著国际组织法》(第七版),杨泽伟修订,武汉大学出版社 2022 年版。
[4] 许光建主编:《联合国宪章诠释》,山西教育出版社 1999 年版。
[5] 刘恩照:《联合国维持和平行动》,法律出版社 1999 年版。
[6] 《世界知识年鉴》(2021/2022),世界知识出版社 2022 年版。

第十七章 军备控制与裁军

第一节 概　说

军备控制与裁军是国际安全和国际关系中的一个重要问题,也是现代国际法的重要内容。国际法从近代国际法转变到现代国际法,最重要的标志之一就是宣布侵略战争为非法,侵略战争是破坏国际和平的罪行。以此为出发点,国际社会制定了和平解决国际争端、军备控制与裁军的国际法原则。《联合国宪章》的宗旨是维护国际和平与安全。为促进这一宗旨的实现,宪章规定"以尽量减少世界人力及经济资源之消耗于军备","建立军备管制制度"。《关于各国依联合国宪章建立友好关系及合作之国际法原则之宣言》在禁止使用武力原则中也明确指出,"所有国家应当认真地进行谈判,以便尽快地缔结关于全面彻底裁军的普遍性条约"。因此,在现代国际法体系中,实现以在国际监督下全面彻底裁军为最终目标的军备控制与裁军措施,已成为减少和消除战争危险、维护和平的重要手段和根本方法之一。国际法的现状为确定军备控制与裁军原则作为国际法的一项原则提供了根据,使之成为现代国际法一个重要而复杂的内容。在新的国际形势下,军控与裁军作为国家安全政策的组成部分和减少战争危险的有效措施之一,日益受到国际社会的重视。

一、军备控制与裁军的概念

军备是国家或政治集团所拥有的常备军和武器装备的统称。

军备控制(arms control)是指国家或国际上对军备发展状况的监控和限制活动,包括对军事力量的规模、发展和武器系统的研制、生产、部署、保护、转让与使用进行限制和管制。

裁军(disarmament)是指国家或国际上削减军备的活动,主要是对常备军和武器装备的数量进行削减。

从严格意义上讲,军备控制与裁军是有区别的,其主要区别是:前者是对武器装备或武装力量进行限制。这种限制可能是对武器装备或武装力量在数量和质量上的冻结;也可能是规定一个上限,允许武器装备或武装力量在一定程度内的发展。裁军则要求削减武器装备或军队。它可以采取"零点方案",即全面消除某类型武器装备,如美国与苏联于1987年签订的《美苏中导条约》,就是要求全面消除中程和中近程导弹;也可以是削减至一个下限,如1993年签订的《美俄第二阶段削减战略武器条约》。

军备控制与裁军虽然有区别,但二者都是军备领域里的限制性措施与活动,并存在一定的交叉和包含关系。通常,军备控制一词可以包括裁军,而裁军一词一般不包括军备控制,尽管裁军条约经常包含了许多军备控制的措施。

军备控制与裁军的实施可以是强制性的,如对战败国采取的强制性军备限制措施;也可以是一方主动的,如一个国家或军事集团单方面采取的军备控制与裁军措施。

二、军备控制与裁军的意义

军备控制与裁军作为国家安全政策的组成部分和减少战争危险的有效措施之一,在和平时期的外交和军事斗争中占有重要地位,其根本目的是维护国家安全,促进世界和地区的和平与稳定。一般认为,军备控制与裁军主要有三个作用:一是可以调节国家或国家集团之间的战略关系,稳定和降低军事对抗程度,在一定程度上抑制战争诱因的增长,从而防止战争、增进安全、减少和消除战争危险;二是限制战争的损害程度,一旦战争爆发,缩小战争的规模和破坏程度;三是调节军备发展的规模、速度和水平,使之具有某种可控性,减少军费开支,"以尽量减少世界人力及经济资源之消耗于军备"(《联合国宪章》第 26 条),节省物质、技术和人力资源,促进世界经济发展。

三、军备控制与裁军的基本方式

军控与裁军条约以及国家或国家集团单方面宣布的军控与裁军措施,通常采取以下一种或几种方式。这些方式各不相同,但相互之间有一定的联系。

(1) 限制(limits),指对武器的类型、装备数量、性能和武装力量的规模进行限制。

(2) 冻结(freezes),指停止某一武器装备领域内所有新的活动。冻结与限制的区别是:限制允许在一定条件下对武器系统进行改进,乃至发展新武器;而冻结则不允许对武器系统进行改进,更不允许在该领域发展新武器系统,只允许继续使用现有的武器系统。从实质上来看,全面禁止核试验就是核武器领域的冻结,试图通过禁止一切核试验以冻结研制新型核武器。

(3) 削减(reductions),指对现有武器装备和军事人员的数量进行削减。例如,1990 年签署的《欧洲常规武装力量条约》和 1992 年达成的《欧洲常规武装力量上限协定》,对北约组织和前华约组织的常规武器和军事人员数量进行了较大规模的削减。

(4) 禁止(bans),指禁止某种或某类武器或武器系统的使用及相关活动。可以是单项禁止,如禁止某种武器的使用或某种材料的生产;也可以是全面禁止,如全面禁止某类武器系统,包括禁止研制、生产、部署和使用这类武器以及销毁现有库存的这类武器。以前的军控条约中规定的禁止措施大都适用于当时尚不存在的武器系统及其有关活动,以回避复杂的核查问题。例如,1967 年生效的《关于各国探索和利用包括月球和其他天体在内的外层空间活动的原则条约》(《外空条约》),禁止在外空部署大规模杀伤性武器,而在签约时尚无任何国家有这类武器的部署计划。后来随着军控形势的重大变化,禁止措施已经针对现有的武器系统,如 1993 年达成的《关于禁止发展、生产、储存和使用化学武器及销毁此种武器的公约》(《禁止化学武器公约》),全面禁止了现存的这类武器系统。

(5) 销毁(destruction),是最彻底的一种军控措施,通常在全面禁止一类武器的条约中均规定销毁这类武器。例如,1975 年生效的《禁止细菌(生物)及毒素武器的发展、生产及储存以及销毁这类武器的公约》(《禁止生物武器公约》)就要求彻底销毁一切生物武器。

(6) 改组武库构成(restructuring of the arsenal),指改组对抗双方武库的结构,以增强危机稳定性,如取消高精度的分导式多弹头导弹,因为它具有第一次打击能力;或者淘汰生存能力差的系统,如分导式多弹头导弹固定发射架,因为它是对方发动第一次核打击的重要目标。

(7) 建立信任与安全措施(confidence and security-building measures),指国家之间为消除猜疑和恐惧、缓解紧张局势以及防止引发战争而采取的措施。这类措施虽然不直接涉及军控与裁军,但却有利于增强军事稳定性。例如各大国之间建立的"热线",核国家之间的核导弹互不瞄准,欧洲的"开放天空"以及预先通报军事演习,联合国建立的常规武器转让登记册和各国填报军费报表的制度等,都属于这类措施。

上述军控与裁军措施在军控与裁军条约中可以单独采用,也可以组合采用。如1993 年签署的《美俄第二阶段削减战略武器条约》,除对武器进行削减和限制以外,还包括冻结和改组武库构成等内容。

四、军备控制与裁军的范围

从军备控制与裁军国际法律文件的谈判及实施所涉及的领域来看,军备控制与裁军的范围包括以下方面:核军备控制与裁军,禁止核试验,禁止为核武器生产裂变材料,禁止化学武器,禁止生物武器,防止外空武器化,防止大规模杀伤性武器及其运载工具的扩散,常规武器裁军,建立信任措施,核查技术,等等。

五、联合国的军备控制与裁军机构及其活动

自 1945 年成立以来,联合国一直把推动普遍裁军、维护世界和平作为主要任务之一。《联合国宪章》对裁军问题作了具体规定,并把军备控制与裁军事务正式纳入联合国大会和安理会的议事日程。经过半个多世纪的实践,联合国裁军机构不断发展和完善,在国际军控与裁军活动中发挥着不可替代的重要作用。

(一) 联合国的军备控制与裁军机构

1978 年第一届裁军特别联合国大会召开后,联合国已逐步建立了一套完整的军备控制与裁军工作体制,主要由审议、执行、谈判、研究和核查机构组成。

(1) 审议机构。联合国大会、联合国大会第一委员会以及安理会都具有审议裁军议题的一般职能。1978 年第一届裁军特别联大决定成立的联合国裁军审议委员会(United Nations Disarmament Commission,UNDC),是联合国审议各种裁军问题的专门机构。裁军审议委员会由联合国全体成员组成,其前身是 1952 年设立的裁军委员

会,其职权是审议裁军领域的各种问题并提出建议,向联合国大会提出工作报告。

(2) 执行机构。联合国裁军事务部(United Nations Department for Disarmament Affairs)是负责联合国裁军工作的职能机构,1982年根据第二届裁军特别联大的决议建立。其主要职能是:向联合国大会及所属的第一委员会以及裁军谈判会议提供服务;编写有关裁军问题的出版物;跟踪、评估国际裁军形势的发展;管理裁军研究基金,提供有关的训练和咨询服务;为全球有关裁军宣传活动提供指导并进行协调;管理区域裁军中心。

(3) 谈判机构。联合国裁军谈判机构是设在日内瓦的裁军谈判会议(Conference on Disarmament,CD),简称"裁谈会"。裁谈会是当前国际上唯一的多边裁军谈判机构,其前身可以追溯到1960年的十国裁军谈判委员会,1984年2月根据联大第A/38/27号决议由原裁军谈判委员会更改为现名。宗旨是促进在有效国际监督下的全面彻底裁军。裁谈会不是联合国的附属机构,但与联合国关系独特。它有自己单独的议事规则,独立决定一些重大事项。同时,它也根据联合国大会的决议确定自己的工作计划,并向联合国大会报告工作。裁谈会秘书长由联合国秘书长指派,并为其私人代表。裁谈会的会议服务和设施由联合国提供,经费从联合国正常预算中支出。裁谈会现有65个成员,由于历史的原因,分成不同的集团,即西方集团、东欧集团和21国集团(又称不结盟国家集团),中国为独立一方。裁谈会以协商一致的方式进行工作和通过有关决定,实质性的谈判工作通常在裁谈会下设的特设委员会中完成。

20世纪60至70年代,联合国裁军谈判机构达成了《部分禁止核试验条约》《外空条约》《不扩散核武器条约》《海床条约》《禁止生物武器公约》等一系列国际军控条约。冷战结束后,裁谈会日趋务实,于1992年谈判达成了《禁止化学武器公约》、1996年谈判达成了《全面禁止核试验条约》等具有重大历史意义的国际军控法律文件。裁谈会在国际军控与裁军领域具有不可替代的重要地位。在外空军备控制谈判方面,自20世纪80年代以来,联合国大会已连续二十余年以压倒多数通过决议,重申裁谈会在谈判缔结防止外空军备竞赛多边协定中应发挥主导作用。然而,自1996年谈判完成《全面禁止核试验条约》后,由于裁谈会成员国在禁止生产核武器用裂变材料条约、核裁军、防止外空军备竞赛和无核武器国家安全保障四个议题上分歧严重,无法在设立特委会和确定工作计划问题上达成共识,裁谈会基本上陷入僵局,至今没有任何重大成果。

(4) 研究机构。联合国的裁军研究机构分为两个层次:一是政府专家组。由联合国裁军事务部根据联大决议邀请有关国家派出政府专家进行专题研究,研究报告由联合国秘书长提交联合国大会。二是联合国裁军研究所(United Nations Institute for Disarmament Research,UNIDIR)。该所是联合国下属的裁军研究机构,1980年在日内瓦成立,专门负责研究裁军及有关的国际安全问题。此外,联合国裁军事务部还与有关地区和国家合作,组织地区性的裁军研究活动。

(5) 核查机构。联合国本身没有设立专门的军控核查机构,在军控核查方面常常是委托有关的国际机构对一些军控条约的实施进行核查。1957年成立的国际原子能机构(International Atomic Energy, IAEA)是从事和平利用核能的国际合作,以及以防止核扩散为目的,对其成员的和平核活动实施保障的政府间组织,属于联合国体系下的专门机构,本身并没有核查的职能,但定期向联合国报告工作,并承担联合国交办的事项,受联合国的委托,也承担有关的军控条约的核查工作。国际原子能机构的主要任务是:加速和扩大原子能的和平利用,保证在其保障监督下的核设施和核材料不被用于任何军事目的。1968年《不扩散核武器条约》签订后,国际原子能机构成为保障监督与核查该条约的机构。1991年,国际原子能机构受联合国安理会委托,对伊拉克的核武器生产能力进行了调查并监督销毁。此外,它还承担了1967年《拉丁美洲禁止核武器条约》的特别视察职能。

(二) 联合国的军备控制与裁军活动

联合国成立以来,在国际军控与裁军领域发挥了重要作用和影响。

1. 提供裁军论坛,促进国际裁军运动的开展

联合国是当前世界上最具代表性的国际组织,也是国际裁军领域最具权威性的审议机构。联合国大会一直对裁军给予高度重视,为国际社会提供裁军论坛,作出了许多关于军控与裁军问题的决议。1946年1月24日,联合国大会第一次会议通过的第一个决议就是敦促有关国家消除原子武器及其他大规模杀伤性武器,确保把原子能完全用于和平目的。1959年联合国大会通过全面彻底裁军决议,同年成立了独立于联合国之外的多边裁军谈判机构——十国裁军委员会,以后几经改组和更名,扩大为裁军谈判会议,一直承担着国际裁军谈判工作。

2. 宣布三个"裁军十年",召开三届裁军特别联合国大会

1969年,第24届联合国大会通过以全面彻底裁军为主题的决议,宣布20世纪70年代为"裁军十年",吁请各国政府早日制定停止核军备竞赛和进行核裁军的有效措施,缔结一项在严格有效国际监督下实现全面彻底裁军的条约。在此十年中,国际社会缔结了一系列双边和多边裁军协定。1978年召开第一届裁军特别联合国大会,这是联合国第一次专门为裁军问题召开的大规模、具有广泛代表性的会议。会议通过的《裁军特别联合国大会最后文件》被视为国际裁军领域的纲领性文件,该文件全面阐述了裁军领域的目标、原则和优先事项。

1979年,第34届联大又宣布20世纪80年代为第二个"裁军十年",要求各国制止和扭转军备竞赛的趋势,根据第一届裁军特别联大最后文件规定的优先项目缔结裁军协定。1982年召开的第二届裁军特别联大重申了第一届特别联大最后文件的有效性,并决定发动一场世界裁军运动,以宣传、教育和促进公众了解和支持联合国在军控与裁军领域中的目标。1988年又召开了第三届裁军特别联大,这是规模最大、代表性最广泛的一次裁军特别联大。

1990年,第45届联大通过决议,宣布20世纪90年代为第三个"裁军十年",决议号召国际社会通过裁军实现真正的和平与安全。

联合国的这些裁军会议和裁军运动虽未取得实质性成果,但对动员国际舆论、促进世界裁军运动产生了积极影响。

3. 促进达成双边、多边和地区性的军控与裁军条约

在联合国的积极促进下,国际军控与裁军领域达成了许多重要的国际条约。它们是:

(1) 1959 年《南极条约》,这是第一个在部分地区禁止核试验的国际条约,使南极洲及其周围海洋实际上成为无核武器区。

(2) 1963 年《禁止在大气层、外层空间和水下进行核武器试验条约》(《部分禁止核试验条约》)。

(3) 1967 年《关于各国探索和利用包括月球和其他天体在内的外层空间活动的原则条约》(《外空条约》)。

(4) 1968 年《不扩散核武器条约》。

(5) 1971 年《禁止在海床洋底及其底土安置核武器和其他大规模毁灭性武器条约》(《海床条约》)。

(6) 1975 年《禁止细菌(生物)及毒素武器的发展、生产及储存以及销毁这类武器的公约》(《禁止生物武器公约》),这是第一个禁止和销毁一类大规模杀伤性武器的国际军控条约。

(7) 1979 年《指导各国在月球和其他天体上活动的协定》(《月球协定》),规定月球和其他天体应只用于和平目的,禁止各种军事利用。

(8) 1980 年《禁止或限制使用某些可被认为具有过分伤害力或滥杀滥伤作用的常规武器公约》(《特定常规武器公约》)。

(9) 1993 年《关于禁止发展、生产、储存和使用化学武器及销毁此种武器的公约》(《禁止化学武器公约》),这是第一个全面禁止、彻底销毁一整类大规模杀伤性武器并具有严格核查机制的国际军控条约。

(10) 1996 年《全面禁止核试验条约》。

(11) 2017 年《禁止核武器条约》

此外,联合国还促进一些国家和地区组织开展双边和地区性军控与裁军谈判,达成了一些区域性国际条约。主要有:① 1967 年《拉丁美洲禁止核武器条约》,这是世界上第一个无核区条约,得到了五个核国家的支持,推动了无核区的建立。② 1985 年《南太平洋无核区条约》。③ 1995 年《东南亚无核区条约》。④ 1996 年《非洲无核区条约》。⑤ 2014 年《中亚无核武器区条约》。

第二节　军备控制与裁军的历史发展

国际军控与裁军的发展历史,大致可以分为三个阶段。

一、第二次世界大战以前的军备控制与裁军

自从人类社会出现国家,有了国际间的军事和外交斗争,军控与裁军就成为这种斗争的一个组成部分。军控与裁军协议在古代中国、美索不达米亚、印度、罗马和希

腊的历史中就有记载。但在18世纪中叶以前,军控与裁军在国际军事和外交斗争中的作用十分有限。随着科技的进步和工业的发展,武器杀伤力的提高和军备的不断扩大,裁减或限制军备已成为国际军事和外交斗争的重要手段。18世纪中叶以后,国际社会签署了一系列军控与裁军的协议。1787年英法两国签订的《英法条约》规定,双方应限制建造军舰的规模和相互通知军舰的配备。1809年法国和奥地利缔结的《维也纳和约》规定,奥地利军队应缩减至15万人。1817年英美缔结的《拉什—巴格特协定》,对当时部署在英国属地加拿大与美国边界的五大湖区和尚普兰湖的双方军舰数量、吨位及舰炮类型进行了限制。第一次世界大战后,西方国家举行了一系列限制军备的谈判,并缔结了一些条约。1919年《凡尔赛和约》之第一章《国际联盟盟约》提出了在世界范围内裁减军备的三项原则:一是会员国承允"缩减其本国军备至适足保卫国家安全及其共同履行国际义务的最少限度";二是由国联提出裁减军备计划,供各国考虑施行,并研究私人制造军火及战争器材所引起的流弊,提出处理办法;三是在裁军计划通过后,非经国联同意,不得超过限额。此外,会员国须将有关本国军备水平、陆海空军计划以及可以为战争服务的工业"互换最坦白最完整之情报",以得悉军备事项的秘密性所包含的危险。1922年2月,美、英、日、法、意在华盛顿会议上缔结了《限制海军军备条约》,该条约对五国的海军主力舰和航空母舰的总吨位等进行了限制。1935年英德两国签订的《英德海军协定》放松了对德国海军的限制,使德国海军实力的限额大幅度超出了《凡尔赛和约》的规定。第一次世界大战后不平等的国际格局决定了军备控制与裁军不可能取得积极成果。在国联的所有裁军会议上始终没有提出裁军计划,军火买卖也从未受到监督,会员国之间更没有交换有关武装部队和军事工业的情报,这使第二次世界大战的爆发有了充足的物质基础。国联时期的裁军谈判以彻底失败而告终。

二、冷战时期的军备控制与裁军

第二次世界大战后,美国和苏联等国都进行了裁军。一方面,美苏为争夺军事优势,各自发展了远远超出实战需要的庞大核武库;另一方面,他们又无法承受核武器的巨大毁伤力而要求设法控制核武库的规模。双方都认识到,需要防止核战争,需要对军备竞赛进行一定程度的限制,从而形成了军备竞赛与军备控制并行的局面。

在这一时期,国际社会缔结了一系列军控与裁军条约,主要有:《南极条约》(1959年)、《部分禁试条约》(1963年)、《外空条约》(1967年)、《不扩散核武器条约》(1968年)、《美苏限制反弹道导弹系统条约》(1972年)、《禁止生物武器公约》(1975年)、《欧洲安全与合作会议赫尔辛基会议关于建立信任的措施和安全与裁军的文件》(1975年)、《美苏限制进攻性战略武器条约》(1979年)、《联合国关于各国填报军费报表的制度》(1980年)、《斯德哥尔摩文件》(1986年)、《美苏中导条约》(1987年)、《欧洲常规武装力量条约》(1990年)、《美苏第一阶段削减战略武器条约》(1991年),等等。

这一时期军控与裁军的特点是：
(1) 军控与裁军已成为国际安全与国际关系的一项重要内容；
(2) 以美苏为代表的两大军事集团基本上主导了国际军备控制的进程；
(3) 核查日益成为军控与裁军条约中的一项重要内容；
(4) 建立信任措施开始成为军备控制的一个重要形式。

三、冷战后时期的军备控制与裁军

冷战结束后，国际安全形势趋于缓和，军备控制与裁军取得了一定的进展。在核军控与裁军方面，1993年签署了《美俄第二阶段削减战略武器条约》，1995年《不扩散核武器条约》审议会通过该条约无限期有效，1996年联合国大会通过《全面禁止核试验条约》。此外，禁止为核武器生产裂变材料的谈判已经列入日内瓦裁军谈判会议的日程。

在常规军控与裁军方面，1991年联合国建立了《常规武器转让登记册》，1992年北约组织与原华约成员达成《欧洲常规武装力量人员上限协定》，1995年联合国《特定常规武器公约》审议会通过了《激光致盲武器议定书》，1997年《禁止化学武器公约》生效，同年121个国家在加拿大渥太华签署了《禁止杀伤人员地雷公约》。

这一时期军备控制与裁军的特点是：
(1) 在军控与裁军协议中，裁军的比重增加，世界主要军事大国相继削减军队和武器数量，同时继续争夺军备质量和技术优势；
(2) 以美国为首的西方国家掌握了军控与裁军的主动权，尤其是美国通过军控与裁军条约以及北约东扩，确立了美国对俄罗斯的核与常规力量的优势；
(3) 以美国为首的西方国家将军控与裁军的重点逐步转向热点地区，由过去的防止核战争转向防止大规模杀伤性武器的扩散，强化核、生、化武器和弹道导弹不扩散机制，并将防扩散作为向发展中国家施加压力、拓展其政治和经济利益的手段，军控与裁军主要针对发展中国家，存在着扩散与反扩散的斗争；
(4) 军控模式从传统的美苏对抗转向"合作安全"，其措施包括对话、增加军事透明度、加强防扩散机制、建立信任措施和安全机制等；
(5) 联合国等国际组织在军控与裁军活动中的作用有所增强，军控和裁军斗争的国际化趋势日渐明显。

第三节 军备控制与裁军的内容

一、常规军备控制与裁军

近代以前的常规军备控制与裁军，主要是指战胜国在战后强迫战败国单方面实行削减或限制常规军备。20世纪后，常规军备控制与裁军已发展为国家或国家集团之间为各自安全利益而彼此削减或限制常规军备，也包括各国为适应本国内外政策的需要主动采取的削减或限制常规军备的措施。

常规军备控制与裁军的内容包括限制常规武装力量的数量与质量,削减或禁止某类常规武器,限制相关的常规军备活动以及控制常规武器的转让等。相对于核、生物、化学等大规模杀伤性武器而言,常规武器是以化学能及其转化的动能毁伤目标,牵连损伤较小的武器。

(一) 常规军备控制与裁军的主要活动及条约

第一次世界大战后,随着西方国家军备竞赛的不断加剧,谈判与缔结军控与裁军协议就成为调整国家关系和划分势力范围的重要手段。当时缔结的国际军控与裁军协议主要涉及海军军备领域,主要有美、英、日、法、意于1922年签订的《限制海军军备条约》,1930年签订的《限制和裁减海军军备国际条约》(也称《伦敦海军条约》),1935年英、德签订的《英德海军协定》等。

冷战时期,以美苏为首的两大军事集团一直在进行大规模的军备竞赛,国际常规军控与裁军未能取得大的进展。但在国际社会尤其是发展中国家的努力下,常规军控领域也取得了一些成果,主要是联合国大会1980年12月通过的《禁止或限制使用某些可被认为具有过分伤害力或滥杀滥伤作用的常规武器公约》(以下简称《特定常规武器公约》)。直至20世纪80年代后期,东西方关系缓和,两大集团军事对抗程度下降,尤其是冷战结束后,国际常规军控与裁军有了突破性进展,达成了多项常规军控与裁军国际条约。

1. 普遍性的常规军控与裁军条约

《特定常规武器公约》在1980年10月10日日内瓦裁军谈判会议上一致通过,1983年12月2日正式生效,无限期有效。这是冷战时期国际多边范围达成的一项有重要影响的常规军控条约。《特定常规武器公约》属于国际人道法的范畴,是目前基本的最重要的特定常规武器公约,其目的旨在禁止或限制使用某些不分青红皂白、引起不必要痛苦和过分残酷的作战方法和手段,强调战争中的人道原则,对减低战争的过分伤害和加强战争中的人道保护具有重要作用。《特定常规武器公约》生效之初包括三个议定书,即《关于无法检测的碎片的议定书》(第一号议定书)、《禁止或限制使用地雷(水雷)、饵雷和其他装置的议定书》(第二号议定书,以下简称《地雷议定书》。1996年进行修改,形成《修正的第二号议定书》,以下简称《修正的地雷议定书》)、《禁止或限制使用燃烧武器议定书》(第三号议定书)。1995年9月增加了《禁止使用激光致盲武器议定书》(第四号议定书),2003年11月在《特定常规武器公约》缔约国年会通过《战争遗留爆炸物议定书》(第五号议定书),2006年11月12日生效。《战争遗留爆炸物议定书》是国际军控领域的一大突破,对预防和减少遗留爆炸物、清除现有和将来可能产生的遗留爆炸物具有积极作用。因此,《战争遗留爆炸物议定书》被认为可以较全面地解决战争遗留爆炸物引起的人道主义问题。

《关于禁止使用、储存、生产和转让杀伤人员地雷及销毁此种武器的公约》简称《禁雷公约》。《特定常规武器公约》生效后,在各种武装冲突尤其是非国际性武装冲突中,滥用公约及其议定书禁止或限制使用的武器尤其是地雷的情况越来越多,给平民造成了严重伤害。国际社会对禁止滥用地雷特别是杀伤人员地雷的呼声日益高涨。虽然《特定常规武器公约》中的《地雷议定书》首次对地雷的使用作了限制，但由于有关限制性规定比较模糊，可操作性不强，难以对地雷的使用形成有效的约束，在1993年《特定常规武器公约》生效10周年之际，一些缔约国提出对《地雷议定书》进行修改。1996年5月3日，《特定常规武器公约》缔约国通过了对《地雷议定书》的修改，形成了《修正的地雷议定书》，并于1998年12月3日正式生效。但是，一些国家和国际组织对《修正的地雷议定书》并不满意，要求全面禁止和销毁杀伤人员地雷。第51届联大于1996年11月通过51/45S号决议，要求成员国"积极寻求一个有效的、有法律约束力的禁止使用、储存、生产和转让杀伤人员地雷国际公约"。于是，这些国家于1997年9月17日在挪威奥斯陆召开国际禁雷会议，通过了《禁雷公约》。同年12月3日，在加拿大首都渥太华举行《禁雷公约》签约大会，148个国家和非政府组织出席会议，其中121个国家在公约上签字。公约在得到45个国家批准后于1999年3月1日正式生效。截至2022年12月，共有162个缔约国。印度、巴基斯坦、俄罗斯、美国、中国等39个国家没有加入该公约。《禁雷公约》的宗旨是立即、全面禁止杀伤人员地雷。《禁雷公约》规定，缔约国在任何情况下都不得使用、发展、生产、获取、保留或转让杀伤人员地雷；现存的所有杀伤人员地雷应在公约生效后的4年内予以销毁，现有雷区在10年内清扫干净；各缔约国应将本国执行公约的措施、库存和境内布雷的详细情况及销毁计划等向联合国秘书长提交年度报告；如缔约国之间就履约问题产生疑问，可提出澄清要求，甚至可要求赴该国进行"实情调查"。

《禁用集束炸弹公约》2008年12月3日在挪威奥斯陆由107个缔约国签署通过，2010年8月1日起正式生效。《禁用集束炸弹公约》规定，禁止缔约国生产、使用、储存或转让集束炸弹，并给缔约国销毁已有的集束炸弹、清理受污染地区设定了8年的最后期限。《禁用集束炸弹公约》是10年来最重要的裁军和人道主义条约。美国、俄罗斯、以色列没有加入该公约。

2. 区域性的常规军备控制与裁军条约

在欧洲，1990年11月19日由北约和原华约组织的22国在巴黎签署了《欧洲常规武装力量条约》，于1992年11月9日生效，无限期有效。这是第二次世界大战后东西方达成的唯一的一项区域性常规裁军条约。《欧洲常规武装力量条约》规定了缔约国在欧洲的作战坦克、装甲战斗车、火炮、作战飞机和攻击直升机的限额，各国应至迟于条约生效后的40个月内分三个阶段完成上述五类武器的削减，并建立包括情报交换及现场核查在内的条约核查机制。1992年6月，北约和原华约组织的29国达成《欧洲常规武装力量人员上限协定》，对双方常规部队的规模作了限制。2023年5月16日，俄罗斯国家杜马一致通过废止《欧洲常规武装力量条约》法案。5月29日，俄罗斯总统普京签署法令正式废止《欧洲常规武装力量条约》。6月9日，俄罗斯外交部发表声明，俄罗斯废止《欧洲常规武装力量条约》法令于当日正式生效，俄罗斯已通知所有条约成员，俄罗斯将于150天后，即2023年11月7日零时退出该条约。

在亚洲，1990年中国和苏联达成《关于在中苏边境地区相互裁减军事力量和加强军事领域信任的指导原则的协定》。1997年,中国、俄罗斯、哈萨克斯坦、吉尔吉斯斯坦、塔吉克斯坦五国签署《关于在边境地区相互裁减军事力量的协定》,规定:五国将边境地区的军事力量裁减到与睦邻友好相适应的最低水平,使其只具有防御性;互不使用武力或以武力相威胁,不谋求单方面的军事优势;裁减和限制部署在边界两侧的军事人员和主要种类的武器数量,确定裁减后保留的限额;确定裁减的方式和期限,交换边境地区军事力量的有关资料,并对《关于在边境地区相互裁减军事力量的协定》的执行情况进行监督。

3. 联合国常规武器登记册与《武器贸易条约》

联合国常规武器登记册是联合国为促进各国军备透明和安全领域互信而采取的一项重要举措,目的是在各个国家中树立信心和安全感。1992年1月1日由联合国秘书长根据第46届联大1991年12月9日通过的题为《军备透明》第46/36L号决议设立。该决议指出,增加军备透明有助于制约军备生产和武器转让;决议要求联合国秘书长制定并在联合国总部设立常规武器登记册,以登记国际武器转让的数据以及成员国提供的军事资产、武器采购与生产及有关政策情况;决议吁请成员国每年向联合国秘书长提供上一年度列入登记范围的常规武器进口情况,包括赠予、信贷、易货或现金支付等各种方式的武器转让;决议鼓励成员国提供本国武器进出口政策、有关立法和行政管理体制情况。决议附件中,将作战坦克、装甲战斗车、大口径火炮系统、作战飞机、攻击直升机、舰艇、导弹或导弹发射系统等七类武器纳入登记范围,规定了每类武器的技术参数。截至2009年,已有164个国家向联合国常规武器登记册作过一次或多次情况报告。

联合国虽然建立了常规武器登记册制度,但是,由于登记制度本身的自愿性以及松散的管理框架,这一制度对于武器出口大国政策的影响仍然十分有限。联合国及其一些成员国便积极推动出台具有约束力的武器贸易登记制度。2006年联合国大会通过决议,推动拟定一项"普遍性、具有法律约束力"的《武器贸易条约》,以建立常规武器出口和转让的共同国际标准。2013年4月2日《武器贸易条约》在联合国大会通过,2014年12月24日正式生效,从而取代了1992年联合国常规武器登记册。条约监管的对象涵盖联合国常规武器登记册已有的七种常规武器,加上一项轻、小武器,包括坦克、装甲战车、大口径大炮、战斗机、攻击直升机、战舰、导弹与导弹发射器以及小型军火。条约为监管八类常规武器的国际贸易制定了共同国际标准,要求缔约国设立管制武器出口的机制,以确保所出口的武器不被用于种族灭绝、战争罪行,或落入恐怖分子和犯罪团伙手中。2013年9月,作为对《武器贸易条约》的具体化和细化,联合国安理会通过了第2117(2013)号决议,强调要防止非法转让、不利于稳定地积累和滥用小武器和轻武器,以进一步防范和打击轻小武器非法贸易。

(二) 常规军备控制与裁军的特点

1. 以限制发动大规模或突然进攻的军事能力为重点

常规军备是各国的基础军备。对大多数国家来说,常规军备也是它们唯一的军备,是这些国家抵御外来侵略、维护国家领土主权的基本手段。国际社会针对核、生、化等大规模杀伤性武器所普遍倡导的"全面禁止、彻底销毁"的目标,对于常规军控与裁军并不适用。但常规军备竞赛,尤其是潜在冲突地区的进攻性常规武器竞赛,则是加剧国际与地区紧张局势的重要原因。因此,限制有关各方发动大规模或突然进攻的能力就成为常规军控与裁军的重点。在核武器与弹道导弹出现之前,远洋海军曾是最重要的战略投送力量,限制发展战列舰、航空母舰、巡洋舰等重型军舰,成为当时军控的重点。第二次世界大战后,欧洲成为冷战对峙的地区,裁减与限制作战坦克、大口径火炮、装甲运兵车、攻击直升机、作战飞机等重型武器,成为欧洲常规裁军的重点。联合国常规武器登记册中,也列入了上述五类重型武器以及军舰和导弹系统。

2. 军备控制条约难以限制先进常规武器装备的发展

与限制兵力和武器装备的数量相比,限制发展或转让先进的武器装备难度更大。现有的或可能达成的常规军控与裁军条约主要是限制武器数量,并不能制止或有效制约以提高武器质量为重点的军备竞赛。从已经达成及生效的一些常规裁军条约来看,削减的往往是相对过时的武器装备,其中部分武器装备即使不削减也会被淘汰,而对保留及发展先进的武器装备,条约难以作出严格的限制。虽经国际社会多年努力,激光致盲武器、杀伤人员地雷等一些具有滥杀滥伤作用的"非人道武器"已受到有关条约的禁止或限制。但是,由于拥有最先进常规武器装备的国家不愿使其军备发展计划受到国际法约束,已达成的常规军控与裁军条约难以有效限制高精尖常规武器装备的研制与发展。

3. 中小国家和非政府组织在常规军备控制中的作用不断增强

国际军控与裁军领域历来是强国、大国的舞台。1997 年,中小国家以及非政府组织发挥主导作用,在加拿大渥太华达成了《禁雷公约》。在国际裁军史上,这是首次在没有主要军事大国参与的情况下达成的军控条约。受此影响和鼓舞,在多边军控领域,尤其是在推动控制和销毁小型武器(通常指便于个人携带的常规武器,包括手枪、步枪、冲锋枪、机枪、迫击炮、榴弹发射器、移动式高射炮以及反坦克炮等)、建立信任措施和增加军备透明度等问题上,中小国家及非政府组织正在寻求发挥更大的作用。

二、核军备控制与裁军

核军备控制与裁军是指一切与核武器有关的控制与裁减活动,主要是对核武器的限制、削减和禁止,同时也包括禁止核试验、禁止为核武器生产裂变材料、建立无核区、防止核扩散、建立核领域的信任措施等。

核军备控制与裁军源于第二次世界大战后美国和苏联的核军备竞赛。随着美苏对抗的日趋激烈,核军备竞赛日益加剧,双方都难以承受这种无止境的军备竞赛带来的沉重经济负担,同时由于核武器具有巨大的破坏力,双方逐渐认识到,核战争中无胜利者,需要制定一定的竞赛规则,于是就产生了核军备控制,并将防止核战争作为核军控的目的之一,开始了核军控谈判和进行核裁军。

(一) 核武器的限制、削减和禁止

核武器是利用能自持进行的原子核裂变或聚变反应瞬时释放的能量产生爆炸作

用,并具有大规模杀伤破坏效应的武器的统称。核武器的限制、削减和禁止主要有以下两方面的活动。

(1) 通过政府间磋商和谈判签订双边或多边的核军控条约与协议。冷战时期,由于美国与苏联拥有庞大的核武库,当时的核军控都是在美苏间进行的,两国签署的双边条约主要有:《美苏热线协定》(1963年),美苏《限制反弹道导弹系统条约》和《美苏关于限制进攻性战略武器的某些措施的临时协定》(1972年),《美苏限制进攻性战略武器条约》(1979年),《美苏消除两国中程和中短程导弹条约》(简称《美苏中导条约》)(1987年),《美苏第一阶段削减进攻性战略武器条约》(1991年),《美俄第二阶段削减战略武器条约》(1993年)。这些双边条约对于裁减双方的核武库,防止发生核战争起到了一定作用。冷战结束后,英、法、中三个中等核国家开始介入核军控与裁军的某些活动。

2008年4月,美俄宣布将缔结一项新的具有法律约束力的军控条约。自2009年5月开始,美俄双方进行了10轮谈判。2010年4月8日,美俄两国元首在捷克首都布拉格签署了新的《削减进攻性战略核武器条约》,同意进一步削减和限制进攻性战略核武器,以替代2009年12月5日到期的《美苏第一阶段削减进攻性战略武器条约》。新的《削减进攻性战略核武器条约》于2011年2月5日生效,有效期为10年,经双方同意可以延长5年。新的《削减进攻性战略核武器条约》规定,美俄将在条约生效7年内将各自已部署核弹头削减至1550枚,将已部署和非部署战略武器运载工具削减至800件水平。虽然新的《削减进攻性战略核武器条约》被称为"近20年来最为全面的军控协议",但这只是两国在履行"核大国率先裁减"的国际责任,对于核裁军进程和全球的核安全并不会产生实质性的影响。2021年2月3日,俄美完成延长新的《削减进攻性战略核武器条约》有效期协议的相关内部程序,协议即日生效。条约有效期随后延长至2026年2月5日。2023年2月,俄罗斯宣布暂停履行新的《削减进攻性战略核武器条约》,这是两国之间尚存的最后一个军备控制条约,由于俄乌冲突,两国分歧严重。

2019年2月2日,美国宣布暂停履行原《美苏中导条约》,并启动为期6个月的退约进程,俄罗斯随即也宣布暂停履约。2019年8月2日,美国宣布正式退出这一条约。作为第一个真正裁减核武器军备、唯一一个销毁一整类武器的条约,《美苏中导条约》被誉为核裁军的基石,发挥着维护国际安全与战略平衡的重大作用。美国退约致使《美苏中导条约》完全失效,国际核裁军进程严重受阻。

(2) 联合国在国际核军控与裁军领域发挥重要作用和影响。联合国大会及所属或相关机构就核裁军问题作出各种决议,从舆论和法律上促进了核军控与裁军。由联合国促进达成的国际性或区域性的核军控与裁军条约有:《南极条约》《禁止在大气层、外层空间和水下进行核武器试验条约》《不扩散核武器条约》《关于各国探索和利用包括月球和其他天体在内的外层空间活动的原则条约》《禁止在海床洋底及其底土安置核武器和其他大规模杀伤性武器条约》等。

2017年7月7日联合国大会通过了《禁止核武器条约》,希望"禁止核武器的拥有、研发、储存、转移、试验,或是威胁使用",让核武器"完全非法化",要求各国销毁所持有的核武器。由于《禁止核武器条约》没有考虑在全球实现可持续的核裁军所需解决的关键问题,与《不扩散核武器条约》有冲突,联合国安理会5个常任理事国均未参加该条约的谈判,并于2018年10月发表联合声明不接受该条约,认为《禁止核武器条约》的许多内容脱离现实,无法促成任何一件核武器的销毁,不符合最高的核不扩散标准,会在国际核不扩散与核裁军机制框架内引起分歧,甚至会给《不扩散核武器条约》的执行带来阻碍,导致今后的核裁军进程更加困难。因此,5个常任理事国表示,"不会支持、签署或通过这个条约"。同时,5个常任理事国重申了对《不扩散核武器条约》的承诺,表示"支持以平等和不可分割的安全为基础建立无核世界的最终目标"。

(二) 禁止核试验

核试验是使用核武器或核爆炸装置在预定条件下进行的爆炸试验,它是研究发展核武器和保持核武库有效性的必要手段。全面禁止核试验是防止核扩散和全面禁止与彻底销毁核武器的重要步骤。从国际上禁止核试验的历程来看,大致上经历了部分禁止核试验、限制地下核试验和全面禁止核试验三个阶段。

1. 部分禁止核试验

20世纪50年代到60年代初,美国和苏联为争夺核优势,开展了激烈的核军备竞赛,进行了大量核试验,主要是大气层核试验,对全球环境造成了严重的放射性污染。1954年2月,美国在比基尼岛上空爆炸了当量为1500吨的热核装置,产生的大量放射性尘埃使日本渔民受到放射性伤害,引发了世界范围的反对核试验的浪潮。迫于国际社会的压力,美、苏、英三国同意从1958年10月31日起在日内瓦开始禁止核试验的谈判,并宣布暂停核试验一年。1963年8月5日,三国在莫斯科签订了《禁止在大气层、外层空间和水下进行核试验条约》,即《部分禁试条约》,三国政府并表示希望其他国家参加这个条约,之后有124个国家加入这一条约。法国和中国虽然没有签署这一条约,但分别于1975年和1986年宣布中止大气层核试验。

2. 限制地下核试验

由于法国和中国分别在1960年和1964年成功地进行了核试验,成为第四个和第五个核国家,《部分禁试条约》签订后,美苏把军控谈判的重点转向防止核武器的扩散。1968年7月,美、苏、英三国签订了《不扩散核武器条约》。条约规定,无核武器国家不谋求核武器,并事实上禁止了无核武器国家进行核试验。1974年美苏达成《美苏限制地下核武器试验条约》,规定两国进行地下核试验的当量最高限额为15万吨。1976年两国又签订《美苏关于和平目的的地下核爆炸条约》,对和平核爆炸的最大当量进行了限制。

3. 全面禁止核试验

20世纪70年代末期,美苏两国的核武器技术都已发展得相当成熟,双方的核武库均已达到超饱和状态。国际社会在核战争阴云的笼罩下越来越强烈要求美苏停止核军备竞赛,禁止一切核试验。1977年,美、苏同意就缔结一项全面停止核试验条约进行谈判,但谈判不久就处于停顿状态。冷战结束后,军备竞赛的动力大大削弱,为全面禁止核试验条约的谈判创造了条件。1996年9月10日,联大通过了《全面禁止核试验条约》。《全面禁止核试验条约》的主要内容,一是每一缔约国承诺不进行任何核武器试验爆炸或任何其他核爆炸;二是为保证条约的执行,将建立"全面禁止核试验条约组织",并建立条约的核查体制;三是自条约附件二列明的所有国家全部交存批准书之日后第180天起条约生效。条约附件二列明的是44个有核能力的国家,其中既包括核武器国家,也包括所有核门槛国家。截至2000年12月5日,已有160个国家在条约上签字,69个国家完成了批约手续。《全面禁止核试验条约》的签订受到国际社会的普遍欢迎。它一方面排除了核试验对环境的污染,另一方面限制了核武器的发展,抑制了核军备竞赛,加强了核不扩散的体制。但是,由于《全面禁止核试验条约》并不能禁止非成员方进行核试验,印度和巴基斯坦分别在条约签订后进行了核试验。《全面禁止核试验条约》还规定,只有包括印、巴在内的44个国家签署和批准条约,条约才能生效。美国等一些有核能力的国家至今拒绝批准《全面禁止核试验条约》。因此,要使《全面禁止核试验条约》生效并得到全面执行,还需要艰苦努力。

三、禁止生物武器

生物武器原称细菌武器,是以生物战剂杀伤人员和毁坏植物的一种大规模杀伤性武器。生物武器由生物战剂、生物弹药和运载工具三部分组成。

在古代战争史上,就有使用生物武器的战例。20世纪30年代以后,随着生物战剂种类的增多,生产规模的扩大以及施放手段的发展,生物战剂得到了较大范围的使用。第二次世界大战、朝鲜战争、越南战争等战争都使用过生物武器,给人类和环境造成严重危害。

(一) 国际社会禁止生物武器的努力

禁止使用有毒武器是古老的国际惯例之一,19世纪末开始纳入国际条约,1899年《海牙公约》(第二公约附件和第二宣言)就已规定禁止使用毒物或有毒武器。

第一次世界大战后,生物武器在战争中的使用和扩散给人类带来的灾难备受国际社会的广泛关注,禁止生物武器成为国际军控领域的重要议题。1925年国际联盟在日内瓦"管制武器、军火和战争工具国际贸易会议"上达成了《禁止在战争中使用窒息性、毒性或其他气体及细菌作战方法的议定书》(简称《日内瓦议定书》),第一次提出了在战争中禁止使用生物武器问题。但由于当时认识上和技术上的限制,《日内瓦议定书》存在许多缺陷,一是没有对生物武器作出法律定义,致使议定书的适用范围含糊不清;二是许多缔约国以不同方式保留了对非缔约国和违约国"报复使用"生物武器的权利,使议定书实际上成为只禁止"首先使用"生物武器的战争法规;三是未涉及库存生物武器及其生产和储存,客观上为违法使用保留了物质基础;四是没有规定核查条款,对缔约国的履约行为缺乏监督机制。这些缺陷的存在,是《日内瓦议定书》达成之后仍然发生违约使用生物武器事件的一个重要原因。

第二次世界大战后,化学武器和生物武器的不断发展并在战争中多次使用,再次引起世界各国的严重关切,成为裁军谈判的重要议题。20 世纪 60 年代初,国际多边裁军谈判机构开始就禁止生物武器进行谈判。1971 年 9 月 28 日,美、英、苏等 12 国向联大提出《禁止细菌(生物)及毒素武器的发展、生产及储存以及销毁这类武器的公约》(简称《禁止生物武器公约》)草案。同年 12 月 16 日,第 26 届联大通过《禁止生物武器公约》。

《禁止生物武器公约》生效后,由于生物技术的发展和普及,不少国家已具备了研究、发展、生产生物武器的能力,生物战的潜在危险性增加了,生物技术有可能被滥用于生物战。此外,《禁止生物武器公约》虽然解决了《日内瓦议定书》存在的问题,但主要缺陷是没有规定核查措施。因此,为了保证《禁止生物武器公约》的有效实施,自 1994 年国际社会又开始谈判公约的核查措施问题,并提出了核查议定书草案。核查议定书草案弥补了《日内瓦议定书》和《禁止生物武器公约》存在的缺陷,进一步加强禁止生物武器的使用、研究、发展、生产、转让与储存。但是,由于生命技术特别是生物技术的不断发展,和平利用和军事应用的界限难以区分,进攻性生物研究与发展和防御性生物研究与发展的界限难以区别,生物武器核查的复杂性和艰巨性将越来越大,甚至有些方面无法核查。

(二)《禁止生物武器公约》

《禁止生物武器公约》于 1972 年 4 月 10 日在华盛顿、伦敦、莫斯科开放签署,1975 年 3 月 26 日生效,无限期有效。截至 2022 年 12 月,共有 185 个缔约国。

《禁止生物武器公约》是全面禁止大规模杀伤性武器的首个国际条约,由序言和 15 条正文组成,主要内容是:禁止发展、生产、储存和获取(转让)不属于和平利用的生物战剂或毒素,以及为敌对目的而设计的武器和设备或运载工具;公约生效后 9 个月内尽快销毁生物战剂及武器或转用于和平目的;缔约国之间交换有关和平利用生物战剂和毒素的设备、材料和科技信息等。

《禁止生物武器公约》对拥有生物武器能力的国家有一定制约作用,但也存在一些明显的缺陷:一是没有规定具体、有效的监督和核查措施,对违约事件也缺乏应有的制裁措施;二是只规定"禁止发展、生产和储存"生物武器,而没有明确规定禁止生物武器的研究和使用;三是只规定销毁生物武器,却没有规定销毁生产这类武器的工厂和设备;四是没有列出生物战剂的清单和阈值。《禁止生物武器公约》缔结后,截至 2022 年 12 月,共举行了 9 次审议大会。第 9 次审议大会决定,进一步加强《禁止生物武器公约》的有效性,促进全面遵约,致力于探讨达成包括具有法律约束力方式在内的加强公约措施。

四、禁止化学武器

化学武器是以毒剂的毒害作用杀伤人员和牲畜、毁坏作物和森林的武器。它通过毒剂的多种中毒途径,及在一定的染毒空间和毒害时间内所产生的战斗效应,杀伤、疲惫和迟滞敌方军队,以达到预定的军事目的。在战争中使用毒物自古有之,古代的毒烟和毒箭就是最原始的化学武器。现代化学武器由化学战剂、化学弹药和运载工具三个部分组成。

随着科学技术特别是化学工业的发展,化学武器逐步发展成为一种极具实战价值的大规模杀伤性武器,并在近代战争中被大量使用,给人类造成了深重灾难,因而国际社会不断进行全面禁止化学武器的努力。近年来,使用某些剧毒化学战剂制造恐怖事件已成为一些恐怖组织和邪教团体的犯罪手段,这更引起了国际社会对禁止化学武器的强烈关注,从而促进了化学武器裁军。

(一) 禁止化学武器的裁军进程

近代化学武器裁军源于禁止将毒物用于战争的传统习惯法。1675 年,法、德两国签订的《斯特拉斯堡协定》是已知最早的禁止在战争中使用化学武器的法律文件,规定不得以任何方式将毒物用于战争,不论对水源投毒、毒化食物还是毒害军队。凡使用者则置自身于违反战争法和战争惯例之列。从 19 世纪后半叶起,由于欧洲一些国家已能由工业生产剧毒物质,使毒物大量用于战争成为可能,从而引起国际社会的关注,禁止将毒物用于战争的习惯法逐渐被纳入更多的国际战争法律文献中。1874 年诞生了第二个这样的国际协定,即《布鲁塞尔战争法规和惯例公约》,禁止使用"毒物或染毒武器",禁止使用武器射弹或材料造成不必要的痛苦,尽管该协定从未生效。1899 年第一次海牙和平会议签订了《禁止使用以散布窒息性或有毒气体为唯一目的之投射物宣言》,这是国际上为禁止将化学战剂用于战争的第一次尝试。1907 年第二次海牙和平会议再次确认了这一宣言,在《陆战法规和惯例公约》的附件《陆战法规和惯例的章程》中规定:"除各专约规定禁止者外,特别禁止使用毒物或有毒武器"。然而,禁止在战争中使用毒性物质的战争习惯法,未能制止在第一次世界大战中爆发人类历史上最大规模的化学战。作为现代意义上的大规模毁灭性作战方法和手段,化学武器第一次在现代战争中被正式使用。第一次世界大战中,交战双方大规模使用了氯气、光气等化学武器,产生了巨大的战场效果,造成了约 130 万人员死伤。

化学战再次受到国际舆论的强烈谴责,从而重新提出有关国际禁用问题。第一次世界大战后,国际社会达成了一些新的单纯禁止使用化学武器的协议。1919 年《凡尔赛和约》、1922 年《关于在战争中使用潜水艇和有毒气体的条约》(又称《华盛顿会议五国条约》)、1923 年《中美洲国家限制军备公约》等国际条约均对禁止在战争中使用有毒物质作了规定。

1925 年在日内瓦签署《日内瓦议定书》首次为禁止在战争中使用毒性物质作战方法规定了单项的法律机制,成为国际化学武器裁军史上的第一个里程碑。但由于历史的原因,《日内瓦议定书》存在许多缺陷,主要是:没有明确化学武器的定义,议定书适用范围含糊不清;许多缔约国保留"报复使用"化学武器的权利,使议定书实际上仅仅禁止"首先使用"化学武器;议定书未涉及库存化学武器及其生产和储存设施,客观上为非法使用这些武器保留了物质基础;议定书没有核查条款,对缔约国的履约行为缺乏有效监督。这些缺陷的存在,是《日内瓦议定书》达成后仍然大量发生违法使用化学武器情况的重要原因之一。实践表明,要彻底废止化学武器,必须在《日内瓦议定书》的基础上,建立全面禁止发展、生产、储存和使用化学武器及其生产设施的法律机制。

第二次世界大战、朝鲜战争、越南战争以及海湾战争中,日本、德国和美国等国家多次大量使用化学武器,给人类生命和生存环境带来巨大灾难。建立全面禁止使用化学武器的法律机制再次引起国际社会的极大关注。1968年,禁止化学和生物武器问题被正式列入当时的联合国18国裁军委员会议程,从而开始了禁止生化武器的多边国际谈判。1969年,联合国秘书长向第24届联大提交了《化学和细菌(生物)武器及其可能使用所产生的效应》的报告。自此,日内瓦裁军谈判会议同时开始了全面禁止化学武器公约的多边国际谈判,化学武器裁军由此步入了新的历史阶段。此后,国际社会关于建立"无化学武器区"的建议、1989年巴黎禁止化学武器大会以及1990年《美苏关于销毁和不生产化学武器及促进多边禁止化学武器公约的措施的协定》都有力地推动了禁止化学武器公约的谈判。经过长达10年的艰苦谈判,日内瓦裁军谈判会议于1992年9月13日通过了《禁止化学武器公约》,并于1992年11月30日联合国大会通过了《禁止化学武器公约》,标志着一百多年来化学武器裁军取得了历史性成果。

(二)《禁止化学武器公约》

《禁止化学武器公约》于1993年1月13日在巴黎开放签署,1997年4月29日生效,无限期有效。截至2023年5月,已有193个国家批准公约成为缔约国,只有4个国家尚未加入《禁止化学武器公约》。

《禁止化学武器公约》由序言、24条正文和3个附件组成,附件具有与正文同等的法律效力。《禁止化学武器公约》的主要内容是:禁止缔约国发展、生产、获取、储存、保有、转让和使用化学武器以及为此种使用而进行的军事准备;禁止缔约国支持、鼓励和诱使任何国家从事公约禁止的一切活动;缔约国要遵照规定的方式、顺序和时间销毁在其控制下的化学武器及生产设施;缔约国要承担义务销毁其遗留在其他缔约国领土上的所有化学武器;禁止把控爆剂(指用于控制国内动乱、维持社会秩序的化学品的总称,这些化学品对人体呼吸道或视觉系统具有强烈的暂时性刺激作用)用于战争。3个附件是化学品附件、核查附件和保密附件,具有与正文同等的法律效力。

《禁止化学武器公约》是国际上第一个全面禁止和彻底销毁一整类大规模杀伤性武器并有严格核查机制的多边国际军控法律文书。《禁止化学武器公约》建立了严格的核查制度,包括"初始宣布"、年度数据报告、现场监测和现场视察。为实施《禁止化学武器公约》,设立了"禁止化学武器组织",由缔约国大会、执行理事会和技术秘书处三个主要机构组成,总部设在海牙,其基本任务是确保各缔约国遵守公约、实现公约的目标和宗旨,同时也为缔约国提供一个协商和合作的论坛。

《禁止化学武器公约》作为国际安全和军控、裁军及防扩散体系的重要组成部分,为全面禁止和彻底销毁化学武器、防止化学武器扩散,进而维护和促进国际和平、安全与稳定,发挥了积极而重要的作用。在国际社会的共同努力下,《禁止化学武器公约》实施总体顺利。首先,《禁止化学武器公约》的普遍性显著增强。缔约国总数由生效之初的87个增加到2023年5月的193个。全球人口已有98%获得了《禁止化学武器公约》的保护,由拥有国宣布的化学武器库存的99%业已在得到核查的情况下销毁。其次,作为《禁止化学武器公约》核心目标的化学武器销毁取得积极进展。已宣布的化学武器生产设施全部停止活动,绝大多数已被销毁或改装用于和平目的;截至2007年,30%的化学弹药及其装填装置和25%的化学战剂已被销毁。再次,《禁止化学武器公约》的核查机制行之有效。从《禁止化学武器公约》生效至2010年9月,禁止化学武器组织对81个缔约国的化学武器相关设施和工业设施进行了4167次视察。最后,作为《禁止化学武器公约》重要支柱之一的国际合作,也在有限的资源下取得了稳步发展。

《禁止化学武器公约》生效以来得到较好的履行,宣布了的化学武器生产设施已经100%地停止活动,全部被置于严格的核查制度之下。但也面临一些问题,还有一些缔约国未提交"初始报告",如何处理化学武器生产设施的转用问题也需要研究,以及科技进步可能给化学武器裁军提出的新的课题,等等。因此,如何进一步维护《禁止化学武器公约》的权威,加强其普遍性和有效实施,推动化学武器尽早彻底销毁,给国际社会提出了新的挑战。

五、外层空间军备控制

外层空间军备控制是国际军控中一个比较特殊的领域,主要表现在:一是外空、外空军备的定义和外空军控的范围在国际上至今尚未取得共识;二是外空军控的出现是冷战时期美苏核军备竞赛从地球延伸到外空的反映,外空军控与美苏核军控密切相关;三是迄今尚无一个国家在外空部署武器,外空武器都还处于试验发展阶段。因此,现阶段外空军控主要是着眼于未来,旨在通过国际社会的共同努力,确保外空只用于人类的和平目的。

（一）外层空间军备控制的内容

外空军备竞赛的目的是争夺军事制高点,追求太空指挥控制能力和信息作战能力。因此,外空军备竞赛主要围绕研制各类军用卫星、发展外空武器、夺取制天权而展开。军用卫星已成为一些国家作战指挥系统和战略武器系统的重要组成部分,也是各种武器系统作战效能以及武装力量威力的强大倍增器。大量军用卫星的部署,促进了外空军事化的发展。外空武器是进行天战的基本手段,可以攻击地面、海上、空中和外空的目标,通常有反卫星武器、轨道轰炸系统和天基反导武器等。外空的日益军事化和不断加剧的外空军备竞赛,使国际社会深感不安,认为必须采取措施以保证外空完全用于和平目的,禁止和限制外空武器的发展,防止外空成为继陆地、海洋和大气层之后的第四战场。

为争取外层空间的和平利用和防止军备竞赛进入外层空间,国际社会进行了长期努力。从20世纪50年代末联大把外空问题列入议程以来,经过各国共同努力,先后达成了一些与外空军控有关的国际条约,主要有《外空条约》《部分禁止核试验条约》《改变环境公约》《月球协定》等。这些条约虽然不是专门的外空军控条约,但对限制和防止外空军备竞赛起到了一定作用,具有积极意义。应当指出,由于受到当时的政治、军事和技术条件的限制,这些条约存在严重的缺陷或漏洞,不足以防止外空军备竞赛,必须补充、修订乃至谈判缔结新的外空条约。但是,自1981年和1982年联大和日内瓦裁军谈判会议开始审议防止外空军备竞赛问题以来,由于发展中国家和西方国家在外空的定义、外空武器、外空的和平利用与非和平利用等问题存在原则性分歧,防止外空军备竞赛的谈判迄今未能取得实质性进展。2008年,欧盟提出《外空活动行为准则》草案,征求主要国家意见后准备提交日内瓦裁谈会、联合国和平利用外空委员会和联大等多边机构,欧盟此举对于进一步推动国际社会关于外空建立信任措施问题的讨论具有积极意义。

(二)有关外层空间军备控制的条约

《外空条约》在1966年12月19日由联合国大会通过,1967年10月10日生效,无限期有效。截至2021年,已有113个缔约国。主要内容是:探索和利用外层空间应为所有国家谋福利和利益,所有国家都可以不受歧视地、平等地、自由地进行外空活动;各缔约国不得通过提出主权要求、使用与占领或以其他方法把外空(包括月球和其他天体)据为己有;各缔约国在外空的活动应遵守国际法和《联合国宪章》,保证月球和其他天体绝对用于和平目的;各缔约国不得在绕地球轨道、天体或外层空间部署核武器或任何其他种类大规模杀伤性武器;禁止在天体上建立军事基地、军事设施和防御工事及试验任何种类的武器和进行军事演习。《外空条约》对防止外空军备竞赛有重要意义,但是,《外空条约》没有禁止在外层空间部署非大规模杀伤性武器,也没有禁止发展、生产和使用外空武器,使条约对防止外空军备竞赛的作用受到限制。

《月球协定》在1979年12月5日由联合国大会通过,1984年7月11日生效,截至2022年4月,共有18个缔约国。主要内容是:月球为人类的共同财产,应专用于和平目的,禁止在月球和其他天体上使用武力或从事任何其他敌对行为,禁止在月球设置或使用核武器或任何其他种类的大规模杀伤性武器,禁止在月球上建立军事基地、军事装置及防御工事、试验任何种类的武器及进行军事演习。《月球协定》为和平探索和利用月球开展国际合作提供了基础,对防止外空军备竞赛有积极意义。

六、防止大规模杀伤性武器的扩散

大规模杀伤性武器,早期主要是指核武器,防止大规模杀伤性武器扩散,主要是防止核武器的扩散。20世纪80年代开始,防止生化武器以及导弹运载工具的扩散也包括进来,从而扩大了防扩散的范畴。

大规模杀伤性武器的扩散,会破坏世界和地区的和平与稳定,增加战争危险。因此,联合国成立之初,就授权原子能委员会"处理由于原子能的发现和使用原子武器所引起的问题",研究"从国家军备中消除原子武器及所有其他的主要可用于大规模毁伤的武器"。为此,国际社会经过几十年的努力,建立了防止大规模杀伤性武器扩散的机制(简称防扩散机制)。

(一)防止核扩散机制

防止核扩散的主要目标是防止核武器在世界范围内的扩散。国际防核扩散机制由《不扩散核武器条约》、国际原子能机构保障监督制度、核供应国出口控制制度和无核武器区条约等部分组成。

1. 《不扩散核武器条约》

《不扩散核武器条约》(NPT)亦称《防止核武器扩散条约》，是国际防核扩散的基础法律文件，是国际防核扩散机制的基石。1968年6月12日联合国大会通过，1970年3月5日生效，有效期25年，每隔5年召开一次审议会议。1995年5月11日，《不扩散核武器条约》的审议与延期大会决定条约无限期延长。截至2022年12月，已有191个国家批准或加入条约，是参加国最为广泛的国际军控条约。朝鲜曾于1993年3月12日和2003年1月10日两度宣布退出该条约。《不扩散核武器条约》的主要内容是：1967年1月1日前制造并爆炸核武器或其他核爆炸装置的国家为核武器国家；有核武器缔约国不得向任何国家转让核武器或其他核爆炸装置及其控制权，也不以任何方式协助、鼓励或引导无核武器国家制造或以其他方式取得核武器、核爆炸装置或取得其控制权；无核武器缔约国不得从任何让与国接受核武器、核爆炸装置及此种武器和装置的控制权，不制造核武器也不要求任何人提供这方面的帮助；缔约国承诺，谈判制定早日停止核武器竞赛与核裁军的有效措施，以及在国际监督下普遍彻底裁军的条约；本条约不影响各缔约国为和平用途而研究、生产和使用核能的不可剥夺的权利，但进行一切和平核活动，均应依据和遵守国际原子能机构的规约和安全保障制度，以防止核能由和平用途移作核武器或其他核爆炸装置。在1995年《不扩散核武器条约》的审议和延期大会上，通过了《核不扩散与裁军的原则和目标》，就《不扩散核武器条约》普遍性、不扩散、核裁军、无核武器区、安全保证、保障监督、和平利用核能等七个领域规定了20项原则和目标，要求核国家履行核裁军的承诺，定期审议全面执行《不扩散核武器条约》的情况。

《不扩散核武器条约》把世界各国划分为核国家和无核国家，并在两者利益之间进行平衡，把防止核武器扩散、推动核裁军、促进和平利用核能的国际合作三个目标联系起来，因而在一定程度上是推进核裁军的依据。《不扩散核武器条约》在维护国际战略稳定、防止核武器扩散、推动核裁军以及促进各国和平利用核能等方面均发挥了重要作用。但是，长期以来，核大国片面强调防止核扩散，忽视核裁军，引起无核国家的极大不满，《不扩散核武器条约》机制也面临着诸多新问题和新挑战，其权威性和完整性一再受到冲击。

2. 国际原子能机构保障监督制度

这一保障监督制度是根据联合国的要求建立的。1957年，联合国成立国际原子能机构，其主要任务是促进核能和平利用和实施保障监督，以核实接受保障监督的核材料和核设施未被转用于核爆炸目的。根据联合国的授权，国际原子能机构在对无核缔约国和平利用核能进行核查方面发挥了积极作用，但其权限明显不足，仅有权对《不扩散核武器条约》缔约国已经公开的和平核活动进行核查，对不愿遵守规则的国家却无能为力，无力监测和发现无核国家的秘密核活动。此后的条约《附加议定书》虽然授权国际原子能机构对未经公开的以及被怀疑的核活动进行现场质询和核查，但是《附加议定书》只是在自愿的基础上实施,没有法律上的强制力。

3. 核供应国出口控制制度

有两个非正式的国家集团对可用于发展核武器的设备和材料进行出口控制,一是《不扩散核武器条约》出口国委员会,又称"桑戈委员会",由一些有核出口能力的《不扩散核武器条约》缔约国于1971年组成的非正式组织。截至2023年4月,共有39个成员国,每年在维也纳召开两次会议,主要讨论核出口控制政策及"触发清单"的修改问题。其目的是贯彻落实《不扩散核武器条约》第3条第2款的规定,制定向无核国家出口核材料和设备的控制条件和程序。中国于1997年10月16日正式加入桑戈委员会,积极参加了桑戈委员会的各项活动。二是核供应国集团,又称"伦敦俱乐部",是核供应国为对核贸易出口实行全面控制,于1975年在英国伦敦成立的非正式组织,该组织在国际防核扩散及核出口控制领域发挥着重要作用。截至2021年,共有48个成员国。中国于2004年5月加入核供应国集团,全面承担了核武器国家所应承担的各项不扩散义务。

4. 无核武器区条约

无核武器区是无核武器国家为维护本地区安全自愿建立的,是对《不扩散核武器条约》的补充。建立无核武器区对推动核裁军与防止核武器扩散、促进全球和地区的和平与安全具有重要意义。无核武器区条约包括多项多边条约,现行有效的无核武器区条约有:《拉丁美洲和加勒比禁止核武器条约》《南太平洋无核区条约》《东南亚无核武器区条约》《非洲无核武器区条约》和《中亚无核武器区条约》,截至2022年12月,这些无核武器区条约的缔约国总数达104个。无核武器区条约的主要内容包括:一是禁止以任何方式在区内试验、制造、取得、部署、控制和使用任何核武器;二是要求核武器国家尊重该地区的无核化地位,承诺不对缔约国使用或威胁使用核武器;三是缔约国国内的核设施以及进口的核材料、核设施要接受国际原子能机构的全面保障监督。无核武器区条约在防止核武器和相应地区的核扩散方面起到了一定作用。但是,由于条约是自主建立、自愿参加的,而有意发展核武器的国家不参加条约,因而难以发挥控制作用。同时,缔约国可以自行决定是否允许外国载核舰机在本国停留或从本国通过,对于核国家的军事行动也没有约束力。因此,无核武器区条约的作用实际上十分有限。

以《不扩散核武器条约》为核心的国际防核扩散机制,对核武器扩散起到了一定程度的抑制作用。但是,由于核大国片面强调防止核扩散,忽视核裁军,在极力推动防核扩散的同时,又坚持核威慑战略,拒绝向无核国家提供无条件的安全保证,不放弃首先使用核武器政策,引起无核国家的极大不满。同时,条约对非缔约国无任何约束力,也难以解决非国家实体的核扩散问题。因此,防核扩散机制面临着诸多新问题和新挑战,其权威性和完整性一再受到冲击。

(二) 防止生物、化学武器扩散机制

防止生物、化学武器扩散有以下特点:一是生化武器与石油、制药、化肥工业和生物工程等民用工业紧密相关,特别是许多民用化工品就是化学战剂的前体,很难核查和禁止。因此,由于生化武器的特殊性,至今难以掌握世界上有多少国家拥有生化武器;二是1928年生效的《日内瓦议定书》只禁止使用生化武器,而没有禁止研制和生产生化武器,从而难以防止生化武器的扩散。要弥补这一缺陷,严格的核查措施和对与生化武器有关的进出口贸易的控制是十分必要的。目前,国际上防止生物、化学武器扩散的机制包括《禁止生物武器公约》、"澳大利亚集团的控制制度"和《禁止化学武器公约》。《禁止生物武器公约》和《禁止化学武器公约》为全面禁止和彻底销毁生化武器奠定了国际法律基础。

1. 《禁止生物武器公约》

《禁止生物武器公约》禁止缔约国发展、生产和储存细菌生物武器和毒剂武器及销毁这类武器,1972年签署,但至今尚未签署核查协议。尽管国际社会已就核查议定书达成了广泛共识,美国却自2001年开始,独家反对核查议定书的达成。由于美国的极力阻挠,核查议定书的谈判一直停滞至今。

2. 澳大利亚集团的控制制度

这一控制制度是1985年成立的澳大利亚集团为控制化学品出口、防止生化武器扩散而采取的措施。这一制度要求所有的化学品在出口时都要实行出口许可证制度,并制定了化学品控制清单。该集团于1992年对与生物武器相关的生物制剂也采取了出口控制,并制定了可用于生产生物武器的两用技术和设备的控制清单。

3. 《禁止化学武器公约》

《禁止化学武器公约》禁止缔约国发展、生产和以其他方式获得、储存、保有、转让、使用化学武器以及为使用化学武器进行军事准备。缔约国要遵照规定的时间表、方式和顺序销毁在其控制下的化学武器和化学武器生产设施。

(三) 防止导弹扩散机制

20世纪60年代东西方对峙,美苏为了争夺发展中国家,各自都在帮助一些国家发展外空技术。至20世纪80年代,十几个国家有了导弹计划,近30个国家装备了弹道导弹。美国对这种状况深感不安,认为如不及时制止导弹的扩散,势必破坏地区稳定,危及西方的安全。1982年11月美国里根政府颁布国家安全决策指令,把控制弹道导弹扩散作为其战略防御措施的一部分。随后,美国开始和工业七国秘密磋商防止导弹扩散办法,并于1987年公布《导弹及其技术控制制度》(MTCR)。

《导弹及其技术控制制度》是以美国为首的西方七国制定的旨在限制各国导弹和导弹技术出口的规章制度,它不是条约,也不是协议,而是施加于所有国家(不管是否成员国)的某种限制。《导弹及其技术控制制度》由"准则"和"设备与技术附件"组成,把导弹及其分系统、部件、生产设施和有关技术分成两类限制项目:一类项目为"最敏感项目",一般不得转让;二类项目为军民两用项目,出口时要以许可证方式逐件审批,保证不用于包含一类项目的系统。由于它要求成员方根据本国国内法律来实施,因而为美国等西方国家以其国内法对其他国家进行控制和制裁提供了便利。截至2022年12月,《导弹及其技术控制制度》共有35个成员方,另有中国、印度、巴基斯坦、斯洛伐克、罗马尼亚等12个国家正式申请加入《导弹及其技术控制制度》。

中国、以色列、罗马尼亚和斯洛伐克等虽是非成员国,但承诺遵守《导弹及其技术控制制度》的准则。

1987年《导弹及其技术控制制度》成立之初,控制重点为可运载核武器的导弹。1993年改为大规模杀伤性武器的运载工具。2002年,《导弹及其技术控制制度》中增加了防止相关物项和技术落入恐怖组织和个人之手的内容。2003年,引入"全面控制"条款。2007年,针对受控技术非法无形转让风险大幅度增加的情况,明确《导弹及其技术控制制度》的"控制"不仅包括物项或技术数据的"有形转让",也包括受控技术的"无形转让"。

第四节　中国的军备控制与裁军

一、中国关于军控与裁军的主张

中国一贯认为,争取实现裁军,维护世界和平,需要世界各国的共同努力。长期以来,中国重视并支持国际社会为促进军控与裁军所作的持续努力。自1971年恢复在联合国的合法席位后,中国更加积极地参与国际军控与裁军活动,提出了许多现实、合理的主张,积极推动国际军控与裁军进程。中国关于军控与裁军的主张主要是:

(1)军控与裁军问题关系世界各国的安全利益,军控与裁军的目的是增进而不是减损各国的安全,而安全必须是各国的普遍安全。

(2)国际社会应促进公正、合理、全面、均衡的军控与裁军。国家不分大小,都有权在平等的基础上参加讨论和解决军控与裁军问题。

(3)军控与裁军的最终目标是全面禁止和彻底销毁核武器和其他大规模杀伤性武器,包括化学武器和生物武器,全面禁止外空武器,同时根据实际情况削减常规军备。拥有最大、最先进常规武器和核武库的国家在军控与裁军方面负有特殊责任。

(4)军控与裁军不应成为强国控制弱国的工具,更不应成为少数国家优化军备,进而谋求单方面安全的手段。因此,应防止少数国家在凭借其先进军事科技和经济实力谋求绝对安全和军事优势的同时,将裁军目标引向广大发展中国家,剥夺其正当自卫的手段和权利。

(5)为了确保军控与裁军的实施,军控与裁军必须规定必要的、有效的核查措施。

(6)应加强国际军控条约的普遍性,继续通过具有普遍代表性的多边谈判机制谈判缔结新条约。多边军控与裁军条约是各国普遍参与谈判的结果,是国际社会共同意志的反映。少数国家之间的某些出口控制机制,无论是其公正性还是普遍性,均不能同多边国际条约相提并论。因此,应全面整理和改造现有歧视性和排他性的出口控制制度和安排,大力加强联合国裁军机构的作用,在普遍参与的基础上,谈判制定公平合理的国际防扩散制度,以多边条约逐步取代集团性安排。

二、中国对国际军控与裁军的立场和贡献

现有国际军控与裁军法律体系，是以联合国为中心的全球集体安全框架的重要组成部分。中国重视并支持通过谈判缔结军控与裁军协议和条约，一直是国际军控条约体系的参与者和建设者，迄今已加入二十余项国际军控条约。中国主张充分发挥联合国及其他相关国际组织和多边机制作用，巩固和加强现有多边军控、裁军和防扩散体系，尊重和照顾各国正当合理安全关切，维护全球战略平衡和稳定。

（一）中国在常规军控与裁军方面的立场和贡献

中国致力于妥善解决军控领域的人道主义问题，主张在解决人道主义关切的同时，充分考虑主权国家合理的军事安全需要以及各国的经济和技术承受力。《特定常规武器公约》是常规军控与裁军领域具有重要影响和积极意义的多边军控条约。中国参加了拟定《特定常规武器公约》的谈判并于1981年9月14日签署、1982年3月8日批准该公约。中国政府在签署《特定常规武器公约》时发表声明认为，公约的基本精神反映了世界广大国家和人民要求禁止或限制使用某些具有过分伤害力和滥杀滥伤作用的常规武器的合理主张和善良愿望，也符合中国的一贯立场，有利于反对侵略和维护和平的目的。同时也指出了《特定常规武器公约》存在的一些问题：一是公约没有规定对违约行为进行监督和核查，这影响了公约的约束力；二是有关《禁止或限制使用地雷（水雷）、饵雷或其他装置的议定书》（第二议定书）并未体现既能严格限制侵略国在他国领土上使用此类武器，同时又充分保障被侵略国采取必要的自卫手段的权利；三是《禁止或限制使用燃烧武器议定书》（第三议定书）没有提到限制对战斗人员使用燃烧武器。对这些不足之处，中国政府希望在适当时候能予改进。中国肯定《特定常规武器公约》兼顾人道主义关切和正当的军事需要，各国应切实履行公约，同时应根据形势发展的需要对其进行不断充实和完善。

1. 常规武器军控

中国支持并积极参与国际常规武器军控进程，致力于妥善解决常规武器领域人道主义关切，严格履行《特定常规武器公约》及其议定书规定的义务，按要求提交《特定常规武器公约》所附《地雷议定书》年度履约报告，积极参加集束弹药问题政府专家组谈判工作。2010年4月，中国批准《特定常规武器公约》所附《战争遗留爆炸物议定书》，并于同年6月向联合国交存批准书。中国虽未加入《渥太华禁雷公约》，但认同其人道主义宗旨和目标，不断加强与公约缔约国之间的沟通与交流，积极开展国际人道主义扫雷援助，截至2021年12月，已向四十余个国家提供扫雷培训，培训人员超过1000人。

中国积极参与打击轻小武器非法贸易的国际行动，认真落实联合国轻小武器《行动纲领》与《识别和追查非法轻小武器国际文书》。2006年以来，以建设性态度积极参与《武器贸易条约》的讨论与制定，为最终达成条约草案做出了重要贡献。中国在加入《武器贸易公约》之前，曾多次以观察员身份参加条约缔约国大会，支持《武器贸易条约》的宗旨和目标，赞成采取必要措施，规范国际武器贸易行为，打击非法武器转

让,构建规范合理的武器贸易秩序。

2. 军费透明和常规武器转让

中国重视军费透明问题,致力于增进与世界各国的军事互信。从2007年始,参加了联合国军费透明制度。中国重视联合国常规武器登记册的作用,继续向联合国常规武器登记册提供七大类常规武器转让数据。2019年9月27日中国宣布,已启动加入《武器贸易条约》的相关国内法律程序。2020年6月20日,中国全国人大常委会表决通过了关于加入《武器贸易条约》的决定。同年7月6日,中国向联合国交存了《武器贸易条约》加入书,这标志着中国完成了加入这一条约的所有法律程序。条约自交存日起90天后对中国生效。中国加入《武器贸易条约》,是中国积极参与全球武器贸易治理、维护国际军控体系的重要举措。

(二)中国在核裁军方面的立场和贡献

为彻底摆脱核武器威胁和核战争危险,中国一贯主张全面禁止和彻底销毁核武器,奉行不主张、不鼓励、不从事核武器扩散,不帮助别国发展核武器的政策。中国的核力量始终维持在国家安全需要的最低水平,在任何时候和任何情况下都始终恪守不首先使用核武器,无条件不对无核武器国家和无核武器地区使用或威胁使用核武器的承诺。中国在核战略方面显示了最大限度透明,在核力量发展上保持了极大克制,对国际核裁军事业作出重大贡献。

为进一步推进核裁军进程,中国主张核武器国家采取以下措施:

(1)应尽早就全面禁止和彻底销毁核武器缔结国际法律文书。

(2)核裁军应遵循公正合理、逐步削减、向下平衡的原则,拥有最大核武库的国家对核裁军负有特殊和优先责任,应认真履行已达成的削减核武器条约,并遵循可核查、不可逆以及具有法律约束力的方式,大幅削减其核武库,为最终实现全面彻底核裁军创造必要条件。条件成熟时,其他核武器国家也应加入多边核裁军谈判进程。

(3)在全面禁止和彻底销毁核武器之前,所有核武器国家应放弃以首先使用核武器为基础的核威慑政策,明确承诺无条件不对无核武器国家和无核武器区使用或威胁使用核武器,并就此谈判有关国际法律文书。同时,核武器国家之间应谈判缔结"互不首先使用核武器条约"。

(4)核裁军措施,包括各种中间措施,均应以"维护全球战略平衡与稳定"和"各国安全不受减损"为指针。

(5)日内瓦裁军谈判会议应尽快就工作计划达成一致,以早日开始"禁止生产用于核武器或其他核爆炸装置裂变材料"谈判,并成立核裁军、无核武器国家安全保证等特设委员会,就这些问题开展实质性工作。

《不扩散核武器条约》是国际核不扩散机制的基石,其作用不可替代,应继续维护和加强《不扩散核武器条约》的普遍性和权威性,并利用条约审议机制,更有效地发挥条约在促进核裁军、标本兼治核扩散以及确保和平利用核能等方面的作用。中国作为《不扩散核武器条约》核武器缔约国,从不回避核裁军义务,奉行公开、透明、负责任的核政策。中国始终奉行在任何时候、任何情况下都不首先使用核武器,无条件不对无核武器国家和无核武器区使用或威胁使用核武器的核政策。中国坚持自卫防御核战略,从未在别国部署核武器,在核武器发展方面始终采取极为克制的态度,不参加任何形式的核军备竞赛,继续把自身核力量维持在国家安全需要的最低水平。

《全面禁止核试验条约》有助于防止核武器扩散、推动核裁军进程,是实现全面禁止和彻底销毁核武器过程中的措施和重要步骤,各国应尽早签署和批准《全面禁止核试验条约》,推动条约早日生效,中国坚定支持《全面禁止核试验条约》,为推动达成条约作出了重要贡献。1996年9月24日中国作为首批国家签署了条约。中国政府宣布从1996年7月起暂停核试验,并一直恪守这一承诺,积极参与《全面禁止核试验条约》组织筹委会工作,稳步推进国内履约筹备进程。

中国支持日内瓦裁军谈判会议尽快启动"禁止生产核武器及其他核爆炸装置用裂变材料条约"。中国同时还主张,要正确认识和处理防扩散与和平利用核能的关系,防扩散不应影响正当的和平利用核能活动,同时也要防止和平利用核能被用于非和平目的。

中国于1984年加入国际原子能机构后明确宣布,中国核出口严格遵循核不扩散原则,并制定了核出口三原则,即保证用于和平目的;接受国际原子能机构的保障监督;未经中方许可,不得转让第三方。中国于1988年与国际原子能机构签订了保障监督协定,自愿将本国的有关民用核设施置于该机构的保障监督之下,积极支持和参与国际原子能机构的保障监督活动。1990年,中国作为观察员出席了《不扩散核武器条约》第四次审议会议,并于1992年3月加入《不扩散核武器条约》,全面承担了核武器国家所应承担的各项不扩散义务。1995年5月,中国在《不扩散核武器条约》审议与延期大会上支持条约无限期延长的决定,并推动大会不经投票通过了《核不扩散和裁军的原则与目标》等文件。中国积极推动全面落实《不扩散核武器条约》历次审议大会成果,为全面、平衡推进《不扩散核武器条约》确立的核不扩散、核裁军、和平利用核能三大支柱不懈努力。

为加强核出口控制机制,中国于1997年加入了桑戈委员会,并逐步建立和完善了相应的国内法律体系。为加强保障监督制度的有效性和履行防扩散义务,中国于2002年3月28日正式通知国际原子能机构,中国已完成保障监督附加议定书生效的国内法律程序,该附加议定书同日起对中国生效。中国是核武器国家中第一个完成上述程序的国家。

随着国际形势的缓和以及大国关系的不断改善,中国认为核国家之间承诺互不首先使用核武器的条件已经成熟。为切实推进核裁军进程,中国主张核武器国家应承诺放弃以首先使用核武器为基础的核威慑政策和降低核武器使用门槛的政策;应承诺在任何时候和任何情况下不首先使用核武器,无条件不对无核武器国家和无核武器区使用或威胁使用核武器,并缔结相关国际法律文书;应遵循不将其核武器瞄准其他任何国家的承诺,不将任何其他国家列入核打击对象名单;在国外部署核武器的国家将其核武器全部撤回本国;废除核保护伞及核共享政策和做法;不发展易被使用的小当量核武器;采取一切必要措施,避免意外或未经授权的核武器发射。因此,中国于1994年正式向美、俄、英、法四国提出了《互不首先使用核武器条约》草案,并建议五个核国家尽早就此继续磋商。中国与俄罗斯于1994年签署《关于互不首先使用核武器和互不将战略核武器瞄准对方的联合声明》。

中国一贯支持无核武器国家建立无核武器区的努力,已经签署并批准了《拉丁美洲禁止核武器条约》《南太平洋无核区条约》《非洲无核武器区条约》《中亚无核武器区条约》等所有已开放签署的无核武器区条约相关议定书,已与东盟国家解决《东南亚无核武器区条约》议定书所有遗留问题,支持议定书早日签署并生效,支持建立中东无核武器区。

中国没有参加2017年联合国《不扩散核武器条约》的谈判。中国认为,实现核裁军目标无法一蹴而就,必须遵循"维护全球战略稳定"和"各国安全不受减损"的原则,循序渐进地加以推进。相关进程必须在现有国际裁军和防扩散机制下处理,中国的立场体现了中国对维护全球战略平衡与稳定的负责任态度。中国一贯主张并积极倡导最终全面禁止和彻底销毁核武器,这与《不扩散核武器条约》的宗旨和目的在根本上是一致的。

(三) 中国对禁止生物武器的立场和贡献

中国一贯主张全面禁止和彻底销毁生物武器,既反对任何国家生产生物武器,也反对任何国家以任何方式扩散此类武器。在当前生物恐怖威胁和生物安全问题日趋突出的背景下,在《禁止生物武器公约》框架内继续探讨和制定加强公约有效性的措施具有现实意义。中国主张国际社会在以下方面采取行动:(1) 鼓励更多国家加入《禁止生物武器公约》,敦促所有缔约国全面、切实履行公约义务;(2) 保持并推进旨在加强《禁止生物武器公约》有效性的多边进程,通过充分协商、研讨、制定相关具体措施;(3) 鼓励更多国家向联合国提交《禁止生物武器公约》建立信任措施宣布资料。

1984年11月15日中国加入《禁止生物武器公约》时声明指出:中国曾是生物(细菌)武器的受害国之一,中国从未、将来也不会生产和拥有这类武器。但是,中国政府认为《禁止生物武器公约》是有缺陷的,一是没有明确规定"禁止使用"生物武器,二是没有规定具体的、有效的监督核查措施,对违约事件也缺乏应有的制裁措施。对这些不足之处,中国政府希望在适当时候予以弥补和改进。

中国支持并积极参与旨在加强公约有效性的多边努力,致力于公约全面、严格履约,建立了较为完备的履约法律体系,设立了国家履约联络点。从1988年起,中国一直按照《禁止生物武器公约》审议会议的决定,每年按时向《禁止生物武器公约》履约支持机构提交《禁止生物武器公约》建立信任措施宣布资料,参加《禁止生物武器公约》缔约国年会、专家会和相关研讨会,加强生物安全和疫情监控等工作,开展生物领域国际交流与合作。在2016年11月举行的《禁止生物武器公约》第八次审议大会上,中国提出了"制定生物科学家行为准则范本"和"生物防扩散出口管制与国际合作机制"两项倡议。2020年10月,中国提出要尽快重启公约核查议定书误判的工作,补齐公约长期缺乏核查机制和监督机构的短板。中国同国际社会一道不断深化生物武器治理的国际合作,推动多边生物武器军控进程发展,构建全球生物安全命运共同体。

(四) 中国对禁止化学武器的立场和贡献

中国政府一贯主张全面禁止和彻底销毁化学武器,从1980年开始积极参与了《禁止化学武器公约》的谈判,在谈判中坚持将"禁止使用"化学武器纳入公约,坚持为质疑视察建立平衡机制,坚持主张化学武器的遗留国应承担其遗留在别国领土上的化学武器的销毁义务,这些合理主张都纳入了公约范畴,最终促成公约成为一个真正全面禁止化学武器的国际法律文书。中国于1993年1月签署《禁止化学武器公约》,1996年12月批准《禁止化学武器公约》,1997年4月25日交存《禁止化学武器公约》批准书,从而成为《禁止化学武器公约》的原始缔约国。

中国支持《禁止化学武器公约》的宗旨和目标,反对任何人发展、保留或使用化学武器,反对化学武器的扩散,主张通过协商与合作,维护禁止化学武器组织正常运转,促进《禁止化学武器公约》得到全面、公正和有效实施。为确保《禁止化学武器公约》的全面实施,中国主张:(1)化学武器拥有国应加大工作力度,严格按《禁止化学武器公约》要求尽早完成销毁其化学武器,接受禁止化学武器组织的有效监督;(2)进一步改进和完善核查措施,公平、合理分配视察资源,提高视察的有效性和效费比;(3)不断加强《禁止化学武器公约》的普遍性;(4)有关国家应当履行《禁止化学武器公约》义务和有关承诺,早日启动遗弃在华化学武器的实质性销毁进程,以便尽早干净、彻底地销毁这些化学武器。

中国全面、忠实履行了《禁止化学武器公约》规定的各项义务,高度重视并支持在《禁止化学武器公约》框架下开展国际交流与合作,为促进《禁止化学武器公约》的全面、有效实施及增进其普遍性作出了积极贡献。一是逐步建立并不断完善国内履约法律体系和国家履约措施,制定并实施了《中华人民共和国监控化学品管理条例》等一系列法律法规,对监控化学品的生产、经营、储存、使用及进出口进行严格管理;二是建立了从中央到地方的各级履约机构,不断加强国家履约机构能力建设,形成了覆盖全国、管理有效的履约体系;三是按时按质提交了各项宣布,积极配合和协助禁止化学武器组织在中国的视察工作,截至2022年,中国顺利接待了禁止化学武器组织300多次工业视察;四是全力支持禁止化学武器组织的工作,积极参与国际合作和防护援助项目,中国和禁止化学武器组织联合在华举办了多次地区履约会议和视察员培训班以及化武防护与援助培训班,中国还向禁止化学武器组织防化援助项目提供了一批防护设备;五是在销毁日本遗弃在华化学武器方面,1999年中日两国政府签署了《关于销毁中国境内日本遗弃化学武器的备忘录》,2010年10月在南京开始销毁日遗化武。中国主张应在2012年禁止化学武器组织第67届执理会关于日遗化武销毁逾期相关决定及中日两国新签署《备忘录》的基础上,尽早全面、彻底予以销毁。截至2022年,禁止化学武器组织已经来华对日本遗弃在华化学武器进行了100多次视察。中国要求作为遗弃国的日本做出进一步努力,加大投入力度,在禁止化学武器组织执理会关于日遗化武销毁逾期相关决定及中日共同提交的销毁计划期限内尽早完成销毁。

（五）中国对外层空间军备控制的立场和贡献

随着空间技术的飞速发展，空间系统在通讯、导航、遥感、灾难预警、气象预报等领域的应用日益广泛，人类对外空的依赖也与日俱增，外空的利用与各国人民的福祉息息相关。作为具有一定空间技术能力的发展中国家，中国积极促进空间技术的和平利用，致力于维护外空的和平与安宁，反对外空武器化和外空军备竞赛，深入参与联合国和平利用外层空间委员会的工作，主张公平合理的外空规则，推动实现和平探索和利用外空的命运共同体未来愿景。

中国认为，外层空间是全人类的共同财富。将武器引入外空，将导致外空军备竞赛，使之成为军事对抗的新领域。一些国家将外空作为谋求军事优势的战略高地，不断推进导弹防御计划，反导系统进入外空的可能性不断增大，外空武器化的威胁日益现实。这一前景不符合世界各国的利益。中国一贯主张和平利用外空。现有关于外空的国际立法仍停留在20世纪六七十年代的水平，无法防止除大规模杀伤性武器之外的武器进入太空，也不能有效防止对外空物体使用或威胁使用武力，因此难以满足新形势下外空长久安宁的需要。国际社会应采取有效的预防措施，谈判达成相关国际法律文书，禁止在外空部署武器、对外空物体使用或威胁使用武力，确保外空完全用于和平目的。

中国积极推动国际社会重视并处理防止外空军备竞赛和防止外空武器化问题，主张日内瓦裁军谈判会议设立外空军备竞赛问题特委会，谈判达成相关国际法律文书，完善外空国际法律体系。作为第一步，裁谈会应尽早就防止外空军备竞赛问题开展实质性工作。2000年，中国向裁谈会提交了题为"中国关于裁谈会处理防止外空军备竞赛问题的立场和建议"的工作文件，建议重建特委会，谈判缔结一项有关国际法律文书；2002年6月，中国和俄罗斯等7国联合向裁谈会提交了关于"防止在外空部署武器、对外空物体使用或威胁使用武力国际法律文书要点"的工作文件，就未来国际法律文书的主要内容提出了具体建议；2008年2月，中国与俄罗斯共同向裁谈会议提交了《防止在外空放置武器、对外空物体使用或威胁使用武力条约》（PPWT）草案，提出通过谈判达成一项新的国际法律文书，以加强现有外空法律体系，防止外空武器化和外空军备竞赛，维护外空的和平与安宁。2009年8月，中俄共同提交工作文件，回应裁谈会各方对中俄外空条约草案的问题和评论，并于2014年提交更新案文。中国希望各方早日就这一草案展开谈判，达成新的外空条约。2017年，中国与俄罗斯及有关国家共同推动联大通过决议，成立"防止外空军备竞赛"政府专家组，讨论防止外空武器化国际法律文书实质性要素。中国反对外空军备竞赛、切实维护外空和平安全和长期可持续发展的立场和不懈努力得到许多国家的支持。

（六）中国对防扩散的立场和贡献

中国坚决反对大规模杀伤性武器及其运载工具的扩散，一贯忠实、严格履行防扩散国际义务。中国认为,应努力营造互信、合作的全球和地区安全环境,消除大规模杀伤性武器扩散的动因;应坚持通过政治外交手段处理防扩散问题;应切实维护和加强国际防扩散机制的权威性、有效性和普遍性;应确保国际防扩散努力的公正性和非歧视性,平衡处理防扩散与和平利用科学技术的关系,摒弃双重标准。

中国积极参与国际防扩散进程,已参加了防扩散领域的所有国际条约和相关国际组织,并与其他国家和有关多国出口控制机制积极开展交流与合作。中国积极参与国际社会解决有关防扩散问题的外交努力,推动通过对话与合作,以和平方式解决相关问题。自1992年加入《不扩散核武器条约》以来,中国忠实履行条约各项义务,致力于维护和加强条约的普遍性、有效性和权威性,努力促进条约防止核武器扩散、推进核裁军进程、促进和平利用核能三大目标。

2009年以来,中国相继与美国、俄罗斯、英国、德国、巴西、加拿大、巴基斯坦、韩国、澳大利亚、以色列等举行军控与防扩散磋商,继续加强与有关多国出口机制的对话与交流。与《导弹及其技术控制制度》开展对话并参加了其技术专家外联会。在东盟地区论坛框架下与有关国家合办防扩散与裁军会间会,参加有关生物安全和生物反恐问题的讨论。

1984年中国加入国际原子能机构,1988年中国与该机构签订了《中华人民共和国和国际原子能机构关于在中国实施保障的协定》,自愿将部分民用核设施置于机构的保障监督之下。1998年,中国与国际原子能机构签署了保障监督协定的附加议定书。2002年年初,中国正式完成该议定书生效的国内法律程序,成为第一个完成该程序的核武器国家。

中国不断加强国内防扩散法制建设,建立了完善的国内防扩散出口管制法律及执法体系。经过长期努力,中国的防扩散出口管制完成了从行政管理向法制化管理的转变。自20世纪90年代以来,中国逐步建立起涵盖核、生物、化学、导弹等相关敏感物项和技术及所有军品的完备的出口管制法规体系。中国的出口管制法规采取国际通行的许可证管理制度、最终用户和最终用途证明制度、清单控制方法、全面控制原则等。2009年,中国商务部制定《两用物项和技术出口通用许可管理办法》,进一步完善出口许可证管理体系。

附录:中国加入的多边军控、裁军和防扩散条约

核领域

《拉丁美洲和加勒比禁止核武器条约》第二附加议定书(1973年8月签署,1974年6月交存批准书)

《南太平洋无核区条约》第二、第三附加议定书(1987年2月签署,1988年10月交存批准书)

《中华人民共和国和国际原子能机构关于在中国实施保障的协定》(1988年9月签署,1989年9月生效)

《核材料实物保护公约》(1989年2月加入)

《禁止在海床洋底及其底土安置核武器和其他大规模杀伤性武器条约》(1991年2月加入)

《不扩散核武器条约》(1992年3月加入)

《核安全公约》(1994年9月签署,1996年4月批准)

《非洲无核武器区条约》第一、第二议定书(1996年4月签署,1997年10月交存批准书)

《全面禁止核试验条约》(1996年9月签署)

《中华人民共和国和国际原子能机构关于在中国实施保障的协定的附加议定书》(1998年12月签署,2002年3月生效)

《中亚无核武器区条约》议定书(2014年5月签署,2015年4月中国全国人大常委会批准)

化学领域

《关于禁止发展、生产、储存和使用化学武器及销毁此种武器的公约》(1993年1月签署,1997年4月交存批准书)

生物领域

《禁止在战争中使用窒息性、毒性或其他气体和细菌作战方法的议定书》(中华民国政府于1929年8月7日加入,中华人民共和国政府于1952年7月13日予以承认)

《禁止发展、生产、储存细菌(生物)及毒素武器和销毁此种武器公约》(1984年11月加入)

常规领域

《禁止或限制使用某些可被认为具有过分伤害力或滥杀滥伤作用的常规武器公约》及其所附第一号、第二号、第三号议定书(1981年9月签署,1982年4月交存批准书,2003年6月批准公约第一条修正案,同年8月交存批准书)

《禁止或限制使用某些可被认为具有过分伤害力或滥杀滥伤作用的常规武器公约》所附的《禁止或限制使用地雷、诱杀装置和其他装置的修正议定书》(修订的第二号议定书)(1998年11月交存批准书)

《禁止或限制使用某些可被认为具有过分伤害力或滥杀滥伤作用的常规武器公约》所附的《关于激光致盲武器的议定书》(第四号议定书)(1998年11月交存批准书)

《联合国打击跨国有组织犯罪公约》所附的《关于打击非法制造和贩运枪支及其零部件和弹药的补充议定书》(2002年12月签署)

《禁止或限制使用某些可被认为具有过分伤害力或滥杀滥伤作用的常规武器公约》所附的《战争遗留爆炸物议定书》(第五号议定书)(2010年6月交存批准书)

《武器贸易条约》(2020年7月交存加入书)

其他

《南极条约》(1983年6月加入)

《关于各国探索和利用包括月球和其他天体在内外层空间活动的原则条约》(1983年12月加入)

《关于登记射入外层空间物体的公约》(1988年12月加入)

《禁止为军事或任何其他敌对目的使用改变环境的技术的公约》(2005年6月加入)

参考书目

[1] 刘华秋主编:《军备控制与裁军手册》,国防工业出版社2000年版。

[2] 中国军控与裁军协会编:《2004:国际军备控制与裁军报告》,世界知识出版社2004年版。

[3] 中国国际战略学会军控与裁军研究中心:《防扩散重要文献集》,2004年版(内部发行)。

[4] 中国国际战略学会军控与裁军研究中心:《美国导弹防御手册》,2004年版(非公开)。

第十八章 武装冲突法

第一节 概　　说

传统国际法由两大部分组成:和平法与战争法。国际法鼻祖格劳秀斯在400多年前干脆地将国际法分为"平时法"与"战争法"两大部分。所以,战争法也是国际法的核心部分之一。

战争法之所以是国际法的重要部分,是因为一个简单却令人遗憾的事实,即:在国家相互之间的关系中,尽管始终有渴望和平、消灭战争的愿望和呼声,但战争与武装冲突却始终存在,远远还不能避免。国际法承认这一事实。并在承认的基础上,出于人道的考虑,制定了旨在对战争与武装冲突加以限制和规范的原则和规则。这些原则和规则构成了国际法中的武装冲突法。

武装冲突法,是规范冲突方在武装冲突中行为的法律规则。概括地说,武装冲突法是在战争和武装冲突中,以条约和惯例形式,用来调整交战国和武装冲突各方之间、交战国和中立国之间关系以及交战行为的原则、规则和制度的总体。这种法律只是适用于战争与武装冲突时期,是当其他法律因为战争停止适用时它才适用。武装冲突法规则还具有明显的强制性,违反它将构成国际不法行为。在所有国际刑事司法机构中,违反战争与武装冲突法的行为都是要被惩治的犯罪行为。按照国际刑事法院《罗马规约》的规定,如果犯有战争罪行为,就要受到该国际刑事法院的起诉和惩治。

一、武装冲突法的形成与发展

国际关系中有关使用武力的法律规则,有时被称为"战争法"(Law of War),有时被称为"武装冲突法"(Law of Armed Conflicts),有时又被称为"战争与武装冲突法",尽管称谓不同,但它们所指的法律规则基本上是一样的。由于战争形式的变化,尤其因为国家在实践中已不再遵守1907年《海牙条约》中关于"战争必须要通过宣战才能开始"等方面的规定,在现代国际法中,"武装冲突法"这一概念正在逐步取代传统国际法意义上的"战争法"概念。由于这些规则是规范冲突方在武装冲突中行为的法律规则,是为了保护"战争受害者",是为了减轻战争带来的灾难,或者说是出于"人道"目的而制定的,所以现行国际法有时还将这一概念称为"国际人道法"。①

---

① 在我国国际法学界,"国际人道法"曾被称为"国际人道主义法"。然而,"主义"一词,系指"理论"或"学说",与具有拘束力的"法"放在一起显然不妥,所以现改为"人道法"。红十字国际委员会所有正式中文本中,也都采用"国际人道法"一词。

武装冲突法是由传统国际法中的战争法发展演变而来的。1625年荷兰的格劳秀斯①在《战争与和平法》一书中,全面阐述了传统的和中世纪的战争思想和战争规则,形成了以战争法为主要内容的国际法学体系。1800年前后,出现了两次"武装中立"②,形成了一些重要的战争法规则,奠定了近代战争法的基础。近代战争法的发展在19世纪末20世纪初达到了第一次历史性高潮,其标志是1899年和1907年的两次海牙和平会议,这两次会议除了制定关于和平解决国际争端的公约外,还制定了一系列战争法公约。第二次世界大战以后,战争法又有了新的发展,主要标志是《联合国宪章》和日内瓦四国公约及其两个附加议定书的缔结,以及第二次世界大战结束后对德国法西斯和日本战争罪犯进行审判而成立的纽伦堡和东京军事法庭。

随着军事技术的不断发展和战争与武装冲突样式的变化,战争法的内容也不断发展变化。由于战争作为国家政策工具被废弃和禁止,实际存在的武装冲突大都是不宣而战,又由于民族解放运动地位的改变和国际人道法的传播及影响等原因,战争法概念逐渐被武装冲突法的概念所取代。尽管战争法与武装冲突法所包含的法律规则基本上一样,但"武装冲突法"更多的是强调实际存在战争或武装冲突状态这一事实。

二、武装冲突法基本概念

武装冲突法是国际法的一个分支。它具有以下几个基本概念:

(一)武装冲突法的适用范围

国际法的主要主体是国家,但武装冲突法的主体还包括非国家团体。武装冲突是国与国之间、政府与敌对武装团体之间或敌对武装团体相互之间的军事对抗。武装冲突的主体主要是国家,但又不限于国家,它还包括武装团体、民族解放组织和非国际性武装冲突中的各方,如内战中的叛军团体。事实上,自第二次世界大战结束以来,大量发生的武装冲突主要局限在某一国家领土范围之内的武装冲突。

(二)武装冲突可以是有战争状态的,也可以是没有战争状态的

按照传统国际法,战争是一种法律状态。法律意义上的战争主要指交战各国有"交战意思"。存在"战争状态"的武装冲突,也要看其他国家和国际组织的态度。如果交战一方或双方宣战,其他国家宣布中立,那就意味着法律上战争状态的存在和交战双方和平关系的正式结束,战争法和中立法开始适用,并由此而产生一系列的法律

---

① 雨果·格劳秀斯(Hugo Grotius,1583—1645年),荷兰法学家,近代国际法的奠基人。他的著作《战争与和平法》在历史上第一次系统地论述了国际法的基本原理,分析了战争的原因,主张以最大努力防止战争的发生,而在战争期间应实行人道避免野蛮行为,战后应严格遵守和平条约。他还论述了对战败国的处理、中立、仲裁等战争规则。

② 1776年,美国13个州开始对英国进行独立战争,法国和西班牙站在美国一方对英国宣战,使这场战争成为国际战争。俄国为保护其中立地位,于1780年发表《武装中立宣言》,宣布了一系列中立规则,通告交战国并请求其他中立国予以合作。丹麦、瑞典、普鲁士、葡萄牙等相继与俄国缔结武装中立条约,成立了包括欧洲所有中立国的武装中立同盟,是为第一次武装中立。1800年,俄国又率先发起第二次武装中立,与丹麦、瑞典和普鲁士缔结条约,主张军舰护航,宣布第二次武装中立。

后果,包括交战国之间外交关系的断绝、领事活动的停止、某些条约的废止和暂停执行。战争是指存在战争状态的武装冲突,而不存在战争状态的武装冲突主要是指武装敌对行为的事实。

(三)"武装冲突法"体现了对"诉诸战争权"的限制

传统国际法承认战争是国家推行政策的工具,是解决国际争端的合法手段,承认"诉诸战争权"是主权国家的合法权利。但随着国际法的发展变化,国家的"诉诸战争权"逐渐受到了限制。

20世纪20年代之后,国际上签订了一些法律文件,宣布废弃战争作为实现国家政策的工具。宣布废弃战争的第一个重要文件是1928年签订的《关于废弃战争作为国家政策工具的一般条约》(简称《巴黎非战公约》或《白里安—凯洛格公约》)。《巴黎非战公约》序言宣称:相信断然地废弃战争作为实行国家政策工具的时机已经到来。第1条规定:缔约各方以他们各国人民的名义郑重声明,它们斥责用战争来解决国家纠纷,并在它们的相互关系上废弃战争作为国家政策的工具。第2条规定:缔约各方同意,它们之间可能发生的一切战争或冲突,不论其性质或起因如何,只能用和平的方式加以处理或解决。《巴黎非战公约》在法律和原则上禁止将战争作为推行国家政策的工具,但其规定是不够明确的,仅笼统地规定废弃将战争作为推行国家政策的工具,一些缔约国还在签署、批准或加入时提出一些保留条件。尽管如此,《巴黎非战公约》还是具有一定积极意义,它体现了武装冲突法对"诉诸战争权"的限制。

(四)武装冲突法是对国际法"禁止使用武力"原则的补充

国际法禁止非法使用武力。禁止非法使用武力的概念,主要是来自订立于第二次世界大战后的《联合国宪章》。《联合国宪章》序言宣布:成立联合国组织的目的是"欲免后世再遭今代人类两度身历惨不堪言之战祸",因而为达此目的"保证非为公共利益,不得使用武力"。《联合国宪章》第2条第4项规定:各会员国在其国家关系上不得使用武力或威胁使用武力,或以与联合国宗旨不符之其他方法,侵害任何会员国或国家之领土完整或政治独立。《联合国宪章》禁止使用武力或武力威胁是国际法在战争方面的进一步的发展。但同时还应该看到,《联合国宪章》并没有禁止所有的武器使用,根据《联合国宪章》的规定,国家在自卫、联合国安理会授权或采取行动、争取民族独立的组织抵抗殖民主义镇压等情况下使用武力是合法的。使用武力就要适用"武装冲突法"。从这个意义上讲,武装冲突法是对国际法"禁止使用武力"原则的补充。

第二节 武装冲突法内容和特点

武装冲突法是调整交战国或冲突各方之间、交战国与中立国之间的关系,以及规范交战行为的原则、规则和制度的总和。

武装冲突法是具有动态性质的法律。随着社会历史的发展、军事技术的改进以及战争或武装冲突规模的变化和发展,武装冲突规则本身也在不断地发展变化。

一、武装冲突法的内容和范围

从传统战争法及武装冲突法的内容来看,它主要包括两个部分:

第一部分是关于战争和武装冲突的开始和结束,以及战争和武装冲突期间交战国或冲突各方之间、交战国与中立国之间的法律关系的原则、规则和规章制度。这部分内容主要是传统战争法中的宣战、缔结和约、中立等方面的制度。第二次世界大战以后,几乎所有重大的国际武装冲突都不是在战争的名义下进行的。由于没有宣战,也就没有缔结和约;由于没有战争状态的存在,也就没有中立的地位。所以,传统战争法的内容在第二次世界大战以后基本没有什么发展。

第二部分是关于作战手段和作战方法,以及在战争和武装冲突中保护平民与其他战争和武装冲突受难者,改善伤、病员待遇的原则、规则和制度。这部分内容既适用于传统意义上的战争,也适用于非战争的国际武装冲突,同时还适用于发生在一个国家内部的武装冲突("非国际性武装冲突")。这一部分的内容在第二次世界大战以后有了较大的发展。

从历史发展过程看,战争与武装冲突法可分为两个体系,即:海牙体系和日内瓦体系。海牙体系主要是两次海牙和平会议上形成的关于作战手段和方法以及中立的一系列条约,包括1856年《巴黎海战宣言》、1868年《圣彼得堡宣言》、1925年《日内瓦议定书》等关于作战手段和方法的条约和习惯;日内瓦体系主要是在日内瓦签署的关于保护平民和战争受难者的条约。这两个体系既有差别又有联系。《海牙公约》中的许多规定,例如战俘待遇、军事占领等已经分别纳入了1929年和1949年的《日内瓦公约》。而1977年的《日内瓦公约附加议定书》,则通过其关于限制作战方法和手段的规定,使日内瓦体系不但包括改善伤、病员境遇,保护战俘、平民和其他战争受难者的原则和规则,同时也包括作战方法和手段方面的原则和规则。这两个体系结合起来就构成了现代国际法的"国际人道法"。

国际法院在其1977年就"使用或威胁使用核武器的合法性问题"所提供的咨询意见中指出:"传统国际法所称呼的'战争法规和惯例'部分地以1868年《圣彼得堡宣言》和1874年布鲁塞尔会议为基础,是人们在海牙进行编纂(包括1899年和1907年《海牙公约》)的结果。'海牙法系统',更准确地说,《陆战法规和惯例章程》规定交战各方行为的权利与义务,并限制其在国际武装冲突中杀伤敌方人员所使用的手段和方法。除此以外,还有旨在保护作战中的伤、病员和不参加敌对行为的人员,即战争受难者的'日内瓦法系统'(1864年、1906年、1929年和1949年公约)。这两个在武装冲突中适用的法律体系相互紧密联系在一起,并逐渐地发展成为今天被称为'国际人道法'的单一的合成的法律体系。"

二、武装冲突法的特点

武装冲突法最明显、最突出的特点是它不仅存在于迄今已制定的许多条约中,还以各国公认的习惯的形式发挥作用。

战争法规则是最古老、悠久的规则;有关战争与武装冲突法有关的大部分条约规定,只是宣布现行的国际习惯法,编纂已经存在的惯例。正如1907年第二次海牙和平会议修订的《陆战法规和惯例公约》序言中明确指出的:该公约的目的并不在于制定一部完整的陆战法典,之"所以将战争法规及其惯例重新加以修正,其目的所在,或明立界限,使益精确,或加以限制,使免残忍"。

武装冲突法的另一个特点就是一些条约虽然已经为新的条约所代替,但对于未批准或未加入新约的国家而言,旧约仍然有效。1906年《日内瓦公约》虽然早已为1929年《日内瓦公约》所代替,但直到1970年哥斯达黎加加入后,1906年《日内瓦公约》才正式失效;1929年《日内瓦公约》却因为缅甸未加入1949年《日内瓦公约》而仍然未完全失去效力。

武装冲突法领域中修订或编纂公约,目的是使一些原则和规则更加明确、更加具体。如果有的原则或规则还未制定为条约,或者有的虽然已经制定为条约、但还未被批准或未生效,只要原则和规则已经是公认的国际习惯,就仍然是有效的。

由于第二次世界大战以后发生的许多重大国际武装冲突,武装冲突各方都不承认有战争状态存在,因此传统战争法所发生的法律后果也发生了变化。在武装冲突爆发时武装冲突各方继续保持外交关系和领事关系,不发生传统意义上的战争所引起的法律后果。这是武装冲突法在现代国际关系中的一个特点。

第三节 对作战手段和方法的限制

现代国际法禁止使用武力,但在国际关系的实践中并不能防止和杜绝武力在国际社会中的使用。于是出于人道的考虑,武装冲突法中出现了许多目的在于限制作战手段和方法的规定。

武装冲突各方的目的,都是为了制服敌人,为此就要击败对方的武装力量,就要对敌方使用各种武力。然而,这并不意味着可以毫无限制地使用任何武力手段和方法。所谓"手段"(means)是指所使用的武器,而所谓"方法"(methods)则包括如何使用武器及其他作战方法。

一、使用作战手段和方法基本原则

武装冲突法关于作战手段和方法的一些基本原则,是在战争与武装冲突中长期发展形成的,具有普遍意义和广泛法律效力,并构成武装冲突法的基础。这些原则集中体现在1907年《陆战法规和惯例章程》中,其中主要有:

(一)限制原则(restriction)

在战争和武装冲突中应对一些作战手段和方法加以限制。在原则上,各交战国和冲突各方对作战方法和手段的选择都应受到法律的限制。例如,禁止使用不分青红皂白的作战手段和方法;禁止使用大规模屠杀和毁灭人类的作战手段和方法;禁止使用滥杀滥伤、造成极度痛苦的作战手段和方法。

（二）比例原则（proportionality）

这项原则主张作战方法和手段的使用应与预期的、具体的和直接的军事利益成比例，禁止过分的攻击，以及引起过分伤害和不必要痛苦性质的作战方法和手段。

（三）区分原则（distinction）

这项原则是把平民居民与武装部队中的战斗员与非战斗员、有战斗能力的战斗员与丧失战斗能力的战争受难者、军用物体与民用物体以及民用目标与军事目标等区分开来，并在战争与武装冲突中分别给予不同的对待。

（四）中立原则（neutrality）

武装部队的伤、病员、战俘和平民，是武装冲突法保护的对象，通常称为"被保护人"。武装冲突法的规则，确定了交战各方与被保护人关系上的一定权利和义务，从而使后者权衡利益具有法律的保障。但是，这些已退出战斗的人员和平民，必须严守中立原则，不得参加军事行动。

（五）"军事必要"（military necessity）不能解除交战国义务的原则

这项原则强调，尽管在武装冲突中存在有"军事必要"的原则，但"军事必要"不能被用来解除交战各国或武装冲突各方尊重和适用武装冲突法的原则、规则和制度的义务。

（六）在条约没有规定的情况下，武装冲突各方仍有尊重国际法义务的原则

由于武装冲突法的原则、规则和制度不仅存在于条约之中，还通过习惯的形式发挥作用，并随着军事科学和武器装备技术的发展而迅速发展。因此，在武装冲突法尚无具体规则的情况下，有关各方不能为所欲为。根据"马斯顿条款"（Martens clause），在国际协定未规定的情况下，平民和战斗员仍然受来源于既定习惯、人道原则和公众良心要求的国际法原则的保护和支配。

有关作战手段和方法的基本原则，一般适用于所有的武装冲突。然而，由于陆战、海战和空战的性质不同，这些原则的有关具体规定和规则，也有所不同。

二、陆战

陆战是人类最早的作战形式，所以武装冲突法中对作战手段和方法的限制，很早就适用于陆战。早在1868年，《圣彼得堡宣言》就明确宣布："战争的需要应服从人道的要求。"1899年和1907年的《陆战法规和惯例公约》的附件《陆战法规和惯例章程》第22条均明文规定："交战者在损害敌人的手段方面，并不拥有无限制的权利。"第23条还列举了一些特别禁止的手段和方法。1977年"《日内瓦公约》第一附加议定书"第35条把限制作战手段和方法列为一项原则。

迄今为止的国际实践中，被限制或禁止的作战手段和方法主要有：

（一）具有过分伤害力和滥杀滥伤作用的武器

使用具有过分伤害力和滥杀滥伤作用的武器，有时又被称为"野蛮和残忍的方法和手段"。这类武器有毒气、化学和生物武器。这种手段和方法包括不分青红皂白的、背信弃义的以及改变环境的作战手段和方法。

(1) 极度残忍的武器。极度残忍的武器一般是指给战斗员造成极度痛苦后使之死亡的武器。由于作战的目的在于削弱对方军队的战斗力,使之失去反抗力量。而使用极度残忍的武器,显然超过了这一目的的范围。它的使用是违反人道原则的。

关于禁止使用极度残忍的武器,早在1868年的《圣彼得堡宣言》中就提出来了。《圣彼得堡宣言》宣布,缔约国在发生战争时放弃使用任何轻于400克的爆炸性弹丸或是装有易爆易燃物质的弹丸,因为这种弹丸会给战斗员造成极度的痛苦。针对由于科学技术的发展而出现的新武器,联合国于1980年又通过了《禁止或限制使用某些可被认为具有过分伤害力或滥杀滥伤作用的常规武器公约》。该公约进一步强调在武装冲突中的人道原则,禁止或限制使用那些能使人致残或陷入长期痛苦的常规武器,如碎片伤人而其碎片在人体内无法用X射线检测的武器、地雷(水雷)和饵雷、燃烧武器以及小口径武器系统等。

(2) 有毒、化学和生物武器。1899年《海牙陆战法规和惯例章程》就特别禁止使用毒物和有毒武器。1972年《禁止细菌(生物)及毒素武器的发展、生产及储存以及销毁这类武器的公约》除规定禁止使用细菌和毒素武器外,还规定永远禁止在任何情况下发展、生产、储存或以其他方式取得和保有这类武器。

禁止化学武器是世界各国十分关注的问题。联合国经过二十多年的谈判,终于在1992年11月通过了《禁止化学武器公约》。1993年1月在法国巴黎的大会上,有一百四十多个国家签署该公约,并已在1997年生效。《禁止化学武器公约》在世界范围内禁止研制、生产、获得、拥有、转让和使用化学武器,规定各缔约国必须在该公约规定的期限内销毁各自的化学武器及其生产设施。

在被禁止的武器方面,不少人认为,在现代战争中除了应禁止使用极度残忍的武器、有毒、化学和生物武器以外,还应特别禁止核武器。国际法对"使用核武器是合法还是非法"的问题,迄今为止没有明确的定论。1993年,世界卫生组织就"使用核武器的合法性"问题,请求国际法院发表咨询意见。1996年7月,国际法院就该问题提供咨询意见认为:使用或威胁使用核武器一般来说是与适用于武装冲突的战争法规,尤其是人道的原则和规定相违背的。但是,考虑目前国际法的现状,考虑到它所涉及的事实的各种因素,在整个国家存亡攸关的特别情况下采取自卫时,(国际)法院不能得出使用或威胁使用核武器是合法或非法的确切结论。国际法院的这一判决表明,尽管从纯法律的角度看,核武器的使用与适用国际人道法的基本原则相违背,但由于核武器还涉及国际法上诸如"自主权"等其他基本原则,所以国际法院不能在使用核武器的合法性问题上作绝对肯定或否定的结论。

(二) 不分青红皂白的战争手段和作战方法

武装冲突法为了平民的安全和使民用物体免遭破坏,规定各交战国和武装冲突各方不得使用不分青红皂白的作战手段和方法。

根据1907年《陆战法规和惯例章程》的规定,禁止以任何手段攻击或轰击不设防的城镇、村庄、住所和建筑物,"围攻及炮击时,凡关于宗教、技艺、学术及慈善事业之建筑物、历史纪念馆、医院及病伤者收容所等,在当时不供军事上使用者,务宜尽力保全"。1949年《关于战时保护平民的日内瓦公约》规定不得攻击医院和安全地带,并规定得设立安全化地带。1977年《日内瓦公约第一附加议定书》更明确"禁止不分青红皂白的攻击",并列举了"不分青红皂白"的攻击的具体内容。

(三) 背信弃义的战争手段和作战方法

1907年《陆战法规和惯例章程》规定禁止以背信弃义的方式杀伤属于敌方的人员。然而,在战争与武装冲突中只禁止使用背信弃义的作战方法,但不禁止使用诈术。诈术是旨在迷惑对方或诱使对方作出轻率行为,同时不违反任何适用于战争与武装冲突的国际法规的行为,如使用伪装、假目标、假行为和假情报等。

1977年《日内瓦公约第一附加议定书》明确规定:"禁止诉诸背信弃义行为,以杀死、伤害或俘虏敌人。以背弃敌人的信任为目的而诱取敌人的信任,使敌人相信其有权享受有义务给予适用于武装冲突的国际法规则所规定的保护的行为,应构成背信弃义行为。"

(四) 改变环境的作战手段和作战方法

禁止使用改变环境的作战手段和作战方法,主要是禁止使用旨在可能改变自然环境使其发生广泛、长期而严重损害的作战手段和方法,如使用某种方法改变气候,引起地震、海啸、破坏自然界的生态平衡、破坏臭氧层等。1977年《日内瓦四公约第一附加议定书》包括了禁止环境战争的规定,第35条规定:禁止旨在可能对自然环境引起广泛、长期而严重损害的作战方法或手段。在此以前,联合国大会相继于1971年和1974年通过决议,认为"维持和改进环境是国际社会的责任","禁止为了军事或其他敌对目的影响环境和气候的行动",并于1976年12月通过了《禁止为军事或任何其他敌对目的使用改变环境的技术的公约》。该公约规定不得使用具有广泛、长期或严重影响的改变环境的技术,对任何缔约国造成毁灭、破坏或损害。

三、海战和空战的特殊规则

陆战法规和惯例如果能适用于陆战和空战的,都应该适用。但海战和空战与陆战有所不同:海战的主要目的是击败敌方的海军、消灭敌国商船、破坏敌国的海岸军事设施等;空战的主要问题是轰炸。所以,在被禁止或被限制的作战手段和方法上,海战和空战各有自己的特点,存在着一些特殊规则。

(一) 海战

关于海战的特殊规则主要有以下四个方面:

1. 关于战斗员、军舰和商船

交战国的海军部队包括战斗员和非战斗员,这类人员不论编入各类舰艇部队还是编入海岸要塞部队,同样受战争法规和惯例的保护并承担相应义务。海战中军舰是作战的主要工具,也是被攻击的目标。在海战中,海军部队只能使用属于自己编制的船舰攻击敌舰,禁止使用私掠船。商船改装成军舰,具有与军舰相同的地位,但必须符合1970年《关于商船改装为军舰公约》规定的条件。为了防御的目的使用武装商船是允许的,但武装商船如果主动攻击敌国军舰或商船,则失去国际法上的保护。

2. 海军轰击

1907 年《关于战时海军轰击公约》规定了如下特殊限制：

（1）禁止轰击不设防的城市、海港、村庄、房舍及建筑，并特别说明，不得以港口设置自动海底触发水雷为设防；

（2）可以轰击处在不设防地点的军事设施，但在轰击前应通知有关地方当局限期拆除，如不执行，才可以轰击，但在轰击时应设法使城市中所受损失减小至最低限度；

（3）地方当局如果拒绝征集海军提出的、当时必需的粮食或生活用品，可以进行轰击，但征收不得超过当地资力，也不得因征收现银或课税不遂而进行轰击；

（4）轰击时必须尽力保全一切"宗教、美术、技艺、慈善事业所有之建筑，历史上古迹及病院和伤病员收容所"。条件是，在这些地方当时不是用于军事目的的。在这些受保护的建筑上，应以容易看到的标志标明。

3. 潜艇攻击

潜艇攻击始于第一次世界大战，但对潜艇攻击的规则，到 1922 年《关于在战争中使用潜水艇和有毒气体的条约》才有所规定。按照《关于在战争中使用潜水艇和有毒气体的条约》，潜艇不得对遇到的商船立即攻击，在拿捕商船前应先命令它接受临检，以便确定它的性质。对拒绝临检，或拿捕后不遵守指定的航线行驶者可以加以攻击；在确有破坏商船必要情况下，必须先将商船上人员置于安全地方。由于 1922 年的《关于在战争中使用潜水艇和有毒气体的条约》未生效，1930 年又签订了关于海军作战的《伦敦条约》，其中除重申 1922 年《关于在战争中使用潜水艇和有毒气体的条约》的规定外，还强调除对拒绝停驶或反抗临检的商船外，潜艇不得予以击沉或破坏；并且不得在将船上人员和船舶文件安置于安全地方前将该船击沉或使其不能行驶。1936 年《关于潜艇作战规则的伦敦议定书》和 1937 年《关于把潜艇作战规则推行于水面船只和飞机的尼翁协定》再次确认了上述规定。

4. 水雷和鱼雷

水雷和鱼雷的发明和使用，严重威胁着国际航运和中立国的合法权利。1907 年《海牙第八公约》对水雷和鱼雷的使用作出了规定，主要是：

（1）禁止使用没有系缆的自动触发水雷，但失去控制一小时后失效者除外；

（2）禁止使用虽有系缆，但离开系缆后仍能为害的水雷；

（3）禁止使用射击不中以后仍有危险性的水雷；

（4）禁止以断绝贸易通航为目的在敌国沿岸或港口敷设自动触发水雷；

（5）使用系缆自动水雷时，应尽力避免威胁海上和平航行的安全；

（6）中立国在其海岸使用自动触发水雷时，也应遵守上述规定。

（二）空战

从战争与武装冲突的实践来看，空战的主要问题是如何限制和减少空中轰炸的残忍伤害，以及如何尽量避免对非军事目标进行轰炸的问题。

迄今为止，国际法上还没有对国家具有拘束力的关于空战规则的专门条约。但尽管如此,仍有不少国际法律文件规定了可以适用于空战的规则和原则。例如,1899年和1907年的《海牙宣言》提出禁止用气球或类似方法投掷投射物;1923年海牙法学家委员会草拟的《空战法规草案》提出只有军事航空器才能交战;1907年《海牙第十公约》规定,轰炸只能针对军事部队、军事工程、军事建筑物或仓库、军工厂和用于军事目的的运输线;要尽量避免轰炸宗教、艺术、科学和慈善事业的建筑物、历史纪念碑、医院船、医院及收容伤病员的其他场所;1977年《日内瓦四公约第一附加议定书》第49条第3款规定:"本段规定(即关于进攻的定义和适用范围),适用于可能影响平民居民、平民个人或民用物体的任何陆战、空战和海战。"另外,第51条至第56条和第59条所规定的对平民、民用物体、文物和礼拜场所、自然环境、不设防地方的保护,以及对含有危险力量的工程和装置的保护的规定均适用于空战。关于陆地的其他作战方法和手段的限制也适用于空战。

第四节 对战争受难者的保护

武装冲突法中的一个特殊部分,最早被称为"日内瓦条约体系"。它用来区别于规范作战行为和手段的"海牙法体系"。这些规则主要是从人道的原则给予战争受难者(武装部队的病者、伤者、战俘和平民等)以必要的保护的部分。

武装冲突中对战争受难者保护的规则,不涉及战争的法律地位或交战国间的一般关系,也不涉及交战国使用的作战方法和手段,更不涉及交战国和中立国间的权利和义务,它们只是从人道的原则出发给予战争受难者(武装部队的病者、伤者、战俘和平民等)以必要的保护。

武装冲突法的这部分内容主要包括1949年四个《日内瓦公约》和1977年该公约的两个附加议定书,这一部分法律规则,因为是基于"人道"目的而制定的,所以在国际法上经常被称为"国际人道法"。这些规则也是第二次世界大战后独立于联合国组织以外编纂、发展的法律体系。

一、保护战争受难者条约体系的形成与发展

1949年四个《日内瓦公约》及其1977年的两个附加议定书是从最初的《日内瓦公约》发展而来的,是在以前公约的基础上,吸收历次战争的经验,经过修订和补充而订立的。

1864年,在瑞士联邦政府召集的外交会议上,订立了一个《改善战地伤兵境遇的公约》,即1864年《日内瓦公约》。这是最早的《日内瓦公约》,也是狭义的、传统意义上的《日内瓦公约》,只适用于战争中的伤者、病者。经过第一次世界大战,战争的其他受难者,尤其是战俘的境遇,引起了注意。因此,1929年日内瓦会议除对1906年《改善战场伤者、病者境遇的日内瓦公约》加以修正和补充外,还订立了《关于战俘待遇的公约》。在战争受害者中还有平民需要保护。《海牙第四公约》附件对于占领当局的权力的限制和居民的保护,作了一些原则性的规定,但这些规定对于战时保护平民是不够的。第二次世界大战期间,在德国、日本法西斯占领地区,大量的平民遭受拘禁、残杀和其他种种非人道的待遇。这些就使专门拟定战时保护平民公约有了必要性。

1949年召开的日内瓦会议,通过的四个国际公约,修正、补充了1929年《改善战地伤者、病者境遇公约》《关于战俘待遇的公约》及1907年《推行日内瓦公约于海战的海牙公约》,并产生了一个战时保护平民的公约,从而把对战争受难者的保护原则,从陆地的伤者、病者,海战的伤者、病者和遇船难者、战俘,一直推及于平民。至此,日内瓦条约体系基本上形成了。

1949年以后,虽然没有再发生过新的世界大战,但国际性和非国际性的武装冲突始终不断。国际实践的发展要求对武装冲突法进行新的研究、补充和发展。红十字国际委员会根据第21届国际红十字大会通过的决议,于1971年和1972年召开了各国专家会议。会后,该委员会将《日内瓦公约》的两个附加议定书草案,提交给1974年至1977年召开的"关于重申和发展适用于武装冲突的国际人道法的外交大会"。这样,一个较为完整的关于保护战争与武装冲突受难者的法典形成了。

二、保护战争受难者条约体系的内容和范围

(一) 关于伤病员待遇问题

1864年、1906年、1929年和1949年先后订立了关于改善战地武装部队伤者、病者境遇公约,这方面的规定主要有:

(1) 冲突一方对在其权力下的另一方伤病员,在一切情况下应无区别地予以人道的待遇和照顾,不得基于性别、种族、国籍、宗教、政治意见或其他类似标准而有所歧视。

(2) 冲突各方的伤者、病者如落于敌手,应为战俘,国际法上有关战俘之规定应适用于他们。

(3) 每次战斗后,冲突各方应立即采取一切可能的措施搜寻伤者、病者,予以适当的照顾和保护;环境许可时,应商定停战或停火办法,以便搬移、交换或运送战场上遗落之受伤者。

(4) 冲突各方应尽速登记落于其手中的敌方伤者、病者,或死者之任何可以证明其身份之事项,并应尽速转送战俘情报局,该局转达上述人员之所属国。

(5) 冲突各方应保证在情况许可下将死者分别埋葬和焚化之前,详细检查尸体,如可能时,应经医生检查,以确定死亡,证明身份并便于作成报告。

(6) 军事当局,即使在入侵或占领地区,也应准许居民或救济团体自动收集和照顾任何国籍之伤者、病者。任何人不得因看护伤者、病者而被侵扰或定罪。

海战中伤病员的待遇,如适用范围、保护对象、基本原则等方面与陆战的制度完全相同,但由于海战的特点而作了一些特殊规定:

(1) 在海上受伤、患病或遇船难的武装部队人员或其他人员,在一切情况下,应受尊重与保护。"船难"一词应理解为是指任何原因的船难,并包括飞机被迫降落海

面或被迫自飞机上跳海者在内。

（2）交战者之一切军舰应有权要求交出军用医院船,属于救济团体或私人的医院船,以及商船、游艇或其船只上的伤者、病者或遇难船者,不拘国籍,但须伤者、病者处于适合移动的情状,而该军舰具有必要的医疗适当设备。

（二）战俘待遇问题

战俘是战争或武装冲突中落于敌方权力之下的合法交战者,以及1949年《关于战俘待遇的日内瓦公约》规定的其他人员。在国际人道法中对战俘待遇作出规定的公约有:1929年和1949年《关于战俘待遇的日内瓦公约》以及1977年《日内瓦公约第一附加议定书》。

按照这些公约的规定,战俘自其被俘至其丧失战俘身份前应享受以下各方面的待遇:

（1）交战方应将战俘拘留所设在比较安全的地带。无论何时都不得把战俘送往或拘留在战斗地带或炮火所及的地方,也不得为使某地点或某地区免受军事攻击而在这些地区安置战俘。

（2）不得将战俘扣为人质,禁止对战俘施以暴行或恫吓及公众好奇的烦扰;不得对战俘实行报复,进行人身残害或肢体残伤,或供任何医学或科学实验;不得侮辱战俘的人格和尊严。

（3）战俘应保有其被俘时所享有的民事权利。战俘的个人财物除武器、马匹、军事装备和军事文件以外的自用物品一律归其个人所有;战俘的金钱和贵重物品可由拘留国保存,但不得没收。

（4）对战俘的衣、食、住要能维持其健康水平,不得以生活上的苛求作为处罚措施;保障战俘的医疗和医药卫生。

（5）尊重战俘的风俗习惯和宗教信仰,允许他们从事宗教、文化和体育活动。

（6）准许战俘与其家庭通讯和收寄邮件。

（7）战俘享有司法保障,受审时享有辩护权,还享有上诉权。拘留国对战俘的刑罚不得超过对其本国武装部队人员同样行为所规定的刑罚。禁止因个人行为而对战俘实行集体处罚、体刑和酷刑。对战俘判处死刑应特别慎重。

（8）讯问战俘应使用其了解的语言。

（9）不得歧视。战俘除因其军职等级、性别、健康、年龄及职业资格外,一律享有平等待遇。不得因种族、民族、宗教、国籍或政治观点不同加以歧视。

（10）战事停止后,战俘应即予以释放并遣返,不得迟延。

（三）战时对平民的保护问题

国际人道法的基本原则之一是对交战者和平民加以区别,区别的目的,是为了在战争与武装冲突中更有效地保护平民。

落入敌国管辖或支配下的平民的保护有两种情形:一种是战争或武装冲突发生时对交战国或武装冲突国境内的敌国平民的保护,另一种是对占领区的平民的保护。

在战争或武装冲突发生时,对在交战国或武装冲突国境内的敌国平民一般应允

许离境,而对继续居留者应给予以下国际人道的待遇:

(1) 平民居民本身及平民个人不得成为攻击的对象,禁止在平民中散布以恐怖为主要目的的暴力行为或暴力威胁;

(2) 作为报复对平民居民的攻击是禁止的;

(3) 保障平民的合法权益,不得把他们安置在某一地点或地区以使该地点或地区免受军事攻击;

(4) 不得在身体上和精神上对平民施加压力,强迫提供情报;

(5) 禁止对平民施以体刑和酷刑,特别禁止非为医疗的医学和科学实验;

(6) 禁止实行集体刑罚和扣为人质;

(7) 应给予平民以维持生活的机会,但不得强迫他们从事与军事行动直接相关的工作;

(8) 只有在安全的绝对必要的情况下,才可把有关敌国平民拘禁或安置于定居所;

(9) 对妇女和儿童予以特殊保护。

在军事占领下,占领当局只能在国际法许可的范围内行使军事管辖权,并应对平民给予以下待遇:

(1) 不得剥夺平民的生存权,占领当局在行使权利的同时,有义务维持社会秩序和居民生活;

(2) 对平民的人格、荣誉、家庭、宗教信仰应给予尊重;

(3) 不得对平民施以暴行、恐吓和侮辱,不得把平民扣为人质,或进行集体惩罚,或谋杀、残害及用作实验;

(4) 不得用武力驱逐平民;

(5) 不得为获取情报对平民采取强制手段;

(6) 不得强迫平民为其武装部队或辅助部队服务或加入其军队;

(7) 不得侵犯平民正常需要的粮食和医药供应;

(8) 不得废除被占领国的现行法律,必须维持当地原有法院和法官的地位并尊重现行法律,等等。

三、保护战争受难者条约体系的特点

1949 年四个《日内瓦公约》和 1977 年该公约的两个附加议定书为了有效地保护战争受难者,都尽可能扩大公约的适用范围,在这方面有以下特点:

(1) 公约不仅适用于传统意义上的战争,而且适用于任何其他形式的武装冲突,即使其中一方不承认有战争状态。

(2) 公约不仅适用于所有交战方都是缔约国的情况,也适用于非缔约国参加的战争和武装冲突。

(3) 公约可以适用于非缔约国。严格地说,条约只拘束缔约国,对第三国没有拘束力。所以,一个国家如果愿意受公约的拘束,必须按照公约规定的程序加入公约成

为缔约国。但《日内瓦公约》共同第2条允许非缔约国在接受并援用公约规定的条件下,可以与缔约国在武装冲突期间同等地受公约的约束。这项规定是其他一般国际公约所不具有的,这是因为这些法律主要适用于战争与武装冲突期间。

在和平时期,一般国际公约在其履行方面的迫切性不太突出,非缔约国如果愿意受公约的拘束,可以经过批准、加入、同意和接受等通常的缔结条约的程序,与其他缔约国建立条约关系。然而,战争或武装冲突一发生,马上就出现保护战争受难者的问题。在第二次世界大战时期,由于日本不是1929年《关于战俘待遇的日内瓦公约》的缔约国,使当时远东战争中战争受难者遭受悲惨的命运。因此,有关的公约特别作出这项例外的规定。

(4) 公约也适用于缔约国内战。按照国际法,只有完全主权的国家才有成为交战国的法律资格。但是,一个国家之内的交战团体虽然不是国家,但却拥有武装力量。这就使它们有能力在事实上进行战争。只要存在内战和普遍敌对行为,只要交战国团体占领并在某种程度上有秩序地管理和控制着相当大的一部分国家领土,而且只要在一个负责当局指挥之下作战的团体遵守作战规则,第三国就有明确它们对这种内战的态度的实际需要。所以,国际法上有承认交战团体的地位及其权利和义务的原则和规则。

对于内战,在反对政府的一方被承认为交战团体的情况下和一定的期限内,武装冲突法规则是可以而且应该适用的。1949年《日内瓦公约》共同第3条就第一次明文规定对内战或称非国际法武装冲突中适用的最低限度规则,同时规定最低限度规则的适用不影响冲突各方的法律地位。

1977年两个议定书扩大了1949年四个《日内瓦公约》共同第3条的适用范围。

第一议定书第1条规定:各国人民在行使庄严载入《联合国宪章》和《关于各国依联合国宪章建立友好关系及合作之国际法原则之宣言》中,对殖民统治和外国占领以及对种族主义政权作战的武装冲突,适用这些法律规则。

第二议定书则是一个专门保护非国际性武装冲突受难者的国际法律文件,发展和补充了1949年《日内瓦公约》共同第3条的内容。第二议定书在规定有关人道规则适用于非国际性武装冲突的同时,还明确规定,本议定书不应适用于非武装冲突的内容的内部动乱和紧张局势。

第五节 中 立

武装冲突法中的"中立",与国际法上关于国家类型方面的"中立"不同。国际法意义上的中立国家,主要是一个国家基于自己的法律采取的基本政策。随着瑞士加入联合国组织后,世界上现在已经没有传统绝对意义上的中立国家。武装冲突法里的中立,简单地讲,就是指武装冲突有关方以外的第三者。

在传统战争法中,中立是指在交战国进行的战争中采取一种不偏不倚的态度。中立国不仅不参加交战国间的敌对的武装行动,也不支持或援助交战国的任何一方。

一方面,中立国在法律上具有一定的权利和义务;另一方面,交战国对于中立国也有一定的权利和义务。但在现代国际的实践中,传统的中立制度受到了冲击并发生了很大的变化。

一、中立的概念

中立是传统战争法中的一个概念,有下述特征:

(1) 中立法是规定交战国之间权利和义务关系的原则、规则和制度,目的在于使交战国与中立国之间利益保持平衡。

(2) 一个国家在战争中是否宣布中立,不是法律问题,而是政治问题,但在宣布中立后则引起交战国和中立国的权利和义务关系,受战争法关于中立的原则、规则和制度的支配。

(3) 一个国家选择中立地位的方式,可以通过发表中立宣言或声明,也可以不发表宣言或声明而采取事实上遵守中立义务的方式。如果一个国家事先承担了中立的义务,它的中立地位就在于事先已经确定。国家可以事先缔结条约,规定中立地位。由条约产生中立有两种:一种是国家之间平时缔结的条约规定在缔约一方与第三国发生战争时,应守中立;另一种是国际条约宣布一个国家为永久中立国。

(4) 战时中立不同于中立化。国家在战争时的中立一般是战争开始后选择的,是国家自由决定的,而不是国际法的义务,因而可以随时宣布结束其中立地位。永久中立国不仅在战时保持中立,在平时也要遵守中立,它的中立地位是由国际条约确定的,其永久中立国的地位是不得任意放弃的。

(5) 战时中立不同于政治意义上的中立、中立主义和不结盟。政治意义上的中立指不参加联盟(无论进攻性还是防御性),拒绝在其本国领土上设置外国军事基地或驻扎外国军队,不歧视任何特定国家等。中立主义特别是用以指不参加和不卷入大国或集团之间的纠纷和冲突。这样的中立是政治上的概念,不产生法律效果。

(6) 战争法上的中立是国家的地位,而不是个人或团体的地位,有关中立的规则是指专门处理交战国之间法律关系的规则,它不直接以中立国的国民或公司为对象。

二、中立国的权利和义务

作为国际法的一个制度,战时中立是随着资本主义制度和国际贸易的发展而逐渐发展的。战时中立虽然在16世纪前后偶有发生,但是到18世纪,在格劳秀斯的《战争与和平法》讨论中立问题以后,国际上才一致认为,中立国有维持不偏不倚态度的义务,交战国有尊重中立国领土的义务。到了19世纪末20世纪初,中立制度有了较大的发展,1907年签订的《海牙公约》和1909年发表的《伦敦宣言》在战争法中确立了关于中立的原则、规则和制度。

(一) 中立国的义务

中立国对交战国承担的义务主要有三个方面:自我约束的义务、防止的义务和容忍的义务。

1. 自我约束的义务

中立国对交战国不应给予援助。它不仅不能直接参加战斗，也不能对交战国提供军队、供给武器、弹药及其他军用器材，给予情报的方便等。

2. 防止的义务

中立国应采取措施，防止交战国为了进行战争而利用其领土或其管辖范围内的区域。例如，对于交战国在中立国的领土、领海或领空内进行战斗，或捕获船只，建立作战基地或通信设备，运输军队和军需品等，中立国都要以一切可能的手段加以防止和阻止。

3. 容忍的义务

中立国对于交战国依据武装冲突法所采取的行动使本国国民蒙受不利时，应在一定范围内予以容忍。例如，交战国对其船舶的临检和搜索，对悬挂其船旗而载有战时禁制品或破坏封锁或人事非中立义务的船舶的拿捕、审判、处罚及非常征用时，中立国应予以容忍。

（二）交战国的义务

交战国对中立国承担的义务主要也有三个方面：自我约束的义务、防止的义务和容忍的义务。

1. 自我约束的义务

交战国不得在中立国领土或其管辖区域内从事战争行为，或将中立国领土或其管辖区域作为作战基地；交战国不得在中立国领土或领水区域内将商船改装为军舰或武装商船，建立通信设施或捕获船只等。

2. 防止的义务

交战国有义务采取一切措施，防止侵犯或虐待其占领区内或境内的中立国使节或人民；防止其军队和人民从事任何侵犯中立国及其人民的合法权益的行为等。

3. 容忍的义务

交战国应容忍中立国与敌国保持正常的外交和商务关系以及其他不违背中立法的一般规则的行为等。

三、中立制度的变化

在现代国际关系实践中，可以明显地看到，传统的中立制度受到了冲击，发生了很大的变化。其原因一是由于废除战争后不宣而战的武装冲突日益增多，既然不存在战争状态，自然也就没有中立地位；二是当普遍性的国际组织，如联合国组织采取集体安全行动时，就没有什么中立可言。

（一）非战争的武装冲突与中立

武装冲突既然不是传统意义上的战争，处于武装冲突以外的国家就无法确立自己按照传统战争法的中立地位，也因此不承担和享受根据传统战争法关于中立的义务和权利。

国际法上中立的主体国家，不包括武装团体和组织。传统战争法中有关中立的原则、规则和制度只涉及交战国和中立国之间的法律关系,而不涉及武装团体和组织。武装冲突有国际性武装冲突和非国际性武装冲突之分,而第三国对非国际性的武装冲突中的武装团体和组织,在原则上是不处于传统战争法中的中立地位的。

因此,非战争的武装冲突以外的国家没有战争中的中立国那样严格的义务,也没有那样明确的权利。但是它们究竟有哪些义务和权利,国际法上还没有形成具体的规则。

(二) 联合国集体安全体制与中立

中立同联合国集体安全体制在以下三个方面是不相容的:

(1) 在传统国际法上,各国有权自由决定是否参加其他国家进行的战争,参加战争或保持中立完全是当事国的自由。但根据《联合国宪章》第2条的规定:各会员国对于联合国依《联合国宪章》规定而采取之行动,应尽力对该国不得给予协助。所以,联合国安理会作出的有关决定对各会员国都有法律拘束力,会员国有义务不得保持中立。

(2) 采取中立的国家在军事上承担不参加战争的义务。然而,避免参加战争的义务不论是以与他国缔结协定的形式、还是以本国声明的形式,都不能规避执行联合国安理会强制措施的义务。《联合国宪章》第103条明确规定:联合国会员国在《联合国宪章》下之义务与其依任何其他国际协定所负之义务有冲突时,其在《联合国宪章》下之义务应居优先。因此,会员国在安理会决定采取强制行动时,不能以其他的协定来规避自己的责任。

(3) 在安理会做出有关强制措施决定时也不能采取中立的立场和态度。《联合国宪章》第2条第6款规定:本组织在维持国际和平及安全之必要范围内,应保证非联合国会员国遵行上述原则。由于联合国安理会采取的军事或非军事性的强制措施,基本上都是属于"在维持国际和平及安全之必要范围内",所以,当安理会作出采取强制措施的决定时,不仅联合国会员国,就是非会员国,也不能采取中立的态度。

第六节 惩治战争罪

任何法律都应配备相应的执行机制,不然就很难维持该法律所应具有的拘束力。与其他国际法分支相比,武装冲突法中关于惩治战争罪行的国际刑事司法机构具有很强的强制性。

战争罪(war crimes)是传统国际法上的概念。惩罚战争罪犯和犯有严重违反国际人道的人并追究他们的个人刑事责任,是国际法特别是武装冲突法的重大发展。

一、基本概念

战争罪是指违反战争法规和惯例,违反人道准则的各种犯罪行为。

迄今为止,对破坏和平罪、战争罪、违反人道罪和犯有严重违反国际人道法行为加以制裁和惩罚的实例,主要有第二次世界大战后成立的欧洲国际军事法庭和远东国际军事法庭，以及 1993 年和 1994 年根据联合国安理会第 827、995 号决议而设立的"起诉应对 1991 年以来前南斯拉夫境内所犯的严重违反国际人道法行为负责的人的国际法庭"（简称"前南国际刑事法庭"）以及"起诉应对 1994 年在卢旺达境内和卢旺达国民在邻国所犯种族灭绝罪或其他严重违反国际人道法行为负责的人的国际法庭"（简称"卢旺达国际刑事法庭"）。

按照《欧洲国际军事法庭宪章》第 6 条和《远东国际军事法庭宪章》第 5 条的规定，战争罪即违反战争法规或惯例的罪行，包括虐待或放逐占领地平民谋杀或虐待战俘或海上人员、杀害人质、掠夺公私财产、毁灭城镇或乡村的罪行；违反人道罪即在战前或战时，对平民施行谋杀、灭绝、奴役、放逐及其他任何非人道行为。"凡参与规划或进行上述罪行的共同计划或阴谋的领导者、组织者、教唆者与同谋者，应负个人刑事责任。"

前南国际刑事法庭根据其法庭的规约，有权起诉犯下或命令他人犯下严重违反 1949 年四个《日内瓦公约》的情事、违反战争法和惯例、灭绝种族或危害人类罪的人。

严重违反 1949 年各项《日内瓦公约》的情事是指：

（1）故意杀害；

（2）酷刑或不人道待遇，包括生物学实验；

（3）故意使身体或健康遭受重大痛苦或严重伤害；

（4）无军事上之必要而以非法和蛮横的方式对财产进行大规模的破坏与占用；

（5）强迫战俘或平民在敌对国军队中服务；

（6）故意剥夺战俘或平民应享有的公允及合法审讯的权利；

（7）将平民非法驱逐出境或移送非法禁闭；

（8）劫持平民做人质。

违反战争法和惯例则主要包括下列事项：

（1）使用有毒武器或其他武器，以造成不必要的痛苦；

（2）无军事上的必要，蛮横地摧毁或破坏城市、城镇和村庄；

（3）以任何手段攻击或轰击不设防的城镇、村庄、住所和建筑物；

（4）夺取、摧毁或故意损坏专用于宗教、慈善事业和教育、艺术和科学的机构、历史文物和艺术及科学作品；

（5）劫掠公私财产。

灭绝种族是指"蓄意全部或局部消灭某一民族、人种、种族或宗教团体"的行为。

危害人类罪是指在国际或国内武装冲突中犯有针对平民的谋杀、灭绝、奴役、驱逐出境、监禁、酷刑、强奸的罪行，以及基于政治、种族、宗教原因而对平民进行迫害或其他不人道的行为。

卢旺达国际刑事法庭的性质与前南国际刑事法庭相同，都是对被怀疑犯有战争罪或种族灭绝罪的人进行起诉、并追究其个人刑事责任的国际刑事法庭。但在卢旺达国际刑事法庭被起诉的人，主要是在卢旺达国内武装冲突中严重违反国际人道法的人，因而卢旺达国际刑事法庭主要适用 1949 年《日内瓦公约》共同第 3 条和 1977

年《日内瓦公约》的第二附加议定书,即《关于保护非国际性武装冲突受难者的附加议定书》。

二、纽伦堡审判、东京审判及其意义

在国际法追究个人的刑事责任方面的发展过程来看,第二次世界大战后成立的纽伦堡国际军事法庭和远东国际军事法庭起了很大的推动作用。

在国际法上,纽伦堡审判和东京审判开创了追究战争罪犯个人刑事责任的先例。因为在此以前,国家的破坏和平等罪行也引起国家责任,但责任的形式主要是限制主权和赔偿。限制国家主权是指对战败国家实行占领或管制等,赔偿是指战败国给予战胜国的物质赔偿。

事实上,违反国际法的罪行往往是个人作出的。因此,对于发动侵略战争,除了国家应负责任之外,还必须追究个人责任。

1946年12月联合国大会通过第95(Ⅰ)号决议,确认了《欧洲国际军事法庭宪章》所包括的国际法原则。联合国国际法委员会根据大会的决议,于1950年编纂了《国际军事法庭宪章》和判决中所包含的原则。具体来说,这些原则是:

（1）从事构成违反国际法的犯罪行为的人承担个人责任,并因此应受到惩罚;
（2）不违反所在国的国内法不能作为免除国际法责任的理由;
（3）被告的地位不能作为免除国际法责任的理由;
（4）政府或上级命令不能作为免除国际法责任的理由;
（5）被控有违反国际法罪行的人有权得到公平审判;
（6）违反国际法的罪行是:破坏和平罪、战争罪、反人道罪;
（7）共谋上述罪行是违反国际法的罪行。

1967年和1968年联合国大会分别通过了《领土庇护宣言》和《战争罪及危害人类罪不适用法定时效公约》,补充了"战争罪犯无权要求庇护"和"战争罪犯不适用法定时效"两项原则。1973年联合国大会通过的《关于侦查、逮捕、引渡和惩治战争罪犯和危害人类罪犯的国际合作宣言》宣布各国应在引渡战争罪犯和危害人类罪犯的问题上进行合作。

由于1949年《日内瓦公约》共同第1条规定:国家有尊重公约、并保证公约被尊重的义务,因此,所有批准、加入《日内瓦公约》的国家,不仅自己不能违反《日内瓦公约》里面的规定,还有义务制止其他国家违反公约的行为。如果一个人涉嫌严重违反《日内瓦公约》,无论其犯罪行为发生在什么地方,也无论行为人的国籍是哪个国家,但只要是《日内瓦公约》的缔约国,就有义务起诉或引渡这个人。

从这个意义上讲,每个国家在国际法层面上都有惩罚战争罪行的责任和义务。

三、前南国际刑事法庭和卢旺达国际刑事法庭的设立

前南国际刑事法庭成立的法律根据,是《联合国宪章》第七章和第29条的规定。《联合国宪章》第七章规定,安理会有权断定"任何和平之威胁、和平之破坏、或侵略

行为之是否存在",也有权作成建议或选择,"以维持或恢复国际和平及安全"。第 29 条规定:"安全理事会得设立其认为于行使职务所必需之辅助机关"。

由于联合国安理会根据不断收到的有关前南境内情势的报告,断定这一局势已构成对国际和平与安全的威胁,并深信在前南的特殊情况下设立一个国际法庭将有助于和平的恢复与维持,所以联合国安理会根据《联合国宪章》第 29 条设立一个司法性质的附属机关,即前南国际刑事法庭,作为根据《联合国宪章》第七章而采取的一项强制性执行措施。

前南国际刑事法庭的职权范围主要涉及属事管辖权、属人管辖权、属地管辖权、属时管辖权及该法庭和国内法院的并行管辖权问题。

1. 属事管辖权

按照"法无明文者无罪"的原则,前南国际刑事法庭只是适用已成为国际习惯法的规则,以避免发生只有一些国家而不是所有国家都是公约缔约国的问题。而国际人道法中毫无争议地成为国际习惯法一部分的是下列国际公约:

(1) 1949 年四个《日内瓦公约》;
(2) 1907 年《陆战法规和惯例公约》和附件《陆战法规和惯例章程》;
(3) 1948 年《防止及惩治灭绝种族罪公约》;
(4) 1945 年《国际军事法庭宪章》。

《前南国际刑事法庭规约》第 2 条至第 5 条所定的罪行,即:"严重违反 1949 年各项《日内瓦公约》的情事""违反战争法和惯例的行为""灭绝种族"和"危害人类罪",就是根据上述公约规定的。

2. 属人管辖权

《前南国际刑事法庭规约》明确规定,法庭"对自然人有管辖权"。凡计划、教唆、命令、犯下或协助煽动他人计划、准备或进行《前南国际刑事法庭规约》所指罪行的人,应当为该项罪行负个人责任。

3. 属地和属时管辖权

该法庭的正式名称表明法庭的属地和属时管辖权是包括"1991 年以来前南斯拉夫境内"所犯下的严重违反国际人道法的行为。

4. 并行管辖权

联合国安理会设立前南国际刑事法庭不排除或阻碍国内法庭对严重违反国际人道法行为行使管辖权,但这就产生了国际法庭和国内法庭并行管辖权的问题。对这个问题,《前南国际刑事法庭规约》第 9 条规定:国际法庭应优于国内法院。在诉讼程序的任何阶段,国际法庭可根据《前南国际刑事法庭规约》及《国际法庭诉讼程序和证据规则》正式要求国内法院服从国际法庭的管辖。

前南国际刑事法庭的组成,包括三个部分:(1) 分庭,其中包括两个初审分庭和一个上诉分庭;(2) 检察官;(3) 书记官处。法官任期 4 年。法庭共有 n 名法官。后因案子积压太多,联合国安理会于 1998 年通过决议,又增加了 3 名法官(一个初审庭)。检察官即是检察机关,其职能是调查案件、准备起诉书并对应对犯罪行为负责的人进行起诉。书记官处为分庭和检察官提供服务。

前南国际刑事法庭和卢旺达国际刑事法庭的设立,清楚地表达了国际社会起诉和惩治武装冲突中对严重违反国际人道法行为负责的人的愿望和决心。

为了审判国际刑事罪行,联合国国际法委员会受联大委托,于1994年通过一项《国际刑事法院规约》(草案),并提交联大讨论。联大为此专门成立了国际刑事法院预备委员会,对《国际刑事法院规约》(草案)进行了认真的讨论。1998年6—7月在意大利罗马召开的外交会议通过了《国际刑事法院规约》,从而为国际刑事法院的成立奠定了基础。

联合国两个国际刑事法庭的实践以及常设《国际刑事法院规约》的通过,对国际刑法的发展,以及对在国际法下追究个人所犯战争罪行的刑事责任,无疑具有重大的影响和作用。

四、国际刑事法院

国际刑事法院是一个常设的国际刑事司法机构。它是战争法和武装冲突法(当然也是国际刑法)发展历史中一个里程碑。

国际刑事法院由联合国建立国际刑事法院全权代表外交大会于1998年7月17日在意大利罗马以通过《国际刑事法院规约》的形式,建立的一个由《国际刑事法院规约》缔约国选举出来的若干名独立的法官组成的、审判特定的国际罪行并对罪犯处以法定刑罚的常设性质的国际刑事审判机构。2002年4月11日,总计超过60个国家在这一天批准了《国际刑事法院规约》,根据《国际刑事法院规约》有关规定,公约于2002年7月1日正式生效,同时国际刑事法院正式成立。

国际刑事法院的建立完全取决于各国批准、加入、接受或核准《国际刑事法院规约》的进程。截至2023年2月,批准和加入《国际刑事法院规约》的国家有123个,另外有31个国家签署了该规约,但还未得到各自国家立法机构的批准。①

(一)国际刑事法院《国际刑事法院规约》

早在联合国成立之初,联合国就曾经直接参与或主持过多次建立国际刑事法院的尝试,并曾授权专家委员会起草过数个《国际刑事法院规约草案》。但是,由于各国缺少必要的政治意愿,对建立国际刑事法院的一些基本问题无法取得一致意见,特别是对建立国际刑事法院的必要性、方式、国际刑事法院的管辖权等关键问题,存在着严重的意见分歧,这方面的努力一直未能取得任何实际进展。

直到20世纪90年代初期,这种情况才发生了实质性的变化。一方面持续了半个世纪之久的冷战基本上结束了,越来越多的国家愿意在一定的条件下接受国际刑事法院;另一方面发生了伊拉克非法入侵科威特、前南斯拉夫的民族冲突、卢旺达的内部武装冲突等几件重大的国际事件。为了起诉和惩治在前南斯拉夫境内和卢旺达境内的武装冲突中犯有严重违反国际人道法行为的人,联合国以通过安理会决议的

---

① 参见国际刑事法院的官网地址:https://www.icc-cpi.int,2023年5月26日访问。

形式建立了两个特设性质的刑事法庭(前南国际刑事法庭和卢旺达国际刑事法庭)。这大大地提高了国际社会对建立常设性质的国际刑事法院的重视程度,因而也加快了建立国际刑事法院的进程。

1993年联合国大会通过决议,要求国际法委员会把制定《国际刑事法院规约草案》作为优先事项。国际法委员会于1994年完成了《国际刑事法院规约草案》的二读,并提交联合国大会审议。1994年联合国大会通过决议,决定设立一个对联合国所有会员国开放的建立国际刑事法院问题特设委员会,在国际法委员会二读通过的《国际刑事法院规约草案》的基础上,审议有关建立国际刑事法院的各种实质性问题和行政问题。1995年9月,建立国际刑事法院问题特设委员会向联合国大会提交了工作报告。联合国法律委员会在对特设委员会工作报告认真审议的基础上,决定成立建立国际刑事法院问题筹备委员会,继续审议建立国际刑事法院的各种实质问题和行政问题,并开始起草有关公约。筹备委员会根据联大决议,在联合国总部举行了两次筹备委员会会议。筹备委员会第一次会议集中讨论了国际刑事法院管辖权的范围和所管辖罪行的定义、刑法的一般原则、国际刑事法院和国内法院的补充关系、国际刑事法院的触发机制以及国际刑事法院与各国司法当局的合作等问题。筹备委员会第二次会议主要就国际刑事法院的诉讼程序、国际刑事法院的组成和行政管理、国际刑事法院的设立方式和它与联合国的关系等问题进行了讨论。

筹备委员会向第51届联合国大会建议,在召开外交大会前还需要再召开会议,以便能最后完成筹备委员会的工作,即:制定出能够得到各国广泛接受的《国际刑事法院规约》综合草案,并提交给外交大会通过。第51届联合国大会决定再召开三次筹委会会议,谈判起草一项为各国所广泛接受的《国际刑事法院规约》草案,以便能够于1998年6月在意大利首都罗马召开的外交大会上,最后完成并通过《国际刑事法院规约》。第52届联合国大会未经表决通过决议,决定联合国建立国际刑事法院全权代表外交大会于1998年6月15日至7月17日在意大利首都罗马举行,邀请联合国全体会员国或各专门机构或国际原子能机构成员国参加,以期最后拟定和通过《国际刑事法院规约》。筹备委员会最终于1998年4月通过了《国际刑事法院规约草案》和罗马外交大会最后文件草案,并提交给联合国建立国际刑事法院全权代表外交大会。

1998年6月15日至7月17日,共有160个国家、17个政府组织、14个联合国专门机构以及124个非政府组织派出代表团参加了在意大利首都罗马召开的外交大会。联合国秘书长科菲·安南出席了外交大会的开幕式并发表了重要讲话。经过五个星期的艰苦工作,外交大会于7月17日以无记名投票表决的方式(120票赞成、7票反对、21票弃权)通过了《国际刑事法院规约》。

《国际刑事法院规约》的通过,与战争罪的发展是分不开的。而这一法律文件的通过,反过来又必然会极大地推动对战争罪行的惩治。截至2014年4月2日,随着巴勒斯坦的加入,全世界共有196个国家批准加入了1949年《日内瓦公约》,其中不少国家还制定了在国内实施《日内瓦公约》的细则。因此,起诉严重违反《日内瓦公约》的行为、例如《日内瓦公约》里所列举的"严重罪行",或者引渡该罪犯的规定,就毫无疑问地成了习惯国际法意义上的义务。《海牙公约》及其规则,其本身并不包含如何处理违反其条款规定行为人的个人责任方面的内容,也没有任何明确缔约国关于对这些实施违反公约行为、即使是最严重违反公约行为的罪犯负有起诉的责任的规定。然而,"纽伦堡国际军事法庭"在1945年指出:1907年海牙第四公约附则所包含的人道法规则,属于"为文明国家所承认并被视为正式的战争法与战争习惯法"。《前南国际刑事法庭规约》规定了对"违反战争法和战争习惯法的行为"行使管辖权。在这方面,《国际刑事法院规约》的通过,具有重大的意义。因为在《国际刑事法院规约》谈判过程中有一个指导性原则,就是里面战争罪的定义应反映习惯国际法的内容。《国际刑事法院规约》列举了国际刑事法院管辖的具体战争罪罪行,其中绝大多数都是对于战争法和战争习惯法的违反。

《国际刑事法院规约》在其序言部分忆及"各国有义务对犯有国际罪行的人行使刑事管辖权"[①],这似乎是承认存在有根据国际习惯法起诉所有严重国际犯罪的义务。因为通过"忆及""义务""各国"等词语,《国际刑事法院规约》在序言里似乎暗示:各国负有在法律上确保根据习惯国际法起诉严重国际犯罪的义务。

从国际刑法的性质以及从国际刑事法院的管辖权方面来看,该法院的刑事诉讼程序和案审,必将对整个国际法和国际关系带来深远的影响。

(二) 国际刑事法院机制

国际刑事法院由院长会议、法庭(预审庭、审判庭和上诉庭)、检察官办公室和书记官处等四个机关组成。院长会议由院长、第一和第二副院长组成,管理法院的日常事务和履行规约赋予的其他职能。预审庭由至少6名法官组成,其主要职责是:应检察官的请求,采取一切必要措施以保证诉讼程序的效率和完整性,特别是确认检察官准备起诉的指控和保障被告人的合法权利。审判庭由6名以上的法官组成,负责一审程序中的一切日常审判事务,其主要职责是依法保证审判的公正和迅速进行,保证和尊重被告人的合法权利,必要时还可履行预审庭的职责。上诉庭由法院院长和其他5名法官组成,由院长担任庭长。上诉庭负责处理对审判庭的上诉。检察官办公室是法院内的一个独立的单独机关,由检察官、副检察官和其他工作人员组成,主要职责是负责接受和审查国际刑事法院管辖权范围内的国际罪行的事实资料,并提出起诉。书记官处由书记官、副书记官和其他工作人员组成,负责法院的一般行政管理和在行政、后勤方面为法院的日常工作需要提供服务。

国际刑事法院共有18名法官,但在必要时可以由院长会议代表法院提议增加法官人数。法官自任期开始全时任职,任期9年,一般不得连选连任。法官以个人身份独立地履行法官职务,不听命于任何国家、政府、团体或个人,不得从事任何可能妨碍其司法职务或使其独立性受到怀疑的活动。法官应具有必要的资格或经验,包括刑

---

① 《国际刑事法院规约》序言第6段。

事审判方面的经历、国际刑法的知识以及国际法方面的专业知识和能力。《国际刑事法院规约》缔约国可以提名法官候选人,由缔约国大会以无记名投票选举产生,得到出席并参加表决的缔约国 2/3 多数票的候选人当选。

(三) 国际刑事法院管辖权

国际刑事法院是对国家刑事管辖权的一种补充,只有在国家国内审判机构和程序不存在、不能有效地履行职责、国家不愿意或其他特殊情况下,国际刑事法院才可以行使管辖权。国际刑事法院的对人管辖权范围只限于自然人,不能对法人和国家行使管辖权;对事管辖权范围限于那些引起国际社会关注的、最严重的国际罪行,即:灭绝种族罪、侵略罪、战争罪和反人道罪。

国际刑事法院管辖权的补充性的规定是《国际刑事法院规约》的一项基本原则。它在整个《国际刑事法院规约》不同的规定里都反复得到强调。例如,"对于整个国际社会关注的最严重犯罪,决不能听之任之不予处罚,为有效惩治罪犯,必须同国家一级采取措施并加强国际合作";"各国有义务对犯有国际罪行的人行使刑事管辖权";以及"根据本规约设立的国际刑事法院对国家刑事管辖权起补充作用";等等。

《国际刑事法院规约》第 17 条在肯定《国际刑事法院规约》第 1 条和序言里"补充原则"的基础上,更是明确、清楚地规定:如果具有管辖权的国家正在对案件进行调查或起诉,或者如果具有管辖权的国家已经对案件进行了调查、并决定对该嫌疑人进行起诉,或者如果该嫌疑已经因为其行为受到了审判,那么,在出现任何上述情况的条件下,国际刑事法院都不能对该罪行或该嫌疑人行使管辖权,除非有关国家对罪行"不愿意或不能够(unable or unwilling)"切实地进行调查或起诉。

以上条款清楚地规定:国际刑事法院对国际罪行的管辖,是有特定条件的,即:它只有当一国的国内法院不愿意或不能够时,国际刑事法院才可以行使管辖权。因此,国际刑事法院成立的目的,不是如同国际社会有的人所认为的那样:为了包揽对所有国际法下"灭绝种族罪""危害人类罪"和"战争罪"的起诉和审判。它仅仅是对国家管辖起一种"补充"的作用。换句话讲,当一国国内法庭和国际刑事法院对这些罪行都有管辖权时,首先由国家法庭来进行审理。只有当国家"不愿意"或"不能够"进行审理,才轮到国际刑事法院来行使管辖权。

因此,关于国际刑事法院"补充性原则"的规定,就是通过该法院对国家管辖"补充"性的这一司法机制,来防止犯有《国际刑事法院规约》里规定的严重罪行的人逃脱法网,以达到任何犯有战争罪行的人都必须因此在国际法上负有个人刑事责任的目的。

国际刑事法院成立于 2002 年 7 月 1 日。在它成立快十周年时,即 2012 年 3 月 14 日,国际刑事法院作出了该法院成立后的第一份判决,裁定被告卢班加(Lubanga)因在刚果发生的武装冲突中招募、征召和使用 15 岁以下的儿童而犯有战争罪。在国际刑事审判实践的历史上,这还是第一次裁定个人犯有如此的战争罪行。这对武装冲突法的发展,无疑也会产生相当的影响。

参考书目

一、中文:

[1] 〔美〕吕德(Elizabeth F. Read):《国际公法与国际关系》,邓公玄译述,上海社会科学院出版社 2017 年版。

[2] 〔英〕卢麟斯(T. J. Lawrence):《国际公法要略》,李天纲主编,钟建闳译,上海社会科学院出版社 2017 年版。

[3] 郑允恭编著:《战时国际公法》(影印本),暨南大学出版社 2017 年版。

[4] 《国际公法学》编写组:《国际公法学》,高等教育出版社 2016 年版。

[5] 〔美〕巴里·E. 卡特,艾伦·S. 韦纳:《国际法》(上下),冯洁菡译,商务印书馆 2015 年版。

[6] 〔日〕岩井尊闻口述,熊元翰,熊元襄编:《国际公法》,李伟芳点校,上海人民出版社 2013 年版。

二、英文:

[1] James Crawford, *Brownlie's Principles of Public International Law*, 9th ed., Oxford, 2019.

[2] Carlo Focarelli, *International Law*, Edward Elgar Publishing, 2019.

[3] Malcolm N. Shaw, *International Law*, 8th ed., Cambridge, 2017.

[4] Samantha Besson, Jean D'Aspremont, *The Oxford Handbook on the Sources of International Law*, Oxford, 2017.

[5] Anne Orford, Florian Hoffmann, Martin Clark, *The Oxford Handbook of the Theory of International Law*, Oxford, 2016.

[6] Antonio Cassese, *International Law*, 2nd ed., Oxford, 2005.

三、相关网址

[1] 国际刑事法院:https://www.icc-cpi.int/。

[2] 前南斯拉夫国际刑事法庭:https://www.icty.org。

[3] 卢旺达国际刑事法庭:https://unictr.irmct.org/。

[4] 国际红十字会组织:https://www.icrc.org/。

全国高等学校法学专业核心课程教材

法理学（第四版）	沈宗灵主编
中国法制史（第四版）	曾宪义主编
宪法（第二版）	张千帆主编
行政法与行政诉讼法（第七版）	姜明安主编
民法（第八版）	魏振瀛主编
经济法（第五版）	杨紫烜主编
民事诉讼法学（第三版）	江 伟主编
刑法学（第十版）	高铭暄、马克昌主编
刑事诉讼法（第七版）	陈光中主编
国际法（第六版）	邵 津主编
国际私法（第六版）	李双元、欧福永主编
国际经济法（第四版）	余劲松、吴志攀主编
知识产权法（第六版）	吴汉东主编
商法（第二版）	王保树主编
环境法学（第四版）	汪 劲著
税法原理（第十版）	张守文著